Hermann Hüffer

Österreich und Preussen gegenüber der französischen Revolution bis zum Abschluss des Friedens von Campo Formio

Hermann Hüffer

Österreich und Preussen gegenüber der französischen Revolution bis zum Abschluss des Friedens von Campo Formio

ISBN/EAN: 9783743381346

Hergestellt in Europa, USA, Kanada, Australien, Japan

Cover: Foto ©ninafisch / pixelio.de

Manufactured and distributed by brebook publishing software (www.brebook.com)

Hermann Hüffer

Österreich und Preussen gegenüber der französischen Revolution bis zum Abschluss des Friedens von Campo Formio

Oestreich und Preußen

gegenüber der

französischen Revolution

bis zum

Abschluß des Friedens von Campo Formio.

Vornehmlich
nach ungedruckten Urkunden der Archive in Berlin, Wien und Paris

von

Hermann Hüffer.

Bonn,
bei Adolph Marcus.
1868.

Inhalt.

	Seite
Einleitung	1

Erstes Buch.
Vom Anfange des Revolutionskrieges bis zum Abschluß des Friedens von Basel.

Erstes Kapitel.
Der Ausbruch des Revolutionskrieges 17

Zweites Kapitel.
Krieg und Unterhandlungen bis zum Ende des Jahres 1793 . . . 32

Drittes Kapitel.
Der polnische Aufstand und die haager Uebereinkunft vom 19. April 1794 49

Viertes Kapitel.
Der Verlust Belgiens und des linken Rheinufers 62

Fünftes Kapitel.
Der Friede zu Basel 108

Sechstes Kapitel.
Die dritte Theilung Polens 131

Siebentes Kapitel.
Die Unterhandlung des Ritters Carletti 142

Zweites Buch.
Die Präliminarien von Leoben.

Erstes Kapitel.
Die späteren Ereignisse des Jahres 1795 172

Zweites Kapitel.
Feldherren und Diplomaten im Jahre 1796 207

Drittes Kapitel.
Die Präliminarien von Leoben 230

Viertes Kapitel.
Inhalt und Bedeutung der Präliminarien 259

Fünftes Kapitel.
Urtheile neuerer Schriftsteller 278

Sechstes Kapitel.
Der Berliner Vertrag vom 5. August 1796 und die preußische Friedensvermittlung 292

Drittes Buch.
Der Friede von Campo Formio.

Erstes Kapitel.
Die Uebereinkunft zu Montebello vom 24. Mai 1797 329

Zweites Kapitel.
Die Zeit der Zögerungen 341

Drittes Kapitel.
Der Staatsstreich des 18. Fructidor und seine Wirkungen 356

Viertes Kapitel.
Die Sendung des Grafen Ludwig Cobenzl nach Udine 381

Fünftes Kapitel.
Die entscheidenden Verhandlungen 407

Sechstes Kapitel.

Seite

Der Abschluß des Friedens von Campo Formio 444

Siebentes Kapitel.

Inhalt und Ausführung des Friedens von Campo Formio . 471

Einleitung.

Der heftige Gegensatz, welcher im Sommer 1866 die beiden größten deutschen Staaten wider einander zu den Waffen rief, ist nicht plötzlich oder erst vor Kurzem entstanden, sondern durch die Geschichte mehr als eines Jahrhunderts vorbereitet; nicht blos auf dem Felde der Schlacht und diplomatischer Unterhandlungen, sondern eben so sehr in der Wissenschaft und Litteratur hat er einen Ausdruck gefunden. Geschichtschreiber und Publicisten haben ihn vorhergesehen und, wie eines Jeden Neigung oder Ueberzeugung war, herbeigewünscht, gefördert, gefürchtet oder zu verhindern gesucht und zu Gunsten der einen oder andern Seite schon im Voraus die Entscheidung getroffen. Bei solchen Erörterungen pflegte sich die Aufmerksamkeit in besonderem Maße den Jahren zuzuwenden, welche zwischen dem Ausbruch der französischen Revolution und der Auflösung des deutschen Reiches in der Mitte liegen. Denn allerdings bezeichnen die Ereignisse jener Zeit einen bedeutenden Abschnitt, gewissermaßen die zweite Stufe der Entwickelung in dem Verhältniß beider Staaten zu einander. Wenn Preußen, seit der Regierung des großen Kurfürsten zu beträchtlicher Stärke herangewachsen, in den schlesischen und im siebenjährigen Kriege sich innerhalb des deutschen Reiches eine selbstständige Macht neben der kaiserlichen erkämpfte, so fielen nun in den Kriegen mit Frankreich, nach der Auflösung der Reichs=

verfassung auch die Formen und Zeichen einer äußerlichen Unter=
ordnung. Beide Staaten traten als vollkommen gleiche unabhängig
sich gegenüber; nicht mehr altüberkommene Vorstellungen, son=
dern nur was jeder an Macht und Fähigkeiten wirklich zu bieten
hatte, übte seitdem auf ihre Stellung zu einander und zu dem
übrigen Deutschland den entscheidenden Einfluß.

Gerade diese letztere Beziehung, das Verhältniß Oestreichs
und Preußens zu Deutschland, schien in der Geschichte der Revo=
lutionszeit von vorzüglicher Bedeutung. Denn wie in früheren
Tagen jeder von beiden Staaten seine Pflichten gegen das ge=
meinsame Vaterland erfüllt hätte, daraus, glaubte man, ließe
sich auch auf die Zukunft schließen und danach das Anrecht
beider Bewerber auf die erste Stelle, auf die Führung in
Deutschland sich bemessen. Insbesondere warf man die Frage
auf, wer an der Auflösung des Reiches, an dem unglücklichen
Ausgang der Kriege vornehmlich die Schuld trage, und hier
pflegten dann die Gegner Preußens vor Allem auf den baseler
Frieden hinzuweisen, der, im Widerspruch gegen die Reichs=
gesetze zum Abschluß gebracht, Deutschland gespalten, seiner halben
Kraft beraubt und in schmachvoller Weise den Franzosen preis=
gegeben habe.

Ein Uebelstand war dabei, daß gerade über die ersten Jahre
der Revolutionszeit aus den ächten Quellen nur äußerst wenig
bekannt geworden war, insbesondere über die diplomatischen Unter=
handlungen, die doch am sichersten den Geist und die Absichten
einer Regierung erkennen lassen. Kriegerische Ereignisse werden
ihrer Natur nach der Oeffentlichkeit sich nicht leicht entziehen, aber
die Diplomaten pflegten nicht nur bei verschlossenen Thüren zu
unterhandeln, sondern häufig auch die Ergebnisse ihrer Wirksam=
keit zum großen, ja zum wichtigsten Theil in geheimen Artikeln
auszusprechen, die dann mit allen Aufzeichnungen über den Gang
und die Beweggründe der Verhandlungen noch viele Jahre hinter
den Schlössern der Archive verborgen blieben.

Verhältnißmäßig am wenigsten hatten darunter die französischen Schriftsteller zu leiden. Denn zuerst in Frankreich ließ man in das geheimnißvolle Dunkel einiges Licht gelangen, wie es die Natur einer freieren Verfassung unumgänglich erforderte. Das Directorium setzte zuweilen noch vor dem Abschluß einer Unterhandlung durch rücksichtslose Mittheilungen die fremden Gesandten in Erstaunen und Verlegenheit. Am besten verstand aber Napoleon den Werth der öffentlichen Meinung zu schätzen, wenn er auch auf dem Gipfel der Macht dieser gefährlichsten Gegnerin zu trotzen wagte. Jeder weiß, wie seine Bulletins, ehe ihre Wahrhaftigkeit zum Sprüchwort geworden war, auf die Menge wirkten. Und noch in den letzten Tagen trauriger Einsamkeit ward es ihm zum Trost und zur würdigen Beschäftigung, den Genossen seiner Gefangenschaft die Geschichte seines Lebens in die Feder zu sagen, oder in der täglichen Unterhaltung sich darüber auszusprechen, wie er das, was er gethan hatte, aufgefaßt und erzählt wissen wollte. Schon während des ersten Feldzugs in Italien ließ er seine Briefe an das Directorium im Moniteur veröffentlichen; im Jahre 1808 wurde in Deutschland eine Sammlung herausgegeben, welcher dann viele andere gefolgt sind [1]).

---

1) Vgl. Collection générale et complète de lettres, proclamations, discours etc. de Napoléon le Grand, publiée par Ch. A. Fischer professeur d'histoire à Wurtzbourg, 2 Vol. Leipzig 1808, 1813. Diese Sammlung ist, wie man denken kann, weder allgemein, noch vollständig; meistens gibt sie nur die abgekürzten Auszüge des Moniteur, in einzelnen Stücken hat sie gleichwohl sogar der letzten Sammlung noch als Quelle dienen müssen. Von weit größerer Bedeutung ist die Correspondance inédite confidentielle et officielle de Napoléon Bonaparte avec les cours étrangères, les princes, les ministres et les généraux français et étrangers, Paris 1819, 7 Vol. Der Name des Herausgebers ist nicht genannt. Bei J. M. Quérard, la France littéraire ou dictionaire bibliographique, Tom. I. p. 396, Paris 1827, finde ich die Bemerkung: Mise en ordre et publiée par le général Ch. Th. Beauvais. Ouvrage aujourd'hui en-

Eine von diesen, freilich in mancher Beziehung sehr mangelhaft, enthält auch die von der Regierung, von Generalen, Ministern und andern hervorragenden Männern an ihn gerichteten Schreiben. Endlich wird seit zehn Jahren von dem Erben seiner Macht und seines Geistes eine Sammlung veröffentlicht, die, wenn nicht ganz vollständig und fehlerfrei, doch jeder billigen Anforderung in ausgezeichnetem Maße entspricht und als eine der wesentlichsten Bereicherungen unserer historischen Kenntnisse betrachtet werden muß[1]). Nimmt man dazu, daß auch die bedeutenderen Persönlichkeiten der Republik wie des Kaiserreichs über die Ereignisse, bei denen sie vorzüglich betheiligt waren, zahlreiche Aufzeichnungen hinterlassen haben, so ist nicht zu läugnen, daß dem Franzosen gar mancherlei Mittel zu Gebote stehen, um vom nationalen Standpunkte aus die Geschichte jener außerordentlichen Entwickelung sich deutlich zu machen.

Diese Quellen, insbesondere die Schriften Napoleons, sind denn in Frankreich eifrig benutzt worden. Wenn auch in Bezug auf die innere Entwickelung verschiedener Ansicht, man einigte sich doch gern, das Vaterland, wie mit den Waffen, so auch mit der Feder zu vertheidigen, sobald man sich dem Auslande

---

tièrement épuisé. — L'éditeur a puisé ces lettres dans la collection manuscrite, que Napoléon avait fait copier avec beaucoup de soin et relier avec magnificence au nombre d'environ 30 volumes in folio et in quarto. On croit que cette collection a été ensuite envoyée au prince Eugène. Die Sammlung enthält noch mehr Briefe an als von Napoleon, z. B. unter 744 Stücken über den italiänischen Krieg von 1796 bis 1797 nur 255 von ihm. Vollständig ist sie nicht, auch leider sehr nachlässig und fehlerhaft gedruckt, die fremden Namen, besonders die deutschen, werden bis zur Unkenntlichkeit entstellt, auch die Anordnung ist unbequem und verworren. Gleichwohl bleibt diese Sammlung eine der wichtigsten Quellen für die Geschichte der Revolution und auch jetzt noch unentbehrlich.

1) Correspondance de Napoléon I, publiée par ordre de l'empereur Napoléon III. Paris 1858 fg.

gegenüber fühlte. Mehr kann es befremden, daß auch die deutsche Litteratur im Wesentlichen von französischen Ansichten sich beherrschen ließ. Aber zunächst fanden sich Franzosen, als das eigentlich handelnde Volk jener Periode, auch vorzüglich angeregt, sie zu beschreiben. Dann fehlte es nur zu sehr an den Quellen, aus welchen ein deutscher Schriftsteller gerade über die eigensten Angelegenheiten seines Volkes sich belehren konnte; nirgendwo mehr, als in Oestreich, in dem Kaiserstaat, der doch als Vorkämpfer Deutschlands eine besondere Aufmerksamkeit für seine Politik und seine Kriegesthaten hätte ansprechen und fördern sollen. Die Handbücher allgemeiner oder östreichischer Geschichte, die Biographien einzelner hervorragender Heerführer, wie des Erzherzogs Karl, der Generale Hotze und Bellegarde, bieten selten mehr als eine Zusammenstellung bekannter Thatsachen, ohne die Charaktere der leitenden Personen anders als in den allgemeinsten Umrissen zu zeichnen, oder in die Grundursachen dessen, was geschieht, auch nur einen Blick zu eröffnen. Einzelne kriegerische Ereignisse wurden allerdings günstiger bedacht; so kann die Beschreibung der Feldzüge von 1796 und 1799 durch den Erzherzog Karl als ein Muster gelten, und in den letzten Jahren hat ein preußischer Offizier dem östreichischen Feldmarschall Prinzen von Coburg ein für beide rühmliches Denkmal gegründet[1]). Aber in Bezug auf die innern Angelegenheiten blieben Hormayrs „Lebensbilder aus dem Befreiungskriege" lange Zeit das Einzige, was wenigstens als Zeugniß eigener Erlebnisse und Anschauungen gelten konnte. Dies sonderbar verworrene Buch, welches einer Biographie des hannoverschen Ministers, Grafen von Münster unter mancherlei Zusätzen auch die Charakteristik östreichischer Staatsmänner einfügt, ist selbst heute noch von Werth, obgleich es beim ersten Einblick als vielfach unzuverlässig und zuweilen mehr als

---

1) Prinz Friedrich Josias von Coburg-Saalfeld, Herzog zu Sachsen, von A. von Witzleben, 3 Bde., Berlin 1859.

grelle Uebertreibung denn als treue und unbefangene Darstellung sich zu erkennen gibt.

In Preußen übten die ruhmreichen Erfolge der sittlichen und kriegerischen Erhebung in den Jahren 1808 und 1813 begreiflicher Weise weit größern Reiz, als die Ereignisse, die vorhergingen. Die Biographien des Ministers vom Stein, des Generals York und anderer vorzüglicher Männer gehören schon ihrem Stoffe nach vornehmlich in diese spätere Zeit. Was die frühere angeht, so mußten wir, da in Preußen wie in Oestreich die Archive geschlossen oder wenigstens unbenutzt blieben, nicht nur von Franzosen und Engländern, sondern sogar von Russen über wichtige Fragen unserer eigenen Geschichte uns belehren lassen. Danilessti's und Miliutin's ausführliches Werk[1] über den Krieg von 1799 zeugte schon im Jahre 1852 von der Benutzung russischer Archive in einem Maße, dessen sich kein deutsches Werk bis dahin sich rühmen konnte.

Endlich im Jahre 1853 erschien die „Geschichte der Revolutionszeit" von Heinrich v. Sybel, wenig später Häussers „deutsche Geschichte seit dem Tode Friedrichs des Großen", beide auf zahlreichen handschriftlichen Mittheilungen, in den späteren Auflagen vor Allem auf der Benutzung des preußischen Staatsarchivs beruhend. Jeder muß zugestehen, daß diese Werke für die Darstellung der Zeit, die sie umfassen, einen wesentlichen Fortschritt bezeichnen. Sie sind eigentlich die ersten, die auch den deutschen Verhältnissen eine eingehende Berücksichtigung zu Theil werden lassen, die nicht auf der Oberfläche bleiben, sondern den Grund und Zusammenhang der Ereignisse deutlich zu machen sich bestreben. Selbst wer nicht mit ihrer Auffassung übereinstimmt,

---

[1] Geschichte des Krieges Rußlands mit Frankreich im Jahre 1799, verfaßt auf Befehl Kaiser Nikolaus I. 1. Band, 1. Theil vom Generallieutenant Michailowski-Danilewski, die Fortsetzung von Oberst Miliutin, übersetzt von Chr. Schmitt, 4 Bde., München 1856.

wird nicht bestreiten dürfen, daß sie zahlreiche Fragen, auf deren Beantwortung es vorzugsweise ankommt, zuerst klar hervorgehoben und gezeigt haben, was noch fehle und zu bearbeiten noch übrig sei. Wer immer mit dieser Periode sich eingehend beschäftigte, muß ihnen dankbar sich verpflichtet fühlen.

Neben ihrem historischen Werth besitzen diese Werke noch eine Eigenschaft, die zu dem Einfluß, den sie ausüben, gewiß wesentlich beigetragen hat. Ihre Verfasser bekennen sich aufs entschiedenste zu der Ansicht, daß nur mit dem Ausscheiden Oestreichs aus der deutschen Staatenverbindung, durch den Einfluß und unter der Führung Preußens die Geschicke unserer Nation sich zum Besseren wenden, und die lange getäuschte Hoffnung auf eine staatliche Einigung sich erfüllen könne. Beide haben vielfach für diesen Zweck gewirkt, und nicht leicht wird Jemand in Abrede stellen, daß auch diese historischen Werke in gleichem Sinne wirken sollten und wirksam geworden sind. Es ist schon bemerkt, daß die Gegner Preußens, indem sie die Verhältnisse längst vergangener Jahre auf die Gegenwart übertrugen, den Abschluß des baseler Friedens und die ihm folgende neutrale Stellung als eine Schmach für diesen Staat und als einen Grund bezeichneten, um dessentwillen auch in Zukunft für Deutschland nichts von ihm zu hoffen sei. Diesen Vorwurf suchte man zu entkräften, indem man die Ursachen, die den Entschluß zum Frieden entstehen ließen, deutlicher hervorhob und zugleich den Nachweis führte, daß auch seit der Beendigung des Krieges keineswegs zwischen Preußen und Frankreich ein so enges Verhältniß bestanden habe, als nur zu häufig seit den ersten Jahren angenommen und mit bitterm Tadel wieder und wieder ausgesprochen war. Vornehmlich glaubte man aber die Entschuldigung Preußens in heftigen Vorwürfen gegen Oestreich zu finden, welches durch eine neidische, treulose Politik, insbesondere rücksichtlich der polnischen Angelegenheiten, die Fortdauer eines Bündnisses für Preußen unmöglich und den Frieden unumgänglich gemacht habe. Mit Vorliebe hob man dann hervor. Oestreich selbst habe noch weit Aergeres, als diesen Frieden sich erlaubt, indem es zunächst die Niederlande ohne Noth dem Feinde preisgegeben, dann sich stets geneigt erwiesen habe, gegen den Erwerb Baierns oder bedeutende Vortheile in Italien den Franzosen das linke Rheinufer auszuliefern, um endlich in den Verträgen von Leoben und Campo Formio diese Geneigtheit in der schmachvollsten Weise zu bethätigen.

Dieser Auffassung, welche in Allem, was damals von Seiten Oestreichs geschah, nur Ungeschick, Neid, Unredlichkeit und Eigennutz zu erblicken wußte, sind allerdings mehrere Schriften entgegen getreten, aber doch keine, die eine durchgreifende Veränderung der Ansichten bewirkt hätte. Tief eindringen konnten sie schon deshalb nicht, weil die Verfasser bei dem Mangel eigener archivalischer Nachrichten alles Thatsächliche ihren Gegnern entnehmen mußten. Endlich ist nun das Werk des Herrn v. Vivenot über den Erzherzog Albrecht von Sachsen-Teschen erschienen, das erste, in welchem Materialien des östreichischen Hof- und Staatsarchivs aus jener Zeit für die Oeffentlichkeit benutzt wurden[1]). Leider kann man nicht sagen, daß dies Buch alle Hoffnungen erfüllte, die es beim ersten Anblick hervorruft, daß es nach Form und Inhalt den Anforderungen entspräche, die man mit Recht an eine wissenschaftliche Leistung jetzt zu stellen gewohnt ist. Nachtheilig mußte schon werden, daß der Verfasser während der Arbeit weit über den ursprünglichen Plan hinausgegangen ist. Er wollte zuerst die Verdienste des Herzogs von Sachsen-Teschen zur Darstellung bringen, den wir durch Adam Wolf[2]) als den Gemahl der Erzherzogin Christine, als eine achtungswerthe, ein-

---

[1]) Herzog Albrecht von Sachsen-Teschen als Reichsfeldmarschall, ein Beitrag zur Geschichte des Reichsverfalles und des baseler Friedens von Alfred v. Vivenot. Bd. I. Wien 1864. Bd. II, Abth. 1 u. 2 mit dem Nebentitel: Zur Geschichte des baseler Friedens. Wien 1866.

[2]) Vgl. Marie Christine, Erzherzogin von Oestreich, von Adam Wolf. Wien 1863.

nehmende, wenn auch nicht gerade hochbedeutende Persönlichkeit kennen lernen. So schilderte er vornehmlich nach den Materialien des Kriegsarchivs und einer in Darmstadt vorgefundenen Briefsammlung die aufopfernde, leider nur wenig erfolgreiche Thätigkeit des Herzogs als Befehlshaber der Reichsarmee im Sommer 1794. Dabei kamen ihm aber, besonders im Staatsarchiv, mancherlei interessante Dokumente von allgemeinerer Bedeutung vor Augen, die er seinem Werke einzuverleiben wünschte. So sind die beiden letzten Bände beträchtlich angeschwollen, die Person des Herzogs tritt durchaus in den Hintergrund, Hauptsache werden die Reichsangelegenheiten, insbesondere der baseler Friede. Ueber die Motive und den Verlauf der Verhandlungen erfahren wir freilich nicht viel Bedeutendes, das man überhaupt in diesem Falle nicht in den Wiener, sondern in den Archiven von Berlin und Paris zu suchen hat. Vivenot schildert nur sehr ausführlich nach der Reichstagscorrespondenz zwischen dem kaiserlichen Concommissar Freiherrn von Hügel in Regensburg und dem Reichsvicekanzler Fürsten Colloredo die Vorgänge am Reichstag in den Jahren 1793 bis 1795, insbesondere die Aufnahme und Beurtheilung, die dem baseler Frieden dort und im übrigen Deutschland zu Theil wurde. Dabei findet oder nimmt er dann Gelegenheit, sich zu Gunsten der östreichischen Regierung gegen seine Widersacher in den heftigsten Reden zu ergehen, eine Declamation, die man schon beim ersten Hören unpassend und geschmacklos nennen müßte, die aber, wenn sie ohne Unterlaß drei starke Bände hindurch in denselben Ausdrücken sich wiederholt, beinahe unerträglich wird. Sybel hat dagegen in einem ausführlichen Aufsatze sich verwahrt [1]) und unter andern Mängeln des Werkes auch eine nicht geringe Zahl historischer Irrthümer namhaft gemacht, die allerdings um einige sich vermindern, aber auch um ein Beträchtliches sich noch vermehren ließen. Nur möchte ich deshalb nicht,

---

1) Vgl. die Abhandlung: Oestreich und Preußen im Revolutionskrieg in der historischen Zeitschrift XV. 62.

wie Sybel[1]), das Buch für so gut als bedeutungslos erklären. Mir wenigstens hat es mannichfachen, sehr dankenswerthen Aufschluß geboten. An einzelnen interessanten Ausführungen, auch an richtigen und treffenden Bemerkungen fehlt es nicht; zudem liegt der eigentliche Werth des Ganzen vorzüglich in den zahlreichen und umfassenden Mittheilungen aus den Wiener Archiven. Diese sind allerdings nicht immer so gewählt, wie man wünschen möchte, und bei dem mangelhaften Plan des Buches nicht da zu finden, wo man sie erwarten dürfte; aber den Fleiß des Sammlers muß man Vivenot in nicht geringem Maße zugestehen, und es wäre seltsam, wenn er inmitten so großer Schätze nicht manches Interessante und Bedeutende aufgelesen hätte. Daß er auch zu Gunsten seines Vaterlandes manches sehr Beachtenswerthe vorgebracht, wird eine unbefangene Beurtheilung nicht leicht in Abrede stellen. Hätte er nur auf die Rechtfertigung sich beschränkt, und nicht auch den Krieg in das feindliche Gebiet hinübertragen wollen! Aber auch dieser Schriftsteller sucht seine apologetischen Absichten vornehmlich durch heftige Beschuldigungen des Gegners zur Geltung zu bringen. Und wie er nun auf der östreichischen Seite nur Edelmuth, Pflichttreue, Beharrlichkeit, kurz den schönsten Verein aller Tugenden des Helden wie des Staatsmannes uns vor Augen führt, so läßt er auf der andern den schwärzesten Pfuhl der Bosheit und Lüge, des Verraths und „herostratischer" Zerstörungswuth vor uns sich aufthun.

So standen auf dem Felde der Wissenschaft die Parteien — denn wenn hier nur einzelne Namen genannt sind, Jeder weiß, wie viele man nennen könnte — nicht weniger feindlich, als in kaum vergangenen Tagen auf dem Schlachtfelde gegenüber. Wer für die Einigkeit der Nation ein Gefühl bewahrt hat, konnte nicht erfreulich berührt werden, wenn die Geschichte früherer Zeiten in solcher Weise benutzt wurde, um die Leidenschaften der Gegenwart noch heftiger zu reizen. Und eben so sicher ist: die

[1] Vgl. die Vorrede zur dritten Auflage der Geschichte der Revolutionszeit.

Unbefangenheit der Auffassung wurde nicht befördert, wenn man Ansichten und Wünsche, die zum Theil erst in neuester Zeit sich entwickelt haben, auf die ganz verschiedenen Verhältnisse einer frühern Epoche übertrug.

Nur im Auslande, wenn der feindselige Sinn, der uns vordem gegenüber stand, sich dort erhalten hatte, mochte man sich doppelten Triumphes rühmen. Denn nicht genug, daß in jenen älteren Tagen Frankreichs Uebergewicht hauptsächlich dadurch entschieden wurde, daß es gelang, Deutsche gegen Deutsche aufzuregen und die durch Zwietracht und Mißtrauen gelähmten Kräfte eine nach der andern zu überwinden, man mochte jetzt erfahren, daß selbst die Erinnerung, die geschichtliche Darstellung jener Ereignisse die alte Zwietracht auf's Neue zu entfachen oder doch zu verstärken sich geeignet zeigte. Erwägt man aber, welchen Schatz ein Volk in seiner Geschichte bewahrt, so kann man den Nachtheil, der für uns daraus entstand, kaum hoch genug anschlagen. Was anderen Nationen als die reichste Quelle der Einigung, als die wirksamste Förderung des nationalen Bewußtseins dient, sollte bei uns gebraucht werden, um uns noch heftiger unter einander zu entzweien; und wenn die Schriftsteller anderer Länder gewöhnlich dadurch fehlen, daß sie Alles, was ihre Nation betrifft, in zu günstigen Farben darzustellen lieben, so geschah es bei uns, daß die eine Hälfte der Nation der andern nicht Schlechtes genug vorzuwerfen wußte, daß man selbst dem Auslande gegenüber die Fehler und Demüthigungen der eigenen Landsleute mit Behagen, ja mit Uebertreibungen ausmalte, so daß bei fremden Schriftstellern eine gerechte und billige Auffassung oft noch eher sich erwarten ließ, als bei den deutschen. Wären alle Vorwürfe begründet, welche die Wortführer beider Parteien gegen einander erhoben, so gäbe es in den Jahrbüchern der Weltgeschichte kaum etwas so Schmachvolles, jeder Milderung und Entschuldigung so völlig Entbehrendes, als die Geschichte Oestreichs und Preußens in den ersten Jahren des Revolutionskrieges; alles Elend, was über uns hereinbrach, hätten wir nicht allein im Uebermaß verdient, sondern es bliebe nur die Verwunderung, daß zwei so ganz unwürdige Staaten so viele und so heftige Schläge doch noch verwinden konnten, daß mit der frühern Macht nicht auch die Möglichkeit, sich wieder aufzurichten, völlig verloren ging.

Zum Glück ist dies nicht der Fall, und es zeigt sich im Gegentheil die erfreuliche Erscheinung, daß beide Parteien gewöhnlich im Rechte sind, so lange sie auf die Vertheidigung sich beschränken, daß sie aber, sobald sie zum Angriff übergehen, zugleich auch der Einseitigkeit und dem Irrthum sich aussetzen. Befremden kann dies nicht; es liegt in der Natur der Verhältnisse und der benutzten Quellen begründet und giebt nur einen neuen Beweis, wie sehr man der eigenen Sache schadete, wenn man die Archive so lange verschlossen hielt. Es darf in der That als eine selten fehlende Regel gelten, daß eine recht übel beleumdete, aber doch nicht völlig bekannte Thatsache, wenn sie durch archivalische Untersuchungen aufgeklärt und mit allen Nebenumständen an die Oeffentlichkeit gezogen wird, dadurch nicht übler, sondern günstiger für ihre Urheber sich gestaltet. Denn in den meisten Fällen wird doch derjenige eine That oder eine politische Maßregel am besten zu erklären und zu vertheidigen wissen, der sie selbst veranlaßt und an ihrer Ausführung sich betheiligt hat. Es kann also für ihn nur vortheilhaft wirken, wenn man hört, wie er selbst in Briefen oder andern Urkunden sich darüber ausspricht. Sodann ist es doch nicht das Gewöhnliche, daß ganz unfähige oder böswillige Menschen an die Spitze der Geschäfte berufen werden, und da in öffentlichen Angelegenheiten auch der besondere Vortheil des Einzelnen, wenigstens in den meisten Fällen, nicht die Entscheidung gibt, so wird man immer als eine Ausnahme betrachten dürfen, daß ein politisches System oder eine entscheidende Maßregel lediglich aus Böswilligkeit, Eigennutz, ohne politische Gründe zur Ausführung gelangte. Ueber die Verhandlungen von Basel und Campo Formio ist gerade das Schlimmste zuerst in die Oeffentlichkeit gekommen, nämlich der Wortlaut der Verträge. Bei der unglücklichen Wendung des Krieges konnte er für Deutschland nicht erfreulich lauten; er forderte herben, heftigen Tadel nur zu sehr heraus. Sieht man aber, wie die Menschen, die dabei betheiligt waren, wenn auch nicht ohne Schuld, doch häufig gegen ihren Willen durch drängende Verhältnisse allmählich in unrichtige oder unglückliche Bahnen getrieben wurden, so lernt man Manches, was vordem unbegreiflich und unverzeihlich schien, wenn nicht entschuldigen und rechtfertigen, doch wenigstens richtiger erkennen und mit mehr Milde und Billigkeit beurtheilen.

Da aber die bisher erwähnten Schriftsteller ihre archivalischen Nachrichten, soweit sie hier in Frage kommen, beinahe ausschließlich entweder den preußischen oder den östreichischen Archiven entnahmen, also beständig die Anschauungen, Wünsche, Anklagen und Entschuldigungen der einen Partei vor Augen hatten, und da diese Anschauungen und Wünsche mit ihren eigenen ganz oder doch zum großen Theil übereinstimmten, so war es in manchen Fällen schwierig, in einzelnen beinahe unmöglich, daß sie in Rücksicht auf den Gegner eine ganz richtige Kenntniß sich aneignen oder die volle Unbefangenheit des Urtheils sich hätten bewahren können. Wollte ein Geschichtschreiber sicher gehen, so müßte er vor Allem wünschen, zu den Archiven in Wien und Berlin gleichmäßig den Zutritt zu erhalten, um beiden Theilen gerecht zu werden und mit klarem Auge zu überblicken, wie die getrennten Theile zusammengehören, wie in dem Gewebe diplomatischer Verwicklungen ein Schlag den Gegenschlag bedingt, und die oft verschlungenen Fäden sich entwirren und dann wieder sammeln und verbinden lassen.

Die günstige Stellung, die mir dieser Anforderung gegenüber zu Theil geworden ist, läßt mich hoffen, daß man die folgenden Blätter nicht ohne Interesse lesen werde.

Im Herbst 1864 war es mir vergönnt, auf dem geheimen Hof- und Staatsarchiv in Wien die auf die Verträge von Leoben und Campo Formio bezüglichen Papiere einzusehen und von den wichtigeren Abschrift zu nehmen. Ich verdanke diese Gunst der gütigen Vermittlung des Herrn Unterstaatssecretärs im Ministerium der auswärtigen Angelegenheiten, Freiherrn v. Meysenbug; auch den Vorstehern des Archivs, insbesondere dem Herrn Archivar Wocher, der diese Papiere nicht lange vorher geordnet hatte, muß ich mich in hohem Maße verpflichtet fühlen. Im Sommer 1866 gestattete mir der Herr Ministerpräsident Graf v. Bismarck auch den Zutritt zum preußischen Staatsarchiv. Unter der freundlichen Förderung des Herrn Geheimen Archivraths Friedländer habe ich die bedeutendste Quelle für die Verhandlungen zwischen Preußen und Oestreich mir im Auszuge aneignen können, ich meine den Briefwechsel des preußischen Gesandten in Wien Marquis Lucchesini, sowie des Residenten v. Caesar mit dem Ministerium während der Jahre 1793—1797. Ueber das Verhältniß Preußens zur französischen Republik belehrten mich vor Allem die Berichte des Freiherrn v. Sandoz-Rollin, der zuerst nach den Stürmen der Revolution als preußischer Gesandter wieder nach Paris kam.

Bei allem Reichthum dieses Materials mußte ich doch noch immer einen Mangel empfinden, so lange mir aus den französischen Archiven nur das, was durch den Druck zu allgemeiner Kenntniß gekommen ist, vor Augen lag. Im verflossenen Frühling gelang es endlich, diese Lücke auszufüllen, da mir durch die ausnehmend freundliche Unterstützung des Herrn Directors Paul Faugère die seltene Gunst zu Theil wurde, im Archive des Ministeriums des Auswärtigen zu Paris meine Untersuchungen fortzusetzen. Der Briefwechsel des Wohlfahrtsausschusses und des Directoriums mit den französischen Gesandten Barthelemy in Basel und Caillard in Berlin gab Gelegenheit, die Beziehungen zwischen Preußen und der Republik von einer neuen Seite, auch aus französischen Berichten kennen zu lernen. In Bezug auf Oestreich war es für die Zeit eines noch unterbrochenen diplomatischen Verkehrs von nicht geringem Interesse, einen Einblick in das Getriebe der geheimen Agenten zu erhalten, deren die französischen Machthaber mit Vorliebe und einem außerordentlichen Aufwande an Mitteln jeder Art sich zu bedienen pflegten. Aus den späteren Jahren sind freilich die bedeutendsten Dokumente, mögen sie von Bonaparte, Clarke, Talleyrand oder von dem Directorium ausgehen, in den vorerwähnten Sammlungen bereits veröffentlicht, aber doch nicht so vollständig, daß nicht wie in Wien, so auch in Paris noch manche Ergänzung sich dargeboten hätte. Leider war meine Zeit zu sehr beschränkt; ich habe den reichen Inhalt dieses Archivs nicht so genau eingehend, wie ich wünschte, mir zu Nutzen machen können. Aber was mir vorlag, ist, wie ich glaube, doch ausreichend, um auch nach dieser Seite einen sicheren Boden zu gewinnen und die Erzählung bis auf den Frieden von Campo Formio ohne gar zu wesentliche Lücken fortzuführen.

Das Verhältniß der beiden deutschen Mächte zu einander und zu Frankreich habe ich zur Hauptaufgabe meiner Darstellung gemacht. Wird es mir vergönnt, aus den Archiven anderer Länder meine Kenntniß zu vervollständigen, so werde ich versuchen, alsdann ein Gesammtbild der diplomatischen Verhandlungen während der Revolutionszeit zu entwerfen und darin, wenn die frühere Gunst mir erhalten bleibt, auch die späteren Jahre bis zum Frieden von Lüneville und zur Auflösung des deutschen Reiches zu begreifen. Allein, wie läßt sich der Zeitpunkt bestimmen, in welchem eine so umfassende und schwierige Aufgabe, von so mancherlei Umständen abhängig und so vielfacher Förderung von Außen bedürftig, ihre Lösung finden kann? Ueberdies hat ein andauerndes Unwohlsein im Jahre 1865 meine Arbeiten schon zu lange unterbrochen. Da nun mit dem Erscheinen des Vivenot'schen Buches in den wissenschaftlichen, sowie in Folge der jüngstvergangenen Ereignisse auch in den politischen Kreisen ein gesteigertes Interesse und eine lebhafte Erörterung den Zeiten der französischen Revolution sich wieder zugewendet hat, so scheint es mir angemessen, schon jetzt die folgenden Studien in die Oeffentlichkeit zu geben. Anders darf ich sie wohl nicht bezeichnen, denn in der Behandlung des Stoffes habe ich mit größerer Freiheit verfahren müssen, als die strengeren Formen einer Geschichte erlauben würden. Ueber die ersten Jahre, wo ich neue Thatsachen von erheblicher Bedeutung doch nicht anzugeben wüßte, bin ich rasch hinweggegangen, um so lieber, als es mir auch nach Hermanns sehr verdienstlichen Forschungen[1] noch nicht an der Zeit scheint, über die Politik des Kaiser Leopold das letzte Urtheil auszusprechen. In der Folgezeit haben mich besonders die Ereignisse verweilt, bei denen ich verschiedene Ansichten gegen einander abzuwägen oder eine neue zu begründen mich veranlaßt glaubte. Vollständiger findet man die preußischen Verhandlungen, die an den baseler Frieden sich anschließen, und vornehmlich was auf die Verträge von Leoben und Campo Formio sich bezieht. Denn über diese letzten höchst bedeutenden Ereignisse ist bisher so wenig aus den ächten Quellen bekannt, dagegen so manche der Wahrheit widersprechende Ansicht verbreitet worden, daß ich gerechten Tadel befürchten müßte, wollte ich die hier zuerst benutzten entscheidenden Dokumente — ich hoffe sie in nächster Zeit vollständig mitzutheilen — der allgemeinen Kenntniß länger vorenthalten.

Ueber Geist und Absicht des Folgenden scheint mir nicht erforderlich, noch Etwas beizufügen. Wer aus der Darstellung nicht erkennt, daß unabhängig von den Neigungen und Gegensätzen unserer Tage für die Bildung des Urtheils ausschließlich das Streben nach historischer Wahrheit und Gerechtigkeit maßgebend geworden ist, — wer es aus der Darstellung nicht erkennt, wird es gewiß meiner Versicherung nicht glauben.

[1] Ich nenne vorerst nur den 6. Band der „Geschichte des russischen Staates: Rußlands auswärtige Beziehungen in den Jahren 1775 1792," Gotha 1860, und den Ergänzungsband: Diplomatische Correspondenzen aus der Revolutionszeit, Gotha 1866.

Erstes Buch.
Vom Anfange des Revolutionskrieges bis zum Abschluß des Friedens von Basel.

Erstes Kapitel.
Der Ausbruch des Revolutionskrieges.

Als im Westen von Europa die französische Revolution gewaltig und drohend ihr Haupt erhob, fand sie den Welttheil keineswegs beruhigt und einig sich gegenüber. Im Osten hatte schon seit dem Anfange des Jahrhunderts ein neues Staatswesen, kaum der Barbarei entwachsen, eine Politik verfolgt, die durch Gewaltsamkeit und List den Nachbarn sich gleich gefährlich zeigte. Schon war Schweden seiner Ostseeprovinzen verlustig, Polen zum ersten Male getheilt, der Türkei die schützende Vormauer des Tatarenreiches entrissen; selbst in die Streitigkeiten der deutschen Fürsten wußte russische Begehrlichkeit, jeden Vortheil auf das Schlaueste benutzend, mehr und mehr sich einzudrängen. Seit dem Jahre 1787 führte Katharina II. einen neuen Krieg gegen die Türken, dem kein geringeres Ziel, als die Eroberung Konstantinopels vorgesteckt war. Kaiser Joseph II., in unruhiger Hast, sich nach Außen zu vergrößern, hatte sich ihr angeschlossen, obgleich die innern Zustände seiner Staaten die Sorge eines Herrschers in vollem Maße in Anspruch nahmen. Denn wenn selbst in den deutschen Kronländern die wohlgemeinten aber rücksichtslosen Eingriffe einer unbeschränkten Herrschergewalt Unzufriedenheit und Mißtrauen nur zu sehr gereizt hatten, so stand in Galizien und Ungarn von Tag zu Tage offene Widersetzlichkeit zu befürchten, und in dem fernen Belgien war die lange verhaltene Gährung im gefährlichsten Aufstande zum Ausbruch gekommen. Zwar den Türken gegenüber errangen die kaiserlichen Waffen manchen glücklichen Erfolg, aber es trat nun ein entschiedener Widerstand von Seiten der übrigen Mächte hervor. Preußen, England und Holland, seit dem Jahre 1788 durch ein enges Bündniß geeinigt, stellten die Forderung, daß das Gleichgewicht Europas nicht durch eine Veränderung des Besitzstandes gestört, und die Türkei nicht in ihren Gränzen geschmälert würde. Der heftige König von Schweden hatte voreilig im Sommer 1788 schon einen Krieg gegen Rußland angefangen. Polen, durch die Theilung und durch innere Parteiungen geschwächt, aber durch die Ausdehnung seines Gebietes und die Zahl der Einwohner noch immer von Bedeutung, benutzte die günstige Gelegenheit, sich des russischen Einflusses mehr und mehr zu entledigen. Es fand Unterstützung bei Preußen, am 29. März 1790 kam sogar ein Bündniß zwischen beiden Staaten zum Abschluß. Auch mit dem Sultan hatte König Friedrich Wilhelm schon zwei Monate früher sich verständigt; ein mächtiges preußisches Heer in Schlesien war bereit, nach Böhmen vorzubrechen: ein europäischer Krieg schien unvermeidlich.

Inmitten dieser aufs Aeußerste gespannten Verhältnisse starb Joseph II. am 20. Februar 1790. Zum Heile für die Monarchie war sein Bruder und Nachfolger Leopold besonnen und scharfblickend genug, auch unter so schwierigen Umständen den rechten Weg zu finden. Er einigte sich zuerst mit Preußen und den Seemächten. In der Convention zu Reichenbach am 27. Juli gab er im Wesentlichen den Forderungen der Verbündeten nach, versprach alles Eroberte an die Pforte zurück zu geben und auch bei der Kaiserin von Rußland sich dahin zu verwenden, daß der Friede zwischen ihr und dem Sultan auf Grund des frühern Besitzstandes zum Abschluß käme. Dafür ließen die Verbündeten ihm freie Hand, Belgien halb durch Güte, halb durch kriegerische Mittel wieder zum Gehorsam zu bringen; auch in den übrigen

Provinzen seines Reiches wußte er ohne wirkliche Schmälerung seiner Macht durch kluges Nachgeben die Ruhe herzustellen; am 9. October empfing er zu Frankfurt die Kaiserkrone, und so fand er sich noch vor dem Schlusse des Jahres in einer sichern, ja in einer günstigen Stellung, um neuen Verwicklungen entgegenzutreten.

Daß diese von Seiten Frankreichs zu erwarten seien, ließ sich mit Sicherheit vorhersagen. Der Kaiser sah seine Schwester auf dem Throne immer neuen Mißhandlungen preisgegeben; die Gefahr, daß auch Belgien von der leidenschaftlichen Bewegung ergriffen würde, wuchs von Tag zu Tage, und schon war auch das deutsche Reich durch rücksichtslose Verletzung der im Elsaß begüterten Fürsten unmittelbar berührt und in den Kampf hineingezogen.

Unterdessen waren die Verwicklungen im Osten noch keineswegs gelöst. Rußland weigerte sich, vom Kriege gegen die Türken ohne Vortheil abzulassen. Eine Kriegserklärung von Seiten Englands und Preußens war bereits zum Entschluß geworden. In dieser Lage wünschte man vor Allem auch den Beistand Leopolds. Zu Anfang des Jahres 1791 schickte England den Lord Elgin, der König von Preußen seinen Günstling, den Obersten v. Bischoffwerder nach Wien, um den Kaiser für ein besonderes Bündniß oder für den Beitritt zur Tripelallianz zu gewinnen. Im Gespräche mit dem östreichischen Vicekanzler, dem Grafen Philipp Cobenzl, nannte der Oberst als Zielpunkte die Aussöhnung Rußlands mit der Türkei, Zurückweisung des russischen Einflusses auf die deutschen Angelegenheiten, Aufrechthaltung der Reichsverfassung und eine Einigung über die Maßregeln, die der französischen Revolution gegenüber zu ergreifen seien[1]). Aber Leopold war nicht geneigt, sich von seinem früheren Verbündeten zu Gunsten des Nebenbuhlers loszusagen, dem er noch eben die mühsamen Erfolge so vieler Feldzüge hatte opfern müssen. Auch

---

1) Vgl. Sjolowjoff, Geschichte des Falles von Polen, nach russischen Quellen, übersetzt von Spörer, Gotha 1865, S. 222.

besorgte er, Preußen möchte durch besondere Verhandlungen mit Polen noch eine Vergrößerung, etwa die lange begehrten Festungen Thorn und Danzig sich aneignen. Er verzögerte deshalb den Abschluß des Friedens mit der Türkei und reiste, ohne auf die preußischen Anträge eine bestimmte Antwort zu geben, im März nach Italien. Elgin folgte ihm dahin und erneuerte, wiewohl ohne Erfolg, seine Bemühungen; am 9. Juni langte auch Bischoffwerder in Mailand an. Leopold blieb indessen seinem früheren Benehmen treu; sobald er versichert war, daß Preußen seine Absichten auf Thorn und Danzig aufgäbe, zeigte er sich bereit, den Frieden mit dem Sultan zu beschleunigen, der denn auch zu Sistowa am 5. August zum Abschluß kam; aber eine feindliche Stellung gegen Rußland einzunehmen, ließ er sich nicht bewegen. Höchst willkommen war ihm dagegen gerade in diesem Augenblicke Bischoffwerders Geneigtheit, gemeinschaftlich der französischen Revolution entgegenzutreten.

Denn am 20. Juni war die königliche Familie aus Paris entflohen, einige Tage später verhaftet und in die Gefangenschaft der Tuilerien zurückgeführt. So wenig Leopold einen Krieg gegen Frankreich wünschte, unmöglich konnte er seine nächsten Angehörigen ohne ein Zeichen der Theilnahme einem solchen Schicksale preisgeben. Am 6. Juli richtete er aus Padua an die bedeutendsten Souveraine die Aufforderung, sich gemeinsam der Sache Ludwigs XVI. anzunehmen. Nichts war unter diesen Verhältnissen wünschenswerther, als vorerst mit Preußen sich zu einigen. Seinen Instructionen gemäß sollte Bischoffwerder vornehmlich ein Zusammenstehen gegen Rußland auf die schon im Februar angedeuteten Bedingungen in Vorschlag bringen und den Zutritt des Kaisers zu dem preußisch-englischen Bündniß erwirken[1]); Leopold wußte aber den Verhandlungen eine Richtung zu geben, die ihn vorerst gegen Frankreich sichern sollte. In diesem Sinne wurde zu Wien am 25. Juli, kurz nach der Rückkehr des Kai-

---

[1]) Vgl. Hermann, Russische Geschichte, VI, 425 fg., Correspondenzen der Revolutionszeit, S. 12 und Beilage 1.

jers, von dem Fürsten Kaunitz und Bischoffwerder ein vorläufiger Vertrag unterzeichnet. Man verabredete ein Vertheidigungsbündniß; sobald der Friede zwischen Rußland und der Türkei zum Abschluß gekommen sei, sollte auch Katharina gleichzeitig mit den Seemächten und dem Kurfürsten von Sachsen zum Beitritt aufgefordert werden. Beide Theile verbürgten sich ihr Gebiet gegen jeden feindlichen Angriff und versprachen, der eine ohne Wissen des andern kein neues Bündniß einzugehen. Endlich kam man überein, sich alsobald zu verständigen und dahin zu wirken, daß die vom Kaiser angeregte Verbindung der Hauptmächte Europas rücksichtlich der französischen Angelegenheiten unverzüglich zu Stande käme¹).

Daß Bischoffwerder so bereitwillig zu einem solchen Vertrage sich herbeiließ, und daß auch Friedrich Wilhelm nichts dagegen einzuwenden hatte, beruhte vornehmlich auf einem doppelten Grunde. Der König, wenn auch keineswegs geneigt, auf die Ansinnen der ihn umringenden Emigranten einzugehen, war doch durch die Vorgänge in Paris im Innersten empört. Ludwigs XVI. Schicksal schien ihm die Sache aller Könige. In Erinnerung an die geringe Mühe, mit welcher die preußischen Truppen im Jahre 1787 den Aufruhr in Holland zu Boden geworfen, mochte es ihm leicht erscheinen, auch in Frankreich den Thron wieder aufzurichten, und es gab nichts, was seinem Ehrgeize mehr geschmeichelt oder seinen Neigungen mehr entsprochen hätte. Dazu kam, daß Englands Benehmen gegen Preußen keineswegs Vertrauen erwecken oder Rücksichten erfordern konnte. Wenige Monate vorher, als Rußland jedes Entgegenkommen verweigerte, war der König entschlossen, im Verein mit England den Krieg zu erklären. Noch im März richtete er in diesem Sinne ein eigenhändiges Schreiben an den Sultan, forderte ihn auf, ein wohlgerüstetes Heer an die Donau zu schicken und dem König von Schweden neue Subsidien zu bewilligen. Auf die englische Regierung durfte man rechnen; denn für den Fall, daß Rußland

---

1) Vgl. Hermann, Correspondenzen, 40.

seine Eroberungen nicht zurückgäbe, hatte sie die Eröffnung der Feindseligkeiten im April mit Sicherheit in Aussicht gestellt. Aber das Parlament scheute sich, den einträglichen Handel mit Rußland zu gefährden, und eine zweifelhafte Abstimmung hatte die Folge, daß plötzlich alle für den Krieg schon angeordneten Maßregeln von dem englischen Ministerium zurückgenommen, und statt dessen in Petersburg eine neue Unterhandlung begonnen wurde, die bald sich völlig den russischen Ansprüchen fügte. Friedrich Wilhelm, von England verlassen, konnte nicht daran denken, sich allein in einen Krieg mit Rußland zu stürzen, um so weniger, als auch die Verhältnisse in Polen eine seinen Wünschen wenig zusagende Wendung nahmen. Er mußte es geschehen lassen, daß Rußland in seiner drohenden Stellung gegen die Türkei beharrte und am 11. August zu Galacz die Präliminarien eines Friedens erzwang, welcher, abgesehen von andern für den Sultan äußerst lästigen Bedingungen, die russische Grenze vom Bug bis zum Dniester erweiterte.

Preußens Bündniß mit den Seemächten war dadurch heftig erschüttert, gleichwohl blieb eine zahlreiche Partei in Berlin der Verbindung mit Oestreich noch immer abgeneigt. Schon während der Verhandlungen in Wien hatte das Ministerium, insbesondere Schulenburg und Alvensleben, nicht aufgehört, Bischoffwerder vor der arglistigen Feinheit Leopolds zu warnen. Als dann der Oberst mit dem Vertrage zurückkam, säumten sie nicht, die erheblichsten Bedenken gegen die Genehmigung dem Könige vorzutragen. Friedrich Wilhelm ließ gleichwohl noch an dem Tage, an welchem er den Abschluß des Friedens von Sistowa erfahren hatte, die Reinschrift des Vertrages zum Zweck der Unterzeichnung anordnen. Darauf gaben die Minister, neben den Genannten noch Finkenstein, eine Erklärung zu den Akten, in welcher sie über Bischoffwerders eigenmächtiges Vorgehen Beschwerde führen und gegen jede Verantwortlichkeit für die Folgen des Vertrages sich verwahren[1]). Aber es war jetzt nicht die Zeit, den ausgespro-

---

1) Vgl. Hermann, Correspondenzen, 42.

chenen Willen des Monarchen rückgängig zu machen. Wenige Wochen später kam Friedrich Wilhelm mit dem Kaiser in Pillnitz zusammen, am 27. August erfolgte die berufene Erklärung, die so oft als der Anfang des Krieges gegen Frankreich gegolten hat. Der Kaiser und der König sprachen aus, daß sie mit Rücksicht auf die Eröffnungen der Brüder Ludwigs XVI. seine Sache als die gemeinschaftliche aller Souveraine Europas betrachteten. Sie äußerten die Hoffnung, daß auch die übrigen Mächte, die man um Beistand angegangen, in Verbindung mit Oestreich und Preußen die wirksamsten Mittel ergreifen würden, um dem Könige von Frankreich die volle Freiheit wieder zu verschaffen. Alsdann und in diesem Falle seien der Kaiser und der König von Preußen entschlossen, nach gemeinsamer Uebereinkunft unverzüglich mit den nöthigen Kräften zu handeln; schon einstweilen würden sie ihren Truppen Befehl zukommen lassen, daß sie zur geeigneten Zeit sich in Bewegung setzen könnten [1]). Es heißt, daß diese Erklärung durch den Grafen v. Artois, der sich als ein unwillkommener Gast in die Verhandlungen eingedrängt hatte, den beiden Monarchen kurz vor der Abreise abgenöthigt sei [2]). Denn in Wahrheit war keiner von beiden, am wenigsten der Kaiser, geneigt, in einen Kampf mit Frankreich ohne dringende Noth sich einzulassen. So hatte er alle Zumuthungen des französischen Prinzen, mit den Emigranten gemeinsame Sache zu machen und mit dem Grafen von Provence als Regenten Frankreichs zu verhandeln, aufs Entschiedenste zurückgewiesen. Selbst jene Erklärung, so drohend sie lautet, war doch auf Alles eher, als auf die Beschleunigung des Krieges berechnet. Denn als Bedingung eines Angriffs gegen Frankreich setzt sie die Uebereinstimmung aller Mächte, die man um Beistand angegangen hatte; es war aber mit Sicherheit schon damals voraus-

---

1) Vgl. Hermann, Correspondenzen, 88; die deutsche Uebersetzung im Septemberheft des Politischen Journals von 1791, S. 973.

2) So erzählte der Minister Schulenburg wenige Tage später, am 2. September, dem englischen Gesandten Ewart in Berlin. Vgl. Hermann, Correspondenzen, 95.

zusehen, daß diese Bedingung sich nicht erfüllen, und England seine Theilnahme verweigern würde. Der Kaiser traf denn auch keinerlei Vorkehrungen für den Krieg, entließ sogar einen Theil seiner Truppen, und als nicht lange nachher aus Paris die Nachricht eintraf, Ludwig XVI. habe am 14. September 1791 die von der Nationalversammlung ihm vorgelegte Constitution angenommen, zeigte sich der Kaiser mit diesem Schritte völlig einverstanden. Er erklärte am 1. November den europäischen Mächten: die Gefahren, welche Ludwigs XVI. Freiheit und Ehre bedroht hätten, seien nunmehr verschwunden, da der König dem Anscheine nach die Constitution freiwillig angenommen habe. Dabei wird zwar noch der Wunsch geäußert, daß die Coalition bestehen bleibe, weil die günstig scheinenden Umstände sich wieder ändern könnten, aber von kriegerischen Maßregeln ist nicht mehr die Rede; der Kaiser gibt sich im Gegentheile der Hoffnung hin, die Annahme der Verfassung könne die Ordnung in Frankreich wieder herstellen und der gemäßigten Partei das Uebergewicht verschaffen [1]).

Aber diese Hoffnung ging nicht in Erfüllung; die politischen Leidenschaften in Frankreich steigerten sich immer mehr; in der neugewählten gesetzgebenden Versammlung und im Jakobinerclubb herrschte bald die Partei der Girondisten, welche den Umsturz des Thrones und die Einführung der Republik sich offen zur Aufgabe stellten. Aufs Neue ergingen die dringendsten Bitten des Königs und der Königin an die auswärtigen Fürsten, insbesondere an den Kaiser; und ganz abgesehen von den Banden der Familie, schon die Sicherheit seiner Staaten nahm die ernste Sorge Leopolds in Anspruch. Denn eben jene Partei der Gironde wünschte, um sich der Herrschaft im Innern völlig zu bemächtigen, nichts mehr, als einen Krieg gegen das Ausland. Seit dem October wurden alle Kräfte auf diesen Punkt gerichtet; das unverständige, wenn auch nicht gefährliche Treiben des ausgewanderten Adels bot nur zu augenscheinlich einen Vorwand.

---

[1]) Vgl. die Circularnote vom 1. November im Politischen Journal, Jahrgang 1792, S. 261.

Schon nach der Mitte des November hatten die französischen Gesandten Noailles in Wien und Vergennes in Koblenz in drohendem Tone über die Unterstützung der Emigranten sich beklagt. Am 29. beschloß die gesetzgebende Versammlung, der König solle die rheinischen Kurfürsten zur Auflösung des Emigrantenheeres anhalten und den Ansprüchen der deutschen Reichsstände im Elsaß ein Ende machen; um diesen Forderungen Nachdruck zu geben, müßte man beträchtliche Streitkräfte an der Nordgrenze zusammenziehen. Der haltlose Fürst wagte keinen Widerstand; am 14. December theilte er selbst der Versammlung mit, dem Kaiser wie dem Kurfürsten von Trier sei erklärt: wenn bis zum 15. Januar 1792 das Heer der Emigranten noch fortbestände, so werde man den Kurfürsten als einen Feind betrachten. Hundert und fünfzig tausend Mann sollten an der Grenze aufgestellt werden. Der König versprach, er würde den Krieg beantragen, wenn die Vorstellungen fruchtlos blieben.

Der erschreckte Kurfürst erwiederte ungesäumt, daß er die Emigranten entwaffnen und von der Gränze entfernen werde. Auch der Kaiser betheuerte am 21. December seine Friedensliebe, knüpfte aber daran die Mittheilung, der Kurfürst von Trier habe allen Beschwerden Abhülfe versprochen, jedoch gleichzeitig den Kaiser um Beistand ersucht. Man sei von den gerechten und gemäßigten Absichten des Königs vollkommen überzeugt; da aber gleichwohl bei den gegenwärtigen Zuständen Frankreichs Thätlichkeiten besorgt werden müßten, so sehe der Kaiser sich genöthigt, dem Generalcommandanten in den Niederlanden, Feldmarschall von Bender, die Anweisung zu geben, dem Kurfürsten, wenn er durch feindliche Einfälle verletzt oder bedroht würde, schleunige und nachdrückliche Hülfe zu leisten [1]). Eine Note vom 5. Januar wiederholte noch entschiedener, daß jede Verletzung des Reichsgebietes den Krieg zur Folge haben müsse.

Aber diese Erklärungen brachten durchaus nicht den Eindruck hervor, den man in Wien sich versprechen mochte; sie ent-

---

1) Vgl. die Note im Politischen Journal 1792, S. 36.

ferneten nicht, sondern sie beschleunigten den Bruch. Der Kaiser hatte in der Note vom 21. December schließlich den Wunsch geäußert, Frankreich möge die unvermeidlichen Folgen abwenden, die ein Angriff auf den Kurfürsten von Trier sowohl von Seiten des Oberhauptes und der Stände des deutschen Reiches, als der andern Souveraine nach sich ziehen würde, die zur Erhaltung der öffentlichen Ruhe und für die Sicherheit und Ehre der Kronen gemeinschaftlich verbunden seien. Diese wenig verhüllte Drohung und die Andeutung einer noch fortbestehenden Coalition riefen in Paris einen heftigen Ausbruch des nationalen Unwillens hervor. Am 14. Januar 1792 erklärte die gesetzgebende Versammlung einstimmig jeden Franzosen für einen Verräther, der an einem Congreß auswärtiger Mächte zur Veränderung der französischen Verfassung, oder an einer Vermittlung zwischen der Nation und den Ausgewanderten, oder an einem Vergleich, der den deutschen Fürsten für ihre Rechte im Elsaß etwas anderes, als eine Entschädigung zugeständ̄e, sich betheiligen würde. Am 25. Januar folgte dann der Beschluß, den Kaiser nochmals zu einer bestimmten Antwort aufzufordern und, falls sie bis zum 4. März nicht ergangen sei, den Krieg zu erklären[1]).

So bedenklichen Nachrichten gegenüber konnte Leopold nicht unthätig bleiben. Am 12. December wurde in Regensburg das kaiserliche Decret zur Diktatur gegeben, welches die Reichsschlüsse gegen die französischen Uebergriffe im Elsaß ratificirte und zugleich gegen die Verbreitung revolutionärer Grundsätze und Schriften den Reichskreisen die strengste Wachsamkeit zur Pflicht machte. Mit Preußen waren die Verabredungen für den Kriegsfall wieder aufgenommen, am 7. Februar 1792 kam dann auch zu Berlin der Bundesvertrag zum Abschluß, im Wesentlichen auf der am 25. Juli des vorigen Jahres angenommenen Grundlage. Beide Theile verbürgten sich ihre Besitzungen und versprachen im Falle eines feindlichen Angriffs gegenseitige Hülfleistung durch ein

---

1) Vgl. Choix des rapports, opinions et discours prononcés à la tribune nationale, Paris 1819, III, 365.

Corps von 20,000 Mann. Rußland, die Seemächte und Sachsen wollte man zum Beitritt einladen; die Aufrechthaltung der deutschen Verfassung wurde zugesagt. Mehrere Separatartikel enthielten Bestimmungen über das gemeinsame Wirken für die europäische Coalition, über gegenseitige Hülfe im Falle innerer Unruhen und über die polnischen Angelegenheiten [1]). An den unmittelbaren Ausbruch des Krieges schien man jedoch noch immer nicht zu glauben; die nöthigen Vorkehrungen wurden nur lässig betrieben, selbst die Ratification des Bündnisses erfolgte in Wien erst mehrere Wochen nachher. Am 17. Februar gab Kaunitz der französischen Regierung die geforderten Erklärungen, sowohl über die Befehle, die dem Marschall Bender ertheilt waren, als über die Verbindung der europäischen Mächte. Er zeigte in einer umfangreichen Staatsschrift, daß der Kaiser den Krieg nicht gewünscht, sondern im Gegentheile sich bestrebt habe, die Emigranten von jedem feindlichen Schritt zurückzuhalten; nur durch die französischen Rüstungen werde er nunmehr gezwungen, einem offenbar bedrohten Reichslande beizustehen. Der Verein der Mächte sei im Juli des vergangenen Jahres durch die Gefangenschaft und die Lage der königlichen Familie veranlaßt worden; nach der Annahme der Constitution bestehe er nur noch für den Fall, daß ähnliche Gefahren sich wieder zeigen sollten. Diese Besorgniß, fährt die Denkschrift fort, werde nur zu sehr gerechtfertigt durch die Bestrebungen einer anarchischen Partei, welche die innere Ordnung in Frankreich vernichtet, die Vereinigung von kaum viertausend Emigranten für umfassende kriegerische Rüstungen genommen habe, und durch Beleidigungen jeder Art die auswärtigen Souveraine zum Krieg herausfordere. Die Kunstgriffe dieser Partei — ein beiliegendes Schreiben an den französischen Gesandten nannte ausdrücklich die Jakobiner — welche ihre Herrschaft auf Unruhen und Verwirrung gründe und die

---

1) Vgl. Häusser, Deutsche Geschichte 3. Aufl. Berlin 1861, Bd. I, S. 334. Der Vertrag ohne die Separatartikel findet sich schon im Juniheft des Politischen Journals von 1792, S. 549; der König ratificirt am 19. Februar.

Nation in immer größeres Elend zu stürzen suche, diese wünsche der Kaiser aufzudecken; deshalb habe er eben so freundschaftlich als wohlwollend Frankreich an die Vereinigung der Mächte erinnern und seinen Entschluß erklären müssen, im Falle eines Angriffs seinen Staaten zu Hülfe zu kommen. Der preußische Gesandte in Paris, Graf v. Goltz, erklärte um 28. Februar, diese Note des Fürsten Kaunitz enthalte die Grundsätze, über welche die Höfe zu Berlin und Wien vollkommen einverstanden seien[1]).

Der 1. März, der Tag, an dem diese Erklärungen der gesetzgebenden Versammlung vorgelegt wurden, war Leopolds Todestag. Der Kaiser starb nach einem kurzen Unwohlsein im kräftigsten Mannesalter. Oestreich, Deutschland, man darf sagen, das verbündete Europa wurde des besonnenen Leiters beraubt. An seine Stelle trat ein junger Mann von schwacher Gesundheit, mit den Eigenschaften des Herrschers nicht eben reichlich ausgestattet, in den Geschäften noch wenig erfahren. Keine gewonnene Schlacht hätte der Revolution größeren Vortheil bringen können, als dieser Todesfall.

Freilich die Verhandlungen gingen noch in derselben Weise fort; Franz II. folgte vorerst den Grundsätzen seines Vaters. Noch am 18. März äußerte sich Kaunitz auf erneuerte Anfragen des Grafen Noailles nicht anders, wie in der Note vom 17. Februar. Aber in Paris war unterdessen die entscheidende Wendung eingetreten. Ludwig XVI. und nicht weniger seine Minister wünschten allerdings den Frieden zu erhalten; sie hatten die Note vom 17. Februar nicht unfreundlich aufgenommen, der Minister des Auswärtigen, Delessart, sprach am 1. März in der gesetzgebenden Versammlung sogar mit Anerkennung von den friedfertigen Gesinnungen des Kaisers. Aber die Jakobiner, aufs Heftigste erbittert durch die Vorwürfe, die der östreichische Staatskanzler vor ganz Frankreich gegen sie ausgesprochen hatte, boten jetzt alle Kräfte auf. Wenige Tage später, am 10. März, als eben Tages vorher die Nachricht von Leopolds Tode der königlichen Familie den letzten Halt geraubt hatte, machte Brissot gerade die

---

1) Vgl. Politisches Journal 1792, S. 249 fg. u. 265.

östreichische Note und Delessarts sehr gemäßigte Antwort zum Gegenstand des heftigsten Angriffes. Die Versammlung, in welcher die Girondisten mit den Anhängern Lafayettes sich geeinigt hatten, stimmte ihm bei. Sogleich wurde Delessarts Anklage und Verhaftung beschlossen, und dem Könige ein Ministerium jakobinisch-girondistischer Färbung aufgedrängt, an dessen Spitze für die auswärtigen Angelegenheiten der General Dumouriez den entscheidenden Einfluß übte. Unverzüglich, schon in einer Note vom 18. März, nahm er einen heftig drohenden Ton an; eine zweite Note vom 27. verlangte bis zum 15. April eine kategorische Antwort, ob der Kaiser entwaffnen, die Emigranten ausweisen und von der Coalition zurücktreten wolle[1]). Als man dagegen in Wien auf die Note vom 18. März sich bezog, erschien Ludwig XVI. am 20. April in der Nationalversammlung mit dem Antrage, dem König von Ungarn und Böhmen den Krieg zu erklären.

Die Manifeste beider Theile machten sich, wie es zu geschehen pflegt, gegenseitig für den Ausbruch dieses Krieges verantwortlich, und auch in der Folgezeit ist die Streitfrage noch häufig wieder angeregt. Französische Schriftsteller, insbesondere Thiers, haben der Meinung Eingang verschafft, daß ausschließlich durch die unrechtmäßigen Forderungen des verbündeten Europas Frankreich zu einem Vertheidigungskrieg gezwungen sei. Dagegen hat vor Andern Sybel ausgeführt, wie zögernd und ungern die deutschen Mächte auf den Krieg sich eingelassen haben, den die Girondisten herbeiwünschten und unvermeidlich machten. Selbst in Frankreich hat man in neuester Zeit sich dieser Erkenntniß nicht verschließen können. Nur vereinzelt hat unter uns Ernst Hermann vor Kurzem noch einmal die Ansicht ausgesprochen, trotz seiner scheinbaren Friedensliebe habe der Kaiser Leopold von Anfang des Streites auf den Krieg hingearbeitet, um durch die bewaffnete Dazwischenkunft der europäischen Mächte einem reactionären Absolutismus zum Siege zu verhelfen[2]). Diese Ansicht

---

1) Vgl. die Aktenstücke im Moniteur vom 18. April 1792.
2) Vgl. Hermann, Die östreichisch-preußische Allianz vom 7. Februar 1792 und die zweite Theilung Polens. Eine Streitschrift gegen H. v. Sybel,

ist schon von Sybel zurückgewiesen¹) und später auch von Hermann nicht mehr vertheidigt; sie wird schwerlich auf zahlreiche Anhänger rechnen dürfen. Was bis jetzt bekannt, auch gerade was von Hermann veröffentlicht wurde, läßt nicht auf Kriegeslust von Seiten des Kaisers schließen; es ergibt sich im Gegentheile, daß dieser Fürst, unter allen europäischen Monarchen den neuen Ideen am meisten zugänglich²), den Frieden, so viel es an ihm lag, zu erhalten wünschte und nur so weit zu kriegerischen Maßregeln sich herbeiließ, als es durch die Lage seiner Schwester und zur Sicherung seiner Staaten unumgänglich wurde. Man erkannte dies sogar in Paris, und gerade Brissot, der entschiedenste Beförderer des Krieges, hat es noch am 16. December 1791 bei den Jakobinern offen ausgesprochen: „In Berlin, wie in Wien," sagte er, „wünscht man den Frieden, weil man seiner bedarf; man will nur den Schein haben, als unterstütze man die Sache der Könige. Auch der Vertrag zu Pillnitz hatte keine andere Bedeutung." Daß die Girondisten den Krieg für nöthig hielten, um die Gewalt in ihre Hand zu bringen, hat Brissot, wie andere Führer der Gironde, gar nicht in Abrede gestellt. Und so läßt sich auch nicht in Abrede stellen, daß für den unmittelbaren Ausbruch der Feindseligkeiten diese Partei die Verantwortung zu tragen hat. Eine andere Frage ist, ob deshalb die deutschen Höfe von aller Schuld freizusprechen sind, ob insbesondere die Mittel, die Leopold in Anwendung brachte, zur Erhaltung des Friedens dienen konnten. Und dies wird sich schwerlich bejahen lassen. Denn die Art, wie die Emigranten in Deutschland auftraten und Unterstützung fanden, war allerdings, wenn nicht

---

Gotha 1861, ferner die Abhandlung: Zur Geschichte der Wiener Convention vom 25. Juli 1792 und der östreichischen Allianz vom 7. Februar 1792, in den Forschungen zur deutschen Geschichte, V, 239.

1) Vgl. die Abhandlung: Leopold II., Gegen Ernst Hermann, in der Historischen Zeitschrift, X, 387.

2) Vgl. insbesondere den merkwürdigen Brief an die Erzherzogin Christine vom 25. Januar 1790, bei A. Wolf, Leopold II. und Marie Christine. Ihr Briefwechsel, 1781—1792, Wien, 1867.

gefährlich, doch im höchsten Grade beleidigend für das französische Nationalgefühl und herausfordernd gegen die herrschenden Parteien. Dann waren auch die östreichischen Noten, vor Allem jene heftigen Ausfälle gegen die Jakobiner, am Wenigsten geeignet, ihren Zweck zu erfüllen. Man drohte beständig mit einer Coalition, mit strengen Maßregeln, die gegen das französische Volk ergriffen werden könnten, ohne doch die zur Durchführung nöthigen Mittel anzubieten und dadurch der Drohung Nachdruck zu geben. So erregte man zwar die Leidenschaften, die zum Kriege drängten, aber nicht die Furcht, die zur Besonnenheit hätte führen können. Indessen, wer möchte den Grund für so außerordentliche Ereignisse in dem Willen oder den Handlungen einzelner Personen oder Parteien suchen? Die ganze gewaltige Bewegung war allem Bestehenden so sehr entgegengesetzt, daß sie dauernd mit der alten Staatsordnung in keinem Falle sich friedlich hätte einigen können.

Zweites Kapitel.

Krieg und Unterhandlungen bis zum Ende des Jahres 1793.

Kaum acht Tage nach dem Beschluß des 20. April, noch vor dem Ende des Monats, brachen die französischen Heere in das schwach besetzte Belgien ein. Das schnelle Vorgehen gab den Vortheil, daß die verbündeten Mächte völlig überrascht wurden. Aber so sehr hatten die revolutionären Leidenschaften alle Bande der Ordnung gelockert, daß die Truppen einer geschulten militärischen Macht gegenüber sich gar nicht brauchbar zeigten. Vor wenigen östreichischen Bataillonen flohen die republikanischen Soldaten, von plötzlichem Schrecken ergriffen, über die Gränze zurück, wo dann Unordnung und Auflösung immer weiter sich verbreiteten. Wäre Deutschland damals gerüstet gewesen, hätten die verbündeten Heere zu raschem Handeln an den Gränzen bereit gestanden, es ist nicht abzusehen, wer ihnen den Weg nach Paris hätte verlegen wollen. Aber die Neigung, dem Krieg so lange als möglich auszuweichen, hatte die Rüstungen verzögert; nach jenen ersten Niederlagen der Franzosen trat beinahe Waffenruhe ein, nur langsam bewegten sich die deutschen Heere dem Rheine zu. Am 14. Juli empfing Franz II. zu Frankfurt die Kaiserkrone; noch einmal zeigte sich dann zu Mainz, nachdem am 23. auch der König von Preußen eingetroffen war, in langen glänzenden Festlichkeiten die Pracht der feudalen Aristokratie; erst nach der Mitte des August überschritt das preußische Heer in Anwesenheit des Königs unter der Führung des Herzogs von Braunschweig die französische Gränze. Die Ereignisse dieses Feldzugs sind bekannt genug; Jeder erinnert sich, wie die Gränzfestungen

Longwy und Verdun ohne langen Widerstand übergeben, am 14. September auch die feste Stellung bei den Argonnen von Dumouriez geräumt wurde, bis die unentschiedene Schlacht bei Valmy am 20. September dem Vordringen des verbündeten Heeres ein Ziel setzte, worauf denn nach der raschen Verstärkung der französischen Streitmacht unter heftig einbrechendem Regenwetter der Rückzug unumgänglich wurde.

Wie es gewöhnlich bei dergleichen unglücklichen Unternehmungen zu geschehen pflegt, so hat gleich Anfangs eine aufgeregte Phantasie und nur zu bald auch die Gehässigkeit gegen Preußen in mannichfachen Vermuthungen und heftigen Anklagen über die Gründe dieses Rückzugs sich ergangen. Die preußische Regierung sollte schon damals von Deutschland sich losgesagt und mit den Franzosen sich geeinigt haben, der Rückzug in Folge eines geheimen Abkommens angetreten sein; man nannte sogar den Preis der Diamanten und die Geldsummen, durch welche der Herzog von Braunschweig bestochen wäre. Schon die unbefangene Anschauung der Thatsachen läßt das Unwahrscheinliche dieses Argwohns erkennen; es ist aber das große Verdienst Sybels und nach ihm Häussers, aus den Quellen der preußischen Archive uns die genaue Kenntniß jener Begebenheiten eröffnet zu haben. Was Vivenot an einzelnen Stellen seines Buches dagegen vorbringt, ist ohne Gewicht und keiner besondern Erörterung bedürftig. Wir sehen, daß allerdings die Franzosen schon damals Preußen von Oestreich zu trennen und sich zu verbinden wünschten, daß aber ihre Anträge zurückgewiesen und ernste Unterhandlungen von Seiten Preußens gar nicht gepflogen wurden. Nicht Einverständnisse mit dem Feind, sondern das Unzulängliche der ganzen Rüstung, die geringe Unterstützung von Seiten Oestreichs, die Unentschlossenheit des Herzogs von Braunschweig und die üble Lage des Heeres in der Champagne haben den für Deutschland so unerfreulichen Ausgang zur Folge gehabt.

Und leider blieb dies Unglück nicht das einzige. Noch während das preußische Heer auf dem Rückzuge nach Luxemburg begriffen war, zu Ende Septembers, drang Custine in die wehrlo=

sen geistlichen Staaten des linken Rheinufers ein. Speier und Worms fielen beinahe ohne Widerstand in seine Hände, am 21. October sogar das schmachvoll verlassene Mainz. Schon am Tage darauf wurde auch Frankfurt besetzt und zu starken Contributionen gezwungen; auf dem rechten wie auf dem linken Rheinufer herrschte nur Schrecken und Rathlosigkeit.

Auch in den Niederlanden konnte die geringe Zahl östreichischer Truppen die mächtig angewachsenen französischen Schaaren nicht zurückhalten. Der Sieg Dumouriez' bei Jemappes am 6. November brachte beinahe die gesammten Niederlande, in der Mitte des December sogar Aachen in französische Gewalt. Von allem das größte Unheil lag aber darin, daß auch die Einigkeit unter den Verbündeten schon einer bedenklichen Mißstimmung Raum gegeben hatte. Um ihren Ursprung zu erkennen, wird ein kurzer Rückblick nöthig; die enge Verbindung der Begebenheiten im Osten mit dem westlichen Kriege tritt schon jetzt nur zu deutlich und unheilvoll hervor.

Man erinnert sich, wie Polen seit dem Jahre 1788 die Zeit des Türkenkrieges zur Beseitigung des russischen Einflusses benutzte und bei dem verbündeten Preußen in diesem Bestreben Unterstützung fand. Im Frühjahr 1791, als der Krieg seinem Ende entgegen ging, und die Rache der beleidigten Czarin sodann das Schlimmste befürchten ließ, wagte die nationale Partei einen entscheidenden, nur mit zu wenig Umsicht vorbereiteten Schritt. Am 3. Mai wurde der Reichstag zur Annahme einer neuen Constitution vermocht, welche die zerrüttete Adelsrepublik in eine fest gegliederte constitutionelle Monarchie verwandeln sollte. Das wirksamste Mittel suchte man darin, daß die erbliche Thronfolge dem Kurfürsten von Sachsen und nach ihm seiner einzigen Tochter übertragen würde, damit aus ihrem Stamm eine neue Dynastie polnischer Könige hervorgehen könne[1]). Preußen nicht weniger als Oestreich und Rußland fand sich völlig überrascht und seine Interessen keineswegs gefördert, wenn Polen zu einem selbständigen, geordneten Staatswesen erstarkte. Gleichwohl erhob

---

1) Vgl. Hermann, Russische Geschichte, VI, 349 fg.

der König vorerst keinen Widerspruch, sandte sogar dem Kurfürsten einen Glückwunsch und redete ihm zu, die angebotene Krone nicht abzulehnen. Um so heftiger war die Kaiserin von Rußland erzürnt und nicht einen Augenblick schwankend, daß die neue Verfassung, sowie Alles, was seit dem Jahre 1788 in Polen geschehen war, wieder vernichtet werden müsse. Für diesen Zweck benutzte sie aufs geschickteste die französische Verwicklung.

Von Anfang an war es ihr eifriges Bestreben, zwischen Frankreich und den deutschen Mächten ein Zerwürfniß hervorzurufen. „Ich zerbreche mir den Kopf", sagte sie im December 1791 zu einem Vertrauten, „um das Wiener und Berliner Cabinet in die französischen Angelegenheiten zu bringen; ich möchte sie in Geschäfte verwickelt sehen, um die Hände frei zu haben; denn so viele Unternehmungen liegen unbeendigt vor mir, und jene müssen beschäftigt werden, damit sie mich nicht hindern"[1]). Freilich war sie dann auch wieder beunruhigt, die deutschen Mächte könnten zu entschiedenen Erfolg und auf Kosten des zerrütteten Frankreichs eine Vergrößerung erlangen; sie zeigte die theilnehmendste Besorgniß, durch die völlige Vernichtung eines so ansehnlichen Staates möchte das allgemeine Wohl und die Ruhe Europas beeinträchtigt werden. Aus diesem doppelten Grunde suchte sie in jeder Weise die ausschweifenden Anforderungen der Emigranten zu begünstigen und die Brüder Ludwigs XVI. gewissermaßen an die Spitze der Coalition zu bringen, damit einerseits der Gegensatz verschärft und der Friede so weit als möglich hinausgeschoben würde, andererseits die deutschen Mächte in ihrer Verbindung mit den Prinzen ein Hinderniß fänden, sich auf Kosten Frankreichs zu entschädigen. Wenn sie aber nicht aufhörte die uneigennützige Unterstützung des Königs und der Monarchie in den großmüthigsten Worten dem Wiener wie dem Berliner Hofe zu empfehlen[2]), so wäre sie doch ganz geneigt gewesen, nach

---

1) Vgl. Smitt, Suworof, II, 359 bei Sybel, Gesch. der Rev.-Zeit, II, 131.

2) Vgl. die Noten Ostermanns vom 15. Mai und 21. Juni bei Hermann, Correspondenzen, 237, 240.

einer andern Seite nicht allein Entschädigung, sondern auch neuen Erwerb zu gestatten, nur unter der Bedingung, daß sie selbst sich vorerst um so reichlicher bedenken würde. Wo dies zu geschehen habe, konnte nicht zweifelhaft sein.

Sobald der Friede zu Jassy am 9. Januar 1792 die Präliminarien von Galacz bestätigt hatte, und die Heeresmassen an der Donau verfügbar wurden, sollte die Rache über Polen hereinbrechen. Schon zu Anfang des Februar war der preußische Gesandte in Petersburg, Graf v. Goltz, von diesen Ansichten unterrichtet. Der Zufall gab ihm Kenntniß von einem eigenhändigen Schreiben der Kaiserin an ihren Günstling, den Fürsten Subow; es enthielt die Worte: "Wenn mit den Türken Alles in Ordnung ist, so will ich, daß der Fürst Repnin so viel Truppen, als möglich, zusammenbringt, d. h. nach meiner Berechnung 130,000 Mann, und mit denselben durch die Ukraine in Polen einrückt. Wenn Oestreich und Preußen sich widersetzen, wie es wahrscheinlich ist, werde ich ihnen Entschädigung oder Theilung vorschlagen"[1]).

Auf die nun folgenden Verhandlungen muß ich mir versagen, ausführlicher einzugehen. Sie hängen mit dem Zweck dieses Buches nicht unmittelbar zusammen, auch scheint es mir nicht möglich, ein sicheres Urtheil darüber auszusprechen, ehe aus den östreichischen Archiven eine größere Zahl von Dokumenten vorliegt. Die Grundzüge möchten folgende sein.

Noch ehe an Rußland die Einladung ergangen war, dem Bündniß vom 7. Februar beizutreten, machte Katharina Oestreich und Preußen den Antrag, über die polnischen Angelegenheiten eine Einigung zu treffen; nach ihrem Ausdruck, um gegen weitere Ruhestörungen Sicherheit zu erlangen, in Wahrheit, um die Anarchie der früheren Verfassung mit Gewalt wieder herzustellen. Bei Preußen fanden diese Vorschläge bald ein geneigtes Gehör. Ein starkes, in sich geeinigtes Polen war allen Ueberlieferungen der preußischen Politik entgegen. So hatte man auch der Verfassung

---

1) Vgl. den Brief des Grafen v. Goltz vom 3. Februar 1792 bei Hermann, Correspondenzen, 231.

vom 3. Mai zwar nicht sich widersetzt, aber doch jede Garantie, um welche von den Polen mehrmals dringend gebeten war, ebenso oft von der Hand gewiesen. Diese Abneigung mußte sich noch steigern, als seit dem Herbste des Jahres 1791 der Plan auftauchte, die polnische Krone nach dem Ableben des Kurfürsten nicht mehr seiner Tochter, sondern seinem ältesten Bruder und Nachfolger zuzuwenden und in dieser Weise Sachsen und Polen dauernd zu vereinigen.

Gegen Ende Februars trat Rußland mit bestimmteren Anträgen einer neuen Theilung hervor. Es machte besonders auf die Gefahren aufmerksam, welche aus der Verbindung Polens mit Sachsen entstehen könnten[1]), Gefahren, die jedem preußischen Staatsmann einleuchten mußten. Wie lockend erschien dagegen ein neuer Landerwerb, ungleich bedeutender, als der Gewinn von Thorn und Danzig, den die Polen hartnäckig bisher verweigert hatten. Schon im März machte man sich in Berlin mit dem Gedanken einer zweiten Theilung vertraut. Als russische Truppen im Mai mit Hülfe der verrätherischen Conföderation von Targowice in Polen einrückten, setzte Preußen keinen Widerstand entgegen und verweigerte auch den Beistand, den die Polen auf Grund des Vertrages vom 29. März 1790 in Anspruch nahmen. Ungehindert mochten die Russen in dem unglücklichen Lande schalten, die verhaßte Constitution vom 3. Mai beseitigen, die Urheber vertreiben und an ihre Stelle die frühere Anarchie oder vielmehr die schrankenlose Willkühr der russischen Befehlshaber setzen. Man fand in Berlin, der vorwiegende Einfluß Rußlands sei den Interessen Preußens weniger entgegen, als die neue Verfassung mit der Erbmonarchie, und die polnische Allianz habe sich noch lästiger erwiesen, als wenn man, wie in früherer Zeit, den Einfluß mit Rußland hätte theilen müssen[2]).

Anders wie Preußen war dem gegenüber Oestreich gestellt. Als Leopold den Thron bestieg, fand er als Erbschaft Josephs II.

---

1) Häusser, a. a. O. I, 352. Vgl. auch den Brief des Königs vom 13. Juni 1792 bei Hermann, Correspondenzen, 291.

2) Vgl. Häusser, a. a. O. I, 354.

das Bündniß mit Rußland und eine keineswegs enge Beziehung zu den Polen. Es ist auch bisher noch kein Dokument hervorgetreten, welches für das erste Jahr seiner Regierung eine freundschaftliche Sorgfalt für die Erhaltung der Republik bezeugen könnte. Sybel hat freilich in lebhaften Farben dargestellt, wie der Staatsstreich des 3. Mai, wesentlich von Leopold vorbereitet, mit seiner Billigung und Beihülfe zur Ausführung gekommen sei [1]); aber diese Ansicht ist, wie mir scheint, von Hermann [2]) mit Recht zurückgewiesen, wenigstens ist dafür noch kein Beweis gefunden. Allem Anscheine nach wurde auch Leopold durch den 3. Mai überrascht; nur galten für ihn die politischen Gründe nicht, welche Rußland und Preußen gegen die Staatsveränderung einnehmen mußten. Er konnte einen Augenblick befürchten, sie sei von Preußen oder in preußischem Interesse angeregt, sobald aber dieser Argwohn sich als grundlos herausstellte, darf es nicht befremden, wenn er das, was einmal geschehen war, anerkannte und sogar zu fördern suchte. Daß er nun wirklich sowohl Rußland als Preußen gegenüber diesen Versuch gemacht habe, läßt sich nach den von Sybel angeführten Dokumenten nicht wohl in Abrede stellen, und Hermann hätte es niemals bestreiten sollen. Nur scheint wieder Sybel zu weit zu gehen, wenn er in dieser Förderung das Hauptziel und den Angelpunkt der kaiserlichen Politik, ja in einer darauf bezüglichen Depesche „vielleicht den wichtigsten Akt in Leopolds Regierung" findet [3]). Die ganze Angelegenheit wird im Gegentheil von dem Kaiser lässiger betrieben, als man nach ihrer Wichtigkeit erwarten sollte, wie denn überhaupt Hermann, ich glaube, richtig hervorgehoben hat, daß die Spitze der Leopoldinischen Politik nicht sowohl zu Gunsten Polens gegen Rußland, als zu seiner

---

1) Vgl. Geschichte der Revolutionszeit, I, 262. Sybel selbst hat den Beweis für diese Ansicht später als einen hypothetischen bezeichnet. Vgl. Histor. Zeitschrift, XII, 272.

2) Vgl. den Aufsatz: die polnische Politik Kaiser Leopolds II. in den Forschungen zur deutschen Geschichte, Göttingen 1864, IV, 387.

3) Vgl. den Aufsatz: Kaiser Leopold II., in der Historischen Zeitschrift, X, 420.

eigenen Sicherung gegen das revolutionäre Frankreich gerichtet war. Nur darf man daraus nicht den Schluß ziehen, daß Leopold den Krieg mit Frankreich als ein erwünschtes Ziel vor Augen gehabt hätte, und auch, was das Verhältniß zu Rußland betrifft, so könnte es voreilig sein, aus dem, was in einer kurzen Zeit geschehen, die letzten Gedanken und Absichten eines so feinen und langsam vorbereitenden Politikers mit Bestimmtheit feststellen zu wollen.

Die Regierung seines Nachfolgers beharrte, wie es scheint, vorerst auf denselben Grundsätzen. Am liebsten hätte sie die Unabhängigkeit und freie Verfassung Polens erhalten, aber sie war keineswegs gewillt und nach dem Ausbruch des französischen Krieges nicht einmal im Stande, mit Kraft und Entschiedenheit dafür einzutreten. In dem Vertrage vom 25. Juli 1791 war die Integrität und die freie Verfassung Polens garantirt. Dieselbe Bestimmung hatte Leopold auch in das Bündniß vom 7. Februar 1792 aufnehmen wollen, aber die preußischen Minister fürchteten, daß in diesem Ausdruck eine zu deutliche Beziehung auf die Verfassung vom 3. Mai gefunden würde, und Leopold, schon durch das Nahen des Kriegs bedroht, konnte seinen Willen nicht durchsetzen. Nicht mehr die Garantie der freien Verfassung, (de la libre constitution), sondern einer freien Verfassung (d'une libre constitution) wurde von beiden Mächten übernommen[1]), eine unscheinbare Veränderung, die aber doch die Selbstständigkeit Polens den vernichtenden Entwürfen Rußlands preisgab.

Gleichwohl hielt die östreichische Regierung auch jetzt noch die Hoffnung aufrecht, Preußen für die Erhaltung Polens zu gewinnen. Eine Denkschrift des Geheimen Referendars Spielmann, die der östreichische Gesandte Fürst Reuß am 10. März in Berlin überreichte, suchte nachzuweisen, daß Oestreich und Preußen ein gleiches Interesse hätten, durch die Herstellung gesicherter Zustände in Polen die Quelle unaufhörlicher Zwietracht und Verlegenheit zu schließen.

---

[1]) Vgl. den Bericht des Preußischen Ministeriums an den König vom 3. Februar 1792 bei Hermann a. a. O. Forschungen, IV, 429.

Dies lasse sich am Besten durch die Erblichkeit der Krone erreichen; der Kurfürst von Sachsen sei für beide Mächte der geeigneteste Träger, auch widerspreche es ihrem Interesse nicht, die Erblichkeit auf die Brüder und den jedesmaligen Nachfolger in Sachsen auszudehnen; die Gefahr, daß Polen zu stark würde, könne durch eine Beschränkung des Heeres auf 40,000 Mann und die Bestimmung ewiger Neutralität beseitigt werden[1]. Aber dieser Vorschlag fand in Berlin die übelste Aufnahme. „Wäre ich nicht von Oestreichs Loyalität überzeugt," sagte der König, „so müßte das Auftauchen eines solchen Planes mich mit tiefem Argwohn erfüllen." Man wies jede Förderung und Garantie der neuen Verfassung mit Entschiedenheit zurück.

Ebenso wenig Erfolg hatte eine Note, die der Fürst Kaunitz am 12. April in ähnlichem Sinne nach Petersburg abgehen ließ[2]. Selbst dem Vertrage vom 7. Februar verweigerte die Kaiserin eben wegen des auf Polen bezüglichen Artikels ihre Zustimmung. Um so bereitwilliger zeigte sie sich zur Theilnahme an dem Kriege gegen Frankreich, freilich nur mit dem geringen Contingent von 15,000 Mann. Es kamen darauf mit Oestreich am 14. Juli, mit Preußen am 7. August besondere Verträge zum Abschluß; die Verfassung vom 3. Mai wurde aufgegeben, Polens Integrität von Oestreich zwar noch festgehalten, aber man setzte doch dem Einmarsch russischer Truppen und dem Schalten der Kaiserin in Polen keinen nachhaltigen Widerspruch entgegen. Schon im Juni berichtete Graf Haugwitz aus Wien, Oestreich würde gegen eine Entschädigung Preußens in Polen wohl nichts einzuwenden haben[3]; um den Wiener Hof noch willfähriger zu stimmen, regte der russische Gesandte, Graf Rasumowski, einen von Oestreich lange gehegten Wunsch wieder an.

Es ist bekannt, wie nach dem Aussterben der jüngeren wit-

---

1) Sybel, Geschichte der Revolutionszeit, I, 427, gibt den Auszug, den ich hier benutze.
2) Vgl. den Auszug bei Hermann, die östreichisch-preußische Allianz, S. 61.
3) Vgl. den Brief vom 6. Juni bei Hermann, Correspondenzen, 290.

telsbacher Linie Joseph II. im Jahre 1777 sehr zweifelhafte An=
sprüche auf Baiern erhob. Durch Friedrich den Großen wurden
sie vereitelt, Oestreich mußte sich mit einer unbedeutenden Erwer=
bung am Inn begnügen. Im Jahre 1785 wurde der Versuch
wiederholt, auf anderem Wege und mit besserer Aussicht; denn
der Nachfolger Maximilian Josephs, der alternde Kurfürst Karl
Theodor von der Pfalz, ohne rechtmäßige Nachkommen, zeigte sich
nicht ungeneigt, die neuerworbenen bairischen Besitzungen gegen
die östreichischen Niederlande und den Titel eines Königs von Bur=
gund zu vertauschen. Aber noch einmal trat Preußen entgegen.
An der Spitze des Fürstenbundes unterstützte es den Widerspruch,
den der nächstberechtigte Agnat, der Herzog von Pfalz=Zweibrücken,
gegen diesen Tausch erhob, und der Kaiser mußte abermals seinen
Absichten entsagen. Gewiß gab es kein stärkeres Mittel, den Wie=
ner Hof willfährig zu stimmen, als wenn man jetzt die alte Hoff=
nung wieder anregen und zu ihrer Erfüllung den Beistand gerade
des Gegners versprechen konnte, an dessen Widerstreben sie mehr
als einmal gescheitert war.

So schnell als erwartet kam man jedoch nicht zum Abschluß,
weder für jetzt in Wien, noch später im Juli zu Frankfurt und
Mainz, weil Oestreich, sei es im Ernst, oder, um diesen lästigen
Verhandlungen ein Ende zu machen, außer Baiern auch Ansbach
und Baireuth, die kaum an Preußen vererbten fränkischen Her=
zogthümer, in Anspruch nahm. Die preußischen Diplomaten ge=
duldeten sich einstweilen; wenn der Krieg mit Frankreich, wie
man voraussetzte, rasch und glücklich beendet sei, hoffte man sich
leichter zu verständigen. Als aber statt dessen der Feldzug den
unglücklichen Ausgang nahm, mußten auch sofort die frühern
Ansprüche auf Entschädigung um so dringender hervortreten.
Die entscheidende Wendung bezeichnet eine von Haugwitz und
Lucchesini entworfene Note, welche noch auf dem Rückzuge, in
Merle, einem kleinen Dorfe bei Luxemburg, am 25. October die
königliche Unterschrift erhielt. Nach den großen Kosten und
Opfern des letzten Feldzugs, erklärte der König, müsse er einem
baldigen Ersatz entgegensehen, und bevor er ferneren Antheil am

Kriege nehme, für die künftig noch aufzuwendenden Kriegskosten eine Entschädigung verlangen; er erwarte daher, daß ihm dieselbe und zwar in erweitertem Maße in Polen durch Oestreich und Rußland in der Weise zugesichert werde, daß er sich sogleich in deren wirklichen Besitz setzen könne. Geschehe dies nicht, so müsse er sich im nächsten Jahre darauf beschränken, die am 7. Februar versprochenen 20,000 Mann zu stellen, gleichwohl aber in Polen eine wenn auch geringere Schadloshaltung in Anspruch nehmen [1]).

Ueber diese Forderung wurde nun zuerst in Luxemburg, dann in den letzten Monaten des Jahres zwischen Haugwitz, Spielmann und Cobenzl in Wien unterhandelt. Die Oestreicher zeigten sich um so schwieriger, als die preußischen Ansprüche in Polen sich bedeutend gesteigert hatten, dagegen die Ausführung des belgischen Tausches nach der unglücklichen Schlacht bei Jemappes ins Weite und Ungewisse verwiesen war. Nur langsam und allmählich rückte die Verhandlung vor. Am 9. December erklärte Cobenzl, man sei bereit, Preußen die eventuelle Occupation des polnischen Gebietes zu gestatten, müsse aber dafür bis zur Ausführung des belgischen Tausches einen dem preußischen gleichkommenden Antheil in Polen als Pfand selbst in Besitz nehmen. Endlich am 24. December schreibt Haugwitz, der kaiserliche Hof habe nunmehr seine Einwilligung gegeben; man könne sofort von der polnischen Entschädigung Besitz ergreifen, wenn nur Rußland und Preußen für die Ausführung des belgischen Tausches sich verbürgen wollten [2]). Dies Zugeständniß hat später bittere Streitigkeiten hervorgerufen. Es war nicht schriftlich gegeben, und von dem östreichischen Ministerium ist es nachmals ganz in Abrede gestellt; aber auch die verlangte Garantie war Preußen nicht geneigt zu übernehmen. Gleichwohl wurde am 23. Januar 1793, ohne daß Oestreich die geringste Kenntniß gegeben wäre, zwischen Rußland

---

1) Vgl. die Note bei Hermann, Correspondenzen, 303.

2) Vgl. die Note Cobenzls vom 9. December und das Schreiben des Königs an Goltz vom 29. Dec. bei Hermann, Correspondenzen, 310, 315.

und Preußen der Vertrag über die zweite Theilung Polens unterzeichnet. Preußen erhielt mehr als tausend Quadratmeilen mit ungefähr anderthalb Millionen Einwohnern, freilich nur unter der Bedingung, daß Rußland das Vierfache an Umfang, das Doppelte an Einwohnern sich zueignete; auch mußte der König versprechen, dem bairisch-belgischen Tausche zuzustimmen und bis zu dem Zeitpunkte, daß der Zweck des Krieges gegen Frankreich erreicht sei, die Waffen nicht aus der Hand zu legen.

Schon am 6. Januar 1793 hatte eine königliche Proclamation die in Polen angeblich von den Jakobinern angestifteten Unruhen zum Vorwand genommen, den Einmarsch preußischer Truppen zu rechtfertigen. Beinahe ohne Widerstand wurden die von Preußen angesprochenen Landestheile besetzt. Der Vertrag selbst blieb dagegen in das strengste Geheimniß gehüllt; nicht eher, als am 22. März erhielt man in Wien durch Rasumowski die erste Anzeige. Sie rief, wie sich denken läßt, die größte Bestürzung hervor und bald eine höchst bedeutende Veränderung. Der Kaiser entließ am 27. März Spielmann und Cobenzl, die so arger Ueberlistung nicht vorgebeugt hatten; an ihre Stelle trat Franz Thugut, der Staatsmann, der dann sieben Jahre lang der Leiter der östreichischen Politik und die Seele des Krieges gegen Frankreich geworden ist. So schmerzlich man die Vorgänge in Polen empfand, Oestreich war doch eben jetzt nicht in der Lage, was geschehen war, rückgängig zu machen. Preußen nahm am 25. März, Rußland am 7. April von den besetzten Gebieten förmlich Besitz; ein Reichstag, auf den 17. Juni nach Grodno berufen, sollte der Gewaltthat eine rechtliche Form geben. Selbst dieser schwache Ueberrest polnischer Nationalität sträubte sich länger, als man erwartete, aber erneuerten Gewaltmaßregeln gegenüber war dauernder Widerstand nicht durchzuführen. Am 22. Juli erhielt Rußland und nach langen Streitigkeiten zwei Monate später auch Preußen die erzwungene Einwilligung.

Allerdings ein gewaltiger Machtzuwachs für beide Staaten; daß aber nach solchen Vorgängen die Coalition gegen Frankreich gelockert, die kaum erlangte Einigung zwischen Oestreich und Preußen aufs tiefste verletzt war, muß Jeder empfinden; nur zu bald zeigt sich die Einwirkung auch auf den Fortgang des Krieges.

Der neue Feldzug mochte anfangs zu den besten Hoffnungen berechtigen. Das Vordringen der Franzosen nach Belgien hatte bewirkt, daß nun auch England und Holland den Verbündeten sich näherten; nicht lange nach dem Tode Ludwigs XVI., am 1. Februar 1793, beschloß der Convent gegen beide Seemächte die Kriegserklärung. So ließ sich mit doppelter Zuversicht an die Zurückeroberung des Verlorenen denken, und sie gelang schneller, als man erwartete. Bei Aldenhoven und noch entschiedener bei Neerwinden am 1. und 18. März wurde Dumouriez von dem kaiserlichen Feldmarschall Prinzen Josias von Coburg völlig geschlagen, in wilder Flucht eilten die republikanischen Schaaren über die französische Grenze zurück. Dumouriez, schon seit längerer Zeit mit dem Convent zerfallen, trat am 5. April selbst zu den Verbündeten über, sein Heer, wenn es ihm auch nicht folgte, schien doch der Auflösung nahe und zu ausdauerndem Widerstande unfähig. Nicht minder glücklich waren die Ereignisse am Rhein. Freilich von Seiten des Reiches war noch immer nichts zu erwarten, obgleich am 22. März ein Reichsgutachten sich dahin ausgesprochen hatte, daß der von Frankreich durch Gewaltschritte angefangene Krieg als Reichskrieg zu erklären, der Handelsverkehr mit Kriegsbedürfnissen einzustellen und jede offene oder verdeckte Neutralität eines Reichsangehörigen nicht ferner zu gestatten sei. Aber die preußischen Truppen hatten bereits im December des Jahres 1792 die Franzosen aus Frankfurt vertrieben, eine Reihe glänzender Gefechte jenseits des Rheines zeigte dann im Frühling noch unzweideutig die Ueberlegenheit der deutschen Kriegskunst. Am 23. Juli wurde nach hartnäckiger Vertheidigung auch Mainz zurückerobert, und in Verbindung mit einem östreichischen Corps unter Wurmser konnte man bis über die Gränzen Lothringens und des Elsaß sich ausdehnen.

Jetzt aber machten die polnischen Angelegenheiten ihren verderblichen Einfluß geltend. Thugut, wenn er auch dem Vertrag vom 23. Januar nicht mit den Waffen sich widersetzen konnte, war doch noch weniger geneigt, zu seiner Ausführung behülflich zu sein; er verweigerte also den von Rußland und Preußen gewünschten Beitritt, ehe für Oestreich die Entschädigung hinreichend gesichert sei. Bald glaubte man in Berlin und im Kriegslager zu bemerken, daß er in Petersburg und am polnischen Reichstage den preußischen Interessen entgegenarbeite, und je länger nun die Einwilligung der Polen sich verzögerte, je schwieriger es schien, zum sichern und anerkannten Besitz des preußischen Antheils zu gelangen, um so lauter wurden die Klagen der Minister, daß der König, fern an der französischen Grenze in einen unheilvollen Krieg verwickelt, die wichtigsten Interessen der Monarchie hintansetze. Der Sommer verging unter fruchtlosen Verhandlungen, um von der einen Seite Oestreichs Zustimmung zu der preußischen Erwerbung, von der andern eine gleich werthvolle Vergrößerung für den Kaiser zu erlangen. Auch eine Sendung des Grafen Lehrbach, der Ende August mit neuen Vorschlägen in das preußische Kriegslager kam, hatte keinen Erfolg[1]. Als aus Grodno die ersehnte Nachricht noch immer nicht eintreffen wollte, faßte Friedrich Wilhelm einen entscheidenden Entschluß. Am 23. September erhielt Lehrbach die Mittheilung, der König finde sich wider Erwarten und sehr gegen seinen Wunsch in der traurigen Nothwendigkeit, sich persönlich und durch seine eigenen Mittel der gerechten Entschädigungen, die er in Polen in Besitz genommen, zu versichern, er müsse seinen Verbündeten die Sorge überlassen, gegenüber Frankreich denselben Weg einzuschlagen, und sich natürlich das Recht vorbehalten, seiner Zeit zu den Entschädigungen Oestreichs seine Zustimmung zu geben. Der König, heißt es weiter, finde sich in der absoluten Nothwendigkeit, die letzten Hülfsquellen seines Staates zu schonen, und deßhalb außer Stande,

---

[1] Etwas Bestimmtes über diese Sendung wüßte ich für jetzt noch nicht anzugeben; die ausführliche Erzählung bei Sybel Rev.-Zeit, II, 349 und der kurze Bericht Häussers a. a. O. I, 501 lassen sich mit den bei Hermann, Correspondenzen, 394, 399, abgedruckten Excerpten aus den Briefen des Königs vom 2. September und 27. August und meinen eigenen Auszügen aus den Briefen Caesars vom 29. August und 4. September, sowie des Ministeriums vom 2. September nicht vereinigen.

dem Kaiser fernerhin den Beistand anzubieten, den er in den ersten beiden Feldzügen ihm geleistet habe. Höchstens in dem Falle könne er von diesem Grundsatze abweichen, wenn die verbündeten Mächte die Mittel gewährten, die preußische Armee zur weitern Vertheidigung der Sache, die sie auf sich genommen, zu erhalten¹). Am 29. September verließ dann der König den Rhein, um über Berlin sich nach Polen zu begeben. Freilich fand er den Zweck der Reise schon erfüllt; am 25. September, beinahe zu derselben Zeit, als die Note an Lehrbach abging, hatte der polnische Reichstag unter Rußlands Machtgebot den preußischen Forderungen zugestimmt, und dem König blieb nur die leichtere Aufgabe, die Huldigung und den officiellen Festesjubel in den neu erworbenen Provinzen entgegenzunehmen. Aber man muß zweifeln, ob dadurch die Einigung mit dem Kaiser und die kriegerischen Unternehmungen am Rhein gefördert wurden; denn der Beitritt zum Vertrage vom 23. Januar, zu dem Oestreich bald darauf sich willig zeigte, konnte nun als werthlos abgelehnt und die Rücksichtnahme auf die Coalition, deren man schon weniger bedurfte, vermindert werden. „Der Abschluß der polnischen Angelegenheit," schreibt Lucchesini bereits am 5. September an den Marschall Möllendorf, „setzt den König in den Stand, nun fest und entschieden dem Wiener Hofe die Unmöglichkeit darzulegen, den Krieg in einem dritten Feldzug auf seine Kosten fortzusetzen. Mit Ehren aus dem kostspieligsten Krieg, den Preußen jemals geführt hat, hervorgehen, aus den neuerworbenen polnischen Provinzen Nutzen ziehen, die Lücken des Staatsschatzes ergänzen, das Heer vervollkommen, die neuen Verbindungen mit Rußland mehr und mehr befestigen, im Stillen den Ehrgeiz unseres natürlichen Rivalen überwachen und von den Launen der englischen Politik uns unabhängig erhalten, das ist nach meiner Ansicht die glorreiche politische Laufbahn, die unserm Könige zu verfolgen übrig bleibt"²).

1) Die Worte finden sich in einer Depesche Caesars vom 11. October 1793 im preußischen Staatsarchiv. Vgl. auch das Schreiben des Königs an Goltz vom 25. October bei Hermann, Correspondenzen, 404.

2) Häusser a. a. O. I, 516.

Die preußischen Truppen unter dem Herzog von Braunschweig behielten allerdings ihre frühere Stellung, aber wie war unter solchen Umständen, bei solchen Gesinnungen ein kräftiges Zusammenwirken zu erwarten? Und doch wäre nichts nöthiger gewesen. Denn in den französischen Heeren zeigte sich nach dem ersten Taumel der Revolution wieder der Anfang einer festen Gliederung und Ordnung; sie fingen an, nicht nur durch die Zahl, sondern auch durch Muth und Geschicklichkeit den Deutschen gefährlich zu werden. Davon mußte man zuerst in Belgien sich überzeugen. Die verbündeten Truppen hatten die günstigen Erfolge nicht benutzt; statt rasch den Weg gegen Paris zu nehmen, verlor man Zeit und Kraft in der Belagerung einiger Festungen. Unterdessen erhielten die Franzosen Zeit, sich zu sammeln; beträchtlich verstärkt erfochten sie bei Hondscote am 8. September, bei Wattignies am 16. October bedeutende Vortheile, die zwar den ganzen Gewinn des Feldzugs den Verbündeten nicht rauben konnten, aber die Aussicht in die Zukunft doch wesentlich verdunkelten.

Noch übler war der Ausgang des Jahres am Rhein. Zwar gelang es den vereinigten Kräften des Herzogs von Braunschweig und Wurmsers am 13. October, das Bollwerk des Elsaß, die Weißenburger Linien, mit stürmender Hand zu nehmen; aber diesen Vortheil verkümmerte eine Streitigkeit zwischen beiden Feldherrn, von denen der eine zu neuen und kräftigen Unternehmungen sich nicht bewegen ließ, der andere seine weit vorgeschobene Stellung im Elsaß nicht aufgeben wollte. Die Folge war, daß der östreichische General, von überlegenen französischen Heeresmassen unablässig bedrängt, gegen Ende Decembers nach tapferem Widerstande geschlagen und zum Rückzug auf das rechte Rheinufer nach Mannheim genöthigt wurde. Die Einschließung von Landau mußte aufgegeben werden, nicht einmal die deutsche Gränze ließ sich unversehrt behaupten.

An dieses Mißgeschick schlossen sich schon in jener Zeit die unerquicklichsten Zänkereien und gegenseitige Vorwürfe, die noch in den neuesten Schriften einen Wiederhall gefunden haben. Hier ist nicht der Ort, näher darauf einzugehen; soweit ich urtheilen kann, findet man die entscheidenden Gesichtspunkte in Häussers Darstellung (I, 495 fg.) am Besten hervorgehoben. Offenbar waren es wesentlich politische Gründe, insbesondere die Rücksicht auf Polen, welche die preußischen Truppen nach der Eroberung von Mainz nicht zu wirksamer Thätigkeit und den Feldzug nicht zu einem glücklichen Ergebniß gelangen ließen. Die von Häusser mitgetheilten Dokumente lassen darüber keinen Zweifel. Andererseits darf man jedoch nicht verkennen, daß Wurmser, der überall als tapfern Soldaten, aber niemals als großen Feldherrn sich bewährt hat, durch vereinzeltes Vorrücken und eigenwilliges Verbleiben in einer unhaltbaren Stellung das Unglück, das ihn beim Schlusse des Feldzugs traf, zum großen Theile selbst verschuldet hat. Vivenot, dessen Erzählung eigentlich erst mit dem Jahre 1794 beginnt, hat nachträglich (II, I, 507—546) der Geschichte des Jahres 1795 auch eine Episode über den Krieg von 1793 eingeschoben. Er theilt im Einzelnen manches Interessante mit, aber die ganze Ausführung ist so einseitig und in einem so heftigen Tone gehalten, daß sie zur Aufklärung des Urtheils nur wenig beitragen kann. So findet er sogleich als unzweifelhaft erwiesen, „daß der ewig zaudernde, ebenso unfähige, als wenig bundesfreundliche Herzog von Braunschweig den redlich gesinnten, thatkräftigen Wurmser auf eine ebenso ehrlose als gewissermaßen auf den Untergang der tapfern östreichischen Armee berechnete Weise schändlich im Stich gelassen habe", und wenn man im preußischen Hauptquartier über das eigenwillige Vorgehen Wurmsers klagte, „so schien es" — diese Stelle kann die Ausdrucksweise des ganzen Werkes kennzeichnen, — „als ob der erprobte östreichische Feldherr seinen ganzen Beruf darin hätte finden sollen, die Lakeien- und Kupplerdienste der Herren Manstein, Rieß und Consorten gegen den preußischen König in das Oestreichische zu übertragen" (II, I, 523).

Drittes Kapitel.

Der polnische Aufstand und die haager Uebereinkunft vom 19. April 1794.

Das Jahr 1794 begann mit wenig günstigen Aussichten für die Verbündeten. Der Revolution war Zeit gelassen, sich zu befestigen; auf den Trümmern der alten Parteien hatte der Schrecken eine neue Gewalt gegründet, die mit unerbittlicher Energie im Innern jeden Widerstand zu Boden warf, um nach Außen die gesammte Kraft der Nation gegen die Feinde zu richten. Schon waren die aufgestandenen Provinzen im Süden und Westen überwältigt, im December auch Toulon den Engländern wieder entrissen; Carnot organisirte den Krieg, und im Heere wurde zuerst der Name Bonapartes genannt.

Der Coalition dagegen waren schon die letzten Ereignisse am Rhein und in Belgien nicht günstig, und noch gefährlicher stellte die Zwietracht der einzelnen Theilnehmer jedem Erfolg der Gesammtheit sich in den Weg. Die preußische Note vom 23. September enthielt ihrer eigentlichen Bedeutung nach die Lossage von der Coalition, und die Mehrheit der preußischen Staatsmänner wäre unzweifelhaft schon damals geneigt gewesen, die Trennung auch förmlich auszusprechen, um entweder Preußens Antheil an dem Kriege auf die Pflichten eines bloßen Reichsstandes zu beschränken, oder sogar eine Einigung mit der französischen Republik zu versuchen. Wir haben gehört, wie Lucchesini sich darüber aussprach; Oberst Manstein[1]), der einflußreiche Adjutant des

---

1) Vgl. Sybel, Rev.-Zeit, III, 59. Häusser a. a. O. I, 558. Hermann, Correspondenzen, 479.

Königs, war ganz derselben Meinung, der Marschall Möllendorf hatte schon bei dem Tode Leopolds die Hoffnung geäußert, daß dies Ereigniß das verderbliche System der preußischen Politik erschüttern werde¹). Am 1. October 1793 reichte der Minister v. Alvensleben sogar eine eigene Denkschrift ein, die in den härtesten Worten den ausgeschiedenen Minister, Grafen v. Schulenburg, sowie das Bündniß mit Oestreich und seine Folgen beurtheilte. „Ich wiederhole es," schreibt er zuletzt, „und dies ist der Kern meines politischen Glaubensbekenntnisses: jede Maßregel, die darauf ausgeht, den König von der Ligue loszumachen, ist ein Anfang zur Wiederherstellung der preußischen Monarchie; jede Maßregel aber, die darauf ausgeht, unsere Mitbetheiligung zu verlängern, ist ein neuer Schritt zu unserem Untergang. Der einsichtsvolle Patriotismus meiner Collegen ist mir Bürge dafür, daß sie mit mir beharrlich sich bemühen werden, die Mittel und Wege zu finden, durch die unser Monarch und unsere Monarchie aus dem furchtbaren Labyrinth, in welchem sie sich befinden, herausgezogen werden können"²). Diese Hoffnung war nicht unbegründet, denn der alte Minister v. Finkenstein neigte zu derselben Ansicht, und Haugwitz, der zu Anfang März als Schulenburgs Nachfolger für die auswärtigen Angelegenheiten in das Ministerium getreten war, setzte ihr wenigstens keinen entschiedenen Widerstand entgegen.

Unzweifelhaft ist es dem persönlichen Antriebe des Königs zuzuschreiben, wenn noch einmal Verhandlungen mit Oestreich angeknüpft wurden; freilich auf Bedingungen, deren Annahme die preußischen Staatsmänner schwerlich erwarteten. Für die Aufstellung von 100,000 Mann verlangten sie während des nächsten Jahres 22 Millionen Thaler nach vierteljährigen Raten im Voraus zahlbar. Thugut erklärte sogleich, als ihm diese Forderung durch den preußischen Residenten Caesar am 5. November bekannt wurde,

---

1) Vgl. den Bericht des englischen Gesandten Morton Eden in Berlin vom 8. März 1792 bei Hermann, Correspondenzen, 216.
2) Vgl. Hermann, Correspondenzen, 408.

bei Oestreichs erschöpften Mitteln sei es unmöglich, darauf einzugehen; wenn der Kaiser, setzte er scherzend hinzu, sich selbst und seinen ganzen Hof verpfänden wolle, er würde eine solche Summe nicht aufbringen können [1]). Zu Anfang des folgenden Monats übernahm dann Lucchesini den Gesandtschaftsposten in Wien, den er bis zum Frühling 1797, länger als drei Jahre, bekleidet hat, ein Mann von rühriger Thätigkeit, feiner Beobachtung, scharfem und schnellem Verstande, aber nach seinen Gesinnungen wenig geeignet, zwischen Oestreich und Preußen ein gutes Einvernehmen herzustellen, am wenigsten für den nächsten Feldzug. Er kam mit dem Vorschlage, von den 22 Millionen solle England 9, der Kaiser 3 bezahlen und zugleich die Garantie übernehmen, daß die noch übrigen 10 vom Reiche aufgebracht würden. Thugut blieb jedoch bei seiner Behauptung, daß Oestreich für preußische Truppen keine Zahlung leisten könne. Verhandlungen, die der Graf Lehrbach zur selben Zeit in Berlin eröffnete, hatten ebenso wenig Erfolg; auch der Reichstag zeigte sich keineswegs geneigt, die Unterhaltung eines preußischen Heeres zu übernehmen. Aber England, das auf die Sicherung Belgiens den höchsten Werth legte, schlug sich jetzt ins Mittel. Lord Malmesbury, schon seit mehreren Wochen in Berlin bei den Unterhandlungen thätig, erhielt am 5. Februar 1794 die Vollmacht, für ein Hülfsheer von 100,000 Mann zwei Millionen Pfund Sterling anzubieten. Von der Summe sollte England zwei Fünftel, Oestreich und Holland je eins und Preußen das letzte aufbringen, aber am Schlusse des Feldzugs dafür entschädigt werden. In Berlin erhob man zwar Einwendungen gegen die Zahlung des letzten Fünftels, zeigte sich aber doch geneigt, auf dieser neuen Grundlage zu unterhandeln [2]), die Zustimmung Hollands war unzweifelhaft, die Entscheidung also vornehmlich dem Kaiser anheim gegeben. Aber sie fiel nicht zu Gunsten des Antrags. Schon im Februar erklärten Thugut und der Reichsvice-

---

1) Vgl. Caesars Bericht vom 12. November 1793.
2) Vgl. das Schreiben des Ministeriums an Lucchesini vom 8. Februar 1794.

kanzler Fürst Gundackar Colloredo im Gespräche mit Lucchesini, und am 6. März Lehrbach in Berlin, der Kaiser könne zur Bezahlung des einen Fünftels sich nicht verstehen; er verlange nur nach dem Februarvertrage das Hülfscorps von 20,000 Mann und als Reichsoberhaupt das preußische Contingent für die Reichsarmee, die unter dem Befehl des Herzogs von Sachsen-Teschen neu gebildet werden sollte. In Folge dieser Ablehnung erhielt Möllendorf — der Herzog von Braunschweig war schon zu Anfang des Jahres zurückgetreten — am 11. März den Befehl, mit der preußischen Armee vom Rheine abzuziehen; die reichsständische Verpflichtung wurde nicht anerkannt, nur das vertragsmäßige Hülfscorps von 20,000 Mann sollte zurückbleiben.

Neuere Geschichtschreiber[1]) haben hier Veranlassung zu heftigen Vorwürfen gegen Thugut gefunden. Sie motiviren seine Weigerung durch die Aussicht auf einen Krieg mit den Türken, von dem er sich größere Beute, als von dem französischen versprochen habe. „Thuguts Erregtheit", sagt Häusser, „war bei Versuchungen dieser Art ebenso groß, wie seine Neigung zu solch abenteuernder Politik. Trotz des ungünstigen Augenblicks — denn schon drohte der Brand vom Westen das eigene Haus zu ergreifen — trug die fieberhafte Begehrlichkeit des östreichischen Staatsmanns den Sieg davon. Er stieß die preußische Hülfe, die den Rhein decken sollte, leichtfertig zurück und wiegte sich dafür in Träumen naher Vergrößerung in Serbien und Bosnien." Sollte diese Motivirung richtig sein? Man muß es bezweifeln, bis wenigstens ein Zeugniß dafür gefunden ist. Die Gefahr eines Krieges zwischen Rußland und der Pforte war allerdings seit dem Sommer des Jahres 1793 wieder vorhanden, nicht bloß in den Gelüsten der Kaiserin Katharina, sondern auch in der Erbitterung der Türken, die durch Sendlinge des französischen Convents in jeder Weise gegen Rußland und Oestreich gereizt wurden. Aber dieser Umstand, wenn er auf die Verhandlung über die Subsidien ein-

---

1) Vgl. vornehmlich Sybel, Geschichte der Rev.-Zeit, III, 46 und Häusser, a. a. O. I, 544.

gewirkt hat, mußte gerade zur Annahme des englischen Vorschlags drängen, denn nichts war in diesem Falle wichtiger, als die preußischen Truppen am Rhein im Kriege gegen Frankreich festzuhalten und dadurch die Gefahr eines preußischen Einspruchs zu beseitigen. Katharina erkannte das recht wohl; sie unterließ denn auch nicht, in bittern Worten dem Könige die in Polen geleisteten Dienste vorzurücken und seine Dankbarkeit sowie sein königliches Pflichtgefühl im Interesse der Menschheit gegen die scheußliche Secte der Jakobiner aufzurufen [1]). Denselben Wunsch hätte Oestreich empfinden, und die Rücksicht auf den Türkenkrieg also gerade das Gegentheil von dem, was Häusser voraussetzt, bewirken müssen. Aber was bis jetzt vorliegt, insbesondere die von Vivenot veröffentlichten Briefe Thuguts, Colloredos und Lehrbachs berechtigen gar nicht, einen solchen Zusammenhang anzunehmen [2]). Als die eigentlichen Gründe der Ablehnung erkennt man neben der Schwierigkeit, die nicht unbedeutende Summe von drei Millionen Thalern zu beschaffen, zunächst ein Gefühl kaiserlicher Würde, das sich verletzt glaubte, wenn der Kaiser einem Reichsstand Subsidien zahle, ferner die Abneigung gegen Preußen, welche durch den Vertrag vom 23. Januar 1793 und die jüngsten Ereignisse des Krieges noch gesteigert war. Dazu kam die Hoffnung, Preußen auch ohne Beihülfe des Kaisers durch die Anstrengungen der Seemächte unter den Waffen zu halten, oder, wenn dies nicht gelänge, den Ausfall durch das reichsgesetzliche Contingent, das vertragsmäßige Hülfscorps und eine Reichsarmee zu decken, deren Bildung besonders auf Col=

---

1) Vgl. insbesondere die Briefe vom 12. November 1793 im Preußischen Staats=Archiv und vom 14. Januar 1794 bei Hermann, Correspondenzen, 445.

2) Der englische Gesandte in Wien Sir Morton Eden schreibt am 24. März 1794 ganz im Gegentheil, daß Rußlands drohende Stellung gegen die Türkei in Wien sehr ungern gesehen würde: Great apprehensions are entertained here of the Russian armaments on the Turkish frontiers... Her (the Empress) conduct and that of the Court of Berlin at this awful period excite the utmost indignation. Journal and Correspondence of Lord Auckland, London 1862, III, 194.

loredos Betreiben seit dem Februar beschlossen war¹). Daß mehrere dieser Gründe von Gewicht seien, läßt sich nicht in Abrede stellen; gleichwohl bin ich der Ansicht, daß Thugut, indem er seine Zustimmung weigerte, allerdings eines politischen Fehlers sich schuldig machte. Denn, ob auch nicht unbedeutend, die von Preußen geforderte Summe ließ sich doch nicht unerschwinglich nennen; daß nach der Ablehnung des Antrags auf das preußische Contingent nicht zu rechnen und von einer Reichsarmee nichts Großes zu erwarten sei, war vorauszusehen; dagegen hätte ein preußisches Heer von 100,000 Mann, unter der Führung des Königs rechtzeitig am Rheine aufgestellt, dem neuen Feldzuge von Anfang an eine günstige Wendung geben können. Statt dessen verging nun die unersetzliche Zeit unter langwierigen Verhandlungen. Denn das hatte Thugut allerdings richtig vorausgesehen: England und Holland boten Alles auf, die preußische Armee im Felde zu erhalten. Malmesburys unablässigen Bemühungen gelang es, den Grafen Haugwitz zu einer neuen Unterhandlung im Haag zu veranlassen und dort am 19. April ein Abkommen zwischen Preußen und den Seemächten zur Unterzeichnung zu bringen. Preußen versprach, bis Ende Mai ein Heer von 62,400 Mann zu stellen, das unter einem preußischen Feldherrn nach einer militärischen Uebereinkunft zwischen England, Holland und Preußen da verwendet werden solle, wo es den Interessen der Seemächte am Vortheilhaftesten erscheinen würde. Dafür versprachen diese vom 1. April ab eine monatliche Subsidie von 50,000 Pfund, beinahe ebensoviel für die Verpflegung der Truppen, außerdem 300,000 Pfund für die Ausrüstung und 100,000 beim Rückmarsch; die Eroberungen sollten im Namen der Seemächte vorgenommen und ihrer Verfügung anheimgegeben werden²).

In Folge dieser Uebereinkunft hielt das preußische Heer seine Stellung wie zu Ende des vorigen Jahres besetzt. Möllendorf, der die Ausführung des Befehls vom 11. März nicht beeilt hatte,

---

1) Vgl. den Bericht Lucchesinis aus Wien vom 26. Februar 1794.
2) Vgl. Martens. Recueil des Traités, V, 283, Göttingen 1795.

empfing schon am 31. von Haugwitz die Anweisung, nicht weiter rückwärts zu gehen. Betrachtete man die Streitkräfte, die von allen Seiten, aus Deutschland, Belgien, Spanien, Sardinien gegen die französische Gränze heranzogen, so mochte der bevorstehende Feldzug immerhin einen bedeutenden Erfolg versprechen.

Aber zu derselben Zeit, als man im Haag die Festigkeit der Coalition noch einmal herzustellen schien, brach im Osten aufs Neue eine Bewegung aus, die nicht nur die Wirkungen jenes Vertrags wesentlich beeinträchtigte, sondern das lockere Band zwischen Oestreich und Preußen völlig zu zerreißen drohte.

In Polen war durch die Theilung des vergangenen Jahres und die schmachvolle Behandlung des Grodnoer Reichstages Alles, was noch einen Funken nationalen Gefühles in sich trug, zur Verzweiflung gebracht. Der russische Befehlshaber in Warschau, General Igelström, gewaltthätig und unfähig wie er war, hatte die Erbitterung noch gesteigert. Schon im März wurde es unruhig im Palatinate Krakau; als Igelström den schwachen Rest des polnischen Heeres noch zu vermindern befahl, brach ein allgemeiner Aufstand aus. Die flüchtigen Urheber der Maiverfassung kehrten zurück, und Kosciusko wurde in Krakau zum Generalissimus ausgerufen. Am 4. April erfocht er einen nicht unbedeutenden Sieg über die Russen bei Raclawice, am 18. mußte Igelström nach einem blutigen Straßenkampfe Warschau räumen; wenige Tage später wurde auch Wilna frei, selbst die neu erworbenen preußischen Provinzen blieben vor polnischen Streifschaaren nicht gesichert.

So war für die östlichen Mächte unerwartet ein neuer Anlaß der ernstesten Besorgniß hervorgetreten; nicht der Besorgniß allein, sondern zugleich der Zwietracht. Denn mochte auch das Glück die ersten Schritte des Aufstandes begleiten, es war doch von Anfang an vorauszusehen, daß er den Untergang, die Theilung des letzten Restes der Republik herbeiführen und also die Interessen der drei Mächte aufs Neue gegenüber stellen werde. Hier galt es nun, den Rivalen zuvor zu kommen und möglichst schnell des größeren Theils der Beute sich zu versichern. Niemand erkannte das eher und richtiger als Lucchesini. Schon zu Anfang April rieth er in den dringendsten Worten, den günstigen Augenblick, da Rußland noch nicht gerüstet, Oestreich in Belgien beschäftigt sei, nicht ungenutzt zu lassen [1]). Preußen war denn auch zuerst zur Stelle. Der König, statt wie er wünschte, nach dem Rheine zu gehen, wurde durch Manstein bestimmt, sich nach Polen zu wenden; zu Anfang Juni hatten 50,000 Preußen die Gränze überschritten, Kosciusko wurde am 6. bei Rawka geschlagen, am 15. Krakau erobert; einem raschen Stoße würde selbst Warschau, der Mittelpunkt der Bewegung, nicht leicht widerstanden haben. Statt dessen verlor man die Zeit in langsamen Märschen; erst am 13. Juli begann mit wenig Geschick und Energie eine Belagerung, die Wochen lang ohne Erfolg blieb und das preußische Heer in dem empörten Lande endlich selbst in eine bedenkliche Lage versetzte.

Es läßt sich erwarten, daß diese Ereignisse auf den Feldzug am Rhein nicht ohne Einfluß blieben. Hätte man den polnischen Aufstand vorhersehen können, Preußen würde auf die Haager Uebereinkunft schwerlich eingegangen sein. Verträge, die den Verhältnissen nicht mehr entsprechen, sind aber selten zur Ausführung gelangt, und so traten auch hier Uneinigkeit und Mißverständnisse nur zu bald hervor. Die Seemächte wollten das Heer, das sie bezahlten, auch da, wo ihr eigentliches Interesse lag, nämlich in den Niederlanden verwendet sehen. Dazu war aber der Marschall Möllendorf nicht zu bewegen; er behauptete unveränderlich, seine Armee müsse die Rheingränze decken und dürfe in keinem Falle sich nach Flandern wenden. Am 20. Juni kam Malmesbury, begleitet von einem holländischen Bevollmächtigten, selbst in das preußische Hauptquartier nach Kirchheim-Bolanden, wiederholte in hochfahrender Weise seine Forderung und berief sich auf bestimmte Zusagen, die er von Haugwitz im Haag und bei einer späteren Unterredung am 1. Juni in Mastricht erhal-

---

1) Vgl. den Brief vom 7. Mai bei Hermann, Correspondenzen, 465, der aber nicht aus Warschau, sondern aus Wien datirt werden muß.

ten habe. Möllendorf beharrte jedoch bei seinem Widerstand, und man trennte sich in der äußersten Erbitterung. Umsonst richtete Malmesbury seine Beschwerden an Haugwitz; der preußische Minister stellte in Abrede, daß er eine bestimmte Zusage gegeben habe[1]), und eine Kabinetsordre des Königs billigte am 4. Juli Möllendorfs Verfahren. Der erzürnte englische Diplomat schalt über Treulosigkeit und Wortbruch, drohte die Zahlungen zurückzuhalten, und so entwickelte sich eine der ärgerlichsten Streitigkeiten, die bis heute mit großer Lebhaftigkeit verhandelt und gewöhnlich zu heftigen Vorwürfen gegen Preußen ausgebeutet ist.

Sogar zwischen Sybel und Häusser zeigt sich über diesen Punkt eine Meinungsverschiedenheit. Während Häusser (I, 545, 555) im Wesentlichen die Klagen Malmesburys für berechtigt hält und Haugwitz mit dem Namen eines charakterlosen Intriguanten belegt, kommt Sybel (III, 220) zu dem Ergebniß, die Worte des Vertrages entscheiden durchaus zu Gunsten Preußens, und „Haugwitz' einziges Verschulden bestehe darin, daß er offenbar aus Bequemlichkeit Möllendorf die Erledigung der Frage über den Kriegsschauplatz überlassen habe". Auf dem Wege zu diesem Ziel könnte ich Sybel nicht überall folgen; andererseits scheint mir aber Häussers Auffassung in der That zu hart. Zunächst kann man nicht sagen, daß Preußen durch die haager Uebereinkunft „mit den deutschen Kleinstaaten, die aus solchen Verträgen längst ein Geschäft gemacht, in eine Linie trat". Denn das Verwerfliche jener Verträge liegt gerade darin, daß Staatsangehörige für einen dem Staate ganz fremden Zweck geopfert und verkauft wurden; dies war aber sowohl thatsächlich, als in der Ansicht des Königs und Haugwitzens hier nicht der Fall. Es ist nicht bloße Redeform, wenn im Eingange der Widerstand gegen die französische Umwälzung als Zweck des Vertrages angegeben wird. Preußen verlangte nur — und man kann darin nicht einmal etwas Unbilliges finden — von den Staaten, deren Interessen weit näher und gefährlicher als seine

---

1) Vgl. das Schreiben vom 28. Juni bei Häusser a. a. O. I, 561.

eigenen bedroht wurden, eine Entschädigung für die Ausgaben, die es mit eigenen Mitteln nicht mehr bestreiten konnte. Dann ist auch der Wortlaut des Vertrages zwar nicht unzweideutig zu Gunsten Preußens, aber er ist wirklich zweideutig [1]). Er kann bezeichnen, daß über den Schauplatz, auf dem die preußische Armee zu wirken habe, die Seemächte selbst entscheiden, und nur die nöthigen Vorkehrungen einer militärischen Uebereinkunft vorbehalten sind; in diesem Sinne wünschte das englische Ministerium den Vertrag abgefaßt, so hat ihn Malmesbury später auffassen wollen, und diese Auffassung ist sogar die zunächstliegende, denn gewöhnlich wird über das, was ihm am Zuträglichsten sei, auch Jedem selbst das entscheidende Urtheil zustehen. Aber klar sind die Worte nicht; sie können eben so wohl bezeichnen, daß die militärische Uebereinkunft über beide Punkte entscheiden soll. Nun wäre es — nicht für Haugwitz, denn in Preußens Interesse lag es, die Ausdrücke so unbestimmt als möglich zu halten — aber für den englischen Diplomaten der unverzeihlichste Fehler, wenn er ohne Noth eine Zweideutigkeit dieser Art zugelassen hätte. Verfolgt man das Entstehen des Vertrags, so sieht man auch aus Malmesburys nicht weniger als aus den preußischen Berichten, daß sie keineswegs zufällig ist. Schon im Februar und März war in Berlin zwischen Malmesbury, Haugwitz und dem Könige viel darüber verhandelt, wo die preußische Armee zu verwenden sei; damals war man allerdings einverstanden, daß es in den Niederlanden zu geschehen habe. Später, während der Besprechungen im Haag, hatten aber die Umstände sich vielfach verändert, und hier ist Haugwitz einem bindenden Versprechen offenbar ausgewichen. Man erkennt dies nicht nur aus den Briefen des preußischen Ministers an Möllendorf [2]), sondern noch entschiede-

---

1) Die streitigen Worte lauten: La dite armée sera employée d'après un concert militaire entre Sa Majesté Brittaunique, Sa Majesté Prussienne et leurs Hautes Puissances les Etats Généraux des Provinces-Unies, là où il sera jugé le plus convénable aux intérêts des Puissances maritimes.

2) Vgl. die Briefe vom 31. März, 15. April, 10. Mai bei Häusser a. a. O. I, 548.

ner gerade aus dem Umstande, daß Malmesbury aus London am 28. März die ausdrückliche Weisung erhielt, er solle in dem Vertrage wörtlich aussprechen, daß die preußischen Truppen in den Niederlanden zu verwenden seien [1]). Wenn er dieser Weisung nun doch nicht nachgekommen ist, so liegt darin ein sicheres Zeichen, daß er ihr nicht nachkommen konnte.

Auch auf die Unterredung von Haugwitz und Malmesbury in Mastricht kann ich nicht so große Bedeutung legen, wie Häusser. Der preußische Minister mag persönlich eine große, vielleicht zu große Gefälligkeit an den Tag gelegt haben, aber zu einem bestimmten Versprechen ist es — abgesehen, daß Haugwitz dazu nicht einmal berechtigt war — allem Anscheine nach auch in Mastricht nicht gekommen. Wenigstens als Haugwitz später, der heftigen Aufforderung Malmesburys gegenüber, in dem Briefe vom 28. Juni sich ausdrücklich dagegen verwahrte, hat der Engländer nichts von Bedeutung darauf erwidert [2]). Endlich läßt sich nicht verkennen: dem Abzuge der preußischen Truppen standen in der That sehr wesentliche militärische Bedenken entgegen; schon damals waren sie sogar von englischen und östreichischen Generalen anerkannt. Auch würden alle Theile sich schon befriedigt haben, wäre nur am Rheine etwas Erhebliches geschehen. Nicht daß die preußischen Truppen am Rheine blieben, sondern daß sie am Rheine unthätig blieben, ist für den Ausgang des Feldzugs verderblich geworden; so hat sich auch Thugut zu verschiedenen Malen dem preußischen Residenten gegenüber ausgesprochen [3]). An diesem Uebelstande tragen nun die Engländer in sofern selbst die Schuld, als sie die versprochenen Subsidien nicht zeitig genug entrichteten; für die späteren Monate lastet aber auf Preußen al-

---

1) Vgl. Grenvilles Depesche vom 28. März in den Diaries and Correspondence of James Harris, first Earl of Malmesbury, edited by his grandson, London 1845, III, 85.

2) Vgl. Malmesburys Schreiben vom 6. Juli, Diaries, III, 117. Den Anfang dieses Briefes mitzutheilen hat der Herausgeber leider nicht für geeignet erachtet.

3) Vgl. Caesars Bericht vom 12. Juli.

lerdings der Vorwurf, nicht den Eifer und den guten Willen gezeigt zu haben, den die ehrliche Ausführung des haager Vertrags erforderte. Am 23. Mai erfochten die preußischen Truppen einen bedeutenden Erfolg bei Kaiserslautern, der beinahe die Unglücksfälle des vorigen Decembers wieder gut machte und die Franzosen vom Haardtgebirge auf die Vogesen zurückdrängte. Aber er blieb ungenutzt; während eines ganzen Monats geschah gar nichts mehr, und keine Bemühung des Herzogs von Sachsen-Teschen vermochte Möllendorf zu einer gemeinsamen Unternehmung mit der Reichsarmee zu bewegen. Vivenot hat vornehmlich diesen Händeln den ersten Theil seines Werkes gewidmet; ich kann hier nicht ausführlich darauf eingehen, auch getraue ich mich nicht, im Einzelnen über das Mehr oder Weniger der Schuld zwischen beiden Parteien zu entscheiden. Im Großen und Ganzen wird es aber für den Unbefangenen unzweifelhaft, daß die Oestreicher, schon weil es in ihrem höchsten Interesse lag, zum Kampfe immer geneigt waren, während Möllendorf absichtlich jede wirksame und energische Bewegung, die auch den bedrängten Heeren in Belgien hätte Luft machen können, verhindert hat. Es ergibt sich das aus der Natur der Verhältnisse, denn der polnische Aufstand, die vergebliche Belagerung von Warschau mußte die schon bestehende Abneigung der preußischen Minister und Generale gegen den französischen Krieg noch verstärken; auch erkennt man es deutlich aus dem von Häusser mitgetheilten Briefwechsel zwischen Möllendorf, dem Ministerium und dem königlichen Hauptquartier in Polen. Endlich erscheint der Herzog von Sachsen-Teschen nach Allem, was wir von ihm erfahren, als ein so offener und aufrichtiger Charakter, daß man zu seinen Gunsten beinahe von der Regel absehen dürfte, bei streitigen Fragen niemals der einen Partei ausschließlich zu glauben. Ich füge noch hinzu, daß er, wenn auch nicht gerade ein genialer Kopf und großer Feldherr, doch keineswegs, wie Schlosser annimmt, zu den unfähigen Prinzen gehört, welche ohne eigenes Verdienst in ihren hohen Stellen der östreichischen Armee zum Verderben gereichten. Selbst Lucchesini nennt ihn in einer Schlußrelation über den Wiener Hof am 22. Juli 1797 neben dem Fürsten Hohenlohe-Kirchberg, dem Erzherzog Karl und Clerfayt ausdrücklich als einen der wenigen Generale, die nach dem allgemeinen Urtheil den Oberbefehl eines Heeres mit Auszeichnung geführt haben.

Viertes Kapitel.

Der Verlust Belgiens und des linken Rheinufers.

So wenig die Hoffnungen sich erfüllten, die man beim Abschluß des haager Vertrags genährt haben mochte, so unheilvoll der polnische Aufstand nach Westen hinüberwirkte, es war doch nicht am obern Rhein, wo der Feldzug entschieden wurde. Zwar hatten die Franzosen die Unthätigkeit des preußischen Heeres trefflich benutzt, um die Verluste von Kaiserslautern zu ersetzen; seit dem Anfang des Juli stürmten sie in immer stärkerem Andrang gegen die preußischen Stellungen, und in Folge blutiger Gefechte am 12. und 13. Juli konnten sie des im Mai aufgegebenen Landstriches sich wieder bemächtigen. Am 9. August ging auch Trier für uns verloren; indessen die glänzenden Erfolge, die der Erbprinz von Hohenlohe abermals vom 17. bis 20. September bei Kaiserslautern errang, zeigten deutlich genug, daß man noch immer in der Lage war, dem Feinde Stand zu halten.

Nicht am Oberrhein, in Belgien erfolgte die Entscheidung, die das Jahr 1794 für Deutschland so unheilvoll gemacht hat. Man erinnert sich, wie der Prinz von Koburg im Frühling 1793 diese Provinz in raschem Siegeszuge dem Kaiser wieder gewonnen hatte. Selbst nach den ungünstigen Ereignissen im Herbste blieb doch noch die Gränze und ein Stück französischen Gebietes mit den Festungen Valenciennes, Condé und Lequesnoy in der Gewalt der Verbündeten. Im Frühling des folgenden Jahres begab sich der Kaiser selbst, in Begleitung Thuguts und des Grafen Franz Colloredo, in die Niederlande an die Spitze des Heeres. Man hegte die umfassendsten Pläne; mit Hülfe Preußens hoffte man eine Streitmacht von 200,000 Mann zu vereinigen, die nächste

Reihe französischer Festungen zu nehmen und dann die Revolution in Paris zu unterdrücken. Statt der gewünschten Zahl waren freilich nur etwa 117,000 Oestreicher zur Stelle, daneben 45,000 Engländer und Holländer unter den Befehlen des Herzogs von York und des Prinzen von Oranien. Gleichwohl nahm auch dieser Feldzug einen glücklichen Anfang, nach einer Reihe glänzender Gefechte wurde am 30. April sogar die wichtige Festung Landrecies zur Uebergabe genöthigt. Nun aber wandte sich das Glück: Koburgs vorsichtige Kriegsführung wußte die erlangten Vortheile nicht rasch zu benutzen; man ließ den Franzosen Zeit, überlegene Streitkräfte heranzuführen; am 18. Mai erlitt das verbündete Herr bei Turcoing bedeutende Verluste, und wenn auch vier Tage später der Sieg bei Tournay die taktischen Vorzüge der deutschen Truppen aufs Neue bewährte, so trat doch die Uebermacht der Franzosen von jetzt an immer entschiedener hervor. Pichegru an der Spitze der Nordarmee fiel in Flandern ein, während Jourdan 50,000 Mann von der Mosel heranführte, die Armee an der Sambre verstärkte, und sofort in wiederholten Angriffen über diesen Fluß an die Maas vorzudringen suchte. Am 13. Juni trat der Kaiser die Rückreise nach Wien an, zwei Wochen später, am 26., erfolgte bei Fleurus die Entscheidung. Das verbündete Heer, das zum Ersatze der Festung Charleroy heranzog, vermochte nicht durchzudringen, Koburg mußte die noch unentschiedene Schlacht abbrechen, langsam und nicht ohne Gefechte zog er sich hinter die Maas zurück. Mehrere Wochen ruhte dann der Krieg; als aber im Herbste die Franzosen mit erneuter Heftigkeit zum Angriff übergingen, konnte auch die Maas nicht behauptet werden. Krank und gebeugt hatte der Prinz von Koburg am 1. September die Armee verlassen, sein Nachfolger Clerfayt wich nach einem unglücklichen Gefecht an der Ourte hinter die Roer, endlich zu Anfang Octobers sogar auf die rechte Seite des Rheins zurück. Der Rest von Belgien und der größte Theil des linken Rheinufers war damit den Franzosen preisgegeben; am 6. October hielten sie in Köln, am 8. in Bonn, einige Tage später auch in Koblenz ihren Einzug.

Schon während des Feldzugs und noch mehr in den nächsten Jahren sind diese für Deutschland so folgenschweren Ereignisse in verschiedener Weise beurtheilt worden. Man konnte nicht fassen, daß Alles auf ganz natürlichem Wege sich zugetragen habe; so außerordentliche Begebenheiten glaubte man auch durch außerordentliche im Geheimen wirksame Mittel erklären zu müssen. Einige nahmen an, daß die Franzosen verrätherischen Verbindungen im östreichischen Hauptquartier ihre Erfolge verdankten, andere, daß es solcher Verbindungen nicht einmal bedurft habe. Denn im Einverständniß mit der französischen Regierung oder doch absichtlich sei der Rückzug vom Kaiser und seinem leitenden Minister deshalb angeordnet, weil sie, durch andere Interessen in Anspruch genommen, für den lästigen, wenig vortheilhaften Besitz von Belgien einen ernstlichen Kampf nicht hätten aufnehmen wollen. Diesen Gedanken hat in neuester Zeit neben Häusser besonders Sybel im Einzelnen ausgeführt. Bis in den Mai 1794, nimmt er an, behielt die östreichische Regierung noch einigen guten Willen; sobald aber die Nachricht von dem Aufstande zu Warschau im belgischen Hauptquartiere eingetroffen war, lenkte die Eifersucht gegen Preußen Thuguts Aufmerksamkeit von dem westlichen Kriegsschauplatze auf den Osten. Man ließ die schon erreichten Vortheile unbenutzt, der Kaiser gab sogar auf dem Schlachtfelde von Tourcoing lieber seine Bundesgenossen dem übermächtigen Feinde preis, als daß er seine östreichischen Truppen dem Gefechte hätte aussetzen wollen; schon vor der Abreise des Kaisers wurde Alles für die Räumung vorbereitet und Koburg erhielt die Aufgabe, die Armee aus Belgien nach dem Rheine zu ziehen. Unterhandlungen von Seiten Englands bewirkten zwar während des Juli und August eine Unterbrechung des Rückzugs, als aber das gewünschte Ergebniß ausblieb, wurde Clerfayt angewiesen, ohne ernstlichen Widerstand den Franzosen das linke Rheinufer zu überlassen.

Man sieht, es wird hier eine schwere Anklage ausgesprochen. Der Feldzug von 1794 bildet die entscheidende Wendung des Revolutionskrieges, zwanzig Jahre sind die verlorenen rheinischen Länder seitdem in französischer Gewalt geblieben; es mag also wohl gestattet sein, mit einiger Aufmerksamkeit dem Verlauf der Ereignisse nachzugehen und zu untersuchen, wem für so großes Unheil die Verantwortung zur Last fällt.

Sybel hat für seine Ansicht eine nicht geringe Zahl von Beweisgründen aufgeführt: zunächst die Begebenheiten selbst, sowohl was in Belgien als was in Polen geschah; daneben gleichzeitige Zeugnisse nicht blos der Zeitungen oder fernstehender Personen, sondern des preußischen Bevollmächtigten im östreichischen Hauptquartier, der englischen Heerführer und Gesandten, die sich mehr oder weniger in seinem Sinne auslassen; sogar der kaiserliche Geschäftsträger im Haag, Herr von Pelser, schreibt einmal an Thugut, daß der Schein für Oestreich nicht günstig sei. Es war also gar nicht am Orte, wenn Vivenot eine durch gewichtige Gründe unterstützte Ansicht von vorn herein als schmähende Verläumbung oder absichtliche Täuschung auffaßte; weit besser hätte er was sich dafür und dagegen sagen läßt mit Ruhe abgewogen, um danach sein und des Lesers Urtheil zu bestimmen. Wäre dies aber geschehen, so kann ich allerdings nicht glauben, daß Sybels Ansicht sich bestätigt hätte, mochte man nun die politischen Verhältnisse an sich, oder die Ereignisse, oder die Zeugnisse der zunächst betheiligten Personen ins Auge fassen. Allerdings war der Besitz Belgiens für Oestreich mit manchen Unbequemlichkeiten verbunden. Das Land war getrennt, weit entfernt von dem Mittelpunkt der Monarchie, die Einwohner zeigten sich wenig fügsam, voll Eifersucht auf ihre alten Privilegien, karg in den Beiträgen für die allgemeinen Bedürfnisse des Staates; noch vor Kurzem in offenem Aufstande waren sie nur mit Mühe und Gefahren wieder zum Gehorsam gebracht. Alles das hebt aber nicht auf, daß diese Provinz als eine der reichsten, meistbevölkerten in Europa, als Verbindung mit Oestreichs Bundesgenossen im Westen, als Schutzmauer gegen Frankreich und noch in mancher andern Rücksicht für den Kaiser von hohem Werthe blieb. Er zeigte sich wohl geneigt, sie gegen vortheilhaftere Besitzungen zu vertauschen, obgleich doch noch im Jahre 1792 nicht einmal Baiern als genügender Preis erschienen war; aber gewiß ist, daß er sie nicht umsonst, nicht ohne dringende Noth verlieren und ebenso wenig, wenn er einen Tausch im Auge behielt, das Pfand ohne Sicherheit voreilig aus der Hand geben wollte. Man müßte also voraussetzen, Oestreich habe mit den Franzosen sich heimlich geeinigt und etwa gegen die Zusicherung Baierns ihnen Belgien überlassen. Dieser Gedanke ist denn auch schon während des Feldzugs als Tadel oder Befürchtung mehrmals ausgesprochen, auch von Sybel wird er zuweilen angedeutet. Er entbehrt aber, wie ich noch eingehender zeigen werde, jeder Begründung, und so wird man auf diesem Wege zur Erklärung eines freiwilligen Rückzugs wohl nicht gelangen. Immer bleibt aber die Annahme, und Sybel legt darauf das meiste Gewicht, der Kaiser und Thugut hätten die belgische Armee deshalb zurückgezogen, um sie für den Osten, insbesondere zu thätigem Eingreifen in die polnischen Angelegenheiten verfügbar zu machen. Vor Allem ist daher zu untersuchen, in wiefern die Ereignisse dieser Annahme sich günstig erweisen.

Darüber sind alle Parteien einig, daß Oestreich bis Ende Mai für die Behauptung Belgiens mit Entschiedenheit eintreten wollte. Was geschehen ist, spricht doch gar zu bestimmt; denn, sieht man auch ab von den kriegerischen Ereignissen, wie sollte der Kaiser sich selbst zu einer Armee, in ein Land begeben haben, deren Rückzug, dessen Räumung eine vorher beschlossene Sache war? Erst nach der Schlacht bei Turcoing zwischen dem 24. und 28. Mai, nimmt Sybel an[1]), vier Wochen nach Eröffnung des Feldzugs sei der Beschluß zur freiwilligen, wenn auch langsamen Räumung des Landes vom Kaiser, Thugut und dem Adjutanten des Kaisers, Prinzen Waldeck, gefaßt worden. Er glaubt dafür in der mangelhaften Kriegführung, insbesondere in dem Rückzuge nach der Schlacht bei Fleurus eine Bestätigung zu finden, macht auch zu verschiedenen Malen auf die Mittel und Wege aufmerksam, die zu einem günstigeren Ergebniß hätten führen können. Nun scheint es aber schon an sich bedenklich, aus der Nichtbenutzung von mehr als sechzig Jahre später entworfenen Feld-

---

1) Vgl. Histor. Zeitschrift, XV, 86.

zugsplänen, aus dem Unterbleiben von Bewegungen, die hinterher als nützlich zu erkennen sind, ja, aus einer lässigen, nicht eben geistreichen Art der Kriegführung den Schluß zu ziehen, man habe überhaupt nicht mehr schlagen wollen. Jeder weiß, von wie mannichfachen, unberechenbaren Einzelheiten und Zufällen die Bewegungen und Erfolge eines Feldzugs abhängig sind. Mir ist es nicht gelungen, in dem, was damals geschah, ein irgend erhebliches Anzeichen eines freiwilligen Rückzugs zu finden; weit eher könnte man den Nachweis antreten, daß später York und Oranien den Franzosen Holland absichtlich in die Hände geliefert hätten, was doch im Ernste Niemand behaupten wird. Ohne Bedeutung scheint mir insbesondere der oft hervorgehobene Umstand, daß in Brüssel schon vor der Schlacht bei Fleurus Anordnungen für einen möglichen Rückzug getroffen wurden. Der General Mack, Koburgs Generalquartiermeister, der gewöhnlich gerade als der Gegner Thuguts und Waldecks geschildert wird, hebt schon am 29. Mai in einer Denkschrift[1]) hervor, wie groß die Gefahr und wie schwer es sein würde, gegen die Uebermacht der Franzosen das Land zu behaupten; was ist natürlicher, als daß man auf diesen Fall sich vorbereitete? Ich bescheide mich aber gern, daß mein Urtheil hier nicht ausreicht; um so bedeutender ist, daß auch militärische Schriftsteller, die in letzter Zeit mit genauer Kenntniß alles nöthigen Materials die Einzelheiten prüften, zu demselben Ergebniß gekommen sind. Auf Vivenot darf man sich bei seiner ausgesprochenen Vorliebe für die eine Seite nicht berufen; aber wir haben Koburgs Biographie von Witzleben. Dies Buch ist, wie bisher noch Niemand in Abrede stellte, für die militärischen Dinge musterhaft, genau eingehend, klar, voll Sachkenntniß und, was besonders erfreulich wirkt, durchaus frei von den Fehlern einer einseitig befangenen Parteinahme. Es wäre diesem Schriftsteller, wie er selbst gesteht, in hohem Maße erwünscht gewesen, hätte er für den nicht gerade rühmlichen Rückzug seines Helden Jemand anders verantwortlich gefunden. „Je härter der

---

1) Abgedruckt bei Witzleben a. a. O. III, 265 fg.

Tadel ist," sagt er (III, 403, 401), „welcher den Prinzen wegen der schnellen Räumung Belgiens getroffen hat, je mehr ihm der Vorwurf geworden ist, günstige Gelegenheiten zur Wiederaufnahme des Angriffs versäumt zu haben, als Pichegru und Jourdan in der zweiten Hälfte des Juli völlig getrennt manövrirten, um so eifriger haben wir in Liebe für unsern Helden gesucht, eine stichhaltige Andeutung zu finden, welche ihn der Verantwortung entziehen könnte; doch vergebens."

„Es wäre zwar nicht schwer gewesen, den Rückzug einzig und allein als ein Werk der politischen Intrigue und des Verrathes darzustellen; man brauchte hierzu nur die berühmtesten Geschichtswerke, welche die Räumung Belgiens allein dem Erfolge der ränkevollen Politik Thuguts zuschreiben, mit einiger Geschicklichkeit zu benutzen. Aber wir hätten dann am Schlusse unserer Arbeit zum ersten Mal der Wahrheit untreu werden und uns so selbst verleugnen müssen."

„Die Zeitgenossen schreien Verrath, die Geschichtschreiber sprechen von politischen Intriguen, wir aber werden zeigen, daß, wenn auch die Intrigue thätig war, der Kern der Ereignisse doch aus der militärischen Anschauung des Oberbefehlshabers hervorgegangen ist und die natürliche Folge der wirklich vorhandenen Verhältnisse war."

Sybel ist durch dieses Urtheil in seiner Ansicht nicht erschüttert worden; er bemerkt in der Vorrede zur zweiten Auflage seines Werkes (December 1860) mit „lebhafter Befriedigung, daß seine Darstellung der militärischen Ereignisse durch einen so competenten Beurtheiler, wie Witzleben, durchgängig gebilligt sei; in der politischen Auffassung zeige sich eine gewisse Differenz, oder doch der Schein derselben in Bezug auf die Frage, ob die österreichische Regierung aus politischen Gründen den Beschluß zur Räumung Belgiens schon im Mai 1794 gefaßt habe.... Sie schrumpfe aber zuletzt auf die wenig erhebliche Frage zusammen, ob Kaiser Franz dem System seines Ministers mit freiem Bewußtsein zugestimmt oder sich von demselben ohne eigene Anschauung des Zieles habe fortreißen lassen." Ausführlicher heißt es in dem Aufsatze gegen Vivenot (S. 86): „Witzleben in seiner trefflichen Biographie des Prinzen Koburg eignete sich nach genauester Revision des Quellenmaterials meine Ansicht in soweit an, daß er Thugut und Waldeck für die bewußten Urheber der Räumung Belgiens erklärte, nur hätte nach seiner Meinung der Kaiser die Vorschläge jener Männer nicht genehmigt, vielmehr die fortgesetzte Vertheidigung des Landes befohlen, und es sei also fortgekämpft worden; Thugut aber hätte seinen Zweck dennoch erreicht durch Hinderung aller Maßregeln, ohne welche die Behauptung Belgiens unmöglich war. Man sieht sofort, daß diese Differenz unserer Ansichten für die Sache wenig austrägt. Die von Witzleben angenommene Meinungsverschiedenheit zwischen Franz und Thugut wäre erheblich für die persönliche Charakteristik der beiden Männer; für den Verlauf der Ereignisse aber, der auch nach Witzleben sich ganz im Sinne des Ministers vollzieht, von gar keinem Belang."

So gering, wie Sybel annimmt, scheint mir aber die Differenz zwischen ihm und Witzleben doch nicht. Was zunächst die militärischen Vorgänge betrifft, so erklärt Witzleben, wie wir sahen, den Verlauf des Feldzugs durch die Natur der Verhältnisse; Koburg handelt, wie er nach bestem Ermessen als Feldherr handeln muß, und alle Bewegungen sind aus militärischem Gesichtspunkte zu erklären; für Sybel entscheiden ganz im Gegentheil politische Beweggründe; nach seiner Ansicht „bestand Koburgs Aufgabe nicht darin, das Land zu behaupten, sondern es möglichst ohne Verlust zu verlassen" (III, 132) und das Heer aus Belgien nach dem Rheine zu ziehen; aus dem militärischen Feldzuge wird gewissermaßen ein diplomatischer. Mich dünkt, es ist schwer, zwei Ansichten zu finden, die von Grund aus weiter von einander abweichen. Um aber die geringere Verschiedenheit der politischen Auffassung richtig zu würdigen, muß man vorerst das Verhältniß beider Schriftsteller zu einander sich klar machen. Witzleben ging an sein Werk voll Verehrung für seinen Vorgänger, dessen Buche er mehr als einmal die höchsten Lobsprüche ertheilt und dem er persönlich sich verpflichtet erklärt. So zeigt er auch unverkennbar das Bestreben, soweit als irgend möglich sich ihm anzuschlie=

ßen, nur daß darunter das unbefangene Urtheil eines fleißigen und redlichen Forschers sich nicht beeinträchtigen ließ. Wo er nun selbstständig aus eigenen Quellen schöpft, findet er beinahe überall von den Ansichten Sybels das Gegentheil; er zeigt, wie man die Operationen im Frühling sich militärisch zu erklären hat, er beweist insbesondere, daß das Abbrechen der Schlacht von Fleurus durch die Umstände geboten war, daß Koburg dafür keinen Tadel verdient, sondern vielmehr das Lob, die verbündete Armee der wahrscheinlich bevorstehenden Niederlage entzogen zu haben (III, 321, 327). Er entwickelt ferner die Nothwendigkeit des Rückzugs an die Maas und vergißt nicht zu bemerken (III, 403), daß der Prinz „in den Monaten Juli und August körperlich leidend und längere Zeit an das Krankenbett gebunden war, während er doch eines freien Geistes und eines gesunden Körpers bedurfte, um durch die niederdrückenden Verhältnisse hindurch zu einem kühnen Gedanken zu gelangen." Das Wichtigste aber ist, daß er aus dem Nachlasse des Prinzen zwei kaiserliche Handschreiben vom 15. und 31. Juli mittheilt, aus denen er mit Recht den Schluß zieht, es könne, wer sie an den Prinzen gerichtet, ihm unmöglich früher den Befehl zur Räumung Belgiens gegeben haben. Alles, was die allgemeinen politischen Verhältnisse angeht, hat er dagegen beinahe unverändert, zum größeren Theile wörtlich, der „Geschichte der Revolutionszeit" und Häussers deutscher Geschichte entnommen. Man hat also, wo Sybel und Witzleben übereinstimmen, nicht zwei selbstständige Forschungen, die beide auf dasselbe Ergebniß getroffen wären, sondern nur zwei Mal die Meinung Sybels, zuerst in seinem eigenen, dann in einem fremden Buche. Dazu gehört nun insbesondere auch die Ansicht über Thuguts Charakter, sein politisches System und seine Wirksamkeit in Bezug auf Belgien. Auch Witzleben redet an verschiedenen Orten von dem bösen Willen und den Intriguen dieses Ministers; daß er aber dafür irgend einen neuen Beweis geliefert hätte, ist mir nicht ersichtlich; wenigstens findet man in seinem Buche keine Spur, daß ein solcher Einfluß von Seiten Thuguts für die Räumung der Niederlande wirksam geworden wäre. Aber auch jenen Gegensatz zwischen dem Kaiser und seinem Minister würde er schwerlich aufrecht erhalten haben, hätte er gewußt, was jetzt Vivenot im Wiener Staatsarchiv entdeckt hat, daß die Concepte der kaiserlichen Schreiben vom 15. und 31. Juli, wie überhaupt der Briefwechsel des Kaisers mit Koburg und später mit Clerfayt, von Thugut entworfen und von seiner eigenen Hand niedergeschrieben wurden. Sybel hält auch diesen Briefen gegenüber seine Ansicht aufrecht; er bemerkt in der Vorrede der zweiten Auflage, „jene Handschreiben, in denen der Kaiser den Plan der Räumung ableugne, stammen aus einer Zeit, in welcher bei der Katastrophe Robespierres und der Sendung Spencers und Grenvilles der Wiener Hof seine bisherige Politik suspendirt und für einige Wochen wieder eine kriegerische Haltung angenommen habe; sie beweisen also nichts für die frühern Monate, in denen Thugut eine Vereinigung mit Frankreich erstrebt und einen politischen Druck auf England habe ausüben wollen." Vivenot gegenüber stellt er (Zeitschr. XV, 88) die Anforderung, „Dokumente im Sinne der kaiserlichen Briefe aus der Zeit vom 24. Mai bis zum 15. Juli zu liefern, sonst könne er nur die Lachmuskeln seiner Leser reizen." Aber die Entgegnung, glaube ich, ist nicht ausreichend, und die Anforderung nicht berechtigt. Denn die kaiserlichen Schreiben lassen es in der That als unmöglich erscheinen, daß der Prinz früher einen Befehl zur Räumung Belgiens erhalten hätte. Der Kaiser spricht in den entschiedensten Ausdrücken sein Bedauern aus über den Rückzug, der so wenig den frühern Hoffnungen und Erfolgen und dem in Braine la Leud noch am 1. Juli vereinbarten Vertheidigungsplane entspreche[1]); er hofft, „der Prinz werde den Sachen bald eine günstigere Wendung geben und nicht nur die dermalige Stellung von Antwerpen bis Namur mit Standhaftigkeit behaupten, sondern sich unermüdet weiter mit Erwägung und Ausfindigmachung der Mittel beschäftigen, um bei der ersten thunlichen Gelegenheit, oder sobald Verstärkungen anlangten, mit Thätigkeit

---

1) Vgl. das Schreiben vom 15. Juli bei Witzleben a. a. O. III, 336.

wieder zu offensiven Operationen vorzuschreiten, einen so viel möglichen Theil der Niederlande aufs Neue von dem Feinde zu befreien und auf eine oder die andere Weise dem Verluste der mit so vielem Blute und Kosten eroberten Festungen vorzubeugen, von denen besonders jener von Condé und Valenciennes dem Kaiser zu Herzen gehen würde." „Der bei den Alliirten so tief eingewurzelte Irrwahn von dem vorgeblichen Vorsatze des Kaisers, die Niederlande zu verlassen," wird dann nicht sowohl „abgeleugnet," als durch die „unüberlegte Leichtsinnigkeit erklärt, mit welcher verschiedene Officiere bei der Armee ihre übel ausgedachten Vermuthungen und Beurtheilungen über Gegenstände aller Gattung ganz ungescheut auszusprechen sich erlauben." Koburg soll „diesem Mißbrauch nachdrücklich steuern und erhält unbeschränkte Vollmacht zur ernstlichen Bestrafung aller derjenigen, die sich diesfalls schuldig finden lassen sollten."

Endlich erkennt der Kaiser „als äußerst dringlich, daß unter den gegenwärtigen mißlichen Umständen Koburg Verstärkung, etwa vom Rheine her erhalte. Es sei deshalb der Graf von Mercy beauftragt, sich unverweilt nach London zu verfügen, um zur Beschleunigung dieses Gegenstandes unter den nachdrücklichsten Vorstellungen mit dem englischen Ministerium Verabredung zu pflegen. Preußen scheine entschlossen, dem Antrage des Londoner Hofes wegen des Marsches der 62,000 Mann Subsidientruppen nach den Niederlanden auf keine Weise beizutreten, und es sei allerdings zu wünschen gewesen, daß man sich englischer Seits bei einem so vielen leicht vorzusehenden Schwierigkeiten unterworfenen, unthunlichen Projecte nicht so lange aufgehalten hätte; es werde nun darauf ankommen, ob und auf was für andere Art Aushülfe zu schaffen möglich sei."

In ganz ähnlichem Sinne ist das spätere Schreiben vom 31. Juli abgefaßt, auf das ich noch zurückkomme. Ich überlasse dem Urtheil jedes unbefangenen Lesers, ob es möglich ist, daß ein Kaiser so zu einem Feldherrn reden konnte, dem er wenige Wochen früher gerade das aufgetragen hatte, worüber er jetzt sich beklagt. Mir scheint, dies Schreiben kann auch für die Stimmung des unmittelbar vorhergehenden Monats recht wohl als

Zeugniß dienen. Wenn aber Sybel nun an Vivenot die Anforderung richtet, auch aus dieser frühern Zeit ähnliche Dokumente aufzuweisen, so braucht man sich nur die Umstände klar vorzustellen, um die Anforderung als unberechtigt, die Erfüllung als beinahe unmöglich zu erkennen. Denn um etwas zu verbieten oder gegen etwas sich auszusprechen, muß es doch erst ernstlich in Frage kommen. Bis zum 24. Mai, sagt aber Sybel selbst, dachte man nur an den Angriff; der ganze folgende Monat verging unter unaufhörlichen blutigen Kämpfen, der Rückzug beginnt erst nach der Schlacht bei Fleurus am 26. Juni. Wie soll der Kaiser Veranlassung finden, bis zu diesem Zeitpunkt besondere Instructionen gegen einen Rückzug zu erlassen? An Zeugnissen für seine Stimmung fehlt es gleichwohl nicht. Zuerst ein negatives: der Befehlshaber des englischen Heeres, der junge Herzog von York, selbst im Felde wie im Rathe wenig befähigt, war gerade deßhalb argwöhnisch und leicht aus der Fassung gebracht. Bald nach der Schlacht bei Fleurus, in jenem Kriegsrath zu Braine la Leud richtete er in Gemeinschaft mit dem Prinzen von Oranien an die kaiserlichen Befehlshaber die Frage, was der Kaiser in Rücksicht auf die Niederlande beabsichtige. Der Erzherzog Karl und die Generale gaben darauf ihr Ehrenwort, „es existire kein Befehl des Kaisers, die Niederlande zu verlassen oder einen beschleunigten Rückzug anzutreten; als Ehrenmänner fühlten sie sich deßhalb verpflichtet, das Land, soweit es in menschlichen Kräften liege und bis aufs Aeußerste zu vertheidigen." Der Kriegsrath traf denn auch Maßregeln, die diesem Vorsatz entsprachen, und gerade Waldeck, dessen Thugut als Werkzeug für die Räumung der Niederlande sich bedient haben soll, entwickelte in einer Denkschrift, die Niederlande müßten gehalten, und zu diesem Zwecke Alles aufgeboten werden[1]). Daß das Ehrenwort eines Officiercorps, in dem sich Koburg und der Erzherzog Karl befanden, nicht bezweifelt werden kann, wird Niemand in Abrede stellen. Es bliebe nun immer noch möglich, daß ein Einzelner, wenn man will, der

---

1) Witzleben a. a. O. III, 331. Vivenot a. a. O. I, 121.

Prinz von Waldeck, der damals als Generalquartiermeister an Macks Stelle getreten war, geheime Intriguen gesponnen hätte; davon ist später zu reden; aber ein Befehl zum Rückzug von Seiten des Kaisers an Koburg wird in jedem Falle ausgeschlossen.

Ein positives Zeugniß, wie Franz II. gesinnt war, liegt in Folgendem: Kaum erhält er zu Brüssel die Nachricht, daß die Festung Ypern vom Feinde bedroht sei, so gibt er am 5. Juni Koburg den Befehl, die schleunigsten Maßregeln zur Rettung des bedrängten Platzes zu ergreifen. Koburg, der eben die Franzosen am 3. in einem heftigen Gefecht über die Sambre zurückgeschlagen hat, schickt unverzüglich bedeutende Verstärkungen an Clerfayt nach Flandern und rüstet sich selbst, zum Entsatz der Festung aufzubrechen. Schon am 10. schreibt der Kaiser abermals, er halte den Entsatz von Ypern für so wichtig, daß er persönlich an der Operation Theil nehmen wolle. Unmittelbar dem Briefe folgt der Kaiser selbst; erst als ein neues Hervorbrechen der Franzosen über die Sambre den Zug nach Flandern unmöglich macht, geht er am nächsten Abend wieder nach Brüssel, um von da am 13. die Rückreise anzutreten. Spät am 19. Juni langt er in Wien an; Thugut, der bis zum 24. in Brüssel verweilte, kommt erst am 8. Juli zurück[1]; nur wenige Tage später trifft auch über die Schlacht von Fleurus ein Bericht ein, den Koburg am 4. Juli durch den Obersten Geringer nach Wien hatte abgehen lassen[2]. Beinahe umgehend antwortet der Kaiser am 15. Juli durch das von seinem Minister entworfene Schreiben, dessen Inhalt man vorher gelesen hat. Ich wüßte wirklich nicht, wie er bei dem lebhaftesten Wunsche, das Land zu behaupten, sich in Belgien anders benehmen, wie er anders hätte schreiben und wie er Koburgs Bericht anders und entschiedener hätte beantworten können.

Dagegen ist nicht abzusehen, wie Sybel dazu kommt, dieses vor Allem beweisende Schreiben vom 15. Juli und das ähnliche

---

1) Vgl. die Berichte Caesars vom 21. Juni und 9. Juli.
2) Witzleben, a. a. O. III, 276, 335.

vom 31. Juli als eine Folge der Katastrophe Robespierres und der Sendung des Lord Spencer und Thomas Grenvilles nach Wien zu betrachten und in ihnen den Ausdruck einer Veränderung oder Suspension der bisherigen Politik des Wiener Hofes zu erkennen[1]). Bekanntlich fällt die Katastrophe Robespierres auf den 27. Juli; die beiden Engländer langten am 6. August in Wien an[2]). Erst um die Mitte des Juli hatte man sich in London entschlossen, eine Gesandtschaft dahin abgehen zu lassen[3]). Thugut mußte doch ein besonderes Ahnungsvermögen besitzen, wenn er diese Ereignisse bereits am 15. Juli oder das erste nur am 31. Juli in Wien in Betracht ziehen wollte. Aber wozu noch suchen nach äußeren Motiven bei einem Dokumente, das sie ganz unverkennbar in sich trägt und offen ausspricht? Das Schreiben vom 15. Juli ist die deutliche und bestimmte Antwort auf Koburgs Bericht vom 4., auf die Kunde von der Schlacht bei Fleurus und dem folgenden Rückzuge. Daß die Wiener Politik sich vorher verändert habe, ist eine willkührliche Annahme. Was dann die spätern Verhandlungen mit England betrifft, so sind sie nicht einmal von dieser Macht vornehmlich ausgegangen; es ist der Kaiser, der schon in dem Briefe vom 15. Juli die Absicht ausspricht, den Grafen Mercy nach London zu schicken, und zwar in Folge der Schlacht bei Fleurus, nicht weil seine Politik sich verändert hatte, sondern weil sie dieselbe geblieben war, weil er wünschte, Belgien zu behaupten, den Rückzug zu unterbrechen und deßhalb mit England die dafür nöthigen Maßregeln zu vereinbaren. Welchen Werth Thugut auf diese Sendung legte, erkennt man aus dem Eifer, mit welchem Mercy sie auszurichten suchte. Schon ernst-

---

1) Vgl. Vorrede zur 2. Auflage der Gesch. der Rev.-Zeit und Hist. Zeitschr. XV, 87.

2) Vgl. Caesars Bericht vom 9. August 1794.

3) Wenigstens erst am 19. Juli zeigt Lord Grenville dem Herzog von Buckingham an, daß der dritte Bruder, Thomas Grenville, die Gesandtschaft übernommen habe. Vgl. Memoirs of the court and cabinets of George III. by the duke of Buckingham, II, 258, London 1853.

lich unwohl macht er sich vom Schlosse Brühl aus auf den Weg, erkrankt heftig in Hellvoetsluys, geht aber gleichwohl am 13. August zu Schiffe, so leidend, daß er die Ankunft in England nur wenige Tage bis zum 26. überlebt. Unterdessen hatte aber Thuguts Unterhandlung mit Spencer und Grenville begonnen. Auch Sybel (Zeitschr. XV, 87) bemerkt, daß man während derselben die Armee zum Aushalten an der Maas ermahnt und „sogar Pläne zum Wiedervorbrechen nach Belgien geschmiedet habe"; den Grund findet er eben in dieser Unterhandlung und einer ansehnlichen Geldunterstützung, auf welche England die Aussicht eröffnete. Man muß dies Argument, ob es auch nicht als ein nothwendiges erscheint, doch als ein triftiges gelten lassen, denn es wäre allerdings das sonderbarste Verfahren, wenn Thugut gerade während der Unterhandlung den Gegenstand, für den man unterhandelte, freiwillig aufgegeben hätte. Dagegen sehe ich nicht, wie Sybel fortfahren kann: „Als sich aber im September die Verhandlung zerschlug, wurde sofort auch der Rückzug fortgesetzt und die Armee auf das rechte Rheinufer hinübergeführt." Denn die Gesandten verließen Wien erst am 7. October[1]), nachdem Clerfayt bereits über den Rhein gezogen war. Noch am 15. September, zwei Tage vor dem Gefecht an der Ourte, welches Clerfayt zum Rückzuge bewog, ging eine Depesche mit neuen Vorschlägen nach London ab, deren Beantwortung die Gesandten sowohl als Thugut mit Spannung erwarteten. Wollte man aber einwenden, daß gleichwohl die Verhandlungen schon während der letzten Wochen stockten und wenig Hoffnung auf ein günstiges Ergebniß bestehen ließen, so darf man doch nicht vergessen, daß Thugut nicht allein auf das, was in Wien besprochen wurde, sondern ein großes Gewicht auch auf die Vorschläge legte, die Mercy und nach seinem Tode der ständige Gesandte Graf Starhemberg in London zu vertreten hatte. Nach seinen eigenen Worten müßte Sybel daher für unwahrscheinlich halten, daß während solcher Verhandlungen der Befehl zu fernerem Rückzug,

---

[1]) Vgl. Lucchesinis Bericht vom 8. October.

der Holland bloßstellte, also die Engländer aufs Aeußerste kränken mußte, von Thugut gegeben sei. Ich wiederhole, man wäre zu diesem Schlusse berechtigt, sogar gezwungen, aber in Wahrheit halte ich ihn nicht für das entscheidende Moment. Der Zusammenhang, wie ihn Sybel zwischen diesen Verhandlungen und den Kriegsereignissen nachzuweisen sucht, scheint mir in seinen Wirkungen überschätzt. Koburg brach die Schlacht bei Fleurus ab und zog zurück, nicht, weil er den Befehl zur Räumung Belgiens empfangen, sondern weil er dem übermächtigen Feinde sich nicht gewachsen fühlte; er konnte sich im Juli und August an der Maas behaupten, nicht, weil Thuguts Ansichten sich geändert hatten, nicht, weil man in Wien unterhandelte, sondern weil auch die Franzosen der Ruhe bedurften, weil sie ihre Kräfte theilten und eine beträchtliche Truppenzahl zur Belagerung der Festungen verwandten; und der Rückzug hinter die Roer bis hinter den Rhein wurde im Herbste fortgesetzt, nicht, weil die Verhandlungen in Wien abgebrochen waren, sondern weil die Franzosen aufs Neue mit Uebermacht zum Angriff vorgingen, und Clerfayt so wenig als Koburg weder in sich, noch außer sich die Mittel fand, ihnen Widerstand zu leisten. Daß aber auch dieser letzte Rückzug gegen den Willen des Kaisers erfolgte, dafür fehlt es, ganz abgesehen von den Unterhandlungen, an deutlichen Zeugnissen nicht. Zuerst ist hier der Brief vom 31. Juli [1]) zu erwähnen, der am 8. August in Koburgs Hände gelangte und dann auch für Clerfayt, als er zu Ende des Monats den Oberbefehl übernahm, maßgebend sein mußte. Der Kaiser spricht hier noch entschiedener, als in dem früheren Schreiben, sein Bedauern aus über den fortgesetzten Rückzug und die Zustände des Heeres, welche in einem Berichte Koburgs vom 15. Juli in sehr trüben Farben geschildert waren. Er läßt sogar einigen Tadel durchblicken wegen „der unerwartet eilfertigen Räumung der ganzen Niederlande, welche dem Feinde mit dem unbestrittenen Besitz dieser reichen Provinz die erklecklichsten Mittel zur Vergrößerung seiner Macht in die Hände gebe." Am unzufriedensten ist er darüber,

---

1) Witzleben a. a. O. III, 358.

daß Koburg von Wien aus Weisungen verlangt, da man doch aus der Ferne unmöglich die Bewegungen leiten und die genaue Kenntniß der Localitäten nicht wohl sich verschaffen könne. Der Kaiser dürfe von seinem Generalcommando mit Recht erwarten, daß ihm nächstens in zweifelhaften Fällen statt unbestimmter Anfragen bestimmte Vorschläge vorgelegt würden; für jetzt könne er nur auf den Geist seines Schreibens vom 15. verweisen mit dem gemessenen Auftrage, daß, wo auch immer die Armee sich befinden möge, der Prinz durch Anstrengung aller Kräfte und durch jene Mittel, welche ihm seine Kriegskunst und Erfahrung an die Hand gebe, sich dahin zu verwenden habe, dem weitern Vordringen des Feindes Einhalt zu thun.

„Meine Bekümmerniß wegen der eroberten Festungen," heißt es weiter, „habe ich Ew. Liebden bereits letzthin zu erkennen gegeben und ich kann nicht bergen, daß ich über die schwer zu heilende Wunde, so die Monarchie durch den Verlust so vieler Mannschaft und eines so beträchtlichen Theils unseres Belagerungsgeschützes überkommen würde, der traurigsten Betrachtungen mich nicht entschlagen kann." Der Prinz wird dann angewiesen, mit Mercy, den man schon in England angelangt glaubte, in Briefwechsel zu treten, um nach dem, was er von diesem über die Wiedervereinigung mit den Alliirten und gemeinschaftliche Unternehmungen zur Kenntniß erhielte, das Dienliche sogleich vorkehren zu können. Er soll dabei bemüht sein, „sich jederzeit in solchen Positionen zu erhalten, so die Leichtigkeit verschaffen, mit den Alliirten wieder nähere Kommunication zu öffnen und zu neuen Offensivoperationen unverweilt vorzuschreiten, es wäre denn, daß Graf Mercy von London aus ausdrücklich erklärte, daß auf die Gesinnungen und den Beistand der Alliirten in keiner Weise ferner Rechnung zu machen sei, in welchem von dem Grafen Mercy namentlich zu bestimmenden Falle die fernere Aufmerksamkeit dann zuvörderst auf die Erhaltung der Armee und die Vertheidigung des Luxemburgischen und der deutschen Gegenden nach den weiter an den Prinzen ergehenden Weisungen zu richten sein würde." Endlich wird Verstärkung durch das nach Trier zurückgezogene

Corps des General Blankenstein und Geldhülfe durch den Grafen Odonnel in Aussicht gestellt.

In dem folgenden Schreiben aus Laxenburg vom 14. August¹), das Koburg am 20. zu Händen kam, mag man immerhin einen Einfluß der kurz vorher in Wien eingetroffenen englischen Gesandtschaft erkennen. „Aus einigen von dem Herzoge von Sachsen-Teschen eingeschickten Stücken seines Briefwechsels mit Ew. Liebden," schreibt der Kaiser, „habe ich sehr ungern ersehen, daß an mehreren Stellen noch forthin von der Möglichkeit des Rückzuges Meiner niederländischen Armee an und über den Rhein die Rede vorkommt. Ob ich nun schon mir schmeicheln sollte, daß meine unter dem 16. und 30. (15. und 31.) des verflossenen Monats an Sie ergangenen Befehle über meine eigentlichen deßfallsigen Gesinnungen keinen Zweifel übrig gelassen haben, so will ich dennoch hiermit Ew. Liebden nochmals die Bemerkung wiederholen, daß in dem gegenwärtigen Augenblick aller Gedanken von weiteren Retraiten, die bereits bisher in mancherlei Anbetracht Meinen wesentlichen Interessen sowohl als dem Ansehen der Monarchie und dem Ruhm meiner Waffen so nachtheilig geworden sind, ganz zu entsagen und sich blos mit der Ausfindigmachung offensiver Operationen zu beschäftigen sei. Da nun zu diesem Zwecke die Erneuerung eines näheren Einverständnisses und Verbindung mit den Alliirten nothwendig ist, so geht meine Willensmeinung dahin, daß, sobald Graf Mercy Ew. Liebden in die Kenntniß der zu London an ihn gebrachten Ideen und Anträge zur Wiederherstellung der so mißlichen Lage der Umstände in den Niederlanden versetzt haben wird, Ew. Liebden sich darüber mit den Alliirten unverzüglich einvernehmen, die allenfallsigen Vorschläge in vertrauliche Ueberlegung ziehen, und auf alle mit den Grundsätzen der Kriegskunst nur immer vereinbarliche Art zur thätigen allianzmäßigen Bewirkung sich bereit finden lassen, folglich allem Argwohne eines Abganges an gutem Willen sorgfältig ausweichen

---

1) Witzleben a. a. O. III, 426.

wollen; als über welchen, wie ich Ihnen nicht bergen will, überdies von Seiten der Alliirten einige beschwersame Insinuationen vorgekommen sind, die ich ganz ungegründet zu sein hoffen und wünschen muß."

So entschieden aber diese Briefe sich ausdrücken, so bestimmt sie auf Offensivoperationen zur Wiedereroberung Belgiens hinweisen, man darf doch nicht übersehen, daß sie die letzteren mit den Unterhandlungen Mercys in London in Verbindung bringen, ja gewissermaßen davon abhängig machen. Nach dem ersten Briefe soll Clerfayt sich auf die Behauptung der Maas beschränken, wenn er von Mercy ungünstige Nachrichten aus London erhielte; nach dem zweiten soll er sogar günstige erwarten, um neue Angriffsbewegungen mit den englischen Generalen zu vereinbaren. Möglich wäre es nun, in dieser Anweisung den Grund zu finden, daß Clerfayt zu Anfang Septembers einem neuen, von den englischen Generalen angeregten Angriffsplane nicht eben bereitwillig entgegenkam; in diesem Sinne könnte dann auch Thugut die Klagen der Engländer und die Vorwürfe Sybels, falls sie überhaupt begründet sind, veranlaßt oder verdient haben. Ich sage, es wäre möglich, als wahrscheinlich kann ich es nicht annehmen; denn wie die Briefe abgefaßt sind, durften sie einen fähigen Feldherrn, wenn er wirklich einen bedeutenden Vortheil vor sich sah, nicht zurückhalten. Aber auch in diesem Falle hätten sie doch nur die Ausführung eines vielleicht erfolgreichen Angriffs gehindert; sicher ist dagegen, daß sie die Behauptung der Maaslinie anbefehlen und, soweit es durch Briefe geschehen kann, jedem Zurückweichen sich entgegenstellen.

Auch in den folgenden Ereignissen vermag ich nichts zu entdecken, was nicht durch militärische Beweggründe sich erklären ließe. Doch möchte ich auf die Einzelheiten hier nicht eingehen, um so weniger, als die Angaben der neuesten Schriftsteller weit von einander abweichen. Sybel legt großen Werth darauf, daß die Clerfayt gegenüberstehende Armee Jourdans nicht stärker als sein eigenes Heer gewesen sei, und daß die östreichische Verlustliste vom 23. September bis zum 6. October nur 171 Todte,

28 Verwundete und 468 Vermißte aufweise¹). Dagegen berechnet Vivenot (II, I, 308) die beiderseitigen Armeen auf 113,600 Franzosen gegen 60,800 Oestreicher, und Louis Blanc, der sich auf ein ungedrucktes Manuscript des Marschall Jourdan beruft, erzählt sogar, daß allein die Tage vom 2. bis zum 5. October den Oestreichern nicht weniger als 6000, den Franzosen 1200 Mann gekostet hätten²). Witzlebens Darstellung endigt leider mit der Abdankung Koburgs, er bemerkt nur kurz (III, 434): „Nach verlustreichen Gefechten sah Clerfayt sich gezwungen, die Vertheidigung der Maas und dann auch die Roer aufzugeben und sich Anfangs October über den Rhein zurückzuziehen." Gelänge es auch, unter so widersprechenden Angaben die richtige zu finden, sie würde doch nicht sowohl für Thugut und die östreichische Regierung, als für Clerfayts Benehmen einen Maßstab geben. Die Wahrheit scheint zu sein, daß er alt, krank und verstimmt nur mit Widerstreben den Oberbefehl über Streitkräfte angenommen hatte, die er selbst als ungenügend erkannte. Dann hat er nicht eben glänzende Talente oder außerordentliche Energie bewiesen; aber der großen Uebermacht, wenn nicht Jourdans, doch der französischen Armeen gegenüber, ohne Hoffnung auf bedeutende Verstärkung, ohne genügenden Unterhalt in einem Lande, wo die Bevölkerung sich stumpf und sogar widerwillig zeigte, mag er auch nicht eben Tadel verdienen, wenn er nach mehreren unglücklichen Gefechten den Schutz eines großen Flusses zwischen sich und den Feind zu bringen wünschte. Schon am 17. September, in einem Briefe an den Kaiser zeigt er sich sehr niedergeschlagen durch den Ausgang des Gefechtes an der Ourte und giebt nur wenig Hoffnung für die Zukunft³). Am folgenden Tage meldet er dem Herzog von Sachsen: wenn der Feldmarschalllieutenant Melas die wichtige Stellung von Kaiseresch, und die preußischen Truppen den Hundsrück nicht behaupteten, und wenn der Feind

---

1) Geschichte der Revolutionszeit III, 240; Historische Zeitschrift XV, 103.
2) Histoire de la Révolution Française, Paris 1861, XI, 332.
3) Vivenot a. a. O. III, 285.

dann fortfahre, seine ganze Macht gegen ihn zu wenden, so könne er
sich gezwungen sehen, über den Rhein zurück zu weichen, obgleich
er dies wegen der mangelhaften Verpflegung, die dort zu befürch=
ten sei, als das äußerste Unglück betrachten müsse. Noch am Tage
des Empfanges, am 21. September, antwortet der Herzog: „Ich
beschwöre Ew. Excellenz bei Allem, was wir unserm Monarchen
und unserm deutschen Vaterlande schuldig sind, kein Mittel und
keine Anstrengung unversucht zu lassen, wodurch wir dieses uner=
meßliche Unglück zu vermindern im Stande sein können"[1]. Aehn=
licher Zeugnisse ließen aus Vivenots Mittheilungen sich noch manche
anführen. Auch Thugut versicherte später, als das Unglück be=
reits geschehen war, dem kaiserlichen Gesandten Pelser im Haag,
daß die rückgängigen Bewegungen ebenso sehr den Wünschen, als
den Erwartungen des Kaisers widersprochen hätten. Der Kaiser
habe dem Marschall Clerfayt, nachdem gegen seine bestimmten Be=
fehle die Vertheidigung der Maas aufgegeben sei, aufs Nachdrück=
lichste den Willen kund gethan, sich an der Roer zu halten und
vor allen Dingen nicht über den Rhein zurückzuweichen[2]. Damit
stimmen die eigenen Erlasse des Kaisers an Clerfayt überein.
Noch ein Brief vom 30. September beginnt mit den Worten:
„Da ich nicht zweifle, daß gegenwärtiges Schreiben Sie noch an
der Roer antreffen werde, so setze ich auch außer allen Zweifel,
daß Sie, insofern Sie nicht etwa Fortschritte zu machen möglich
finden, diese Position für jetzt und in der Zukunft behaupten
werden"[3].

---

[1] Vivenot a. a. O. I, 160.

[2] Vgl. das Schreiben vom 13. October bei Vivenot a. a. O. II, I, 292.

[3] Vivenot a. a. O. I, 161. Freilich ist dann doch in dem Briefe schon von einem möglichen Rückzuge die Rede; es bleibt zu bedauern, daß Vivenot den Inhalt nicht vollständig mitgetheilt hat. Er sagt I, 162: „Das Urtheil seines Monarchen bestärkte Clerfayt darin, seine Rückzugslinie nicht nach Holland, sondern nach dem Rheine zu verlegen," aber man muß das Gegentheil schließen aus den gleichzeitig angeführten Worten des Handschreibens: „Der Rückzug nach Geldern legt den Engländern Verbindlichkeiten auf" [offenbar ein Vor- theil für den Kaiser], und dem Inhalt des Briefes vom 13. October: „Sehr

Aber diese Hoffnung erfüllte sich nicht; schon die Antwort oder wenigstens das nächste Schreiben Clerfayts ist vom rechten Rheinufer datirt, aus Meerheim, einem kleinen Ort in der Nähe von Deutz. Nachdem ein Gefecht bei Düren am 2. October abermals einen unglücklichen Ausgang genommen hatte, war der Marschall in der Nacht vom 5. auf den 6. über den Rhein gegangen. Dem Kaiser spricht er am 7. auch seinerseits das Bedauern aus, daß er diesen Schritt habe thun müssen; er begreife nur zu wohl, welche Uebelstände daraus erwachsen könnten, aber die Verhältnisse seien von der Art, daß er nicht anders habe handeln dürfen[1]).

Faßt man alle diese Umstände und Aussagen zusammen, so könnte man glauben, es gebe nicht leicht für ein geschichtliches Ereigniß einen so deutlichen Beweis, als dafür, daß Belgien von den Oestreichern ernstlich vertheidigt sei. Aber diesen Zeugnissen steht allerdings eine Reihe anderer gegenüber, welche mehr oder weniger im entgegengesetzten oder doch in einem verschiedenen Sinne sich aussprechen. Sie beginnen, wie man denken kann, mit der Zeit, da in Belgien die ungünstige Wendung eintritt. Schon als zu Anfang Juni statt des General Mack der Prinz von Waldeck an die Spitze des Generalstabes trat, wurde diese Veränderung von den Engländern ungünstig aufgenommen. Am 28. Juni, zwei Tage nach der Schlacht bei Fleurus, schreibt der Herzog von York an den Kriegsminister, Lord Dundas: von dem Augenblicke an, wo des Kaisers Beschluß, die Armee zu verlassen, bekannt geworden sei, habe eine große Niedergeschlagenheit der östreichischen Truppen sich bemächtigt; deutlich hätten selbst die Officiere den Wunsch ausgesprochen, daß der Krieg zu Ende gehen möge, sollte auch Belgien aufgegeben werden. Auch Waldeck habe vor seiner Ernennung zum Generalquartiermeister eine gleiche Sprache

---

wünschenswerth wäre es gewesen, wenn die Armee den Rhein nicht übersetzt und sich wenigstens mit der englischen Armee vereinigt hätte" (II, I, 293).

1) Vivenot a. a. O. II, I, 285.

geführt und dadurch den Gedanken Thuguts, dessen Creatur er sei, Worte gegeben. Schon diese Sprache habe Verdacht erregen müssen, der dann durch die Bewegungen der östreichischen Armee, die Maßregeln der Regierung in Brüssel und durch die unglückliche, ohne genügenden Grund abgebrochene Schlacht vom 26. Juni noch vermehrt worden sei[1]). Auf diese Aeußerung wird man freilich kein großes Gewicht legen dürfen; sie ist in der ersten Aufregung nach einem unglücklichen Treffen, zudem von einem Manne geschrieben, der, unfähig wie er war, um so leichter Andere mit ungegründeten Vorwürfen überhäufte. Wichtiger ist, was englische Gesandte als eigene Worte des östreichischen Ministers nach London berichten. Schon im Dezember 1792 äußerte Thugut, damals noch nicht in seiner hohen Stellung, einem englischen Diplomaten, dem Oberst Craufurt, sein Mißvergnügen über die Unbequemlichkeiten und Gefahren, die für den Kaiser an den Besitz von Belgien sich knüpften[2]). Kurz nach der unglücklichen Schlacht bei Tourcoing am 18. Mai 1794 entspann sich zwischen ihm und dem heftig erbitterten Lord Elgin ein lebhafter Wortwechsel; der östreichische Minister soll dabei jede Verstärkung des Heeres durch Truppen vom Rheine als unmöglich zurückgewiesen und erklärt haben, es scheine zweifelhaft, ob der Besitz der Niederlande weitere Anstrengungen überhaupt noch verdiene, ja, es sei nicht seine

---

1) Witzleben a. a. O. III, 316 datirt diesen Bericht vom 18. Juni, theilt aber III, 275 ganz ähnliche Worte aus einem Briefe vom 28. Juni mit, und Sybel, III, 111 führt danach zwei Berichte Yorks vom 18. und 28. Juni an. Offenbar handelt es sich jedoch um ein und dasselbe Dokument, das Witzleben zweimal erwähnt und einmal unrichtig vom 18. statt vom 28. Juni datirt hat; denn in dem angeblichen Schreiben vom 18. wird schon die Schlacht bei Fleurus vom 26. Juni erwähnt.

2) Vgl. den Bericht des Obersten Craufurd an Lord Auckland vom 29. April 1793 in der Correspondence of Lord Auckland, London 1862. III, 42. Diese Stelle wiegt vielleicht schwerer als irgend eine, die Sybel für seine Ansicht angeführt hat; indessen steht ihr wie allen übrigen entgegen, daß Thuguts Worte wesentlich darauf berechnet waren, die Engländer zu kräftiger Hülfe in Belgien zu bestimmen.

Schuld, daß der Kaiser nicht mit der Räumung Belgiens den Feldzug angefangen habe[1]). Wenn nicht in gleich heftigen Worten, doch in ähnlichem Sinne schreiben auch die englischen Gesandten Lord Spencer und Thomas Grenville, der Bruder des Ministers des Auswärtigen, die, wie erwähnt, im August von London nach Wien kamen. Sie sind mit dem Gange der Verhandlungen wenig zufrieden, Thugut scheint vornehmlich den polnischen Angelegenheiten sein Interesse zuzuwenden, für den Krieg in Belgien zeigt er wenig Lebhaftigkeit, schlägt den Werth und die Einkünfte dieser Provinz, selbst in ruhigen Tagen, sehr niedrig an und weigert sich, auf die Vorschläge der Engländer einzugehen[2]). Es fragt sich nur, wie viel man für unsere Frage solchen Aeußerungen entnehmen kann. In Thuguts Interesse lag es, England zu möglichst großen Anstrengungen für die Erhaltung Belgiens zu veranlassen; kann es befremden, wenn er seinerseits den Werth dieser Provinz für Oestreich herabsetzte und ebenso sehr ein englisches, als ein östreichisches Interesse für ihre Sicherstellung nachzuweisen suchte? Dies hat auch Grenville recht wohl empfunden und mehrmals ausgesprochen[3]). Weiter ist zu erwägen, daß gerade den englischen Gesandten Vieles mangelte, um Thuguts Verfahren billig zu beurtheilen. England legte den höchsten Werth darauf, daß die Niederlande nicht an Frankreich

---

1) Vgl. Sybel, Geschichte der Rev.-Zeit, III, 112.

2) Vgl. Sybel, Geschichte der Revolutionszeit III, 233 und die Memoirs of the court and cabinets of George III. by the duke of Buckingham, besonders den Brief Grenvilles vom 24. August 1794, II, 259.

3) Vgl. in den angeführten Memoiren z. B. II, 262. Ganz so urtheilt der ständige Gesandte in Wien, Sir Morton Eden am 8. September: The conferences at Vienna go on amicably, though some apprehensions arise from Thuguts often dropping an indifference about regaining possession of the Belgic provinces. I suppose he does this as a means to force us into the alliance, which has ever been and is the great aim of his administration, and on which, I believe, his fame and weight as well with the Emperor as with his fellow subjects depend. Journal of Lord Auckland III, 239.

fielen, von dem ganzen Kriegsschauplatze hatte es nur Belgien als den wichtigen Punkt im Auge; den östreichischen Minister mußten verschiedene Interessen in Anspruch nehmen, es fragt sich, wer die Schuld trug, wenn er der Erwartung der englischen Gesandten nicht immer lebhaft und eifrig genug entgegenkam. So viel man urtheilen kann, gingen ihre Ansprüche in der That zu weit. Sie verlangten zunächst als ausgesprochenen Zweck des Krieges die Herstellung der Monarchie in Frankreich und die Anerkennung des Regenten, eine Forderung, die den Krieg verewigen mußte. Ferner sollte der Kaiser wenigstens 100,000 Mann in den Niederlanden aufstellen, was Thugut nicht verweigerte, aber bei der Erschöpfung des Staats nur mit Hülfe englischer Subsidien für möglich erklärte. Ueber die Höhe derselben konnte er mit den englischen Gesandten in Wien sich nicht einigen; er legte, wie Grenville selbst bemerkt, besonderen Werth auf die Unterhandlungen, die er durch Mercy in London angeknüpft hatte. Daß er aber, auch wenn die Unterhandlung nicht zum Ziele führte, Belgien ohne Noth räumen würde, glaubte Grenville nicht, und sagte Thugut nicht. Er erklärte im Gegentheil, durch die Verträge fühle sich Oestreich verpflichtet, den Krieg nach besten Kräften fortzusetzen, die Armee in Belgien habe in diesem Sinne die bestimmtesten Befehle erhalten; nur sprach er zugleich die Befürchtung aus, nach so großen Verlusten könne es unmöglich werden, die nöthigen Mittel zu gewinnen, wenn England Unterstützung verweigere. Die Ereignisse nicht weniger, als die bis jetzt erfolgten archivalischen Mittheilungen haben sowohl die Befürchtungen, als die Versicherung bestätigt. Es ist unnöthiger Argwohn, wenn Grenville (am 1. September) sich Sorge macht, weil Thugut die Befehle an Koburg nicht vorzeige, und es muß befremden, daß Sybel (III, 237) diese Klagen als wohlbegründet anerkennt, da wir doch in dem kaiserlichen Schreiben vom 14. August den Befehl, auf welchen gerade diese Aeußerungen sich beziehen, vor Augen haben [1]).

---

[1]) Der Grund für Thuguts Zurückhaltung könnte darin liegen, daß Koburg, wie schon bemerkt, auf Mittheilungen Mercys verwiesen wird.

Es bleibt noch, was preußischen Quellen zu entnehmen ist. Preußen verfolgte in Belgien nicht so unmittelbare Interessen als England, nahm aber an dem, was dort geschah, gleichwohl den lebhaftesten Antheil, zunächst, weil die Ereignisse in Belgien auch auf den Krieg am Rheine einwirkten, dann weil die Beziehungen des Kaisers zu Frankreich, vor Allem die Möglichkeit eines besonderen Abkommens, überwacht werden mußte. Diese letztere Besorgniß steigerte sich, als der Krieg eine üble Wendung nahm, als von zweideutigen Aeußerungen Thuguts und Waldecks, sogar von der Ankunft eines französischen Unterhändlers das Gerücht sich verbreitete. Es war dies ein Abentheurer, Jacob Roques, der sich den Namen eines Grafen Montgaillard beigelegt und nach wechselnden Schicksalen dem Anhange Robespierres zugesellt hatte. Wie es scheint sollte er Andeutungen oder Vorschläge für eine Unterhandlung den Verbündeten übermitteln. Im Hauptquartier zu Valenciennes benahm er sich mit solcher Frechheit, daß der Kaiser ihn festnehmen ließ; er entkam aber oder wurde entlassen und konnte sich zum Herzog von York, darauf nach England begeben [1]). Um über dieses und Anderes genauere Auskunft zu erhalten, schickte das preußische Ministerium einen bewährten Diplomaten, den Geheimenrath Dohm, damals Gesandten am kurkölnischen Hofe, nach Brüssel. Dohm gelangte zwar nicht zu vollkommener Klarheit, faßte aber doch einen lebhaften Verdacht. „So viel ist gewiß," berichtet er nach seiner Rückkehr am 8. Juli aus Köln, „daß der Wiener Hof seit längerer Zeit den Frieden eifrig wünscht und sich der herrschenden Partei in Frankreich zu nähern sucht. Die Niederlande sollen aufgegeben werden; dies ist kein Verlust für Oestreich, das hier seine schwache Stelle hat, denn es wird für die Aufopferung so blühender Provinzen sicher andere Entschädigungen, wahrscheinlich in Baiern und Polen fordern. Die mäßige Verfolgung des Rückzuges durch den Feind gilt als die Folge eines Uebereinkommens; indessen das ist

---

[1]) Vgl. die Schreiben des Ministeriums vom 22. Juni und Caesars vom 2. und 12. Juli 1794 im Preußischen Staats-Archiv.

ein zuverlässiges Factum, daß Graf Metternich [der kaiserliche Minister] vor seiner Abreise aus Brüssel sich ganz offen ausgesprochen und den Grafen Mercy als Unterhändler bezeichnet hat"¹). Aehnlichen Ansichten begegnet man in mehreren Briefen des Marschall Möllendorf; endlich hörte Graf Dönhoff, der preußische Bevollmächtigte im östreichischen Hauptquartier, nicht auf, immer von Neuem diesen Verdacht anzuregen. Er sieht in den Ereignissen nicht blos Unglücksfälle, sondern berechnete, wohldurchdachte Pläne. Am 18. und 22. Mai hat man bei Tourcoing und Tournay keine Entscheidung herbeiführen wollen, Ypern und Charleroi absichtlich nicht entsetzt und durch dies und Aehnliches in der Armee wie im Volke den Glauben erzeugt, daß man mit dem Feinde ein Abkommen wegen der Räumung Belgiens getroffen habe. In einem Schreiben vom 29. Juli möchte er die heimliche Verbindung Oestreichs mit dem Feinde bis in den Herbst 1793 zurückdatiren; endlich am 2. August meldet er sogar, Waldeck habe ausdrücklich gesagt, er sei es, der dem Kaiser vorgeschlagen habe, seine Truppen aus Belgien wegzuziehen²). Vivenot (I, 123) spricht diesem Zeugen jede Bedeutung ab, weil er unzuverlässig und geistig zu wenig befähigt gewesen sei, um einen Waldeck zu durchschauen; dagegen bemerkt Sybel (Zeitschr. XV, 89), es handele sich hier gar nicht um das Durchschauen versteckter Pläne, sondern um die einfache Fähigkeit, eine sehr klare und trockene Aeußerung zu hören und zu berichten. Es mag sein, daß Vivenots Grund nicht ausreicht, das Zeugniß zu entkräften; ebenso wenig möchte ich aber glauben, es handele sich hier nur um eine klare und trockene Aeußerung. Es wäre doch mehr als seltsam, wenn der östreichische Generalquartiermeister den Plan, den er selbst ausführen wollte, das Geheimniß, das überall sorgfältig verborgen wurde, durch eine klare und trockene Aeußerung dem preußischen Militairbevollmächtigten sollte verrathen haben. Ich kann einer einzelnen, aus dem Zusammenhange gerissenen Aeußerung, der die Umstände,

---

1) Witzleben a. a. O. III, 408 fg.
2) Vgl. Sybel, Geschichte der Rev.-Zeit, III, 111.

eine hinzugefügte Bedingung und so Manches, was sich gar nicht berechnen läßt, eine wesentlich veränderte Bedeutung geben konnten, besonders aus Dönhoffs Munde kein großes Gewicht beilegen. Denn in den Berichten, die man von ihm kennt, und in den Augen seiner eigenen Regierung erscheint er in der That nicht als ein fähiger Beobachter. Wie vorschnell und wenig wohlwollend er urtheilte, mag nur ein Beispiel bezeugen. Man erinnert sich, wie großen Werth der Kaiser auf die Behauptung der Festung Ypern legte, wie er zwei Mal in wenigen Tagen selbst an Koburg schrieb, selbst beim Entsatze sich betheiligen wollte und später nicht aufhörte, an die bedrohten Festungen zu erinnern. Gleichwohl berichtet Dönhoff gerade von Ypern, man habe diesen Platz absichtlich aufgegeben. Was aber seinen, sowie Möllendorfs und Dohms Aeußerungen die eigentliche Bedeutung nimmt, ist der Umstand, daß sie sämmtlich auf der Annahme eines geheimen Abkommens zwischen Oestreich und der Republik beruhen, und mit dieser haltlosen Voraussetzung selbst unhaltbar werden. Dies erkannte man auch recht gut in Berlin, wo überhaupt die Verhältnisse weit richtiger und unbefangener beurtheilt wurden, als von den meisten auswärtigen Gesandten. Schon am 19. Juli schreibt das Ministerium an Möllendorf: „Thugut hat dem russischen Gesandten eidlich versichert, daß keine Friedensverhandlungen mit dem Feinde stattgefunden hätten; dies bestätigt sich auch aus allen übrigen Nachrichten und läßt uns vermuthen, daß Mangel an Einsicht und zusammenhängenden Plänen bei der östreichischen Armee an allem Unglück Schuld ist[1]). Noch

---

1) Vgl. Witzleben a. a. O., III, 112. Am 6. Juli hatte Caesar aus Wien als das Ergebniß einer langen Nachforschung berichtet: Malgré les bruits généralement répandus et accrédités aux Pays-bas, en Hollande, en l'Empire et à Vienne sur une négociation de paix entamée entre la cour de Vienne et le gouvernement actuel en France, j'ose répéter dans le plus profond respect l'assurance déjà contenue dans mes précédentes, que je n'ai pu découvrir le moindre fait qui autorise ces suppositions comme fondées. Aehnliches findet sich in Caesars Depesche vom 12. Juli, auf welche das Schreiben des Ministeriums an Dönhoff sich bezieht.

bestimmter erwiedert man Dönhoff am 5. August: „Wir haben Ihre beiden Depeschen aus Jouron-le-Comte vom 28. und 29. Juli empfangen, welche den Verdacht aussprechen, daß zwischen den kaiserlichen Generalen und den Agenten des Nationalconvents geheime Einverständnisse obgewaltet hätten und noch obwalteten; allein wie widerwärtig und unerklärlich auch in vieler Hinsicht die überschnelle Räumung Belgiens ist, so beweist doch der Ausgang, daß alle Ihre Muthmaßungen irrthümlich sind. Von Unterhandlungen zu einem Separatfrieden kann nicht die Rede sein, seitdem man in Schwetzingen ein Uebereinkommen getroffen hat, wonach die Verbündeten auf die kräftigste Mitwirkung der östreichischen Armee rechnen können, und dem Prinzen von Koburg die Vertheidigung der Maas geboten ist." Möllendorf hatte schon am 28. Juli aus eigenem Antriebe sich ganz in derselben Weise ausgesprochen.

Es ließen sich noch einige Berichte Lucchesinis und Caesars hier anreihen. Der preußische Diplomat war zu Anfang Mai vom Könige in das Kriegslager nach Südpreußen berufen. Am 19. Juni schreibt er, wie Sybel (III, 112) anführt, dem Ministerium: der Marschall Lascy vertrete jetzt offen den Plan, Belgien zu räumen, die Armee zum Theil am Oberrhein zu verwenden, zum Theil in die Erblande zurückzuziehen, dann mit Frankreich Frieden zu schließen, und mit gesammelter Macht in Polen zu handeln. So habe ihm Lascy's Freund und Schützling, der General Wallis, gesagt. Diese Nachricht ist aber schon deshalb nicht von Bedeutung, weil Lascy ebensowohl als Wallis nicht, wie Sybel meint, zu den „einflußreichsten Personen Wiens" gehörte, sondern gerade damals ohne Einfluß war[1]) und sich dafür durch eine bittere Kritik der Regierung entschädigte, die dann zum großen Theil in die preußischen Berichte überging. Ganz gleichlautende Angaben finde ich in einer Depesche Caesars vom 21. Juni aus Wien; hier wird aber ausdrücklich hinzugesetzt, Thugut und der wirklich einflußreiche

---

[1]) Vgl. unter ähnlichen Caesars Berichte vom 20. November 1793, vom 9. April und 16. Juli 1794.

Adjutant des Kaisers, der General Rollin, theilten diese Ansicht nicht, sondern sie hofften, die verbündete Armee werde die Niederlande behaupten und mit Unterstützung der preußischen Truppen sogar in das französische Gebiet vordringen können. Später tritt in den Wiener Depeschen bald diese, bald jene Vermuthung hervor; es würde schwer sein, ein bestimmtes Urtheil ihnen zu entnehmen.

So verlieren alle diese Zeugnisse, wenn man sie genauer betrachtet, wesentlich von ihrem Werthe. Ich sage nicht, daß sie ohne Bedeutung sind; aber selbst wenn nicht andere ihnen entgegenständen, sie könnten doch nicht ausreichen, eine Reihe seltsamer, unwahrscheinlicher Ereignisse außer Zweifel zu setzen. Wie viel weniger, da die Aussagen der Hauptbetheiligten so bestimmt widersprechen. Hat man doch noch in keinem östreichischen Dokument einen Anhaltspunkt für die Hypothese finden können. Was Sybel in diesem Sinne anführt beweist nicht, daß er im Suchen glücklich gewesen ist. So citirt er (III, 115) die Denkschrift Macks vom 29. Mai, in welcher der Verfasser — man kann zugeben, unter der Voraussetzung, daß sie verneint werden sollte — die Frage aufwirft, „ob die combinirten Mächte, um ihrerseits den Frieden herzustellen, etwas Anderes, als den Rückzug ihrer Truppen zu veranlassen brauchen." Aus der Art und in der Verbindung, wie diese Worte angeführt werden, muß man folgern, Sybel betrachte sie als einen Beweis, daß die östreichischen Truppen Belgien hätten räumen sollen. Aber er ist hier, wie es scheint, durch die etwas sonderbare Sprache der Denkschrift irre geleitet. Die Stelle bezieht sich gar nicht auf die östreichischen, sondern ausschließlich auf die englischen und holländischen Truppen. Mack fragt, ob die combinirten Mächte, d. h., wie man aus der Einleitung des Actenstückes ersieht[1]), England und Holland, die zwar nicht einseitig Frieden schließen, aber doch ihre Armeen nach eigenem Willen bewegen dürften, ob diese nicht etwa den Gedanken haben könnten, zur Erleichterung des Friedens ihre Truppen aus Belgien hinwegzuziehen, wonach dann „das

---

1) Vgl. den Abdruck bei Witzleben, a. a. O., S. III, 266.

ganze Gewicht der Rache der lasterhaften, aber desto gefährlicheren französischen Nation einzig und allein auf den Kaiser und das römische Reich fallen würde." Mack setzt also nicht den Abzug, sondern das Verbleiben der östreichischen Truppen voraus, und Vivenot hätte die Stelle mit größerem Rechte für sich anführen können, als sein Gegner.

Weiter beruft sich Sybel (III, 241) auf den schon erwähnten Brief Clerfayts aus Meerheim vom 7. October 1794. Der Marschall bittet den Kaiser, sich überzeugt zu halten, daß er beim Rheinübergange nur das Wohl des Dienstes im Auge gehabt habe; der Rückzug sei Angesichts einer zahlreichen Armee ohne Uebereilung geschehen und keine Wirkung der Furcht gewesen[1]). "Also", ist Sybels Folgerung[2]), "er hielt sich nicht besiegt, er fürchtete sich nicht vor dem zahlreichen Feinde, er ging über den Rhein nicht weil er mußte, sondern weil er wollte, nicht aus militärischer Nothwendigkeit, sondern nach der Politik seiner Regierung." Aber wer sieht nicht, daß hier etwas ganz Fremdes in die Worte hineingelegt wird? Sie sind, wie mir scheint, verständlich genug. Clerfayt entschuldigt sich in diesem Briefe, daß er trotz der Abmahnung des Kaisers über den Rhein gegangen sei; er habe aber, fügt er hinzu, nicht anders gekonnt; er sei kein furchtsamer Mann, der sich durch leere Besorgnisse zu einem solchen Schritt verleiten ließe, sondern der Rückzug sei geschehen, weil er eben nach dem Ermessen eines verständigen, furchtlosen Soldaten sich nicht habe vermeiden lassen.

Das dritte Zeugniß bildet noch insbesondere eine Controverse zwischen Sybel und seinem Gegner. In der interessanten Schil-

---

[1]) Die Worte lauten im Original: Je sens toute l'importance de cette démarche, et les suites qu'elle peut avoir m'affligent sensiblement; mais si Votre Majesté daigne réfléchir à notre position, j'ose espérer, qu'Elle me rendra la justice d'être persuadé, que je n'ai songé qu'au plus grand bien de Son service, et que cette retraite en présence d'une armée nombreuse s'est faite sans précipitation *et n'a pas été l'effet de la crainte.*

[2]) Vgl. Gesch. der Rev.-Zeit, III, 241; Histor. Zeitschr. XV, 105.

derung der holländischen Zustände im Herbst 1794 spricht Vivenot von einem zwischen Pitt und dem Großpensionär Spiegel verhandelten Plan, Belgien mit Holland zu einem Königreich unter oranischer Herrschaft zu vereinigen. „Vivenot", bemerkt Sybel (Zeitschr. XV, 111), „findet in diesem Gedanken einen neuen Beweis für die abscheuliche Treulosigkeit, mit der Oestreich von seinen damaligen Alliirten behandelt worden; während 30,000 Oestreicher für die Rettung Hollands geblutet, hätte Holland sich mit dem Raube einer östreichischen Provinz zu bereichern gesucht." „Er hat hier", fährt Sybel fort, „auf Seite 295 bereits wieder vergessen, was er kurz vorher auf Seite 272 erzählt hat, jene officielle Erklärung Pelsers an Spiegel, daß der Kaiser Belgien als eine Last für Oestreich betrachte und das Land nur wegen seines Verhältnisses zu den Seemächten behaupten möchte." Sehen wir nun, was auf dieser Seite 272 steht. Pelser berichtet an Thugut am 6. August, er habe im Auftrage Mercys im Anschlusse an das, was damals in Wien und im Hauptquartier verhandelt wurde, die holländische Regierung von den Gesinnungen des Kaisers in Bezug auf Belgien in Kenntniß gesetzt. „In Folge dessen," schreibt er, „habe ich dem Greffier bemerkt, der Kaiser betrachte die Niederlande allerdings als eine lästige [oder mit Lasten verbundene] Besitzung (à la verité comme une possession onéreuse), sie seien ihm aber werthvoll aus politischen Rücksichten als ein Band, das ihn mit den Seemächten vereinigt halte; er habe nicht die Absicht gehabt, sie zu verlassen, sondern er werde sich sogar bemühen, sie auch für die Zukunft zu bewahren und unverzüglich wieder einzunehmen." Die meisten Leser würden aus dieser Stelle schließen, der Kaiser sage ja, die Niederlande seien ihm werthvoll, er wünsche sie zu behalten und wolle sie nicht aufgeben, eine Ansicht, die Pelser gewiß den holländischen Staatsmännern gegenüber noch entschiedener als in jenem Briefe an Thugut zum Ausdruck brachte. Aber, schließt Sybel, Pelser hat doch gesagt, Belgien sei für den Kaiser eine Last — Seite 90 der Abhandlung heißt es, nur eine lästige Besitzung — und deshalb soll nach einer solchen Eröffnung und nach Thuguts Aeußerungen gegen

Lord Spencer „ein moralisches Bedenken gegen jene Erwägungen Pitts und Spiegels unerfindlich" sein.

Mehr als diese drei Zeugnisse hat Sybel aus östreichischen Dokumenten nicht angeführt. Ich überlasse den Lesern das Urtheil, ob sie zur Bestärkung seiner Ansicht geeignet sind. Es bleibt aber noch zu untersuchen, was den Ereignissen im Osten zur Entscheidung der streitigen Frage sich entnehmen läßt. Daß die polnischen Angelegenheiten gerade im Sommer 1794 einen höchst bedeutenden Einfluß auf den Krieg am Rheine äußerten, habe ich schon hervorgehoben. Wir sahen, wie die Bewegungen Möllendorfs vornehmlich durch die Rücksicht auf Polen bestimmt wurden. Noch entschiedener machte dieser Einfluß sich geltend, als der polnische Feldzug im Herbst für Preußen einen übeln Ausgang nahm. Nicht genug, daß die Belagerung von Warschau keine Fortschritte machte, sie mußte sogar am 6. September aufgehoben werden, und um so dringender wünschte man, das am Rheine stehende Heer in Polen verwenden zu können. Es trat noch ein Umstand ein, der diesen Wunsch verstärkte und zugleich die Erfüllung zu erleichtern schien. Bis zum 1. October waren die im haager Traktat versprochenen Hülfgelder trotz der wachsenden Mißstimmung richtig bezahlt worden; aber gegen Ende Septembers eröffnete Pitt dem preußischen Gesandten, Baron von Jacobi: in Folge der Unthätigkeit der preußischen Truppen müsse die englische Regierung die Zahlungen unterbrechen, Malmesbury werde Vorschläge zu einem neuen Vertrage machen, der die Armee des Marschall Möllendorf zur Verfügung Englands stelle. Als Jacobi die Befürchtung äußerte, der König könne darin einen Bruch der haager Uebereinkunft finden, erwiederte der englische Minister, diese Bemerkung habe man sich bereits in London gemacht[1]). Beinahe gleichzeitig mit dieser Nachricht gab auch der Fürst Reuß die Erklärung ab, daß Oestreich zur Mitwirkung in Polen außer

---

1) Das Ministerium an Lucchesini am 12. October. Dieselbe Erklärung erhielt Hardenberg von Malmesbury in Frankfurt am 11. October. Vgl. Diaries of Malmesbury III, 141.

Stande sei¹), und sofort erging an Möllendorf der Befehl, die ihm anvertraute Armee, insbesondere die 20,000 Mann, welche in Folge des Bündnisses vom 7. Februar 1792 als Hülfcorps am Rheine standen, nach Preußen zurückzuführen. Noch am 16. October hatte der Prinz Hohenlohe dem Herzog von Sachsen-Teschen aus dem preußischen Hauptquartier die Zusicherung überbracht, Möllendorf werde seine Stellung an der Selz behaupten und, wenn die Franzosen gegen Mainz vorgingen, einer Schlacht nicht ausweichen; aber zwei Tage später kündigte der Marschall an, „politische Verhältnisse könnten ihn nöthigen, den Rhein zu passiren." Am 25. erhielt Malmesbury von Hardenberg zu Frankfurt eine Note, daß Preußen den haager Vertrag durch die Unterbrechung der Zahlungen als aufgehoben betrachte; schon drei Tage früher hatte das preußische Heer bei Mainz den Rückzug auf das rechte Ufer angetreten. Fast wehrlos blieb die wichtige Festung dem nahen Feinde gegenüber; nur der raschen und energischen Thätigkeit des Herzogs von Sachsen-Teschen gelang es, die nothdürftigen Mittel der Vertheidigung zu beschaffen. Nachdem am 25. December die Rheinschanze, Mannheim gegenüber, und im Juni des folgenden Jahres auch Luxemburg verloren war, blieb Mainz das Letzte, was auf der linken Seite des Rheines den Deutschen noch gehörte.

Vivenot, der über diese Ereignisse im ersten Bande seines Werkes (274 fg.) manches Neue und Werthvolle mittheilt, hat nicht unterlassen, neben einzelnen gerechten auch wieder eine Reihe grundloser Anklagen gegen Preußen vorzubringen. Man wird zugeben müssen, daß der Charakter und das Verfahren des Marschall Möllendorf den Erfolg des Feldzugs nicht gefördert habe. Männer wie Hohenlohe oder Blücher hätten das Mißverhältniß zwischen den verbündeten Armeen nicht in solchem Maße sich steigern lassen; aber es ist schon von Sybel mit Recht hervorgehoben, man könne den Marschall nicht für die Befehle, die er von Berlin erhielt, verantwortlich machen. Daß er absichtlich das

---

1) Das Ministerium an Lucchesini am 14. October.

am 16. October gegebene Wort gebrochen und nur zum Schein durch einen preußischen Courier sich selbst gewissermaßen einen Gegenbefehl zugefertigt habe, ist eine willkührliche Behauptung Vivenots; nach den Berichten, welche zwischen dem 10. und 14. October dem preußischen Ministerium aus London und Wien zukamen, ist es durchaus erklärlich, daß eben am 17. oder 18. der Befehl zum Rückzug Möllendorf erreichen mußte¹). Die Räumung des linken Rheinufers, die Sorglosigkeit, mit der man Mainz gerade im Augenblicke großer Gefahr verließ, kann gewiß kein Deutscher erfreulich oder für Preußen rühmlich nennen; aber es läßt sich nicht bestreiten, daß mit der Suspension der englischen Zahlungen allerdings der Vertrag vom 19. April verletzt war, und daß Preußen eben damals eine Verstärkung seiner Macht in Polen lebhaft wünschen mußte. Die Anklage, Preußen habe mit Vorbedacht in verrätherischer Absicht das linke Rheinufer und Mainz dem Feinde preisgegeben (I, 310), halte ich für ungefähr ebenso wahrscheinlich als Sybels Behauptung (III, 115), Thugut habe sich gesperrt, die preußische Armee nach Belgien kommen zu lassen, weil er die Franzosen in das Land hinein zu bringen wünschte.

Wenn Vivenot nicht Vorwürfe genug auf Preußen häufen kann, so weiß Sybel dagegen Oestreich für das ganze Unheil verantwortlich zu machen. Das wirksamste Mittel dafür bieten eben die polnischen Ereignisse; er sucht nachzuweisen, daß der Kaiser durch den Aufstand in Warschau zu dem Entschluß bewogen wurde, die Niederlande und das linke Rheinufer aufzugeben, daß die Begier nach polnischer Beute Thuguts ganzes Interesse nach dem Osten lenkte, daß dahin die Kräfte des Staats verwendet und den Heeren im Westen die Mittel entzogen wurden, die den günstigen Erfolg des Feldzugs hätten entscheiden können. Sybel beruft sich dafür insbesondere auf eine Angabe Vivenots (I, 39), daß nach einer Liste des Hofkriegsrathes zu Anfang des Jahres in den

---

1) Damit sind auch die von Häusser a. a. O. I, 581 mitgetheilten Briefe Möllendorfs an Hohenlohe wohl zu vereinigen.

östreichischen Provinzen 144,000 Mann Garnisontruppen gestanden haben, darunter beinahe 40,000 in Böhmen und Mähren; endlich hebt er noch hervor, daß Oestreich selbst die Schuld trug, wenn die preußische Armee vom Rheine zurückgezogen wurde, indem es böswillig, aus Eifersucht gegen Preußen, die vertragsmäßige Unterstützung durch ein Corps von 20,000 Mann in Polen verweigerte. So ergibt sich für ihn „der evidenteste Beleg zu dem Satze, daß der Rhein nur deshalb an die Franzosen verloren ging, weil in der großen Allianz, die ihn zu vertheidigen hatte, Oestreich trotz allen Vertragspflichten die polnischen Wünsche Preußens zu kreuzen suchte" (Zeitschr. XV, 82, 108).

Aber diese Ausführung unterliegt doch erheblichen Bedenken. Ich glaube gezeigt zu haben, daß man in dem, was in Belgien geschah, wenig Anhaltspunkte zu ihrer Unterstützung findet; sehen wir, ob die Ereignisse im Osten sich ausgiebiger erweisen. Hier muß es zunächst befremden, daß Sybel auf die erwähnte Angabe Vivenots so überaus großes Gewicht legt, ja, daß er sie mit ungewohnter Bereitwilligkeit aufgenommen hat, da sie doch, wie er auch bemerkt, gerade als ein Beispiel der ungenauen, zuweilen einander widersprechenden Zahlen seines Gegners dienen kann. Denn nach derselben Liste, aus der in einer Anmerkung die Garnisontruppen auf 144,000 sich berechnet finden, wird im Text neben 87,000 Mann in den Niederlanden, 40,000 in Piemont, 85,000 am Oberrhein die Zahl der im Innern stehenden Truppen auf 130,000 Mann angegeben. Außerdem scheint Sybel entgangen zu sein, daß von den 144,000 oder 130,000 Mann 70,000 als Ergänzung für die Feld-Armeen zum Abmarsch bereit standen; daß aber unter diesen 70,000 Mann die Truppen in Böhmen und Mähren nicht zum geringsten Theil begriffen waren, ersieht man aus einem kaiserlichen Rescript vom 17. Februar 1794, nach welchem die belgische und die Rheinarmee verstärkt werden, und in Böhmen und Mähren nur eine mittelmäßige Besatzung für die Festungen Pleß, Theresienstadt, Königgrätz und Olmütz zurückbleiben soll[1]. Nach Abzug dieser 70,000 Mann

---

[1] Vgl. Vivenot a. a. O. I, 32.

sind für die ganze Monarchie noch 74,000 oder, wie die Liste des
Hoftriegsrathes ausdrücklich angibt, noch 60,000 übrig, eine Zahl,
die in Anbetracht der Zustände in Ungarn und Polen, bei der
Gefahr eines türkischen Krieges nicht zu hoch, sondern kaum
ausreichend erscheint und nicht auf die Absicht schließen läßt,
dem Krieg in Belgien bedeutende Kräfte zu Gunsten einer Unter=
nehmung im Osten zu entziehen[1]). Indessen diese Absicht soll
ja auch nicht im Februar, sondern zu Ende Mai in Folge des
polnischen Aufstandes hervorgetreten sein. Wie diesem Ereigniß
gegenüber die Politik Thuguts sich gestaltete, darüber sind die
entscheidenden Urkunden noch nicht veröffentlicht; auch über das,
was in Polen von Seiten Oestreichs geschehen ist, würde ich
Hermanns Untersuchungen, die wir erwarten dürfen, sehr gern
schon vor Augen haben. Indessen, es ist doch eine Quelle von
großer Bedeutung zugänglich, nämlich die Berichte Caesars und
Lucchesinis, die in Wien Alles, was sich auf Polen bezog, mit
vorzüglicher Aufmerksamkeit verfolgten und Alles, was nach jener
Seite geschah, eher zu vergrößern als zu verkleinern geneigt sein
mußten. Aber auch in diesen Berichten habe ich eine Bestätigung
von Sybels Ansicht nicht finden können. Erinnert man sich,
wie die zweite Theilung Polens von Rußland und Preußen
vor kaum einem Jahre zur Ausführung gebracht war, erwägt
man, wie seit jener Zeit die Verhältnisse sich entwickelt hatten,
wie unschätzbar wichtige Interessen der polnische Aufstand aufs
Neue in Frage stellte, so könnte es durchaus nicht befremden,
wenn der Kaiser einen wesentlichen Theil nicht nur seiner Sorge,
sondern auch seiner militärischen Kräfte nach dieser Seite ver=
wendet hätte. Aber man findet das Gegentheil. Am 2. April
schreibt Lucchesini, der Ausbruch des polnischen Aufstandes rufe

---

1) Auch der englische Gesandte in Wien Sir Morton Eden berichtet
beim Anfang der polnischen Unruhen: It is a most alarming business
for this country, as Galicia is not without his malcontents, and there
are not 1000 troops left in the whole province. Journal of Lord
Auckland, III. 200.

in Wien große Aufregung hervor, einige der für den Rhein bestimmten Truppen sollten zur Vertheidigung der Gränze nach Galizien abgehen. Am 19. April folgt eine ähnliche Bemerkung. Aber schon am 10. Mai berichtet er, es werde alles Verfügbare nach Belgien geschickt, Thugut scheine aus Rücksicht auf England nur für das Heer in Belgien Sorge zu tragen. In der That verhielt sich Oestreich den Polen gegenüber beinahe neutral; nur wiederholte Aufforderungen von Seiten Rußlands konnten bewirken, daß ein wenig zahlreiches Truppencorps in der Nähe von Krakau gesammelt wurde und im Sommer auf einige Zeit die Gränze überschritt. Kosciusko hütete sich weislich, Oestreich durch Feindseligkeiten zu reizen, er suchte sogar der Meinung Eingang zu verschaffen, daß die Oestreicher heimlich mit ihm einverstanden seien, und in Wien geschah so wenig, diese Meinung zu widerlegen, daß Rasumowski und Caesar daran großen Anstoß nahmen. Es kostete beiden nicht geringe Mühe, gegen einige vornehme Polen, die sich in Karlsbad aufhielten, einen Verhaftbefehl zu erlangen, damit sie als Geißeln für die in Warschau zurückgehaltenen Mitglieder der russischen und preußischen Gesandtschaft dienen möchten[1]). Uebrigens wünschte Preußen, wie man sich leicht erklären wird, nichts mehr, als daß Oestreich in dieser wartenden und beobachtenden Stellung verbliebe; noch am 21. Juli, als die Belagerung von Warschau schon einige Tage dauerte, wird Caesar angewiesen, die kaiserliche Regierung durchaus zu keinem aktiven Schritt gegen Polen zu drängen. Erst als die ungünstige Wendung des Krieges eintrat, als die Eroberung Warschaus nicht gelingen wollte, erst da brachten die Mahnungen der Kaiserin von Rußland den König zum Entschluß, Oestreich um Beistand anzugehen. Ende August wurde Lucchesini, ganz gegen seinen Willen, aus dem polnischen Lager nach Wien geschickt, um über die Sendung Spencers und Grenvilles Genaueres in Erfahrung zu bringen und den Beistand östreichischer Truppen zur Belagerung Warschaus in Anspruch zu nehmen. Ueber die

---

1) Vgl. Caesar vom 22., 28., 30. Juni und 16. Juli 1794.

Verhandlungen erfuhr er nur, daß man sich geeinigt habe, den
Krieg fortzusetzen, insbesondere die Linie der Maas mit aller An=
strengung zu behaupten. Er klagt bitter über die hochmüthigen
Insulaner, welche die preußischen Truppen nicht anders denn als
Söldner ihrer egoistischen Politik ansehen wollten. Auch über Polen
hörte er den Kaiser in der ersten Audienz am 21. August nur in
allgemeinen Ausdrücken reden; drei Tage später eröffnete Thugut
ihm und Rasumowski, der Kaiser besitze nicht Truppen genug, um
sich an der Belagerung Warschaus zu betheiligen, allenfalls könnten
östreichische Truppen die russischen in Volhynien ersetzen. Luc=
chesini meint spöttisch, sie würden sich auch wohl entschließen, die
Preußen in Krakau zu vertreten. Er ist durchaus zufrieden
mit der östreichischen Antwort; man habe sie vorhersehen können,
schreibt er an das Ministerium; nur sehr ungern habe er sich
nach Wien schicken lassen, es sei auf Betreiben Rußlands geschehen
und von keinem klugen Diener dem Könige angerathen. Uebrigens
sei der Kaiser wirklich nicht in der Lage, Beistand zu leisten;
man wisse kaum Mittel zu finden, um den Krieg am Rheine fort=
zusetzen, denn Ungarn sei nach Aussage des Großkanzlers, des
Grafen Palffy sehr schwierig, die Erblande erschöpft, die Armee
unzufrieden, in Polen ständen nur 5—6000 Mann; wäre es
anders, so würde man die Gelegenheit, für die Hülfe gegen
Warschau Krakau fordern zu können, gewiß nicht vorübergehen
lassen[1]). Diese letzte Bemerkung ist vollkommen richtig, und es
zeugt von der äußersten Erschöpfung des Kaiserstaates, daß man
auch in der nächsten Zeit gar keine Maßregeln trifft, um in die
polnischen Angelegenheiten kräftig einzugreifen. Wenig Tage,
nachdem Lucchesini im preußischen Hauptquartier wieder ange=
langt war, am 6. September, mußte, wie erwähnt, die Belage=
rung von Warschau aufgehoben werden. Unter diesen Umständen
wandte der König am 9. September aus dem Lager zu Raczin
sich abermals an den Wiener Hof und zwar mit der bestimmten

---

1) Vgl. Lucchesinis Berichte an das Ministerium vom 22. und 25.
August. Am 29. reiste er in das Hauptquartier wieder ab.

Forderung jener 20,000 Mann, welche das Bündniß vom 7. Februar 1792 jedem der beiden Bundesgenossen, falls er angegriffen wäre, von Seiten des Andern zur Verfügung stellte. Es war die Drohung beigefügt, der König würde, wenn die östreichische Hülfe ausbliebe, sich gewungen sehen, von der Rheinarmee 20,000 Mann nach Polen abzurufen[1]). Thugut erklärte jedoch schon am 17. September, es sei dem Kaiser unmöglich, eine Hülfsarmee zu stellen, er habe kaum Truppen genug, um nur die Gränze von Galizien zu decken, und abermals ist es Lucchesini, der diese Aussage aufs Bestimmteste bestätigt. Er kam zu Anfang Octobers wieder nach Wien, hatte sogleich eine lange Unterredung mit Thugut und berichtet am 4., der Kaiser weigere das Hülfcorps, sei aber auch gar nicht vermögend, es zu stellen; der General Harnoncourt habe kaum 5000 Mann zusammengebracht. Lucchesini spricht seine Freude aus, daß es so sei; er habe deshalb gar nicht versucht, Thugut zu widerlegen, denn der König erhalte jetzt das Recht, die 20,000 Mann vom Rheine zurückzurufen. Mir scheint, diese Aeußerungen geben von der Lage der Dinge kein unrichtiges Bild; ich komme später darauf zurück, für jetzt ziehe ich nur die Folgerung für die belgischen Angelegenheiten. Man könnte vielleicht einwenden, Lucchesini, welcher bewaffnete Unterstützung von Seiten der Oestreicher nicht wünschte, habe leichter als billig den Versicherungen Thuguts, daß er sie nicht leisten könne, Glauben geschenkt. Dem steht aber schon entgegen, daß er doch vor Allem wünschte, den König gegen Oestreich aufzubringen und das Bündniß zu zerreißen. Und von diesem Gesichtspunkte aus hatte er noch weit stärkere Gründe, Thuguts Weigerung gerade nicht als die Folge mangelnder Kräfte, sondern als die Absicht eines bösen Willens darzustellen. Aber mag man auch annehmen, Lucchesinis Angaben über die Truppen in Polen und Galizien seien zu niedrig gegriffen, Harnoncourt habe über das Doppelte und noch mehr verfügt, das, scheint mir, geht doch aus dem Ganzen unverkennbar hervor, daß Oestreichs militärische

---

1) Vgl. die von Vivenot a. a. O. II, I, 621 mitgetheilten Urkunden.

Kräfte nicht vorzugsweise nach der polnischen Seite gerichtet waren, daß die Maßregeln, die dort vorgenommen wurden, auf die Bewegungen der belgischen Armee nicht entscheidend einwirken, die nach dem Rhein abgesandten Verstärkungen nicht einmal erheblich schmälern konnten, und daß sie am wenigsten den Plan einer freiwilligen Räumung Belgiens vermuthen lassen.

Und damit fällt, wenn ich nicht irre, auch das letzte der Argumente, die Sybel für seine Ansicht angeführt hat, und ich möchte glauben, auch die Ansicht ließe sich nicht mehr aufrecht halten. Keinesweges will ich aber behaupten, daß die von Sybel hervorgehobenen Gründe: Belgiens ungünstige Lage, die ausgesprochene Abneigung mancher Offiziere gegen den belgischen Krieg, endlich die Unruhen in Polen — daß alle diese Gründe auf den Verlauf und den Ausgang des Feldzugs ohne Einfluß geblieben seien. Hätte es sich statt um Brüssel, um Wien gehandelt, so würde man wohl andere Anstrengungen gemacht haben. Daß der belgische Feldzug für die östreichische Kriegführung oder Verwaltung rühmlich gewesen sei, läßt sich gewiß nicht behaupten, selbst die Lobsprüche Vivenots können den Mangel an Geist und Thatkraft nicht verdecken. Aber es ist weit von da bis zu einem bestimmten Plane, Belgien oder gar das linke Rheinufer freiwillig, ohne militärische Nöthigung aufzugeben, und ich glaube, nach dem, was bis jetzt vorliegt, ist man in keiner Weise berechtigt, das Bestehen eines solchen Planes bei dem Kaiser oder bei Thugut vorauszusetzen.

Sybel äußert in der Vorrede zur zweiten Auflage seines Werkes, eine positive Entscheidung über die Differenz zwischen ihm und Witzleben werde man wohl bis zur Eröffnung der Wiener Archivalien vertagen müssen; in dem letzten Aufsatze gegen Vivenot wünscht er besonders, den Briefwechsel zwischen Thugut und Mercy veröffentlicht zu sehen. Ich theile diesen Wunsch, aber was wir Vivenots Buche schon verdanken, scheint mir, wenn nicht erschöpfend, doch hinreichend, um die Vermuthung zu rechtfertigen, auch der noch rückständige Theil werde für Sybels Ansichten nicht günstig lauten. Hinsichtlich des Mercy'schen Briefwechsels wird dies durch zwei Zeugnisse noch besonders wahrscheinlich. Das erste, dessen auch Sybel einmal, freilich in anderem Sinne erwähnt, ist die Aeußerung eines englischen Diplomaten, des Lord Auckland, sein alter Freund Mercy habe ihm noch auf dem Todesbette die Versicherung gegeben, daß es keineswegs in der Absicht des Kaisers liege, Belgien zu räumen. Auckland hat sich dadurch nicht überzeugen lassen, er hält nach wie vor an seinem Verdachte fest[1], aber das, sagt er, müsse er doch voraussetzen, daß Mercy was er versicherte auch wirklich geglaubt habe[2]. Wichtiger ist das zweite Zeugniß. Der bekannte Freund Mirabeaus, Prinz August von Aremberg, Graf de la Marck, hatte schon während der ersten Jahre der Revolution mit Mercy in Paris in enger Verbindung gestanden. In seinen Memoiren wird erzählt, wie er dann im Herbste 1791 zu Brüssel in Mercys Cabinet gearbeitet und von den geheimsten Briefschaften Kenntniß erhalten habe. Im Sommer 1794 beim Herannahen der Franzosen ging er mit Mercy nach dem Schlosse Brühl und verweilte dort mit ihm, bis der Minister nach England abreiste. Er sagt ausdrücklich: „Im Jahre 1794 bemühte sich der Graf Mercy vergeblich, den General Clerfayt vom Rückzug über den Rhein abzuhalten. Es war der verhängnißvolle Entschluß dieses Generals, sich vor den französischen Armeen in Eile zurückzuziehen, der die belgischen Provinzen auf immer für Oestreich verloren gehen ließ"[3]. Diese Memoiren sind mehr als zwanzig Jahre nach den Ereignissen in Wien verfaßt und gerade an dieser Stelle nicht genau; offenbar wird Clerfayt mit Koburg verwechselt. Aber daß ein Mann wie la Marck solche Worte gerade nur beiläufig aus eigenster Kenntniß

---

1) Die von Sybel (III, 117) herausgehobenen Zeilen sind übrigens, wenn man den Zusammenhang des ganzen Briefes vor Augen hat, nicht so beweisend, als die Leser „der Geschichte der Revolutionszeit" glauben könnten; denn gleich im folgenden Satze fügt Auckland hinzu, daß er ein bestimmtes Urtheil gar nicht aussprechen wolle.

2) Vgl. Journal of Lord Auckland, III, 269.

3) Vgl. Correspondance entre le comte de Mirabeau et le comte de la Marck, publiée par M. Ad. de Bacourt, Paris 1851, I, 268.

und Erinnerung niederschreiben konnte, scheint mir für Mercys Ansichten und Thätigkeit ein sehr bedeutendes Zeugniß. Solche beinahe zufällige Andeutungen geben gewöhnlich den richtigen Fingerzeig; folgt man ihm, so erklärt sich auch in diesem Falle Alles durchaus einfach und ungezwungen. Es ist wahrlich mehr als einmal vorgekommen, daß ein Feldzug in einer fernen Provinz, von verschiedenen Staaten mit verschiedenen Interessen unternommen, ohne sonderliche Energie geführt wurde, daß ein bejahrter durch Krankheit geschwächter General zu kräftigen Entschlüssen sich nicht zu ermannen und unter solchen Umständen einer bedeutenden feindlichen Ueberzahl nicht Stand zu halten vermochte. Beinahe eben so oft ist es geschehen, daß dann die öffentliche Meinung den natürlichen Zusammenhang nicht erfaßte, daß insbesondere die zunächst und also am meisten Benachtheiligten in verrätherischen Verbindungen, in geheimen Unterhandlungen und ähnlichen außerordentlichen Umständen den Grund und die Erklärung ihres Mißgeschickes suchten. Nichts anderes begegnet uns hier, nichts, das besonders in Erstaunen setzen könnte, das nicht, um nur das Nächstliegende anzuführen, auch bei dem preußischen Rückzug aus der Champagne sich ereignet hätte. Dagegen muß die Sybelsche Ansicht beständig zu den sonderbarsten Voraussetzungen ihre Zuflucht nehmen, ohne daß sie gleichwohl für das, was geschehen, eine ausreichende Erklärung fände. Denn wozu — um nur Eines hervorzuheben — wozu dies Gaukelspiel der kaiserlichen Briefe an die Generale, die beständigen Bitten und Ermahnungen zum Angriff, wenn man wollte, daß sie das Gegentheil vornehmen sollten? Ich wüßte einen Grund nicht anzugeben; die Engländer zu täuschen kann es nicht geschehen sein, denn Grenville schreibt ja ausdrücklich aus Wien, daß Thugut ihm die Anweisungen, die uns jetzt vorliegen, nicht einmal zeigen wollte.

Vergleicht man übrigens die verschiedenen Ausgaben des Sybelschen Werkes, so wird man leicht erkennen, daß, wenn nicht in der Grundansicht, doch in den Einzelheiten manche Veränderung und, ich glaube, Verbesserung vorgenommen sei. Insbesondere ist dies auch rücksichtlich des belgischen Feldzuges bei einem, wenn nicht der wichtigsten, doch vielleicht der am meisten auffallenden Punkte geschehen, ohne daß aber Vivenot dadurch abgehalten wäre, dem schon zurückweichenden Gegner gewissermaßen eine volle Salve nachzusenden. Man erlaube darüber noch wenige Worte.

Zuerst als Flugblätter im März 1795, zwei Jahre später in einer Zeitschrift: Das neue, graue Ungeheuer, herausgegeben von einem Freunde der Menschheit, Upsala 1797, erschienen zwei angebliche Schreiben des Prinzen von Koburg, das eine ein Brief an den König von Preußen, das andere das Abschiedsgesuch an den Kaiser. Sie enthalten neben sehr schmeichelhaften Lobsprüchen für die preußische Armee die heftigsten Klagen über die schlechte Verwaltung, die Umtriebe und Intriguen, welche auf Seiten Oestreichs das Unglück des letzten Feldzugs verschuldet und die Armee bis zur Verachtung in den Augen ihrer Rivalen erniedrigt hätten. Ein General von Kopf und Herz, sagt der Prinz, „könne unmöglich seinem deutschen Muthe da entsprechen, wo eine Art von kabalöser Desorganisation die Oberhand gewinne"; er klagt dann in herbem Tone über die Mängel der östreichischen Kriegsführung, seine Vorwürfe reichen bis auf die Zeit zurück, da Oestreich in der Champagne die Preußen nicht ausreichend unterstützt habe, auch die Hauptschuld der Unfälle von 1793 wirft er auf Wurmser und seine Gönner; „in einer solchen Lage bleibe einem treuen Diener nichts übrig, als den Stab niederzulegen, den er gern mit Lorbeern umwunden dem Kaiser überreicht hätte."

Von östreichischer Seite unterließ man nicht, mit Bewilligung des Prinzen in einer Reihe von Zeitungen die Unächtheit dieser Aktenstücke hervorzuheben. Diese Anzeigen sind aber, wie es scheint, von Sybel wie von Häusser unbemerkt geblieben, da beide nach einer handschriftlichen Mittheilung längere Auszüge des Abschiedsgesuches ihren Werken einverleibten. Erst Witzleben unterwarf das sonderbare Schriftstück einer sorgfältigen Prüfung und gab den sichersten Beweis für die Unächtheit, indem er (III, 420) aus dem Koburger Archiv das ächte, eigenhändig geschriebene Abschiedsgesuch des Prinzen mittheilte. Er hielt sich aber bei der Bescheidenheit

— oder, muß man in diesem Falle sagen, bei der Furchtsamkeit? — die sein Buch Sybel und Häusser gegenüber charakterisirt, nicht für berechtigt, ein bestimmtes Urtheil auszusprechen. Sybel hat darauf schon in der zweiten Auflage die bezügliche Stelle ausgelassen; in Häussers neuester Auflage (1860, Bd. I, S. 569) findet sie sich noch, ich möchte aber annehmen, daß er Witzlebens wenig früher erschienenen dritten Band noch nicht vollständig gekannt habe, obgleich ich ihn S. 550 schon angeführt finde.

In die übergroße Vorsicht Witzlebens ist Vivenot, wie man denken kann, nicht verfallen. Er macht (II, II, 289 fg.) aus dem Wiener Archiv einige recht interessante Mittheilungen, aus denen man den Unwillen ersieht, den die Fälschung in Wien erregte. Dann ergreift er die Gelegenheit, in einer beinahe dreißig Seiten füllenden Peroration (II, II, 590—617) Sybel und Häusser und zugleich die Leser und Käufer seines Buchs für die Sünden der „kleindeutschen Geschichtsbaumeister" büßen zu lassen, ein Verfahren, das ihm um so weniger zusteht, als er selbst im ersten Bande seines Werkes (S. 137) die Aechtheit des Dokumentes nicht bestritten, sondern nur in ganz unzulässiger Weise die Klage „der kabalösen Desorganisation", statt auf Oestreich, auf Preußen hat beziehen wollen. Und doch trägt das Dokument nach Form und Inhalt so unzweifelhaft seine Unächtheit zur Schau! Auch vor dem Erscheinen des Witzlebenschen Buches war man doch von Koburgs Charakter genugsam unterrichtet, um einzusehen, daß er seinem Kaiser unmöglich in solchem Tone schreiben konnte[1]). Dazu kommen noch zwei thatsächliche Angaben über das verspätete Eintreffen Clerfayts auf dem Schlachtfelde von Valmy und eine Unterredung Koburgs mit dem Kaiser in Brüssel, deren Unrichtigkeit dem Prinzen nicht entgehen, die er also überhaupt nicht, am wenigsten an den Kaiser schreiben konnte. Es ist noch nicht lange, daß die angeblichen „Morgenunterhaltungen" Friedrichs des Großen mit dem Anspruch einer neuen Entdeckung wieder vor-

---

[1]) Nach einem Berichte Luechesinis vom 11. April 1795 hatte er damals sogar dem Kaiser seine Dienste wieder angeboten.

geführt, eine unverdiente Aufmerksamkeit herausforderten. Gewiß ist es zu bedauern, wenn dies unerfreuliche Machwerk auch nur einen gläubigen Leser gewonnen hat; aber man fühlt sich einigermaßen zur Entschuldigung geneigt, wenn man findet, daß eine nicht sehr viel geschicktere Fälschung sogar hervorragende Geschichtskenner täuschen konnte.

Fünftes Kapitel.

Der Friede zu Basel.

Wenn die schnelle Räumung der Niederlande den östreichischen Generalen zum Vorwurf geworden ist, so muß ich beinahe den entgegengesetzten Tadel fürchten, daß ich mich in Belgien zu lange aufgehalten habe. Möchten freundliche Leser sich erinnern, daß ich dies Buch nicht als eine Geschichte, sondern als Studien bezeichnete, deren größerer oder geringerer Umfang sich nicht immer strenge nach der historischen Wichtigkeit der Ereignisse bemessen läßt. Zudem bildet der Feldzug von 1794 doch in der That im Revolutionskriege einen Wendepunkt, den man auch bei den folgenden Ereignissen nicht aus den Augen verlieren darf.

Denn der Same der Zwietracht, den schon die früheren Jahre hatten anwachsen sehen, war nun zur vollen Blüthe gezeitigt. Selbst in glücklichen Tagen halten Coalitionen sich nicht leicht in Uebereinstimmung, die Probe des Unglücks hat noch keine bestanden, und wenn die Uneinigkeit schon während des Feldzugs den deutschen Mächten verderblich geworden war, so traten zu Ende des Jahres die Interessen noch entschiedener im Westen und besonders im Osten sich entgegen. Beinahe zu derselben Zeit, als die Preußen die Belagerung von Warschau aufgeben mußten, rückten die Russen von Südosten in Polen ein[1]). Suworoff errang am 18. September bei Brzesc einen blutigen Sieg, und schon am 10. October führte die Schlacht bei Maciejowice Kosciusko verwundet in russische Gefangenschaft; am 4. November folgt das Blutbad von Praga, vier Tage später zieht Suworoff in Warschau ein. Ueber die Theilung der polnischen Beute hatte von da ab

---

1) Ueber die Ereignisse in Polen vgl. Sybel a. a. O. III, 246 fg.

Katharina zu entscheiden, die deutschen Mächte waren von ihrem Willen abhängig. Beide suchten ihre Gunst zu gewinnen, aber wie sie im Jahre vorher Preußen auf Kosten Oestreichs gefördert hatte, so lag es jetzt in ihrem Interesse, sich des Kaisers anzunehmen, um so mehr, als Preußen durch die lässige Führung des Krieges gegen Frankreich, bald sogar durch Unterhandlungen mit der Republik ihren lebhaftesten Wünschen entgegentrat.

Schon im August, als der Krieg in Polen und am Rheine immer ungünstiger sich gestaltete, wagte Lucchesini, unterstützt durch ein Schreiben Möllendorfs, dem Könige vom Frieden mit Frankreich zu reden, den er allenfalls selbst in Wien in Anregung bringen könne. Der König wollte aber noch nichts von einem solchen Vorschlage hören, höchstens erlaubte er, daß Lucchesini gelegentlich im eigenen Namen und auf eigene Verantwortung davon reden dürfe. Möllendorf, dem Lucchesini alsbald von diesen Gesprächen Kenntniß gab, sah auch darin schon einen Erfolg; wenig später sandte er seinen Adjutanten Meyerink mit neuen Vorschlägen nach Berlin, und diesmal fand er bessere Aufnahme. Der König, durch die mißlungene Belagerung Warschaus niedergebeugt, durch den schlechten Erfolg in Belgien verstimmt, mit Rußland und Oestreich wegen der polnischen Theilung im Zwiespalt, gab die Erlaubniß, daß Möllendorf zwar noch nicht mit dem Wohlfahrtsausschuß in Paris, aber doch mit einem französischen Diplomaten im Auslande eine Unterhandlung anknüpfen möge, zunächst wegen Einwechslung der Kriegsgefangenen, aber in der Weise, daß er auch Vorschläge für den Frieden, wenn sie dabei laut würden, weiter verfolgen könne. Als die geeignete Person bezeichnete Lucchesini den französischen Gesandten in der Schweiz, Barthelemy, einen Mann durch seine Vergangenheit noch der alten Diplomatie angehörig, von gemäßigten Gesinnungen und einnehmenden Formen. Möllendorf säumte nicht, einen Kreuznacher Weinhändler Namens Schmerz nach Baden im Aargau abzusenden, wo Barthelemy damals verweilte[1]); zugleich

---

1) Vgl. Sybel, Gesch. der Rev.-Zeit III, 243.

wandte er sich an den Kurfürsten von Mainz, setzte ihn von den Gesinnungen des preußischen Hofes in Kenntniß und mahnte ihn, für den Frieden auf dem Reichstage thätig zu werden. Der Kurfürst, jetzt selbst durch die französischen Heere bedroht, säumte nicht, dieser Weisung nachzukommen. Noch am 13. October hatte der Reichstag den Entschluß gefaßt, daß, wie am 23. November 1792 das dreifache, so jetzt das fünffache Reichscontingent zum Kriege aufzubieten sei[1]); indessen waren bei der Abstimmung schon vielfache Klagen und sogar die Wünsche nach Beendigung des Krieges laut geworden. Am 24. October stellte nun der kurmainzische Gesandte, Freiherr v. Strauß, trotz der dringenden Abmahnung des kaiserlichen Concommissars den Antrag, der französischen Republik von Reichswegen den Frieden auf der Grundlage des früheren Besitzstandes anzubieten; er schlug zugleich die Könige von Dänemark und Schweden, letzteren als Bürgen des Westphälischen Friedens zu Vermittlern vor. Dieser Schritt wurde aber in Wien ungnädig aufgenommen; man tadelte das rücksichtslose Verfahren des Mainzer Kurfürsten und fand den Zeitpunkt zu Friedensanträgen sehr übel gewählt. „Der Kaiser," hieß es in einem Schreiben, das am 28. October in Regensburg eintraf, „könne zwar leider nicht verwehren, wenn Muthlosigkeit die Vernunft ersticke, und die Stände Friedensanträge verhandelten, müsse aber in diesem Augenblicke allgemeiner Entmuthigung mehr als je auf nachdrücklicher Fortsetzung der Kriegsrüstung zum künftigen Feldzuge bestehen; denn einen ehrenvollen, annehmbaren Frieden könne Deutschland und Oestreich nur dann eingehen, wenn kein Franzose mehr auf deutschem Boden stünde"[2]). In der beigefügten Bestätigung des Reichsgutachtens vom 13. October war in eindringlichen Worten gemahnt, „das Beschlossene nun auch mit Patriotismus und Gewissenhaftigkeit zur Erfüllung zu bringen, damit nicht dereinst die Geschichte den Ausspruch fällen müsse, daß Deutschland, seiner eigenen Reichsschlüsse ungeachtet, dennoch in

---

1) Vgl. Vivenot a. a. O. I, 345.
2) Vgl. Vivenot a. a. O. I, 363.

der wichtigsten und dringendsten Angelegenheit, die je in den Jahrbüchern des Reichs erwähnt worden, zur Beschleunigung seines eigenen Umsturzes ohne National=Interesse und Gemeinsinn gewesen sei."

In ähnlichem Sinne sprach sich Thugut gegen Lucchesini aus; indessen Preußen war bereits entschlossen, nöthigenfalls auch ohne Oestreich seinen Weg zu gehen. Man erinnert sich, wie Mitte Octobers der Vertrag mit den Seemächten aufgelöst, das Hülfcorps in Polen von Oestreich verweigert wurde, und die preußischen Truppen am 22. auf das rechte Rheinufer zurückkehrten. Auch zeigte sich immer deutlicher, daß bei der polnischen Theilung Oestreich mehr als Preußen von Rußland begünstigt und der Besitz von Krakau ernstlich bestritten werde. Dagegen fand Meyerink, als er am 12. November in Basel eintraf, bei dem französischen Gesandtschaftssecretär Bacher eine sehr freundliche Aufnahme. Allerdings hat er es auch an schönen Worten, weit über den Bereich seiner Instruction, nicht fehlen lassen. Er setzte als unzweifelhaft voraus, daß der König von der Coalition sich gänzlich zurückziehen und mit den protestantischen Reichsständen eine Ligue gegen den Kaiser bilden werde. Weiter könne man an eine Verbindung zwischen Frankreich, Preußen, der Pforte, Dänemark und Schweden denken; selbst zur Herstellung Polens würde Preußen sich allenfalls verstehen, um der gefährlichen Ausdehnung Rußlands und Oestreichs eine Schranke zu setzen. Dagegen wünschte er, daß man die Gefangenen auswechsle, die preußischen Provinzen am linken Rheinufer für neutral erkläre und vorläufig einen Waffenstillstand schließe[1]). Auf die letzten Vorschläge gab Bacher keine bestimmte Antwort, betheuerte aber, daß Frankreich gern auf die Herstellung des Friedens, ja auf eine noch engere Verbindung eingehen werde, wenn die Reichsglieder sich gegen den Ehrgeiz des Hauses Oestreich um den König

---

1) Vgl. Bachers Berichte an den Wohlfahrtsausschuß vom 12.; 23., 25. und 27. November 1794 im Ministerium des Auswärtigen zu Paris.

schaaren wollten¹); das deutsche Reich könne man in den Frieden mit Preußen allenfalls einschließen. Während in Berlin diese Nachrichten aus Basel eintrafen, suchten mehrere Fürsten, die Landgrafen von Hessen-Kassel und Darmstadt, der Herzog von Zweibrücken und der Kurfürst von Trier um Preußens Verwendung bei den siegreichen Franzosen nach; auch aus Holland kamen dringende Bitten, entweder mit den Waffen oder durch Eröffnung einer allgemeinen Friedensverhandlung die bedrängte Republik zu erretten. So gewann die Friedenspartei in Berlin neuen Boden, zur Unterstützung machte insbesondere Prinz Heinrich, der Bruder Friedrichs des Großen und von jeher der eifrigste Gegner des östreichischen Bündnisses, seinen Einfluß geltend. Am 1. December ließ der König den früheren Gesandten in Paris, Grafen Goltz, nach Berlin berufen, damit er für eine Unterhandlung mit Barthelemy die nöthigen Anweisungen empfange. Laut der Instruction, die am 8. December nach einem Entwurfe des Prinzen Heinrich ausgefertigt wurde, sollte er zunächst die Meinung bekämpfen, als ob die preußische Unterhandlung nicht aufrichtig gemeint sei, alsdann einen Waffenstillstand erwirken, in den auch Mainz und seine Besatzung eingeschlossen wären. Beim Frieden war Preußen bereit, die Republik anzuerkennen und die freundlichsten Beziehungen, nur nicht ein eigentliches Bündniß zu versprechen; es verlangte aber die Räumung seiner Gebiete links vom Rhein, auch Neutralität und Waffenstillstand für die deutschen Fürsten, welche preußische Verwendung angerufen hätten oder anrufen würden. Der König wünschte als Vermittler des Friedens für das deutsche Reich und Holland einzutreten, war auch, wenn die Franzosen es begehrten, zu ähnlichen Diensten für Sardinien, Oestreich, England und Spanien geneigt. Ferner sollte Goltz erforschen, was die Franzosen von ihren Eroberungen behalten oder zurückgeben wollten, besonders verlangte man ihre Ansichten über den bairisch-belgischen

---

1) Vgl. die Depeschen des Ministeriums an Lucchesini vom 13. und 22. December 1794.

Tausch zu erfahren; gegen die Abtretung Belgiens hatte Preußen nichts einzuwenden, als Entschädigung für Oestreich wurde Salzburg in Vorschlag gebracht. Dazu ließ man der Republik anbieten, so wie einst die französische Monarchie eine Bürgschaft des Westphälischen Friedens zu übernehmen, und hoffte dadurch die Integrität des deutschen Gebietes zu erhalten[1]).

Indessen lag doch der Gedanke so nahe, die Franzosen würden die Abtretung des linken Rheinufers verlangen, daß Alvensleben sogleich die Ermächtigung auch zu diesem Schritt in die Instruction aufgenommen wünschte. Dagegen legte aber Finkenstein Verwahrung ein, und Haugwitz brachte die Ansicht zur Geltung, daß man doch vorerst die Forderung der Franzosen erwarten könne.

Am 28. December langte Goltz in Basel an; um die Verhandlungen zu beschleunigen war auf den Wunsch des Wohlfahrtsausschusses der Legationsrath Harnier zu derselben Zeit nach Paris geschickt. Allein eben jetzt traten Ereignisse ein, welche die Lage durchaus zum Nachtheile Preußens und Deutschlands veränderten. Der unglückliche Feldzug in Belgien hatte schon im September die französische Nordarmee über die holländische Gränze geführt. Während Jourdan den Oestreichern bis an den Rhein folgte, überschritt Pichegru am 18. October auch die Maas, die Festungen ergaben sich, die englisch-holländischen Truppen zeigten sich völlig unfähig und entmuthigt. Verhandlungen mit dem Wohlfahrtsausschuß blieben ohne Erfolg, nur die Flüsse und Kanäle, die das Land durchschneiden, schienen dem Feinde noch ein Hinderniß zu bieten. Da überzog seit der Mitte des December der strenge Winter alle Gewässer mit einer festen Decke von Eis; die Franzosen machten sogleich den Vortheil sich zu Nutze, das verbündete Heer zog sich hinter die Issel zurück, unaufhaltsam drang Pichegru in das Innere von Holland ein. Am 20. Januar 1795 besetzte er Amsterdam, am 23. den Haag, der Erbstatthalter von Oranien hatte bereits am 18. auf einer Fischerbarke mit

---

1) Vgl. Sybel a. a. O. III, 270. Häusser a. a. O. I, 586.

seiner Familie nach England sich eingeschifft. Die Regierung löste sich auf, der Wohlfahrtsausschuß überließ der Partei der „Patrioten" die Bildung einer neuen Republik, die aber, wie man denken kann, völlig dem französischen Einfluß anheimgegeben und den französischen Anforderungen dienstbar blieb.

Nur zu bald mußte die preußische Unterhandlung den Eindruck dieser Ereignisse empfinden. Harnier, der in Paris seit dem 7. Januar mit dem Wohlfahrtsausschuß sich besprach, erhielt auf alle seine Anträge eine abschlägige Antwort. Auf einen Waffenstillstand vor dem Frieden wollten die Franzosen in keiner Weise eingehen; selbst der Friede war ihnen nicht genug, sie wünschten ein Bündniß, denn das allein könne den übermächtigen Kräften Rußlands und des Kaisers das Gegengewicht halten. Nur machten sie aus diesem Verlangen keine unumgängliche Bedingung; dagegen forderten sie durchaus die Abtretung des linken Rheinufers, so daß der Rhein Frankreichs Gränze bilde. Den auf der linken Seite angesessenen Fürsten wollten sie eine Entschädigung gestatten; Preußen wurden bedeutende Gebiete in Norddeutschland, insbesondere Hannover in Aussicht gestellt [1]).

Man wird sehen, wie diese Gedanken und Anforderungen in den Verhandlungen der späteren Jahre immer wieder hervortreten. Harnier konnte vorerst nicht darauf eingehen, er suchte sie, dem Inhalt seiner Instruction gemäß, zu widerlegen; als sie in Berlin zur Kenntniß gelangten, waren die Ansichten getheilt. Alvensleben wollte sogleich und in jedem Falle sich mit Frankreich einigen, Finkenstein meinte, das Begehren des Rheinufers mache den Frieden unmöglich, dagegen stellte Haugwitz eine vermittelnde Ansicht auf. Die Forderungen des Wohlfahrtsausschusses, sagte er, seien zu weitgehend, als daß man sie annehmen könne, aber ebenso wenig scheine es räthlich, jetzt

---

1) Vgl. Résultats des explications du Comité de Salut Publique sur les ouvertures pacifiques préparatoires, faites de la part de la Prusse vom 8. Januar, und die Instructionen für Barthelemy vom 13. und 15. Januar im Ministerium des Auswärtigen zu Paris.

mit Frankreich zu brechen; wenn beim allgemeinen Frieden alle
Mächte und das deutsche Reich in die Abtretung willigten, so würde
auch Preußen, vorausgesetzt, daß hinreichende Entschädigung ge=
boten würde, sich nicht dagegenstellen; einstweilen könnten jene
Besitzungen in den Händen der Franzosen bleiben. Der König,
entschiedenen Beschlüssen wenig geneigt, gab Haugwitz seine Zu=
stimmung, und in diesem Sinne ward am 28. Januar eine neue
Instruction für den Gesandten in Basel ausgefertigt¹).

Sie gelangte nicht mehr in die Hände, für die sie eigentlich
bestimmt war. Am 6. Februar wurde der Graf Goltz von einem
galligen Fieber plötzlich hinweggerafft, als die Unterhandlung
kaum einen ernsteren Charakter angenommen hatte. Denn Bar=
thelemy ließ bis zum 12. Januar sich erwarten, und die ersten
Unterredungen ergaben nur einen Wechsel von Artigkeiten, weil
man bestimmteren Weisungen aus Paris entgegensah. Harnier,
der am 18. Januar nach Basel zurückgekommen war, trat nach
dem Tode des Gesandten einstweilen an seine Stelle, indem er
mit Barthelemy auf Grund der letzten Instructionen unterhandelte.
Dem Wohlfahrtsausschuß war dadurch nicht genug geschehen.
Blieb auch das linke Rheinufer zunächst in den Händen der Fran=
zosen, so bot doch die Verweisung auf den allgemeinen Frieden
keineswegs einen Ersatz für die unverzügliche Abtretung, die man
gefordert hatte. Man zeigte heftigen Unwillen und suchte zuerst
durch kaum verhaltene Drohungen den Gegner einzuschüchtern.
Als aber Harnier bei seinen Instructionen beharrte, lenkte man
ein; denn trotz aller kriegerischen Erfolge waren doch Frankreichs
innere Zustände der Art, daß der Ausschuß noch mehr als Preußen
des Friedens bedurfte; ein Vertragsentwurf, der in der ersten
Hälfte des März aus Paris nach Basel abging, beruhte im Wesent=
lichen auf Haugwitz' Vorschlägen²). Wäre in Berlin die vor=
theilhafte Stellung benutzt, vielleicht hätte man für Deutschland
und Preußen, wenn nicht ehrenvolle, doch weit günstigere Be=

---

1) Vgl. Sybel, Gesch. der Rev.=Zeit, III, 353 fg.
2) Die einzelnen Artikel findet man bei Sybel, Rev.=Zeit III, 359.

dingungen erlangt, als von den Franzosen jetzt angeboten wurden. Der Freiherr von Hardenberg, gegen Ende Februar zu Goltz' Nachfolger bestimmt, erkannte dies recht wohl; er wünschte auf die ursprünglichen Forderungen Preußens zurückzugehen, den deutschen Reichsständen eine neutrale Stellung zu sichern und das linke Rheinufer zu behaupten, selbst auf die Gefahr, im äußersten Falle wieder zu den Waffen zu greifen. Lord Spencer, der damals in Berlin neue Unterhandlungen betrieb, hörte ihn sogar in einer Weise reden, als ob er dem Frieden mit Frankreich entgegen sei, und Spencer meinte später, wären nur aus London die geeigneten Anerbieten rechtzeitig eingetroffen, so hätte man Preußen bei der Coalition festhalten können; denn der König habe im Grunde des Herzens gar nicht gewünscht, daß die baseler Unterhandlungen zum Ziel gelangten[1]). Aber das englische Ministerium entschloß sich zu spät, die Partei des Friedens behielt den Sieg, und die Instruction, die am 26. Februar für Hardenberg ausgefertigt wurde, band ihm die Hände. In dem wichtigsten Punkte gab Preußen nach). Es bewilligte die eventuelle Abtretung des linken Rheinufers, wenn eine geeignete und ausreichende Entschädigung sich ermitteln ließe. Dagegen wurde einem Gedanken, der schon früher zwischen Barthelemy und Harnier zur Sprache gekommen war, jetzt ein bestimmter Ausdruck gegeben. Preußen forderte, daß der Norden von Deutschland, Hannover mit einbegriffen, durch eine Demarkationslinie dem Bereiche des Krieges entzogen und in einer neutralen Stellung erhalten würde. Daneben sollte Hardenberg in Erfahrung bringen, was die Franzosen in Bezug auf den allgemeinen Frieden beabsichtigten, welchen Einfluß Preußen auf die Gestaltung der deutschen Verhältnisse sich versprechen dürfe, was mit Belgien zu geschehen habe, und was für Oestreich zum Ersatz in Aussicht genommen sei. Endlich hatte er für den Schwager des Königs, den aus Holland vertriebenen Erbstatthalter von Oranien, eine Entschädigung zu erwirken[2]).

1) Vgl. Spencers Briefe an Lord Grenville vom 10. März und 21. April 1795 bei Hermann, Correspondenzen, 513, 514.
2) Das Ministerium an Lucchesini am 31. März.

Am 18. März traf Hardenberg in Basel ein. Trotz des einen wesentlichen Zugeständnisses entsprach doch seine Instruction und insbesondere seine Art zu unterhandeln den Wünschen der Franzosen keineswegs. Die bestimmte Forderung einer Demarkationslinie erregte großen Anstoß; das sei ein ganz neuer Gegenstand, sagte Barthelemy; er begreife nicht, wie man eine Frage von solcher Wichtigkeit am Schlusse der Unterhandlung noch aufwerfen könne, eben wo beide Theile eine schnelle Einigung aufs lebhafteste wünschen müßten. Wenn Hardenberg dann die Bestimmungen über die Rheingränze in einen geheimen Artikel zu verweisen wünschte, so fand Barthelemy darin einen Widerspruch gegen seine Instruction, die der Wohlfahrtsausschuß am 16. März als Ultimatum bezeichnet hatte. Die Briefe des französischen Gesandten lassen recht deutlich erkennen, wie unwillig man das unerwartete Auftreten Hardenbergs empfand. Sie sind voll von Lobeserhebungen für seine Vorgänger; nicht genug können sie rühmen, was für liebenswürdige, vortreffliche Leute Meyerink und Harnier gewesen, wie leicht man mit ihnen einig geworden und zum Ziele gekommen sei. Von Hardenberg heißt es dagegen, mit ihm sei gar nicht zu verhandeln, er finde beständig Schwierigkeiten, stelle neue Bedingungen auf, es scheine, daß er den Frieden gar nicht wünsche; er sei auch ein Hannoveraner und wahrscheinlich von England bestochen. Nicht besser war man mit seinem vertrauten Begleiter, dem Legationsrath Gervinus zufrieden[1]). „Wir sind in schlechte Hände gefallen," ruft Barthelemy aus. „Ich kann nicht verhehlen, ich bin in der äußersten Besorgniß, daß es der Intrigue am Berliner Hofe gelungen ist, Plan und Fortgang der Unterhandlung ganz und gar zu verwirren, und daß das preußische Cabinet, indem es Herrn v. Hardenberg vertraute, mehr die Einflüsterungen unserer Feinde als seine eigenen Interessen

---

1) Vgl. insbesondere Barthelemys Berichte an den Wohlfahrtsausschuß vom 22., 23. und 24. März und 13. April im Ministerium des Auswärtigen zu Paris. Es ist bemerkenswerth, daß in Berlin von Alvensleben ganz ähnliche Vorwürfe gegen Hardenberg erhoben wurden. Vgl. Häusser a. a. O. I, 594.

zu Rathe gezogen hat." Es kam einige Male zu sehr lebhaften Erörterungen, indessen die Franzosen kannten den unermeßlichen Werth eines Friedens mit Preußen viel zu gut, als daß sie es zum Bruche hätten kommen lassen. Auch scheint Hardenberg in der That seine Ansprüche sehr geschickt verfochten zu haben, denn bald erkennt selbst Barthelemy seine Gründe an, und der Wohlfahrtsausschuß, der noch am 25. März in heftigen Worten seinem Unwillen Ausdruck gibt, findet sich schon vier Tage später zur Nachgiebigkeit bewogen. Aber Hardenberg hatte mittlerweile einen neuen Anspruch vorgebracht. Das französische Ultimatum erklärte zwar einen Waffenstillstand mit den Interessen der Republik für unvereinbar, versprach jedoch, die Verwendung des Königs für diejenigen Reichsstände zu berücksichtigen, welche mit der Republik unterhandeln wollten. Hardenberg nahm jetzt die frühere Forderung in der Weise wieder auf, daß Frankreich diejenigen Reichsstände, welche innerhalb dreier Monate preußische Verwendung nachsuchen würden, nicht als Feinde betrachten dürfe. Das war dem Ausschuß zu viel. „Argwöhnischen Augen," schrieb er am 30. März an Barthelemy, „könnte Hardenberg als ein Minister der Coalition erscheinen. Dieser Zusatz würde unsere Kriegführung am rechten Ufer unmöglich machen, unsere Geduld ist zu Ende, wir fordern ein bestimmtes Ja oder Nein [1]." Als diese Antwort nach Basel kam, hatten aber die Gesandten über alle andern Punkte sich bereits geeinigt. Hardenberg hielt unerschütterlich an seiner letzten Forderung, dagegen gab er zu, daß sie auf Oestreich keine Anwendung finden solle, versprach auch, der König werde Hannover, wenn es die Neutralität nicht beobachte, nöthigenfalls in Verwahrung nehmen. So geschah es, daß Barthelemy ohne Rücksicht auf das Schreiben des Ausschusses seine Zustimmung ertheilte; er sah richtig vorher, man werde in Paris wegen dieses einzigen Punktes den Krieg nicht erneuern wollen.

Am 5. April erfolgte die Unterzeichnung. In den öffent=

---

[1] Vgl. Sybel a. a. O., III, 363.

lichen Artikeln wurde zwischen der französischen Republik und dem Könige von Preußen, sowohl als solchem, als auch in der Eigenschaft eines Kurfürsten von Brandenburg und deutschen Reichsstandes der Friede geschlossen (1); binnen vierzehn Tagen nach der Ratification sollten die französischen Truppen die preußischen Gebiete auf dem rechten Rheinufer — das heißt den kleinen Theil von Cleve im Norden der Lippe — räumen (4), dagegen im Besitz der linksrheinischen verbleiben; jede endgültige Entscheidung darüber wurde bis zum Reichsfrieden vertagt (5). Die Verkehrsverhältnisse sollten, so wie sie vor dem Kriege bestanden, wieder hergestellt, und der Schauplatz des Krieges von Norddeutschland ferngehalten werden (6 und 7); die Gefangenen wurden ausgewechselt, auch die Sachsen, Mainzer, Pfälzer und Hessen, welche in der preußischen Armee gedient hatten (9 und 10). Endlich folgte der Artikel, der die Ursache so heftigen Streites gewesen war. Die französische Republik versprach, die Verwendung Preußens zu Gunsten derjenigen Reichsstände anzunehmen, die mit ihr in Unterhandlung zu treten wünschten und zu diesem Zwecke die Vermittlung des Königs entweder schon angerufen hätten oder noch anrufen würden. Alle Stände an der rechten Seite des Rheins, für welche der König von Preußen sich verwenden würde, sollten drei Monate nach der Ratification nicht als feindliche behandelt werden (11).

Im geheimen Theile des Vertrags gab Preußen das Versprechen, weder gegen Holland, noch gegen ein anderes Gebiet, das von den Franzosen besetzt sei, etwas Feindseliges zu unternehmen (1). Wenn Frankreich im Reichsfrieden die Rheingränze erhielte, wollte der König mit der Republik wegen Abtretung der preußischen Besitzungen am linken Ufer gegen eine territoriale Entschädigung sich verständigen; Frankreich würde dafür die Garantie übernehmen (2). Um Norddeutschland, wie im öffentlichen Vertrage ausgesprochen war, vor den Gefahren des Krieges zu sichern, wurde eine Demarkationslinie vereinbart. Sie ging von Ostfriesland hinab über Münster, Coesfeld, Bockholt an die clevische Gränze, weiter den Rhein hinauf bis Duisburg, deckte die Grafschaft Mark, erreichte bei Limburg die Lahn und bei Höchst den Main. Von da sollte sie sich bis zur pfälzischen Gränze erstrecken, Hessen-Darmstadt und die Gebiete des fränkischen und obersächsischen Kreises bis nach Schlesien umfassen. Die französischen Truppen sollten diese Linie nicht überschreiten unter der Bedingung, daß Preußen innerhalb derselben eine vollständige Neutralität aufrecht erhalte (3).

Ein folgender Artikel (4) sicherte auch der zu Anspach gehörigen Graffschaft Sain-Altenkirchen die Vortheile der Demarkationslinie. Wenn mit dem linken Rheinufer Pfalz-Zweibrücken an Frankreich fiele, so versprach die Republik eine Schuld von 1500,000 Thalern, die Preußen von dem Herzog zu fordern hatte, auf sich zu nehmen (5). Endlich wird der öffentliche Artikel über die preußische Verwendung in Bezug auf Oestreich außer Kraft gesetzt (6)[1]).

Es ist ein wesentliches Verdienst Sybels und Häussers, uns zuerst aus den preußischen Quellen über Fortgang und Abschluß dieser wichtigen Verhandlung belehrt zu haben. Für Sybel mußte

---

1) Der Vertrag mit den geheimen Artikeln ist jetzt vollständig abgedruckt bei De Clercq, Recueil des traités de la France, I, 232, Paris 1864, den Inhalt hat schon Fain im Manuscrit de l'an III richtig angegeben. Daß außer den hier genannten noch geheime Bestimmungen vorhanden seien, ist eine willkürliche Vermuthung Vivenots (II. II, 149). Selbst die von Häusser (I, 596) nach einer Abschrift Hardenbergs mitgetheilten zwei geheimen Artikel: 1) Preußen werde Hannover nöthigenfalls in Verwahrung nehmen, 2) Frankfurt solle weder eine französische noch eine östreichische Besatzung erhalten, sind nicht Theile des baseler Friedens, sondern des späteren Vertrages vom 17. Mai über die Demarkationslinie (vgl. De Clercq a. a. O., I, 244). In Betreff des Inhalts mag man allerdings schon früher sich geeinigt haben; im Archiv des Ministeriums des Auswärtigen finden sie sich auf einem Blatte, das vom 25. April datirt ist. Aber daß sie nicht förmlich in den baseler Frieden aufgenommen wurden, ergibt sich aus einem Briefe Barthelemys an den Ausschuß vom 16. April. Die Bestimmungen des dritten geheimen Artikels über die Demarkationslinie, schreibt er, scheinen ihm für Hannover schon ausreichend, zudem habe ihm Hardenberg eben die beiliegende Erklärung — vermuthlich den geheimen Artikel — übergeben. Wenn höhere Rücksichten ein oder anderes Mal den Herausgeber der französischen Verträge zum Schweigen nöthigten, so kann ich nach seiner eigenen Mittheilung versichern, daß dies in Bezug auf den Baseler Frieden nicht der Fall gewesen ist.

zudem die ausgedehnte Benutzung der französischen Archive, welche durchgehends einen so großen Vorzug seines Werkes bildet, gerade in diesem Falle sich besonders werthvoll erweisen. Vivenot hat, wie die Beschaffenheit seiner Quellen erwarten läßt, nichts erheblich Neues aufgefunden; er gibt nicht sowohl das Bild des Ereignisses, als das Spiegelbild in dem Eindruck, den es in Wien und bei auswärtigen östreichischen Diplomaten, insbesondere in Regensburg hervorrief; dann beschreibt er in einem eigenen Abschnitt ausführlich die litterarisch=politischen Kämpfe, die sich daran geknüpft haben. Interessante Einzelheiten sind darin mitgetheilt, nur freilich darf man nicht erwarten, in den ersten Aeußerungen, die ein so tief eingreifendes Ereigniß hervorgerufen hat, das gerechte, leidenschaftlose Urtheil der Geschichte zu finden. Den Mittheilungen der zuerst genannten Schriftsteller habe ich auch von dem, was man eben gelesen hat, Manches entnehmen können; über die Bedeutung und die tiefer liegenden Gründe des Vertrags möchte ich eine Bemerkung noch hier beifügen.

Hardenberg nennt in einem Briefe, den er am 6. April an Möllendorf richtete, den Frieden vortheilhaft, sicher und ehrenvoll[1]). Die Geschichte hat dies Urtheil nicht bestätigt; es ist selten ein Vertrag geschlossen, der für den einen Theil weniger sicher, weniger vortheilhaft und zugleich weniger ehrenvoll gewesen wäre. Denn wenn eine Anzahl von Zeitungen und größtentheils officiösen Federn die Segnungen des neuen Zustandes für Norddeutschland zu preisen sich zur Aufgabe stellte, wenn sogar die Bevölkerung hinter dem Schutz der Demarkationslinie in behaglicher Ruhe den Stürmen im südlichen Deutschland zusah, so sprach sich doch gleich anfangs die öffentliche Meinung überwiegend mit Heftigkeit gegen Preußen aus. Und diese Ansicht hat an Stärke zugenommen; von den Gegnern Preußens und nicht blos von den Gegnern ist der baseler Friede als ein politischer Fehler, als ein Unrecht gegen Deutschland, ja als eine Schmach für die Männer, die ihn förderten, und als der schwärzeste Fleck der

---

1) Vgl. den Brief bei Häusser a. a. O. I, 596.

preußischen Geschichte bezeichnet worden. Auch nicht von Häusser, nicht einmal von Sybel ist dieser Friede an sich gut geheißen, obgleich es nicht selten ihnen nachgesagt und sei es zum Lobe oder Tadel angerechnet worden. Häussers Gewohnheit ist es überhaupt nicht, die preußische Politik jener Tage zu rechtfertigen, und Sybel nennt den Vertrag ein „Erzeugniß der Schwäche und Beschränktheit", ja einen „Akt des politischen Selbstmordes, der Preußen zu politischer Nichtigkeit verurtheilte" [1]). Nur in sofern versucht er eine Rechtfertigung, als er die Vorwürfe zurückweist, die gewöhnlich am lautesten gegen den Frieden erhoben werden. „Von Verrath am deutschen Vaterlande," sagt er (III, 355), „und von Bundesbruch gegen Oestreich kann man dabei nicht reden. Nachdem das deutsche Reich in den drei Kriegsjahren außer den englischen Söldnern kaum 20,000 Mann gestellt und so eben den Wunsch nach Frieden in der flehentlichsten Weise ausgesprochen hatte, besaß es keinen Titel mehr zur Beschwerde über die baseler Unterhandlung." Noch weniger Oestreich, denn gerade „die Haltung des östreichischen Cabinets drängte das preußische zum Frieden beinahe um jeden Preis", einerseits durch das Auftreten in Polen, „wo eben die russische Waffenhülfe gegen die preußischen Ostprovinzen aufgeboten wurde," andererseits durch die Beziehungen zu Frankreich, welche für Preußen und Deutschland das Schlimmste befürchten ließen. Das Eigenthümliche der Sybelschen Ansicht, wenn ich sie nicht sollte mißverstanden haben, besteht vornehmlich darin, daß sie den Grund des Friedens nicht sowohl in der besonderen Stellung, die Preußen von Anfang an zum Kriege einnahm, nicht sowohl in den inneren Zuständen des Staates und in den Gesinnungen der leitenden Staatsmänner, als in den feindseligen, vertragswidrigen und — man kann diesen Ausdruck nicht vermeiden — verrätherischen Maßnahmen Oestreichs findet.

So weit ich urtheilen kann, scheint mir auch hier in den Auffassungen der entgegenstehenden Parteien Wahres mit Falschem

---

[1]) Vgl. Histor. Zeitschr. XV, 66 und Gesch. der Rev.-Zeit, III, 356.

mannichfach vermischt. Um den Vertrag und zugleich die preußische Politik jener Tage, ich meine nicht zu rechtfertigen — denn dies würde immer auf Sophistik hinauslaufen — aber richtig aufzufassen und billig zu beurtheilen, muß man von einem anderen Gesichtspunkte ausgehen.

Man gestatte hier eine allgemeine Bemerkung. So weit die Geschichte reicht, aber vornehmlich so lange das System, das wir neuere Politik nennen, zur Herrschaft gelangt ist, wird man sich der Wahrnehmung nicht verschließen können, daß es das Interesse der Staaten war, was ihre Stellung, ihre freundlichen und feindlichen Beziehungen bestimmte. Persönliche Leidenschaften und Neigungen der Fürsten und Staatsmänner, einzelne gewaltig bewegende Ereignisse können darin für einige Zeit einen Wechsel veranlassen, aber bald wird doch wieder das unabläßig wirkende Gewicht der natürlichen Verhältnisse sich geltend machen. In diesen Verhältnissen und Interessen, nicht in dem etwas mehr oder weniger moralischen Charakter der Personen hat man auch den eigentlichen, tiefer liegenden Grund für das verschiedenartige Auftreten Oestreichs und Preußens während der Revolutionsjahre zu suchen. Es ist ein ungerechtes, ja ein frevelhaftes Wort, wenn man jetzt häufig wiederholen hört, für Deutschland sei aus der Verbindung mit Oestreich nur Unheil erwachsen, da wir doch diesem Staat und der habsburgischen Dynastie ganz besonders zu verdanken haben, daß unser Vaterland Jahrhunderte hindurch im Osten gegen die Herrschaft der Slaven und gegen die Einfälle der Osmanen gesichert wurde, im Westen die unendlich zersplitterten deutschen Territorien gegen die nie befriedigte Eroberungslust eines übermächtigen, centralisirten Staatswesens wenigstens einigen Halt gewannen. Aber ebenso ungegründet ist die von Vivenot zum Ueberdruß wiederholte Behauptung, Oestreich habe alles, insbesondere was es im Revolutionskriege geleistet, aus reiner Uneigennützigkeit, ohne Rücksichten und Vortheile für sich selbst, dem deutschen Reiche zum Opfer gebracht. Daß Oestreich so wenig wie die übrigen deutschen Staaten seine besonderen Interessen den allgemeinen nachzusetzen gewohnt war, daß Deutschland dies schmerzlich hat empfänden müssen, nach Beispielen dafür braucht man wahrlich nicht lange zu suchen. Aber auch wo die Interessen übereinstimmen, muß man sagen, daß Oestreich vom Reiche nicht weniger Vortheil zog, als das Reich von Oestreich, ja daß unter den größeren Staaten dieser der einzige war, der in der Erhaltung der Reichsverfassung noch einen wesentlichen Vortheil für sich selbst erblicken konnte. Seit Jahrhunderten befand sich Oestreich im Besitz der höchsten Reichsgewalt. Waren auch die Beziehungen zwischen dem Kaiser und den den Ständen mehr und mehr gelockert, die kaiserlichen Rechte nur zu sehr geschmälert, immer blieb doch noch genug, um die Würde in hohem Grade werthvoll zu machen. Noch immer verlieh die kaiserliche Krone den ersten Rang in der Christenheit; wenn nicht in den größeren weltlichen Territorien, so fand der Kaiser doch in den meisten geistlichen Würdenträgern, in den kleineren Reichsständen, den Städten und der Ritterschaft ergebene Anhänger; der Antheil an der Besetzung der geistlichen Stühle, der Reichsgerichte wie des Reichshofraths sicherte immer einen bedeutenden Einfluß, der Besitz der Niederlande war ohne die Verbindung durch das Reichsgebiet gar nicht zu behaupten. Wenn dann auch das Reich an Geld und Mannschaft im Kriege unmittelbar nur wenig leistete, so muß man doch in Anschlag bringen, daß in den geistlichen und kleineren Gebieten stets eine bedeutende Zahl von Personen dem kaiserlichen Dienst erbötig blieb, daß ein großer Theil der östreichischen Staatsmänner und Generale, unter diesen nicht die am wenigsten befähigten, dem Reichsadel entnommen wurden, daß die Werbungen im Reiche eine nicht zu erschöpfende Quelle für die Ergänzungen des Heeres bildeten. Vivenot selbst rechnet (II, I, 309) neben ungefähr 100,000 Oestreichern, die in dem Kriege von 1792 bis 1795 umgekommen, wenigstens 50,000 Mann, die durch Werbungen in der Fremde beschafft waren, und bedenkt man dann weiter, daß doch die Rüstungen zum großen Theil durch englische Hülfsgelder gedeckt wurden, so sieht man, daß mittelbar auch die Einkünfte des Kaisers aus der Verbindung mit dem Reiche beträchtlichen Vortheil zogen. Und es wäre nicht einmal zutreffend, wollte man hier blos das Interesse der äußeren Macht, des finanziellen Nutzens in Anschlag bringen. Mit der Kaiserkrone war Habsburg zur Macht gelangt, Jahrhunderte hindurch war die Stellung und Größe des Hauses durch den Besitz dieses Kleinods bestimmt worden; man sagt sich nicht so leicht von Anschauungen und Ideen los, die für eine lange Reihe von Geschlechtern den Inbegriff des zumeist Verehrten und Wünschenswerthen gebildet haben. Wie sollte nun Oestreich lässig geblieben sein in dem Kampfe, der alle diese Verhältnisse, ja die ganze Existenz des Staates in ihren Grundfesten zu erschüttern drohte? Als Vollwerk gegen das Umsichgreifen Frankreichs mußten schon die Niederlande sehr bedeutend an Werth gewinnen; vor Allem aber war die Behauptung des linken Rheinufers ein unumgängliches Erforderniß. Denn Niemand durfte verkennen, daß mit dem Untergange der drei geistlichen Kurfürstenthümer, mit den Veränderungen, die dann auch auf dem rechten Ufer in Aussicht standen, die Reichsverfassung und damit der Staat und die Dynastie aufs Aeußerste gefährdet waren.

Für Preußen findet man beinahe das entgegengesetzte Verhältniß. Seit fünfzig Jahren hatte sich dieser Staat gerade im Gegensatz zur Reichsgewalt entwickelt; er sah aus der Reichsverbindung, wenigstens unmittelbar, nur geringe Vortheile und dazu noch mancherlei Hemnisse für sich hervorgehen. Bei der Auflösung konnte ein wesentlicher Zuwachs von Seiten nicht mehr lebensfähiger Reichsstände kaum ausbleiben, besonders wenn man des guten Willens oder gar der Hülfe Frankreichs sich versichert halten durfte. Freilich mochte ein lebhaftes Nationalgefühl sich gegen die Zugeständnisse auflehnen, welche man als Preis dafür den Fremden machen mußte, und eine fernsehende Politik sich bewußt werden, daß die französische Macht, wenn einmal durch preußische Unterstützung oder Zulassung gegen Oestreich zum Ziele gelangt, dann um so gefährlicher sich gegen Preußen wenden könne. Beide Erwägungen sind auch den preußischen Staatsmännern in jenen Tagen nicht ganz fern geblieben. Nur wirkten sie nicht stark und dauernd genug, um zu einem festen, entschiedenen Handeln den Muth zu geben. Wo war denn auch ein politisches National=

gefühl in Deutschland damals zu finden? Von allen deutschen Staaten war vielleicht nur Oestreich geneigt, etwas Ernstliches für die Reichsverfassung zu thun, und auch Oestreich nicht aus rein nationalem Interesse; denn das Reich selbst war ja seinem Begriffe nach kein nationales, sondern ein internationales Institut, auf der Verbindung verschiedener Nationen gegründet. In Preußen regte sich wohl mit dem Erstarken des Staates das Gefühl, daß auch Pflichten gegen Deutschland zu erfüllen seien, aber man glaubte ihnen und der Sorge für die eigene Sicherheit genug zu thun, wenn man wenigstens Norddeutschland vor dem Eindringen des Feindes schützte. Und indem man so, allerdings im Einklange mit den Kräften des Staates, der auch zwischen den großen und kleinen in der Mitte stand, bald die allgemeinen europäischen und deutschen, bald den nächstliegenden Kreis von Interessen ins Auge faßte, entwickelte sich jene Politik des Zauderns, Schwankens und der halben Maßregeln, welche die Franzosen nur zu wohl für ihre Zwecke auszubeuten wußten. Vornehmlich einem aufwallenden dynastischen Gefühle folgend, hatte sich der König im Jahre 1792 zur Herstellung der französischen Monarchie in den Krieg gestürzt, den man zudem nur als einen militärischen Spaziergang betrachtete. Sobald aber mit dem mißlungenen Einfall in die Champagne die Schwierigkeit des Unternehmens in ihrem ganzen Umfange hervortrat, regte sich auch der Wunsch, dieses lästigen, kostspieligen und doch, wie die Meisten dachten, beinahe zwecklosen Krieges wieder entledigt zu werden. Im Unterschiede von Oestreich hatte Preußen zunächst weder eigenes Gebiet, noch eigene werthvolle Interessen zu vertheidigen, auch von Eroberungen auf Kosten Frankreichs ließ sich kein erheblicher Vortheil erwarten. Deßhalb trat man schon im Herbst 1792 mit dem Anspruche hervor, für die weitere Theilnahme am Kriege eine sichere Entschädigung zu erhalten, und gerieth dadurch nothwendig in einen Gegensatz zu Oestreich, welches nicht geneigt war, dem Nebenbuhler vorzeitig eine bedeutende Machterweiterung zu gestatten, während es die Erfüllung der eignen Wünsche bei der ungünstigen Wendung des Krieges in immer weitere Ferne gerückt sah. So traf

nun im Herbste des Jahres 1794 alles zusammen, was zum Frie=
den bewegen konnte: der Mangel eines unmittelbaren eigenen
Interesses bei der Fortsetzung des Krieges — denn für die we=
nig umfangreichen Besitzungen jenseits des Rheines konnte man,
wenn nicht der Rückgabe, doch einer ausreichenden Entschädigung
versichert sein — und die verminderte Hoffnung, dem Widerstande
Oestreichs gegenüber in Polen so viel als man wünschte zu er=
halten. Dazu kam die unglückliche Wendung des Krieges, der
an sich schon mit Unlust erfüllen konnte, endlich die Kündigung
des haager Tractats und die Weigerung neuer Hülfsgelder von
Seiten Englands, während die finanziellen Verhältnisse Preußens
schon sehr ungünstig sich gestaltet hatten. Neben der Grundursache,
daß der Krieg von Anfang an keinen genügenden politischen Vor=
theil bot, hat wohl nichts so entscheidend als eben diese finanzielle
Rücksicht gewirkt. In den Berliner Aktenstücken findet sich noch
aus dem Anfang des folgenden Jahres, als es sich um die be=
waffnete Sicherung der Demarkationslinie handelte, eine Denk=
schrift des Ministers von Alvensleben, desselben, der sich am eif=
rigsten für den schleunigen Frieden mit Frankreich, selbst um den
Preis des linken Rheinufers, ausgesprochen hatte. Er ist auch jetzt
— am 21. Februar 1796 — der Ansicht, man solle die kostspielige
Ueberwachung der Demarkationslinie nicht unternehmen, lieber
die westlichen Besitzungen der Loyalität der Franzosen überlassen
und was von Soldaten übrig bleibe in den östlichen Provinzen
zusammenziehen. Dabei kommt er auf die Gründe zurück, die den
Abschluß des baseler Friedens herbeiführten. Man möge sich doch
erinnern, schreibt er, daß es sich dabei nicht um politische Rück=
sichten, nicht um Sicherung Norddeutschlands gehandelt habe, son=
dern um Geld — er bestimmt für dies Wort, um es recht nach=
drücklich zu machen, immer eine besondere Zeile — daß man den
Frieden habe abschließen müssen, weil es durchaus am Gelde ge=
mangelt, den Krieg fortzusetzen. So möge man auch jetzt durch
Aufstellung des Observationscorps sich nicht in neue Ausgaben
stürzen und nicht über der Nebensache die Hauptsache: die Noth=
wendigkeit zu sparen, vergessen. Alvenslebens Urtheil kann frei=

lich allein nicht maßgebend sein; er geht hier offenbar zu weit; aber es ist nicht zu bezweifeln, daß auch für die übrigen Minister ähnliche Rücksichten von entschiedenem Einfluß gewesen sind. Denn die preußischen Finanzen gaben allerdings zu Besorgnissen Veranlassung. Der von Friedrich dem Großen angehäufte Staatsschatz war durch die Unternehmungen der letzten Jahre erschöpft, die Steuern, aufs Aeußerste gesteigert, keiner Erhöhung mehr fähig; in dem Concept einer Depesche des Ministeriums sind einmal die entscheidenden Zahlen aufgeführt, aber dann mit aller Sorgfalt wieder unleserlich gemacht, damit Keiner erfahre, wie übel es mit den Finanzen bestellt sei. Man wird vielleicht einwenden, darin liege keine Entschuldigung, es sei eines großen Staates unwürdig, sich unter Verhältnissen von so hoher Bedeutung durch finanzielle Rücksichten leiten zu lassen, auch habe man während eines solchen Krieges die Sparsamkeit besser bei der Hofhaltung als bei der Armee bethätigen sollen. Darauf würde ich zunächst erwiedern, daß ich nicht die Absicht habe, den baseler Vertrag zu rechtfertigen, sondern richtig aufzufassen. Weiter muß man sagen, daß die Verschwendung für den Hof und die Begünstigten des Königs nach den neuesten Untersuchungen keineswegs so weit ging, als man so oft in so abschreckenden Farben darzustellen sich gefallen hat, daß sie wenigstens für die finanzielle Lage des Staates im Großen und Ganzen nicht von Bedeutung werden konnte[1]). Endlich darf man nicht übersehen, daß diese genaue sparsame Wirthschaftlichkeit, welche unveränderlich das Prinzip des preußischen Finanzwesens geblieben ist, allerdings häufig in unerfreulicher Gestalt als Habsucht oder Kargheit sich geäußert, aber doch schließlich zu dem Ergebniß geführt hat, daß ein Staat mit nicht gerade reichen Mitteln einer Ordnung und Sicherheit der finanziellen Zustände, eines Credits, eines Verhältnisses zwischen Schuld und Vermögen sich erfreut, deren kein anderer Staat Europas bisher sich hat rühmen können. Und nach Allem möchte ich noch

---

1) Vgl. Riedel, Der brandenburgisch-preußische Staatshaushalt, Berlin 1866, S. 141 fg. 149 fg.

daran erinnern, daß Preußen wirklich damals seiner Macht und seinem Umfange nach zu den großen Staaten gar nicht gehörte, daß es nur so lange dazu gehört hatte, als die Hand eines außerordentlichen Fürsten die beschränkten Mittel zu ergänzen wußte, nach seinem Abscheiden aber ein Staat zurückblieb, der noch kein Großstaat war, aber doch das Gefühl in sich trug, daß er einmal ein Großstaat werden müsse, eine Zwitterstellung, die viele Fehler verursacht hat, aber auch manchen Fehler entschuldigen kann.

Unter diese darf man jedoch den baseler Frieden nicht zählen. Ich halte ihn nicht nur für einen politischen Fehler, der Preußen verderblich wurde, sondern auch für ein formelles Unrecht, für eine Verletzung der Reichsverfassung und der Reichsschlüsse, welche noch vor Kurzem von Preußen selbst genehmigt waren. Einen Reichsverrath im eigentlichen Sinne, wenn man darunter ein Einverständniß mit dem Feinde zum Verderben Deutschlands begreift, darf man ihn allerdings nicht nennen — weder ein solches Einverständniß noch eine solche Absicht war vorhanden — wohl aber ein kleinmüthiges Aufgeben der Sache, zu deren Vertheidigung Preußen verpflichtet war. Denn hatte auch der Reichstag den Wunsch nach Frieden ausgesprochen, so lag darin doch wahrlich nicht die Aufforderung, daß einer der mächtigsten Reichsstände vor Beendigung des Krieges von der gemeinsamen Sache zurücktreten und, ohne jede Sicherheit für die Erhaltung der Reichsintegrität, gesondert mit dem Feinde sich einigen sollte. Leider ist früher und unmittelbar nachher manches Aehnliche geschehen, und man muß wohl für wahrscheinlich halten, daß die Mehrzahl der Reichsstände unter gleichen Verhältnissen nicht anders gehandelt hätte; aber der baseler Friede ist doch nicht ohne Grund der Gegenstand besonderen Unwillens geworden, weil er das am meisten hervortretende Symptom der Uebel war, an denen Deutschland damals zu Grunde ging, weil er ähnliche Schritte, die ihm folgten, erst möglich machte, und weil er in der That den unglücklichen Ausgang des Krieges und das unermeßliche Elend einer langen Reihe von Jahren hauptsächlich verschuldet hat. Wir können auf alles dieses jetzt mit ruhigerem Blicke zurücksehen, weil den Tagen der Erniedrigung die Tage der Erhebung gefolgt sind, und weil wir das, was damals für immer verloren ging, die alte Reichsverfassung, nicht als ein unersetzliches Gut zu bedauern haben. Aber man darf nicht vergessen, daß das Unglück der nächsten Jahre als die nothwendige Folge des baseler Friedens beinahe mit Sicherheit sich voraussehen ließ, während Niemand voraussehen konnte, daß ein Winter des Jahres 1812 nach den scheinbar vernichtenden Niederlagen noch einmal die Möglichkeit der Rettung und Erneuerung bringen würde.

Wenn man aber den Frieden selbst nicht billigt, so braucht man doch diejenigen, die ihn zum Abschluß brachten, noch nicht als ganz verblendete, gewissenlose Menschen sich vorzustellen. Vor Allen muß dies von Hardenberg gelten. Es hat ihm nicht zur Ehre gereicht, daß sein Name unter diesem Vertrag gelesen und unlösbar damit verbunden wurde. Erwägt man jedoch, mit wie viel Schwierigkeiten er zu kämpfen, nach welchen Vorschriften er sich zu bewegen hatte, wie er den Franzosen, ja seiner eigenen Regierung gegenüber stand, so muß man anerkennen, daß er in der That geleistet hat, was unter solchen Verhältnissen sich erwarten ließ. Aber auch die übrigen preußischen Minister sind häufig ungerecht beurtheilt. Sie waren Staatsmänner, die fehlen konnten und in diesem Falle gefehlt haben, aber sie ließen sich von politischen Interessen leiten, und es ist kein Zweifel, daß sie dem Staate, welchem sie allein sich verpflichtet fühlten, nach besten Kräften zu dienen glaubten. Man muß auch zugeben, daß ihre Beweggründe, wenn nicht ausreichend, doch keinesfalls ohne Bedeutung waren. Nur daran muß ich zweifeln, ob die Entschuldigung, welche man in neuester Zeit für sie gefunden hat, die richtige sei. Denn wenn gesagt worden ist, das Wiener Cabinet habe Preußen zum Frieden gezwungen, einmal durch sein Auftreten in Polen, demnächst durch die Absicht, mit Frankreich um den Preis des linken Rheinufers sich zu einigen, so kann ich in dem ersten Theil dieser Angabe keine Rechtfertigung, in dem zweiten nicht einmal eine historische Wahrheit finden. Ueber beide muß ich Einiges bemerken.

Sechstes Kapitel.

Die dritte Theilung Polens.

Die neuesten Forschungen haben weit schärfer und entschiedener, als es bis dahin geschehen war, den Zusammenhang der Ereignisse im Osten und Westen ins Licht gestellt, ein unbestreitbares Verdienst, das Niemand bereitwilliger anerkennt als ich. Unzweifelhaft sind auch die polnischen Händel auf den Abschluß des Friedens nicht ohne Einwirkung geblieben; von Lucchesini und in den Depeschen des preußischen Ministeriums wird zu wiederholten Malen auf den Zusammenhang der einen mit dem anderen hingewiesen. Nur begegnet es häufig beim Aussprechen einer neuen Wahrheit, daß man ihr eine zu große und unbedingte Geltung zuzuschreiben geneigt ist, und ich möchte glauben, man habe auch jenen Zusammenhang und Einfluß zuweilen überschätzt oder wenigstens zu stark hervortreten lassen. Vor und nach dem polnischen Streit ist die preußische Politik im Wesentlichen dieselbe. Schon nach dem Feldzug in die Champagne, im Herbst 1792 tritt deutlich hervor, wohin sie führen müsse, und im Herbst 1795, als man in Polen vollständig sich geeinigt hatte, bleibt sie unverändert. Ja es läßt sich nicht verkennen, gerade in Rücksicht auf Polen mußte die Einigung mit Frankreich allerdings als ein Vortheil, zugleich aber auch als eine Gefahr erscheinen. Thatsache ist zunächst, daß der baseler Friede den preußischen Interessen in Polen nicht im Geringsten nützlich, sondern nur schädlich geworden ist. Preußen mußte nach langen Streitigkeiten sich den vereinigten Forderungen Rußlands und Oestreichs fügen und die Gränzen im Wesentlichen so anerkennen, wie sie schon im Winter 1794 von den beiden Kaiserhöfen festgestellt war. Nach dem Einzuge Su=

woroffs in Warschau kam es in Wahrheit auf die Verstärkung der preußischen Armee in Polen gar nicht mehr an, die Entscheidung lag ausschließlich in dem Willen Rußlands; nichts hat aber, neben dem Wunsche, die beiden deutschen Mächte getrennt und bei ungefähr gleicher Kraft zu erhalten, die Kaiserin günstiger für Oestreich gestimmt, als die preußischen Unterhandlungen mit Frankreich, die schon im October 1794 in Petersburg den äußersten Unwillen erregten. In der That, was konnte für die Pläne der Kaiserin unbequemer sein, als ein Vertrag, der, wenn er dem allgemeinen Frieden den Weg bahnte, Frankreich und England zum Schutze Constantinopels wieder freie Hände gab und im Falle eines neuen Türkenkrieges vielleicht sogar Preußen, wie im Jahre 1790, den Russen feindlich gegenüberstellte? Hatte man in Berlin allein den Erwerb in Polen im Auge, so war es, statt Frieden zu schließen, weit gerathener, thätigen Antheil an dem Kriege in Aussicht zu stellen und zum Ersatze dafür sich der russischen Unterstützung zu versichern.

Auch eine Rechtfertigung des baseler Friedens ist, so weit ich sehe, in den polnischen Angelegenheiten nicht zu finden. Ich kann hier auf das Einzelne nicht ausführlich eingehen, aber man braucht sich nur der Hauptereignisse kurz zu erinnern. Was zunächst die Theilung des Jahres 1793 anbetrifft, so läßt sich nicht sagen, daß einer der verbündeten deutschen Staaten dem anderen Wohlwollen, Vertrauen oder wahrhaft bundesfreundliche Gesinnungen entgegen gebracht hätte; was Gesinnungen angeht, hat Keiner dem Anderen etwas vorzuwerfen. Fragt man aber, wer durch bestimmte Handlungen an der späteren Uneinigkeit die Schuld trägt, so scheint mir der größere Theil nicht auf Oestreich zu lasten. Denn Preußen hatte trotz der früheren Vereinbarungen, trotz des Bündnisses vom 7. Februar zuerst die neue polnische Theilung befördert und gegen Oestreichs Widerspruch mit den Russen beinahe zum Abschluß gebracht. Nimmt man auch an, was nicht einmal feststeht, daß Haugwitz zu Ende des Jahres 1792 die Einwilligung Oestreichs erlangt hatte, so bezog sie sich doch gewiß nicht auf die Art, in welcher jetzt der Theilungsvertrag zur Ausführung gelangte. Kein Unbefangener kann in Abrede stellen, daß durch diese Politik der Kaiser in empfindlicher Weise getäuscht wurde, und daß gerade in der preußisch-russischen Uebereinkunft vom 23. Januar 1793 eine der wesentlichsten Ursachen aller folgenden Zerwürfnisse zu suchen ist. Indessen auch der Gewinn war in hohem Grade lockend. Es sind für geringeren Preis schon ärgere Dinge geschehen, und man braucht die preußische Politik Oestreich gegenüber nicht gerade als einen außerordentlichen Frevel zu bezeichnen. Außerordentlich ist nur die Ansicht Sybels, daß bei diesen Vorgängen nicht Oestreich, sondern Preußen der beleidigte Theil sei, daß die Weigerung Thuguts, den Vertrag über Polen sofort zu garantiren, und der Verdacht oder, wenn man will, der Beweis, Thugut könne den Petersburger Hof oder den polnischen Reichstag in ihrem Widerstreben gegen Preußen bestärkt haben, es „für diesen Staat nunmehr zu einer selbstmörderischen Handlung machte, Oestreich zu entscheidenden Triumphen über Frankreich zu verhelfen", d. h. am Kriege ferner Theil zu nehmen. Denn, sagt er (Zeitschr. XV, 67), „es ist deutlich, daß ein Bündniß schlecht bestellt ist, dessen stärkstes Mitglied jedes Wachsthum des schwächeren Genossen nicht als Nutzen für die Gesammtheit, sondern als Schaden und Gefahr für sich selbst betrachtet." Aber schon Waitz hat darauf aufmerksam gemacht, wie wenig Berechtigung ein solcher Maßstab in sich trägt [1]). Um es recht deutlich zu empfinden, muß man sich noch erinnern, daß die politische Kunst jener Zeit gerade darin ihr Ziel fand, mit der äußersten Sorgfalt auch die geringste Veränderung der Machtverhältnisse zu überwachen, daß nur zwei Jahre vorher Preußen jede Vergrößerung Oestreichs nach der türkischen Seite mit Waffengewalt zu hindern entschlossen war, und Kaiser Leopold wieder die Verbindung mit Preußen davon abhängig machte, daß der König auf die Erwerbung von Thorn und Danzig Verzicht leiste. Und

---

[1]) Vgl. die Recension des Bivenot'schen Werkes in den Göttinger Gelehrten Anzeigen, 1866, Nr. 27, S. 1010.

doch hat Thugut die Aneignung Polens nicht verhindert, nicht einmal verhindern wollen, sondern nur aufschieben, bis auch für Oestreich eine Entschädigung festgestellt und dadurch der Zweck des Bündnisses von 1792 gesichert sei.

Indessen es ist nicht sowohl die zweite als die dritte Theilung Polens, auf welche man das meiste Gewicht legt. Sehen wir, wie es sich damit verhält. Schon bald nach dem Beginn des polnischen Aufstandes waren in Petersburg Berathungen über das künftige Schicksal des Landes gepflogen. Um sie möglichst günstig für Preußen zu gestalten, wurde ein ausgezeichneter Diplomat, der Graf Tauenzien im August nach Petersburg gesandt. An Wiederherstellung der Republik konnte nicht mehr gedacht werden, Tauenzien sollte eine Theilung des Restes zwischen Rußland und Preußen vorschlagen. Nur ein schmaler Landstrich war als Gränzscheidung zwischen beiden Staaten für den Günstling der Kaiserin, den Grafen Suboff, als Fürstenthum bestimmt. Man sieht, Oestreich wäre nach diesem Plane wieder ganz leer ausgegangen, aber Thugut war auf seinem Posten; er zeigte sich mit der Theilung einverstanden, verlangte jedoch für Oestreich die vier, Galizien benachbarten Palatinate, Krakau, Sendomir, Lublin und Chelm, und wußte Rußland auf seine Seite zu bringen. Tauenzien fand für seine Vorschläge selbst bei Suboff eine kalte Aufnahme, die russischen Minister hielten zurück, bis Ende Octobers die Nachricht von Kosciuskos Niederlage und Suworoffs Marsch auf Warschau eintraf. Sofort empfing dann Tauenzien am 30. October die Antwort: Rußland sei mit Preußen darin einverstanden, daß man die Theilung Polens im Interesse der eigenen Sicherheit nicht länger verschieben dürfe; nöthig sei nun ein Abkommen, das Furcht und Eifersucht für immer ausschließe. Die Kaiserin habe Gelegenheit gehabt, Oestreichs Gesinnungen kennen zu lernen; der Kaiser betrachte die Palatinate Krakau und Sendomir als unentbehrliche Bollwerke Galiziens und werde den preußischen Ansprüchen niemals zustimmen. Deßhalb bitte die Kaiserin den König, auf jene Palatinate zu verzichten. Für sich wünsche sie die von der Natur gezogenen Gränzen des Bug und des Niemen, könne auch den von Preußen nach der Seite von Kurland ausgesprochenen Wünschen auf Szamaiten nicht wohl zustimmen. Das preußische Ministerium beantwortete diese wenig erfreuliche Eröffnung durch eine Note vom 28. November, welche Tauenzien anwies, auf den preußischen Forderungen zu bestehen; lieber würde der König, falls sie nicht bewilligt werden sollten, den Theilungsplan ganz aufgeben. Mit diesem Vorschlag, wenn er ernstlich gemeint war, zeigten sich aber, wie man denken kann, Rußland und Oestreich nicht einverstanden; seit dem 18. December kam es zwischen Tauenzien, den russischen Ministern Ostermann und Markoff und dem Grafen Ludwig Cobenzl, der Oestreich seit vielen Jahren in Petersburg vertrat, zu heftigen Erörterungen; in der dritten Conferenz erklärte sich Cobenzl mit Rußland in Allem einverstanden, und Tauenzien schied mit einem Proteste aus. Wie zwei Jahre früher Rußland und Preußen, so schlossen jetzt Rußland und Oestreich am 3. Januar 1795 einen besonderen Vertrag. Rußland erhielt den bei weitem größten Antheil, gegen 2000, Oestreich die vier geforderten Palatinate, etwa 1000 ☐ Meilen; der Rest, gegen 700—800 ☐ Meilen, sollte an Preußen fallen unter der Bedingung, daß es dem Vertrage seine Zustimmung gäbe.

Neben dieser öffentlichen unterzeichnete man aber an demselben Tage noch eine geheime Deklaration, die zwar nicht geleistet hat, was sie leisten sollte, aber doch einen tiefen Einblick in die Entwürfe und Wünsche der beiden Kaiserhöfe, insbesondere des russischen eröffnet. Zuerst verpflichtete sich Oestreich, der preußisch-russischen Convention vom 23. Januar 1793 beizutreten, so weit sie sich auf den Tausch der Niederlande gegen Baiern und die russischen Erwerbungen in Polen bezog; eine Garantie für die preußischen sollte erst nachfolgen, wenn dieser Staat der neuen Convention vom 3. Januar 1795 beigetreten wäre. Daneben tauchen die längstgenährten Entwürfe gegen die Türkei wieder auf. Namentlich sollte Oestreich im Falle eines neuen Krieges mit der Pforte nach Kräften beitragen, daß in Gemäßheit der im Jahre 1782 zwischen Joseph und Katharina gewechselten Briefe¹) die Moldau, die Wallachei und Bessarabien von der Türkei getrennt und als selbstständiges Fürstenthum einem Mitgliede des kaiserlichen Hauses von Rußland übergeben würden. Dagegen versprach Katharina, dem Kaiser die rückständige Entschädigung zu verschaffen, die ihm nach den anerkannten Prinzipien einer völligen Gleichheit der beiderseitigen Erwerbungen noch gebühre. Falls diese nach französischer Seite nicht erlangt werden könne, so gab die Kaiserin im Voraus ihre Zustimmung, daß Oestreich seine Rechte auf verschiedene Theile des venetianischen Gebietes, die von jener Republik usurpirt seien, wieder geltend mache oder in anderer Weise sich zu entschädigen suche; nur daß dadurch in keiner Weise die in der erwähnten Correspondenz, namentlich in den Briefen vom 17. September und 13. November 1782 rücksichtlich der Eroberungen gegen die Türkei enthaltenen Bestimmungen verletzt würden. Die in dem Briefe Josephs vom 13. November bezeichneten türkischen Provinzen [Bosnien und ein Theil von Serbien] sollten dagegen mit Oestreich vereinigt werden. Wenn eine dritte Macht, namentlich Preußen, einen der beiden Verbündeten angreifen oder den Kaiser mit Waffengewalt in der Ausführung der für seine Entschädigung erforderlichen Maßregeln hindern würde, so versprachen beide, sich mit aller Macht dem gemeinschaftlichen Feinde zu widersetzen.

Beinahe sechs Jahrzehnte ist diese Erklärung völlig unbekannt geblieben; erst im Jahre 1852 wurde sie von Miliutin²) aus dem Petersburger Archiv veröffentlicht; danach ist sie häufig benutzt und insbesondere von Sybel eingehend besprochen worden. Man darf sagen, diese Besprechung (III, 260—284) bil-

---

1) Diese wichtigen Urkunden, insbesondere ein entscheidender Brief Josephs II. — er wird aber nicht vom 13. November, sondern vom 13. October datirt — sind zuerst von Hermann in der russischen Geschichte VI. 35 u. 459 veröffentlicht.

2) Vgl. Danilewski-Miliutin, Geschichte des Krieges Rußlands mit Frankreich im Jahre 1799, übersetzt von Chr. Schmitt, München 1856, I, 296.

det den Höhepunkt seines Werkes, soweit es auf die polnischen Angelegenheiten sich bezieht, und sie hat schon von Seiten der Darstellung so große Vorzüge, daß Niemand sie ohne Interesse lesen wird. Von entschiedenem historischen Werth sind auch die aus Tauenziens Depeschen geschöpften Mittheilungen über die Absichten und Verhandlungen Preußens in Petersburg, denen ich selbst hier gefolgt bin. Nur von dem, was sich auf Oest= reich und Thugut insbesondere bezieht, könnte ich nicht dasselbe sagen. Sybel hat hier in Ermangelung historischer Urkunden aus verschiedenartigen Combinationen ein weitumfassendes System zu= sammengefügt, das er Thugutsche Politik benennt, geistreich und interessant genug, aber ohne Bürgschaft, daß es sich begründen lasse, und, soweit ich urtheilen kann, selbst von Unrichtigkeiten und Widersprüchen nicht frei. Ich gehe aber nicht näher darauf ein, um nicht Conjecturen durch Conjecturen zu bestreiten. Denn mit Bestimmtheit kann man gar nicht angeben, welche Wege der östreichische Minister eingeschlagen hat, um Rußland für seine An= sprüche in Polen zu gewinnen. Der Briefwechsel zwischen ihm und Cobenzl ist noch nicht veröffentlicht, und gerade Tauenzien wurden die russisch=östreichischen Verhandlungen gewiß am streng= sten verheimlicht. Nur mit großer Wahrscheinlichkeit läßt sich doch vermuthen, daß hauptsächlich ein Dreifaches ihm behülflich geworden ist: vorerst das eigene Interesse Rußlands, welches keine der deutschen Mächte ausschließlich vergrößern, sondern wechselweise eine durch die andere in Unterordnung halten und auch in Polen beide mit ungefähr gleichen Kräften einander gegenüberstellen wollte; demnächst das Verfahren Preußens wäh= rend des letzten Feldzugs am Rhein, der geringe Eifer gegen Frankreich, ja das deutliche Bestreben, des lästigen Krieges sich wo möglich ganz zu entledigen; endlich Thuguts Geneigtheit, die russischen Pläne gegen die Türkei sich gefallen zu lassen. Und daß für dies Entgegenkommen Rußland die östreichischen An= sprüche in Polen begünstigte, darin liegt wohl die einzige that= sächliche Wirkung der geheimen Deklaration, die man für ihre lange Verborgenheit jetzt gewissermaßen entschädigt, indem man ihre Bedeutung weit überschätzt. Denn so bezeichnet sie Sybel, als ein tief eingreifendes, weltbewegendes Ereigniß, „welches die Geschicke Europas in neue, völlig ungeahnte Bahnen drängte und den Welttheil einer des Rechtes und der Freiheit beraubten Zukunft entgegenführen mußte" (III, 272), er macht es Vivenot zum Vorwurf, wenn derselbe sich darüber „wundert, daß Sybel auf Grund dieses Vertrags, d. h. der Erwerbung Venetiens anstatt Belgiens, Thugut den Schöpfer der modernen Weltstellung Oestreichs nennt" (Zeitschr. XV, 112), und findet dann auch in diesem „Offensivbündniß gegen Preußen, in welchem Oestreich die russische Waffenhülfe gegen die preußischen Ostprovinzen aufgeboten habe, den natürlichen Grund, der Preußen schon durch die Nothwehr zum Frieden mit Frankreich habe bringen müssen" (Zeitschr. XV, 68. 114). Diese Auffassung erscheint mir unberechtigt. Zunächst bezeichnet der Ausdruck eines Offensivbündnisses nicht den eigentlichen Charakter des Vertrags. Eine Offensive, etwas das zu Feindseligkeiten gegen Preußen führen konnte, liegt in sofern darin, als hier Pläne gegen die Türkei, gegen Venedig und Baiern wieder aufgenommen wurden, von denen sich voraussehen ließ, daß sie Preußen sehr unwillkommen sein müßten, Pläne, denen sich Preußen wenig Jahre vorher mit den Waffen widersetzt und deren Ausführung es in Reichenbach verhindert hatte. Auf diesen Fall, daß Preußen der Ausführung des geheimen Abkommens sich entgegenstellen und einen der beiden Verbündeten angreifen könnte, ist aber auch die zugesagte Unterstützung beschränkt; sie ist wesentlich auf Vertheidigung berechnet. An einen Angriff auf preußisches Gebiet ist dabei gewiß nicht gedacht, und man weiß gar nicht, was man unter diesem „Aufbieten russischer Waffenhülfe gegen preußische Ostprovinzen" sich vorstellen soll. Denn nach dem gleichzeitigen Theilungsvertrage sind ja Preußen sehr bedeutende Erwerbungen noch zugedacht, und selbst für die im Jahre 1793 erworbenen Provinzen wird wenigstens eine eventuelle Garantie versprochen. Daß Krakau, kaum seit einigen Monaten besetzt, als preußische Ostprovinz bezeichnet werden solle, ist nicht wohl anzunehmen, aber selbst für diesen Fall wären die Ausdrücke nicht passend gewählt. Denn die Forderung Krakaus für Oestreich bedurfte gar keiner bewaffneten Unterstützung, sie war hinreichend gesichert durch den Umstand, daß der wichtigste Theil des von Preußen geforderten polnischen Gebietes sich in russischer Gewalt befand, und Rußland den Preußen Warschau nicht eher auslieferte, als Preußen Krakau in östreichische Hände gab. Daß es darüber, es sei denn im Falle eines Bündnisses zwischen Preußen und Frankreich, zu einem Kriege oder gar zu einem Angriff gegen Preußen kommen würde, war aller Wahrscheinlichkeit entgegen und wird deßhalb in der Uebereinkunft gar nicht in Erwägung gezogen.

Damit ist aber durchaus nicht gesagt, daß diese Deklaration an sich zu billigen sei, oder daß sie nicht einen hohen Grad von Mißwollen gegen Preußen voraussetze. Es charakterisirt nur zu deutlich die habsüchtige, gewissenlose Politik jener Zeit, wenn hier ohne den Schein eines Rechtes über fremde Länder und Völkerschaften verfügt wird, und es ist das traurigste Schauspiel, wenn die deutschen Mächte eine nach der anderen zur Förderung russischer Pläne gegen einander sich gebrauchen lassen. Wären die Bestimmungen in Berlin bekannt geworden, sie hätten gar wohl den baseler Frieden beschleunigen, vielleicht sogar zu einer engeren Verbindung mit Frankreich führen können. Aber dies ist nicht der Fall; kein preußischer Staatsmann hat, so viel bis jetzt sich ersehen läßt, von dieser geheimen Deklaration und ihrem Inhalt eine Ahnung gehabt; man ist deßhalb gar nicht berechtigt, sie unter den Gründen für den baseler Frieden in Anschlag zu bringen. Und hier muß ich wiederholen, daß mir die Bedeutung der Deklaration von Sybel weit überschätzt zu werden scheint. Denn dieser Vertrag, der angeblich Europa aus seinen Fugen gehoben hat, ist in der That gar nicht in Wirksamkeit getreten. Niemand hatte eine Ahnung von seiner Existenz, als er sechszig Jahre nach seiner Entstehung veröffentlicht wurde, auch hat er für kein einziges der bis jetzt bekannten Ereignisse eine bessere Erklärung gegeben, als man früher zu geben vermochte. Wahrhaft bedeutende Vorgänge pflegen aber nicht sechs Jahrzehnte verborgen zu bleiben, ohne daß irgend eine Wirkung hervorträte; schon diese eine Wahrnehmung hätte über den thatsächlichen Werth der Deklaration das Urtheil berichtigen können. Keine von ihren Bestimmungen ist zur Ausführung gelangt, nicht der gemeinsame Krieg gegen die Türken, nicht der bairisch-belgische Tausch, nicht die Waffenhülfe gegen Preußen; einzig die venetianischen Provinzen hat Oestreich allerdings erhalten, aber, wie man sehen wird, auf so völlig verschiedenem Wege, daß dieser Erwerb nur zum geringsten Theil auf die Deklaration sich zurückbeziehen läßt. Ich neige zu Vivenots Ansicht: wenn Thuguts Schöpferkraft für die neue Weltstellung Oestreichs keinen besseren Titel aufzuweisen hat, als diesen Vertrag, so ist sie nicht hoch anzuschlagen.

Neben dieser so weit überschätzten geheimen Deklaration hat aber der am selbigen Tage unterzeichnete Theilungsvertrag seine volle Bedeutung. Wie sich erwarten läßt, trat Preußen nach längeren Unterhandlungen am 24. October 1795 den Vorschlägen der Kaiserhöfe bei. Die Berichtigung der Gränze machte noch Schwierigkeiten, wurde aber endlich von einer preußischen und östreichischen Commission unter russischem Schiedsspruch in der Weise festgestellt, daß Preußen noch ein Stück im Westen des Palatinates Krakau erhielt, im Uebrigen die Bestimmungen des Entwurfs vom 3. Januar zur Ausführung kamen, ein Zustand, der so lange gedauert hat, bis durch den Tilsiter Frieden von 1807 und den Wiener von 1809 die von Preußen und Oestreich erworbenen Gebiete beinahe insgesammt an das Großherzogthum Warschau und mit diesem 1815 an Rußland fielen.

Daß dieser Vertrag auch auf die Verhandlungen in Basel nicht ohne Einfluß geblieben sei, habe ich schon früher hervorgehoben. Der Wortlaut wurde freilich erst am 9. August 1795 in Berlin mitgetheilt[1]), aber dies ist kein Grund, um mit Vivenot gegen Sybel zu bestreiten, daß er auf den Frieden vom 5. April

---

1) Vgl. die Depesche des Fürsten Reuß an Thugut vom 11. August 1795 bei Vivenot a. a. O. II, II, 268 und Sybel, Rev.-Zeit, III, 480.

eine Einwirkung geäußert habe; denn die Gesinnungen der Kaiserhöfe und den wesentlichen Inhalt hatte man schon aus der russischen Note vom 30. October 1794 kennen gelernt. Nur eine Nöthigung oder eine erhebliche Entschuldigung für Preußen kann ich nicht darin finden. Ich wiederhole, was Gesinnungen angeht, so hat von den beiden deutschen Staaten keiner dem anderen etwas vorzuwerfen; sieht man aber auf das, was geschehen ist, so waren auch bei dieser dritten Theilung die östreichischen Vorschläge noch nicht so verletzend für Preußen, als die preußischen für Oestreich. Oestreich war doch immer geneigt, dem Nebenbuhler einen sehr bedeutenden Antheil mit der Hauptstadt Warschau zuzuwenden, während nach Preußens Verlangen Oestreich wie bei der früheren Theilung wieder gar nichts bekommen sollte. Kein Staatsmann auf der Welt, und wenn er mehr als jeder andere den Namen des Trägen, des Guten oder des Einfältigen verdiente, hätte so etwas sich können gefallen lassen. Um es zu erkennen, braucht man nicht von „specifisch=östreichischem" Standpunkt auszugehen, man muß nur Maß und Billigkeit nicht aus den Augen verlieren. Für den, der zweifeln könnte, führe ich ein einziges Zeugniß an. Das preußische Ministerium, nachdem es kurz vorher, am 18. November 1795, von dem Abschluß des Vertrages vom 24. October Kenntniß gegeben, schreibt darüber am 30. November an Lucchesini: Man müsse doch zugestehen, daß die östreichischen Ansprüche wirklich triftige Gründe der Billigkeit für sich hätten, il faut convenir, que les prétensions de l'Autriche avaient par devers elles de puissants motifs d'équité. Ich halte für überflüssig, einem Zeugnisse aus solchem Munde noch ein Wort hinzuzufügen.

Siebentes Kapitel.

Die Unterhandlung des Ritters Carletti.

In dem vorigen Kapitel glaube ich gezeigt zu haben, welche Einwirkung man den polnischen Angelegenheiten auf den Abschluß des baseler Friedens zuzuschreiben berechtigt sei, und wie weit ein Vorwurf für Oestreich oder Preußen daraus erwachsen könne. Ich wende mich zu der zweiten Anklage, die auf Veranlassung dieses Vertrags gegen Oestreich erhoben und sogar als das eigentlich entscheidende Moment in Betracht gekommen ist. Den „schlechthin überragenden Punkt", der Preußen zur Einigung mit Frankreich nöthigte, findet Sybel, wie schon bemerkt, „in dem völlig begründeten Argwohn des berliner Cabinets, daß, wenn Preußen sich wegen der Rheingränze mit Frankreich aufs Neue überworfen hätte, dann Oestreich keinen Augenblick zaudern würde, durch die Abtretung des linken Rheinufers sich die Freundschaft des Wohlfahrtsausschusses zu erkaufen." Man erinnert sich, daß schon zu Anfange des belgischen Feldzuges, als der angebliche Graf Montgaillard im kaiserlichen Hauptquartier sich einstellte, von verschiedenen Seiten ein ähnlicher Verdacht geäußert, und eben durch geheimes Einverständniß mit dem Feinde die freiwillige Räumung Belgiens später erklärt wurde. Aber nach einer Begründung würde man vergebens suchen. Selbst Caesar und das preußische Ministerium sprechen, wie wir sahen, aufs bestimmteste die Ansicht aus, daß man Montgaillards Eröffnungen gar keine Bedeutung beilegen dürfe. Im Herbst desselben Jahres verbreiten sich abermals Friedensgerüchte, aber wieder ohne jeden bestimmten Anhalt, und es muß in der That auffallen, daß man Anklagen von so außerordentlicher Tragweite, ohne irgend ein Zeugniß dafür anzuführen, mit solcher Bestimmtheit hat wiederholen mögen. Nicht einmal, daß ernste Verhandlungen angeknüpft seien, läßt sich mit Wahrscheinlichkeit behaupten, wie will man denn wissen, daß Oestreich das linke Rheinufer abzutreten geneigt war, und noch dazu für den Fall, daß Preußen mit Frankreich nicht zum Abschluß kam, also in der Coalition verblieb, also die bestberechtigte Hoffnung gab, man werde die verlornen Gebiete zurückerobern?

Wenn aber der Argwohn nicht begründet war, so könnte doch das preußische Ministerium ihn gehegt, und darin einen Antrieb gefunden haben, durch beschleunigten Abschluß der Verhandlungen mit Frankreich dem Kaiser zuvorzukommen. Allein auch dies scheint mir entweder gar nicht, oder doch nur in sehr beschränktem Maße der Fall zu sein. Wenigstens der Depeschenwechsel mit Lucchesini, der doch die Stimmungen des Ministeriums ziemlich deutlich wiederspiegelt, bringt diesen Eindruck nicht hervor. Es werden von Zeit zu Zeit Friedensgerüchte erwähnt, wie denn auch der Kaiser und Thugut keine Gelegenheit vorbeigehen lassen, Lucchesini gegenüber in den herkömmlichen Ausdrücken ihre Friedensliebe zu betheuern; aber daß man in Berlin eine rasche Einigung zwischen dem Kaiser und der Republik erwartet, oder auf Gerüchte dieser Art einen bedeutenden Werth gelegt hätte, dafür wüßte ich mich aus der Zeit vor dem baseler Frieden keines Zeugnisses zu erinnern. Noch weniger glaubte man, Oestreich wolle das linke Rheinufer aufgeben. Am 30. November 1794, gerade als über die Sendung des Grafen Goltz nach Basel die entscheidenden Beschlüsse erfolgten, wird einmal Lucchesini gegenüber die Befürchtung ausgesprochen, Thugut könne, wenn er von den preußischen Verhandlungen erfahre, den Versuch machen, ihnen zuvorzukommen. Diese Vermuthung liegt in der Natur der Verhältnisse begründet und soll nicht einmal einen Tadel enthalten; denn nicht wenn der Kaiser den bestimmten Wünschen des Reichstags gemäß einen Frieden vermittelte, sondern wenn er einen für Deutschland ungünstigen Separatfrieden schloß, konnte man ihm einen Vorwurf machen. Von diesem Gedanken, und insbesondere von dem Glauben, daß Oestreich die Rheinlande aufgeben würde, ist aber die Depesche auch weit entfernt. Denn als sehr beachtenswerth und aus bester Quelle läßt sie die Nachricht folgen, ein Mitglied der gemäßigten Partei im französischen Convent habe sich gerühmt, man könne mit dem Kaiser Frieden schließen, wenn man ihm — nicht etwa Baiern gegen die Rheinlande, sondern die belgischen Niederlande zurückgebe, und zwar in der Weise, daß er an die lästigen Bestimmungen der früheren Landesverfassung künftig nicht mehr gebunden sei.

Dagegen verbreitete sich nicht vor, aber kurz nach dem Abschluß des baseler Friedens ein Gerücht, welches, wenn es sich bestätigte, die östreichische Politik in einem so grellen und zugleich so unvortheilhaften Lichte erscheinen ließe, daß danach sogar der schwärzeste Argwohn auch gegenüber der früheren Zeit sich rechtfertigen möchte. Ich meine das Gerücht über die Verhandlungen des Ritters Carletti. Sybel hat den Schrei der Entrüstung, den es in einem großen Theile Deutschlands hervorrief, in seinem Buche wiederhallen lassen, er fand darin die entschiedenste Bestätigung seiner Ansichten über das Wiener Cabinet, oder wenn wir einen neueren Ausdruck uns gestatten dürfen, gewissermaßen die Krönung des Gebäudes, das er als den Inbegriff Thugutscher Politik vor unsern Augen aufgerichtet hat. Ich theile den Verlauf dieser Angelegenheit, denn es wäre nicht leicht, ihn besser zu erzählen, vorerst wie Sybel ihn darstellt, und soweit als möglich mit seinen eigenen Worten hier mit.

Schon bei der Erörterung der geheimen Deklaration vom 3. Januar 1795, wo er die Absichten Thuguts, seine Verbindung mit Rußland und England, seine umfassenden Pläne gegen Polen, die Türkei, Italien und Deutschland auseinandersetzt, läßt er (III, 277) die Bemerkung einfließen: durch das Offensivbündniß gegen Preußen habe Thugut seine Aufgabe mit nichten für gelöst erachtet, sondern auch jetzt noch inmitten der Beschlüsse fortgesetzten Krieges eine gewisse Beziehung zu Frankreich festzuhalten versucht, um vermöge derselben den aufkeimenden preußischen Einfluß in Paris zu überwachen und ihn eintretenden Falles sogar mit plötzlicher Schwenkung zu überflügeln. Für die deutschen Reichssachen habe man in der von Thugut gelenkten Staatskanzlei nicht das mindeste Interesse gehabt. Thugut wohl wissend, daß in Paris der Gedanke an das linke Rheinufer lebendig sei, habe gegen die Abtretung desselben und des längst aufgegebenen Belgiens von Frankreich die größten Gegendienste, vielleicht den unumwundenen Beitritt zu dem System der Kaiserhöfe, die Zustimmung zur östreichischen Beherrschung Italiens, zur russischen Ausdehnung an der Donau erwarten dürfen.

An einer späteren Stelle (III, 402) wird dann gezeigt, wie nach den Aufständen der Jakobiner im Frühling 1795 die gemäßigte Partei des Convents jede Politik der Eroberungen verworfen habe, mit so heftigem und zweifellosem Nachdrucke, daß Hardenberg bei der Unterhandlung in Basel, wenige Wochen nachdem er das linke Rheinufer so gut wie abgetreten, auf einen Reichsfrieden fast ohne Einbuße am Reichsgebiete habe hoffen dürfen. Dieser gemäßigten Partei sei aber eine andere, darunter Sieyes, Rewbell und Tallien, mit der kriegerischen Tendenz gegenüber gestanden, Frankreich von allen Seiten mit Tochterrepubliken zu umgeben und dadurch zur leitenden Macht des Welttheils zu machen. Sie habe für diese Neigungen gerade um die Zeit des baseler Friedens von unerwarteter Seite her einen gewaltigen Stoff bekommen. Der Herzog von Toskana — heißt es weiter — hatte schon seit dem November 1794 den Ritter Carletti zu einer Friedensunterhandlung nach Paris geschickt. Nachdem der Friede am 9. Februar 1795 zu Stande gekommen war, blieb Carletti als toskanischer Minister in der französischen Hauptstadt, gab den einflußreichen Mitgliedern der Ausschüsse kostbare Schmausereien und knüpfte seine Fäden bei den Führern aller Parteien an. Zunächst suchte er der preußischen Unterhandlung entgegen zu wirken, machte nach dem baseler Frieden die Andeutung, daß es für Frankreich viel bessere Möglichkeiten gebe, und sprach endlich das inhaltsschwere Wort aus, daß Oestreich zu einem sofortigen Friedensschlusse mit der Republik auf definitive Abtretung Belgiens und des linken Rheinufers bereit sei, wenn Frankreich ihm dafür zu dem Besitze Baierns verhelfe. Er sagte zwar nicht, daß er einen förmlichen Auftrag der östreichischen Regierung habe, wußte aber doch den französischen Staatsmännern jeglichen Zweifel an seiner Glaubwürdigkeit zu nehmen; alle ohne Ausnahme waren überzeugt, daß sie in jedem Augenblick gegen die Ueberlassung Baierns an Oestreich den Frieden und das linke Rheinufer vom Kaiser erhalten könnten.

In Paris — fährt Sybel fort (III, 408) — machten Carlettis Eröffnungen, wie man denken kann, einen nicht geringen Eindruck. Die revolutionären Fractionen empfingen sie mit lebhafter Befriedigung; sie sahen darin die Zusicherung einer stattlichen Kriegsbeute, den Untergang der drei ersten Kurfürstenthümer, das unrettbare Zusammenbrechen der deutschen Reichsverfassung, und bei solchem Umsturze den erwünschten Anlaß zur Verbreitung des revolutionären Einflusses. Auf das tiefste war dagegen die gemäßigte Partei betroffen, deren Friedensprogramm mit dem Verzicht auf die Eroberungspolitik jetzt nicht mehr möglich war. Ihre Ansichten schwankten, vornehmlich kam es ihnen darauf an, den Umsturz des deutschen Reiches, die Verewigung einer schrankenlosen Revolutionspolitik und die Fortsetzung des verderblichen Kriegsstandes zu verhüten. Zu diesen Ansichten bekannte sich damals Merlin von Thionville, der seit der Vertheidigung von Mainz ein unbestrittenes Ansehen in allen Anlegenheiten der Rheinlande genoß. Mitte Mai war er als Conventscommissar in Pichegrus Hauptquartier am Oberrhein, als ihn sein Namensvetter Merlin von Douai, damals Mitglied des Wohlfahrtsausschusses, zu einem Gutachten aufforderte, ob er die Besitznahme der Rheinlinie für Frankreich nützlich halte oder nicht. Merlin von Thionville antwortete umgehend, die Entscheidung hänge von dem Standpunkt ab, den man bei der Frage nehme. Gehe man von dem Bilde der bisherigen Siege aus, so sei offenbar zu ihrer Ausnützung der beste Weg, eine Unterhandlung mit dem Kaiser zu eröffnen und seine Zustimmung zur Einverleibung Belgiens und der Rheinlande dadurch zu gewinnen, daß man ihm Baiern überlasse. Erinnere man sich aber der Geldnoth Frankreichs, der Entblößung der Armeen, des Haders der Parteien, so scheine ein möglichst rascher Friedensschluß geboten, möge man dafür vom deutschen Reiche die Maaslinie erwarten oder selbst mit Frankreichs sicherer Größe innerhalb der alten Gränzen sich begnügen. Er selbst halte die letztere Meinung für die einzig heilsame.

„In dieser Stimmung entschloß sich der unruhige Deputirte zu einem eigenmächtigen Schritt. Hardenberg war noch in Basel und stellte dort am 17. Mai mit Barthelemy die norddeutsche Demarkationslinie fest. Am Tage nach der Unterzeichnung speiste der preußische Minister mit Barthelemy und Bacher in Hüningen bei Merlin und Pichegru zu Mittag. Nach Tische eröffnete ihm Merlin, Carletti setze in Paris alles für einen östreichisch-französischen Frieden auf der angegebenen Grundlage in Bewegung, die Sache sei schon so weit gediehen, daß Pichegru Befehl erhalten habe, alle Feindseligkeiten gegen Oestreich aufzuschieben. Barthelemy vermied eine bestimmte Erklärung zu geben, Pichegru aber bestätigte die Mittheilung in ihrem vollen Umfange, und Merlin schloß mit der Aufforderung, daß Hardenberg die deutschen Reichsstände vor Oestreichs Ehrgeize warnen möge."

„Wie sich versteht war Hardenberg über eine so bestimmte Enthüllung nicht wenig betroffen. Daß er selbst nach Paris ging, war unmöglich; er beschloß also im Einverständniß mit Barthelemy, einen seiner Beamten, den Legationsrath Gervinus, hinzusenden, selbst aber ohne Zaudern nach Berlin zu eilen, um persönlich dem Könige Bericht zu erstatten. In Mannheim sprach er den Herzog Max Joseph von Zweibrücken, theilte diesem in fliegender Hast die schwere Neuigkeit mit, und bat ihn, seinen Vetter, den Kurfürsten Karl Theodor, unter der Hand davon in Kenntniß zu setzen. Des Herzogs Geschäftsträger, Abbé Salabert, that das in einer amtlichen ministeriellen Note, welche von der bairischen Regierung sogleich nach Regensburg an ihren Reichstagsgesandten weiter gegeben wurde. So kam sie unter die Augen des dortigen kaiserlichen Botschafters, und kaum hatte Hardenberg in Berlin seine Nachricht vorgelegt, so lief auch ein östreichisches Rundschreiben an alle deutschen Höfe ein, welches die ganze Erzählung für eine verrückte und kindische Fabel erklärte, deren weitere Verbreitung eine beleidigende Verläumdung für den Kaiser sein würde. Oestreich habe nie an eine

Unterhandlung mit Frankreich und am wenigsten durch den Kanal des sogenannten Grafen Carletti gedacht."

Diesen Vorlagen gegenüber — fährt Sybel fort — habe die preußische Regierung zunächst die schwere Frage prüfen müssen, ob Thuguts oder Merlins Wahrhaftigkeit für die bessere und bewährtere zu achten sei. Haugwitz sei einen Augenblick der Meinung gewesen, Merlin habe nur durch eine kecke Lüge Preußen in ein feindliches und offensives System gegen Oestreich hineinschwatzen wollen; seine officielle Antwort auf das östreichische Rundschreiben habe in diesem Sinne die Versicherung ausgesprochen, daß Hardenberg nur unbestimmte Gerüchte jener Art vernommen und lediglich als solche gegen wenige Personen wiederholt habe. Allein die Berichte Harniers aus Basel und Gervinus' aus Paris haben nur zu deutlich gezeigt, daß es sich um Schwereres handle. In einer Unterredung mit Gervinus am 29. Mai sei Sieyes sehr herb und schneidend aufgetreten, und habe unbedingt die Rheingränze gefordert. Auch der gemäßigte Boissy d'Anglas habe so wenig wie Sieyes die Existenz der östreichischen Unterhandlung mit einer Silbe in Abrede gestellt, sondern im Gegentheile, indem er Gervinus zu beruhigen suchte, geäußert, sie mache nur geringe Fortschritte. Im Allgemeinen sei Gervinus zu der Ueberzeugung gekommen, daß Carletti zwar ohne förmlichen Auftrag, immer aber in Thuguts Sinne gehandelt habe, daß die französische Regierung im Augenblick sich noch nicht aussprechen wolle, und daß man mit einiger Festigkeit das Rheinufer wenigstens zum größeren Theil zurückgewinnen könne.

„Man sieht jetzt," — so schließt Sybel seine Auseinandersetzung — „was der Ausgang des Pariser Parteikampfes für Europa bedeutete. Auf der einen Seite die Möglichkeit, im Wesentlichen den bisherigen Zustand zu erhalten und vor Allem Deutschland nach dem Wunsche Preußens mit sehr geringen Opfern zum Frieden zu bringen, auf der andern eine durch und durch gewitterschwangere Atmosphäre, Veränderung der Besitzverhältnisse in Italien, Einbuße der Rheinlande an Frankreich, völlige Umwälzung des deutschen Reichs, und in der Ferne der Gedanke an russische Herrschaft bis zur Oder, östreichische Allmacht im Reste des Reiches, ländergierige Entwürfe auf die Lande der Etsch und der niederen Donau."

Ich habe mir nicht versagen dürfen, aus Sybels eingehender Darstellung diesen Auszug mitzutheilen. In unserer historischen Litteratur gibt es gewiß nicht viele Beispiele, daß so verschieden=
artige Vermuthungen in so geistreicher Weise vereinigt und zu einem bestimmten Ziele geführt wären. Denn wie ließe sich ein Ergebniß finden, so vollkommen als dieses geeignet, die absolute und relative Nichtswürdigkeit der östreichischen Politik und Thu=
guts insbesondere in das schärfste Licht zu stellen? In demselben Augenblick, in welchem er mit Rußland und England ein Bünd=
niß abgeschlossen hat, betrügt er beide durch eine Einigung mit Frankreich, deren Zweck ihnen aufs Aeußerste zuwider sein mußte. Er verräth Preußen, mit welchem auch nach dem baseler Frieden doch immer wenigstens die Form eines Bündnisses besteht, er gibt Deutschland, das er durch die heiligsten Verträge zu schützen ver=
pflichtet ist, im Westen und Osten, hier den Franzosen, dort den Russen preis. In der That, Sybel ist nach allem diesem wohl berechtigt, am Schlusse seines Werkes gewissermaßen das Er=
gebniß seiner Untersuchungen in die Worte zusammen zu fassen, daß die Wiener Politik nicht besser als die Pariser und die Pe=
tersburger gewesen sei. Nicht allein nicht besser, noch weit schlechter hätte er sie nennen dürfen, insofern sie mit der Schlechtigkeit den Fehler, der dem Staatsmann nicht geringer angerechnet wer=
den muß, die äußerste Thorheit und Wankelmüthigkeit verbindet.

Glänzend ist dies Ergebniß gewiß, es fragt sich nur, ob es eben so sicher sei. Ich halte meine Ansicht noch zurück, der Leser mag aus den Quellen, wie ich sie vorführe, sich ein eigenes Ur=
theil über den Inhalt der Sybelschen Erzählung bilden. Doch sollte es mich nicht wundern, wenn sie selbst schon einigen Zweifel wach gerufen hätte. Denn fragt man nach den Zeugnissen für diese Carlettische Unterhandlung, so find sie doch beinahe einzig in den Aussagen Merlins bei dem Gastmahl in Hüningen zu suchen. Eine Mittheilung dieser Art findet sich schon in den Memoiren,

welche in Frankreich bis auf diesen Tag, freilich ohne alle Berechtigung dem Fürsten Hardenberg zugeschrieben werden[1]), aber vermischt mit ungenauen und offenbar unrichtigen Angaben, aus denen man erkennt, daß der Erzähler das, worauf es eigentlich ankam, gar nicht begriffen hat. In dieser Form ist sie dann im Wesentlichen in Hormayrs Lebensbilder (III, 143), danach in viele andere Bücher übergegangen. Sybel lag offenbar ein genauerer, der Wahrheit mehr entsprechender Bericht, vermuthlich von Hardenberg vor, obgleich er in seiner Darstellung noch einen oder anderen Zug der ersten Schilderung des sogenannten homme d'état entlehnt zu haben scheint. So hätte man aber doch immer nur einen Bericht dritter Hand. Hardenberg erzählt, daß Merlin ihm erzählt habe, Carletti habe in Paris erzählt, was Thugut ihm aufgetragen habe. Auf einem so weiten Umwege konnten einer Mittheilung leicht mancherlei Zusätze sich beimischen. Ein vorsichtiger Schriftsteller möchte sogar gegen die Zuverlässigkeit aller drei Erzähler sich einen Zweifel erlauben. Sehen wir einstweilen von Hardenberg und Carletti ab; aber unmöglich kann man sich verhehlen, daß Merlin, der Hauptzeuge äußerst verdächtig ist. Man weiß, der eifrigste Wunsch der

---

[1]) Vgl. Mémoires tirés des papiers d'un homme d'état, Paris 1831, III, 178. Ueber die Verfasser und die Entstehung dieses Buches denke ich zu anderer Zeit Auskunft zu geben. Es ist in sofern von Bedeutung, als es in Frankreich für die deutschen Verhältnisse noch immer als die beinahe einzige Quelle benutzt und durchgängig, auch noch von L. Blanc, als eine Aufzeichnung des Fürsten Hardenberg angesehen wird, obgleich der preußische Ministerialrath Schöll bereits bei der Ankündigung nicht nur in Deutschland, sondern am 15. Juli 1827 auch in französischen Blättern die Erklärung veröffentlichte, die ächten, in deutscher Sprache verfaßten Denkwürdigkeiten Hardenbergs befänden sich im Besitz des Königs, an dem französischen Werke sei der Fürst durchaus unbetheiligt. Zum bei Weitem größeren Theile erweist es sich denn auch als eine umfangreiche, nicht einmal geschickte Compilation aus sehr bekannten Werken, z. B. Bertrand de Moleville, Fain, der Correspondance inédite, Bourrienne, wie für die beiden ersten Bände schon Ranke (Histor. polit. Zeitschrift, II, 52, Berlin, 1833) dargethan hat.

Franzosen ging dahin, Preußen und Oestreich gegen einander aufzubringen und dann den König zu einem Bündniß mit Frankreich zu bewegen. Es war ihnen nicht verborgen, daß man in Berlin nichts so sehr als die Vereinigung Baierns mit Oestreich fürchtete, daß also, um Preußen den französischen Forderungen gefügig zu machen, kein wirksameres Mittel zu finden sei, als die Besorgniß, Frankreich würde, wenn der König weigerlich bliebe, mit dem Kaiser sich einigen und ihm zur Besitzergreifung von Baiern behülflich sein. Es ist kein zu bösartiger Argwohn, wenn wir annehmen, ein französischer Repräsentant im Jahre 1795 habe für einen so patriotischen Zweck sich eine Unwahrheit erlaubt. Und diese Annahme wird für den beinahe zur Gewißheit, der die späteren Verhandlungen zwischen Preußen und dem Directorium in den Depeschen des preußischen Gesandten in Paris, Freiherrn von Sandoz-Rollin vor Augen hat. Ich werde diese Verhandlungen noch eingehender mittheilen, vorerst bemerke ich nur, daß die Drohung, der Kaiser solle Baiern erhalten, nicht etwa Einmal oder Zehnmal vorkommt, sondern unaufhörlich, bei jeder Gelegenheit, wo man Preußen zu einem Schritt bewegen oder ihm eine Unzufriedenheit bezeigen will, sich wiederholt. Wenige Depeschen Sandoz' gibt es, die nicht von dieser Drohung Zeugniß geben, zu einer Zeit, wo sich mit voller Sicherheit nachweisen läßt, daß weder von östreichischer noch französischer Seite an ein solches Anerbieten im Ernste auch nur gedacht wurde. Männer aller Parteien stimmen in diesem Verfahren überein; alle wissen, daß dieses Mittel das wirksamste ist, und selbst die best beläumdeten nehmen keinen Anstand, sich desselben zu bedienen.

Ich wiederhole, wer den Briefwechsel des Herrn von Sandoz kennt, wird auf eine derartige Mittheilung von Seiten Merlins, wenn sie nicht auch anders bezeugt ist, nicht den geringsten Werth legen können. Indessen es gibt noch ein besseres Mittel, sich über die Bedeutung jener Vorgänge in Hüningen ein richtiges Urtheil zu bilden. Im Jahre 1860 hat ein Verwandter Merlins mit einer Lebensbeschreibung die wichtigeren in seinem

Nachlaß gefundenen Briefe veröffentlicht, eine Sammlung auch für Deutschland von unschätzbarem Werthe, weil sie, so weit mir bekannt, die erste und einzige ist, aus welcher man deutlich erkennt, wie die leitenden Persönlichkeiten des Conventes über die deutschen Angelegenheiten gedacht und in vertrauten Briefen sich ausgesprochen haben[1]). Ueber die baseler Verhandlungen erhalten wir mancherlei neue Mittheilungen, insbesondere über jene Mahlzeit in Hüningen sind jetzt alle einzelnen Umstände uns bekannt, wir wissen sogar, daß die Kosten für den bei diesem grand repas konsumirten Kaffe und Liqueur im Wirthshaus zum Raben auf 320 Livres in Assignaten oder 19 Franks in klingender Münze sich belaufen haben. Danach ist nun die Anregung zu dieser Zusammenkunft nicht sowohl von französischer Seite als von Hardenberg gegeben, wahrscheinlich gerade in der Absicht, etwas über die bairischen Projekte zu erfahren, die nicht weniger in Berlin, als im Hauptquartier zu Frankfurt, als auch bei der Gesandtschaft in Basel große Besorgniß erregten. Hardenberg lud zuerst durch Vermittlung Bachers Merlin und Pichegru am 17. Mai zum Mittagessen nach Basel ein. Beide lehnten ab, weil sie nur nach dem allgemeinen Frieden oder an der Spitze eines Heeres das Gebiet der Republik verlassen könnten. Nun entschloß sich Hardenberg, sie selbst in Hüningen aufzusuchen. „Der preußische Minister," schreibt Bacher am 17. Mai (S. 193) an Merlin, „hegt das lebhafteste Verlangen, Ihre Bekanntschaft zu machen. Da er Sie nicht bewegen konnte, seine Einladung anzunehmen, so beabsichtigt er, sich morgen auf den Weg zu machen, um mit Ihnen und Pichegru zu fraternisiren." Einige Gesandte der kleineren Höfe, welche damals in Basel Frieden und Gunst von Frankreich nachsuchten, schlossen sich ihm an. „Vorgestern gegen zwei Uhr," schreibt Merlin am 20. Mai (S. 193), „kamen Barthelemy, Bacher, Herr von Hardenberg, Herr Keppeler[2]), ein Minister von

---

1) Vgl. Vie et correspondance de Merlin de Thionville par Jean Reynaud, Paris, 1860.

2) Ein Agent des Landgrafen von Hessen-Darmstadt.

Hessen-Kassel, ein anderer von Würtemberg und einige Sekretäre hier an. Herr von Hardenberg bat mich eine Ausfertigung der neuen Uebereinkunft [über die Demarkationslinie] anzunehmen, und sprach während des ganzen Mittagessens von nichts anderem als von dem Schutze, welchen Frankreich im Verein mit seinem Herrn dem Reiche zu gewähren habe, und wie wir uns hüten müßten, den Kaiser Baiern nehmen zu lassen. Ich sagte ihm statt aller Antwort, ich sei nichts als Soldat, ein Feind mehr oder weniger habe uns nicht gekümmert, einzig meine Regierung könne über seine Bemerkungen die Entscheidung treffen. Die Abgesandten der Prinzen von Hessen schienen sehr froh zu sein, mit heiler Haut davon zu kommen. Ich habe sie gefragt, ob ihre Contingente zurückgezogen wären, sie antworteten: allerdings, es gebe kein hessisches Contingent mehr in der kaiserlichen Armee. Sie vereinigten sich mit Herrn von Hardenberg, mich zu überreden, es sei Sache der Republik, sich mit ihnen zu verbünden, dem Reiche den Frieden zu geben, und den Absichten des Kaisers auf Baiern sich zu widersetzen." Man muß bei diesem Briefe die Ruhmredigkeit Merlins wohl in Anschlag bringen, nur das scheint nach allem, was vorherging, nicht wohl zu bezweifeln, daß die Anregung des Gespräches über Baiern wenigstens ebenso sehr von Hardenberg als von Merlin ausgegangen ist. Aber ganz gewiß wird dieser ihn nach besten Kräften in seinem Argwohn gegen Oestreich bestärkt haben; denn wie er selbst über jene Angelegenheit dachte, darüber geben seine Briefe die deutlichste Auskunft. Sie sind für den Deutschen zu belehrend, als daß ich nicht Einiges daraus mittheilen sollte.

Schon am 21. November 1794, als die Verhandlungen mit Preußen erst auf geheimen Wegen durch den Kreuznacher Schmerz zwischen Merlin und dem General Kalkreuth betrieben wurden, schreibt er an den Ausschuß (S. 119): „Unser Princip muß sein, daß die Wölfe sich unter einander verschlingen (que les loups se dévorent entre eux). Um sie aber dahin zu bringen, daß sie uns noch um Erlaubniß bitten, sich zu zerreißen, muß man, denke ich, Preußen nöthigen, den letzten Mann von der verbünbeten Armee zurückzuziehen. Von der anderen Seite habt Ihr auch nicht unterlassen, dem Kaiser den Puls zu fühlen. Man behauptet hier, aus Entrüstung über das Benehmen der Preußen im letzten Feldzuge seien seine Räthe nicht abgeneigt, einen besonderen Frieden mit Euch abzuschließen. Der Kaiser hat wenig Schaden, wenn er uns das linke Rheinufer überläßt. Mit Ausnahme des Kurfürsten von Baiern werden nur die Bischöfe verlieren. Würde nicht dem Kaiser der Vorwand willkommen sein, dem Kurfürsten Baiern abzunehmen, das doch der Gegenstand aller Wünsche des Wiener Kabinettes ist? Mich däucht wir müssen den Frieden auf Kosten aller unserer Feinde machen, aber vornehmlich auf Kosten der schwächeren, denn durch diese gelangt man dann an die stärkeren."

„Es gilt hier für sicher," schreibt er am 4. December (S. 127), „daß Preußen einen Separatfrieden zwischen Rußland und Oestreich sowie zwischen Oestreich und Frankreich fürchtet, daß Oestreich der französischen Republik Brabant überlassen, das Reich preisgeben, und durch Besitznahme Baierns sich abrunden wird. Mag dies seine Absicht sein oder nicht, immer ist es gut, daß Preußen es fürchte, und sich durch diese Furcht zu einem Separatfrieden bringen lasse. Ihr wollt doch, wie ich denke, die Rheingränze behalten? Ein Separatfriede auf diese Bedingung hin wird mehr für uns thun, als eine Armee. Dahin können wir aber Einen der gegen uns verbündeten Despoten nur dadurch führen, daß wir ihn mit den Anderen entzweien; das muß Euer Plan sein. Oestreich begehrt Baiern und fürchtet, daß Preußen diesem Entwurfe entgegen sei. Will Oestreich einen Separatfrieden eingehen, so muß man ihm schmeicheln, man werde keinen Frieden mit Preußen machen, sondern alle seine Kräfte beschäftigen, während Oestreich Baiern nehme. Will man sich mit dem Preußen vertragen, so muß man ihm versprechen, Oestreich in Athem zu halten, während er sich des Restes von Schlesien bemächtigt. In jeder Weise bleibt der Rhein uns gesichert." „Du machst Deine Sache vortrefflich", antwortet Merlin von Donai am 9. December im Namen des Ausschusses (S. 136). „Aus unserer Depesche siehst Du, wie weit wir mit Preußen sind; es ist wesentlich, daß wir fortfahren, ihm begreiflich zu machen, wir haben nur zwischen ihm und Oestreich zu wählen, und eins von beiden werde ganz gewiß zu Grunde gehen. Das ist ein vortreffliches Mittel, bald zu Ende zu kommen."

Die Stimmung, wie sie hier hervortritt, blieb durchaus unverändert, als Preußen in dem baseler Vertrag einen der lebhaftesten Wünsche Frankreichs erfüllt hatte, aber sich doch längst nicht so weit gegen den Kaiser fortreißen ließ, als die Franzosen verlangten, insbesondere ein Bündniß und sogar die definitive Abtretung des linken Rheinufers beharrlich verweigerte. Preußen hoffte noch immer, durch Unterhandlungen die französischen Ansprüche auf Belgien oder die Maaslinie beschränken zu können. Dies erkennt man auch aus zwei Berichten Barthelemys über seine Unterredungen mit Hardenberg. „Die Preußen," schreibt er dem Ausschuß am 26. April (S. 177), „hören nicht auf uns zu wiederholen, daß der allgemeine Friede mit dem Reiche in unserer Hand liegt, wenn wir nur die Rheinlinie großmüthig opfern wollen. Sie zweifeln nicht, bei der bloßen Ankündigung eines solchen Verzichtes werde ganz Deutschland die Waffen niederlegen, während die Behauptung dieser Linie endlose Schwierigkeiten herbeiführen müße. Ich sage ihnen, daß die allgemeine Ermüdung der Deutschen unseren Entwürfen und der Macht unserer Waffen vortrefflich zu statten kommt. Sie antworten, wenn nur die Ermüdung den ersehnten Frieden herbeiführe, so würden wir den Keim neuer Kriege vorbereiten." „Herr von Hardenberg", schreibt er drei Tage später (S. 179), „glaubt zu wissen, daß der Kaiser und die Kaiserin bei der Nachricht von dem preußischen Frieden Freude bezeugt haben. Die Kaiserin habe sogar in die Hände geklatscht und bravo gerufen; er glaubt nichts desto weniger, das Wiener Kabinet werde seinen ehrgeizigen Grundsätzen getreu nichts vernachlässigen, um den Fürsten des Reiches über Wirkung und Folgen des Friedens eine falsche Ansicht beizubringen. Ich konnte ihm antworten: da er eine Verlängerung des Krieges von Seiten Oestreichs voraussehe, so liege darin ein Grund mehr für den König von Preußen, sich um so enger an uns anzuschließen; er könne dann überzeugt sein, den Krieg im Reiche alsbald zu beendigen und sich einen unermeßlichen Einfluß auf Kosten des Hauses Oestreich zu verschaffen. Herr von Hardenberg hat mir geantwortet, der König von Preußen sei, um dem Kriege ein Ende zu machen, bereit, alle dahin zielenden Maßregeln mit uns zu vereinbaren und auf alle unsere Vorschläge einzugehen, nur dürften sie nicht offensiver Natur sein. „„Der Wohlfahrtsausschuß"", fügte er bei, „„muß selbst fühlen, daß Preußen anständiger Weise keine feindseligen Maßregeln gegen andere Mächte eingehen kann, mit denen es leider noch vor Kurzem und sehr gegen sein Interesse gemeinschaftliche Sache machte. Etwas anderes wäre es, wenn in Folge des Friedens vom 5. April der König von Preußen selbst angegriffen und beunruhigt werden sollte, etwa durch ein Bündniß zwischen den Höfen von Wien, Petersburg und London."" „Ich bemerke," setzt Barthelemy hinzu, „daß Herr von Hardenberg über die Absichten Oestreichs unruhig ist; er weiß, daß es Alles aufbieten wird, um sich Bayern und einen Theil Polens anzueignen. Ich denke, die polnischen Ereignisse und vorzüglich Oestreichs Entwürfe auf Baiern werden das Berliner Kabinet dahin bringen, sich enger mit uns zu verbinden." Diese beiden Depeschen nebst einigen Briefen mit ähnlichen Vorschlägen, welche, wie es scheint, von preußischer Seite kurz vorher aus Regensburg nach Paris gekommen waren, schickt der Wohlfahrtsausschuß am 8. Mai an Merlin (S. 175), hauptsächlich um seine Ansicht über die Besitznahme und den Werth des linken Rheinufers zu erfahren. Es ist sehr merkwürdig, daß dieser Mann, so entschieden er sich auch früher für die Erwerbung ausgesprochen hat, jetzt doch in seinem Urtheile bedenklich wird. Er antwortet am 12. Mai (S. 182). Zuerst behandelt er die Frage, ausgehend von der allgemeinen Lage Europas und unter der Voraussetzung, daß Frankreich die zum Kriege nöthigen Mittel besitze. Preußen, meint er, hat von Anfang der Verhandlungen dahin gestrebt, sich zum Protektor des Reiches zu erheben. Jetzt will der König seinen Ruhm und seine Macht sichern und der Friedensstifter Europas werden. Sollen wir ihm diese stolze Rolle überlassen, gebührt sie nicht uns ganz allein? Ich sage offen, wir müssen mit Oestreich Frieden machen, ihm versprechen, es bei der Eroberung Baierns nicht zu beunruhigen, wenn wir dagegen die Niederlande und das linke Rheinufer erhalten. Diese Unterhandlung darf aber nicht durch unsere baseler Gesandten geführt werden; keiner von ihnen hat den Willen, die Fackel der Zwietracht in das Reich zu schleudern, und das ist doch gerade, worin unser größter Vortheil liegt. Was kümmern uns die Kurfürsten, die Preußen so eifrig beschützt? Es ist der Kaiser, der viel von uns zu fordern hat, denn wir haben ihm viel genommen. Bezahlen wir ihn also, wenn es möglich ist. Aber der Preuße darf nichts von dieser Unterhandlung erfahren, wenigstens nicht eher, als nach Abschluß des Vertrages. Dann ist der Krieg zwischen ihnen unvermeidlich und wir haben den Frieden. Ein anderer Weg, setzt er hinzu, wäre, sich mit Preußen, Baiern und Hessen gegen den Kaiser zu einigen, und in Verbindung mit ihnen die östreichischen Heere an die Donau zurückzuwerfen. Aber davon verspricht er sich weniger Vortheile und größere Kosten; „in der Politik", sagt er, „muß man immer den Schwächeren verlassen und sich mit dem Mächtigeren verbinden." Er kommt darauf zurück: man muß die Armee verstärken, und den Rhein überschreiten, ferner „Oestreich sondiren und mit ihm wegen Baiern Verhandlungen anknüpfen; dabei könnte vielleicht der toskanische Gesandte sehr nützlich sein. Gibt der Kaiser seine Einwilligung, so verhandelt man mit ihm ganz ohne Rücksicht auf Preußen oder auf das Reich, denn wir erhalten in diesem Falle die Niederlande und das linke Rheinufer."

Merkwürdig ist nun aber, was er nach allem diesem und nach dem, was er früher über die Frage geäußert, als seine Privatmeinung zu erkennen gibt: „Wir eilen von Unruhe zu Unruhe," schreibt er, „wir unterliegen so zu sagen unter dem Gewicht unserer eigenen Siege. Eingeschlossen in Frankreich leiden wir an Allem Mangel, unser Handel ist vernichtet, die Assignaten werthlos, unsere Hülfsquellen beinahe erschöpft. Wir haben weder Verfassung noch Regierung, der Royalismus richtet sich empor, der Fanatismus zündet seine Fackeln wieder an, die Verräther, die ihr Vaterland verließen, schöpfen wieder Hoffnung, und doch liegt Europa zu unseren Füßen. Die Welt verlangt nach Frieden, während ein einziger Schlag uns in einem Augenblick um all unseren früheren Glanz bringen könnte. Und nun frage ich, warum haben wir die Waffen ergriffen? doch um Frieden, Ueberfluß und Glück wieder bei uns heimisch zu machen. Laßt uns Europa rufen, den Frieden zu empfangen, und seiner selbst wieder froh werden. Man scheint geneigt, uns Speier, Trier, Luxemburg zu überlassen, so daß die Maas unsere Gränze wird; nehmt das als Entschädigung an und gebt uns den Frieden."

„Gebt uns den Frieden, müßten wir selbst in unsere alten Gränzen zurückkehren. Wir sind immer noch groß genug, vielleicht noch größer, weil wir der Welt beweisen, daß wir die Waffen nur für die Freiheit ergriffen, und daß wir die Freiheit gegen unsere Feinde im Innern wie nach Außen erkämpft haben. Das ist meine Meinung, ich glaube die einzig heilsame. Möchte sie die gigantischen Entwürfe der Menschen überwiegen, welche vergessen, woran die Schicksale der Reiche geknüpft sind."

Diese Worte sind besonders deßhalb bemerkenswerth, weil sie zu den wenigen gehören, in welchen ein deutliches Bewußtsein von den innern Uebelständen Frankreichs und den Gefahren der Freiheit zum Ausdruck gelangt. Zugleich geben sie den Beweis, daß man auch den weitest gehenden Ansprüchen französischer Selbstüberschätzung gegenüber immer noch hoffen durfte, vernünftigen Gründen Eingang zu verschaffen. Nur freilich was Merlin hier geäußert hat, konnte für den Wohlfahrtsausschuß eine unmittelbar praktische Bedeutung nicht leicht gewinnen; man weiß kaum, wohin es eigentlich zielt. Gewiß ist, daß die Republik gegen Rückgabe ihrer Eroberungen von allen Mächten Europas den Frieden hätte erlangen können, aber Merlin selbst durfte schwerlich glauben, einem solchen Gedanken in Paris Eingang zu verschaffen. Das Anerbieten der Maaslinie kann nicht wohl anders, als auf die Verhandlungen mit Preußen sich beziehen. Aber war es geeignet, den Frieden herbeizuführen? würde der Kaiser darauf eingegangen sein? wollte man ihm auch in diesem Falle Baiern anbieten? Fragen dieser Art scheint Merlin sich gar nicht gestellt zu haben. Die ganze Tirade war leider nicht viel mehr als eine vorübergehende Anwandlung. Schon wenige Tage später, in demselben Briefe vom 20. Mai, der über das Mittagessen in Hüningen Auskunft giebt, bewegt er sich durchaus wieder in den alten Anschauungen. "Hardenberg und die hessischen Minister," schreibt er (S. 194), "verfolgen das System, dem Kaiser das Reich abwendig zu machen, und eine Vereinigung wenn nicht schriftlich doch thatsächlich zu bilden, um ihn vom Erwerbe Baierns abzuhalten; nur für diesen Fall wollen sie auf ein Angriffsbündniß mit Frankreich, dessen sie dann benöthigt wären, eingehen. Sie möchten sich aus dem Krieg zurückziehen, alles oder doch beinahe alles, was sie früher besaßen, behalten, damit dann die Republik mit dem Kaiser sich in den Haaren liege. Vor Allem fürchten sie einen Frieden der Republik mit dem Kaiser ohne das Reich; das, sagen sie, sei das sichere Mittel, uns zu Grunde zu richten. Sie besorgen, man könne ohne sie in diesem Sinne unterhandeln, und wünschen, um Vertrauen zu gewinnen, daß wir über den Rhein gingen."

"Nach meiner Ansicht folgt aus allem diesem: Wenn der Kaiser uns für Bayern die Niederlande und das linke Rheinufer überlassen will, so muß man nicht zögern, darauf einzugehen. Denn nach Allem, was diese Leute mir gesagt haben, ist dann der Krieg im Herzen von Deutschland. Preußen wird im Zaume gehalten durch Rußland, das der Kaiser für seine Entwürfe schon gewonnen haben wird, und der Kaiser kämpft mit Vortheil gegen die Reichskreise, während wir ruhig die Frucht unserer Siege genießen. Haben wir den Rhein als Gränze, so sehe ich nicht, wie der Kaiser uns jemals gefährlich werden könnte, wäre er auch Herr von Baiern."

"Aber Alles kommt darauf an, zu wissen, ob Verhandlungen auf diesen Punkt hin möglich sind. Könnte man den Kaiser nicht dazu bewegen, daß er auf eine Verhandlung ohne Wissen Preußens und an einem andern Orte als in Basel eingienge, so müßte man mit dem Reiche ab=

schließen, welches fußfällig um Gnade bittet, und in solcher Weise den Kaiser vom Reiche trennen."

Diese Ansichten ändert er nicht mehr; auch im Wohlfahrtsausschuß gelangen sie durchaus zur Geltung. So schreibt Merlin von Douai im Namen des Ausschusses noch am 25. August (S. 238): "Dein Brief, mein lieber Freund, vom 1. Fructidor (18. August) ist mir zugekommen; gleich meinen Collegen Sieyes, Boissy 2c. habe ich mit größtem Interesse gelesen, was Du über Deine Conferenzen zu Basel darin mittheilst. Alle, oder doch beinahe Alle, denken wir über das linke Rheinufer gerade wie Du, und wenn die künftige Regierung von unseren jetzigen Grundsätzen nicht abweicht, so stehe ich dafür ein, daß dies Ufer uns verbleiben wird. Aber es ist nöthig, den Rhein zu überschreiten und schnell zu überschreiten, dann wird man mit Oestreich leicht fertig werden; ist es nöthig, Baiern zu opfern, meiner Treu, so müssen wir den Sprung thun; wir behalten unsere Eroberungen, das ist Vortheil genug, um uns darüber hinwegzusetzen."

Ich habe alle diese Aeußerungen mitgetheilt, weil in ihnen vollkommen deutlich die Politik hervortritt, welche während des ganzen Krieges unveränderlich von Frankreich gegen Deutschland eingehalten wurde. Sie hat einen doppelten Gesichtspunkt: vorerst Deutschland in Uneinigkeit zu erhalten oder, wie Merlin sich ausdrückt, zu sorgen, daß die Wölfe sich unter einander zerreißen; demnächst die Niederlande und das linke Rheinufer zu erwerben. Um das Erstere zu erreichen regt man unabläßig die Besorgniß Preußens an, Oestreich könne, falls es nicht von Frankreich gehindert würde, sich Baierns bemächtigen, eine Besorgniß, die um so stärker wirkte, als Preußen, durch den Vertrag vom 23. Januar 1793 gebunden, einen offenen Widerstand gegen diesen über Alles verhaßten Plan in Wien oder Petersburg gar nicht erheben konnte. Während man aber in solcher Weise Preußen zum Bündniß mit Frankreich und zu offener Feindseligkeit gegen Oestreich fortzudrängen suchte, nahm man nicht den mindesten Anstand, dem Kaiser dies selbige Baiern, nöthigenfalls auch ein Bündniß gegen Preußen anzubieten, wenn er das linke Rheinufer an

Frankreich überlassen wollte. Ich deute hier nur den Grundsatz an, wo er eben in voller Frische uns entgegentritt; ihn anzuwenden wird sich noch mannichfache Gelegenheit bieten.

Irre ich nicht, so hat Sybel das Verdienst, zuerst auf das wichtige Buch Reynauds aufmerksam gemacht zu haben; auffallend bleibt nur, daß es für die späteren Auflagen seines Werkes nicht in höherem Maße nutzbar geworden ist. Denn mich däucht, es springt in die Augen: was er über die Carlettischen Unterhandlungen, ihre Wirkung auf die gemäßigte Partei des Conventes, ihren Zusammenhang mit dem Gastmahl in Hüningen mittheilt, läßt sich mit diesem Briefwechsel Merlins durchaus nicht vereinigen. Wir sehen allerdings, daß man in Frankreich von den Absichten Oestreichs auf Baiern Kenntniß erhalten hatte, die ja auch gar kein Geheimniß bleiben konnten. Denn sie werden noch in dem preußisch-russischen Vertrage vom 23. Januar 1793 ausdrücklich erwähnt; und schon durch die trefflich unterrichteten Agenten in Polen, vor Allem aber durch die wiederholten sorgenvollen Anfragen der preußischen Diplomaten mußten sie den Franzosen bekannt werden. Daß aber Carletti solche Andeutungen gemacht, daß er in Paris über die Absichten des Kaisers auf Baiern gesprochen oder gar für Baiern das linke Rheinufer geboten hätte, davon findet sich in jener ganzen Correspondenz nicht die leiseste Andeutung. Carletti wird darin nur ein einziges Mal erwähnt und nicht als Jemand, welcher für den Kaiser Unterhandlungen eingeleitet hätte, sondern durch welchen man vielleicht in Zukunft mit dem Kaiser Unterhandlungen einleiten könnte; es wird sogar wiederholt die Frage aufgeworfen, ob es möglich sein würde, den Kaiser zu einer besonderen Verhandlung zu bestimmen. Und dies ist hier entscheidend. Daraus, daß nahbetheiligte Personen von einem Ereigniß nichts wissen oder es nicht erwähnen, darf man freilich nicht immer schließen, es könne überhaupt nicht geschehen sein. Wenn aber, wie hier der Fall ist, gerade die Personen, denen eine Mittheilung gemacht sein müßte, sich darüber unterhalten, ob sie vielleicht noch gemacht werden könnte, und ob gerade die Person, welche sie gemacht haben müßte, von ihnen zu einer ähnlichen Mittheilung sich benutzen ließe, so liegt darin allerdings ein sicheres Zeichen, daß diese Mittheilung bisher und insbesondere durch diese Person nicht gemacht worden ist. Es bleibt zu bemerken, daß Merlin gerade Anfang Mai einige Zeit in Paris verweilte, also von Allem, was sich auf die preußische Verhandlung und etwaniges Eingreifen Carlettis bezog, auch durch mündliche Mittheilungen und eigene Anschauung die genaueste Kenntniß besitzen mußte. Wollte man sich aber mit dem negativen Beweise doch nicht begnügen, so fehlt in dieser selbigen Correspondenz auch der positive nicht. „Einer unserer Kollegen," schreibt Merlin von Douai am 20. September (S. 257), „hat mir den Brief eines Militairs mitgetheilt; wie es scheint, sagt man Dir nach, Du hättest im Rausch bei Barthelemy zu Basel die Friedensunterhandlungen mit dem Kaiser abgebrochen; dies Gerücht findet vielen Glauben und erregt Unzufriedenheit und Desertionen." „Und doch," schaltet er ein, „hat der Kaiser, wie Du weißt, bisher noch nicht einen Schritt für den Frieden gethan" (l'empereur cependant, comme tu sais, n'a pas encore fait un pas pour la paix). Man begreift kaum, wie sich mit diesen Worten vor Augen von Carlettis einflußreicher Wirksamkeit für Oestreich ferner reden läßt.

Mich dünkt, man hätte danach für die richtige Würdigung der Merlinschen Erzählungen und dessen, was daraus gefolgert worden, genügende Anhaltspunkte. Ich bemerke nur noch, daß auch die übrigen Gründe, welche Sybel für seine Ansichten aufführt, insbesondere der Bericht des Legationsrathes Gervinus nicht von Bedeutung scheinen. Wäre es den französischen Machthabern gelungen, ihn völlig von der Existenz Carlettischer Anerbietungen zu überzeugen, so läge selbst darin, wenn man die Umstände in Betracht zieht, noch keineswegs auch für uns ein überzeugender Beweis[1]). Nun aber, wenn Sieyes und Boissy jene ihnen höchst

---

[1]) Gerade am 2. Juni (S. 207) schreibt Merlin ausdrücklich an den Wohlfahrtsausschuß, man solle doch Gervinus durch die Hinweisung auf einen Frieden mit Oestreich zur schnellen Nachgiebigkeit bestimmen.

willkommenen Gerüchte nur nicht widerlegen, wenn Gervinus selbst die Ueberzeugung gewinnt, Carletti habe nicht förmlich im Auftrage Thuguts gehandelt, so heißt das, scheint mir, ungefähr so viel, als daß er überhaupt nichts von Bedeutung darüber in Erfahrung bringen konnte. Fände sich nur ein Zeugniß, daß auch Franzosen an diese Unterhandlung geglaubt hätten! Aber es scheint zu fehlen. Sybel führt allerdings (III, 410) die Aeußerungen Merlins vom 12. Mai in einem Zusammenhange an, daß die meisten seiner Leser glauben werden, Merlin setze die Anträge Carlettis als etwas Bekanntes voraus; wer aber das Original vor Augen hat, ersieht sogleich, daß hier zwar von Absichten Oestreichs auf Baiern die Rede ist, ohne daß sie jedoch in irgend einer Weise auf Carletti zurückgeführt würden. Und so findet man auch in Paris auf dem Ministerium des Auswärtigen nicht den geringsten Anhaltspunkt. Die Papiere des Wohlfahrtsausschusses sind allerdings nicht vollständig dort erhalten, aber von dem Briefwechsel mit Barthelemy habe ich doch den bei Weitem beträchtlichsten Theil gerade aus dem Frühling 1795 vor Augen gehabt. In sämmtlichen Briefen des Ausschusses wird nicht einmal Carlettis Name genannt, von Intriguen des Kaisers ist allerdings häufig die Rede, aber niemals in dem Sinne, daß er für Baiern das linke Rheinufer anbiete, sondern daß er den Krieg fortsetzen und deßhalb die deutschen Reichsstände verhindern würde, dem System der preußischen Neutralität sich anzuschließen. Und was noch auffallender ist, auch Barthelemy erwähnt Carlettis nicht einmal in seinem Briefe vom 19. Mai, der zuerst über das Gastmahl in Hüningen Auskunft gibt. Nicht eher, als am folgenden Tage, dem 20. Mai, theilt er die oft erwähnten Gerüchte mit, ungefähr in der Form, wie sie dann auch in Deutschland verbreitet wurden, aber nicht als Etwas, das er selbst glaubte, oder das ihm aus Paris früher schon mitgetheilt oder dem Ausschuß dort bekannt wäre, sondern als Etwas, das er durch Hardenberg erfahren hat, ohne nur eine Bemerkung über Carletti beizufügen. Die nächste Antwort des Ausschusses ist leider nicht vorhanden; in den folgenden Briefen wieder gänzliches Schweigen, gerade wie Merlin gegenüber. Nicht einmal als Schreckmittel für Hardenberg hat der Ausschuß Carletti für geeignet oder bedeutend genug erachtet.

Auf den Wiener Archiven ist, wie man auch ohne Vivenots Versicherung glauben dürfte, nicht die geringste Spur eines Auftrags zu unterhandeln für Carletti vorgefunden, freilich um so mehr über die Wirkung, welche das plötzliche Bekanntwerden einer solchen Anschuldigung im Reiche und insbesondere in Wien hervorgerufen hat. Erwägt man, daß sich die Anklage des Reichsverrathes nicht schärfer aussprechen ließ, daß es der Kaiser war, gegen den sie erhoben wurde, so kann man denken, wie sehr der Wiener Hof sich verletzt fühlen mußte. Denn Jeder sieht, die Absichten auf Baiern erhielten hier eine ganz andere Bedeutung, als in früherer Zeit, insbesondere in den Verträgen vom 23. Januar 1793 und selbst vom 3. Januar 1795. Dort ist die Rede von einem Tausch; man hoffte den Kurfürsten zu bewegen, für Baiern Belgien, also ein nach Einkünften und Bewohnern weit größeres Gebiet zu übernehmen; jetzt aber war Belgien in Feindeshand, sollte auch darin bleiben, der Kurfürst durch einen Raub, gegen seinen Willen, vielleicht ganz ohne Entschädigung seine Länder verlieren. Schon früher hatte man die in Berlin, Frankfurt oder Regensburg auftauchenden Gerüchte, daß Carletti mit Verhandlungen für Oestreich betraut sei, mit Unwillen zurückgewiesen. Noch die Wiener Zeitung vom 6. Mai bringt eine officielle Erklärung, der Kaiser halte es unter seiner Würde, die Gerüchte über den Grafen Carletti zu widerlegen, für die auch nicht der Schein einer Veranlassung sei[1]). Denn obgleich in solchen Aufträgen an sich nicht einmal etwas Außerordentliches oder Unrechtmäßiges gelegen hätte, so hielt man doch in Wien sehr fest an dem Grundsatze, daß der Kaiser nicht ohne seine Bundesgenossen und nur in Verbindung mit dem Reiche auf Verhandlungen mit der Republik sich einlassen könne. Nun kam plötzlich diese schwere Anklage. Hardenberg hatte sogleich dem preußischen Gesandten

---

1) Lucchesini an das Ministerium am 9. Mai 1795.

Grafen Görtz in Regensburg von seiner Entdeckung Kenntniß gegeben ¹). Der Herzog von Zweibrücken säumte, wie man denken kann, noch weniger, Alles, was in seinen Kräften stand, gegen einen Plan aufzubieten, der ihn der reichen Erbschaft völlig zu berauben drohte. So geschah es, daß der alte Kurfürst Karl Theodor seinen Gesandten am wiener Hofe, den Freiherrn von Reichlin, mit der Uebergabe eines wenig ehrfurchtsvollen Promemorias beauftragte. Es war darin die Befürchtung ausgesprochen, die kurpfälzischen Lande seien von der östreichischen Heeresmacht weit mehr als von dem Reichsfeinde bedroht, da ja der Graf Carletti, welcher in Paris für das durchlauchtigste Erzhaus Oestreich unterhandle, die Einwilligung Frankreichs zu dem Ueberfalle Baierns als einen geheimen und besonderen Artikel zur Grundlage seiner Unterhandlungen mache, Baiern daher auf dem Rückzuge der östreichischen Heere von ihnen besetzt, und dagegen die k. k. Niederlande abgetreten werden sollten. Für diesen Dienst biete der Graf Carletti die Genehmigung Sr. k. k. Majestät zur Ausdehnung der Gränzen des französischen Staates bis an den Rhein an." Als Quelle für diese Nachricht wurde Hardenberg und der Hessen-Kasselsche Minister von Weiß genannt und beigefügt, es sei dem Kurfürsten Rettung von allen diesen Gefahren unter der Bedingung zugesagt, daß er dem von Preußen geschlossenen Frieden mit Berufung auf den 11. Artikel desselben beitrete. Der Kurfürst, hieß es weiter, sei weit entfernt, diese Nachrichten mit den so oft wiederholten freundschaftlichen Versicherungen, den reichspatriotischen Gesinnungen, mit der hohen und ehrwürdigen Aufrichtigkeit und Gerechtigkeit Sr. k. k. Majestät in den mindesten Kontrast zu stellen, könne aber doch nicht bergen, daß er durch diese Gerüchte in eine Verlegenheit gesetzt werde und durch eine schriftliche, kategorische und beruhigende Antwort des kaiserlichen Ministeriums davon befreit zu sein wünsche ²). Thugut säumte

---

1) Vgl. Hügels Bericht vom 6. Juni an Colloredo und Kargs Bericht an den Kurfürsten von Köln vom 25. Mai bei Vivenot a. a. O. II, II, 319.

2) Vgl. Kurpfälzisches Promemoria vom 30. Mai 1795 bei Vivenot a. a. O. II, II, 308.

nicht, noch am selbigen Abend diese Antwort zu ertheilen: „Der k. k. Hof," schreibt er, „habe weder während des Krieges mit dem Reichsfeind in was immer für Unterhandlungen sich eingelassen, stehe weder dermalen mit ihm in direkten oder indirekten Unterhandlungen, noch werde er je in was immer für einer Eigenschaft einseitig mit demselben sich einlassen, sondern seinen reichsständischen Verbindungen getreu Alles, was auf die Beförderung eines anständigen Friedens Bezug habe, mit dem Reiche gemeinschaftlich behandeln"[1]). Schon am Tage vorher, am 29. Mai, war einem Circular an die kaiserlichen Minister im Reiche die officielle Erklärung beigegeben, jenes Gerücht über die Unterhandlungen des Grafen Carletti in Paris sei eine abgeschmackte kindische Fabel, deren weitere Verbreitung um so mehr für eine Verläumbung angesehen werden müsse, als der kaiserliche Hof seit dem Anfange des gegenwärtigen Krieges niemals und am wenigsten durch den sogenannten Grafen Carletti in eine Friedensverhandlung mit den Franzosen einzugehen sich habe einfallen lassen[2]). Diese Erklärung wurde in eine große Zahl von Zeitungen eingerückt, und aller Orten gaben sich die kaiserlichen Gesandten alle erdenkliche Mühe, das für den Kaiser so nachtheilige und beleidigende Gerücht zurückzuweisen. Vivenot (II, II, 293—327) hat darüber aus dem Wiener Staatsarchiv manches sehr Dankenswerthe mitgetheilt. So entscheidend, wie er annimmt, sind übrigens alle diese Aeußerungen doch nicht, denn es wäre nicht das erste Mal, daß ein Minister der Nachricht von einer ihm ungünstigen Thatsache durch Läugnung zu begegnen suchte. Selbst die Briefe Thuguts an den Reichsvicekanzler Colloredo und den Concommissar von Hügel verlieren dadurch an Beweiskraft, daß gerade in Bezug auf Baiern allerdings eine verschiedene Ansicht zwischen dem östreichischen und dem Reichsministerium bestand, und ein so äußerst verschwiegener Mann wie Thugut immerhin eine Verhandlung einleiten konnte, ohne auch nur seine Kollegen davon in Kenntniß

---

1) Vgl. Thuguts Schreiben vom 30. Mai bei Vivenot a. a. O. II, II, 310.
2) Vgl. Vivenot a. a. O. II, II, 300.

zu setzen. Aber als Aeußerungen der einflußreichsten östreichischen Staatsmänner über die Reichsangelegenheiten sind sie an sich schon bedeutend genug und in Verbindung mit allem Uebrigen auch für die Beurtheilung der Carletischen Händel eine wesentliche Ergänzung.

Diese kann auch das preußische Archiv noch bieten. Das Ministerium hatte allerdings von dem Aufenthalt Carlettis in Paris nicht ohne Sorge Kenntniß genommen; Haugwitz äußerte sich einige Male dem kaiserlichen Gesandten Fürsten Reuß gegenüber in diesem Sinne. Aber die gewaltige Aufregung, die durch Hardenbergs unvorsichtiges Benehmen in Deutschland hervorgerufen wurde, konnte man auch in Berlin nicht anders als unangenehm empfinden. Trotz des baseler Friedens wünschte man ein leidliches Verhältniß zu Oestreich zu bewahren. Nun berichtete aber Lucchesini aus Wien am 3. Juni, der Schritt des Freiherrn von Reichlin habe dort in allen Kreisen die äußerste Entrüstung gegen Preußen hervorgerufen; man nenne diese Anschuldigung den Gnadenstoß des guten Einvernehmens; umsonst versuche er den Sturm zu beschwichtigen und zu Hardenbergs Entschuldigung Etwas vorzubringen. Haugwitz gab mit umgehender Post Lucchesini den Auftrag, Thugut das Bedauern des preußischen Hofes über diese Angelegenheit auszusprechen; nicht Hardenberg, sondern Merlin sei der Urheber jener Erdichtungen; die preußischen Gesandten, insbesondere der Graf Görtz, seien angewiesen, der irrigen Meinung entgegenzuwirken; Hardenberg habe sie gewiß nicht als Thatsache, sondern nur als Gerücht und in dieser Form selbst dem Grafen Lehrbach in Frankfurt mitgetheilt. In ganz gleichem Sinne spricht sich der ausschließlich für Lucchesini in Chiffern geschriebene Theil der Depesche über jene „apokryphen Gerüchte" aus; sie scheinen nur auf Erzählungen Merlins zu beruhen, etwas Sicheres über Carletti wisse man gar nicht[1]). Diese Ansicht hat sich auch nach Allem, was Lucchesinis Briefwechsel zu entnehmen ist, nicht geändert. Noch am 28. October schreibt

---

1) Vgl. das Schreiben des Ministeriums vom 12. Juni.

der Gesandte: „Unterstützt durch das erleuchtete und tiefgehende Urtheil des Ministeriums Ew. Majestät befestige ich mich von Tag zu Tage mehr in der Ansicht, welche ich derjenigen des Freiherrn von Hardenberg entgegenzusetzen wagte, daß eine geheime Verhandlung über den Frieden und den Tausch von Baiern zwischen dem Wiener Hofe und der französischen Regierung gar nicht existirt." Das beste Zeugniß bietet aber ein eigenhändiger Brief des Königs an die Minister vom 16. Juli, in welchem er, offenbar wesentlich durch diese Angelegenheit bewogen, den Befehl ertheilt, daß Lucchesini und Hardenberg mit einander in Briefwechsel treten und insbesondere der Erstere die aus Frankreich kommenden Gerüchte über östreichische Anerbietungen an Ort und Stelle untersuchen solle. „Denn", setzt der König hinzu, „man kann überzeugt sein, daß eine Menge von Neuigkeiten und falschen Gerüchten in Frankreich geschmiedet wird, um die Mißverständnisse zwischen uns und Oestreich wo möglich bis zum Bruche zu steigern, einerseits in der Absicht, uns dadurch zu einem Bündniß mit ihnen zu zwingen, andererseits in der Ueberzeugung, sie würden vermittelst eines allgemeinen Krieges zwischen den Hauptmächten Europas ihren Lieblingsplan, den sie bisher noch nicht durchsetzen konnten, nämlich in den verschiedenen Staaten Europas Anarchie zu säen, zur Ausführung bringen" [1].

---

[1] Man wird diesen Brief, welcher dem Fürsten, der ihn geschrieben hat, zur großen Ehre gereicht, mit Vergnügen in der Ursprache lesen: Vous aurez soin de votre côté d'instruire le marquis par la poste de samedi des points essentiels de l'instruction du baron de Hardenberg, pour qu'il soit au même de l'assister depuis Vienne de tous les avis et nouvelles de cette ville, qui peuvent être utiles au baron; et vous avertirez celui-ci, que de son côté il avertisse le marquis de tout ce qu'il apprendra à Bâle par les Français de menées Autrichiennes, pour que celui-ci, tâche de les vérifier sur les lieux et d'en apprendre le vrai ou le faux. Car l'on peut être persuadé, que l'on forge bien des nouvelles et des faux bruits en France pour augmenter, s'il est possible, même jusqu'à une rupture les mésintelligences entre nous et l'Autriche, tant par l'idée de nous forcer à une alliance avec

Nach allem diesem möchte ich glauben, es gebe nicht leicht ein Gerücht, dessen völlige Nichtigkeit sich so überzeugend darthun läßt, als die Sage von Carlettis Unterhandlungen. Bedenkt man, daß dieser Diplomat doch den Bruder des Kaisers in Paris zu vertreten hatte, so kann es beinahe auffallen, daß er von Seiten der östreichischen Regierung so wenig benutzt wurde, als nach Merlins Briefwechsel anzunehmen ist. Dies findet aber darin seine Erklärung, daß man in Wien trotz der Wünsche des Reichstags zu Unterhandlungen wenig geneigt, auch mit dem Frieden, welcher Toskana von der Coalition trennte, durchaus nicht einverstanden war, und daß Thugut eben deßhalb zu dem leitenden Minister des Großherzogs, dem Marchese Manfredini, nicht, wie Sybel (III, 352) angibt[1]), in freundlichem, sondern in sehr gespanntem Verhältnisse stand, so daß er sich gewiß jedes anderen Agenten in Paris lieber als Carlettis bedient hätte. Dadurch erklärt sich auch die auffallende Rücksichtslosigkeit der östreichischen Kundgebung vom 29. Mai gegen den sogenannten Grafen Carletti, und in dieser Rücksichtslosigkeit liegt wieder ein neuer Beweis für die Nichtigkeit der Unterhandlung; denn Thugut hätte eine solche Abfertigung sicher nicht gewagt, Carletti nicht ruhig hingenommen, hätte sich etwas dagegen sagen lassen. Daß aber, wie Vivenot behauptet, die ganze Erzählung von Hardenberg absichtlich erfunden sei, ist auch wieder nicht zu glauben. Man könnte vielleicht anführen, daß Merlin in seinem Briefe über das Mittagessen in Hüningen gar nicht von einer Erzählung, durch die er Hardenberg getäuscht habe, Nach-

---

oux, que par l'assurance qu'en occasionant une guerre générale entre les principales puissances de l'Europe ils réussiraient dans leur projet favori, qu'ils n'ont pas encore pu mettre en éxécution, de semer l'anarchie dans les différents états de l'Europe.

1) Wahrscheinlich nach Lucchesinis Bericht vom 29. November 1794. Schon am 17. December schreibt er aber, man wisse über Thuguts Beziehungen zu Manfredini gar nichts Bestimmtes. Im April 1796 kam der toskanische Minister selbst nach Wien, um sich und seinen Fürsten zu rechtfertigen, wurde jedoch sehr ungnädig aufgenommen. Vgl. Lucchesinis Berichte vom 13. und 16. April 1796.

richt gibt, daß er zu jener Zeit einem Bündniß mit Preußen nicht einmal geneigt war. Aber dagegen muß man in Anschlag bringen, daß er nach dem Bericht eines Augenzeugen¹) seiner Gewohnheit gemäß bei Tische „sehr heiter" wurde, so daß er später vielleicht selbst kaum noch wußte was er gesagt hat. Preußen gegen Oestreich aufzuregen war zudem auch für ihn, wie wir sahen, das Grundprinzip der französischen Politik. Daneben bleibt zu berücksichtigen, daß nach Allem, was hier erörtert wurde, gleichwohl nicht zu berechnen ist, was für Reden von Carletti oder bei seinen Gastmählern geführt worden seien; übertriebene Gerüchte mochten Hardenbergs Besorgniß schon vor dem Zusammentreffen mit Merlin wach gerufen und ihn für jede Andeutung des Franzosen empfänglicher gemacht haben. Von Unvorsichtigkeit und Uebereilung kann man Hardenberg nicht freisprechen, aber daß er mit Absicht Unwahrheiten erzählt haben sollte, entspricht weder seinem Charakter, noch den Schritten, die er vorgenommen hat. Nur das ist wahrscheinlich, daß die Anregung wie zu dem Mittagsmahl so auch zu der Unterredung mehr von ihm als von Merlin ausging, und daß er durch eifrige Fragen selbst eine Besorgniß kundgab, die dann der schlaue Franzose sogleich aufs Geschickteste zu bestärken und auszubeuten wußte. Daneben thut man ihm schwerlich Unrecht, wenn man annimmt, daß er mit einigem Behagen ein Gerücht verbreitete, welches dem östreichischen Hofe nachtheilig und daher dem Unterzeichner des baseler Friedens mit Rücksicht auf die öffentliche Meinung doppelt willkommen sein mußte. Auffallend ist aber, daß eine so leicht erkennbare Täuschung noch jetzt, nach mehr als siebenzig Jahren, in einem ernsten geschichtlichen Werke Glauben finden, ja als Mittelpunkt und Grundlage für ausgedehnte historische Combinationen benutzt werden konnte. Sybel geht so weit, daß er sogar „die völlige Stockung der kriegerischen Operationen" während des Sommers von dieser nichtigen Voraussetzung abhängen läßt. Denn, sagt er (III, 414),

---

1) Vgl. Degelmanns Bericht an Thugut vom 22. Mai 1795 bei Vivenot a. a. O. II, II, 626.

„so lange die französische Regierung einen Abschluß mit dem Wiener Hofe nach Carlettis Angaben erwog, hätte es keinen Sinn gehabt, am Oberrheine das zweifelhafte Glück der Waffen zu erproben. Bei der Entblößung und Schwäche der republikanischen Heere hatte man im besten Falle die Aussicht, den Rhein zu überschreiten und durch Schwaben vielleicht bis nach Baiern vorzubrechen, nach dem Lande, welches man nach Carlettis System eben den Oestreichern überlassen würde. Nicht einmal zur Einschüchterung, sondern höchstens zur Abschreckung des friedesuchenden Gegners hätte solch eine Operation führen können. So standen die französischen Truppen in völliger Waffenruhe in den eroberten und ausgesogenen Landstrichen des linken Rheinufers." Für alle diese Annahmen ergibt sich aus dem Briefwechsel zwischen Merlin und dem Wohlfahrtsausschuß das Gegentheil. Wir finden Beide, den Ausschuß sowohl als den Repräsentanten, eifrig bemüht, den Uebergang über den Rhein so viel als irgend möglich zu beschleunigen. Von wirklichen Unterhandlungen mit dem Kaiser zeigt sich für diese Zeit keine Spur, aber selbst die Aussicht, daß man dergleichen in Zukunft einmal anknüpfen werde, verstärkt zunächst nur den Wunsch, vor Allem auf das andere Ufer zu gelangen, um dann dem Feinde Gesetze vorschreiben zu können. Wir sehen aber auch, wie die üble Lage der französischen Armee, der gänzliche Mangel an Geld, an Pferden und anderen Kriegsbedürfnissen immer neuen Aufschub verursacht, wobei allerdings noch in Anschlag zu bringen ist, daß der Obergeneral Pichegru, schon damals im Einverständniß mit den Ausgewanderten, die eifrige Thätigkeit des Repräsentanten mehr hemmt als unterstützt [1]). Erst im September sind am Ober= und Niederrhein die dringendsten Bedürfnisse befriedigt, und sogleich wird auch der Feldzug mit dem Uebergange über den Fluß eröffnet.

---

1) Vgl. Correspondance de Merlin p. 166. 181. 182. 190. 199. 201. 219. 221. 224. 229. 240. Mit den Umtrieben Pichegrus steht das Benehmen Aubrys im Wohlfahrtsausschuß (223. 230) in Verbindung.

Zweites Buch.

Die Praeliminarien von Leoben.

Erstes Kapitel.

Die späteren Ereignisse des Jahres 1795.

Die eben erwähnten Vorfälle in Deutschland, dann die letzten Tage des französischen Convents, welcher im Herbste 1795 dem Directorium Platz machte, bilden den Schluß des Sybel'schen Werkes. Auch Vivenot geht nur in einzelnen Streifzügen über die Gränzen dieses Jahres hinaus. Für die spätere Zeit ist Häussers deutsche Geschichte dasjenige Buch, welches vorzugsweise die allgemeine Anschauung bestimmt, also vor andern Berücksichtigung verlangt. Wenn ich aber an diesem Werke allerdings Einiges auszusetzen muß, so bleibt mir vorerst hier anzuerkennen, daß ich ihm Vieles verdanke. Von allen Büchern, die mit jener Zeit sich beschäftigen, ist es das gründlichste und brauchbarste, besonders seitdem es in der dritten Auflage durch die umfassende Benutzung des preußischen Staatsarchivs an Werthe wesentlich gewonnen hat. Bei einer Erzählung, die über einen langen Zeitraum und eine Fülle der bedeutendsten Ereignisse sich verbreitet, wird im Einzelnen immer Einiges auszustellen sein. Dazu kommt noch, daß gerade der Abschnitt über „Leoben und Campo Formio" vielleicht die meisten Schwächen zeigt und zeigen muß, weil man ohne Benutzung der östreichischen Archive über jene Verhandlungen eine genügende Kenntniß sich gar nicht erwerben konnte. Im Uebrigen mache ich die Erfahrung, daß dies Buch bei längerem Studium eher gewinnt als verliert. Gerade da ich jetzt zum Zweck dieser Zeilen nach längerer Zeit, und nachdem ich selber das Berliner Archiv benutzen konnte, die ersten Bände wieder durchgehe, finde ich, daß sie meistens diese Probe recht wohl ertragen. Es sind nicht so sehr die Thatsachen selbst, als die Beurtheilung der Thatsachen, und nicht ganze Abschnitte, sondern einzelne Stellen, die, soweit ich entscheiden kann, der Verbesserung bedürften, und auch diese verlieren insofern an Gefährlichkeit, als Häusser durch genaue Angabe seiner Quellen und längere Auszüge dem Leser eigenes Urtheil und Untersuchung wenigstens erleichtert hat.

Hervorspringend ist auch bei diesem Schriftsteller eine leidenschaftliche, häufig ungerechte Abneigung gegen Alles, was von der östreichischen Regierung ausgeht, ein Fehler, der jedoch einigermaßen durch den Mangel ausreichender Quellen entschuldigt wird. Denn abgesehen von dem Wenigen, was gedruckt vorliegt, mußte die Darstellung beinahe gänzlich auf Caesars und Lucchesinis Berichte gegründet werden. Allerdings sind nun diese Berichte von hoher Bedeutung. Mag Jemand von Lucchesinis Charakter halten, was er will, es läßt sich nicht bestreiten, daß er ein ausnehmend kluger Mann, ein feiner und scharfer Beobachter gewesen ist. Seine zahlreichen Verbindungen führten ihm von allen Seiten bedeutende Nachrichten zu, man darf sagen, daß nicht leicht ein politisches Ereigniß vorüberging, bei dem er sich nicht thätig erwiesen, oder von dem er nicht wenigstens Nachricht erhalten und gegeben hätte. Alle diese Vorzüge erkennt man bald in seinen Mittheilungen; für den, der sie zu gebrauchen versteht, sind sie von unschätzbarem Werth. Nur darf man ihm nicht unbedingten Glauben schenken und insbesondere nicht vergessen, daß er, seit vielen Jahren Oestreichs entschiedener Feind, das Bündniß sobald als möglich zu zerreißen wünschte, um dann nicht allein den Frieden, sondern auch eine engere Vereinigung mit der Republik, selbst auf die Gefahr eines offenen Krieges gegen den Kaiser herbeizuführen. Gerade für diesen Zweck sind seine Mittheilungen wesentlich berechnet, und es läßt sich denken, daß sie dadurch weder zuverlässiger noch für den Wiener Hof günstiger geworden sind. Dazu kommt noch, daß Thugut seine politische Thätigkeit, insbesondere die späteren Verhandlungen mit Frankreich so geheim zu halten wußte, daß selbst Lucchesini nur wenig, oder doch wenig Zuverlässiges davon zu erfahren möglich war. Um so mehr hat er dann auf bloße Gerüchte und Muthmaßungen sich beschränken müssen, und wie sollten sie zum Vortheile seines persönlichen und politischen Gegners ausgefallen sein? Alles, was er nun Ungünstiges zu melden weiß, findet in Häussers Darstellung einen Wiederhall, nur daß der Bearbeiter die in einer Fluth von Depeschen zerstreuten Ingredienzen zu einem Extract zusammengezogen hat, kräftig genug, um, wie wir zuweilen in Mährchen lesen, einen gewöhnlichen Menschen, geschweige einen Minister, in ein Ungeheuer zu verwandeln. Denn so zeigt er uns Thugut, gleich wo er ihn zum erstenmale auftreten läßt [1]), „zwar als einen Mann von Geist und Talent, aber ohne sittliche und politische Grundsätze, cynisch in der Schätzung der Menschen wie in der Wahl seiner Mittel, der die Neigungen eines orientalischen Veziers mit der jacobinischen Rücksichtslosigkeit eines plebejischen Emportömmlings verbindet. Die Neigung zur Gewaltthätigkeit bis an die Gränze des Frevels und Verbrechens, die unverhüllteste Selbstsucht und ein unüberwindlicher Hang zur Intrigue, eine Art von Leidenschaft für künstliche Verstrickung der Verhältnisse, das Alles war nach Häussers Ansicht zugleich in diesem Manne repräsentirt, und drängte sich auf eine Reihe von Jahren in die östreichische Politik ein, bis diese Staatskunst Katastrophen herbeiführte, welche die Existenz des Staates selbst in Frage stellten." Aus diesem Zustande der Verdammniß gibt es auch keine Erlösung; so vielmals von Thugut später noch die Rede ist, mit sehr wenigen Ausnahmen muß er diese Ehre durch heftige Vorwürfe entgelten; man könnte glauben, er würde nur deßhalb wieder aufgeführt, um allen seinen Nachfolgern als abschreckendes Beispiel zu dienen.

Ich habe diesen Mann auf den vorstehenden Seiten schon so

---

[1]) Vgl. Deutsche Geschichte, I, 483.

oft genannt, und auf den folgenden tritt er so sehr in den Vordergrund, daß man einigen Bemerkungen über seine Persönlichkeit hier wohl eine Stelle gönnt.

Er war 1736 zu Linz geboren, in niederm Stande, es heißt als der Sohn eines armen Schiffmeisters, dessen Namen Thunichtgut Maria Theresia später in Thugut veränderte. Seine gelehrte Bildung erhielt er von den Jesuiten, trat 1754 zu Wien in die orientalische Akademie und wurde ein Jahr später bei der Internuntiatur in Constantinopel angestellt. Glänzende Fähigkeiten verschaffen ihm rasche Beförderung, schon 1770 wird er zum Residenten, 1771 zum Internuntius ernannt, 1774 in den Freiherrnstand erhoben. Im folgenden Jahre gelang es seiner diplomatischen Geschicklichkeit, die Pforte zur Abtretung der Bukowina zu bewegen und dadurch Ungarn und die neu erworbene Provinz Galizien abzurunden. Nach Deutschland zurückgekehrt wurde er von Maria Theresia mit mehreren wichtigen Sendungen betraut; er war es, der 1778 ohne Wissen Josephs II. mit Friedrich dem Großen eine Unterhandlung führte, welche den Streit um die bairische Erbfolge zum Austrag bringen sollte. Dann findet man ihn als Gesandten in Paris, Warschau und Neapel, 1790 während des Türkenkrieges erscheint er als Hofcommissar bei der Armee des Prinzen von Koburg. Gerade befand er sich in den Laufgräben der Citadelle von Giurgewo, als die Türken am 9. Juni den Ausfall machten, der das Ende der Belagerung herbeiführte. Während Koburg abwesend, die obersten Befehlshaber getödtet, und Alles in Schrecken und Verwirrung befangen war, behielt einzig Thugut Ruhe und Geistesgegenwart; mit gezogenem Degen ermuthigte er die Seinigen und gab die treffendsten Anordnungen. Im nächsten Jahre rief ihn die französische Revolution auf einen anderen Schauplatz. Mit wichtigen Aufträgen nach Brüssel und Paris gesendet, setzte er sich dort mit Mirabeau in Verbindung; Pellenc, den vertrauten Secretär des französischen Staatsmannes, nahm er später in seine Dienste. Nach dem Ausbruch des Krieges, 1792 begleitet er das preußische Heer, nimmt Theil an den Verhandlungen in Merle und Luxemburg, endlich im folgenden Frühjahr wird ihm, wie man sich erinnert, die Leitung der auswärtigen Angelegenheiten übertragen.

Beinahe acht Jahre ist er dann, mit einer kurzen Unterbrechung im Frühling 1798, in dieser hohen Stellung geblieben; kurz vor dem Frieden zu Luneville, zu Ende des Jahres 1800, trat er zurück und beschränkte sich seitdem auf einen kleinen Kreis von Freunden in Preßburg und zuletzt in Wien, vornehmlich mit orientalischen Studien, besonders der persischen Litteratur beschäftigt. So erlebte er noch die Niederlagen der folgenden und den Umschwung des Jahres 1813; erst am 28. Mai 1818 ist er der Schwäche eines zunehmenden Alters erlegen.

Ich entnehme diese Einzelheiten dem Nekrolog, der nicht lange nach seinem Tode im „Oestreichischen Beobachter" vom 9. September durch den Grafen Franz Dietrichstein veröffentlicht wurde. „Thuguts große Eigenschaften," heißt es am Schluß, „wird die Geschichte würdigen. Alle, die ihn kannten, besonders die unter ihm arbeiteten, leisten ihm das Zeugniß eines unermüdeten Diensteifers, der äußersten Sorgfalt bei Verwaltung der ihm übertragenen Staatsgeschäfte, sowie der verschiedentlich damit verbundenen Staatsgelder, und einer Thätigkeit, die ihn für alle, seinem großen Wirkungskreise fremden Gegenstände, selbst für sein eigenes Interesse unempfänglich machte... Die, welche dereinst die Geschichte des Zeitraums, in welchem er gewirkt hat, der Nachwelt zu überliefern berufen sind, werden die Aufgabe, die er zu lösen, die Schwierigkeiten, mit welchen er zu kämpfen hatte, den Zweck, der ihm vor Augen schwebte, und sein beharrliches, wenn auch nicht immer vom Glücke gekröntes Streben nach großen und würdigen Resultaten mit Gerechtigkeit darzustellen wissen."

Diese Hoffnung ist bisher nicht in Erfüllung gegangen; es stände übel um Thugut, wenn das Wenige, das über ihn geschrieben ist, eine gerechte Beurtheilung enthielte. Nicht viele Staatsmänner haben in der neueren Geschichte ein so ungünstiges Andenken hinterlassen. Die Ursache kann man, abgesehen von seiner eigenen Verschuldung, schon in äußern Umständen finden. Die ganze Zeit, in welcher er die Staatsgeschäfte leitete, beinahe acht Jahre sind ausgefüllt durch einen wechselvollen, aber meistens für Oestreich unglücklichen Krieg. Thugut schien und war in der That die eigentliche Triebfeder der kriegerischen Politik; er mußte zurücktreten, als die letzte Hoffnung glücklichen Erfolges geschwunden war, und so hat sich alles Unheil eines langen Zeitraums beinahe mit Nothwendigkeit an seinen Namen geknüpft. Ihm, der aus niederem Stande zu den höchsten Würden emporgestiegen war, der die Macht und das unbegränzte Vertrauen des Kaisers mit Niemandem theilen wollte, hat der Adel niemals verziehen. Er selbst, wie es scheint, hat auf das Urtheil seiner Zeitgenossen nur geringen Werth gelegt und Nichts gethan, um die Nachkommen günstiger für sich zu stimmen. Abgesehen von dem Zeitungsblatte, dessen ich erwähnte, blieb bis vor wenigen Jahren eine Episode in Hormayrs Lebensbildern (I, 317) beinahe das Einzige, was ausführlicher von ihm Nachricht gäbe. Diese Aufzeichnung ist in der That nicht ohne Lebendigkeit und von eigenthümlicher Schärfe der Charakteristik; sie wird in einzelnen Punkten, zuweilen beinahe wörtlich bestätigt durch die Bruchstücke der Memoiren, die aus dem Nachlasse des geistvollen Fürsten von Ligne vor einigen Jahren herausgegeben wurden. Nur zeigt doch gerade die Vergleichung, wie grelle Farben Hormayr aufzutragen geneigt ist. „Wenn Heinrich IV.," sagt einmal der Fürst von Ligne [1], „nicht König von Frankreich und Navarra, sondern König der Juden gewesen wäre, wenn statt eines freien, liebenswürdigen und heiteren Lächelns Bitterkeit und Spott, Uebermuth und Verachtung auf seinen Lippen gewohnt hätten, so würde der Freiherr von Thugut ihm geglichen haben." Hormayr sagt dafür, er habe ausgesehen wie ein „faunischer Mephistopheles". Was beide Schriftsteller ihm am Heftigsten vorwerfen, ist die Rücksichtslosigkeit, mit welcher er seinen Willen zur Geltung gebracht und den unglücklichen Krieg gegen Frankreich fortgesetzt habe. Durch seine „weltverheerende, unsinnige Hartnäckigkeit," äußerte auch der Fürst Karl

---

[1] Vgl. Mémoires du prince de Ligne par Albert Lacroix, Bruxelles, 1860, S. 130 fg.

Schwarzenberg, sei Oestreich an den Rand des Verderbens geführt. In neuester Zeit ist ihm, wie man gesehen hat, gerade der entgegengesetzte Vorwurf gemacht, er habe bei jeder Gelegenheit und sogar auf die schmachvollsten Bedingungen mit Frankreich sich einigen wollen. Es wird später deutlich werden, welche von beiden Ansichten und in wiefern ein Vorwurf gegen Thugut dadurch begründet ist; nur über seine persönlichen Eigenschaften, so weit sie auf die diplomatische Wirksamkeit sich beziehen, möchte ich noch ein Wort hier beifügen.

Nach dem, was mir aus Büchern über ihn bekannt geworden war, muß ich gestehen, daß ich selbst mit einem ungünstigen Vorurtheil die Arbeit angefangen habe. Aber je weiter ich gekommen bin, je mehr ich von Thuguts Hand gelesen habe, um so mehr hat die ungünstige einer günstigeren Meinung weichen müssen. Schon die Form der Depeschen gewinnt für ihn; sie sind meistens vortrefflich geschrieben, klar, bestimmt, kein Wort zu viel oder zu wenig; nie, auch in der gefährlichsten Lage nicht, mangeln ihm Fassung und Geistesgegenwart, immer, sei es im schriftlichen Ausdruck oder im Gespräche, zeigt er die Ruhe und Gemessenheit, die im diplomatischen Verkehr vor Allem unentbehrlich sind. Man könnte schon daraus schließen, daß er vielseitig, insbesondere auch litterarisch gebildet war, daneben hat es auch Hormayr bezeugt, und es finden sich noch manche Beweise. Gleich seinem preußischen Collegen Diez war er Einer der Ersten, welche in Deutschland orientalische Litteratur geschätzt und gefördert haben. Johannes v. Müller, der im December 1792 nach Wien in die Staatskanzlei berufen war, hat während der folgenden Jahre zahlreiche Briefe an den jungen Hammer nach Konstantinopel gerichtet. Immer von Neuem redet er seinem Freunde zu, nur recht viel über orientalische Litteratur mitzutheilen, es gebe keinen besseren Weg, sich die Gunst und Unterstützung des Ministers zu erwerben.

In seiner Art zu arbeiten war manches Eigenthümliche; Einiges hat noch der berühmteste seiner Nachfolger sich zum Muster genommen. Man erinnert sich vielleicht aus Varnhagens Denkwürdigkeiten der Unterredung mit Metternich, in welcher der Fürst ausführlich über seinen Charakter, seine politischen Ansichten, insbesondre auch über die Art, wie er Depeschen anzufertigen gewohnt war, sich verbreitete. „Ist in dem Niedergeschriebenen eine Dunkelheit," sagte er, „fühle ich, daß dem Leser eine Stelle nicht ganz deutlich sein könnte, so folge ich hiebei dem Rath eines alten gewiegten Prattikers, des Barons Thugut, der mir einst die Lehre gegeben, in solchem Falle solle ich nicht versuchen, eine andre und neue Wendung zu finden, den Gedanken umzustellen, oder von einer andren Seite vorzubringen, sondern lediglich darauf bedacht sein, in der dunkeln Stelle alles nur irgend Entbehrliche wegzustreichen, gewöhnlich drücke das Uebriggebliebene den verlangten Sinn vollständig und sicher aus. Und so find' ich es in der That; das Einfache steht auf sich selbst, die Stützen und Hülfsmittel sind meist das Verdunkelnde [1].''

Am Meisten setzte mich in Verwunderung, daß ich von der Treulosigkeit und Verstellung, die für neuere Schriftsteller beinahe sprichwörtlich geworden ist, keine Beweise finden konnte. Alles, was Lucchesini von ihm hörte, was in späteren Zeiten englische und französische Diplomaten berichten, stimmt völlig mit dem überein, was er selbst thut und im Gespräch oder in seinen eigenen Depeschen als seine Gesinnung kund gibt. Dieser wegen seiner Falschheit verrufene Mann ist beinahe der einzige Diplomat in jener Zeit, dem ich eine Unwahrheit nachzuweisen nicht im Stande wäre. Daraus folgt gewiß nicht, daß er niemals einen Fehler dieser Art sich habe zu Schulden kommen lassen; ich kenne zu wenig von seiner Wirksamkeit, um mir ein solches Urtheil zu erlauben, und zu viel von der Diplomatie des vorigen Jahr-

---

[1] Vgl. Denkwürdigkeiten und vermischte Schriften von Varnhagen von Ense, Leipzig 1859, VIII, 112. Varnhagen bemerkte dagegen, „auch er habe die unvergleichliche Lehre von Thugut unbewußt schon oft mit Erfolg angewandt, die jetzt zum Bewußtsein erhobene werde ihm nur um so fruchtbarer sein." Noch in seinen letzten Lebensjahren wiederholte Metternich einmal, daß er von Thugut diese Regel angenommen habe, wollte ihn aber im Uebrigen nicht als Muster gelten lassen.

hunderts, um es für wahrscheinlich zu halten, aber für einen beträchtlichen Zeitraum, unter schwierigen, gefährlichen Verhältnissen ist er mir gerade von dieser Seite nicht zu seinem Nachtheil erschienen. Wir sind schon auf den früheren Blättern zwei Fällen begegnet, in denen eher eine zu rasche, rücksichtslose Offenheit, als verstecktes Wesen und zweideutiges Hinhalten auffallen könnte. Im Herbste 1793, als Preußen für das Verweilen seiner Truppen am Rhein von Oestreich, oder durch seine Vermittlung vom Reiche Subsidien forderte, was hätte vortheilhafter scheinen können, als die Sache hinzuziehen, Preußens Geneigtheit durch halbe Versprechen zu täuschen, die sich dann später unter den endlosen Formen einer Reichsverhandlung mit Leichtigkeit rückgängig machen ließen? Wir finden Nichts von Allem; gleich in der ersten Unterredung mit Caesar erklärt Thugut eben so offen als bestimmt, er wünsche zwar aufs lebhafteste Preußens Beihülfe, aber zur Bezahlung von Subsidien sei der Kaiser schlechterdings außer Stande, man solle darauf keine Rechnung machen; genau wie dann auch Reuß und Lehrbach in Berlin, und endlich Thugut abermals sich aussprachen. Ganz ähnlich verfährt er, als im August 1794 Preußen ein Hülfcorps von 20,000 Mann zur Belagerung Warschaus forderte. Auch hier wäre doch Nichts leichter und nützlicher gewesen, als zu zögern, zu versprechen, die Truppen des General Harnoncourt, etwas verstärkt, für die vertragsmäßige Unterstützung auszugeben, vor- und rückwärts zu gehen, ohne etwas Entscheidendes vorzunehmen, ungefähr wie der Marschall Möllendorf am Rhein. Aber auch hier schwankt und zögert er nicht einen Augenblick mit der Erklärung, das Corps könne nicht aufgestellt werden, selbst auf die Gefahr, durch den Rückzug der preußischen Truppen vom Rheine sich einem höchst empfindlichen Nachtheil auszusetzen. Aehnliche Beispiele ließen sich aus Lucchesinis Berichten noch manche aufführen; insbesondere befestigt mich auch Häusser in meiner Ansicht, denn ich glaube in den sichersten Dokumenten den Beweis zu finden, daß wenigstens für die schwere Zeit von 1795 bis 1797 seine Anschuldigungen beinahe sämmtlich auf Mißverständnissen oder mangelhafter Kenntniß beruhen.

Hormayr hat schon getadelt und Häusser mit großer Bitterkeit wiederholt, er habe nur unselbstständige, geistlose Menschen, Creaturen, die er nach Willkür wieder habe stürzen können, zu Geschäften herangezogen und in seiner Nähe geduldet. Dabei sollte man doch in Anschlag bringen, daß der östreichische hohe Adel dem bürgerlich geborenen Minister sich immer fern hielt, und schon beßhalb keine große Auswahl bleiben konnte. Es würde zu weit und über den Kreis meiner Kenntnisse hinaus führen, den Vorwurf in Beziehung auf die gesammte Staatsverwaltung zu prüfen; für die Leitung der auswärtigen Angelegenheiten finde ich ihn nicht bestätigt. Der Mann, den Thugut am meisten begünstigte und zu den wichtigsten Geschäften verwandte, der auch auf seine Entschließungen von sehr bedeutendem Einfluß gewesen ist, war der Graf Franz von Dietrichstein, unstreitig einer der talentvollsten Staatsmänner Oestreichs und vielleicht der unabhängigste Charakter der gesammten östreichischen Aristokratie[1]). Auf der Höhe der Macht, und was mehr bedeutet, nach der Abdankung blieb Thugut für ihn der Gegenstand beinahe enthusiastischer Verehrung; unter keinem Andern wollte er ein Amt annehmen, und nicht zufrieden mit jenem schriftlichen Denkmal, dessen wir erwähnten, hat er ihm auch auf seinen Gütern in seiner eigenen Familiengruft eine Grabstätte bereitet. In Petersburg finden wir den Grafen Ludwig Cobenzl, in Brüssel den Grafen Mercy, beide zwar nicht von Thugut erhoben, aber durch sein vollstes Vertrauen geehrt; den ersteren werden wir noch kennen lernen, der zweite ist durch seine Verhandlungen mit der Königin von Frankreich bekannt genug, und, so viel ich weiß, seine Befähigung und sein Charakter noch von Niemandem angegriffen. Den Freund Mercys und Mirabeaus, den Grafen von la Mark, habe ich schon einmal genannt. Nach Mercys Tode im August 1794 wurde er von Thugut nach Wien berufen und mit Vorliebe für diplomatische Sendungen verwendet. Es wird interessant sein zu hören, wie dieser Mann mehr

---

1) Vgl. die Abhandlung: Das fürstliche und gräfliche Haus Dietrichstein von Hoffinger, Oestreichische Revue 1866, Heft II, S. 33; und die Biographie des Bruders, Grafen Moritz v. Dietrichstein, von Weidmann, Wien 1867.

als zwanzig Jahre später, nachdem seine Stellung, seine Verhältnisse sich völlig geändert hatten, über Thugut urtheilte. „Ich hatte den Freiherrn von Thugut," schreibt er, „in meiner Jugend kennen gelernt, in Brüssel bei meinem Vater, zu dem er häufig kam. Damals hatte ich mich an ihn angeschlossen, er war ein Mann von Geist und Charakter. Trotz der Verschiedenheit des Alters suchte er mich auf und schien Gefallen zu finden, mit mir umzugehen und sich mit mir über Frankreich zu unterhalten, für das er eine Vorliebe hegte. Er empfing mich sehr gut, als ich gegen Ende 1794 in Wien anlangte. Der Freiherr von Thugut, welcher unter dem Kaiser Franz zum Ministerium der auswärtigen Angelegenheiten aufstieg, genoß das vollkommene Vertrauen seines jungen Souveräns, und man kann sagen, daß er in den acht Jahren von 1793—1800 eben so mächtig war, als der Kaiser selbst. Seit vielen Jahrhunderten giebt es in der Geschichte Europas keine Epoche, die diesen acht Jahren rücksichtlich der Wichtigkeit der politischen Ereignisse gleichkommt. Trotz seines umfassenden Geistes und trotz der Stärke seines Charakters kann man Herrn von Thugut vorwerfen, daß er viele Fehler gemacht hat, aber man muß zugleich anerkennen, daß er damals der einzige energische Kopf (tête forte) in ganz Oestreich war. Er wurde verabscheut von allen Großen des Landes, die, was er that, beinahe immer mit Unrecht tadelten, und die zu seinem Sturze im Jahre 1800 mehr beigetragen haben, als die Unglücksfälle, von welchen die östreichische Monarchie damals heimgesucht wurde [1])."

Mir scheint dies ruhig verständige Urtheil eines weder zu nahe noch zu fern stehenden Mannes durchaus beachtenswerth. Und es ist keineswegs das einzige dieser Art. Ich erwähnte schon einmal einen englischen Diplomaten, den Obersten Cranfurd; so viel seinen Briefen sich entnehmen läßt, ist er ein unbefangener Beurtheiler. Am 29. April 1793, kurz nachdem die Ernennung Thuguts ihm zu Ohren kam, schreibt er aus Brüssel an Lord

---

1) Vgl. Correspondance entre le comte de Mirabeau et le comte de la Mark I, 269. La Mark nennt jedoch irrig die Jahreszahlen 1794—1802.

Auckland: „Ich bin seit mehreren Jahren genau mit ihm bekannt. Seine Talente und seine Befähigung als Minister werden Ihnen, ich getraue mich, es auszusprechen, nicht lange verborgen bleiben. In seinem Privatcharakter erschien er mir beständig als ein aufrichtiger, durchaus ehrenhafter Mann, zurückhaltend gegen Fremde, aber seinen Freunden gegenüber mittheilsam genug"[1]). Unerschöpflich in seinem Lobe ist der langjährige englische Gesandte in Wien, Sir Morton Eden; er nennt Thugut den Pitt Oestreichs, den fähigsten Mann im Lande, vielleicht den einzigen, welcher den Schwierigkeiten der Lage gewachsen sei. Er lebt mit ihm in den besten Verhältnissen; ihre Freundschaft, schreibt er, werde immer inniger[2]), niemals sei er von Thugut getäuscht worden. Diese Aeußerungen mögen weniger bedeutend scheinen; ein Diplomat wird immer geneigt sein, denjenigen günstig zu beurtheilen, welcher mit ihm gleiche Interessen fördert, und Eden hatte gewiß allen Grund, sich dem Manne verpflichtet zu fühlen, der mit unbeugsamer Festigkeit beinahe allein die Verbindung mit England zusammenhielt. Aber die Art, wie Eden sich ausdrückt, zeugt in der That von einer warm empfundenen Hochachtung, auch stand er doch in so mannichfachen Beziehungen, zuweilen mit so verschiedenen Interessen dem östreichischen Minister gegenüber, daß ihm die Gelegenheit, sich ein richtiges Urtheil zu bilden, nicht fehlen konnte. So weit ich sehen kann, ist er auch von Thugut niemals hintergangen; er zeigt sich vortrefflich unterrichtet, und man muß nur bedauern, daß in der Correspondenz des Lord Auckland, seines Bruders, nicht mehr Briefe von ihm zur Mittheilung gekommen sind.

Selbst in den Berichten politischer Gegner, in Lucchesinis Depeschen und in der Charakteristik des Fürsten von Ligne tritt doch bei aller Abneigung gegen Thugut die Anerkennung seiner bedeutenden geistigen Eigenschaften hervor. Sie tadeln seine verderbliche Hartnäckigkeit, seinen Eigenwillen und seine Herrschsucht, die Undankbarkeit gegen seine Freunde, denen er das Vertrauen des

---

1) Vgl. Correspondence of Lord Auckland, III, 44.
2) Vgl. Correspondence of Lord Auckland, III, 106, 144, 316.

Kaisers und jeden Einfluß auf die Geschäfte entzogen habe; Ligne nennt ihn gewöhnlich den Vezier; er ist noch persönlich erbittert, weil der Befehl des italiänischen Heeres nicht ihm, sondern statt seiner drei wenig befähigten Invaliden übertragen sei. Aber Ligne sowohl als Lucchesini und Caesar erkennen doch seine Vorzüge, seine Charakterfestigkeit, seinen überlegenen Verstand, seine Uneigennützigkeit in Geldsachen; „mit nicht mehr Geist als er besitzt" und freilich viel übeln Eigenschaften weniger, sagt Ligne, „hätte er ein großer Minister sein können."

Am meisten haßten ihn die neuen Gebieter Frankreichs, denen er auch seinerseits ein unversöhnlicher Gegner war. Es giebt keine Beschuldigung, die sie nicht gegen ihn geschleudert hätten. Vor Allem groß war ihr Frohlocken, als sie in alten Gesandtschaftspapieren den Beweis zu finden glaubten, er sei bestechlich, er habe als Internuntius zu Konstantinopel in den Jahren 1772 und 1773 dem französischen Botschafter St. Priest und dem Herzog von Aiguillon Papiere und sogar die Chiffern seiner Gesandtschaft verkauft. In einer großen Zahl von Depeschen wird diese Angelegenheit besprochen; sie erlangt nicht nur eine persönliche, sondern eine politische Bedeutung. Denn zu wiederholten Malen wird der Minister bedroht, man werde die Papiere veröffentlichen und ihn zu Grunde richten, wenn er den Ansprüchen der Franzosen sich ferner widersetze. Es ist nicht möglich, über diese Beschuldigung ein bestimmtes Urtheil auszusprechen, ohne die entscheidenden Urkunden vor Augen zu haben, die vielleicht in einem französischen Archive noch verborgen liegen. Offenbar glaubten die Franzosen in der That etwas Anstößiges, für Thugut Gefährliches gefunden zu haben. Aber Jeder weiß, wie leicht und wie leichtfertig sie dergleichen Anklagen gegen die verschiedensten Personen vorzubringen pflegten. Und warum ließen sie es Thugut gegenüber immer bei bloßen Drohungen bewenden? Warum ist niemals von jenen Papieren Etwas veröffentlicht, auch dann nicht, als während des Rastadter Congresses jede Schranke und Rücksicht gefallen war, und die französischen Blätter von den heftigsten Schmähungen gegen Thugut wiederhallten? Nur dem Bruder des Kaisers, dem Großherzog von

Toskana, ist einmal von dem Inhalt der Papiere Kenntniß gegeben, und durch diesen hat dann höchst wahrscheinlich auch der Wiener Hof davon erfahren. Aber ohne allen Erfolg. Im Gegentheil, Freunde und Gegner stimmen darin überein, daß dem Minister Gewinnsucht und Geldinteressen etwas ganz Fremdes waren. Vielleicht mit Rücksicht auf die oft wiederholte französische Beschuldigung hebt der Nekrolog besonders hervor, er habe in der Verwaltung öffentlicher Gelder die äußerste Sorgfalt gezeigt und über den öffentlichen Angelegenheiten sei er für seine eigenen Interessen ganz unempfänglich geworden. „Diese Gemüthsstimmung," fährt Dietrichstein fort, „dauerte auch bis zu seinem Tode. Nur den treuen und aufmerksamen Händen, denen die Verwaltung seines durch Sparsamkeit erworbenen Vermögens anvertraut war, ist es zuzuschreiben, daß dieses nicht noch mehr herabgeschmolzen ist, als es nach seinem Tode sich gezeigt hat." In der That lebte der Minister ohne jeden Aufwand, einfach, in einem bescheidenen Privathause; nicht einmal die Hofkanzlei wollte er beziehen. Es ist nichts in seinem Wesen, das auf Habsucht oder nur auf den Wunsch und das Bedürfniß großen Besitzes hindeuten könnte. Auch Hormayr meint, die Anschuldigung, daß er sich unrechtmäßig bereichert habe, verdiene keine Widerlegung. „Er hat das Glück gehabt, verläumdet zu werden," schreibt der Fürst Ligne, „vielleicht ist er der Einzige, dem es nützlich gewesen ist. Man hat gesagt, bald er sei durch England, bald er sei durch Frankreich bestochen; er hat über die unwissende Bosheit gelacht, und Alles hat nur zum Beweise gedient, daß er, statt gewinnsüchtig zu sein, zweihunderttausend Gulden nicht einmal angenommen hat, die sein Herr ihm schenken wollte."

Ich weiß, alles dies sind nur einzelne Bemerkungen, vielleicht zum Verständniß des Folgenden nicht ohne Nutzen, aber zu einer Charakteristik keineswegs hinreichend. Auch bin ich ein abschließendes Urtheil auszusprechen nicht im Stande, weil meine eigenen Untersuchungen den letzten Theil seiner Wirksamkeit noch nicht umfassen. So viel ist aber doch unzweifelhaft, daß man in diesem Manne eine Persönlichkeit von entschiedener Bedeutung, einen

Geist von seltener Schärfe und einen Willen von eiserner Festigkeit erkennen muß. Daß er Fehler gemacht habe, ist auch von La Mark nicht verschwiegen, und ich selbst habe schon einige hervorheben müssen; doch scheint mir, im Allgemeinen ist es mehr Oestreichs innere Verwaltung, als die äußeren Angelegenheiten, über die man einen Tadel auszusprechen berechtigt ist. Hier bliebe nun immer noch zu untersuchen, inwiefern man Thugut dafür verantwortlich machen darf, ob er wirklich die Allmacht besaß, die ihm gewöhnlich zugeschrieben wird. Indessen in diesem Punkte stimmen doch alle Zeugnisse, La Mark, Lucchesini, Ligne und Hormayr mit einander überein, und es scheint allerdings in Thuguts Charakter ein entschiedener Zug alleingebietenden Willens nicht verkennbar. Der lange Aufenthalt in den Hauptstädten zuerst des türkischen Despotismus, dann der französischen Demagogie konnte ihm unmöglich Neigung und Verständniß für eine frei und selbstständig gestaltende nationale Entwicklung einflößen. Nicht daß er verkannt hätte, man müsse den leidenschaftlich aufgeregten Kräften Frankreichs auch ein nationales Element entgegensetzen. Er hat es recht wohl eingesehen, in Deutschland, so weit er vermochte, dahingestrebt, und in Oestreich mit Entschiedenheit danach gehandelt. Aber darin liegt noch keine, wenigstens keine ausreichende Entschuldigung für ihn. Wer die Geschichte Oestreichs in den letzten Jahrhunderten verfolgt, wird sich nicht verbergen können: was diesem Staate von Allem am meisten geschadet hat, ist der Druck, der auf dem geistigen Leben lastete, der jede freie Entwicklung verhinderte, durch die Absonderung von deutscher Wissenschaft und Litteratur die fruchtbarsten Keime der Bildung erstickte, und die Empfänglichkeit für würdige und ernste Dinge in dem Behagen eines sinnlichen Wohlseins mehr und mehr verschwinden ließ. Unter Maria Theresia hatte dies System wenigstens mildere Formen angenommen, von Joseph II. war es in seinem Grunde erschüttert. Erst unter Franz II. konnte es wieder zur vollen Herrschaft gelangen und hat dann, je länger desto verderblicher, mit kurzen Unterbrechungen der Monarchie tiefere Wunden als irgend ein verlorener Feldzug geschlagen. Es kann nicht für Thugut einnehmen, wenn man findet, daß sein Ministerium während dieser unheilvollen Rückwendung ins Leben trat; sollte er sie, wie es wenigstens den Anschein hat, nicht gehindert sondern sogar gefördert haben, so lastet vollends auf seinem Namen schwere Schuld. Indessen es gehört nicht zur Aufgabe dieses Buches, die innern Verhältnisse Oestreichs im Einzelnen darzustellen. Was die äußere Politik betrifft, so muß man vor Allem die heftige Abneigung gegen Preußen beklagen, welche in Thuguts und in noch höherem Maße in den Briefen und Berichten der übrigen östreichischen Diplomaten hervortritt, eine Abneigung, die nach den Erlebnissen der Jahre 1792 und 1793 in ihrem Ursprunge wohl erklärlich ist, aber doch länger anhielt und heftiger sich äußerte, als es mit den Interessen Deutschlands und sogar des Wiener Hofes vereinbar scheint.

Diese Bemerkung finden wir sogleich bestätigt, da wir den Faden der Erzählung wieder aufnehmen. Denn leider waren die Ereignisse in Basel und die Erörterungen, die sie am Reichstage zur Folge hatten, nur zu sehr geeignet, das gegenseitige Mißtrauen noch zu steigern und die gereizte Stimmung auch nach Außen in der unerquicklichsten Weise hervortreten zu lassen. In Folge des schon erwähnten mainzer Antrages hatte ein Reichsgutachten vom 22. December 1794 den Kaiser ersucht, in Verabredung mit dem Könige von Preußen Schritte zur Herstellung eines anständigen Friedens zu thun. Der Kaiser hatte darauf unter dem 10. Februar 1795 erwidert, daß er den Wünschen des Reichstags gemäß mit Rücksprache des Königs von Preußen die reichsoberhauptliche Einleitung antreten werde. Statt dieser Rücksprache und Einleitung erfolgte nun aber der preußische Einzelfriede. Es fragte sich, wie der Reichstag dem gegenüber sich verhalten würde.

Schon vor der förmlichen Anzeige hatte die preußische Regierung unter dem 18. April dem Grafen Görtz eine vorläufige Mittheilung zugehen lassen, welche Preußens neutrale Stellung zu rechtfertigen und die übrigen Reichsstände für dieselbe zu gewinnen suchte. Darauf hatte auch der Kaiser nicht gesäumt, vorerst als Reichsstand durch den erzherzoglich östreichischen Reichstagsgesandten von Separatverträgen abzumahnen und sämmtliche Stände um eine Erklärung zu bitten, ob sie ohne Rücksicht auf die daraus nothwendig entstehende Anarchie dem System der einzelnen Friedensunterhandlungen beitreten wollten, oder nicht. Im ersteren Falle würde der Kaiser sich stark genug fühlen, seine Staaten, zu deren Vertheidigung er seine Macht dann allein anzuwenden gedächte, gegen den gemeinschaftlichen Feind zu sichern[1]). Am 7. Mai langte die officielle Anzeige Preußens in Regensburg an, begleitet von einer ausführlichen Denkschrift, welche vom 1. Mai datirt war. Dies Aktenstück verkündigte zwar zunächst den glücklich abgeschlossenen Frieden als eine Begebenheit, deren frohe und heilsame Folgen das gesammte deutsche Vaterland sehr nahe mit angingen, wandte sich aber bald zu Entschuldigungen und Anklagen. Insbesondere suchte es hervorzuheben, daß der Kaiser trotz seines Versprechens dem Reichsgutachten vom 22. December nicht nachgekommen sei; die versprochene Einleitung sei ebenso wenig, als eine eigentliche Rücksprache mit Preußen erfolgt; aus diesem Grunde habe denn auch der König dem Reiche einen förmlichen, wirklichen Frieden nicht verschaffen können. Der König hege nun keinen heißeren Wunsch, als nach seinem Vorgange die Segnungen des Friedens weiter zu verbreiten, müsse aber auch für den Fall fortdauernden Krieges aller Theilnehmung daran und aller Mitwirkung durch Stellung eines Contingentes und Entrichtung von Römermonaten ausdrücklich entsagen[2]).

Eine Erklärung von solchem Inhalt blieb, wie sich denken läßt, nicht ohne Erwiderung. Diese war gleichwohl in einem ruhig gemäßigten Tone gehalten, denn so bitter auch die Stimmung in Wien geworden war, man erkannte doch deutlich genug, daß

---

1) Vgl. die Erklärung im Kölnischen Kurier V, 333 in einem Bericht aus Regensburg vom 4. Mai.

2) Vgl. Geheime Geschichte der Rastadter Friedensverhandlungen von einem Schweizer (Haller), Germanien 1799, II, 15; die östreichische Erwiderung vom 19. Mai ebenda S. 32.

man Preußen nicht hindern, und durch einen förmlichen Bruch, wie die Dinge einmal lagen, das Uebel nur verschlimmern konnte. Es fiel nicht schwer, das Ungesetzmäßige eines Separatfriedens mit dem Reichsfeinde nach den Reichsgesetzen zu erweisen, zugleich suchte man den Vorwurf, das Reichsgutachten vom 22. December nicht ausgeführt zu haben, gerade gegen Preußen zu richten. "Schon am 14. Februar," sagte der Kaiser, "also nur vier Tage nach dem Erlaß des kaiserlichen Commissionsdecretes" — aber freilich vier und fünfzig Tage nach dem Beschluß vom 22. December — "sei eine in Abschrift beiliegende Note an das preußische Ministerium abgegangen, um auf der Grundlage des ratificirten Reichsgutachtens die Rücksprache der kaiserlichen Regierung einzuleiten. Man habe um so mehr Förderung und Erleichterung erwartet, als laut eines allgemein verbreiteten Rufes Preußen schon Einleitungen zum Friedensgeschäft getroffen habe. Die preußische Erwiderung vom 26. Februar sei am 14. März am kaiserlichen Hofe eingetroffen, aber sie habe einerseits den vom Kaiser genehmigten Ausdruck einer allgemeinen Sehnsucht nach einem der Reichsconstitution und dem Zweck des westphälischen Friedens entsprechenden, billigen und annehmlichen, nach einem gerechten und anständigen Frieden blos als den Ausdruck der allgemeinen Sehnsucht nach einem leiblichen Frieden dargestellt, andererseits über die vom Kaiser so sehr gewünschte Erleichterung und Förderung des Friedenswerkes nichts wahrnehmen lassen. Indessen sei der preußische Minister Hardenberg wenige Tage später mit einer vom 28. Februar datirten Vollmacht zur Fortsetzung der Unterhandlungen in Basel abgereist, deren Resultat nun allgemein bekannt sei."

Ich gehe auf diese Streitigkeit im Einzelnen nicht weiter ein; freilich Häussers Darstellung läßt davon noch weniger erkennen. In dem Auszuge, den er aus der preußischen Denkschrift gibt, wird der Schluß, daß Preußen von der Theilnahme am Kriege sich lossage, gar nicht erwähnt. Statt der Beschuldigung: die vom Kaiser versprochene Einleitung des Friedens und die Rücksprache mit Preußen sei gleichwohl nicht erfolgt, läßt er die Denkschrift sagen: die vom Kaiser versuchte Einleitung sei er=

folglos geblieben. Durch diese Veränderung wird der Satz, welcher gerade als die Spitze der preußischen Deduction hervortritt, beinahe in das Gegentheil verkehrt, und die kaiserliche Erwiderung verliert ihren Inhalt, von welchem man denn auch bei Häusser beinahe gar nichts erfährt.

Oestreichischer und preußischer Einfluß kämpften nun, auf dem Reichstage die Mehrheit der Stimmen zu gewinnen. Preußen wünschte mit der Vermittlung des Friedens von Seiten des Reiches beauftragt zu werden. Der Kaiser fand schon durch die Erwähnung Preußens in dem Reichsgutachten seine Würde verletzt. Es war zweifelhaft, ob er in einem solchen Falle die Ratification geben würde; nach Lucchesinis Bericht vom 27. Juni sollte er dem würtembergischen Gesandten, Baron Görlitz gegenüber geäußert haben: wenn die Stände ihm nicht ein unbedingtes Vertrauen zeigten, so bleibe ihm nichts übrig, als die Krone niederzulegen und das Reich seinem Schicksale zu überlassen. Zugleich wollte der Kaiser als Grundlage des Friedens die Integrität des Reiches genannt wissen, während das preußische Ministerium diese Erwähnung zu vermeiden wünschte, weil sie gewissermaßen als ein Tadel gegen den baseler Frieden und als Garantie für den zum burgundischen Kreise gehörigen Besitz Oestreichs in Belgien gedeutet werden konnte[1]). Nach langen mit großer Bitterkeit geführten Verathungen kam endlich am 3. Juli ein Reichsgutachten zu Stande, welches im Wesentlichen den Wünschen des Kaisers gemäß, doch zwischen Oestreich und Preußen zu vermitteln suchte. Es erklärte zunächst, „der beharrliche Wunsch des Reiches bleibe dahin gerichtet, in unwandelbarer Vereinigung mit dem Reichsoberhaupte einen allgemeinen Reichsfrieden im Wege der Constitution und durch denselben Wiederherstellung der Integrität seines Gebietes und Sicherheit seiner Verfassung je eher je besser auf eine dauerhafte Art zu erhalten. Zu diesem Ende sei die Bereitwilligkeit des Reiches zur Eröffnung von Friedensunterhandlungen an Frankreich zu erklären, und diese erste Einleitung lediglich dem Kaiser anheim zu stellen.

---

1) Das Ministerium an Lucchesini am 19. Juni 1795.

Zur gewissern Erreichung des Zieles solle man aber dem Könige von Preußen den Antrag des Reiches zu erkennen geben, daß derselbe zur Erlangung eines allgemeinen, die Integrität und die Verfassung des Reiches sichernden Friedens nach seinen öfteren freiwilligen Versicherungen seine beihülfliche Verwendung und Mitwirkung gewähren möge. Diese Fassung ließen beide Theile sich gefallen; Preußen erklärte sich bereit, für den Frieden zu wirken, am kaiserlichen Hofe erhob, wie es scheint, der Fürst Collorebo einigen Widerspruch, wurde aber, wenn man Lucchesinis Bericht vom 8. Juli glauben darf, durch Lehrbach zum Schweigen gebracht. Das Ratificationsdecret vom 29. Juli erkannte zunächst mit Befriedigung, daß der Reichstag in dem Wunsche nach ungetheilter Vereinigung der Reichsstände mit dem Reichsoberhaupte, so wie nach einem die Integrität und Verfassung des Reiches sichernden Frieden wieder auf die Grundlage des Reichsgutachtens vom 22. December 1794 zurückgegangen sei. Das deutsche Reich in seiner Vereinigung besitze zwar Ansehen und Macht genug, um durch sich selbst einen gerechten und annehmlichen Frieden zu erlangen; da aber die Mehrheit der Stände in der Mitwirkung des Königs von Preußen eine besondere Beruhigung suche, so wolle der Kaiser auch darin dem Wunsche der Reichsstände nachgeben, unter der Voraussetzung, daß der König von Preußen sich auch seinerseits bei Frankreich nach seinen öfteren freiwilligen Versicherungen auf die vom Reiche bedingte und bestimmte Basis verwenden und so zur Erlangung eines allgemeinen, die Integrität und Verfassung des Reiches sichernden Friedens beihülflich mitwirken wolle[1]).

Am 21. August wurde dann endlich eine Reichsfriedensdeputation ernannt. Mitglieder waren Kurmainz, Kursachsen, Oestreich, Bremen, (Hannover), Baiern, Hessen-Darmstadt, Würzburg, Baden und die Reichsstädte Augsburg und Frankfurt. Eine Reichsinstruction kam erst am 7. October zur Ausfertigung.

Unterdessen hatte Preußen in Basel sich bemüht, als Vor-

---

[1]) Vgl. Geheime Geschichte der Rastadter Friedensverhandlungen, II, 41, 43.

bereitung des Friedens zuerst einen Waffenstillstand zu erlangen; aber die Verhandlung, auf die ich noch zurückkomme, blieb ohne Erfolg. In Ausführung des Reichsgutachtens vom 3. Juli hatte dann auch der Kaiser zu Ende des Monats durch dänische Vermittlung einen Waffenstillstand und die Berufung eines allgemeinen Congresses vorschlagen lassen. Aber auch diese Anträge wurden in schroffer Form am 13. October zurückgewiesen, und man muß zweifeln, ob am kaiserlichen Hofe ein anderes Ergebniß erwartet oder nur gewünscht wurde. Denn am 4. Mai war zu Wien zwischen Thugut und Eden ein neuer Vertrag abgeschlossen, der am 28. September in Petersburg zu einer Tripelallianz zwischen Oestreich, Rußland und England erweitert wurde. England versprach aufs Neue bedeutende Hülfgelder, selbst Catharina zeigte sich bereit, durch ein russisches Heer an dem Kriege thätigen Antheil zu nehmen. Unter solchen Verhältnissen muß man gestehen, daß die Zeit zu Unterhandlungen noch gar nicht gekommen war. Denn die Franzosen hatten zu große Erfolge erlangt, die Verbündeten noch zu bedeutende Kräfte zur Verfügung, als daß die Einen so viel zurückgeben, die Anderen so viel hätten verlieren wollen, als von der Gegenseite gefordert wurde. Es war nicht unrichtig, wenn ein französisches Blatt zu jener Zeit die Ansicht aussprach, in den Heeren besitze man die einzig geeigneten Diplomaten der Republik.

Gleichwohl sollen nach Häussers Meinung im Sommer und Herbst neben jenen öffentlichen auch noch geheime Unterhandlungen und in einem ganz anderen Sinne zwischen Oestreich und Frankreich stattgefunden haben. Er erwähnt schon (II, 14) aus den früheren Monaten jener berufenen Umtriebe des Ritters Carletti, deren wahre Bedeutung der vorgehende Abschnitt festzustellen suchte. Häusser hat sie jedoch keineswegs zur Grundlage bedeutender Ereignisse gemacht, nicht einmal als feststehende Thatsache mitgetheilt, sondern nur die Meinungen Hardenbergs und Gervinus' in Kürze angedeutet. Bei dem außerordentlichen Aufsehen, welches die Carlettische Angelegenheit damals hervorgerufen hat, war dies gar nicht zu vermeiden, und Vivenots heftige

Polemik ist deßhalb Häusser gegenüber zum größeren Theile unberechtigt.

Hier möchte aber eine Bemerkung allgemeineren Inhalts erlaubt sein. Der Historiker, scheint mir, sollte bei der Mittheilung solcher Gerüchte einige Vorsicht nicht außer Acht lassen. Denn werden sie nicht ausdrücklich als unwahr erklärt, so bleibt für den Leser nur zu leicht der Eindruck eines wirklich Geschehenen, also ein falscher Eindruck zurück. Noch übler ist es, wenn der Schriftsteller selbst sich verleiten läßt, das, was er früher nur unbestimmt als Gerücht oder Vermuthung angedeutet, später als Thatsache in Rechnung zu bringen und neue Folgerungen dadurch zu begründen. Die auffallendsten Beispiele dieser Art würde ich freilich nicht dem Häusserschen Werke entnehmen, aber auch bei ihm scheint größere Vorsicht an mehr als einer Stelle wünschenswerth. Ich weise nur auf die Eine hin, die zu dieser Bemerkung gerade an diesem Orte Veranlassung gegeben hat. Nachdem er die Streitigkeiten über den baseler Frieden aus einander gesetzt, fährt Häusser (II, 26) fort: „Während die östreichische Diplomatie einen so verwegenen Ton anschlug, tauchte immer von Neuem das Gerücht auf, daß die Politik des Wiener Hofes fortwährend nur von dem einen Gedanken beherrscht sei, sich durch den Erwerb von Baiern zu arrondiren. Man nannte die Personen und die Orte, die zur Wiederaufnahme des wiederholt gescheiterten Planes gebraucht worden seien. Agenten der zweideutigsten Art wurden als die Unterhändler zwischen Wien und Paris namhaft gemacht, die im Namen Oestreichs die Abtretung des linken Rheinufers angeboten hätten, wenn Oestreich den Lech als Grenze erhalte." „Es wird immer schwer bleiben", heißt es in einer Anmerkung, „das Detail solcher ganz im Dunkeln und Geheimen betriebenen Verhandlungen genau zu ermitteln, wir wagen daher auch nicht, aus dem, was die Mémoires d'un homme d'état III, 153, 154, 174, Fains Manuscrit de l'an III, p. 279 und Hurters Denkwürdigkeiten aus dem letzten Decennium des 18. Jahrhunderts S. 51 f. erzählen, Einzelnheiten als zuverlässig mitzutheilen; daß aber die Sache wieder lebhaft von Thugut betrieben ward, darüber, scheint uns, kann sowohl nach diesen zusammenstimmenden Zeugnissen, als nach dem, was vorangegangen und nachgefolgt ist, billiger Weise nicht gezweifelt werden."

Es würde doch schwer sein, ein Beispiel zu finden, daß Beschuldigungen dieser Art auf leichtere Zeugnisse angenommen wären. Mir scheint, gerade aus diesen Zeugnissen, denn er wird doch die besten ausgewählt haben, hätte Häusser auch auf den Werth und die Bedeutung des Gerüchtes schließen können. In den an sich schon so wenig zuverlässigen Memoiren des angeblichen Staatsmannes liest man auf den angeführten Seiten 153 und 154 über Oestreich nicht ein einziges Wort; das Einzige, was sich auf das linke Rheinufer bezieht, ist die Bemerkung, der König von Preußen habe nur geringe Abneigung gezeigt, seine linksrheinischen Besitzungen an Frankreich abzutreten. Seite 174 oder vielmehr 173 findet sich die Angabe, der Kaiser habe mehreren Höfen erklärt, er sei zum Frieden mit Frankreich geneigt, aber nicht zu Separatverhandlungen, namentlich nicht ohne Zuziehung Englands und des deutschen Reiches; der Wiener Hof habe auch in der Zeitung vom 6. Mai die Gerüchte von Separatverhandlungen mit Frankreich ausdrücklich für unwahr erklärt. Ob in diesen Worten, die sich zudem nicht einmal auf den Herbst sondern auf die im Mai verbreiteten Gerüchte über Carletti beziehen, ein Zeugniß für die Häussersche Ansicht zu finden ist, mögen Andere entscheiden¹). Mit Fains Manuscript des Jahres III (1795)

---

1) Ich habe gedacht, die von Häusser angeführten Seitenzahlen könnten sich vielleicht auf eine von der meinigen verschiedene Ausgabe beziehen. Die beiden ersten Bände des Werkes sind in der That zwei Mal, und zwar zuerst bei Ponthieu Paris 1828 erschienen. Dann ist es aber in den Verlag von L. G. Michaud übergegangen, der 1831 die beiden ersten Bände noch einmal abdrucken ließ und von dem dritten, der hier in Frage kommt, sowie von den folgenden seit 1831 die einzige Ausgabe besorgte. — Ein Druckfehler ist bei Häusser auch nicht anzunehmen. Man könnte nur noch an S. 163 und 164 denken. Aber auch hier findet sich nicht die Bestätigung, sondern vielmehr die Widerlegung der Häusserschen Ansicht, nämlich die aus Fains Manuscript (S. 109 der deutschen Uebersetzung) entlehnte Angabe, die ich sogleich im Texte folgen lasse.

steht es gerade so. Ein Zeugniß dieses Mannes wäre allerdings von großer Bedeutung, weil er, selbst zu Paris im Ministerium des Auswärtigen beschäftigt, über die diplomatischen Wendungen jener Zeit sich die genaueste Kenntniß verschaffen konnte. Aber ich habe das Buch in der deutschen Uebersetzung, die mir zuerst allein zur Hand war, ganz durchgelesen, ohne nur ausfindig zu machen, was Häusser bei seiner Anführung im Sinne haben könne. In der einzigen hierher bezüglichen Stelle S. 109 der deutschen Ausgabe heißt es: Oestreich habe nach dem baseler Frieden einige Lust zum Unterhandeln verspürt, Lehrbach sei nach Berlin und von da nach Basel gekommen. Diese Stimmung sei jedoch plötzlich verschwunden, als er bei den ersten Nachforschungen die Gewißheit erlangt habe, Frankreich bestehe auf der Abtretung des linken Rheinufers. Aber diese Worte, abgesehen von dem, was sie Ungenaues enthalten, besagen doch beinahe das Gegentheil von dem, was man bei Häusser liest; auch hat er sie nicht im Sinne gehabt. An der von ihm bezeichneten Stelle S. 279 der französischen Ausgabe findet sich, wie ich jetzt sehe, Folgendes: Merlin von Thionville habe nach der Uebergabe von Luxemburg dem östreichischen General Bender bei einem Mittagessen gesagt, man müsse sich verständigen; der alte General, nachdem er eine Flasche nach der anderen geleert, habe Feuer gefangen und sich vorgenommen, diese Eröffnung seiner Regierung mitzutheilen; er sei aber kurz nachher gestorben, und das Gespräch ohne Folge geblieben. Später habe Boissy d'Anglas als Präsident des Ausschusses für die auswärtigen Angelegenheiten einen gewissen Poterat an Thugut geschickt, indessen einem Feinde wie Oestreich gegenüber seien Siege das beste Mittel, um bald zu einem Vertrage zu gelangen. Häusser redet von der Uebereinstimmung seiner Zeugnisse. Diese Stelle stimmt allerdings mit den früheren überein, aber hauptsächlich darin, daß sie das Gegentheil sagt von dem, was man nach seinen Angaben erwarten sollte. Bemerken muß ich jedoch, daß diese Unterredung des französischen Repräsentanten mit Bender nicht ganz so erfolglos geblieben ist, als Fain hier annimmt.

Merlins Briefwechsel giebt uns auch darüber Nachricht. „Ich schicke Ihnen," schreibt er am 11. September aus Straßburg an Barthelemy, „einen Brief des Herrn v. Bender, damit Sie ihn Herrn v. Hardenberg zum Lesen geben. Sie erinnern sich, was ich Ihnen in Basel erzählte. Als Bender Luxemburg verließ, hatte ich mit ihm eine ziemlich lange Unterredung; ich sagte ihm viel Böses von den Preußen, er sagte noch mehr; er befestigte mich in meiner Meinung, wenn Frankreich, ohne sich einzumischen, Baiern von dem Kaiser besetzen lasse, so würde der Kaiser die Kurfürsten preisgeben. In diesem Sinne muß er später seinem Hofe geredet haben [1])." Daß übrigens der Brief Benders nichts von Bedeutung enthalten hat, kann man schon aus Merlins Worten schließen. Auch würde Hardenberg gewiß nicht verfehlt haben, davon Gebrauch zu machen. Selbst in Verbindung mit diesem Briefe, den Häusser nicht gekannt, also auch nicht berücksichtigt hat, läßt sich demnach in Fains Aeußerungen nicht viel zu Gunsten seiner Ansicht, wohl aber ein bedeutendes Zeugniß dagegen finden.

Das sonderbarste Citat bleiben jedoch die Hurterschen Denkwürdigkeiten. Denn man glaube ja nicht, daß es sich hier um eigene Erinnerungen des bekannten Geschichtschreibers handele. Es sind hinterlassene Aufzeichnungen eines Ungenannten, welcher nur als der Sohn eines Emser Arztes bezeichnet wird. Diese beinahe werthlose kleine Schrift enthält S. 51—60 auch einen Abschnitt: „Condé — Poterat — Enghien" überschrieben, voll der widersinnigsten Fabeln; so liest man unter Anderem, der Herzog von Condé habe durch Poterat gefordert, und das Directorium im Frühling 1796 genehmigt, daß er, der Herzog von Condé, constitutioneller König von Schwaben würde. In solcher Nachbarschaft findet sich auch als Erklärung des am 1. Januar geschlossenen Waffenstillstands die Angabe, Poterat sei um diese Zeit als geheimer Agent von Paris nach Wien geschickt und auf der Rückreise im Februar 1796 bei einem gewissen Georg List,

---

[1]) Vgl. Correspondance de Merlin, p. 248.

der die Verbreitung französischer Grundsätze in den Rheinlanden sich zur Aufgabe machte, eingekehrt. Er habe ihm eröffnet, von Oestreich sei der Republik schon mehrmals die Abtretung des linken Rheinufers angeboten. Etwas Aehnliches, setzt der Verfasser hinzu, habe ihm früher auch Merlin von Thionville erzählt, der Plan sei aber dadurch vereitelt, daß Frankreich die vom Kaiser geforderte Lechgränze nicht zugestanden habe. Man erkennt hier deutlich einen Nachzügler der bekannten Gerüchte über Carletti. Ich stelle Jedem, der des Früheren sich noch erinnert, das Urtheil anheim, ob eine Nachricht aus solchem Munde in einer solchen Schrift ernstlicher Berücksichtigung würdig ist.

Zudem läßt sich jetzt aus den entscheidenden Dokumenten mittheilen, wie Thugut wirklich über die Sache gedacht hat. Denn ganz nach Merlins Vorschlägen hatte der Wohlfahrtsausschuß, kurz bevor man am 1. October 1795 die östreichischen Niederlande und Lüttich dem französischen Gebiete einverleibte, mit Thugut Unterhandlungen anzuknüpfen versucht. Man bediente sich eines vormals preußischen Beamten, Namens Theremin, der, wie es scheint, demokratischer Neigungen verdächtig, aus Berlin sich nach Paris gewendet hatte. Er fand dort im Ministerium des Auswärtigen Beschäftigung, arbeitete mit Eifer den preußischen Interessen entgegen und ist später dem preußischen Gesandten, Freiherrn von Sandoz oft sehr unbequem geworden. Als im Sommer 1795 ein Deutscher, ein Kaufmann des linken Rheinufers, den Preis von 4000 Franken für die Schrift aussetzte, welche die Nothwendigkeit, das linke Rheinufer mit Frankreich zu vereinigen, am treffendsten nachzuweisen vermöchte, war es Theremin der durch die beste Arbeit die Summe verdiente[1]). Dieser Mann wurde

---

1) Vgl. darüber den Moniteur vom 22. August und 23. September 1795. Die Frage lautete: Est il de l'intérêt de la République Française de reculer ses limites jusqu'aux bords du Rhin? Es waren 4000 Francs als erster, 2000 als zweiter Preis gesetzt, die Zahl der Bewerber aber so groß, daß der erste Preis verdoppelt, der zweite verfünffacht wurde. Die elf besten Abhandlungen sind zusammengedruckt unter dem Titel:

jetzt nach Basel geschickt, um sich mit dem kaiserlichen Residenten, Freiherrn von Degelmann, in Verbindung zu setzen und Baiern anzubieten, wenn Oestreich in die Abtretung Belgiens und des linken Rheinufers an Frankreich willige. Gleichzeitig begab sich ein anderer Agent von sehr zweideutigem Charakter, Namens Poterat, mit ähnlichen Vorschlägen nach Wien. Er zeigte sich dort mit dem Ludwigskreuz und galt für einen Edelmann aus der Vendee, welcher an Ludwig XVIII. nach Verona geschickt sei[1]). Lucchesinis Argwohn konnte er gleichwohl nicht entgehen, auch hat er in der That mit Thugut eine Unterredung gehabt. Der Inhalt läßt sich aus dem einzigen Briefe, den er noch während seines Aufenthaltes in Wien am 5. October[2]) an den Minister richtete, nicht deutlich erkennen, sicher ist jedoch, daß man zu keinem Ergebniß, wie es scheint, nicht einmal zu einem schriftlichen Ausdruck der gegenseitigen Ansprüche und Wünsche gelangte. Noch geringeren Erfolg hatte Theremins Sendung nach Basel. Degelmann nahm ihn höflich auf, hatte mehrere Unterredungen mit ihm, verwies aber, wie er mußte, lediglich auf das Wiener Ministerium, und Thugut ging nicht einmal auf eine Erörterung ein. Am 13. November muß Degelmann in höflicher Weise antworten, man wisse zwar die friedlichen Gesinnungen der Franzosen zu

---

La rive gauche du Rhin limite de la République Française ou recueil de plusieurs dissertations jugées dignes des prix proposés par un négociant de la rive gauche du Rhin, publiées par le citoyen Georges, Guillaume Böhmer, Exdeputé à la convention Rhéno-germanique, Paris, an IV. Theremin hat noch eine Schrift verfaßt: De la situation intérieure de la République par Charles Theremin, citoyen Français, fils de protestant sorti de France pour cause de réligion, Paris, Pluviôse an V.

1) Vergl. Lucchesinis Bericht an das Ministerium vom 14. October 1795.

2) Dieser Brief ist, wie es scheint, das einzige Aktenstück, das über jene Sendung im Ministerium des Auswärtigen sich erhalten hat. Daneben findet sich noch ein Brief vom 18. September mit der Unterschrift Gérard de Raineval, der gleichfalls Unterhandlungen mit Thugut anknüpfen möchte.

schätzen, halte es aber für nicht an der Zeit, über die vorgeschla=
genen Bedingungen in Unterhandlung zu treten[1]).

Etwas größere Vorsicht in der Mittheilung unbestimmter
Gerüchte und etwas schärfere Prüfung der dafür angebrachten
Zeugnisse möchte danach auch für das Häusser'sche Werk zuweilen
wünschenswerth erscheinen. Und es kann in der That befremden,
daß wir zwar die Angaben mittelalterlicher Schriftsteller mit der
sorgfältigsten Kritik zu wägen gewohnt sind, dagegen in Rücksicht
auf die neueste Zeit gemeiniglich weit leichter uns befriedigen
lassen. Das angeführte Beispiel ist in Häussers Werke nicht
das einzige dieser Art, ich muß noch einige und ich könnte noch
manche anführen; gleichwohl darf ich mit reiflicher Ueberlegung
nur wiederholen, daß, Alles zusammengenommen, mir kein anderes
Buch über jene Zeit bekannt geworden ist, das so gründlich und
sorgfältig gearbeitet wäre.

Auch versucht Häusser die Ereignisse des Jahres 1795, ins=
besondere die lange Waffenruhe im Frühling und Sommer keines=
wegs durch jene luftigen Gründe zu erklären, sondern vollkommen
richtig schildert er die Hindernisse, die der Eröffnung des Feld=
zugs besonders auf Seiten der Franzosen immer von Neuem sich
entgegenstellten. Gegen Ende des August waren diese beseitigt,
und alsbald brach auch über Deutschland das Ungewitter herein,
welches drei Jahre früher bei dem Zuge Custines' nur gedroht hatte.
Es hielt damals Jourdan an der Spitze der Maas=Sambre=
Armee das linke Rheinufer von Cleve bis Coblenz besetzt, daran
schloß sich die Rhein= und Mosel-Armee unter Pichegru, dem die
Einschließung von Mainz und die Besetzung des Oberrheines bis
nach Hüningen hinauf übertragen war. Die Armeen zählten,

---

[1] Vgl. Theremins Berichte aus Basel vom 26. September und 9. October 1795 und Degelmanns Antwort vom 13. November im Ministerium
des Auswärtigen in Paris. Dazu führt Vivenot II, II, 485 Degelmanns
Depeschen vom 25. und 30. September, 10. und 23. October und 3. November an. Thuguts ablehnende Antworten sind vom 11. und 31. October
datirt, also nicht, wie man zufolge Sybels Darstellung III, 487 glauben könnte,
erst nach den glücklichen Erfolgen der kaiserlichen Heere.

die eine 85,000, die andere gegen 90,000 Mann. Ihnen gegenüber stand eine ungefähr gleiche Zahl von kaiserlichen und Reichstruppen unter Clerfayt, welchem auch die Reichsarmee überwiesen war, nachdem der Herzog von Sachsen-Teschen unzufrieden und verstimmt im April sich vom Oberbefehl zurückgezogen hatte. Erst Ende August wurde auch dem Heere am Oberrhein der General Wurmser wieder als besonderer Anführer vorgesetzt. Die preußischen Truppen waren im Frühjahr nach Westphalen abgezogen, um die Gränze oder die Demarcationslinie zu decken, nur eine nicht sehr beträchtliche Abtheilung blieb unter dem Prinzen von Hohenlohe als Besatzung in Frankfurt zurück. In der Nacht vom 5. auf den 6. September ging ein Theil der französischen Maas-Sambre-Armee bei Neuß, Uerdingen und Eichelkamp über den Rhein, am letzten Orte, ohne die preußische Demarcationslinie zu beachten. Düsseldorf, befestigt, mit großen Vorräthen versehen, wurde von den kurpfälzischen Behörden schmachvoll dem Feinde ausgeliefert, die östreichischen Truppen, nach dem Cordonsystem der damaligen Zeit zersplittert, trotz tapferer Gegenwehr zurückgetrieben. Am 15. September erfolgte auch bei Neuwied ein Uebergang, die Franzosen drangen bis an die Lahn, weit und breit wurde Alles, was sie erreichen konnten, geplündert und verheert. Wenige Tage später ging Mannheim verloren. Die kurpfälzische Regierung hatte die östreichischen Bataillone, welche zum Schutze heranzogen, vor den Thoren zurückgewiesen und sich beeilt, die stark befestigte Stadt auf die bloße Drohung, sie solle beschossen werden, am 20. September an Pichegru zu übergeben. Unbeschreiblich war das Entsetzen am Rhein; die Fürsten flohen zuerst; wer konnte, folgte ihnen, um in der Ferne oder hinter der Demarcationslinie Schutz zu suchen. Unter dem Vorwande, die eigene Heimath vertheidigen zu müssen, verließ das sächsische Contingent, 15,000 Mann der besten Reichstruppen, zur Nachtzeit, als man eben eine Schlacht erwartete, Clerfayts Lager bei Bobenheim[1]). Der Tag allgemeinen Abfalls und schmachvoller Selbstvernichtung schien be-

---

1) Vivenot a. a. O. II, II, 489.

vorzustehen. Aber zum Aeußersten kam es nicht. Die Siege Clerfayts bei Bergen und an der Nidda am 11. und 12. October nöthigten Jourdan zum Rückzug, der sich bald in eilige Flucht verwandelte und den größeren Theil seines Heeres bei Neuwied über den Rhein, den andern hinter die Sieg zurückwarf. Kaum war der eine Gegner unschädlich gemacht, als Clerfayt sich gegen den anderen wandte. Die Franzosen hatten seit einem Jahre Mainz mit einem Kreise der stärksten Verschanzungen umgeben, die durch zahlreiche Redouten, 150 Geschütze, und mehr als 30,000 Mann vertheidigt wurden. Hier gelang dem östreichischen Feldherrn, sie am Morgen des 29. Octobers zu überraschen. In wenigen Stunden waren die Schanzen erobert, beinahe sämmtliche Geschütze genommen, mit großem Verluste an Todten und Gefangenen zog das französische Heer sich eiligst hinter die Pfriem zurück. Unterdessen hatte auch Wurmser seit dem 17. October eine Reihe erfolgreicher Kämpfe bestanden; am 22. November mußte sich ihm Mannheim mit unermeßlichen Kriegsvorräthen und einer Besatzung von 10,000 Mann ergeben. Es folgten glückliche Gefechte auf dem linken Ufer, die Franzosen waren über die Nahe und bis an die Gränze des Elsaß zurückgetrieben, als am 1. Januar 1796 ein Waffenstillstand zwischen Clerfayt und Jourdan dem Blutvergießen ein Ende machte. Die östreichischen Truppen hielten das linke Ufer von der Queich bis zur Nahe, das rechte von Basel bis zur Sieg besetzt.

Man findet über diese glänzenden Thaten Ausführliches in den Kriegsgeschichten und bei Häußer (II, 35 ff.), welcher Clerfayt und dem östreichischen Heere die wohlverdiente Anerkennung nicht vorenthält. Nur hat er auch hier die Gelegenheit nicht vorbeigehen lassen, sich dafür an der östreichischen Regierung gewissermaßen zu entschädigen; ich glaube nicht in der glücklichsten Weise. Schon die Uebergabe Luxemburgs, das nach langer Einschließung am 7. Juni 1795 den Franzosen seine Thore öffnen mußte, wird, wie es scheint, wieder nur auf Grund eines leeren Gerüchts dem Hofkriegsrath zur Last gelegt. „Es galt als ausgemacht," liest man II, 29, „daß sie hätte verhindert werden können, wenn der Hofkriegsrath Clerfayts Rath befolgt und ihm die Ermächtigung ertheilt hätte, den Platz zu entsetzen. Aber die Niederlande wurden als aufgegebenes Gebiet betrachtet, und die östreichische Politik hatte andere Erwerbungen im Auge." Vivenot (II, II, 479) nennt es — und, so weit man urtheilen kann, nach besseren Quellen und mit besserem Grunde — gerade umgekehrt eine der vollkommen berechtigten Klagen gegen Clerfayts Kriegführung, daß man ihm in Wien vorwarf, keinen Versuch zum Entsatze Luxemburgs gewagt zu haben. Der ganze Erfolg der kaiserlichen Waffen im Herbste wird dann von Häusser der jugendlichen Frische und Raschheit Clerfayts zugeschrieben; „die Wiener Staatsmänner," sagt er, „befanden sich in einem bedenklichen Irrthum, wenn sie sich selbst das Verdienst der jüngsten Erfolge beilegten. Dieselben waren nur errungen worden, weil man endlich einmal einem Feldherrn, nicht den Diplomaten die Kriegsleitung überlassen hatte." „Dieser Feldherr theilte denn auch das Schicksal aller Männer von Talent, die während Thuguts Verwaltung das Obercommando führten; er mußte weichen, weil er eine eigene Meinung und einen eigenen Willen zeigte. Thugut und sein Hofkriegsrath konnten nur Kreaturen brauchen (II, 28, 44, 41)."

Man muß bedauern, daß Vivenot aus den reichen Quellen, die ihm vorlagen, nicht mehr über den Feldzug von 1795 mitgetheilt hat. Aus dem Wenigen, was ich bei ihm (II, II, 477 fg.) finde oder den Berichten Lucchesinis entnehmen kann, scheint sich wieder gerade das Gegentheil dieser Häusserschen Ansichten zu ergeben. Ich bin weit entfernt, Clerfayts Feldherrnruhm schmälern zu wollen, Lucchesini nennt ihn noch im Jahre 1797 in dem schon angeführten Schlußbericht vom 22. Juli als den General, welcher vor allen anderen Achtung und Vertrauen sich erworben habe. Fragt man aber, wer zu den letzten Kriegesthaten die Anregung gegeben, so ist doch nicht zu vergessen, daß er, bereits in vorgerücktem Alter und durch andauernde Krankheit geschwächt, schon in Belgien den Oberbefehl nur mit äußerstem Widerstreben übernommen hatte. Zu wiederholten

Malen war seit dieser Zeit der Wunsch nach Entlassung von ihm ausgesprochen; Vivenot bemerkt (II, I, 299), er habe mehr als zwanzig solcher Gesuche vor Augen gehabt, auch Lucchesini berichtet darüber noch am 3. September. Daß ein Feldherr in solcher Stimmung zu kühnen und ausgedehnten Unternehmungen geringe Neigung zeigte, läßt sich erwarten, und so befand er sich in stetem Widerspruch zu seiner Regierung, da Thugut, von den Engländern gedrängt, durchaus entscheidende Bewegungen und kräftigen Angriff forderte. Clerfayt klagte dagegen über die Mängel der Ausrüstung und Verpflegung, vielleicht nicht ohne Grund, obgleich der Erfolg später bewiesen hat, daß sie doch kein unüberwindliches Hinderniß bildeten. Als er sich den ganzen Sommer hindurch nicht in Bewegung setzen ließ, die Klagen der Engländer, besonders nach dem unglücklichen Unternehmen der Emigranten auf Quiberon (21. Juli) sich verdoppelten, wurde ihm der Oberbefehl über einen Theil des Heeres entzogen, und der immer schlagfertige Wurmser noch einmal an den Oberrhein geschickt, wie es scheint, mit den bestimmten Befehlen für ihn und Clerfayt, sogleich zum Angriff überzugehen. Wenigstens berichtet Lucchesini am 7. October, nach der Versicherung des russischen Gesandten sei zwischen dem 6. und 8. October eine bedeutende Schlacht am Rheine zu erwarten. Ein solches Wagniß werde freilich beinahe allgemein widerrathen, aber Thugut und Wurmser hätten mit Entschiedenheit dafür gesprochen. Demgemäß erwiedert auch das preußische Ministerium am 19. und 26. October, Thuguts Voraussagen über den Feldzug in Deutschland seien vollkommen bestätigt durch die geschickten und glücklichen Bewegungen des Marschall Clerfayt; es scheine, daß dieser in Folge bestimmter Befehle aus Wien zum Angriffe sich entschlossen habe. Danach könnte man beinahe glauben, die Wiener Staatsmänner seien gar nicht so sehr im Unrecht gewesen, wenn sie wirklich, wie Häusser, ich weiß nicht nach welchen Quellen, anzunehmen scheint, einen Theil des glücklichen Erfolges sich beigemessen haben. Und so kann ich es auch nicht billig finden, wenn man Clerfayts Entlassung, die nicht lange darauf bekannt wurde, ausschließlich Intriguen und anderen unedlen Beweggründen, der engherzigen Selbstsucht Thuguts, dem Neide Waldecks, dem Ehrgeiz des Erzherzogs Karl zuschreiben will[1]). Es mußte allerdings einen sehr auffallenden und keineswegs günstigen Eindruck machen, als der Feldherr, dem zuerst nach einer langen Reihe von Unglücksfällen ein entschiedener Erfolg zu Theil geworden war, am 7. Februar von der Leitung des Heeres zurücktrat, und seine Stelle von einem jungen Erzherzog eingenommen wurde. Auch will ich nicht für unglaublich halten, daß von den Beweggründen, die Lucchesini anführt, der eine oder andere mehr oder weniger wirksam geworden sei. Nur darf man diejenigen nicht ganz übersehen, die in der Natur der Verhältnisse schon gegeben sind. Clerfayt war nach Allem, was wir von ihm wissen, damals der Ansicht, eine Fortsetzung des Krieges sei für den Kaiser nicht vortheilhaft; die Mittel reichen nicht mehr aus, man müsse auch am Rheine von weitgehenden Angriffsplanen abstehen und auf die Vertheidigung des rechten Ufers sich beschränken. Es war darüber schon im Heere zu Streitigkeiten gekommen, da Wurmser die Vortheile gegen die französische Armee ungesäumt zu verfolgen wünschte, während Clerfayt sich mit Jourdan über einen Waffenstillstand einigte. Thugut, der den Krieg fortsetzen wollte, der durch Verträge gebunden und unablässig von den Engländern zu energischen Schritten, zur Wiedereroberung des linken Rheinufers, zur Befreiung von Holland und Belgien gedrängt wurde, konnte mit dieser Auffassung nicht einverstanden sein. Möglich, daß Clerfayt daneben durch seine Klagen über die mangelhafte Ausrüstung des Heeres, über das Unzureichende der ihm zur Verfügung gestellten Mittel den Unwillen einflußreicher Personen auf sich gezogen hat, möglich, daß er — obgleich ich nicht darüber urtheilen kann — zu solchen Klagen berechtigt war, denn bekanntlich ist die Verpflegung des Heeres niemals die glänzende Seite der östreichischen Kriegsverwaltung gewesen; aber man muß anerkennen, daß es in der That nicht wohl anging, an die Spitze des Heeres einen Feld-

---

[1]) Vgl. Lucchesinis Bericht vom 10. Februar 1796 bei Häusser a. a. O. II, 46.

Herrn zu stellen, dessen Ansichten über das Ziel und die Vortheile des Krieges und die zweckmäßige Art der Kriegsführung den Absichten seiner Regierung ganz und gar entgegenstanden. Es scheint mir überhaupt das, was Häusser über die Wirksamkeit des Hofkriegsrathes ausschließlich nach Lucchesinis Berichten mittheilt, der Berichtigung und Ergänzung zu bedürfen; der Berichtigung, weil er das Eingreifen des Hofkriegsrathes in die militärischen Angelegenheiten überschätzt, und der Ergänzung, weil er den, wie ich glaube, sehr wirksamen Einfluß des Grafen Franz von Dietrichstein nicht einmal erwähnt. Ich kann darauf aber für jetzt nicht eingehen, weil man, um sich ein sicheres Urtheil zu bilden, vor Allem die Kenntniß amtlicher Aufzeichnungen aus dem östreichischen Kriegsarchive wünschen müßte.

Man sieht, die letzten Monate des Jahres 1795 waren durchaus mit kriegerischen Ereignissen angefüllt. Selbst bei den Reichsständen hatten die Erfolge der kaiserlichen Waffen ein Gefühl des Muthes und der Entschlossenheit wieder aufgeweckt. Der Reichstag sandte ein besonderes Dankschreiben nach Wien, der Landgraf von Hessen-Kassel, welcher trotz der ausdrücklichen Abmahnung des Kaisers am 28. August einen Separatfrieden zu Basel abgeschlossen hatte, suchte jetzt durch einen demüthig ausgesprochenen Glückwunsch Verzeihung zu erhalten. Aehnliche Schreiben liefen von Kur-Köln und Trier ein, mit dem bestimmten Versprechen, man werde auf keine vom Reich gesonderte Unterhandlung sich einlassen; sogar der Kurfürst von Mainz gab seine Friedenspläne wenigstens einstweilen wieder auf[1]). In diesem Sinne ist denn auch das kaiserliche Hofdecret verfaßt, welches am 19. November die vom Reichstag gewählte Friedensdeputation bestätigte, aber zugleich eben so ernst und kräftig als würdig und gemessen die immer steigenden Gefahren, die übermäßigen Ansprüche der Franzosen und die Nothwendigkeit hervorhob, durch vereinte Kraft und festes Zusammenstehen die Gränzen und die

---

1) Vgl. Lucchesinis Bericht vom 7. November und das Schreiben des Ministeriums vom 16. November 1795.

Verfassung des Reiches vor Verletzung und gänzlicher Zerrüttung zu bewahren. Was der Reichstag bewilligte — hundert Römermonate, die man auf etwa eine Million Gulden veranschlagte — stand freilich wieder zu den Bedürfnissen eines solchen Krieges außer allem Verhältniß. Dagegen wurde zwischen England und dem Kaiser das Bündniß nur fester geschlossen und mit aller Anstrengung gerüstet, um im nächsten Feldzuge, sowohl von Italien als vom Rheine aus, der auch im Innern vielfach gefährdeten Republik entscheidende Schläge zu versetzen.

Zweites Kapitel.

Feldherrn und Diplomaten im Jahre 1796.

Das Jahr 1796 ist in der Kriegsgeschichte aller Jahrhunderte eines der bedeutendsten. Zwei hochbegabte Heerführer konnten damals zuerst in Unternehmungen sich hervorthun, welche an Genialität und Schärfe der strategischen Berechnung von ihnen nicht wieder übertroffen wurden. In Deutschland zeigte der junge Erzherzog Karl noch einmal für lange Zeit, was eine kräftige Führung zu leisten vermag, und Italien wurde der Schauplatz des Mannes, welcher den folgenden zwanzig Jahren den wesentlichsten Inhalt geben sollte. In Italien ist denn auch zugleich das Geschick unseres Vaterlandes damals verfochten und entschieden worden. Schon seit dem Jahre 1792 hielten französische Heere die Gränzprovinzen Savoyen und Nizza besetzt; der Friede mit Spanien, der in Basel am 22. Juli 1795 zum Abschluß kam, stellte größere Streitkräfte nach jener Seite zur Verfügung; das Wichtigste war, daß sie den Händen anvertraut wurden, welche besser, als irgend andere sie zu benutzen verstanden. Der General Bonaparte war bereits in den früheren Jahren auf die Unternehmungen gegen Italien nicht ohne Einfluß gewesen, im März 1796 trat er an die Spitze des französischen Heeres, und alsobald war das Uebergewicht zu Gunsten Frankreichs entschieden. Die Treffen von Montenotte, Millesimo und Dego (12.—15. April) öffneten ihm den Weg über den Apennin nach Piemont, die Gefechte bei Ceva und Mondovi (16.—21. April) trennten das sardinische Heer von den Oestreichern. Schon am 28. April ließ sich der erschreckte König zu einem Waffenstillstand verleiten, durch welchen er von der Coalition sich lossagte, seine wichtigsten Festungen, in Wahrheit sich selbst und sein ganzes

Gebiet den Franzosen überlieferte. Seitdem vermochten die Oestreicher nicht mehr Stand zu halten; schon am 15. Mai zog Bonaparte in Mailand ein. Die kleinen italiänischen Fürsten beeilten sich, durch große Opfer an Geld und Kunstschätzen eine kurze Frist ihres Daseins zu erkaufen, der Friede mit Sardinien am 15. Mai überließ Nizza, Savoyen und die wichtigsten Festungen den Franzosen; noch in den letzten Tagen des Monats überschritten sie auch den Mincio, und die Belagerung von Mantua drohte den Kaiser des letzten Stützpunktes in Italien zu berauben.

Diese unglückliche Wendung des Feldzuges wirkte bald auch nach Deutschland hinüber. Hier war von den Oestreichern der Waffenstillstand am 21. Mai gekündigt, und Alles für einen lebhaften Angriff vorbereitet. Wurmser befehligte am Oberrhein, an Clerfayts Stelle war der Erzherzog Karl getreten. Aber der Verlust Mailands, die Besorgniß, auch Mantua zu verlieren und dann einem Angriff von Italien her ausgesetzt zu sein, ließen es in Wien als nöthig erscheinen, vor Allem die Unfälle in der Lombardei wieder auszugleichen. Ende Mai erhielt Wurmser den Befehl, mit 25,000 Mann vom Rhein durch Tyrol sich nach dem Süden zu wenden. Zwei Mal suchte er in Italien einzudringen, aber dem Kriegsglück und den überlegenen Fähigkeiten Bonapartes war er nicht gewachsen. Zuerst wurde er im Sommer durch die Schlachten bei Lonato und Castiglione (3.—5. August) nach Tyrol zurückgetrieben; als er im September von Bassano aus den Versuch wiederholte, verlor er sogar die Rückzugslinie und mußte es noch als einen Erfolg betrachten, daß er mit dem Reste seiner Truppen in Mantua sich einschließen konnte.

Die Schwächung des deutschen Heeres machte es auch dem Erzherzog Karl unmöglich, der französischen Uebermacht die Spitze zu bieten. Zu Anfang Juni ging Jourdan bei Neuwied über den Rhein und trieb die Oestreicher bis hinter die Lahn zurück; während der Erzherzog sich gegen ihn wandte und nach mehreren glücklichen Gefechten die verlorenen Stellungen wieder einnahm, gelang es auch der französischen Rheinarmee unter Moreau, am 24. Juni bei Straßburg den Fluß zu überschreiten. Beiden feindlichen

Heeren war der Erzherzog nicht gewachsen; er zog sich zurück nach einem Plane, der zwar den glücklichen Ausgang des Feldzugs vorbereitete, aber doch vorerst die Rheingegenden, Schwaben und Franken dem Feinde überließ. Es wiederholten sich nun die kläglichen Scenen des vorigen Herbstes. Wer fliehen konnte, floh hinter die preußische Demarcationslinie, so die geistlichen Kurfürsten, der Landgraf von Hessen-Darmstadt und der Kurfürst von Baiern; der Herzog von Würtemberg erkaufte schon am 17. Juli für vier Millionen Livres einen Waffenstillstand; zu ähnlichen Verträgen unter ähnlichen Opfern drängten sich Baden, der schwäbische und der fränkische Kreis; der Kurfürst von Sachsen rief abermals sein Contingent vom kaiserlichen Heere zurück. Ja, am 7. August kam mit Würtemberg, fünfzehn Tage später auch mit Baden ein förmlicher Friede zum Abschluß. Beide Fürsten traten von der Coalition zurück, entsagten ihren linksrheinischen Besitzungen und versprachen, keiner mit der Republik verfeindeten Macht ferner Hülfe zu leisten, selbst wenn sie von Seiten des Reiches dazu aufgefordert würden. Auch machten sie sich anheischig, beim Reichsfrieden für die Abtretung der deutschen Ansprüche auf Italien und das linke Rheinufer, sowie für den Grundsatz der Säcularisationen zu wirken; als Entschädigung für alles dieses ließen sie schon im Voraus bedeutende geistliche Besitzungen sich zusichern. Selbst Preußen bequemte sich unter solchen Verhältnissen am 5. August zu einer neuen Uebereinkunft. Sie ist zwar, wie man später sehen wird, niemals in Wirksamkeit getreten, schloß aber doch für den Augenblick jeden Widerstand Preußens gegen die französischen Pläne in Deutschland aus. Und so schien das Reich gänzlicher Auflösung verfallen, und die Franzosen mochten hoffen, bei dem unaufhaltsamen Vordringen ihrer Heere bald auch dem Kaiser in seiner Hauptstadt den Frieden vorzuschreiben.

Aber plötzlich trat ein Wechsel ein. Der strategische Plan des Erzherzogs beruhte darauf, daß die beiden Abtheilungen seines Heeres in einem spitzen Winkel gegen einander zurückweichend mehr und mehr sich näherten, während die verfolgenden feindlichen Feldherrn weit von einander getrennt blieben. Er hatte diesen Plan mit Festigkeit zur Ausführung gebracht, indem er langsam vor Moreau durch Schwaben nach Baiern zurückziehend, seinen rechten Flügel unter Wartenburg von der Lahn her durch Franken herankommen ließ. Jetzt benutzt er den günstigen Augenblick; ein Theil seiner Truppen bleibt Moreau gegenüber in Baiern, er selbst mit dem anderen vereinigt sich mit Wartenburg, so daß er Jourdan plötzlich mit überlegenen Streitkräften gegenüber steht. Am 22. August werden die Franzosen bei Teining zurückgeworfen, am 3. September bei Würzburg gänzlich geschlagen und unaufhaltsam in wilder Flucht über die Lahn bis an den Rhein verfolgt. Moreau hatte unterdessen in Baiern sich verweilt und noch am 7. September die in München zurückgebliebene Regierung zu dem schmachvollen Vertrag von Pfaffenhofen genöthigt. Jetzt wurde auch seine Lage gefährdet; er trat jenen viel gerühmten Rückzug an, der ihn doch nicht ohne bedeutende Verluste am 25. October bei Hüningen auf das linke Rheinufer zurückführte. Der Feldzug in Deutschland endigte mit der Belagerung der stark befestigten Brückenköpfe von Hüningen und Kehl, welche im Anfange des folgenden Jahres dem Erzherzog sich ergeben mußten.

———

So gewaltigen kriegerischen Ereignissen gegenüber erscheint, was von Verhandlungen zu melden ist, von weit geringerer Bedeutung. Doch darf man die Fäden nicht aus den Augen verlieren, und sie lassen sich in der That das ganze Jahr hindurch verfolgen. In Frankreich war mit dem 27. October 1795 die Directorial-Regierung an die Stelle des Convents getreten. Fünf Directoren, Rewbell, Larevelliere-Lepeaux, Barras, Letourneur und Carnot theilten mit ihren Ministerien die Geschäfte, deren Verwaltung vordem den Ausschüssen des Convents übergeben war. Die gesetzgebende Gewalt sollte von zwei Versammlungen, dem Rath der Alten und der Fünfhundert, gemeinschaftlich geübt werden. Zu Mitgliedern des Directoriums waren nur solche Männer gewählt, die für den Tod des Königs gestimmt, also ihren Gegensatz zu den schon mächtig sich regenden royalistischen Bestrebungen unzweifelhaft und unwiderruflich kundgegeben hatten. Zwei unter ihnen, Carnot und Letourneur, hegten gleichwohl gemäßigte Gesinnungen; aber gerade die auswärtigen Angelegenheiten leitete vornehmlich Rewbell, ein Mann von energischem Charakter, schroffen Formen und großem persönlichem Ehrgeiz, der eine ausgedehnte Erweiterung des französischen Gebietes und eine gränzenlose Verbreitung der revolutionären Grundsätze sich zur wesentlichsten Aufgabe stellte. Ihn überbot noch an Leidenschaft und Heftigkeit der Minister des Auswärtigen, Charles Delacroix. Alles, was man von seiner Hand, oder von Anderen über ihn geschrieben findet, zeugt von einer Rücksichtslosigkeit in der Wahl der Mittel, einer Selbstüberhebung und einem Uebermuth gegen Schwächere, daß man Aehnlichem selbst auf den Höhen Napoleonischer Macht nicht leicht begegnen wird. Mit einem ruhig verständigen Mann wie Barthelemy fand er sich durchaus nicht in Uebereinstimmung, weit lieber wirkte er auf geheimen Wegen, und so kann es nicht befremden, daß noch einmal die Gestalt jenes schon mehrfach erwähnten Marquis Poterat uns entgegen tritt. Allerdings in keineswegs erfreulicher Weise, aber doch interessant genug, um einen Blick auf seine Thätigkeit zu werfen. Dieser Mensch hat außerordentlich viel geschrieben; Briefe und Denkschriften, die sich von seiner Hand erhalten haben, füllen mehr als zweihundert Folioseiten; man lernt ihn vollkommen daraus erkennen, und in ihm zugleich ein Musterbild jener geheimen Agenten, welche damals für den diplomatischen Verkehr eine so vorzügliche Wichtigkeit erlangt haben. Frech und herausfordernd zeigt er sich, aber schmeichelnd und zudringlich zu gleicher Zeit, immer geneigt, das Gemeine aufzusuchen und seinen Briefen als Würze beizumischen, geldgierig, und man könnte glauben, stets bereit, eine Partei an die andere zu verkaufen, aber dabei nicht ohne Fähigkeiten, unermüdlich thätig, selbst nicht ohne Geist und Scharfsinn, so daß seinen Mittheilungen, ob sie auch nichts weniger als unbedingten Glauben verdienen, doch immerhin Manches sich entnehmen läßt. Die erste Reise nach Wien scheint ihm und seinem Minister nicht alle Hoffnung eines glücklicheren Erfolges geraubt zu haben; am 27. November

1795 erhält er eine förmliche Vollmacht, am Tage darauf ausführliche Instructionen und sogar eine bedeutende Geldsumme zur Verfügung. Die Anträge lauteten wie vorhin, daß Oestreich Belgien und das linke Rheinufer an Frankreich überlassen, zudem auf die schwäbischen Besitzungen verzichten, dafür aber durch Baiern entschädigt werden sollte. Alles komme darauf an, vorerst einen Sonderfrieden zwischen beiden Mächten zum Abschluß zu bringen, später könne dann ein Congreß zur Ordnung der deutschen Angelegenheiten in Hamburg stattfinden. Mit diesen Aufträgen begab sich Poterat Mitte Decembers nach Basel, von da über München nach Wien, wo er am 30. December anlangte. Aber er fand sich in seinen Erwartungen völlig getäuscht. Man habe ihn, schreibt er später an Delacroix, schon an der Gränze wie einen Monarchen in Empfang genommen, auf der Post bereits im Voraus für Pferde und Begleitung gesorgt, aber nur zu dem Zwecke, ihn beständig zu überwachen, so daß er mit keinem Menschen ein Wort frei habe reden können. Auch in Wien wurde er unter strengster Aufsicht gehalten; man wies ihn zuerst an den Herrn von Blumendorf, vormals Secretär der kaiserlichen Gesandtschaft in Paris, dann hatte er auch zwei Unterredungen mit Thugut, er will sogar zwei ganze Tage mit ihm in seiner Wohnung verlebt haben. Erlangt hat er aber nichts. Thugut zeigte sich keineswegs geneigt, auf die französischen Angebote und Forderungen einzugehen; er bestand vorerst auf einem allgemeinen Congreß. Aus Poterats Berichten erkennt man deutlich, wie viel Worte er vergebens an den östreichischen Minister verschwendet hat. „Von allen Seiten," schreibt er, „suchte ich ihm beizukommen, um ihn zu einer besonderen Uebereinkunft zu bewegen; umsonst habe ich alle möglichen Mittel erschöpft: Interessen der Ehre, Interessen der Menschlichkeit, Geldinteressen; ich konnte nichts aus ihm herausbringen als: die verbündeten Mächte wünschten eifrig den Frieden, der Kaiser sei erbötig, nach besten Kräften jedes Hinderniß einer allgemeinen Uebereinkunft aus dem Wege zu räumen, aber die Verpflichtungen gegen seine Verbündeten machten ihm durchaus unmöglich, auf gesonderte Verhandlungen einzugehen." Als das Gespräch sich auf die Rheingränze und die Säcularisationen wandte, sprach Thugut, wie Poterat sich ausdrückt, mit Emphase von Moral und Gerechtigkeit und von den strengen Pflichten des Kaisers als Reichsoberhaupt; unmöglich könne er einwilligen, daß man die geistlichen Fürsten und andere Reichsstände ihrer Besitzungen beraube. Poterat will darauf erwiedert haben, nachdem man vor Kurzem Polen getheilt und die Beute ohne Gewissensbisse in Besitz genommen, seien dergleichen Redensarten nicht mehr angebracht; er setzt aber hinzu, der östreichische Minister sei bei seinem Widerspruch und seinen verkehrten Ansichten verharrt, auch die triftigsten Gründe hätten ihn nicht auf einen bessern Weg geführt.

Für jetzt kam gar nichts zu Stande, höchstens erlaubte Thugut, daß in der Folgezeit vertrauliche Eröffnungen an Degelmann in Basel gerichtet werden könnten. Schon nach wenigen Tagen zog Poterat sehr mißvergnügt wieder ab. Nur mit Mühe erhielt er die Erlaubniß, seine Rückreise durch Deutschland über München und Regensburg anzutreten, wo er mit dem Grafen Görtz sich in Verbindung setzen wollte[1]). In Basel verkehrte er dann mit Degelmann, aber gleichfalls ohne Erfolg. Er erfahre gar nichts von Bedeutung, schreibt er am 4. März an seinen Minister, Degelmann erhalte auch aus Wien keine Anweisung und versichere beständig, der Kaiser werde nur auf ehrenvolle Bedingungen und in Verbindung mit England Frieden schließen. Nun griff Delacroix zu einem Mittel, das für ihn und die Zeit charakteristisch ist. Ich habe früher erzählt, daß man in Paris Papiere aus dem Jahre 1772 zu besitzen glaubte, deren Veröffentlichung für Thugut nachtheilig werden könne. Delacroix setzt am 19. Februar Poterat von diesem Besitz in Kenntniß, und dieser richtet dann am 8. März an Thugut in seiner Weise einen Brief. Halb freundschaftlich schmollend, halb drohend beklagt er sich über die Zurückhaltung des östreichischen Ministers; am

---

1) Vgl. Poterats Briefe an Delacroix aus Basel vom 15. December, München 23. December 1795, Wien 4. Januar, München 11. Januar, Basel 28. Januar 1796 im Ministerium des Auswärtigen.

Schlusse läßt er die Bemerkung einfließen, es seien ihm in Paris Papiere zu Gesicht gekommen, die Thuguts Stellung gefährden könnten; bisher habe er noch verhindert, daß sie in die Oeffentlichkeit gekommen seien, aber als ein Mann, dem Thuguts Wohl aufrichtig am Herzen liege, müsse er ihm dringend rathen, die französische Regierung nicht länger durch eine abweisende Haltung zu reizen. Thugut würdigte, wie man denken kann, diesen Brief so wenig, wie mehrere frühere einer Antwort. Am 27. April schreibt Poterat abermals an Delacroix, aus Wien sei gar nichts zu erwarten, englischer Einfluß herrsche dort allmächtig.

Gleichwohl blieb er während dieser Monate in Basel nicht ohne mannichfaltige Beschäftigung. Er ist unermüdlich, neue Vorschläge und Denkschriften an den Minister und das Directorium zu senden, sowohl über die Grundlagen des Friedens als über die zweckmäßigen Wege, beim Wiederausbruch des Krieges nach Deutschland, insbesondere in den Schwarzwald vorzudringen. Für den Geschichtschreiber des Sommerfeldzugs könnte es interessant sein, zu untersuchen, wie weit diese Vorschläge auf Carnot bei der Entwerfung des Planes von Einfluß gewesen sind. Sodann bemühte er sich in Verbindung mit einem Elsasser, Georg List, und einem französischen Agenten Bassal, dessen Thätigkeit er besonders rühmt, den Grundsätzen der Revolution in Schwaben Eingang zu verschaffen und dadurch den französischen Heeren im Voraus die Wege zu ebnen. Selbst mit deutschen Fürsten setzt er sich in Verbindung, um sie zu Kundgebungen gegen den Kaiser im Sinne des Friedens anzuregen. Es findet sich auch ein höfliches Antwortschreiben des Herzogs Georg von Sachsen-Meiningen vom 24. Mai, welches aber doch mit der Bemerkung schließt, ehe man auf derartige Schritte sich einlasse, müsse man vor Allem genau wissen, welche Grundlage für den Frieden die Franzosen denn zugestehen wollten. Endlich trat Poterat noch mit den Ausgewanderten, insbesondere mit dem Condéschen Corps in Verbindung und rühmt sich, ihre Geheimnisse ihnen abgelockt zu haben. Lange Zeit war Delacroix mit diesem Treiben einverstanden; es finden sich mehrere Briefe, in denen er Poterats Leistungen anerkennt und zu frischer Thätigkeit ermuntert. Endlich schöpfte er aber, wie es scheint, Verdacht, er selbst könne von dem zweideutigen Menschen betrogen werden; im Mai wird zuerst der erprobte Gehülfe Bassal zu großem Leidwesen Poterats entlassen, und am 19. dieser selbst seines Dienstes enthoben. Als er, wahrscheinlich um sich zu rechtfertigen, nach Paris zurückkehrte, wurde er dort später als Doppelspion verhaftet[1]); das Letzte, was mir über ihn zu Gesicht gekommen ist, sind die Berichte des Polizeiministers über die in seiner Wohnung in Beschlag genommenen Papiere.

Wenn die Unterhandlungen dieses geheimen Agenten erfolglos blieben, so ist, was die anerkannten Diplomaten vornahmen, von noch geringerer Bedeutung. Ehe die Feindseligkeiten wieder anfingen und als sie gerade von Neuem eröffnet waren, brachten die Verbündeten noch einmal ihre Friedensliebe und Versöhnlichkeit in allgemeinen Ausdrücken zur Anzeige. Der englische Geschäftsträger Wickham in Bern richtete am 8. März an das Directorium die Frage, ob Frankreich geneigt sei, mit England zu unterhandeln und die allgemeine Grundlage eines Friedens vorzuschlagen; Thugut ließ durch Degelmann am 21. Mai versichern, auch der Wiederausbruch des Krieges könne die Geneigtheit des Kaisers zu billigen Unterhandlungen nicht verändern. Unzweifelhaft würde man auch zu einem Frieden, der dem Hofdecret vom 19. November gemäß auf der Grundlage des früheren Besitzstandes die Integrität des Reiches bewahrt hätte, gern die Hand geboten haben. Aber das Directorium lehnte jede ernstliche Annäherung schon dadurch ab, daß es England gegenüber die constitutionellen Gränzen der Republik, in welche auch die neun belgischen Departements aufgenommen waren, als durchaus unveränderlich und außerhalb der Verhandlung liegend bezeichnete[2]).

---

1) Vgl. Sandoz' Bericht an das preußische Ministerium vom 6. August 1796. Bassal wird später noch häufig als Agent des Directoriums in Italien genannt, besonders Rom hatte viel von ihm zu leiden. Vgl. Barante, Histoire du Directoire, Paris 1855, III, 361.

2) Vgl. die Briefe Thuguts an Degelmann vom 9. Mai 1796, Degelmanns an Barthelemy vom 21. Mai im Oestr. Staats-Archiv, Barthelemys an

Häusser weiß freilich Manches von den „Schwankungen" zu berichten, „welche die östreichische Regierung im Laufe dieses Jahres durchgemacht habe." Aber dieser Ausdruck kann doch allein für die dem leitenden Minister feindliche Partei Berechtigung finden. Eine Politik, die so große Gefahren und Unglücksfälle herbeiführte, mag allerdings auch in Wien Gegenstand lebhafter Angriffe geworden sein und manche Stimme für den Frieden wach gerufen haben. Ein witziges Wort des Fürsten Ligne, der im Gegensatze zu dem neuerhobenen spanischen „Friedensfürsten" (prince de la paix) den östreichischen Minister als baron de la guerre charakterisirte, fand damals außerordentlichen Beifall. Aber Thugut stand, wie man am Besten aus Lucchesinis eigenen Berichten erkennt, ungebeugt und unerschütterlich. „Der Minister des Auswärtigen," schreibt der Gesandte [1]), „scheint die Feinde des Staates eben so wenig, als seine eigenen zu fürchten; er hat dem Grafen von St. Priest und anderen fremden Gesandten angezeigt, daß, so lange er Minister bleibe, kein anderer als ein ehrenvoller Friede geschlossen würde; denn er habe dem Kaiser erklärt, in dem Augenblicke, wo Andere eine furchtsame und niedrige Maßregel rathen könnten, würde er den Platz verlassen, auf den er gegen seinen Willen erhoben sei." Auch der Kaiser, wenngleich er in so bedenklicher Lage zuweilen den Rath anderer Minister zu hören verlangte, hat doch sein Vertrauen ihm niemals entzogen, und niemals zu einem Schritte sich bewegen lassen, der mit dem ausgesprochenen Entschlusse, nur auf ehrenvolle Bedingungen einzugehen, im Widerspruch stände. Häusser (II, 91) erzählt nach Lucchesinis Bericht vom 16. Juli: in Folge der unglücklichen Ereignisse in Italien und Deutschland sei die Schale zu Gunsten des Friedens gesunken; „Colloredo und Lascy stellten die Unmöglichkeit vor, den Krieg länger fortzuführen; der Fürst Rosenberg, ein bekannter Gegner Thuguts wurde in die Burg beschieden,

---

Delacroix vom 21. Mai, dessen Antwort vom 26. und Barthelemys Antwort an Degelmann vom 30. Mai im Ministerium des Auswärtigen zu Paris.
1) Vgl. Lucchesinis Berichte vom 23. Juli und 3. August 1796.

um seinen Rath über die Friedensverhandlungen abzugeben. Es galt in der diplomatischen Welt als ausgemacht, daß Kaiser Franz Rosenbergs Vorschläge gebilligt und am Abend des 14. Juli einen Courier nach Basel abgesendet habe, um durch Degelmann eine Friedensverhandlung mit Barthelemy anzuknüpfen." Nach dieser Darstellung könnte man glauben, der Courier sei vom Kaiser ohne Wissen Thuguts abgeschickt, worüber denn nicht leicht mit Sicherheit sich etwas sagen ließe. Aber Lucchesini berichtet ausdrücklich, der Kaiser habe durch ein Handschreiben Thugut beauftragt, einen Courier mit Rosenbergs Vorschlägen nach Basel abzusenden. Und danach scheint mir die ganze Mittheilung, obgleich Lucchesini seines Gewährmanns Glaubwürdigkeit besonders hervorhebt, auf einem leeren Gerücht oder einer Verwechslung zu beruhen. Denn nicht nur, daß vom 14. Juli gar keine Depesche Thuguts an Degelmann sich findet, auch der Inhalt der vorhergehenden und nachfolgenden läßt sich mit Lucchesinis Angaben nicht vereinigen. Schon nach den ersten raschen Erfolgen der Franzosen in Italien suchte Neapel sich durch ein Abkommen zu sichern. Der neapolitanische Gesandte in Wien, Marchese de Gallo, der geschickteste italienische Diplomat, in hohem Ansehen bei der Königin von Neapel und nicht ohne Einfluß auf ihre Tochter, die Kaiserin, erhielt den Auftrag, sich nach Basel zu begeben und mit Barthelemy eine Unterhandlung zu eröffnen. Thugut gibt am 2. Juni Degelmann von der baldigen Ankunft de Gallos Nachricht, bemerkt aber zugleich, der Kaiser sehe diese Reise mit Bedauern und sei seinerseits fest entschlossen, auf Einzelverhandlungen ohne Zuziehung Englands niemals einzugehen. Degelmann solle deßhalb an den diplomatischen Schritten de Gallos keinen Antheil nehmen, sondern sich begnügen, ihm soweit als möglich in andern Dingen behülflich zu sein. Als dann Degelmann am 22. Juli aus eigenem Antriebe auf die Möglichkeit hindeutet, sich mit Barthelemy in Verbindung zu setzen, gibt Thugut am 14. August zur Antwort, es liege durchaus nicht in der Absicht des Kaisers, Anträge zu machen oder Unterhandlungen herbeizuführen, die unter den vorliegenden Verhältnissen doch keinen Erfolg versprächen und der Mißdeutung ausgesetzt wären. Degelmann solle sich, wie bisher, so auch in Zukunft genau an seinen Instructionen halten, Alles vermeiden, was den Feind zu reizen im Stande sei, aber durchaus keine Zuvorkommenheit zeigen, welche Eröffnungen oder Unterredungen veranlassen könne[1]).

Man sieht, durch Degelmann ist während des Sommers nichts von Bedeutung geschehen. Immerhin könnte aber de Gallo, der bis zum 18. Juli[2]) in Basel den Frieden zwischen Frankreich und Neapel vorbereitete, auch für den Kaiser thätig gewesen sein. Es liegt beinahe in der Natur der Sache, daß Thugut die Gelegenheit benutzt habe, durch einen so nahe befreundeten Diplomaten ohne Aufsehen von Barthelemys Gesinnungen sich Kenntniß zu verschaffen. Eine Bestätigung dafür könnte man in einem Schreiben des Generals Bonaparte finden, welcher eben mit dem für Paris bestimmten neapolitanischen Gesandten, dem Fürsten Belmonte Pignatelli, am 5. Juni zu Brescia einen Waffenstillstand abgeschlossen hatte. Der Fürst, berichtet er am 26. Juni an das Directorium, habe ihm eröffnet, daß der Wiener Hof die Vermittlung Neapels wünsche; gerade darin liege der Grund, weßhalb er seinen Weg nach der französischen Hauptstadt über Basel nehmen werde, um dort mit dem Marquis de Gallo zusammen zu treffen. Aehnliches erzählte Delacroix in Paris dem preußischen Gesandten[3]). Dagegen schreibt Lucchesini am 18. August, de Gallo habe sich bemüht, vor der Abreise einen Auftrag von Thugut an Barthelemy zu erwirken, aber nur eine nichtssagende Aeußerung des Kaisers aufgefangen und über ihren Werth in Basel angebracht. Darauf sei eine Antwort Barthelemys erfolgt, welche aber de Gallo bei Thugut wenig Dank verdient habe. Bestimmtes ist mir darüber noch nicht bekannt, und nur so viel gewiß, daß in keinem Falle ein Ergebniß gewonnen wurde.

Dagegen kann ich Genaueres über eine andere Verhandlung

---

1) Die angeführten Depeschen finden sich im Oestr. Staats-Archiv.
2) Vgl. Degelmanns Bericht an Thugut vom 20. Juli 1796.
3) Vgl. Sandoz' Bericht vom 24. Juli 1796.

mittheilen, die bei Häusser keine Erwähnung gefunden hat, aber doch unter den minder wichtigen als die wichtigste erscheint, auch schon zu Anfange dieses Jahrhunderts sogar einem öffentlichen Blatte nicht ganz unbekannt geblieben ist. Im Sommer 1796, nach dem Eindringen Moreaus in Süddeutschland, war der geheime Rath Zwanziger aus Nürnberg Namens des fränkischen Kreises nach Paris geschickt, um über die auferlegten Contributionen ein Abkommen zu treffen. Er trat dort in nähere Beziehungen zu den Mitgliedern des Directoriums, besonders zu Carnot und dem General Clarke, der unter Carnots Leitung im Kriegsministerium beschäftigt war. Man schenkte ihm Vertrauen, wünschte ihn als Vermittler beim kaiserlichen Hofe zu benutzen, und übergab ihm, als er zurückkehrte, eine Grundlage der Friedensbedingungen. Danach sollte Frankreich das linke Rheinufer und auf dem rechten die Brückenköpfe von Düsseldorf, Ehrenbreitstein, Kastel, Kehl, Alt-Breisach und Hüningen erhalten, Oestreich auf die linksrheinischen, schwäbischen und italiänischen Besitzungen verzichten, aber einen Ersatz in Baiern finden. Das bairische Haus wäre nach Italien verpflanzt, der Herzog von Modena wie auch der Erbstatthalter von Holland durch neu gebildete Kurfürstenthümer in Deutschland entschädigt, die Erzkanzlerwürde von Mainz auf ein Bisthum des rechten Ufers übertragen worden. Preußen wird nur im Allgemeinen für die Provinzen am linken Rheinufer Entschädigung zugesagt.

Aber Zwanziger fand bei der Rückkehr die Verhältnisse in Deutschland durch die Siege des Erzherzogs völlig verändert. Nach mühevoller Reise langte er am 5. October in Wien an, wo sogleich Lucchesinis Wachsamkeit und Besorgniß rege wurden. Ihm selbst erschien die Stimmung der leitenden Personen so ungünstig, daß er, wenn man einem seiner späteren Briefe an Clarke glauben darf, schon darauf verzichtete, die französischen Aufträge auszuführen. Da erhielt er am 11. October eine neue dringende Mahnung Clarkes. Der Brief, am 20. September, kurz nach den neuen Siegen Bonapartes über Wurmser abgefaßt, wies auf die Ereignisse in Italien und das vor Kurzem geschlossene Bündniß mit

Spanien hin, um daraus für Oestreich die Nothwendigkeit herzuleiten, auf die an Zwanziger übergebene unveränderliche Grundlage einzugehen. Als Nachschrift findet sich die Drohung, nehme der Kaiser diese Bedingungen nicht an, so werde das Directorium Triest und die östreichischen Hafenplätze am adriatischen Meer zerstören lassen [1]).

Diese Nachschrift ist besonders deßhalb von Interesse, weil gerade zur selbigen Zeit dieselbe Drohung auch auf einem anderen Wege nach Wien gelangte. Am Morgen des 10. Octobers hielt vor der Kriegskanzlei ein französischer Courier, man sagte, ein Adjutant Bonapartes, angethan mit der dreifarbigen Schärpe, die der Bevölkerung Wiens ein nie gesehenes Schauspiel bot. Er erregte, wie man denken kann, die lebhafteste Neugier. Jeder fragte, was er könne überbracht haben; die Depeschen Lucchesinis und des preußischen Ministeriums zeigen immer neue Vermuthungen [2]), aber alle Mühe des gewandten Diplomaten, in das Geheimniß einzudringen, blieb vergeblich. Jetzt wissen wir, daß der Bote eine kurze Mittheilung Bonapartes an den Kaiser überbringen sollte [3]). „Ich beehre mich, Ew. Majestät anzuzeigen," so lautet der erste Brief des jungen Generals an den künftigen Schwiegervater, „daß, wenn Sie keinen Bevollmächtigten nach Paris senden, um Friedensunterhandlungen anzuknüpfen, das Directorium mir vorschreibt, den Hafen von Triest auszufüllen und die östreichischen Anlagen am adriatischen Meere zu zerstören. Bis jetzt habe ich die Ausführung dieses Planes verzögert, um die Zahl der unschuldigen Opfer des Kriegs nicht zu vermehren. Möchten Ew. Majestät empfindlich sein für das Unglück, welches Ihre Unterthanen bedroht, und der Welt Ruhe und Frieden wiedergeben."

Napoleon selbst hat auf St. Helena geäußert, man habe von so

---

1) Vgl. den Brief Clarkes aus Zwanzigers Nachlasse in Häberlins Staatsarchiv VII, 514, Helmstedt, 1802.

2) Vgl. Lucchesini am 12., 15., 16., 19., 22. October, 9. November; das Ministerium am 21., 24., 30. October, 18. November, 19. December. Die Mémoires d'un homme d'Etat IV, 17 nennen den französischen Agenten Chausel und wissen noch mancherlei von ihm zu erzählen.

3) Correspondance de Napoléon, II, 84. Der Brief ist vom 2. Oct. datirt.

unziemlichen Schritten sich nichts versprechen dürfen; auch kann man ihn nicht wohl dafür verantwortlich machen, da die Drohung, wie schon die ganz gleichlautende Stelle jenes Briefes von Clarke zeigt, aus Paris vom Directorium ihm an die Hand gegeben wurde¹). Daß sie keinen Erfolg hatte, ist zu erwarten. Thugut ließ den Courier, obgleich er längere Zeit in Wien verweilte, nicht einmal vor sich, gab auch Bonaparte keine Antwort, sondern begnügte sich, Barthelemy durch Degelmann in Kenntniß zu setzen, daß der Kaiser auf keinen Vorschlag eingehen könne, der nicht in den herkömmlichen diplomatischen Formen gehalten sei. „Ein unerträglicher Stolz herrscht in Allem, was dies östreichische Ministerium vornimmt," sagte Carnot ärgerlich dem Freiherrn v. Sandoz in Paris, als er ihm von dieser Mittheilung Kenntniß gab ²).

Ebenso würdig als entschieden war denn auch die Erwiederung, welche den Anträgen Clarkes zu Theil wurde. „Herr Zwanziger," heißt es in einer schriftlichen Anweisung für diesen Unterhändler, „kann seinem Correspondenten bemerklich machen, es zeuge von Unredlichkeit, wenn man Zweifel vorgebe an dem aufrichtigen Wunsche des Kaisers, einem für alle kriegführenden Theile verderblichen Kampfe ein Ziel zu setzen; als Oberhaupt des Reiches habe der Kaiser vor mehr als einem Jahre durch den Hof von Kopenhagen seine friedlichen Gesinnungen kund gegeben, auch als Mitglied der Coalition theils für sich, theils im Anschluß an England zu wiederholten Malen aufs bestimmteste ausgesprochen, daß er mit Vergnügen über die Mittel zur Wiederherstellung des allgemeinen Friedens verhandeln würde; der Kaiser verharre unveränderlich bei diesen Gesinnungen, er fahre fort, offen und ehrlich den Frieden zu wünschen, aber er wolle ihn auf einer gerechten Grundlage, vereinbar mit seiner Würde und den Verpflichtungen gegen seine Verbündeten." „Herr Zwanziger," heißt es weiter, „kann hinzufügen, man habe sich überrascht

---

1) Vgl. die Briefe der Directoren Carnot vom 19. September, und Larevelliere-Lepeaux vom 20. September 1796 in den Mémoires de Napoléon VI, 317 und der Correspondance inédite II, 42, 45.

2) Vgl. Sandoz am 2. December 1796.

gezeigt durch die Drohungen, welche das Directorium seinen friedlichen Anträgen einmische; der Kaiserliche Hof habe geglaubt, man würde in Paris nicht verkennen, daß Drohungen, wenn auch auf schwache und kleine Fürsten von Einfluß, doch niemals einer Macht wie Oestreich gegenüber das Mittel sein könnten, die Geister zu versöhnen und näher zu bringen. Was aber die Anträge und Bedingungen betreffe, die Herrn Zwanziger in Paris angedeutet worden, so lasse sich nicht glauben, daß ein solcher Plan zum Frieden ernstlich gemeint sei; er sei offenbar unzulässig und würde selbst in dem Falle verworfen sein, daß ihn Moreau, wie man in Paris voreilig sich geschmeichelt zu haben scheine, unter den Mauern von Wien habe überbringen können" [1]).

Man sieht, bei dieser wie bei den früheren Verhandlungen geht die Anregung ausschließlich von Seiten Frankreichs aus; Oestreich verharrt in einer kühl zurückweisenden Haltung. Freilich sind die Vorschläge immer der Art, daß der Kaiser sich genau dem Willen Frankreichs fügen sollte, aber es läßt sich nicht bezweifeln, daß unter dieser Voraussetzung der Friede in Paris sehr lebhaft gewünscht wurde. Faßt man die politischen Verhältnisse ins Auge, so erkennt man auch, daß Frankreich nur auf dem gewiesenen Wege weiter schreitet. Das Ziel des Krieges war die Rheingränze, das wirksamste Mittel gesonderte Verhandlungen mit den einzelnen Gegnern. Nachdem man nun mit Preußen und den größeren deutschen Staaten wenigstens soweit sich geeinigt hatte, daß ein kräftiger Widerstand nicht mehr zu befürchten war, kam Alles darauf an, auch dem Kaiser durch Verhandlungen, Drohungen oder im äußersten Falle durch Gewalt die französischen Forderungen annehmlich zu machen, ihn von England, seinem treuesten Verbündeten, zu trennen und gegen diesen, den zuletzt übrig bleibenden Gegner, die ganze Gewalt der französischen Waffen zu richten. In den Augen der Franzosen trat jetzt Oestreich in Bezug auf England ungefähr in die Stellung, welche Preußen

---

1) Diese Antwort sowie die französischen Anträge und mehrere Briefe Zwanzigers an Clarke finden sich im Oestr. Staats-Archiv.

vordem in Bezug auf Oestreich eingenommen hatte, und es kann nicht befremden, wenn die Republik schon seit dem Jahre 1795 immer neue, beinahe aufdringliche Friedensanträge an den Kaiser gelangen läßt. Das englische Ministerium machte zu derselben Zeit, sei es im Ernste oder um der Opposition im Parlamente zu begegnen, in Paris zuvorkommende Anerbietungen, aber sie wurden mehrmals in schroffer Form zurückgewiesen. Ein so ausgezeichneter Diplomat, wie Lord Malmesbury, erhielt nur mit Mühe endlich im October 1796 die Erlaubniß, sich nach Paris zu begeben und dort eine Unterhandlung anzuknüpfen. Da man jedoch über Belgien und die Rückgabe der beiderseitigen Eroberungen sich nicht einigen konnte, brach das Directorium plötzlich am 19. December in beleidigender Weise ab, und Malmesbury erhielt die Aufforderung, innerhalb acht und vierzig Stunden Paris zu verlassen. Dagegen wünschte man nichts mehr, als dem Kaiser einen Unterhändler sogar nach Wien zu senden, besonders seitdem die Siege des Erzherzogs noch einmal die Kraft der deutschen Waffen glänzend bewährt hatten, und in Tyrol Alvinzy, mit schnell gesammelter Heeresmacht zum Einfall nach Italien bereit, selbst den General Bonaparte mit Besorgniß erfüllte. Zum Abgesandten wurde Clarke bestimmt. Am 16. November, eben als Alvinzy durch die Schlacht von Arcole nach den ersten glücklichen Erfolgen wieder nach Vicenza zurückgedrängt wurde, erhielt er seine Vollmachten. Er sollte vorerst in Turin, Mailand, Modena und anderen italiänischen Städten über die Zustände und Wünsche der Bevölkerung sich Kenntniß verschaffen, auch untersuchen, inwiefern die venetianischen Besitzungen auf dem Festlande zum Vortheil der neu gestifteten lombardischen Republik sich verwenden ließen; demnächst einen allgemeinen Waffenstillstand sowohl in Deutschland als in Italien anbieten; endlich sich nach Wien begeben, um Unterhandlungen über den Frieden einzuleiten, welche man dann in Basel oder Paris, allenfalls mit Zuziehung der beiderseitigen Verbündeten, zum Abschluß bringen könne[1]). Um den Preis des linken Rheinufers hätte Oest-

---

1) Vgl. die Documente in den Mémoires de Napoléon, VI, 347 fg.,

reich damals auf einen vortheilhaften Frieden rechnen dürfen. In einem Entwurfe für Clarke wird nicht nur die Rückgabe der italiänischen Besitzungen, sondern als Entschädigung für die Niederlande auch Salzburg, Bertholdsgaden, Passau und die Oberpfalz angeboten. Vielleicht hätte man in Paris sogar mit Belgien sich begnügt, denn das Directorium war in Folge der steigenden Noth im Innern und durch die letzten Ereignisse in Deutschland mehr als jemals zum Nachgeben geneigt. Bonaparte, obgleich er einen Waffenstillstand in Italien vor dem Falle Mantuas für unvortheilhaft erachtete, konnte doch den bestimmten Anordnungen seiner Regierung sich nicht widersetzen; am 28. November[1]) bittet er für Clarke um die nöthigen Pässe, und als Alvinzy vorerst Weisungen aus Wien erwartet, wendet sich Clarke selbst am 5. December mit derselben Bitte an den Kaiser.

Aber gerade die Umstände, welche das Directorium für den Frieden stimmten, mußten auch das Wiener Kabinet bei den oft ausgesprochenen Grundsätzen beharren lassen. Freilich, es ist nicht zu verkennen, daß Manches zu Gunsten der französischen Anträge sprach. Die Kräfte des Staates waren aufs äußerste angespannt, und immer entschiedener trat die Schwierigkeit hervor, den Krieg aus eigenen Mitteln weiter fortzuführen. Das Verhältniß zu England war gelockert, so sehr auch in Wien Sir Morton Eden sich bemühte. Thugut war unzufrieden über die Kargheit, mit welcher die Subsidien bewilligt und ausgezahlt würden; er machte den Engländern den Vorwurf, sie hätten Corsika voreilig geräumt und den Frieden, der zwischen Frankreich und Neapel am 10. October 1796 zum Abschluß kam, eher gefördert, als gehindert. Unangenehm empfand er dann, daß das brittische Ministerium ohne sein Wissen im August eine neue Unterhandlung in Berlin anknüpfte, besonders als dabei der Plan verlautete, die belgischen

---

Correspondance inédite, II, 397; auch S. 393 ein undatirtes Schreiben des Directoriums an den Kaiser mit denselben Vorschlägen: Waffenstillstand und Congreß, wie es scheint, die Beglaubigung für Clarke.

1) Der ungedruckte Brief findet sich im Oestr. Staats-Archiv.

Provinzen, wenn Oestreich sie gegen Baiern vertauschen wolle, Preußen zuzuwenden. „Was soll denn aus dem Kurfürsten werden?" fuhr er Eden an; „wollen Sie ihn stranguliren oder nach Botanybay schicken?"[1]) Vor Allem zürnte er aber, als Malmesbury im Herbst sich nach Paris begeben hatte. Er weigerte sich durchaus, auch seinerseits Bevollmächtigte zu senden oder Malmesbury eine Vollmacht für den Kaiser zu übertragen; mit großer Lebhaftigkeit wies er Eden auf die üblen Folgen dieses Schrittes hin, der unter den vorliegenden Verhältnissen doch nicht zum Frieden führen, dagegen der Kaiserin von Rußland Gelegenheit bieten könne, ihre so lange verzögerten Versprechungen abermals zurückzuziehen[2]). Vollkommen richtig vermuthet denn auch Lucchesini: was Thugut gegen die Pariser Unterhandlung einnehme, seien nicht etwa Rücksichten der Eitelkeit, nicht die Furcht, durch Absendung eines Bevollmächtigten eine Anerkennung der Republik auszusprechen, — über solche Kleinlichkeiten sei der Charakter dieses Ministers erhaben — ihn bestimme vor Allem die Besorgniß, der Unterstützung Rußlands wieder verlustig zu gehen[3]). Denn es war dem östreichischen Staatsmanne in der That gelungen, die Kaiserin zu einem wirksamen Eingreifen zu bewegen. Beinahe ein Jahr lang hatte sie die Erfüllung ihrer Versprechungen hinausgeschoben, immer neue Bedingungen aufzustellen gewußt, endlich im Herbst 1796 schienen alle Hindernisse beseitigt, und das Eintreffen eines mächtigen russischen Heeres auf dem Kriegsschauplatz in sichere Aussicht gestellt. Am Mittwoch, den 16. November, sollte eine Conferenz bei der Kaiserin zusammentreten, die Minister über den Verlauf der Verhandlungen Bericht erstatten, und die letzten Einzelnheiten des

---

[1]) Vgl. das Schreiben des preußischen Ministeriums an Lucchesini vom 15. August, und Edens an Lord Auckland vom 9. December 1796, Correspondence of Lord Auckland, III, 368.

[2]) Vgl. den Brief Edens an Lord Auckland vom 16. November 1796 a. a. O. III, 360.

[3]) Vgl. Lucchesinis Bericht an das Ministerium vom 16. November.

Vertrages mit England geordnet werden¹). Noch am Abend vorher zeigte sich die Kaiserin wohl und heiter, wie man sie jemals gesehen hatte. Am andern Morgen in der Frühe war sie mit litterarischen Arbeiten beschäftigt, einige Stunden später fand man sie in ihrem Privatcabinet regungslos auf dem Boden liegen. Ein Schlagfluß hatte sie getroffen, am Abend des 17. gegen 9 Uhr hörte sie auf zu leben²).

Was folgt, erinnert an die Veränderungen nach dem Tode der Kaiserin Elisabeth. Der neue Czar, Paul I., theilte den Haß seiner Mutter gegen die Revolution, war aber durchaus nicht geneigt, seine Regierung mit einem Kriege zu eröffnen, und ließ daher die schon befohlene Aushebung wieder rückgängig machen. Gleich seinem Vater zeigte er alsbald eine entschiedene Vorliebe für Preußen. Schon am Morgen nach der Thronbesteigung erschien er in preußischer Uniform, mehrere der eifrigsten Anhänger Preußens wurden in das Ministerium berufen, und Graf Tauenzien konnte selbst von denen, die ihn früher gemieden hatten, die Versicherung unbegränzter Freundschaft und Ergebenheit entgegennehmen. Nichts schien gewisser, als daß der Czar in Allem der preußischen Politik sich anschließen und in vollkommener Neutralität dem furchtbaren Kampfe zusehen werde.

Am 10. December, beinahe gleichzeitig mit Clarkes Anträgen, brachte ein Courier Cobenzls die Nachricht von diesem Todesfalle nach Wien. Thugut soll erkrankt sein, als er die Mittheilung erhielt, die ihn der reifen Frucht jahrelanger Bemühungen gerade im Augenblicke dringender Noth mit einem Schlage wieder beraubte. Er übersah sogleich die Folgen des Ereignisses, in ganz Wien herrschte Bestürzung; auch Lucchesini meint, der östreichischen Politik könne jetzt eine Wendung bevorstehen. Aber Thugut hielt sich noch nicht für überwunden. Es lag in dem Charakter dieses

---

1) Lucchesini am 28. September. Das preußische Ministerium an Lucchesini am 8. October und 5. December 1796.

2) Lord Whitworth an Grenville am 18. November 1796 bei Hermann, Correspondenzen der Revolutionszeit, 590.

Mannes, äußeren Hindernissen zum Trotz nur um so entschiedener seinem Ziele nachzustreben. Noch war Mantua nicht gefallen, es lebte die Erinnerung an die ruhmreichen Erfolge des Erzherzogs, die Hoffnung auf Alvinzys neuverstärkte Heeresmacht. So blieb man den früheren Grundsätzen und dem englischen Bundesgenossen treu. In Wien wollte der Kaiser nicht mit Frankreich unterhandeln; er zog es vor, seinen General-Adjutanten, den Baron St. Vincent, nach Italien zu schicken. Zwischen ihm und Clarke fand am 3. Januar des folgenden Jahres eine Unterredung zu Vicenza statt, aber sie blieb ohne Ergebniß. Weder das linke Rheinufer wollte Oestreich an Frankreich überlassen, noch gesondert von England unterhandeln, noch einmal die Republik förmlich anerkennen; auch daß Clarke nach Wien käme, verbat sich Thugut, er wies ihn statt dessen an den kaiserlichen Gesandten, Marchese Gherardini in Turin; ein neues Schreiben Clarkes vom 3. Januar wurde nicht einmal beantwortet.

Aber hier ist recht deutlich zu erkennen, wie sehr man in Frankreich damals mit dem Kaiser sich zu einigen wünschte. Selbst diese kalte Zurückweisung konnte weder Clarke noch das Directorium abschrecken, sie verdoppelte nur ihre Anstrengungen. Blieb Thugut unbeugsam, so versuchte man ohne ihn zum Ziele zu kommen, oder in dem Minister selbst das größte Hinderniß des Friedens zu beseitigen. Nichts schien daher vortheilhafter, als daß die nächsten Angehörigen des Kaisers eine Vermittlung übernähmen. Schon im November 1796 hatte man in dieser Absicht dem Fürsten Belmonte Pignatelli in Paris eine Note für die Königin Karoline von Neapel eingehändigt. Es hieß darin — berichtet Sandoz, der sie selbst vor Augen hatte[1] — wenn der Kaiser nur auf Belgien und das linke Rheinufer verzichten wolle, so könne er einen sehr ehrenvollen Frieden schließen; die Königin möge doch diese Mittheilung, ohne daß man in England davon erführe, unmittelbar und ausschließlich an ihren Neffen, den Kaiser, gelangen lassen. Jetzt wandte sich Clarke an den Bruder. Verkleidet, unter einem ange-

---

1) Vgl. Sandoz' Depesche vom 14. November 1796.

nommenen Namen begab er sich nach Florenz, wurde dort von Manfredini und dem Großherzog empfangen und gab ihnen von den oft erwähnten Papieren Kenntniß, die Thugut als unredlich und unzuverlässig darstellen sollten. Eifrig setzte er die Nothwendigkeit und die Vortheile eines baldigen Friedens auseinander, zeigte, wie gefährlich es sei, daß der Kaiser einem Manne wie Thugut sein Vertrauen schenke, und erhielt auch vom Großherzog das Versprechen, er würde Alles, was in seinen Kräften liege, in Wien zur Förderung des Friedens aufbieten[1]).

Daneben unterließ der französische Gesandte aber nicht, sich Thuguts Anweisung gemäß mit Gherardini in Verbindung zu setzen. Das Directorium war ganz mit diesem Schritte einverstanden und fertigte am 17. Januar neue Instructionen aus[2]), die man im Vergleich zu früheren außerordentlich gemäßigt nennen muß. Nicht einmal das linke Rheinufer wird unbedingt gefordert, sondern nur was der Republik durch die Constitution, Gesetze und Verträge bereits einverleibt sei, und unter dieser Bezeichnung außer den östreichischen Besitzungen nur das Bisthum Lüttich, die Abteien Stablo und Malmedy, ferner Pruntrut und Montbelliard namentlich aufgeführt. Zugleich soll Clarke noch einmal versuchen, ob er nicht unmittelbar auch mit Thugut in Unterhandlung treten könne. Aber alle diese Schritte hatten so wenig Erfolg, als die früheren. Clarke eilte zwar im März selbst nach Turin, aber Gherardini fand sich gar nicht im Besitz der nöthigen Vollmachten[3]), bald wurde er durch eine andauernde Krankheit jeder diplomatischen Thätigkeit entzogen. Auch der Großherzog von Toskana meldet am 29. März, alle Bemühungen in Wien seien vergeblich geblieben. Unterdessen hatte jedoch der unter=

---

1) Der Bericht Clarkes über diese Unterredung, undatirt, im Ministerium des Auswärtigen.

2) Wenn ich nicht irre diejenigen, welche man, aber ohne Angabe eines Datums, in der Correspondance inédite, II, 412 findet. Ein Nachtrag, noch ungedruckt, im Ministerium des Auswärtigen.

3) Der wenig bedeutende Briefwechsel zwischen Beiden im Ministerium des Auswärtigen.

müdliche Friedensstifter am 13. März sich abermals an Thugut gewendet. Er klagt bitter, daß man seine Anerbietungen nicht einmal einer Erwiederung würdige; die französische Republik sei wohl berechtigt, darüber öffentlich Beschwerde zu führen; „aber," fügt er im republikanischen Style jener Zeit hinzu, „eine große Nation darf nur von den Gefühlen allgemeiner Menschenliebe beseelt sein. Ihre politische Berechnung muß wesentlich das allgemeine Wohl zum Zielpunkte nehmen, und je größere Vortheile sie erhalten hat, um so mehr geziemt es ihr, mit dem Schleier des Edelmuthes die Thaten ihrer Feinde zu bedecken." Deßhalb erklärt er sich aufs Neue bereit, nach Wien zu kommen, oder auch mit Gherardini sich weiter zu benehmen, wenn man nur endlich eine Vollmacht für Separatverhandlungen wolle abgehen lassen [1]).

Am 5. April antwortet Thugut auf diese Mahnung. „Er habe," schreibt er, „Clarkes ersten Brief sogleich dem Kaiser vorgelegt; indessen bei einer so wichtigen Sache könne es nicht auffallen, daß die Antwort einigermaßen verzögert sei, um so weniger als man in Folge einer schweren Erkrankung des Marchese Gherardini an die Wahl eines anderen Unterhändlers habe denken müssen. In der Zwischenzeit seien aber nun vom General Bonaparte einige Anerbietungen ähnlicher Art gemacht, und der Kaiser habe eben zwei seiner Generale, die Grafen Bellegarde und Merveldt beauftragt, sich mit ihm zu besprechen. Clarke würde sich wohl auch dabei einfinden, und es sei daher nicht mehr nöthig, auf den Inhalt seines Briefes näher einzugehen. Es möge die Versicherung genügen, daß der Kaiser ernstlich und aufrichtig die baldige Rückkehr des Friedens wünsche und allen Anträgen die Hand bieten werde, die mit seiner Ehre und den wichtigsten Interessen der Monarchie sich vereinigen ließen. Man dürfe daher auf die Entfernung aller Schwierigkeiten rechnen, wenn nur jede Seite von gleich versöhnlichem Geiste beseelt werde."

---

1) Das Original des Briefes im Oestr. Staats-Archiv.

Drittes Kapitel.

Die Präliminarien von Leoben.

Niemand wird in Thuguts ruhig gemessener Antwort, die wir eben mittheilten, ein Anzeichen finden, daß zur Zeit, als sie erlassen wurde, der gefährlichste Feind nur wenige Stunden entfernt die Thore der Hauptstadt bedrohte. Und doch war es dahin gekommen. Nicht diplomatische Verhandlungen, sondern die Gewalt der Waffen hatte noch einmal die Entscheidung herbeigeführt. Bald nach jener erfolglosen Zusammenkunft in Vicenza hatte Alvinzy einen neuen Angriff auf Italien gewagt, aber mit noch weit minderem Glück als den ersten. Die Schlacht bei Rivoli am 14. Januar 1797 kostete ihn mehr als die Hälfte seines Heeres und warf den Rest völlig entmuthigt nach Friaul und in die Tyroler Gebirge zurück. Für den Entsatz von Mantua war damit die letzte Hoffnung geschwunden, am 2. Februar mußte die Stadt sich den Franzosen übergeben. Wenige Tage genügten, um das päpstliche Kriegsvolk auseinander zu treiben und am 19. Februar den Frieden von Tolentino zu erzwingen, der außer beträchtlichen Geldsummen und Kunstschätzen dem Papste die Legationen Bologna, Ferrara, die Romagna und den Besitz von Ancona raubte. Alle Kräfte konnten sich jetzt gegen die östreichischen Erblande wenden, und nachdem eine beträchtliche Verstärkung von der Rheinarmee in Italien eingetroffen war, ließ Bonaparte ungesäumt den Angriff beginnen.

Die Lage Oestreichs konnte damals auch dem Muthigsten als hoffnungslos erscheinen. Nach so langem Krieg und so vielen Niederlagen war das Heer aufs äußerste geschwächt und nicht mehr im Stande, dem überlegenen Feinde die Spitze zu bieten;

Alvinzys schnell zusammengeraffte Truppen ließen schon in den letzten Gefechten die Tüchtigkeit früherer Jahre nur zu sehr vermissen. Wo sollte man Ersatz finden? Mehr als die Hälfte des deutschen Reiches hatte sich vom Kriege losgesagt, auch Kursachsen und beinahe der ganze sächsische Kreis am 29. November 1796 der preußischen Neutralität sich angeschlossen¹), von der kläglichen Unfähigkeit des Reichstags war kaum das Geringste, von Rußland gar Nichts zu erwarten. Beinahe schutzlos lagen die südlichen Erblande dem übermächtigen Feinde geöffnet. Nur der glückliche Führer des Rheinheeres mochte in solcher Lage eine bessere Wendung vielleicht noch herbeiführen. So wurde der Erzherzog Karl vom Rheine nach Italien gerufen, der Kern seiner Truppen sollte ihm folgen, um gegen den gefährlichsten der feindlichen Heerführer wenigstens die Hauptstadt zu vertheidigen.

Hätte man dem Erzherzog erlaubt, in Tyrol in einer festen Stellung Verstärkungen zu erwarten, so möchte der Angriff des Feindes sich haben abwenden lassen. Statt dessen wurde er gezwungen, mit unzulänglichen Kräften den Franzosen nach Friaul entgegenzugehen, und diese widersinnige Anordnung, die von allen Kriegskundigen mit Recht den härtesten Tadel erfahren hat, entschied im Voraus über das Schicksal des Feldzugs. Am 16. März wurde der Erzherzog am Tagliamento geschlagen, sechs Tage später fiel Triest in französische Gewalt; am 28. stand Bonaparte bereits in Villach, am 30. in Klagenfurt mitten in Kärnthen. Aber dies rasche Vorgehen, wie es ihn der feindlichen Hauptstadt näherte, brachte zugleich ihm selbst nicht geringe Gefahren. Sein Heer war, auch wenn eine durch Tyrol entsandte Abtheilung sich wieder mit der Hauptmacht vereinigte, nicht stark genug, um einen Kampf gegen die Kräfte der gesammten östreichischen Monarchie dauernd auszuhalten. In Tyrol erhob sich die Bevölkerung

---

1) Vgl. Article additionnel au traité de neutralité du 5. Août 1796 entre la France et la Prusse, signé à Berlin le 29. Novembre 1796, pour consacrer l'accession des princes de la maison de Saxe à la neutralité du Nord de l'Allemagne, unterzeichnet von Haugwitz und Caillard, bei De Clercq, Traités de la France, I, 311.

mit aller Lebhaftigkeit, die diesen Bergbewohnern eigen ist; auch im Venetianischen mußte man einem Aufstande des Landvolkes entgegensehen. Alles dies wäre vielleicht nicht entscheidend gewesen, hätte Bonaparte auf kräftige Unterstützung von Seiten der Rhein= armeen hoffen dürfen. Immer von Neuem hatte er die dringende Nothwendigkeit eines solchen Zusammenwirkens hervorgehoben[1]), aber das Directorium, entweder, wie Bonaparte argwohnte, aus Abneigung, alle drei Armeen der Republik in seiner Hand zu ver= einigen, oder, wie man nach Carnots Berichten[2]) glauben muß, weil die Mittel in der That nicht zu beschaffen waren, konnte den Rheinübergang nicht in nahe Aussicht stellen. Bonaparte mußte er= warten, daß die ganze Macht des Feindes sich gegen ihn wandte, und durfte nicht hoffen, mit seinen durch Kampf und Anstrengung geschwächten Truppen den Krieg mit Vortheil an der Donau fortzusetzen. So entschloß er sich, noch einmal den Weg der Unter= handlung einzuschlagen. Am 31. März schrieb er an den Erz= herzog jenen berühmten Brief, welcher der Bürgerkrone für das Leben eines geretteten Menschen einen höheren Preis zuerkennt, als dem traurigen Ruhm, den alle kriegerischen Erfolge geben können. Der Erzherzog, wünscht er, möge durch Herstellung des Friedens Wohlthäter der Menschheit und der wahre Retter Deutschlands werden. Der östreichische Prinz antwortete am 2. April, er wünsche den Frieden nicht weniger, als der französische General, seine Stellung berechtige jedoch nicht zu Unterhandlungen, vorerst müsse er Weisungen aus Wien erwarten. Während dessen dauerten die Gefechte fort, immer zum Nachtheil der Oestreicher. Die Franzosen rückten aus Kärnthen in Steyermark ein und be= setzten Neumarkt. Vergebens bat der Erzherzog um Waffenstill= stand, damit er Bonapartes Brief in Ueberlegung nehmen könne; er erhielt die Antwort, man könne unterhandeln und den Kampf doch fortsetzen. Seitdem zogen die Oestreicher sich eilig zurück, um vor der Hauptstadt alle Kräfte für eine letzte Entscheidung

---

1) Vgl. Correspondance de Napoléon, II, 394, 410, 418, 420.
2) Carnot, Réponse à Bailleul, Londres 1799, p. 89.

zu sammeln. Ungehindert drangen die Franzosen vor, über Judenburg und Knittelfeld gelangten sie am 7. April nach Leoben. An diesem Tage erschienen im französischen Hauptquartier zu Judenburg der Chef des östreichischen Generalstabs, Graf Bellegarde, und der Generalmajor von Merveldt als Gesandte. Nach einer Unterredung mit Bonaparte erklärten sie schriftlich, dem Kaiser liege nichts mehr am Herzen, als dem Kriege ein Ende zu machen, er habe sie deßhalb auf Veranlassung des Briefes vom 31. März an Bonaparte abgeschickt. Da man überzeugt sein dürfe, daß beide Theile zum Frieden geneigt seien, so wünsche der Erzherzog einen Waffenstillstand von zehn Tagen zur Beschleunigung der Unterhandlungen¹). Bonaparte bewilligte diesen, nachdem er sich lange hatte bitten lassen, aber nur auf sechs Tage, vom Abend des 7. bis zum Abend des 13. April, und unter der Bedingung, daß ihm Marburg, Graz, Bruck, Leoben und das Drauthal überlassen würden.

Was war bis zu diesem Zeitpunkte in Wien vorgegangen? Die Nachrichten darüber sind weniger ausgiebig, als man wünschen möchte. Lucchesini war nicht mehr anwesend. Er hatte zu Anfang des Jahres Urlaub erbeten, um in seiner Heimat Lucca häusliche Verhältnisse zu ordnen, die durch den italiänischen Krieg vielfach berührt und zerrüttet waren. Am 10. Februar reiste er ab, über Triest nach Bologna, wo er zu Ende des Monats Gelegenheit nahm, sich mit Bonaparte in Verbindung zu setzen. Der General kehrte eben von dem Zuge gegen den Papst zurück, in seiner Umgebung befanden sich Clarke, Manfredini, der über die Besatzung von Livorno, und der Marchese von St. Marsan, der über ein Bündniß Sardiniens unterhandelte. Lucchesini wurde zur Tafel gezogen, er schreibt entzückt von der Feinheit, dem Scharf-

---

1) Vgl. die Note in den Mémoires de Napoléon IV, 84; offenbar unrichtig wird der Erzherzog Altesse impériale genannt, ein Titel, der den östreichischen Prinzen erst durch die Patente vom 11. August 1804 und 27. December 1806 verliehen ist.

blick, dem weitumfassenden Geiste des großen Mannes¹). Gewiß wird er nicht unterlassen haben, die Interessen Preußens zu fördern, seine eigenen Verdienste hervorzuheben und die Absichten des Generals, der jetzt auch die wichtigsten Fäden der Diplomatie in seinen Händen hielt, zu erforschen. Zu einem irgend bedeutenden Ergebniß ist es aber nicht gekommen, obgleich in den nächsten Wochen noch einige Briefe zwischen Beiden gewechselt wurden. Gleichwohl machte, wie man denken kann, diese Zusammenkunft des preußischen Diplomaten mit dem französischen Feldherrn das größte Aufsehen. Es lag schon im Interesse Bonapartes, den Eindruck zu verstärken, um durch den Schein eines Einverständnisses mit Preußen das Wiener Cabinet in neue Besorgniß zu versetzen. Und wie denn Diplomaten selten einen Schritt thun, dem man nicht weitberechnete politische Beweggründe unterlegte, so sollte auch dies Zusammentreffen den eigentlichen Zweck der Reise gebildet haben, und Lucchesini eben deßhalb vom preußischen Ministerium nach Italien geschickt worden sein²). In den Urkunden findet sich dafür nicht die geringste Bestätigung. Als Lucchesini Urlaub forderte — es war am 14. Januar — konnte man die Bedeutung Bonapartes für den Abschluß des Friedens noch gar nicht vorhersehen. Die wirklichen Verhandlungen zwischen Preußen und Frankreich lagen, wie sich bald zeigen wird, damals in ganz anderen Händen; Lucchesinis Unterredung hat darauf, so weit sich erkennen läßt, gar keinen Einfluß ausgeübt; in Bonapartes Briefen an das Directorium wird sie nicht einmal erwähnt. Aber für Lucchesini hatte dies Zusammentreffen allerdings eine Folge. Er, der Gesandte am kaiserlichen Hofe, war mit dem feindlichen Generale, der gegen Wien zog, in eine so auffällige Verbindung getreten. Thugut, welcher schon mehrmals vergebens

---

1) Vgl. den Brief Lucchesinis an das Ministerium aus Lucca vom 3. März.

2) Besonders die Mémoires d'un homme d'Etat, IV, 214 haben bei dieser Gelegenheit wieder eine Menge von Vermuthungen als Thatsachen mitgetheilt, die dann in zahlreiche andere Bücher, vgl. z.B. Barantes Histoire du Directoire, II, 99, übergegangen sind.

auf Lucchesinis Abberufung angetragen hatte, wiederholte seinen Wunsch, diesmal in so dringender Form, daß das preußische Ministerium ihn nicht wohl ablehnen konnte. Schon am 17. April war in Berlin der Beschluß gefaßt, und als Lucchesini nach Beendigung seines Urlaubs am 12. Mai nach Wien zurückkehrte, hatte er nur noch die Schreiben seiner Abberufung zu übergeben, um dann am 21. den Schauplatz einer so bedeutenden Wirksamkeit zu verlassen. Er hat später sein Benehmen in einer eigenen Denkschrift zu rechtfertigen versucht, und die Minister bemerken in einem Bericht an den König, daß in der That kein begründeter Vorwurf sich gegen ihn erheben lasse[1]); aber man konnte doch nicht daran denken, dem Wiener Hofe eine so unliebsame Persönlichkeit wieder aufzunöthigen.

Mit seinem Ausscheiden versiegt eine der ergiebigsten Quellen unserer Kenntnisse. Cäsar, der ihn während seines Urlaubs zu vertreten hatte, war ein äußerst fleißiger, sorgfältiger Berichterstatter, er gibt sich alle erdenkliche Mühe, durch ausführliche Mittheilungen die Zufriedenheit seiner Vorgesetzten zu erwerben. Aber er besaß weder den eindringenden Scharfblick, noch die mannichfaltigen Verbindungen Lucchesinis und vermochte also noch weniger als dieser in das Innere des Wiener Cabinets und die eigentlichen Absichten Thuguts einzudringen. Wer am besten hätte Auskunft geben können, war Thuguts Freund, der englische Gesandte Sir Morton Eden; ein Schreiben, das er am 12. April an seinen Bruder nach England richtet, beweist, daß er von dem, was in Wien vorging, sehr genau unterrichtet war. Aber leider ist dies Schreiben das einzige aus jenen Tagen, was in der Briefsammlung des Lord Auckland Aufnahme gefunden hat.

Alle diese Zeugen stimmen nun darin überein, daß, wie schon in früherer Zeit, so insbesondere seit den letzten Monaten des

---

1) Vgl. das Schreiben von Haugwitz an die übrigen Minister vom 18., und den Bericht des Ministeriums an den König vom 22. Mai im preußischen Staats-Archiv. Lucchesinis Vertheidigungsschrift, die über sein Verhältniß zu Bonaparte interessanten Aufschluß geben müßte, ist leider nicht mehr aufzufinden.

Jahres 1796 eine mächtige Partei in Wien sich zu Gunsten des Friedens und gegen Thugut¹) aussprach. Sie mußte an Stärke gewinnen, als Alvinzy geschlagen, Mantua genommen wurde, und vom Heere immer bedenklichere Nachrichten eintrafen. Der Erzherzog, der zu Anfang Februar, ohne Wien zu berühren, sich vom Rheine nach Italien begeben hatte, fand die Armee der Auflösung nahe, Ordnung und Muth besonders unter den neuausgehobenen Croaten und Galiziern völlig verschwunden, er mußte zu den äußersten Mitteln seine Zuflucht nehmen. Kurz vor dem Beginn des Feldzuges, am 20. Februar, langte er unerwartet, nur von seinem Adjutanten, dem Grafen Bellegarde, begleitet in Wien an, wie Cäsar zu wissen glaubt, mehr in der Weise eines Siegers, der Rechenschaft fordert, als eines Generals, der Befehle erwartet, mit lebhaften Klagen über die Zustände des Heeres und die Art, wie man den Krieg in Italien geführt habe. Thuguts Gegner erwarteten schon seinen Sturz und einen Wechsel des politischen Systems. Aber sei es, daß man die Absichten des Erzherzogs unrichtig aufgefaßt hat, oder daß sie sich veränderten, es gelang Thugut, sowohl Bellegarde als den Erzherzog zu gewinnen und das Verderbliche einer Trennung von England so wie die Nothwendigkeit ausdauernden Widerstandes ihnen begreiflich zu machen. Als Generalissimus der kaiserlichen Heere, mit den ausgedehntesten Vollmachten versehen, reiste der Erzherzog zu Ende des Monats wieder ab. Bald aber häuften sich die bösen Nachrichten, der Krieg wälzte sich von Italien in die deutschen Provinzen, am 27. März kam der Oberst Zach aus dem Hauptquartier nach Wien, mit dem Geständniß, die vorhandenen Kräfte reichten nicht aus, den Andrang des Feindes zurückzuweisen. Mehrere Ministerialcon-

---

1) Dagegen haben die Mémoires tirés des papiers d'un homme d'Etat, IV, 151 fg., 203 fg., 211 fg. die widersinnige Behauptung ausgesprochen: Thugut in geheimem Einverständnisse mit Bonaparte habe absichtlich den Verlust Mantuas und die fehlerhafte Aufstellung des östreichischen Heeres herbeigeführt, um den Kaiser zum Frieden zu zwingen; der Feldzug von 1797 sei nur zum Scheine geführt und vorher in Wien und Mailand verabredet worden.

ferenzen wurden abgehalten, der alte Graf Starhemberg, der Marschall Lascy und andere hohe Beamte riethen aufs dringendste, den übermächtigen Gegner durch Nachgiebigkeit zum Stillstand zu bewegen. Nur Thugut hielt seine Meinung aufrecht; er zeigte mit der ihm eigenen klaren Beredsamkeit, daß Bonapartes schnelles Fortschreiten diesen selbst in die größte Gefahr versetze, daß er rechts von Croaten und Ungarn, links von dem tiroler Aufstand bedroht, weit und weiter von seinen Hülfsquellen sich entferne, während der Erzherzog immer leichter Verstärkungen vom Rheine her an sich ziehen könne. Der geringste Unfall müsse ihm verderblich sein, und man werde ihm dann mit größerem Erfolge als im Herbste Moreau den Rückzug verlegen können. Zugleich drängte er aber auf die entschiedensten Maßregeln des Widerstandes; man müsse die Rüstungen verdoppeln, überall die Bevölkerung zu den Waffen rufen, insbesondere in Ungarn, wie im Jahre 1741 die Insurrection erklären, um den gesammten Adel für die Rettung der Monarchie in Bewegung zu setzen. Der Kaiser pflichtete dieser Ansicht bei, im Uebrigen begegnete sie heftigem Widerstande. Lascy wollte sich von den Leistungen wenig disciplinirter Massen nicht viel versprechen, die anwesenden ungarischen Magnaten, auch der Primas Cardinal Batthyany und der Kanzler Graf Palffy hielten die Insurrektion bei der Stimmung des Landes für äußerst bedenklich, selbst die Bevölkerung Wiens ließ wenig Hülfe und ausdauernde Festigkeit erwarten. Die letzten Schläge, das unaufhaltsame, rasche Herankommen des Feindes hatten Alles mit lähmendem Schrecken erfüllt. Eben sowohl als Caesar sind der Meinung, die Stadt würde einem plötzlichen Anfall nicht widerstanden haben. Die vornehme Welt zeigte sich ganz muthlos, und die niederen Klassen machten ihrem Unwillen in heftigen Verwünschungen gegen den Minister Luft. Wenn er Abends aus der Staatskanzlei in seine Wohnung zurückkehrte, wurde sein Wagen mit Schimpfworten und Drohungen verfolgt; sein Freund, der Polizeipräsident Graf Saurau, erklärte ihm, es stehe ein Ausbruch der Volkswuth gegen seine Person zu befürchten, man könne für die Aufrechthaltung der Ordnung nicht mehr einstehen.

„Trotz alledem," schreibt Caesar, „man muß es aussprechen: sei es nun die festeste Besonnenheit oder die hartnäckigste Verblendung, der Minister hat bei diesem Sturm seine Ruhe nicht verloren"[1]).

Inmitten dieser heftig bewegten Verhältnisse empfing man den Brief, welchen Bonaparte am 31. März an den Erzherzog gerichtet hatte. Noch am Abend des 2. April wurde eine Conferenz in die Hofburg berufen. Ueber die Einzelheiten weiß ich Bestimmtes noch nicht anzugeben; indessen es mußte Jedem einleuchten, und selbst Thugut wird kaum widersprochen haben, daß die französische Eröffnung nicht ganz von der Hand zu weisen sei. Denn gelang es nur, einen Waffenstillstand auszuwirken, so wurde jedenfalls die unmittelbare Gefahr für die Hauptstadt entfernt, und Zeit gewonnen, die Kräfte, über die man noch verfügte, zur Vertheidigung zu rüsten. Am 4. April erging ein Aufruf, in welchem der Kaiser zunächst die Versicherung gab, er würde, wie er stets das Ende des Kriegs herbeigewünscht, so auch jetzt sich eifrig mit den Mitteln beschäftigen, die den Frieden beschleunigen könnten. Wenn aber der Feind gegen alle Erwartung jeden Weg zur Aussöhnung ausschlüge oder auf unmäßigen, der östreichischen Nation lästigen Forderungen bestünde, so erwarte dann auch der Kaiser, daß Jeder seiner getreuen Unterthanen die Verfügungen, welche im verzweifeltsten Falle nöthig werden könnten, unterstützen, und daß die Bewohner Wiens nicht weniger Muth und Treue zeigen würden, als ihre glorreichen Voreltern, welche unter Ferdinand und Leopold I. die Wälle der Hauptstadt siegreich vertheidigten[2]).

Am 5. April schrieb dann Thugut, wie man sich erinnert, an Clarke, der Kaiser habe eben die Grafen Bellegarde und Merveldt mit Unterhandlungen beauftragt, und so geschah es, daß beide Generale am 7. April im Hauptquartiere Bonapartes anlangten.

Unterdessen behielt man aber in Wien gar wohl den Fall im Auge, daß die Sendung erfolglos bliebe. Mit der äußersten

---

1) Caesar am 2. April 1797.
2) Kölnischer Kurier vom 18. April, XIII, 101.

Anstrengung wurde Alles für eine kräftige Vertheidigung vorbereitet, und selbst dann die Rüstungen nicht unterbrochen, als Merveldt am Morgen des 9. April die Erwiederung Bonapartes und die erwünschte Nachricht von der sechstägigen Waffenruhe überbrachte. Und wie es wohl zu geschehen pflegt, daß in aufgeregten Zeiten die Stimmung einer Bevölkerung von einem Aeußersten sich zum Anderen wendet, so hatte auch in Wien die muthlose Verwirrung der letzten Tage beinahe plötzlich einer festen Zuversicht und einer thatkräftigen Hoffnung Raum gegeben. Am Morgen des 10. wurde der Landsturm für Oestreich aufgeboten, und mit einer in Deutschland beispiellosen Begeisterung drängte sich Alles zu den Fahnen. „Die weichliche und üppige Kaiserstadt," schreibt Caesar an demselben Tage, „dieser Mittelpunkt der Vergnügungen hat sich mit einem Male in ein gewaltiges Kriegslager verwandelt, die Theater sind geschlossen, die Straßen hallen wieder von dem Geräusch militärischer Zurüstungen. Zahlreiche Schaaren waffnen sich zu Fuß und zu Pferde. Adel, Studenten, Kaufleute eilen zur Vertheidigung ihres väterlichen Heerdes. Der Prinz Ferdinand von Würtemberg ist zum Anführer dieses nationalen Heeres ernannt, man schätzt die Zahl der Eingeschriebenen bereits auf 40,000. Feuerwaffen und Pferde werden freiwillig geliefert, die Wälle sollen mit Artillerie besetzt werden, seit Mittag fährt man schon Kanonen auf. Die öffentliche Stimmung hat die glücklichste Wendung genommen und sich aufs Neue der Regierung angeschlossen, um den Mittelpunkt der Monarchie gegen die drohende Gefahr zu vertheidigen." Noch lebhafter wirkte die Begeisterung auf dem Lande; der Vorrath der Zeughäuser reichte nicht aus, um alle, die kamen, zu bewaffnen: in einzelnen Gemeinden wollte kein Mann zurückbleiben. Auch aus Böhmen und Mähren erfolgte beträchtlicher Zuzug, und in Ungarn wurde Alles vorbereitet, um sogleich, wenn die Unterhandlung nicht zum Ziele führe, die allgemeine Insurrection aufzurufen. Ob freilich alle diese Anstrengungen einem Feldherrn wie Bonaparte gegenüber von Erfolg gewesen wären, könnte man doch bezweifeln, wenn man liest, daß der Erzherzog Karl an den Rhein zurückkehrte, und der Oberbefehl der bei Wien versammelten Kräfte in die Hände des General Mack gelegt wurde. Spätere Jahre haben gezeigt, wie enge seine Fähigkeiten sich begränzten, in jener Zeit wurde er noch als ein militärisches Genie bewundert, und seine Leistungen fanden in der That bei Freunden und Gegnern zu einstimmige und zu unbedingte Anerkennung, als daß sie sich ganz in Abrede stellen ließen. Das Verdienst muß man ihm für damals zuerkennen, daß er Muth und Selbstvertrauen anzufeuern und zu befestigen verstand. Er ließ vor Wien ein verschanztes Lager errichten und zog dort die Armee und die Volksbewaffnung zusammen. Tag und Nacht wurde geübt und an den Befestigungen gearbeitet, dann, meinte er, solle man nur ruhig warten; wenn die Franzosen die Unvorsichtigkeit begingen, sich bis vor Wien zu wagen, so würden sie dort unfehlbar von allen Seiten umringt ihren Untergang finden [1]).

So gerüstet konnte man mit ruhigerem Blicke der Zukunft entgegensehen. Verhandlungen wollte man nicht ablehnen, denn der Erfolg mochte sein, welcher er wollte, sie konnten die Lage nur verbessern. Aber eben so fest stand der Entschluß, keineswegs auf Bedingungen einzugehen, die mit dem Wohl und der Ehre des Staates unvereinbar wären.

Zum Bevollmächtigten wurde der General Merveldt ernannt, ein geschickter Offizier, aber damals in diplomatischen Geschäften noch wenig geübt, so daß er eines erfahrenen Gehülfen bedurfte. Man erkennt hier wieder, wie vereinsamt Thugut und wie gespannt sein Verhältniß zu dem einheimischen Adel war. Ein fremder Gesandter, ein Italiäner, der Marquis de Gallo wurde ausersehen. Freilich entschieden für ihn noch manche Rücksichten. Er war schon von seinem eigenen Hofe zu Unterhandlungen mit der Republik verwendet, seit langer Zeit ich weiß nicht ob der Vertraute, aber doch der dienstfertige Anhänger Thuguts, daneben der einflußreiche Berather der Königin von Neapel, und nicht minder durch die Gunst des Kaisers und der Kaiserin geehrt [2]).

1) Caesar am 12. und 15. April 1797.
2) Ganz genau wird sich über seine Stellung und seinen Einfluß

Am 11. April wurden die Vollmachten vom Kaiser unterzeichnet, am Morgen des 13., kurz vor dem Ende der Waffenruhe, gelangte Merveldt in das französische Hauptquartier, welches damals zu Göß, einem Schloße des Bischofs von Leoben, aufgeschlagen war. Nach Einsicht der Vollmacht, die zugleich auf de Gallo lautete, weigerte sich der französische General, ihn als Unterhändler zuzulassen; denn dem Gesandten einer so nahe betheiligten Macht gegenüber könne man nicht mit voller Unbefangenheit sich aussprechen und des Geheimnisses nicht versichert sein. Er zeigte sich so entschieden, daß Merveldt, indem er davon Nachricht gibt, den Wunsch ausspricht, Thugut möge doch einen anderen Bevollmächtigten ernennen; nur mit Mühe habe er Bonaparte dahin gebracht, sich mit de Gallo wenigstens zu besprechen; dieser dürfe aber nicht im Auftrage des Kaisers, sondern nur als Gesandter des Königs beider Sicilien sich vorstellen, etwa unter dem Vorwande, für die Reise einer Erzherzogin nach Neapel das Nöthige zu vereinbaren[1]). Im Verlaufe der Unterredung äußerte Bonaparte, er könne die Feindseligkeiten nicht wohl einstellen, wenn er nicht nach den ersten Eröffnungen auf ein glückliches Ergebniß hoffen dürfe. Es biete sich nun folgende Alternative:

entweder der Kaiser erkenne den Rhein als Gränze der Republik, und gebe Mainz sogleich in die Gewalt der Franzosen. Dafür würde Frankreich die italiänischen Besitzungen des Kaisers, Mailand und Mantua räumen und nur die cispadanische Republik mit Modena aufrecht halten, ferner zur Entschädigung für Belgien venetianische Besitzungen bis zum Tagliamento mit Dalmatien und Istrien dem Kaiser überliefern;

oder Frankreich verzichte auf das linke Rheinufer und beschränke sich auf die durch die französischen Gesetze festgestellten Gränzen, welche Belgien umfassen, behalte aber die Lombardei

---

erst urtheilen lassen, wenn seine eigenen Berichte nach Neapel bekannt geworden sind.

1) Vgl. hiefür und für das Nächstfolgende Merveldts Bericht an Thugut vom 13. April im Oestr. Staats-Archiv.

und Mailand, um daraus eine Republik zu bilden. Der Kaiser könne wieder durch venetianische Besitzungen entschädigt werden, die sich in diesem Falle bis an die Etsch oder den Mincio ausdehnen, vielleicht noch Bergamo und Brescia umfassen könnten. Mervelbt erwiederte darauf vorerst in allgemeinen Ausdrücken, fügte aber hinzu, die Gesinnungen des Wiener Hofes seien ihm bekannt genug, um versichern zu dürfen, der Kaiser würde keinen Frieden schließen, der nicht die Integrität des deutschen Reiches zur Grundlage habe und die Rückgabe der italiänischen Besitzungen sowie für die Abtretung Belgiens einen Ersatz in Italien verspräche. Bonaparte erklärte sich mit Heftigkeit gegen diese ganz unmöglichen Bedingungen, ließ sich aber schließlich herbei, den Waffenstillstand bis zur Mitternacht des 16. April zu verlängern [1]).

Am andern Tage, dem 14., langte de Gallo an. Bonaparte erhob zuerst noch Einwendungen; er hat in St. Helena wohl mit Behagen erzählt, wie es ihm gelungen sei, den neapolitanischen Höfling durch die verstellte Drohung, er werde ihn abweisen, einzuschüchtern, nützliche Nachrichten aus ihm herauszulocken und ihn für immer dem Einfluß seiner geistigen Ueberlegenheit zu unterwerfen [2]). Spätere Ereignisse scheinen dies einigermaßen zu bestätigen, in Leoben ist noch keine Spur davon bemerkbar. Bonaparte gab sich zufrieden, und man verabredete, die Verhandlungen am folgenden Morgen förmlich anzufangen. In einem Garten bei Leoben, der zu diesem Zwecke für neutral erklärt war, kam man am 15. April zusammen. Ueber die Verhandlungen des Tages gibt ein Brief Bonapartes Auskunft. Die kaiserlichen Gesandten waren danach bereit, auf Belgien zu verzichten und die Gränzen der Republik gemäß dem Beschluß des Convents anzuerkennen, sie forderten aber Rückgabe Mailands und zur Ent-

---

[1]) Vgl. Mervelbts angeführten Bericht und das Protokoll vom 13. April in der Correspondance de Napoléon, II, 484.

[2]) Vgl. Las Cases Mémorial de St. Hélène vom 10. October 1816, VI, 348.

schädigung für Belgien einen Theil des venetianischen Gebietes oder die Legationen; in Deutschland wollte der Kaiser keine Entschädigung. Bonaparte ging darauf nicht ein, er bot als Ersatz für Belgien die Räumung der Lombardei; damit waren aber die Gesandten nicht zufrieden. Endlich einigte man sich, drei Entwürfe nach Wien zu senden und die Antwort Thuguts zu erwarten. In Bezug auf Deutschland stimmten alle überein; der Kaiser verzichtete auf Belgien und erkannte die constitutionellen Gränzen an; über die von den Franzosen am linken Rheinufer besetzten Länder sollte der Reichsfriede entscheiden. Für Italien dagegen finden sich drei verschiedene Vorschläge. Nach dem ersten erhielt der Kaiser das venetianische Gebiet zwischen dem Mincio, dem Po und den östreichischen Ländern. Der Herzog von Modena sollte durch Brescia und die venetianischen Besitzungen zwischen Mincio und Oglio entschädigt werden. Bergamo, Crema und Mailand bildeten eine, Modena, Bologna, Ferrara, die Romagna eine andere Republik, Venedig blieb mit den Inseln unabhängig. Nach dem zweiten Vorschlag wurde statt dieser Veränderung von den Franzosen die Räumung Mailands und der Lombardei angeboten; nach dem dritten verzichtete der Kaiser auf die Lombardei, erhielt jedoch für Mailand und Modena vollen Ersatz, der zum Gegenstand einer Verhandlung werden, aber spätestens binnen drei Monaten in seinen Besitz gelangen sollte. Man sieht, wie beträchtlich diese Artikel von früheren Forderungen des Directoriums abweichen. Erst ein Congreß soll über das Schicksal des linken Rheinufers entscheiden. Mainz und die Rheingränze werden gar nicht mehr erwähnt, weder in den Entwürfen, noch in dem Begleitschreiben, welches Bonaparte am folgenden Tage an das Directorium sendet. Bonaparte selbst empfindet diesen Mangel; um sich zu rechtfertigen, klagt er bitter über die Unthätigkeit der Rheinarmeen. Wenn einer der drei Vorschläge in Wien angenommen würde, schreibt er, so könne man bis zum 20. die Präliminarien unterzeichnen, sonst müsse er, weil Moreau noch immer unbeweglich bleibe, einfach einen allgemeinen Waffenstillstand auf drei Monate beantragen. Würde auch dieser verworfen, so müsse man sich schlagen, und es komme dann Alles auf die Rheinarmeen an. Ein Fluß sei niemals ein wirkliches Hinderniß; wenn Moreau wolle, so könne er ihn überschreiten; die Rheinarmeen müßten kein Blut in den Adern haben. Wenn man ihn verlaße, so werde er nach Italien zurückkehren, und ganz Europa möge dann über das verschiedene Verfahren beider Heere urtheilen [1]).

Noch am Abend des 15. schickte de Gallo die drei Entwürfe nach Wien. In einem begleitenden Schreiben Merveldts wird bemerkt, der General Bonaparte sei bereit, unter diesen Bedingungen das Vorrücken gegen Wien einzustellen. Er habe die Waffenruhe bis zum 20. verlängert, fordere aber durchaus bis dahin eine Antwort, weil es ihm schwer werde, sich mit Lebensmitteln zu versorgen. Von den drei Entwürfen stimme zwar keiner mit den von Thugut angegebenen Grundzügen völlig überein, sie scheinen aber doch der Erwägung werth, da der dritte zu Nichts verpflichte und doch die Möglichkeit gewähre, durch einen dreimonatlichen Waffenstillstand die sehr geschwächten Armeen wieder auf besseren Fuß zu bringen. Bonaparte habe nur nach langem Weigern de Gallo als Unterhändler angenommen; im Grunde besitze der französische General selbst keine genügende Vollmacht, man könne aber unter den gegenwärtigen Verhältnissen davon absehen, um so mehr, als ja der wichtigste Theil des Vertrages, der Waffenstillstand und die Räumung der östreichischen Provinzen, in seinen Händen liege [2]).

Nach dem, was wir von den Gesinnungen des Wiener Hofes kennen, bleibt es doch zweifelhaft, ob man auf solcher Grundlage zum Abschluß gelangt wäre. Daß die Zukunft des linken Rheinufers ungewiß und ungesichert von der Entscheidung eines Congresses abhängen sollte, würde in Wien schwerlich genügt haben. Man erkennt dies am Bestimmtesten aus den Instructionen, die Thugut gerade am 15. April für die Gesandten ausfertigte [3]).

---

1) Vgl. Bonapartes Brief vom 16. April in der Correspondance de Napoléon, II, 489.
2) Vgl. Merveldts Bericht vom 15. April im Oestr. Staats-Archiv.
3) Sie finden sich im Oestr. Staats-Archiv.

Dies merkwürdige Actenstück ist nicht nur als ein Zeugniß für die Gesinnungen des Kaisers von Wichtigkeit, sondern auch für den Inhalt des Friedens von der wesentlichsten Bedeutung. Ich darf nicht unterlassen, es vollständig mitzutheilen.

Die Gesandten, heißt es, sollen zunächst auf die Nothwendigkeit eines Präliminarfriedens hinweisen, damit man Zeit erhalte, den Definitivfrieden vorzubereiten und bis dahin die Verhandlungen, ohne sie zur Kenntniß des gesetzgebenden Körpers zu bringen, geheim halten könne. Als Grundlage dürfe man die folgenden Artikel nehmen:

„I. Der Kaiser tritt aus Liebe zum Frieden die belgischen Provinzen an Frankreich ab, unter folgenden Bedingungen: 1) Frankreich übernimmt alle auf jenen Provinzen ruhenden hypothekarischen Schulden; 2) allen Einwohnern, die das Land verlassen wollen, bleibt ein Zeitraum von drei Jahren, ihre beweglichen und unbeweglichen Besitzungen zu veräußern; 3) der Kaiser erhält eine **verhältnißmäßige**, oder, wenn dieser Ausdruck zu großen Schwierigkeiten begegnen sollte, wenigstens eine **billige** Entschädigung.

II. Die Abtretung der Reichsgebiete auf dem linken Rheinufer kann man nicht zugestehen; diese Weigerung gründet sich auf die vom Kaiser bei der Krönung eingegangenen Verpflichtungen, welchen entgegen zu handeln nicht in seiner Macht ist. Uebrigens würden sich auch die Reichsstände mit Recht dieser Abtretung widersetzen, wie es schon die von Preußen unter dem 19. März angebotene Vermittlung genugsam beweist. Man muß deßhalb nothwendig in den Präliminarien feststellen, daß über den Frieden mit dem Reich auf der Basis seiner Integrität verhandelt wird. Aber man kann den Umständen nach sich der Formel „allgemeine Basis" bedienen, die nicht ausschließt, daß man über eine oder andere Parzelle des Reichsgebietes den Wünschen Frankreichs gemäß sich verständige.

III. Es ist Sache der französischen Bevollmächtigten, die Entschädigungen für die belgischen Provinzen anzugeben. Bieten sie, wie angedeutet ist, Theile des venetianischen Gebietes, so muß man ihnen vorstellen, daß der Kaiser Entschädigungen dieser Art unmöglich annehmen könne, ehe sie Frankreich gehören; man müsse also wissen, welche Mittel Frankreich anzuwenden habe, um die Abtretung zu bewirken. Man kann einige Verwunderung äußern, daß Frankreich nicht lieber die vom Papste abgetretenen Provinzen anbiete, die doch wenigstens durch einen förmlichen Friedensvertrag in seinen Besitz gelangten.

Man mag andeuten, die drei Legationen würden eine geeignete Entschädigung für die Republik Venedig sein.

Man soll vorstellen, daß Modena unmöglich als Republik bestehen könne, und daß der Kaiser es zurückfordern müsse als ein Besitzthum, welches einmal seinem Onkel gehören würde; zudem habe der Souverain seinen Frieden mit Frankreich theuer erkauft, und man könne nicht voraussetzen, daß der Kaiser jede Verbindung mit Toskana sich wolle absperren lassen.

IV. Mit Ausnahme der belgischen sind alle östreichischen Provinzen zurückzufordern; dadurch wird aber eine Vereinbarung über Mailand, falls sich eine passende Entschädigung findet, nicht völlig ausgeschlossen. Man muß daher zu erfahren suchen, wie weit die Pläne und Mittel Frankreichs rücksichtlich der Entschädigungen, über die bis jetzt nur Unbestimmtes zur Kenntniß gekommen ist, sich erstrecken. Erst dann lassen genaue Vollmachten und Instructionen sich ausstellen. Man kann darin einen Grund finden, die Waffenruhe zu verlängern, damit Nichts übereilt zu werden braucht.

V. Nach Unterzeichnung der Präliminarien räumen die Franzosen unverzüglich zum wenigsten Tyrol, Kärnthen, Krain und das östreichische Friaul. Man schließt einen Waffenstillstand von drei Monaten als Vorbereitung für den Definitivfrieden einerseits mit dem Kaiser als Inhaber seiner Hausmacht, andererseits mit dem Reiche. Die Ehre des Kaisers verlangt, daß auch seine Verbündeten dazu eingeladen werden. Man kann den Franzosen zu verstehen geben, der Ausgang der Verhandlungen zwischen diesen Verbündeten und Frankreich würde auf die einmal unterzeichneten Präliminarien und den Definitivfrieden keinen Einfluß üben. Als Sitz des Congresses könnte man einen neutralen Ort, wie Bern, vorschlagen oder Augsburg, das dann für neutral erklärt würde.

Was die Anerkennung der französischen Republik betrifft, so unterliegt sie keinem Bedenken, vorausgesetzt, daß Frankreich erklärt, diese Anerkennung würde das Ceremoniell nicht verändern, das bisher zwischen dem Kaiser und der vormaligen monarchischen Regierung in Uebung war.

Die Kürze der Zeit erlaubt für jetzt nicht, andere als diese allgemeinen Grundsätze aufzustellen; mehr eingehende Instructionen werden folgen, sobald die Ansichten der Franzosen genauer bekannt sind."

Am 15. reiste der Baron von St. Vincent mit diesen Instructionen von Wien ab und kam am folgenden Tage nach Leoben. Die Wirkung auf den Gang der Verhandlungen ist unverkennbar. Bonaparte gab in mehreren Hauptfragen nach. Er verzichtete auf die Rheingränze und die Abtretung von Mainz, nur der östreichische Besitz in den Niederlanden nebst dem, was gemäß der Constitution mit Frankreich vereinigt war, sollte unter den von Thugut gestellten Bedingungen gegen eine billige Entschädigung der Republik verbleiben. Auch in Betreff des Ceremoniells wurde Thuguts Forderung bewilligt. Eine förmliche Anerkennung der Republik sucht man jedoch in dem Vertrag vergebens, nicht als ob der Minister sie abgeschlagen hätte, sondern weil Bonaparte, gleich als de Gallo davon redete, sie mit Stolz zurückwies. Die französische Republik, rief er aus, will nicht anerkannt sein; sie ist für Europa, was die Sonne am Horizonte. Um so schlimmer für den, der sie nicht sehen und von ihr nicht Vortheil ziehen will[1]). Was Italien angeht, so blieb man dem ersten der nach Wien gesandten Entwürfe zunächst. Mailand und die Lombardei wurden, wie auch Thugut nicht weigerte, von Oestreich abgetreten; dafür erhielt es aber eine reichliche Entschädigung in dem gesammten venetianischen Gebiet zwischen Oglio, Po und dem adriatischen Meere nebst Istrien und Dalmatien. Venedig sollte unabhängig bleiben und ganz nach Thuguts Vorschlag durch die drei Legationen entschädigt

---

1) Vgl. den Brief vom 16. April in der Correspondance de Napoléon, II, 489.

werden. In dem Entwurfe war das Gebiet zwischen Mincio und Oglio dem Herzog von Modena bestimmt. Nachdem es für den Kaiser gewonnen war, suchten die Gesandten auch für den Herzog Wiedereinsetzung in seine Staaten zu erlangen. Aber hierzu ließ sich Bonaparte nicht bewegen. Er behauptete, der Herzog von Modena verdiene keine Entschädigung; er habe die kaiserliche Armee mit Lebensmitteln versehen, also selbst den Waffenstillstand gebrochen, und sein Land gehöre nach Kriegsrecht der französischen Republik. Höchstens zeigte er sich geneigt, in Zukunft beim allgemeinen oder beim Reichsfrieden dem Herzog eine Entschädigung zuzuwenden. Er kam immer darauf zurück, daß der Kaiser für Belgien eigentlich gar keinen Ersatz in Italien verlangen könne; denn man dürfe nicht übersehen, daß Frankreich auf das linke Rheinufer und auf die übrigen Reichsgebiete, die es im Besitz habe, nicht zu Gunsten der Reichsstände, sondern blos in der Rücksicht und mit dem Wunsche Verzicht leiste, daß der Friede mit dem Kaiser zum Abschluß komme. Deßhalb sei die Entschädigung für die Niederlande schon in Deutschland gegeben. Wolle der Kaiser aufhören, vom Reich und seiner Integrität zu sprechen, so würde Frankreich in Italien Alles thun, was er verlange. Nun aber, da der Norden schon für den Norden eintrete, brauche auch der Süden nur den Süden zu entschädigen. Ueber die Maßregeln, welche Venedig zur Abtretung eines so großen Gebietes veranlassen sollten, wurde kein besonderer Artikel in die Präliminarien aufgenommen. Bonaparte versprach jedoch, er würde eine Zwistigkeit der französischen Republik mit Venedig benutzen, um den Krieg zu erklären und das gesammte Territorium im Namen Frankreichs zu besetzen. Auf Oestreichs Dazwischenkunft würde man dann Venedig die Legationen, und dem Kaiser als Eigenthum Frankreichs die venetianischen Besitzungen übergeben[1]). Auch in den minder wichtigen Fragen zeigte sich Bonaparte durchaus entgegenkommend. Sobald der Kaiser die Präliminarien genehmigt habe, sollten die französischen Truppen Steier-

---

1) Vgl. den merkwürdigen Bericht Merveldts vom 19. April 1797 im Oestr. Staats-Archiv.

mark, Kärnthen, Tyrol, Krain und das östreichische Friaul räumen, auch die Kriegsgefangenen zurückkehren; die von den Franzosen besetzten Festungen Palmanova, Mantua, Peschiera, Porto-Legnago, die Schlösser von Verona, Osopo und Brescia sogleich nach der Ratification des Definitivfriedens, oder, wenn man sich einigen könne, noch früher übergeben werden, und zwar mit unzerstörten Festungswerken, die venetianischen Plätze mit der Artillerie, die man darin vorgefunden, Mantua mit hundert zwanzig Geschützen. In allen diesen Bestimmungen erkennt man Bonapartes Wunsch, unverweilt zu einem Abschluß zu gelangen. Man wird nicht irre gehen, wenn man annimmt, daß außer den bedeutenden politischen Vortheilen auch persönliche Beweggründe einen wesentlichen Einfluß auf ihn geltend machten. Kam eine Einigung zu Stande, so sah er sich mit dem doppelten Ruhme des Kriegers und des Friedensstifters geschmückt, ihm allein hatte Frankreich alle glücklichen Erfolge zu danken, alle Parteien mußten sich ihm verpflichtet fühlen, und die Entwicklung der Ereignisse beinahe unvermeidlich seine Stellung noch verstärken. Brach dagegen der Krieg von Neuem aus, so konnte er selbst im günstigsten Falle kaum so viel wieder gewinnen, als er aus den Händen gab. Die Armeen am Rheine ließen nach den letzten Depeschen des Directoriums sobald kein Zusammenwirken hoffen. Er sah sich allein in einem fremden Lande, inmitten einer aufgeregten Bevölkerung, den vereinten Angriffen der östreichischen Heere ausgesetzt. Der geringste Unglücksfall drohte ihm den Untergang, aber selbst wenn ein neuer Sieg ihn an die Thore und sogar in die kaiserliche Burg nach Wien führte, konnte er doch allein nichts Entscheidendes unternehmen; wahrscheinlich mußte er den Rückzug nach Italien antreten, jedenfalls die Mitwirkung der Rheinarmeen erwarten. Der Glanz seiner Stellung ging damit zum großen Theile verloren; er mußte aufgeben oder theilen, was er jetzt uneingeschränkt in seinem Alleinbesitze sah. Soll man sich wundern, wenn er auf den Abschluß des Friedens den höchsten Werth legte und den Forderungen Thuguts so weit als irgend möglich entgegen kam? Die kaiserlichen Gesandten durften an dem günstigen Erfolge der Verhandlung nicht mehr zweifeln. Man bildete aus den Bedingungen, wie sie hier angegeben wurden, einen doppelten Vertrag. Der eine, für die Oeffentlichkeit berechnet, enthielt die Bestimmungen über das Ceremoniell (Art. 2), über den Congreß in Bern (Art. 4), über den Reichsfrieden auf Grundlage der Reichsintegrität (Art. 5), die Abtretung Belgiens und die Anerkennung der gesetzlichen Gränzen Frankreichs (Art. 6), endlich über die Räumung der östreichischen Provinzen und die Auswechslung der Kriegsgefangenen (Art. 7—9); der zweite, geheime Theil in elf Artikeln das, was sich auf Italien bezieht. Um zu unterzeichnen blieb nur die Rückkehr des Couriers zu erwarten, der am 15. die drei Entwürfe nach Wien gebracht hatte. Es trat aber ein Umstand ein, der dem französischen General jeden Tag und jede Stunde kostbar machte. Er selbst war zur Abschließung eines solchen Vertrages eigentlich nicht berechtigt, es war Clarke, der die nöthigen Vollmachten besaß. Bonaparte hatte, als die Friedensverhandlungen in Aussicht standen, einen Eilboten nach Turin abgehen lassen, und Clarke säumte nicht, dem Rufe aufs Schleunigste zu folgen. Kam er noch vor dem Abschluß nach Leoben, so konnte er vielleicht gegen die Bedingungen einen Widerspruch und jedenfalls den Anspruch erheben, in eigenem Namen den Vertrag abzuschließen oder wenigstens mit zu unterzeichnen. Ein wesentlicher Theil des Erfolges ging damit für Bonaparte verloren, vielleicht gerade derjenige, den er selbst am höchsten schätzte. Hat er doch vom ersten Augenblicke seines Auftretens eben so sehr als Staatsmann wie als Feldherr seinen Ruhm gesucht, und jeder weiß, daß hervorragende Menschen eine Eigenschaft, die allenfalls ihnen noch bestritten werden könnte, gerade am eifrigsten in das helle Licht zu setzen geneigt sind. So drängte er unabläßig, daß man nicht länger zögere, und die Gesandten, die alle Forderungen Thuguts bis auf eine einzige, und auch diese wenigstens zum Theil erfüllt sahen, thaten ihm den Willen. Am 18. April Nachmittags drei Uhr wurde unterzeichnet[1]). Um

---

1) Ueber Ort und Zeit des Abschlusses sei hier, so vielen sich widersprechenden Angaben gegenüber, eine Bemerkung verstattet. Als Bonapartes Haupt-

die Stunde der Mahlzeit hatte sich eine große Anzahl französischer Generale und Stabsoffiziere im Schloß des Bischofs von Leoben versammelt. Man wußte, es seien Unterhandlungen im Werke, aber Wenige dachten, daß sie schon an diesem Tage beendigt werden könnten. Nach langem Warten öffnete sich die Flügelthür eines Nebenzimmers, Bonaparte trat mit de Gallo und Merveldt herein. „Die Grundlage des Friedens ist unterzeichnet," rief er mit lauter Stimme. „Es lebe die Republik! Es lebe der Kaiser!" Mit Jubel und Händeklatschen von den Anwesenden aufgenommen

---

quartier diente das Schloß zu Göß, vordem ein Stift von Benedictinerinnen, darauf Residenz der Bischöfe von Leoben, eine halbe Stunde oberhalb der Stadt an der Mur gelegen. Er bezog die Gastzimmer des Bischofs Alexander, Grafen von Engel, mit dem er in freundlichen Verkehr getreten war. Auch Merveldt und de Gallo wohnten in einem Gasthofe des anstoßenden Burgfriedens. Zum Zweck der Unterhandlung wählte man eine Besitzung an der Ostseite von Leoben, einem Herrn Joseph Eggenwald gehörig. Es befand sich dabei ein Garten mit einem Pavillon, der für neutral erklärt wurde. Bonapartes Brief vom 16. April spottet mit Recht über diese Neutralität inmitten des französischen Heeres. In dem Pavillon hat man auch am 15. — wie Bonaparte am folgenden Tage schreibt — die Verhandlungen geführt; am 16. und 17. aber nach dem Bericht eines Augenzeugen im Politischen Journal, Jahrgang 1797, S. 747, Göß nicht verlassen, sondern dort im Schlosse die Verhandlungen eigentlich zum Abschluß gebracht. Ein Brief Berthiers an Hoche vom 18. April, der übrigens noch eine Unrichtigkeit enthält — abgedruckt im Moniteur vom 29. April — gibt an, man habe schon um zwei Uhr Morgens unterzeichnet. Dies wird aber nur so zu verstehen sein, daß man bis um jene Zeit sich vollständig geeinigt hatte. Nachmittags begab man sich laut dem Bericht des erwähnten Augenzeugen noch einmal in den Eggenwaldschen Garten, und hat dort, wie der Armeebefehl vom 19. April (Correspondance de Napoléon, II, 503) ausdrücklich bemerkt, um drei Uhr die förmliche Unterzeichnung der bis dahin angefertigten Exemplare des Vertrages vorgenommen. Sie führen das Datum: Chateau d'Eckenwald près de Leoben, eine verschönernde Bezeichnung, denn ein Schloß dieses Namens gab es gar nicht (Polit. Journal, 1797, S. 629 u. 749). Der Besitzer des Gartens hat die Erinnerung an dies bedeutende Ereigniß durch ein marmornes Denkmal verewigt (Kölnischer Kurier vom 12. Mai 1797, XIII, 255).

wurde die Botschaft sogleich im Schlosse verbreitet. Bonaparte blieb auch bei Tische in der heitersten Laune. Der Marschall Marmont, damals sein Adjutant und selbst zugegen, erzählt, daß er sich zu jener Zeit noch in republikanischen Reden gefiel. Scherzend sagte er den kaiserlichen Gesandten: „Sie haben eine schöne Belohnung zu erwarten, meine Herren; Sie werden Kreuze und Ketten bekommen." „Und Sie, General," erwiederte St. Vincent, „Sie erhalten ein Decret mit der feierlichen Erklärung, Sie hätten sich um das Vaterland verdient gemacht. Jedes Land hat seine Sitte, und jedes Volk seine Steckenpferde." Marmont fügt hinzu, der östreichische Offizier habe die Lacher auf seiner Seite gehabt[1]).

Noch am Abend beeilte sich St. Vincent, den Wortlaut der Präliminarien nach Wien zu überbringen. Am nächsten Tage setzte Merveldt in einem besonderen Schreiben die Gründe auseinander, welche die Unterzeichnung des Vertrags noch vor der Rückkehr des Wiener Couriers herbeiführten. Er weist darauf hin, daß die Forderungen der von St. Vincent überbrachten Instruction beinahe sämmtlich erfüllt seien, dann erwähnt er besonders die Ungewißheit der Ereignisse am Rhein, von denen nichts Gutes zu erwarten stehe. Auch aus der Ankunft des General Clarke hätten Hindernisse erwachsen können; denn, setzt Merveldt hinzu, es wären dann alle die Vortheile verloren gegangen, die sich aus der Eigenliebe des General Bonaparte ziehen ließen, welcher seinen Stolz darin setze, Europa den Frieden zu geben. Endlich habe man noch besorgen müssen, der nächste Courier aus Paris könne weit unbilligere Forderungen überbringen, und aus allen diesen Gründen lieber sogleich unterzeichnet. In Wien fand denn auch die Ratification des Vertrags keinen Anstand. Schon am 20. schreibt Thugut an Merveldt: über den Inhalt der Präliminarien sei zwar Manches zu bemerken, aber der Kaiser habe sich gleichwohl entschlossen, sie zu genehmigen; der General Bonaparte möge nur Anstalten treffen, sogleich das kaiserliche Gebiet zu räumen[2]).

---

[1]) Kölnischer Kurier vom 18. Mai 1797, XIII, 261, und Mémoires du Maréchal Marmont, Paris 1857, I, 275.

[2]) Das Schreiben findet sich im Oestr. Staats-Archiv.

Schwieriger waren die Verhältnisse in Frankreich. Am 19. April schickte Bonaparte durch den Generaladjutanten Dessoles den eben abgeschlossenen Vertrag nach Paris und suchte zugleich in einem ausführlichen, höchst merkwürdigen Schreiben das, was er gethan, zu rechtfertigen. Ueber die deutschen Angelegenheiten geht er kurz hinweg, er bemerkt nur, Alles, was durch das Gesetz des Convents zum Departement gemacht sei, verbleibe der Republik. Um so länger verweilt er bei den Bestimmungen über Italien. „Die lombardische Republik," schreibt er, „ist nicht nur erhalten, sondern auch bedeutend verstärkt durch Bergamo, Crema, Modena, Reggio, Massa und Carrara. Wir haben also im Herzen von Italien einen Freistaat, mit dem wir durch das Gebiet von Genua und das Meer in Verbindung stehen; für alle künftigen Kriege in Italien sind unsere Verbindungen gesichert, der König von Sardinien völlig von uns abhängig. Was den Verzicht auf Bologna, Ferrara und die Romagna angeht, so bleiben diese Provinzen doch immer in unserer Gewalt; gelingt es uns, in Vereinigung mit dem Kaiser den Senat von Venedig zum Austausch zu bewegen, so wird die venetianische Republik von der lombardischen und dadurch von unserem Willen abhängig. Kommt der Austausch nicht zu Stande, besetzt der Kaiser einen Theil des venetianischen Gebietes, ohne daß der Senat eine Entschädigung annehmen will, die in der That unpassend und ungenügend ist, so bleiben die Legationen in unserer Gewalt, und wir vereinigen Bologna und Ferrara mit der lombardischen Republik. Die Regierung von Venedig ist die unsinnigste und am meisten tyrannische auf der Welt; sie hat offenbar den Augenblick, da wir mitten in Deutschland standen, benutzen wollen, uns zu verderben. Wir haben keinen Feind, der heftiger erbittert, Ludwig der XVIII. und die Emigrirten keinen Freund, der ihnen herzlicher ergeben wäre. Ihr Einfluß wird nun beträchtlich geschmälert, durchaus zu unserem Vortheil. Außerdem wird der Kaiser dadurch an Frankreich gebunden und gezwungen, während der ersten Zeit nach dem Waffenstillstand uns in Allem gefällig zu sein. Dies gemeinschaftliche Interesse zwischen uns und dem Kaiser gibt uns die Wage in die Hand.

Wir stehen zwischen Preußen und Oestreich, mit Beiden durch die wichtigsten Interessen in Verbindung. — Uebrigens dürfen wir uns nicht verhehlen, daß, so glänzend unsere militärische Stellung auch erscheint, wir den Frieden doch nicht dictirt haben. Der Hof hatte Wien geräumt, der Prinz Karl zog sich auf die Rheinarmee zurück, Ungarn und die Erbstaaten erhoben sich in Masse. Schon in diesem Augenblicke bedrohen sie uns von der Seite. Der Rhein war nicht überschritten, der Kaiser stand auf dem Punkte, Wien zu verlassen und sich an die Spitze seines Heeres zu stellen. Hätten sie die Unklugheit begangen, mich zu erwarten, so hätte ich sie geschlagen, aber sie hätten sich immer vor uns zurückgezogen, mit den Truppen vom Rhein sich vereinigt und mich erdrückt. Dann wurde der Rückzug schwierig, und der Untergang der italiänischen Armee hätte den der Republik nach sich ziehen können. Auch war ich fest entschlossen, in den Vorstädten von Wien eine Contribution zu erheben und weiter keinen Schritt zu thun. Ich habe in Allem nicht mehr als 4000 Mann Cavallerie, und statt der 40,000 Mann, die ich gefordert hatte, sind mir nicht 20,000 zugekommen."

„Hätte ich zu Anfang des Feldzuges nach Turin gehen wollen, so hätte ich den Po niemals überschritten; hätte ich nach Rom gehen wollen, so hätte ich Mailand verloren; hätte ich nach Wien gehen wollen, vielleicht hätte ich die Republik zu Grunde gerichtet. Der richtige Feldzugsplan gegen den Kaiser war der, den ich befolgt habe, aber ich hätte 6000 Mann Reiterei und 20,000 Mann zu Fuß mehr haben, oder man hätte, als ich den Tagliamento überschritt, den Rhein überschreiten müssen. So, dachte ich, würde es geschehen, da zwei Couriere mir die Eröffnung des Feldzuges anbefahlen."

„Sobald sich voraussehen ließ, daß ernste Unterhandlungen bevorständen, habe ich einen Courier an den General Clarke geschickt. Mit Ihren besonderen Anweisungen betraut, würde er sie besser als ich zur Ausführung gebracht haben. Da er aber nach zehn Tagen noch nicht angekommen war, da der günstige Moment vorbeizugehen drohte, habe ich jede Bedenklichkeit bei Seite setzen müssen und unterzeichnet. Sie haben mir Vollmacht sogar für alle diplomatischen Geschäfte gegeben, und in dieser Lage der Dinge sind Friedenspräliminarien selbst mit dem Kaiser nicht mehr als eine militärische Angelegenheit."

„Für die französische Republik wird dieser Vertrag ein Ruhmes= denkmal sein und ein untrügliches Vorzeichen, daß sie in zwei Feldzügen das Festland unterwerfen kann. Ich habe in Deutsch= land keine einzige Contribution erhoben, es gibt keine einzige Klage gegen uns. Ich werde bei der Räumung ebenso zu Werke gehen, und, ohne Prophet zu sein, fühle ich doch, dies kluge Ver= fahren wird uns einmal zu Statten kommen. In ganz Ungarn wird es Wurzel schlagen und dem Wiener Hof verderblicher wer= den, als alle Siege, die den Kampf der Freiheit verherrlichen."

„Was mich betrifft, so bitte ich um Ruhe. Ich habe das Vertrauen gerechtfertigt, mit dem man mich bekleidet hatte; auf mich selbst habe ich bei allen meinen Unternehmungen niemals Rücksicht genommen. Mit mehr Ruhm als man zum Glücke braucht, und hinter mir die herrlichen Ebenen von Italien, bin ich jetzt gegen Wien gezogen, wie ich zu Anfang des vorigen Feld= zuges ausgezogen bin, als ich Brod suchte für die Armee, welche die Republik nicht mehr ernähren konnte."

„Vergebens wird die Verleumdung mir treulose Absichten unterschieben; meine bürgerliche Laufbahn wird wie die kriegerische sein; nur eine und einfach. Aber Sie werden fühlen, daß ich Italien verlassen muß; ich bitte dringend, mit der Ratification der Präliminarien zugleich Anweisung zu geben, wie man die italiäni= schen Angelegenheiten vorerst ins Geleise bringt, und mir einen Urlaub zu ertheilen, damit ich nach Frankreich zurückkehren kann"[1]).

Um den Eindruck des Briefes zu verstärken, schreibt kurz darauf auch Clarke in demselben Sinne. Durch Bonapartes Eil= boten in Turin benachrichtigt, war er nicht säumig gewesen, aber doch erst in der Nacht vom 19. auf den 20. April in Leoben ein= getroffen. Er mag nicht eben angenehm überrascht worden sein,

---

[1]) Correspondance de Napoléon, II, 500.

als er die lang ersehnte Frucht so eifriger Bemühungen von dem jungen General vorweggenommen sah. Indessen wie er überall als ein verständiger und bescheidener Mann erscheint, so faßte er sich bald, erkannte, daß hier persönliche Rücksichten nicht den Ausschlag geben und was geschehen war nicht mehr ändern könnten. Auch stand er seit seiner Ankunft in Italien zu sehr unter dem Einfluß des gewaltigen Feldherrn, als daß er einen Widerstand hätte wagen mögen. Jemand, der von persönlichen Interessen sich leiten ließe, schreibt er am 22. April an das Directorium, könnte es übel empfinden, daß ein so bedeutender Act wie die Präliminarien ohne ihn vollzogen worden. Aber diese Art zu denken sei ihm fremd, er müsse sich zu Gunsten des Geschehenen erklären. Zunächst finde er in seinen Vollmachten keinen genügenden Grund, um Einspruch zu erheben, dann sei auch der Friede an sich vortheilhaft und ehrenvoll. Wenn man nicht Alles erlangt habe, was man wünschen könne, so sei die bedenkliche Lage des französischen Heeres in Rechnung zu bringen, das vom Rheine her keine Unterstützung habe erwarten dürfen. Er bittet deßhalb dringend, das Directorium möge die Genehmigung nicht versagen[1]).

Ob sie erfolgen würde, konnte gleichwohl zweifelhaft erscheinen. Wenn die Präliminarien auch nicht ungünstiger lauteten, als die im Winter an Clarke ertheilten Instructionen, so hatte sich doch seitdem die Lage wesentlich zum Vortheil Frankreichs verändert. Damals waren die kaiserlichen Waffen in Deutschland siegreich und Mantua noch nicht erobert; jetzt stand ein französisches Heer nahe an den Thoren Wiens, und beinahe gleichzeitig mit der Botschaft von Leoben trafen auch vom Rheine Nachrichten ein, die selbst den General Bonaparte, wären sie ihm bekannt gewesen, vom Abschluß des Vertrages wahrscheinlich zurückgehalten, jedenfalls den Inhalt zum Nachtheile des Kaisers verändert hätten. Am 18. April, an demselben Tage, an welchem man in Leoben unterzeichnete, überschritt der General Hoche bei Neuwied den Rhein, schlug die weit schwächere östreichische Armee bei Heddersdorf und trieb sie

---

1) Der Brief Clarkes findet sich im Ministerium des Auswärtigen.

bis hinter die Nidda zurück. Eine andere Abtheilung zog von Mainz her gegen Frankfurt und bedrängte schon die Thore der Stadt, als gerade rechtzeitig der Courier mit der Botschaft von den Präliminarien am 22. April dem Kampfe ein Ziel setzte. Die französische Armee am Oberrhein hatte in der Nacht vom 19. auf den 20. wenig unterhalb Straßburg den Uebergang gewagt. Auch hier konnten die Oestreicher sich nicht behaupten; Kehl, das im letzten Feldzuge dem Erzherzog so große Mühe verursacht hatte, wurde rasch zur Uebergabe genöthigt. Die Franzosen drangen bis an die Rench und Kinzig vor; eben bereitete man sich zu einer neuen Schlacht, als auch hier die Friedensboten eintrafen. Leider hatte der kurze Feldzug schon mehrere Tausend Mann an Todten und Gefangenen gekostet und den französischen Heeren abermals deutschen Boden für neue unaufhörliche Erpressungen preisgegeben.

Nach so bedeutenden Erfolgen mochte der Inhalt der Präliminarien den Directoren nicht mehr genügen. Schon am 11. Februar, sobald die Nachricht von Mantuas Falle eingetroffen war, hatte man Clarke die Weisung ertheilt, bei den veränderten Verhältnissen auch größere Forderungen zu erheben. Mantua dachte man dem Kaiser auf immer zu entziehen und als Entschädigung für den König von Sardinien zu verwenden, welcher dafür die Insel gleichen Namens an Frankreich überlassen, den Titel eines Königs von Piemont annehmen und das französische Heer durch zwanzig tausend Mann verstärken sollte. Clarke wird angewiesen, auf diese Bedingungen hin einen Vertrag mit Sardinien zum Abschluß zu bringen[1]). Jetzt, nach so viel Siegen, hörte man aus Leoben, daß die Festung an den Kaiser, das linke Rheinufer an Deutschland zurückfallen würde. Auch der allgemeine Congreß in Bern war gar nicht was man wünschte. Daneben empfand man aufs bitterste, daß der junge General ohne Vollmacht über die höchsten Angelegenheiten eigenwillig zu ent-

---

1) Vgl. die Instruction für Clarke vom 11. Februar 1797 im Ministerium des Auswärtigen.

scheiden wagte. Befriedigt waren nur Carnot und der von ihm abhängige Letourneur, die mehr und mehr der Partei der Gemäßigten sich zuwandten. Sie stellten vor, es sei ein Vortheil, daß man den Kaiser nicht zum Aeußersten gebracht habe; man könne unmöglich dem siegreichen Feldherrn mit Undank lohnen und dem allgemeinen Wunsch nach Frieden durch einen neuen Krieg entgegentreten. Aber nur schwer gelangte diese Ansicht zur Geltung. Rewbell war, wie Carnot später erzählt[1]), in Verzweiflung, Larevelliere vor Entrüstung außer sich, Barras tadelte bitter den Vertrag, begriff aber wenigstens, daß er nicht zu ändern sei. So entschied die Mehrheit für Carnot. Am 4. Mai schreibt das Directorium an Bonaparte, es habe den Präliminarien zugestimmt, und lobt die Umsicht, mit welcher die Verhandlungen geführt seien. Es fügt aber die sehr verständliche Bemerkung hinzu: „Europa wird anerkennen, wie mäßig wir verfahren inmitten des Erfolges der drei französischen Armeen, welche Deutschland besetzt halten." Das Entlassungsgesuch konnte man nicht als ernstlich gemeint betrachten. Das Directorium antwortet, man sehne sich zwar, den General in Frankreich zu sehen, und bedaure, seinen Wünschen sich widersetzen zu müssen, aber seine Anwesenheit in Italien sei unentbehrlich, um die neue Ordnung der Dinge zu begründen, die lombardische Republik zu befestigen und gegen Venedig kriegerische Maßregeln zu ergreifen[2]).

---

1) Vgl. Carnot, Réponse au rapport de Bailleul, Londres 1799, S. 93.

2) Correspondance inédite, II, 567.

Viertes Kapitel.

Inhalt und Bedeutung der Präliminarien.

Das Directorium, wenn auch mit dem Inhalt der Präliminarien wenig einverstanden, zögerte doch nicht, ihn in der förderlichsten Weise bekannt zu machen. Am 29. April war Dessoles in Paris angekommen, gleich am folgenden Tage wurde der Abschluß des Vertrags durch eine feierliche Botschaft beiden Räthen angezeigt. Als Hauptbedingungen nennt man:

Verzicht des Kaisers auf Belgien,

Anerkennung der Gränzen Frankreichs, so wie sie durch die Gesetze der Republik festgesetzt worden,

Gründung einer unabhängigen Republik in der Lombardei.

Bonapartes wird in dieser Botschaft kaum gedacht, sondern nur im Allgemeinen angegeben, man verdanke jene so mäßigen als rühmlichen Bedingungen der Liebe zur Freiheit, der Tapferkeit der Heere und den Talenten der Generale, die sie seit sechs Jahren zum Siege geführt hätten [1]).

Lange Zeit blieb diese Mittheilung beinahe das Einzige, was man auch in Deutschland über den Frieden erfahren konnte. Ein Aufruf des Grafen Saurau machte zwar am 28. April im Auftrage des Kaisers den Abschluß der Präliminarien bekannt, hieß den Landsturm aus einander gehen, und versprach den freiwilligen Landesvertheidigern eine Denkmünze [2]); von den Bedingungen gibt er aber nicht die leiseste Andeutung. Thugut hielt den Vertrag in Wien vollkommen geheim; man sagte, selbst das Exemplar,

---

1) Moniteur vom 1. Mai 1797.
2) Kölnischer Courier vom 9. Mai 1797, XIII, 237.

welches dem Kaiser zur Ratification vorlag, habe er durch drei
verschiedene Schreiber anfertigen lassen[1]). Nicht einmal der Fürst
Colloredo hat, wie es scheint, von den geheimen Artikeln Kennt=
niß erhalten. Nur erging an die kaiserlichen Gesandten im Reich
am 23. April die Mittheilung: man dürfe zwar die Friedens=
präliminarartikel nicht eher öffentlich machen, als nach erfolgter
beiderseitiger Ratification; zur Beruhigung der Reichsstände und
zu ihrer Bestärkung in dem auf den kaiserlichen Hof gesetzten Ver=
trauen könne aber vorläufig mündlich so viel geäußert werden, daß
auch bei diesen Unterhandlungen der Kaiser sich von dem Grund=
satze, den Reichsfrieden auf dem Fuß der Integrität des Reiches
zu gründen, niemals entfernt habe. Auch ferner werde er hierauf
zu bestehen durch keine Nebenrücksichten auf blos eigenen Vortheil
abzubringen sein. Zur weiteren Nachricht findet sich noch be=
merkt: einstweilen seien alle Feindseligkeiten zwischen dem Reich
und Frankreich eingestellt, von den Reichsständen werde aber er=
wartet, daß sie bis zum Abschluß des Friedens für den Unterhalt
der kaiserlich königlichen Armee mit Willfährigkeit alles Thunliche
beizutragen fortfahren würden[2]).

Am 27. April wurde diese Erklärung von dem kurböhmischen
und dem erzherzoglich östreichischen Gesandten, Herrn v. Linker und
Herrn v. Fahnenberg, dem Kurfürsten= und Fürsten=Collegium
verkündet, und der Reichstag beeilte sich, in überschwänglichen
Worten den Empfindungen der Freude und des Dankes für die
Erhaltung der Reichsintegrität einen Ausdruck zu geben. Aber
nicht nur in Regensburg, im ganzen Reiche, besonders in Süd=
deutschland, wurde die Nachricht aus Leoben mit der lebhaftesten
Freude begrüßt. Bedenkt man, wie viel Elend diese Länder in
beinahe sechsjährigem Kriege zu befahren hatten, welches Schicksal
gerade im Frühling 1797 in Aussicht stand, so kann man sich

---

1) Caesars Bericht vom 24. April 1797.
2) Schreiben des Fürsten Colloredo an den kaiserlichen Concommissar, Freiherrn v. Hügel, in Regensburg vom 24. April mit den Beilagen im Oestr. Staats=Archiv.

vorstellen, mit welchen Gefühlen die Bewohner nun endlich wieder einer besseren Zukunft entgegen sahen. Besondere Genugthuung fand die kaiserliche Partei darin, daß der Friede und die Integrität des Reiches allein durch den Kaiser wieder gewonnen seien. „Es ist der schönste Triumph des durchlauchtigsten Erzhauses Oestreich," schreibt Hügel am 6. Mai an den Erzherzog Karl, „ohne preußische Vermittlung zu Friedensverhältnissen mit Frankreich gekommen zu sein und seine gerade Handlungsweise, seine politische Treue und die Tapferkeit seiner Krieger selbst vom Feinde anerkannt und mit Hochachtung und Vertrauen erwiedert zu sehen" 1).

Aber Wochen und Monate vergingen, ohne daß aus Wien über den Inhalt des Vertrages weitere Nachricht eintraf. Dagegen erregte jene Mittheilung des Directoriums nebst Anderem, was in französischen Zeitungen zu lesen war, selbst für die versprochene Reichsintegrität lebhafte Besorgnisse, und die Franzosen hörten nicht auf, sogar das rechte Rheinufer mit allen Uebeln einer feindlichen Besetzung heimzusuchen. So bemächtigte sich mehr und mehr ein dumpfes Mißvergnügen der Gemüther. Hügel, welchen die Mittheilung der Staatskanzlei so Großes hoffen ließ, mußte schon bald nachher dem Fürsten Colloredo von der veränderten Stimmung Nachricht geben. Besonders lebhaft hatte der kurmainzische Gesandte v. Steigentesch seine Empfindlichkeit ausgesprochen, daß sogar dem Reichserzkanzler der Inhalt der Präliminarien noch immer nicht bekannt geworden sei 2).

Diese andauernde Verheimlichung hat das Urtheil über Inhalt und Bedeutung der Präliminarien lange Zeit verwirrt und bis heute nicht zu vollkommener Klarheit gelangen lassen. Besonders ungünstig wirkte in diesem Sinne der Friede von Campo Formio. Die Präliminarien mußten als Vorbereitung jener späteren Verhandlungen aufgefaßt werden; so lag die Vermuthung

---

1) Bericht Hügels an Colloredo vom 6. Mai mit der Beilage im Oestr. Staats-Archiv.

2) Berichte an Colloredo vom 8. und 16. Mai im Oestr. Staats-Archiv.

nahe, sie würden, von denselben Grundsätzen ausgehend, im Wesentlichen auch dasselbe enthalten haben. Man erkennt, es sind die Absichten gegen Venedig, die verheimlicht werden mußten; im Uebrigen hätte es dem kaiserlichen Hofe nur erwünscht sein können, daß Alles, was zu Leoben verhandelt wurde, zur öffentlichen Kenntniß gelangte. Denn weit entfernt, die allgemeine Ungunst zu verdienen, sind die Präliminarien in der That vortheilhafter, als nach den Ereignissen der letzten Jahre sich erwarten ließ. Nur das Zusammentreffen mehrerer besonders günstiger Umstände konnte bewirken, daß keine erhebliche Schmälerung an Macht und Umfang nach einem solchen Kriege von Deutschland gefordert wurde. Allerdings ging Belgien verloren; aber diese Provinz, wenn auch gewiß kein werthloses Besitzthum, war doch dem Reiche schon so sehr entfremdet und von dem Sitze der östreichischen Monarchie so weit entfernt, daß sie nicht als ein lebendiges Glied und keineswegs als eine ihrer Größe und Bevölkerung entsprechende Verstärkung anzusehen war. Dagegen wird im fünften Artikel der Präliminarien die Reichsintegrität ausdrücklich gewahrt, und man hat aus dem Vorhergehenden sich überzeugen können, daß sie keineswegs vom Kaiser als ein leeres Wort betrachtet wurde. Aber hatte nicht der sechste Artikel die gesetzlichen Gränzen Frankreichs anerkannt? An das Verhältniß beider Bestimmungen zu einander hat sich allerdings ein heftiger Streit geknüpft. Es ist lohnend genug, ja zum Verständniß des Folgenden unerläßlich, daß wir ein richtiges Urtheil darüber vorerst hier festzustellen suchen [1]).

---

1) Die beiden Artikel lauten:

Art. 5. Il sera tenu un congrès formé de plénipotentiaires respectifs, pour y traiter et conclure la paix définitive entre les deux puissances sur la base de l'intégrité de l'Empire Germanique.

Art. 6. Sa Majesté l'Empereur et Roi renonce à tous ses droits sur les provinces Belgiques, connues sous le nom de Pays-Bas Autrichiens, et reconnait les limites de la France décrétées par les lois de la République Française. La dite renonciation est faite aux conditions suivantes:

1. Que toutes les dettes hypothécaires attachées au sol des pays cédés seront à la charge de la République Française.

2. Que tous les habitans et possesseurs des provinces Belgiques

Im Laufe der späteren Verhandlungen legten die Franzosen einmal ein langes Verzeichniß der Länder vor, die durch Beschlüsse des Convents, Verträge oder Proclamationen mit Frankreich vereinigt seien. Sie forderten nicht nur die neun belgischen Departements und die vom Elsaß eingeschlossenen Besitzungen verschiedener Reichsstände, sondern auch die Pfalz mit Mainz, Worms und Speier; denn alles dies sei den französischen Gränzen einverleibt, also durch den Wortlaut der Präliminarien an Frankreich abgetreten. Dagegen behaupteten die Oestreicher, jene Anerkennung im sechsten Artikel könne einzig die Besitzungen des Kaisers in Belgien betreffen; denn nur was ihm gehöre, habe der Kaiser abtreten, nicht über die Besitzungen anderer Reichsstände verfügen können. Danach wäre also nicht einmal das Bisthum Lüttich mit den Abteien Stablo und Malmedy und der Grafschaft Logne, die doch den neuen Departements angehörten, in die Abtretung einbegriffen worden. Aber diese Ansprüche gehen nach beiden Seiten zu weit. Ich glaube, trotz der ungenauen Fassung der Artikel läßt die richtige Bedeutung mit Bestimmtheit sich nachweisen.

Schon bis zu Ende des Jahres 1793 war von den gesetzgebenden Versammlungen Frankreichs eine Anzahl von Reunionsdekreten ausgegangen.' Sie bezogen sich theils auf größere Gebiete, theils auf einzelne Gemeinden. Die deutschen Besitzungen im Elsaß, das Bisthum Basel, Avignon, Savoyen, Nizza, Monaco, Theile Belgiens und während des vorübergehenden Besitzes von Mainz auch diese Stadt und das weite Gebiet der rheinisch-deutschen Republik waren mit Frankreich vereinigt worden[1]). Ein Theil dieser Län-

---

qui voudront sortir du pays seront tenus de le déclarer trois mois après la publication du traité de paix définitif, et auront le tems de trois ans pour vendre leurs biens meubles et immeubles;

3. Que la République Française fournira à la paix définitive un dédommagement équitable à S. M. J. l'Empereur et Roi qui soit à sa convenance.

1) Die Decrete finden sich im sechsten Bande der Sammlung von Martens, ein Verzeichniß in dem kleinen, aber sehr nützlichen Buche von Lancizolle: Uebersicht der deutschen Reichsstandschafts- und Territorialverhältnisse vor dem französischen Revolutionskriege, Berlin 1830, S. 62.

der, Avignon, Savoyen, die Erwerbungen im Elsaß, war in französische Departements verwandelt und in der französischen Constitution vom 22. August 1795 als integrirender Theil der Republik schon aufgeführt. Dazu kamen später noch das holländische Flandern, die östreichischen Niederlande mit Lüttich und den erwähnten Abteien; sie wurden am 21. September in neun Departements getheilt, am 1. October förmlich mit der Republik vereinigt und am 6. October der französischen Constitution wie allen späteren französischen Gesetzen unterworfen. Der Inbegriff jener in der Constitution genannten 89 und der 9 belgischen Departements ist es, was, außer den Colonien, die gesetzlichen oder constitutionellen Gränzen Frankreichs bestimmte, und über diesen Besitz erklärte die Republik von Anfang an, nicht unterhandeln zu wollen. Auf diese Gränzen bezieht sich auch die Anerkennung, welche im sechsten Artikel der Präliminarien ausgesprochen wird. Allein man hat dabei offenbar nicht die constitutionellen Gränzen überhaupt, sondern ausschließlich den Theil im Sinne gehabt, der sich auf die belgischen Departements erstreckt. Denn nur in dieser Weise ist zu erklären, daß die Anerkennung unmittelbar in demselben Satze an die Abtretung Belgiens sich anschließt, und gleich darauf wieder Bestimmungen folgen, welche einzig Belgien betreffen. Hätte man eine allgemeine Anerkennung der französischen Gränzen aussprechen wollen, so würde man aus einer so wichtigen Bestimmung einen besonderen Artikel gebildet haben. Die Oestreicher machten dies nicht mit Unrecht geltend. Und da nun der fünfte Artikel für den bevorstehenden Frieden die Grundlage der Reichsintegrität ausdrücklich anerkennt, so schlossen sie auch später, als sie die Abtretung Lüttichs und der Abteien schon zugestanden, es müßten wenigstens alle übrigen vormals deutschen Gebiete, auch wenn sie einem Departement schon einverleibt waren, an das Reich zurückgegeben werden. Allein wenn auch der strenge Wortlaut dafür einige Anhaltspunkte bietet, es hieße die Lage der Dinge und den Geist der Präliminarien verkennen, wollte man diesen Anspruch für begründet erklären. Unmöglich konnte der General Bonaparte daran denken, die vom Elsaß eingeschlossenen deutschen Gebietstheile, welche selbst nach den Ereignissen des Jahres 1815 bei Frankreich verblieben sind, im Jahre 1797 wieder zurückzugeben. Zuverlässig hat man an diese Theile in Leoben gar nicht gedacht, sondern, wie bemerkt, die constitutionellen Gränzen und die Reichsintegrität nur auf Belgien und die übrigen Gebiete des linken Rheinufers bezogen. Dies kann nicht befremden. Der größere Theil des außerdem noch Einverleibten: Savoyen, Nizza, Avignon, war von dem Willen des Kaisers unabhängig, das Uebrige nicht von so großer Bedeutung, daß es besondere Bestimmungen schon in Leoben erfordert hätte. Denn man darf nicht vergessen, daß hier nicht ein langsam mit Wohlbedacht und in den Einzelnheiten ausgearbeiteter Friedensschluß, sondern nur in übergroßer Eile abgefaßte Präliminarien vorliegen. Dem Geiste dieses Vertrags war es offenbar gemäß, daß später bei dem Reichsfrieden jene kleineren Gebiete den Franzosen abgetreten wurden. Darauf deutet schon Thugut hin, wenn er in der Instruction vom 15. April zwar im Allgemeinen die deutschen Gebiete am linken Rheinufer zurückfordert, aber doch nicht ausschließt, daß einzelne Parzellen, die den Franzosen besonders gelegen wären, bei der Republik verbleiben könnten. Deutschland erlitt dann immer einige Einbuße, aber doch nicht in dem Maße, daß man nicht mit Fug von der Integrität des Reiches noch hätte reden können, und der fünfte und sechste Artikel nebeneinander einen verständigen Sinn behielten. Dies wäre aber nicht möglich, wollte man, wie später die Franzosen versuchten, unter die constitutionellen Gränzen auch die gesammte rheinisch-deutsche Republik, also das Land von der Nahe bis zum Elsaß mit Mainz, Worms, Speier und so vielen anderen wichtigen Besitzungen einbegreifen. Mit dem Wortlaut und Zusammenhang der Präliminarien ist diese Auffassung unvereinbar. Denn ein solches Zugeständniß — man denke nur an die Auslieferung von Mainz — wäre geradezu der wichtigste Punkt des ganzen Vertrages. Ist es denkbar, daß man ihn nur beiläufig in einem allgemeinen Ausdruck zwischen den besonderen Bestimmungen über Belgien erwähnt haben sollte? Und wie hätte man nach solcher Einbuße noch von der Integrität des Reiches reden können? Weder die äußere noch die innere ließ sich erhalten. Es war vorauszusehen, daß die weltlichen Fürsten für die auf dem linken Ufer verlorenen Besitzungen einen Ersatz fordern, daß die Reichsverfassung eine wesentliche Veränderung erleiden, kurz gerade das geschehen würde, was Oestreich durch den Vertrag von Leoben am meisten zu verhindern suchte.

Daß diese Auffassung die richtige sei, wird nicht nur durch den Wortlaut des Vertrages bestätigt, sondern demnächst durch die Thatsache, daß man vor dem Frieden von Campo Formio das Land zwischen der Nahe und dem Elsaß gar nicht als einen Theil Frankreichs angesehen und behandelt hat. Es wurde der Constitution und den französischen Gesetzen nicht unterworfen, auch nicht zum Departement gemacht, sondern es behielt seine eigene Gesetzgebung und Verwaltung und theilte durchaus das Schicksal der übrigen deutschen Gebiete am linken Rheinufer, welche nicht zu den mit Frankreich vereinigten, sondern zu den eroberten Ländern (pays conquis) gerechnet wurden[1]). Selbst die französische Regierung hat dem völlig wirkungslosen Vereinigungsdekret vom 30. März 1793 in den folgenden Jahren keine Bedeutung beigelegt. Damit stimmen denn auch alle Nachrichten überein, welche über die Vorgänge in Leoben, über frühere Verhandlungen und die späteren Streitigkeiten auf uns gekommen sind. Bereits im Frühling des Jahres 1796, in Erwiederung auf die Friedensanträge Englands, hatte das Directorium vor Allem die Anerkennung der constitutionellen Gränzen gefordert. Es wurde schon damals der eigentliche Sinn des Ausdrucks vielfach erörtert; auch im preußischen Ministerium. Haugwitz legt im April 1796 einem Schreiben, das sich mit dieser Angelegenheit beschäftigt, eine damals viel gelesene Zeitung, den Hamburger unparteiischen Correspondenten vom 19. April 1796 bei. Darin

---

[1]) Man vergleiche darüber: Perthes, Politische Zustände und Personen in Teutschland zur Zeit der Fremdherrschaft, Gotha 1862; meine Abhandlung: Die Stadt Bonn unter französischer Herrschaft, in den Annalen des histor. Vereins für den Niederrhein, Köln 1863, XIII, 118; und insbesondere Remling, die Rheinpfalz in der Revolutionszeit, Speyer 1865, II, 333 fg.

ist der Notenwechsel Wickhams und Barthelemys nebst einigen Stücken ähnlichen Inhalts mitgetheilt, und es folgt dann, dem Anscheine nach, aus einer officiellen Feder die Bemerkung:

„Die Länder, welche nach der französischen Constitution das französische Territorium ausmachen, sind:

1) Frankreich, wie es beim Anfange des Krieges war,
2—6) die Kolonien,
7) Avignon und Venaissin,
8) Mömpelgard und Pruntrut,
9) Savoyen, Nizza, Monaco,
10) Oestreichisch Flandern und Brabant und was sonst dem Kaiser an der linken Seite des Rheins gehört,
11) Mastricht, Venlo und das holländische Flandern,
12) das Bisthum Lüttich."

Dieselbe Auffassung kehrt auch in Malmesburys Berichten über seine Verhandlungen im Jahre 1796 wieder, nicht weniger in Dokumenten französischen Ursprungs. Selbst der Director Barras nennt in der schon angeführten Instruction für Clarke vom 17. Januar 1797[1]) als die mit der Republik vereinigten Länder außer den östreichischen Besitzungen nur Pruntrut, Mömpelgard, Lüttich, Malmedy und Stablo. Er führt sie zwar nur beispielsweise und nicht ausschließlich als die einzigen an, aber Jeder wird zugestehen, daß ein französischer Director nicht Mömpelgard und Pruntrut nennen würde, wenn er Mainz, Worms und Speier zu nennen sich für berechtigt hielte. Noch entscheidender sind die Aeußerungen des französischen Gesandten in Berlin, Caillard, kurz vor dem Abschluß der Präliminarien. Frankreich wünschte damals, wie man bald ausführlicher lesen wird, daß Preußen die Vermittlung zwischen der Republik und dem deutschen Reich übernähme. Der König erklärte sich dazu bereit, aber nur unter der Bedingung, daß vorerst die Integrität des Reiches gesichert sei, und die Franzosen ihre Absichten auf das linke Rheinufer aufgäben. Darauf erwiederte Caillard in einer Unterredung mit

---

1) Correspondance inédite, II, 414.

Haugwitz um die Mitte Februars und am 28. im Auftrage des Directoriums auch schriftlich: die französische Regierung würde kein Gebiet wieder aufgeben, das bis dahin gesetzlich mit der Republik vereinigt sei. Dies begreife die östreichischen Niederlande, das vormals holländische Flandern, Lüttich, Savoyen und Nizza. Was die Franzosen sonst noch am linken Rheinufer besetzt hielten, könne Gegenstand der Verhandlung werden. Von eigentlich deutschen Provinzen, meinte Caillard, sei doch bisher allein Lüttich mit Frankreich vereinigt worden, über den Rest würde eine Verständigung sich schon erreichen lassen. Man sieht, alle diese Zeugnisse laufen bei mancher Ungenauigkeit im Einzelnen doch in Wesentlichen auf dasselbe hinaus; und wenn hier Caillard unter den deutschen, mit Frankreich vereinigten Besitzungen Lüttich als die allein wesentliche hervorhebt, so begreift sich, wie man auch in Leoben die constitutionellen Gränzen nur in Bezug auf Belgien besonders zu erwähnen Veranlassung fand.

Wir haben gesehen, daß Thuguts Instruction an der Grundlage der Reichsintegrität strenge festhielt, nur daß er einzelne, besonders gelegene Parzellen des Reichsgebietes den Franzosen nicht verweigerte. Wenn nun Merveldt am 19. April die Antwort gibt, diese Forderung sei zugestanden und in den Präliminarien zur Geltung gekommen, so liegt auch darin der Beweis, daß er unter den gesetzlichen Gränzen das verstand, was er darunter verstehen mußte, und was wir hier als das Richtige nachzuweisen versuchten. Noch bestimmter sprechen die eigenen Aeußerungen Bonapartes. Er stellte, wie wir sahen, die Alternative, daß Frankreich entweder Mainz und die Länder des linken Rheinufers behalte, oder nicht behalte. Er berief sich später auf das Eintreffen dieses zweiten Falles, auf den Verzicht Frankreichs am Rhein, um die Entschädigung des Kaisers in Italien zu vermindern; ja er zeigte sich bereit, alle Wünsche Oestreichs in Italien zu erfüllen, wenn der Kaiser nur aufhören wolle, von dem linken Rheinufer und der Integrität des deutschen Reiches zu sprechen[1]).

1) Diese merkwürdigen Worte verdienen hier im Original gelesen zu werden. Le refrain du général Bonaparte, schreibt Merveldt, était tou-

Man wird vielleicht einwenden, daß die constitutionellen Gränzen auch nach der Auslegung der Franzosen nicht das gesammte linke Rheinufer umfaßten, daß also immer ein bedeutender Theil ihrer Eroberungen zurückgegeben wurde, und auf diesen die Ausdrücke Bonapartes sich beziehen konnten. Allein die Abtretung der ganzen Rheinpfalz, des unschätzbaren Besitzes von Mainz wäre doch immer von Seiten des Kaisers ein so großes Zugeständniß gewesen, daß er dafür auch in Italien andere Zugeständnisse und gewiß nicht eine Schmälerung seiner Ansprüche hätte erwarten können.

Ebenso deutlich äußert sich Bonaparte in den Briefen an das Directorium. Für mich sind sie gerade das Mittel gewesen, die richtige Bedeutung des Vertrages zu erkennen. Stufenweise sieht man, wie das, was der französische General zu erreichen dachte, sich vermindert. In dem Briefe vom 8. April spricht noch die Hoffnung, der Kaiser würde die Rheingränze mit Mainz abtreten; am 16. werden beide nicht mehr erwähnt, man findet statt dessen Klagen über die Unthätigkeit der Rheinarmee und die schwierige Lage des eigenen Heeres. In dem Briefe vom 19. heißt es ganz ausdrücklich: „Alles, was Departement ist, verbleibt der Republik." Es ist denn auch bei den späteren Streitigkeiten selbst von den Franzosen nicht geläugnet worden, daß der Artikel der Präliminarien ursprünglich nur auf die belgischen Departements sich bezogen habe. Man wird sich davon später im Einzelnen über-

---

jours, que Sa Majesté l'Empereur ne pouvait plus prétendre de dédommagement des Pays-Bas, vu qu'Elle ne pouvait ignorer, que la cession, que faisait la France de la rive gauche du Rhin et des pays qu'elle possédait à l'Empire, n'était due, qu'à la considération et au désir de rétablir la paix avec Sa Majesté l'Empereur et non avec les membres de l'Empire, et que par conséquent les Pays-Bas se trouvaient compensés déjà en Allemagne; que si Sa Majesté l'Empereur voulait se désister de parler de l'Empire et de son intégrité, la France ferait en Italie tout ce que Sa Majesté Impériale pourrait désirer; que donc le Nord ayant compensé le Nord, le Midi ne pouvait plus compenser que le Midi.

zeugen, ich hebe hier nur eine Aeußerung hervor. Merveldt fragte einmal den General Bonaparte ausdrücklich, ob er sich nicht erinnere, daß einer der ersten Punkte, über die man in Leoben sich geeinigt habe, gerade der gewesen sei, es dürfe weder von Mainz noch von dem kleinsten Theile des linken Rheinufers ferner geredet werden. Und Bonaparte hat die Richtigkeit dieser Aussage nicht bestritten.

Selbst die Machthaber in Paris, so sehr sie auch gerade jener Bestimmung widerstrebten, stellten sie doch, wenigstens in erster Zeit, nicht in Abrede. Die Mittheilung des Directoriums an den gesetzgebenden Körper ging allerdings in so weit über den Text der Präliminarien hinaus, als sie die Anerkennung der constitutionellen Gränzen, welche der sechste Artikel nur in Bezug auf die Abtretung Belgiens und die neun belgischen Departements erwähnt, als eine allgemeine in einem besonderen Artikel hinstellt. Aber nach der richtigen Bedeutung jenes Ausdrucks wäre dadurch der Geist des Vertrages nicht erheblich verändert, auch für Deutschland nicht gar zu viel verloren worden. Und diese Bedeutung wurde von den Directoren unverhohlen anerkannt. Man ersieht es am bestimmtesten aus den Verhandlungen des preußischen Gesandten, Freiherrn v. Sandoz in Paris, die ich später im Zusammenhange darstellen werde, aber schon hier für die vorliegende Frage zu Hülfe nehmen muß. Unter dem Wenigen, was man Sandoz über den Inhalt der Präliminarien mittheilte, befand sich die Versicherung, daß die Republik durch die Abtretung Belgiens und seiner Dependenzen das Ziel des Krieges erreicht und weiter Nichts mehr von Deutschland zu fordern habe. In den Instructionen für Clarke sei das linke Rheinufer zwar noch als ein Gegenstand der Unterhandlung bezeichnet, nun aber, da der General Bonaparte in den Präliminarien beinahe gänzlich verzichtet habe, könne man nicht mehr darauf zurückkommen. Es sei dies ein Beweis von der Mäßigung des Directoriums. So drückten, Sandoz gegenüber, Carnot, Letourneur und sogar Rewbell sich aus, obgleich der letzte sein Mißvergnügen, daß es dahin gekommen, nicht verhalten konnte. Nur der Minister Delacroix war anderer Mei=

nung; er wollte trotz der Präliminarien das linke Rheinufer behaupten und suchte darin sogar einen Vortheil für Preußen nachzuweisen. „Aber", fügt Sandoz hinzu, „es ist ein Glück, daß er keinen Einfluß hat" 1).

Die Nachrichten des Gesandten lauteten so bestimmt, daß man in Berlin sogar für möglich hielt, ohne Aufschub wieder in den Besitz der preußischen Provinzen am linken Rheinufer zu gelangen 2). Aber nur zu bald erlitten die Ansichten oder wenigstens die Absichten der Directoren eine Veränderung. Schon am 15. Mai muß Sandoz mittheilen, sie sprächen über die Rheingränze mit jedem Tage anders, er wisse nicht, was er davon denken solle. Newbell und Barras äußerten gelegentlich, es stehe noch gar nicht fest, daß Frankreich auf das linke Rheinufer verzichte, und Delacroix versicherte, die Bestimmung darüber hänge ganz von dem Willen des Directoriums ab. Auch in Berlin wurde man unruhig; am 29. Mai gibt das Ministerium Sandoz den Auftrag, sich genau zu erkundigen, was denn unter den gesetzlichen Gränzen zu verstehen sei. Die Zeitungen reden von einem Decret des Convents, welches am 30. März 1793 Mainz, Worms und andere Gebiete mit Frankreich vereinigt habe; Sandoz möge in Erfahrung bringen, ob auch diese in die gesetzlichen Gränzen einbegriffen werden sollten, oder ob, wie Caillards Aeußerungen annehmen ließen, nur von den Niederlanden, Savoyen, Nizza, Lüttich und Mömpelgard die Rede sei. Aber immer mehr entschied man sich in Paris für die erstere Meinung. Am 6. Juni schreibt Sandoz, Tages vorher habe auch Carnot zum ersten Male unbestimmt über die Rückgabe des linken Rheinufers sich ausgelassen. Einige Zeit darauf führte Sandoz eine bestimmtere Erklärung herbei 3). „Sie behaupten immer," sagte er zu Carnot, „die Gränzen Frankreichs seien noch ungewiß und Gegenstand der Verhandlung, der Kaiser in seiner Eröffnung an den Reichstag

---

1) Sandoz' Bericht vom 7. Mai 1797.
2) Das Ministerium an Sandoz am 15. Mai.
3) Vgl. Sandoz' Bericht vom 8. Juli.

spricht von der Reichsintegrität wie von einer feststehenden That=
sache. Wie läßt sich das vereinigen?" „Das Wiener Cabinet,"
erwiederte der Director, „hat nicht erwogen, daß es durch die An=
erkennung der constitutionellen Gränzen zugleich das linke Rhein=
ufer bewilligte. Selbst Mainz könnte, wenn man es ganz genau
nehmen wollte, in diese Gränzen einbegriffen werden." „Nicht blos
der Kaiser," versetzte Sandoz, „hat es nicht so verstanden, son=
dern ebenso wenig der gesetzgebende Körper und kein Politiker in
der Welt." Carnot erwiederte Nichts darauf, er fing an zu lachen.

Es wird aus diesen Anführungen deutlich genug, wie die
Stimmung in Paris sich veränderte. Was in Leoben nicht durch=
gesetzt werden konnte, suchte man auf einem anderen Wege zu er=
halten, indem man den Präliminarien eine fremde Bedeutung
unterlegte; und leider hatten sich die Verhältnisse während des
Sommers in der Weise gestaltet, daß die Franzosen ihren Willen
durchsetzten. Aber Nichts berechtigt, diese Auffassung auf die
früheren Verhandlungen zu übertragen. Wären die Präliminarien
dem wahren Sinne gemäß zur Ausführung gekommen, so hätte
Deutschland im Wesentlichen die Gränzen des Jahres 1815 erhalten,
immer eine Schmälerung im Vergleich zum früheren Besitz, aber
ein großer Vortheil im Vergleich zu dem, was man befürchten
mußte, und was später wirklich erfolgt ist. Das deutsche Reich
hatte alle Ursache, für einen solchen Frieden, zu dem es selbst
so wenig beigetragen, dem Kaiser seine Dankbarkeit zu bezeigen.

Nachtheilig war allerdings, daß Oestreich für den Augen=
blick von seinen Verbündeten getrennt wurde. Indessen ein Ersatz
lag darin, daß Frankreich den Congreß zu Bern mit Zuziehung
der Verbündeten, also Englands bewilligte, ein Zugeständniß, zu
welchem das Directorium nur äußerst ungern im Herbst nach
den Siegen des Erzherzogs sich entschlossen hatte. Kam der Con=
greß zu Stande, so trat eine feste, mächtige Vereinigung den fran=
zösischen Ansprüchen gegenüber, und gewiß ein großer Theil der=
selben wurde unausführbar. Es ist erklärlich genug, daß die fran=
zösische Diplomatie sich später bemühte, statt dieses Congresses
wieder gesonderte Verhandlungen mit Oestreich herbeizuführen.

Endlich waren auch die italiänischen Angelegenheiten, will man den Maßstab des Nutzens anlegen, günstiger geordnet, als sich erwarten ließ. Oestreich erhielt ein weites, zusammenhängendes Gebiet, durchaus verbunden mit den alten Provinzen, geschützt durch Mantua, Peschiera und die Linien des Oglio und Mincio, in militärischer Beziehung für Oestreich und Deutschland vom höchsten Werth. Dazu kamen die unentbehrlichen Küstenstriche von Istrien und Dalmatien, die Verbindung mit dem adriatischen Meere, die Möglichkeit, sich als Seemacht zu entwickeln. Mailand ging allerdings verloren, es entstand eine neue Republik, voraussichtlich von Frankreich abhängig. Dagegen war die venetianische Aristokratie eben so entschieden an Oestreich gewiesen. Es war ein außerordentlicher Gewinn, wenn Thugut Frankreich bewog, zu Gunsten dieses Staates auf die Legationen zu verzichten. Kamen die Präliminarien zur Ausführung, so behielt der Kaiser, in Verbindung mit Venedig, Rom, Toskana und Neapel, in Italien eine Stellung, welche zum mindesten dem Einfluß der Franzosen die Spitze bot und bei einer neuen Wendung des französischen Staatswesens leicht stärker werden konnte, als sie jemals gewesen war.

Das Verfahren gegen Venedig zu rechtfertigen haben diese Blätter weder die Absicht noch die Fähigkeit. Wer könnte sie auch rechtfertigen, die Beraubung eines kleinen Staats durch zwei große Mächte, die sich auf Kosten des Schwachen zu bereichern suchen? Nur darf man, um billig zu urtheilen, die Anschauungen und Verhältnisse jener früheren Zeit nicht außer Acht lassen. In den letzten fünfzig Jahren hat sich in Italien ein mächtiges Nationalgefühl entwickelt, welches jeden fremden Einfluß schmerzlich empfindet und mit Anstrengung fernzuhalten sucht. Nach langen blutigen Kämpfen scheint dies endlich gelungen; Franzosen und Oestreicher, die damals den italiänischen Boden theilten, haben ihn wieder verlassen müssen, und ich gehöre wahrlich nicht zu denen, die es beklagen. Wenn ich in italiänischen Städten östreichische Fahnen und Soldaten sah und in deutscher Sprache befehligen hörte, ich habe niemals Etwas wie Stolz oder Genugthuung empfun=

den, sondern eher Scham und ein Gefühl, als müßte ich dem nächsten Italiäner Abbitte thun, daß meine Landsleute sein Hausrecht verletzten. Als Deutschen kann mich die Art, wie die Entscheidung erfolgt ist, nicht erfreuen, und ich muß bedauern, daß Oestreich mit den italiänischen Provinzen beinahe den ganzen Ersatz unendlicher Anstrengung in den Revolutions= und Freiheitskriegen wieder verloren hat. Auch verkenne ich nicht die Gefahren, die das Entstehen eines mächtigen Staates am Fuße der Alpen für Deutschland einmal nach sich ziehen mag. Aber dies Alles kann mich jetzt nicht, und konnte mich niemals wünschen lassen, daß ungerechte, in sich unhaltbare Zustände länger fortdauern sollten. Ich freue mich, daß einer großen, herrlich begabten Nation nach Jahrhunderte langer Unterdrückung endlich wenigstens die Möglichkeit geboten ist, sich frei zu entwickeln und als ein selbstständiges, förderndes Mitglied dem großen Vereine europäischer Staaten und Völker sich zuzugesellen. Wollte Jemand in unserer Zeit einen Vertrag wie die Präliminarien abschließen, so könnte nur das Widersinnige der That den Frevel überbieten. Aber es wäre unbillig und vor Allem der Aufgabe des Historikers entgegen, wollte man diesen Maßstab für das Ende des vorigen Jahrhunderts zur Anwendung bringen. Ein lebendiges Nationalgefühl war damals noch das ausschließliche Eigenthum einzelner hervorragender Männer, im Uebrigen läßt kaum irgendwo ein nationaler Widerstand gegen östreichischen oder französischen Einfluß sich wahrnehmen; ja, nach den Briefen Bonapartes scheint nicht zu bezweifeln, daß die größere Menge der Bevölkerung auf Seiten Oestreichs gegen die Franzosen stand. Man hat die Bestimmungen von Leoben der Theilung Polens gleichgestellt, und beide haben allerdings gemein, daß man ohne Recht über fremde Besitzungen verfügte. Aber noch auffälliger sind die Unterschiede. In Polen wurde eine durch Sprache, Sitten, religiöse Ueberzeugung und durch eine, wenn auch lockere, doch bildsame Verfassung zu einem Staat vereinigte Nation gewaltsam und treulos aus einander gerissen, drei verschiedenen Herren und allem Elend eines religiösen und politischen Druckes überantwortet. Venedig besaß die Provinzen des Festlandes eben als Provinzen; sie hatten an der Staatsgewalt keinen Antheil; es läßt sich bezweifeln, ob sie die neue Herrschaft viel härter als die alte empfanden. Darin liegt noch keine Rechtfertigung für Thugut, aber wenn man den sittlichen Maßstab der damaligen Zeit anlegt, so darf man fragen, ob irgend ein Staatsmann, dem so außerordentliche Vortheile als Entschädigung für unvermeidlichen Verlust geboten wurden, blos aus Gewissenhaftigkeit sie von der Hand gewiesen hätte. War es doch nicht einmal der Kaiser, der Venedig beraubte, er empfing die Provinzen aus der Hand der Franzosen als französisches Eigenthum, aber er war es, der wenigstens eine Entschädigung auswirkte, freilich nicht dem Werth der verlorenen Provinzen an sich, aber vielleicht völlig dem Werthe entsprechend, den sie in jenem Augenblick noch für Venedig hatten. Denn man vergesse nicht, daß sie bereits in französischer Gewalt und zum großen Theil von französischen Truppen besetzt waren, daß sich mit Gewißheit voraussehen ließ, sie würden nicht ungeschmälert unter venetianische Herrschaft zurückkehren. Griff Oestreich nicht zu, so geriethen sie durch Vereinigung mit der lombardischen Republik oder durch Veränderung ihrer Verfassung mittelbar oder unmittelbar unter französischen Einfluß, Oestreichs Stellung in Italien und am adriatischen Meere war vielleicht für immer aufgegeben, und bei einem neuen Kriege die Gefahr um ein Bedeutendes näher gerückt. Auch für Deutschland. Der ungeübteste Blick erkennt, wie enge bei einem Kriege mit Frankreich die Unternehmungen am Rheine und an der Donau mit dem, was in Italien geschieht, zusammenhängen. Alle Kriege Napoleons, vornehmlich das Jahr 1809 haben es bewiesen. Von diesem Gesichtspunkte aus läßt sich nicht in Abrede stellen, daß die Erwerbung der venetianischen Provinzen auch für Deutschland von entschiedenem Vortheil war und in jener Zeit für die Abtretung Belgiens einigermaßen entschädigen konnte.

Haltlos ist die Behauptung, man habe schon zu Leoben die völlige Vernichtung des venetianischen Staatswesen beabsichtigt. Keine Aeußerung, weder der Franzosen, noch der kaiserlichen Gesandten spricht dafür. Dagegen läßt sich der Plan, die venetianischen Besitzungen um ein Beträchtliches zu schmälern, allerdings seit Langem verfolgen. Schon zu Anfang des Jahres 1796 bei Poterats zweitem Aufenthalt in Wien hatte der französische Unterhändler eine Vergrößerung für Oestreich am schwarzen oder adriatischen Meer auf Kosten der Türkei oder Venedigs in Aussicht gestellt. Aber Thugut gab zur Antwort, er könne das eben so gut mit Unterstützung seiner gegenwärtigen Verbündeten erhalten[1]). Die Schwäche und Unentschlossenheit der alternden Republik war nur zu sehr geeignet, solche Plane zu erwecken. Im Frühling desselben Jahres, als Bonaparte nach der Eroberung Mailands gegen Mantua vorrückte, hatte er, ohne die Neutralität zu achten, Brescia in Besitz genommen. Die Folge war, daß die Oestreicher, um nicht umgangen zu werden, Peschiera besetzten. Statt sich einem der beiden Gegner anzuschließen, oder in bewaffneter Neutralität wenigstens den eigenen Boden zu schützen, schwankte der venetianische Senat muthlos und unentschieden, und überließ sein Gebiet als Tummelplatz den feindlichen Heeren. Durch ein Bündniß mit Oestreich fürchtete man in gänzliche Abhängigkeit vom Kaiser zu gerathen, eine Verbindung mit der französischen Republik wäre das Ende der aristokratischen Vorrechte geworden. Bonaparte schrieb schon damals dem Directorium, er werde mit Venedig Streitigkeiten unterhalten, deren man sich bei günstiger Gelegenheit bedienen könne[2]), und Clarke erhielt, wie man sich erinnert, im November den Auftrag, er solle untersuchen, ob sich wohl die venetianischen Provinzen zum Vortheil der lombardischen Republik verwenden ließen. Einstweilen begnügte man sich, die demokratischen Bewegungen in Venedig und auf dem Festlande zu fördern.

1) Vgl. Poterats Brief an Delacroix vom 4. Januar 1796. Von Planen des Wohlfahrts-Ausschusses, Venedig wie Holland zu behandeln (di olandizzare gli stati Veneti), berichtet der venetianische Geschäftsträger in Basel, Graf Rocco Sanfermo schon zu Anfang des Jahres 1795; vgl. Romanin, storia documentata di Venezia, IX, 238, 228, 520, Venedig, 1860.

2) Vgl. den Brief vom 7. Juni 1796 in der Correspondance de Napoléon, 1, 372.

Ende Dezembers wurde auch Bergamo besetzt, die Klage des venetianischen Proveditors zurückgewiesen, dort sowie in Brescia und Crema Alles für den Abfall von der Hauptstadt vorbereitet. Gleichwohl mochte sich Bonaparte noch nicht zum offenen Kriege entschließen; während er im März gegen Wien zog, bot er noch einmal ein Bündniß an. Aber der Senat gab eine ablehnende Antwort. Wenig später, als eben die Unterhandlung mit dem Kaiser begonnen hatte, kam der Aufstand des Landvolks gegen die französischen Truppen zum Ausbruch, und der Senat, wenn er nicht förderte, that doch Nichts, ihn zu unterdrücken. Seitdem war Bonapartes Entschluß nicht mehr zweifelhaft. Schon am 5. April schreibt der französische Gesandte aus Venedig, der Kaiser könne durch venetianische Besitzungen reichlich für Alles, was er den Franzosen abtreten müsse, entschädigt werden[1]. Wie es scheint, hat Bonaparte gleich bei der ersten Besprechung Gedanken dieser Art das Wort geliehen; in der Thugutschen Instruction werden sie bereits vorausgesetzt. Daß die erste Anregung von den Franzosen ausging, muß ich für wahrscheinlich halten, doch ist darauf kein großes Gewicht zu legen; denn gewiß hat man auch in Wien sich nicht lange dagegen gesträubt. Hatten doch die Streitigkeiten über den Besitz von Dalmatien schon mehr als ein Jahrhundert überdauert; wir sahen, wie dann Joseph II. auf das venetianische Festland begehrliche Blicke warf; endlich ließ Thugut noch in der geheimen Declaration vom 3. Januar 1795 sich die Zustimmung Rußlands versprechen, daß der Kaiser Besitzungen, die von den Venetianern usurpirt sein sollten, wieder an sich nehme.

---

1) Vgl. Daru, Histoire de Venise, Paris, 1819, VII, 295.

Fünftes Kapitel.

Urtheile neuerer Schriftsteller.

So gewiß ich glaube, daß meine Auffassung der Präliminarien die richtige sei, ich könnte doch daran zweifeln, wenn ich sehe, wie wenig sie mit den Ansichten beinahe aller älteren und neueren Schriftsteller übereinstimmt. Ich erwähne nur einige der bekanntesten, welche für die übrigen den Maßstab geben. Vor Allen den, der selbst für Frankreich die Präliminarien abgeschlossen hat. In Napoleons Denkwürdigkeiten findet man gerade die ersten Jahre seiner Laufbahn ausführlich beschrieben[1], und was er mittheilt ist für alle späteren französischen Schriftsteller die Grundlage geworden. Gewiß sind diese Denkwürdigkeiten von entschiedenem Werthe, schon weil sie zeigen, wie ein so außerordentlicher Mann seine Thaten aufgefaßt und beurtheilt wissen wollte. Nur strenge Genauigkeit der Angaben und Unbefangenheit des Urtheils darf man von ihnen nicht erwarten. Ihr Zweck ist vor Allem, zu rechtfertigen und die Dinge in das vortheilhafteste Licht zu stellen. Da nun die Präliminarien von Leoben in Wahrheit nicht als ein vollkommener Triumph erscheinen, so mußte die Erzählung in eben dem Maße, in welchem sie an glänzenden Farben gewann, an Wahrheit einbüßen. Vorerst soll die bedrängte Lage

---

1) Vgl. Mémoires de Napoléon, Paris, 1824, IV, 76 fg. Die neue Ausgabe der Commentaires de Napoléon I., Paris, 1867 ist mir, da ich dies schreibe (September 1867), noch nicht zugänglich. Eine dem Grafen Las Cases dictirte Aufzeichnung über den Feldzug und die Verhandlungen in Deutschland (Mémorial de St. Hélène IV, 82 fg.) enthält Nichts von sonderlicher Bedeutung.

des französischen Heeres ausschließlich durch die Unthätigkeit des Directoriums und der Rheinarmee verschuldet sein. Noch in einem Briefe vom 23. März, erzählen die Memoiren, habe die Regierung zu dem Siege am Tagliamento Glück gewünscht und versichert, die Rheinarmee würde sich unverzüglich in Bewegung setzen. Aber wenige Tage später, am 26., habe sie geschrieben, Moreau sei noch nicht bereit, zum Rheinübergang fehlen die Schiffe, die italiänische Armee dürfe nur auf ihre eigenen Kräfte zählen. Am 31. März soll diese entscheidende Nachricht in Klagenfurt eingetroffen und zwölf Stunden später der Brief an den Erzherzog abgegangen sein. Daß die ausweichenden Antworten des Directoriums Bonaparte in Verlegenheit setzten und auf seine Entschließungen von Einfluß gewesen sind, läßt sich nicht bezweifeln; auch Marmont hat es bezeugt und im Einzelnen ausgeführt[1]). Aber Napoleons Darstellung scheint, wie er es liebt, wesentlich auf die glänzende Wirkung berechnet. Denn wenn auch eine Depesche vom 26. März bis zum 31. von Paris nach Klagenfurt gelangen konnte, so wird durch Bonapartes eigene Briefe doch sehr unwahrscheinlich, daß er sie am letzteren Tage schon erhalten hatte. Am 1. April kündigt er selbst dem Directorium an, er habe dem Prinzen Karl geschrieben, und werde es auf sich nehmen, geeigneten Falles einen Präliminarfrieden abzuschließen. Von dem Empfang einer Depesche findet sich aber in diesem Briefe gar Nichts, auch wird die Anknüpfung mit dem Erzherzog keineswegs durch die Unthätigkeit der Rheinarmee begründet, sondern es heißt gerade im Gegentheil, der Rhein sei ohne Zweifel bereits überschritten, und die Nachricht werde mit der größten Ungeduld erwartet[2]).

Gleich in diesem Werke findet sich der Grundirrthum, welcher dann in so viele andere übergegangen ist: die kaiserlichen Gesandten hätten ohne Widerstreben in die Abtretung der Rheingränze gewilligt. Auch an Ungenauigkeiten fehlt es nicht. St. Vin-

---

1) Vgl. Mémoires du Maréchal Marmont, I, 272.
2) Vgl. Correspondance de Napoléon, II, 440.

cent soll am 17. April Thuguts Antwort auf die drei am 15. aufgezeichneten Entwürfe aus Wien überbracht haben; in Wahrheit überbrachte er die am 15. ausgefertigte Instruction für die Gesandten, und der Abschluß erfolgte noch, bevor man Thuguts Antwort auf die Entwürfe erhalten hatte. Auch der General Dessoles überbrachte nicht, wie wenig später angegeben wird, die Nachricht vom Anfang der Unterhandlungen, sondern den Text der Präliminarien nach Paris [1]).

Die Scene bei der Ankunft de Gallos mag in der Hauptsache richtig erzählt sein, in den Einzelnheiten ist offenbar Manches, wie der Zweck erforderte, ausgeschmückt. Sicher wurde Napoleon nicht so leicht mit de Gallo fertig, wie seine Darstellung glauben läßt; denn in Wahrheit haben die kaiserlichen Gesandten nicht nachgegeben, sondern beinahe sämmtliche Anforderungen ihrer Instruction durchgesetzt. Ob die oft wiederholte Aeußerung, welche die Anerkennung der Republik zurückweist, richtig nach Leoben verlegt ist, könnte man bezweifeln, da sie später (IV, 216) auch bei den Verhandlungen von Campo Formio sich erzählt findet; aber der Brief Bonapartes vom 16. April beweist, daß sie wirklich nach Leoben gehört [2]). Eine förmliche Anerkennung der Republik, erklären die Denkwürdigkeiten, sei gefährlich gewesen; denn wenn einmal das französische Volk eine Monarchie habe errichten wollen, so hätte der Kaiser sagen können, er habe die Republik anerkannt. Neuere Schriftsteller wollen in dieser Aeußerung, vielleicht nicht mit Unrecht, den Beweis eines vorher berechnenden Ehrgeizes erkennen. Uebrigens ist der Gedanke nicht neu, Bonaparte hat ihm nur die glänzende Form gegeben. Schon als Harnier im Januar 1795 mit dem Wohlfahrtsausschuß unterhandelte, wurde in ganz gleicher Weise ihm erwiedert, daß die Republik eine besondere Anerkennung von Seiten Preußens in den Friedensvertrag nicht auf-

---

1) Vgl. Mémoires de Napoléon IV, 88, 91, 87, 89, und den Moniteur vom 1. Mai 1797.

2) Sie wird auch schon angeführt im Moniteur vom 28. April 1797.

nehmen könne; denn sie bestehe bereits thatsächlich, und wie sie selbst sich nicht in die inneren Angelegenheiten fremder Regierungen mische, so müsse sie auch jede Einmischung in die ihrigen sich verbitten ¹).

Unter den neueren französischen Schriftstellern hat Barante den Vorzug, daß er am nächsten an den Wortlaut des Vertrages sich anschließt. Wo er den Aufzeichnungen Napoleons folgt, hat er auch einige Irrthümer herüber genommen. Weniger Gutes ist von Thiers Geschichte der Revolution zu sagen, wie überhaupt dies Buch nach Darstellung und Forschung dem großen Werke über das Consulat und das Kaiserreich nicht gleichkommt. Ueber deutsche Verhältnisse zeigt er sich, wie die meisten seiner Landsleute, nur ungenügend unterrichtet. Mit völliger Sicherheit spricht er zweimal den Satz aus, der Kaiser habe als Reichsstand den Franzosen die Rheingränze bewilligt, und erzählt dann mit besonderer Genugthuung, wie Napoleon den Artikel über die Anerkennung der Republik zurückgewiesen, auch hinsichtlich des Ceremoniells die Gesandten auf spätere Zeit vertröstet habe. Will man aber solche Einzelnheiten der Erwähnung werth achten, so muß man sagen, daß Bonaparte im Wesentlichen den Forderungen der Gesandten sich fügte; denn der zweite Artikel der Präliminarien bestimmt ausdrücklich, daß zwischen dem Kaiser und der Republik das früher beobachtete Ceremoniell gelten, also der Kaiser den Vorrang behaupten solle. Nichts ist zudem unrichtiger, als die Meinung, Napoleon habe dergleichen Dinge als eines Mannes unwerth mit Gleichgültigkeit behandelt. Er hat sein ganzes Leben hindurch und noch in den letzten Jahren auf die Formen des diplomatischen und persönlichen Verkehrs einen beinahe übertriebenen Werth gelegt; auch im Laufe der folgenden Verhandlungen werden sich davon deutliche Spuren finden.

Dann wie viel Ungenaues in der Beurtheilung der Friedens=

---

1) Vgl. Résultats des explications du comité do Salut publique sur les ouvertures pacifiques préparatoires faites de la part de la Prusse im Ministerium des Auswärtigen.

bedingungen! Der Grund, weßwegen der Kaiser lieber in Italien, als in Deutschland eine Entschädigung verlangte, wird darin gesucht, daß die deutschen Staaten ohnehin seinem Einfluß schon unterworfen waren, also ihre Besitznahme seine Macht nicht erheblich vermehrt haben würde. Gegen Rückgabe der Lombardei soll der Kaiser bereit gewesen sein, sogleich den Frieden zu unterzeichnen; aber Frankreich habe einen solchen Gedanken als schmachvoll zurückweisen müssen. In Wahrheit wurde die Rückgabe der Lombardei in dem ersten der drei Entwürfe von Bonaparte angeboten, aber, wie sich aus Thuguts Instructionen schließen läßt, vom Kaiser nicht für genügend erachtet.

Alles Gehässige der Beraubung Venedigs fällt, wie man denken kann, den Oestreichern zur Last. Der Vergleich mit der Theilung Polens wird zwar im Allgemeinen zurückgewiesen, aber doch in Rücksicht auf das östreichische Verfahren für zulässig erklärt. Dagegen muß der Gedanke, Venedig durch die Legationen — und sonderbarer Weise durch Massa, Carrara und die Bucht von Spezia — zu entschädigen, den Franzosen zu Gute kommen, während er in Wahrheit von Thugut ausging. Man wird mir erlassen, kleinere Irrthümer besonders hervorzuheben. Aus französischen Memoiren ist wenig über die Verhandlungen zu lernen, selbst nicht von den Schriftstellern, die zugegen oder in der Nähe waren. Bourrienne traf am Tage nach dem Abschluß in Leoben ein, um dann als erster Sekretär Bonapartes zu arbeiten; er hat Nichts mitgetheilt, was hier von Bedeutung wäre; Lavalette, damals Bonapartes Adjutant, bemerkt nur, die Präliminarien seien von Bonaparte und Clarke am 18. October unterzeichnet worden[1]). Marmont gibt werthvolle Bemerkungen über den Feldzug und die Lage des französischen Heeres, aber selbst dieser Schriftsteller, den man zu den scharfsichtigsten und genauesten zählen muß, ist in den Einzelnheiten so wenig sorgfältig, daß er den Abschluß des Vertrages auf den 19. April verlegt.

Deutsche Quellen sind bisher über diese Ereignisse nicht be-

---

[1]) Vgl. Mémoires du comte Lavalette, Leipzig, 1831, I, 181.

kannt geworden. So haben auch unsere Geschichtschreiber ihr Material und selbst die Darstellung und Beurtheilung zum größten Theile den Franzosen entlehnt. Der Sieg wurde damals mit den Waffen nicht entschiedener errungen, als seitdem mit der Feder, und um so reichlicher von französischer Seite die Quellen flossen, um so mehr hat das Uebergewicht auf jener Seite sich gesteigert.

Der älteste Geschichtschreiber, der hier zu nennen ist, der Berner Karl Ludwig von Haller kannte den Wortlaut der Präliminarien noch nicht, als er im Jahre 1799 seine „Geheime Geschichte der Rastadter Friedensverhandlungen" herausgab. Hätte er ihn gekannt, so würde er gewiß nicht in die Fehler seiner Nachfolger gefallen sein. Denn soweit es ihm möglich war, urtheilt er richtig, nur geht er nach der anderen Seite zu weit, wenn er die Lage des französischen Heeres als eine ganz verzweifelte schildert[1]). Aber seitdem ist die Ansicht, daß in Leoben das linke Rheinufer abgetreten sei, auch in Deutschland beinahe zum Axiom geworden. Wachsmuth, der Verfasser des „Zeitalters der Revolution"[2]), hatte nicht allein den Wortlaut der Präliminarien vor Augen, sondern faßt ihn auch richtig auf. Denn er bemerkt, der Ausdruck, Oestreich erkenne die durch die Gesetze der Republik decretirten Gränzen an, scheine dem Zusammenhange nach nur auf Belgien zu gehen, da die Vereinigung der Landschaften des linken Rheinufers mit Frankreich noch nicht decretirt worden sei. Aber so sehr ist dieser Schriftsteller in dem allgemeinen Vorurtheil befangen, daß er, um es aufrecht zu halten, den Zusatz macht: „aber noch geheimer als die geheimen Artikel hatte Bonaparte die Abtretung des linken Rheinufers zu einem Hauptartikel der Präliminarien gemacht und Oestreich eingewilligt." Zum Beweise dieser sonderbaren Entdeckung beruft er sich auf die Correspondance inédite II, 551, wo Bonaparte am 8. April, also zehn Tage vor dem Abschluß der Präliminarien, dem Directorium

---

1) Vgl. Geheime Geschichte der Rastadter Friedensverhandlungen I, 117.
2) Vgl. Das Zeitalter der Revolution, Leipzig, 1848, II, 458.

schreibt, er habe die Abtretung des linken Rheinufers als Vorbedingung des Friedens aufgestellt, von den kaiserlichen Gesandten die Antwort erhalten, wenn der Kaiser Alles verlieren solle, so würde er sich aus Wien entfernen und das Aeußerste wagen. Das zweite Beweismittel bildet die schon erwähnte in Napoleons Memoiren (IV, 91) hingeworfene Aeußerung.

Das Buch, welches am ausführlichsten über die Präliminarien sich verbreitet, ist wieder Häussers deutsche Geschichte. Es gibt aber auch, ich muß es mit Bedauern sagen, kein anderes, das so zahlreiche Irrthümer enthielte und mit solcher Gehässigkeit Alles, was dabei vorgegangen, zum Nachtheile des Kaisers zu wenden suchte. Gleich zu Anfange des Abschnittes, der die Verhandlungen von Leoben und Campo Formio zur Darstellung bringt (II, 97), findet sich der Satz: „Bei denen, die Thugut kannten, galt es als ausgemacht, daß man den Frieden", d. h. daß Frankreich die Rheingränze „erlangen könne, wenn nur die Entschädigung für Oestreich an der rechten Stelle ausgesucht war, z. B. in Baiern." Diese Aeußerung gilt noch dazu der Zeit vor Mantuas Eroberung, als gerade Baiern, wie wir sahen, von Frankreich unablässig dem Kaiser angeboten, aber eben so oft von ihm zurückgewiesen wurde. Ueber Thuguts Absichten auf dieses Land und den Versuch, sie zur Ausführung zu bringen, sind mir die entscheidenden Aktenstücke nicht genugsam bekannt, um eine genaue Darstellung dieser vielbesprochenen und langgedehnten diplomatischen Verwicklung geben zu können. Aber das getraue ich mir mit Bestimmtheit auszusprechen, daß die Erwerbung Baierns nicht in dem Maße, wie Häusser annimmt, Mittelpunkt und Ziel der östreichischen Politik gewesen ist, und daß man nicht geneigt war, das linke Rheinufer dafür zu opfern. Häusser hat diese Behauptung bis zum Ueberdruß immer und immer wiederholt, während sie in Wahrheit durch alle Verhandlungen, von denen wir Nachricht haben, durch die Antworten an Theremin, Zwanziger, Clarke und durch das Auftreten des Kaisers in Leoben aufs Bestimmteste widerlegt wird. Und nun bliebe doch die Frage, was berechtigt uns, die Erwerbung Baierns, vorausgesetzt, daß sie nicht durch

Gewalt, sondern auf friedlichem Wege sich vollzog, dem Wiener Cabinet als ein so übergroßes Verbrechen vorzuwerfen? Wenn es gelang, wie allerdings zuweilen nicht ferne schien, den alternden Kurfürsten Karl Theodor zum Tausch gegen Belgien zu bewegen, so erhielt das Kaiserthum eine Verstärkung, welche die längstverlorene Macht und Bedeutung ihm wiedergeben konnte. Nach der Vereinigung mit Baiern war das deutsche Element in Oestreich den übrigen nationalen Bestandtheilen entschieden überlegen. Im Süden Deutschlands bildete sich wohlzusammenhängend ein ausgedehnter Länderbesitz. Die Bedingungen für den Ausgang der folgenden Kriege wurden völlig verändert, der Rheinbund unmöglich, und die Aufrechthaltung des Reichsverbandes nicht unwahrscheinlich. Wenn Jemand, wie die Verhältnisse später zur Entwicklung gekommen sind, sich freut, daß Alles dies nicht geschehen ist, wenn Häusser diesem Gefühle Ausdruck gibt, so ist es erklärlich genug; nur begreife ich nicht, wie man einem deutschen Kaiser des achtzehnten Jahrhunderts zum Vorwurf machen kann, dahin gestrebt zu haben. Ich glaube, weit eher könnte man ihm vorwerfen, daß er nicht Alles, was ihm an Kräften zu Gebote stand, an die Erreichung dieses Zieles gewendet hat.

Wenige Seiten später, wo eine Uebersicht der Verhandlungen gegeben wird, heißt es dann, auch wieder für die Zeit, wo eben Alvinzy zum Entsatze Mantuas sich anschickte: „Selbst Thugut verbarg seinen Vertrauten nicht mehr, daß ihm um den Preis der Rheingränze der Friede nicht zu theuer erkauft scheine; die Integrität des deutschen Reiches war eine gleichgültige Sache, wenn eine tüchtige Entschädigung für Oestreich heraussprang." Dann folgt nach Cäsars wenig bestimmten Vermuthungen Manches über das heimliche Wirken einer Friedenspartei in Wien, ohne daß recht deutlich würde, ob Thugut dieser Partei angehört haben soll oder nicht. Wie es scheint im Anschluß an die Mémoires d'un homme d'état wird sogar dem Verdachte Raum gegeben, diese Partei habe durch die fehlerhafte Aufstellung des Heeres in Friaul absichtlich eine Niederlage herbeigeführt. Wo die Bedingungen des Vertrages (II, 109) zusammengestellt werden, lesen wir zuerst: „Die Präliminarien von Leoben traten an Frankreich Belgien und die durch die constitutionellen Gesetze der Republik bewilligte Gränze, d. h. die Rheingränze, ab." Und wenige Zeilen später: „Man verfügte hier, wie bei der Theilung Polens, über venetianische Gebiete, ohne Venedig selbst zu hören; man bestimmte ihm Entschädigungen, während es doch so gut wie beschlossene Sache war, den ganzen venetianischen Staat aufzulösen und zu vertheilen. Ein Theil des linken Rheinufers ward Frankreich mit unzweideutigen Worten abgetreten und wie zum Hohne die „„Integrität des Reiches"" als Basis des Friedens bestimmt; Bonaparte versprach den Oestreichern die Rückgabe von Mantua und Peschiera, und doch war kein Zweifel, daß Frankreich nie geneigt war, dies Versprechen zu erfüllen."

Von allen diesen Behauptungen ist, soweit ich sehen kann, nur die zweite richtig. Für Venedig wurde eine Entschädigung besonders von Seiten Oestreichs nicht blos zum Scheine bestimmt. Die Ereignisse waren damals noch gar nicht so weit gediehen, daß die Auflösung des ganzen Staates eine beschlossene Sache hätte sein können. Daß auch nur ein Theil des linken Rheinufers — wenige Zeilen früher hieß es die Rheingränze — mit unzweideutigen Worten den Franzosen abgetreten sei, ist eine Behauptung, die selbst in einem Manifest des Directoriums auffallen müßte. Aber Häusser vertritt die Schmälerung Deutschlands beinahe eben so eifrig, als nur ein französischer Unterhändler sie hätte verfechten können. In einer unbestimmt hingeworfenen Aeußerung des maßlosen Ministers Delacroix, die er dem Directorium zuschreibt, findet er die authentische Interpretation der Präliminarien[1]), während doch aus Sandoz' Mittheilungen sich ergibt, daß die Ansichten dieses Mannes nicht einmal von den Directoren getheilt wurden. Eben so grundlos ist die Behauptung, daß Bonaparte, als er den Vertrag unterzeichnete, Peschiera und Mantua

---

1) Vgl. Häusser a. a. O., II, 110 die Anmerkung. Der Brief Delacroix' vom 19. Mai findet sich in der Correspondance inédite, IV, 31. Er nimmt sogar Aachen in Anspruch.

nicht zurückzugeben schon entschlossen war; in seinen Briefen an das Directorium findet sich davon nicht die geringste Andeutung, sondern nur Bemerkungen, wie man den unangenehmen Verlust durch die Befestigung von Pizzighettone ersetzen könne. Als Lucchesini Anfang Mai nach Mantua kam, hörte er von dem General Miollis, der dort befehligte, die Herstellung der Festungswerke sei gerade deßhalb aufgegeben, weil die Stadt in den Besitz des Kaisers zurückkehren werde[1]). „Aber," fährt Häusser fort, „bei beiden Mächten bestand kaum eine Selbsttäuschung. Was beiden als Hauptsache galt, war erreicht, alles Uebrige nur berechnet, die Welt zu täuschen"; und „die Welt ließ sich wirklich eine Zeit lang dupiren; die Vernichtung Venedigs warf das erste grelle Schlaglicht auf den wirklichen Sinn des Vertrages, der Congreß zu Rastatt brachte allmählich auch über die Integrität des Reiches die volle bittere Wahrheit an den Tag."

In solchem Tone und in solchen Trugschlüssen bewegt sich die Darstellung immer weiter. Die Anerkennung der Reichsintegrität ist für Häusser „eine nichts bedeutende Phrase", Thugut „hat zu Leoben die Politik von Basel und die Sonderbündnisse von 1796 noch überboten," und wenn der Kaiser in Berlin die Unterzeichnung der Präliminarien anzeigen und durch den Fürsten Reuß die Hoffnung auf einen anständigen und rühmlichen Reichsfrieden aussprechen läßt, so erkennt Häusser (II, 121) in dieser ganz wahrheitsgemäßen Mittheilung „eine in der Miene des Biedermanns auftretende Verschlagenheit, gegen welche die Berliner Diplomaten, so schlau sie sich dünkten, doch nur Stümper waren."

Nicht weniger als für die Grundansicht hat auch für die Beurtheilung der Einzelheiten jene gehässige Stimmung den Standpunkt bezeichnet. Doch es ist gar zu unerfreulich, bei den Schwächen eines Werkes zu verweilen, dessen Vorzügen die deutsche Wissenschaft so vielfach sich verpflichtet fühlt, vor Allem jetzt, da wir das vorzeitige Ende des trefflichen Mannes, der seine beste Kraft darauf verwendet, noch in frischer Erinnerung beklagen. Nur einen

---

1) Vgl. Lucchesinis Bericht aus Wien vom 12. Mai 1797.

Punkt darf ich nicht übergehen, weil er mit Manchem, was ich früher sagte, unmittelbar zusammenhängt. Schon zu Anfange des Jahres 1794, in einem Commissionsdekret an den Reichstag vom 20. Januar, hatte der Kaiser eine allgemeine Volksbewaffnung in Vorschlag gebracht. In Wien förderte insbesondere der Fürst Colloredo diesen Plan, einerseits in dem Wunsche, die Hülfe Preußens entbehrlich zu machen und den preußischen Forderungen ein Hinderniß entgegenzustellen, andererseits in der richtigen Erkenntniß, daß unter so gefährlichen Verhältnissen, bei dem gewaltsamen Andrang eines leidenschaftlich erregten Volkes nicht die gewöhnlichen, langsam schleppenden Vorschriften der Reichskriegsverfassung, sondern nur eine außerordentliche Anstrengung das erwünschte Ziel erreichen könne. Zu Regensburg in der Sitzung am 1. April sprachen die kaiserlichen Gesandten Freiherr v. Hügel und v. Buol sehr bestimmt in diesem Sinne sich aus. Aber der Antrag begegnete einer kalten, ungünstigen Aufnahme. Mehrere Reichsstände, unter dem Vorgange von Mainz, hätten am liebsten für das Reich schon damals eine vollständige Neutralität erwirkt; von einer Bewaffnung versprachen sie sich Nichts als Aufregung und Gefahren. Preußen konnte schon mit Rücksicht auf seine eigenen Wünschen sich dem Plane nicht günstig zeigen. Auch erklärte der König bereits am 13. März in einem Briefe an den Kurfürsten von Mainz: Unter allen Maßregeln würde wohl keine so unwirksam, gefahrvoll und bedenklich sein, als die Aufbietung und Bewaffnung des ganzen Volkes; sie werde noch besonders durch den Umstand völlig unrathsam, daß sie mit der ferneren Vertheidigung des Reiches durch preußische Truppen sich schlechterdings nicht vereinbaren lasse, vielmehr deren Zurückziehen zur unfehlbaren Folge haben müßte [1]).

Was aber beim Reichstage sich nicht durchsetzen ließ, suchte Oestreich wenigstens für seinen Theil zur Ausführung zu bringen, und es waren, wie man aus Lucchesinis Berichten [2]) erkennt, gerade

---

[1]) Vgl. Vivenot a. a. O. I, 22, 27, und das Schreiben des Ministeriums an Lucchesini vom 30. Januar 1794 im preußischen Staats-Archiv.

[2]) Vgl. den Bericht vom 13. August 1796.

Thugut und Dietrichstein, welche dafür im Gegensatze zum Hof=
kriegsrath die lebhafteste Theilnahme zeigten. Unter den Flug=
schriften, die Johannes von Müller damals im Auftrage des öst=
reichischen Ministeriums verfaßte, ist eine, welche auf „die Ge=
fahren der Zeit", und auf die Volksbewaffnung als das unum=
gängliche Mittel, ihnen wirksam zu begegnen, in den nachdrück=
lichsten Worten hinweist[1]. Die Denkschrift eines Grafen Fugger,
der sich in ähnlichem Sinne aussprach, fand bei Thugut gün=
stige Aufnahme, der Verfasser bald darauf in kaiserlichen

---

[1] Vgl. Die Gefahren der Zeit. Anfangs August 1796, in Müllers
Werken, Stuttgart 1835, XI, 102. Es sei gestattet hier nachträglich zu be=
merken, daß Müller auch persönlich zu Thugut in dem besten Verhältniß stand.
Thugut war es, dem er im Jahre 1800 die so sehr erwünschte Stellung eines
ersten Custos an der Wiener Bibliothek verdankte. „Ich werde dem Baron
Thugut," schreibt er am 4. October seinem Bruder, „nie vergessen, wie
gefällig er sich die Befriedigung meines Wunsches angelegen sein ließ" (Werke,
XXXII, 137). Diese freundlichen Beziehungen überdauerten Thuguts Ab=
dankung. Noch zu Anfang des Jahres 1802 ging Müller, eigens um den
Minister zu besuchen, nach Preßburg. „Diese Reise," schreibt er am 4. Januar,
„ist ein Opfer, das ich dem Talent gebracht und auf die freundliche Einladung
nicht versagen konnte, so gern ich bei meiner Hausarbeit geblieben wäre."
Und im Juli 1802: „Baron Thugut ist ungemein freundschaftlich, daß, der
ihm nie die Cour gemacht, im Unglück sein Freund wurde. Das finden die
meisten Kinder dieser Welt unbegreiflich, und ich ganz simpel, weil ich nie den
Platz, sondern den Mann von Talent und Beharrlichkeit cultiviren wollte;
für alles Große habe ich eine Art abgöttischer Verehrung." Als Müller im
Mai des folgenden Jahres durch die Einbuße seines Vermögens in Bedräng=
niß gerieth, war es wieder Thugut, der unaufgefordert ihm zu Hülfe kam.
„In einem wunderbaren Unfall," liest man in Müllers kurzer Selbstbiographie,
„da er um eine sehr beträchtliche Geldsumme betrogen worden, erfuhr er Theil=
nahme und Gunst auch eines berühmten Mannes, dessen Geist und Kraft gegen
den Unstern lange standhaft gekämpft." Bei Thugut pflegte er denn auch für
seine persönlichen Angelegenheiten sich Rath zu holen. „Morgen gehe ich
nach Preßburg," schreibt er am 20. Juli 1803, „um über einige Privatsachen
mit Baron Thugut mich zu berathen, weil unter den Ministern er derjenige
ist, welcher mir doch immer die meiste Freundschaft zeigt." Endlich im August
desselben Jahres: „Ich habe den Baron Thugut in Preßburg wieder besucht,

Diensten eine Anstellung¹). Und es blieb nicht bei Worten. In der Noth des Krieges war der Wiener Hof der erste und lange Zeit der einzige nicht nur in Deutschland sondern auf dem europäischen Festlande, welcher gegen das Andringen republikanischer Begeisterung die nationalen Gefühle im eigenen Lande wach zu rufen den Muth und das Verständniß zeigte. Als Jourdan im August 1796 sich den Gränzen Böhmens näherte, wurde sogleich der Landsturm aufgerufen, in Wien bildeten sich Freicorps, denen die Kaiserin selbst die Fahne stickte, und Luchesini, wie er denn nicht gern eine Billigung ertheilt, findet es äußerst bedenklich, daß man in solcher Weise die französischen Nationalgarden nachzuahmen sich erdreisten könne²). Als dann feindliche Heere die kaiserlichen Erblande betraten, hat man, wie wir sahen, nicht gesäumt, die nationale Begeisterung sowohl in Ungarn als in den deutschen Provinzen aufzurufen. Und es wirft doch kein schlechtes Licht auf die Regierung, daß dieser Ruf eine Wirkung hatte, Anstrengungen hervorrief, die, hätten sie im übrigen Deutschland Nachahmung gefunden, unser Vaterland bald genug von den fremden Drängern befreit haben würden.

Statt dies anzuerkennen, statt sich zu freuen, daß noch in einem Theile von Deutschland frische Kräfte sich lebendig zeigten, und eine Regierung sie zu nutzen wußte, findet Häusser auch darin nur den Stoff zu neuen Vorwürfen. Die Erhebung des Volkes hat er allerdings nicht unerwähnt gelassen, aber er entschädigt sich durch die Bemerkung, „daß die officielle Welt, statt so treffliche Mittel zu benutzen, sich schlaff und muthlos gezeigt habe." „Solch sittliche Hebel anzuwenden," schreibt er, „lag nicht in der Art der Männer, die Oestreich regierten; die Erinnerung an Maria The-

---

und war sehr zufrieden mit des Empfangs väterlicher Freundlichkeit, mit der rührenden Zärtlichkeit des Abschieds, der vielfachen Einladung. Er ist in seiner Einsamkeit, wo er doch viele Gesellschaft sieht, sehr vergnügt, sieht wohl aus und überläßt, wie ich, der Vorsehung, was auch er nicht ändern kann."

1) Vgl. Luchesinis Bericht vom 24. September 1796.
2) Vgl. Luchesinis Bericht vom 13. August.

resia und an den Aufschwung, womit sie einst die Monarchie gerettet, war für die Leute vom Bureau und von der diplomati-Routine nicht vorhanden. Dem siegreichen Feinde — soll sich Graf Colloredo ausgelassen haben — stopfe ich mit einer Provinz den Mund, aber das Volk bewaffnen heißt den Thron umstürzen" (II, 104). Alles, was ich früher mittheilte, was Häusser doch in Lucchesinis Berichten finden konnte, läßt er völlig außer Acht, um statt dessen eine durch Nichts verbürgte Aeußerung[1]) des Grafen Franz Colloredo anzuführen, eine Aeußerung, die, selbst wenn sie gemacht wäre, nicht einmal große Bedeutung hätte, da dieser Mann auf die kriegerischen Maßregeln gar keinen Einfluß übte. Man sieht, wer mit solcher Willkür die charakteristischen Züge auswählt, kann, selbst ohne im eigentlichen Sinne eine Unwahrheit zu sagen, doch jedes Ereigniß so darstellen, daß von der wahren Beschaffenheit nicht eine Spur mehr übrig bleibt.

---

1) Sie ist der Biographie des Feldmarschalllieutenants von Hotze entnommen, die ohne Namen des Verfassers in Zürich 1853 erschien.

Sechstes Kapitel.

Der Berliner Vertrag vom 5. August 1796 und die preußische Vermittlung.

Hätte der östreichische Schriftsteller, den ich öfters nennen mußte, einerseits seine Untersuchungen bis auf die Verträge von Leoben und Campo Formio weiter ausgedehnt, andererseits sich darauf beschränkt, die ungerechten Vorwürfe gegen sein Vaterland zurückzuweisen, so hätte er sich, wie mir scheint, jeden Freund der Geschichte, insbesondere aber jeden Deutschen, welcher Partei er auch angehöre, zum Danke verpflichten müssen. Unstreitig war damals in dem Kriege gegen die Revolution Oestreich Haupt und Vorkämpfer des deutschen Reiches, und mir scheint, es könnte für uns Alle nur erfreulich sein, wenn wir erfahren, daß Vorwürfe, die von Oestreich auf unsere ganze Geschichte zurückfallen, sich als unbegründet erweisen, und daß dieser Staat in einer schweren, ereignißvollen Zeit wenn nicht glücklich, doch nicht unehrenvoll deutschen Namen dem Auslande gegenüber vertreten hat. Zunächst ist aber zu bedauern, daß Vivenot durch die leidenschaftliche Heftigkeit seiner Sprache selbst das Wahre und Treffende seiner Ausführungen zweifelhaft, und durch eine beinahe prahlende Ueberhebung auch die wirklichen Verdienste Oestreichs wieder verdächtig macht. Zugleich verfällt er dann in unmäßiges Schmähen gegen das deutsche Reich und die einzelnen Reichsstände, damit der Kaiser als der einzige Gerechte um so glänzender erscheine. Hier ist ihm begegnet, daß er in Wahrheit gegen sich selber spricht. Denn nehmen wir an, daß seine Darstellung der deutschen Zustände begründet sei, daß in dem Chaos der Reichsverfassung weder Energie des Handelns, noch Redlichkeit der Gesinnung, weder Treue gegen das Oberhaupt, noch Aufopferung für das Allgemeine zu finden waren, was folgt daraus? Sicher kann man diese Eigenschaften dem deutschen Volke, wie es in den Schriften und der Wirksamkeit einer Reihe der ausgezeichnetsten Männer, in der Verfassung und Entwicklung der bedeutenderen Territorien zur Erscheinung kommt, nicht absprechen. Es folgt also, daß die deutsche Nation und das deutsche Reich nicht ein und dasselbe waren. Es folgt weiter, da Oestreich seit Jahrhunderten an der Spitze dieses Reiches stand, daß es — ich lasse dahin gestellt, ob mit oder ohne Schuld — diesen Mängeln durch eigene Kraft nicht abhelfen und der Nation das nicht gewähren konnte, was doch zu ihrem Gedeihen unentbehrlich war. Es folgt endlich, daß man sich nicht wundern darf, wenn ein emporstrebender Staat wie Preußen, der schon eine bedeutende Entwicklung hinter sich und noch höhere Ziele vor sich sah, nicht seine ganze Kraft aufbieten mochte, um mit großen Opfern einen an sich werthlosen, ja für seine eigensten Interessen mehr hemmenden als fördernden Zustand aufrecht zu halten. Darin liegt noch keine Rechtfertigung des baseler Friedens, denn Preußen setzte sich, indem es ihn abschloß, nicht nur in Widerspruch mit den Reichsgesetzen, die doch auch wenigstens in formeller Gültigkeit bestanden, sondern zugleich mit seinen eigenen Interessen und mit den allgemeinen Interessen des deutschen Volkes. Ich glaube aber gezeigt zu haben, daß es, wenn nicht ausreichende doch wenigstens bedeutende, politische Gründe für den baseler Frieden gab. Nach Vivenots Anschauung war es dagegen ausschließlich die persönliche Nichtswürdigkeit der leitenden Staatsmänner in Preußen, die alles Unglück verschuldet hat; auf diese, insbesondere auf den König, häuft er mit steigender Lebhaftigkeit immer neue Vorwürfe. Nicht genug, daß Preußen an der Vertheidigung des Rheins und der Reichsverfassung sich nicht eifrig betheiligte, Vivenot ist überzeugt, daß die preußischen Staatsmänner im Einverständniß mit Frankreich in boshafter Freude selbst an der Erniedrigung Deutschlands arbeiteten, daß sie das linke Rheinufer in französische Gewalt zu bringen und mit französischer Hülfe die Reichsverfassung umzustürzen sich zum Ziele setzten. Hier mußte er nun in den entschiedensten Widerspruch zu Häusser gerathen, der eben aus den Documenten des preußischen Staatsarchivs zu beweisen suchte, daß die Verbindung zwischen Preußen und Frankreich auch nach dem baseler Frieden nicht so enge und so freundschaftlich gewesen sei, als man bisher anzunehmen sich gewöhnt hatte. Aber Häussers Ausführungen waren für Vivenot kein Hinderniß; es kostet ihm wenig Ueberwindung, seinen Gegner auch in diesem Falle der Geschichtsfälschung, wenn nicht der Urkundenfälschung anzuklagen und allen seinen Folgerungen durch einfache Verneinung zu antworten. Welche von beiden Ansichten die Probe hält, kann nicht zweifelhaft sein. Vivenot lagen nur die heftig gereizten Berichte einzelner östreichischen Gesandten vor, während Häusser im preußischen Archiv die ächten Quellen zu Gebote standen. Einzelnheiten ließen sich daraus deutlicher und lebhafter hervorheben; in allem Wesentlichen hat er sie richtig und unbefangen benutzt, wie denn überhaupt die Neigung, preußische Politik über ihr Verdienst zu erheben, gar nicht zu Häussers Eigenheiten gehört. Preußen hegte in der That in Basel und nach dem baseler Frieden den lebhaften Wunsch, das linke Rheinufer Deutschland zu erhalten; man hat niemals aufgehört, durch alle diplomatischen Mittel und zuweilen nicht ohne gegründete Hoffnung dies Zugeständniß von Frankreich zu verlangen. Der Fehler lag nur darin, daß das Verlangen nicht energischer ausgesprochen wurde, daß man, statt die Franzosen durch Hinweis auf die Waffen zur Nachgiebigkeit zu stimmen, in allen Erklärungen den Satz vorausgehen oder folgen ließ, Preußen würde in keinem Falle, auch nicht wenn das linke Rheinufer darüber verloren gehen sollte, an dem Kriege sich wieder betheiligen. Noch weiter war man aber entfernt, auf ein Bündniß mit der Republik gegen Oestreich sich einzulassen. Kein Mittel, weder Drohung noch Versprechung, blieb von den Franzosen unversucht; aber alle begegneten in Berlin entschiedener Zurückweisung. Insbesondere spricht was von der eigenen Hand des Königs herrührt sich am bestimmtesten in diesem Sinne aus. Um so unerfreulicher empfindet man, daß Vivenot gerade die Person Friedrich Wilhelms II.

zu verunglimpfen liebt, der doch offenbar mehr als seine ganze Umgebung dem Kaiser und einem freundlichen Zusammengehen mit Oestreich geneigt war. Was mir von der eigenen Hand dieses Fürsten bekannt geworden ist, bestätigt überhaupt nicht die ungünstige Meinung, die beinahe allgemein gegen ihn herrschend geworden war, ehe sie durch Sybel und Häusser wieder einigermaßen günstiger sich gestaltete. Es würde nicht gelingen, wollte man ihn als einen großen Charakter oder ausgezeichneten Regenten darstellen, aber noch weniger darf man glauben, daß er den Staatsgeschäften ganz fremd geblieben sei, oder gar kein Verständniß ihnen entgegen gebracht hätte; es zeigt sich im Gegentheil, wo er selbst urtheilt, gewöhnlich ein richtiger Verstand und ein guter Wille, von dem man nur wünschen muß, daß er mit größerer Festigkeit und Ausdauer sich Geltung verschafft hätte. Von allem diesem wird am deutlichsten die folgende Uebersicht der Verhandlungen mit Frankreich überzeugen.

Wir haben schon früher aus dem Briefwechsel Merlins von Thionville ersehen, wie wenig Neigung dieser einflußreiche Volksrepräsentant für Preußen, oder nach seinem Ausdruck für den Preuß, le prussien, im Herzen trug. Barthelemy und Bacher waren allerdings freundlicher gesinnt, sie wünschten eine enge und dauerhafte Verbindung. Als aber der König auf ein Bündniß gegen die Coalition, wie die Franzosen verlangten, sich nicht einlassen wollte, wurden auch sofort die schönen Versprechen und freundlichen Bezeugungen mit Klagen und Drohungen untermischt. Ganz dieselbe Erfahrung machte Gervinus, der seit dem Mai 1795 in Paris verweilte und am 25. August zum Geschäftsträger ernannt wurde. Seine zu offene Art, über Personen und Verhältnisse sich auszudrücken, brachte ihn sogar bald zu den republikanischen Machthabern in einen entschiedenen Gegensatz. Weder in Paris noch in Basel zeigte sich denn auch Bereitwilligkeit, den preußischen Wünschen nachzukommen. Preußen suchte auszuwirken, daß die Festung Mainz für neutral erklärt und einstweilen etwa durch Reichstruppen besetzt würde. Die Neutralität war den Franzosen nicht zuwider, nur verlangten sie, daß statt der Reichscontingente französische Truppen die Stadt in Verwahrung nähmen, bis der Friede endgültig ihr Schicksal bestimme¹). Man erinnert sich, daß der Reichsschluß vom 3. Juli Preußens Vermittlung angesprochen hatte. In Folge dessen übergab Hardenberg bei seiner Rückkehr aus Berlin am 24. Juli eine Note, welche als Einleitung zum Reichsfrieden zunächst eine Waffenruhe auf Grund des gegenwärtigen Besitzstandes, demnächst einen Congreß der Friedensdeputation mit den französischen Gesandten in Frankfurt vorschlug²). Aber dieser Vorschlag hatte, wie die preußische Politik überhaupt, das Loos, keiner von beiden Parteien genug zu thun. In Wien erregte er das heftige Mißfallen des Fürsten Colloredo, weil Preußen gar nicht berechtigt sei, einseitig für das Reich einen Waffenstillstand vorzuschlagen, und ebenso lautete die französische Antwort ablehnend; ein Waffenstillstand, meinte man, liege nicht im französischen Interesse, auch könne ja das Reich mit der Republik eine directe Verhandlung anknüpfen. Auf ferneres Andringen wurde Gervinus in Paris bedeutet, man könne überhaupt auf die preußische Vermittlung kein großes Gewicht legen, weil der Reichsschluß vom 3. Juli vorerst dem Kaiser Vollmacht gegeben und Preußen nur zur Beihülfe zugezogen habe³).

Im Herbste wurde dann eine regelmäßige diplomatische Vertretung in beiden Hauptstädten hergestellt. Der König hätte sie lieber vermieden. Noch zu Ende Juli suchte Hardenberg auseinanderzusetzen, daß man besondere Gesandtschaften in Berlin und Paris eigentlich gar nicht bedürfe; das Nöthige lasse sich wie bisher wohl in Basel vereinbaren. Aber diese ausweichende Haltung wurde von Barthelemy und noch mehr im Wohlfahrtsausschuß sehr übel aufgenommen⁴). Schon am 11. Juli war ein Herr

---

1) Vgl. den Bericht Barthelemys an den Wohlfahrtsausschuß vom 19. Mai im Ministerium des Auswärtigen.

2) Vgl. das Schreiben Hardenbergs vom 24. Juli und Barthelemys Antwort vom 10. August 1795 im politischen Journal, 1795, S. 911 fg.

3) Vgl. Häusser a. a. O. II, 24.

4) Vgl. Barthelemys Bericht an den Wohlfahrtsausschuß vom 27. Juli und die Antwort des Ausschusses vom 3. August 1795 im Ministerium des Auswärtigen.

Caillard für den Berliner Gesandtschaftsposten ernannt; wollte Preußen nicht ganz abbrechen, so war es unmöglich, den Wünschen der Franzosen sich zu entziehen. So viel Rücksicht nahm man doch in Paris, daß für die preußische Hauptstadt eine Persönlichkeit bestimmt wurde, deren Vergangenheit keine unerfreuliche Erinnerung weckte. Caillard gehörte, wie Barthelemy, der alten französischen Diplomatie an; er hatte früher in Holland gewirkt, freilich den preußischen Interessen entgegen, aber doch nicht so, daß er persönlich mißfällig geworden wäre. Auch in seinen Depeschen, so weit ich sie kenne, äußert er sich mit Ruhe und Verstand als ein Mann, der offenbar, so viel an ihm lag, zu einem aufrichtigen, für beide Theile vortheilhaften Einvernehmen beizutragen wünschte. Am 20. October langte er in Berlin an und wurde am 29. vom König empfangen. Die Bevölkerung, schreibt er einige Wochen später, habe lebhaft den Frieden gewünscht und ihn recht wohl aufgenommen. Der Prinz Heinrich zeige sich als Frankreichs eifrigen Freund, nur der König, unter dem Einfluß der Emigranten, sei der Republik noch immer heftig entgegen. Caillard hofft jedoch, ihn allmählich umzustimmen, und er wäre in der That dafür der geeignete Mann gewesen. Aber gerade seine Besonnenheit und Mäßigung konnten ihm die Zufriedenheit Delacroix' nicht verdienen. Bald nach seiner Ankunft ging schon die Rede, er solle zurückgerufen werden, und das volle Vertrauen des Ministers scheint er niemals, wenigstens nicht ungetheilt besessen zu haben. Vor ihm und nach seiner Ankunft befand sich in Berlin ein französischer Agent, Namens Parandier, ein leidenschaftlich aufgeregter Mann von jacobinischer Gesinnung und von dem bittersten Haß gegen Preußen, vor Allem gegen den preußischen Hof erfüllt. Unablässig ist er bemüht, den Minister gegen Preußen einzunehmen und sein Mißtrauen wach zu halten. Besonders weiß er zu diesem Zwecke die polnischen Angelegenheiten zu benutzen; vielleicht darf er das Verdienst ansprechen, das Wenige, was damals von Seiten der Republik für Polen geschehen ist, nicht zum geringsten Theile angeregt zu haben. Alles, was von Intriguen und anstößigen Geschichten des Hofes und

der Gesellschaft ihm zu Ohren kommt, säumt er nicht, mit schaden=
froher Ausführlichkeit zu berichten, während Caillard, wenn er
auch dergleichen Vorgänge nicht durchaus übersehen kann, doch
einmal die Bemerkung hinzufügt, der Kreis, in dem sie sich be=
wegten, sei äußerst beschränkt, auf den Gang der großen politischen
Ereignisse hätten sie gar keinen Einfluß [1]). Ein Mann, wie Paran=
dier, war der preußischen Regierung, wie man denken kann, sehr
unbequem. Man that mehrmals Schritte in Paris, um seiner
ledig zu werden, aber Delacroix ging darauf nicht ein. Wie er in
Basel lieber Poterat als Barthelemy vertraute, so wollte er auch
in Berlin neben Caillard Parandier nicht entbehren. Er führt
mit ihm sehr eifrig einen besonderen Briefwechsel, und es ist an
nicht wenigen Stellen unverkennbar, daß der Agent bei dem Mi=
nister mehr als der Gesandte gegolten und auf den Gang der Ver=
handlungen wesentlichen Einfluß geübt hat.

Nicht lange nach dem Eintreffen Caillards wurde Hardenberg
von Basel zurückgerufen; der frühere Gesandte in Madrid, Frei=
herr von Sandoz=Rollin aus Neuenburg, war mit der Vertretung
Preußens in Paris betraut. Nach einer langen, mühevollen Reise
erreichte dieser erste preußische Gesandte bei der französischen Re=
publik am 16. December den Ort seiner Bestimmung, ein schon
bejahrter etwas kränklicher Herr, aber voll Zuversicht und Selbst=
vertrauen, obwohl ihm Lucchesinis Scharfblick und Gewandtheit
nicht in gleichem Grade eigen waren. Die Geschäfte betrieb er
nicht mit übermäßigem Eifer; häufig erhält er von Berlin aus
einen Verweis, daß er nicht regelmäßig genug und nicht, wie die
meisten übrigen Gesandten, zweimal in der Woche Nachricht gäbe.
Seine Depeschen sind zuweilen weitschweifig, seine politischen Urtheile,
besonders seine Prophezeihungen treffen selten zu. Gleichwohl ist
er für die ihm übertragenen Verhandlungen, dann für manches
bedeutende Ereigniß, insbesondere für die Art des diplomatischen
Verkehrs in Paris ein Zeuge von entschiedenem Werth. Seine

---

1) Vgl. den Bericht vom 13. Juli 1796 im Ministerium des Aus=
wärtigen.

Instructionen lauteten dahin, Frankreich vor dem Wiederanfang des Krieges zu förmlicher Anerkennung der im letzten Feldzug so oft überschrittenen Demarcationslinie zu vermögen und dadurch Norddeutschland und Hannover vor feindlichem Einfall zu sichern. Daneben sollte er für die preußischen Provinzen am linken Rheinufer, welche, wenn auch in französischer Gewalt, doch keineswegs ganz aufgegeben waren, eine weniger rücksichtslose Behandlung erwirken; endlich die etwa eingeleiteten Verhandlungen zwischen der Republik und Oestreich überwachen, insbesondere, ob nicht etwa Baiern ganz oder theilweise dem Kaiser preisgegeben würde. Offenen Widerstand dagegen hätte Preußen in Wien und Petersburg nicht leicht erheben können, weil der russisch-preußische Vertrag vom 23. Januar 1793 als Ersatz für die zweite Theilung Polens dem Kaiser die Erwerbung Baierns versprochen hatte. Nach wie vor wurde aber die Ausführung dieses Planes in Berlin und beinahe noch mehr von den einzelnen preußischen Gesandten als das gefährlichste Unheil für die Monarchie betrachtet. Es sollte daher auch Sandoz nach Kräften dagegen wirken, nur wird ihm dabei Vorsicht und die Vermeidung jeder öffentlichen Aeußerung zur Pflicht gemacht.

Am letzten Tage des Jahres 1795 überreichte der neue Gesandte bei einer feierlichen Vorstellung im Luxembourg dem versammelten Directorium seine Beglaubigungsschreiben; von beiden Seiten ließ man an schönen Worten und Versprechungen nichts fehlen. Aber es fehlte viel, daß ein freundliches oder gar vertrauliches Verhältniß sich entwickelt hätte. In der französischen Regierung befaßten sich Rewbell und Delacroix, wie schon bemerkt, mit den auswärtigen Angelegenheiten, Carnot und der General Aubert Dubayet mit dem Kriegswesen; mit diesen hatte Sandoz vornehmlich wegen der Demarcationslinie zu verhandeln. Die Verletzung während des Herbstfeldzuges hatte schon in Basel und Berlin zu wenig erfreulichen Klagen und Erklärungen Veranlassung gegeben [1]). Um so weniger fand Sandoz die Franzosen

---

1) Vgl. die Note Hardenbergs an Barthelemy vom 12. November und

jetzt zu einem Zugeständniß bereit; sie wünschten vorerst, Preußen zu entschiedenen Schritten gegen Oestreich, zu einem Bündniß mit Frankreich und zu einem vorläufigen Vertrag über die künftige Gestaltung Deutschlands zu drängen, wobei die förmliche Abtretung des linken Rheinufers als unumgänglich betrachtet wurde. Gleich folgt schon hier die Andeutung, man könne nöthigen Falls auch mit Oestreich sich einigen. „Wissen Sie," äußerte Delacroix am 6. Januar[1]), „daß der Kaiser morgen Frieden schließen würde, wenn wir in den Bairischen Tausch einwilligten, und wissen Sie auch noch, daß der Kaiser in demselben Augenblick ohne Umstände die Reichsfürsten ihrem unglücklichen Schicksale überlassen würde? Nichts in der Welt ist gewisser!" Der Anerkennung der Demarcationslinie suchte man auszuweichen, wiederholten Anträgen Sandoz' traten immer neue Einwürfe entgegen, wahrscheinlich deßhalb, weil der Feldzugsplan noch nicht festgestellt war. In Berlin zeigte sich dagegen eben so wenig Neigung, auf die französischen Anträge einzugehen. „Die Gründe und die Anerbietungen des Herrn Caillard," schreibt der König eigenhändig am 6. Februar an die Minister, „sind wenig stichhaltig; es scheint, man will nur Zeit gewinnen und uns mit ganz Europa veruneinigen." Diese Sprödigkeit Preußens, von Parandier in den übelsten Farben ausgemalt, erregte wieder großen Unwillen in Paris; man sprach den Verdacht aus, der König wolle zur Coalition zurücktreten; Carnot erging sich in übertriebenen Schilderungen der französischen Hülfsquellen, wie zwei große Armeen, jede von 320,000 Mann, in Deutschland und Italien jeden Widerstand vernichten würden. Auf Sandoz' Beschwerden über das Verfahren in Cleve und Geldern erfolgten nur ausweichende Antworten, die Bedrückung des Landes steigerte

---

Barthelemys Antworten vom 13. und 20. November im Ministerium des Auswärtigen, ferner die Klage Caillards über die Oestreicher vom 21. November und die sehr entschiedene Abfertigung durch das preußische Ministerium vom 25. November 1795 im preußischen Staats-Archiv.

[1]) Vgl. Sandoz' Bericht vom 7. Januar 1796.

sich sogar; „selbst der Wohlfahrtsausschuß," schreibt das Ministerium am 28. März, „sei nicht so willkürlich und rücksichtslos zu Werke gegangen." Als der Legationsrath Gervinus sich in seinem Verhalten den Wünschen des Directoriums nicht völlig anbequemte, sollte er, wie kurz vorher der Ritter Carletti, sofort aus Paris verwiesen werden. Das kündigte Delacroix eines Tages ohne Umstände dem Gesandten an; nur mit Mühe erwirkte Sandoz einigen Aufschub, so daß Gervinus wenigstens ein Abberufungsschreiben erwarten und in üblicher Form überreichen konnte¹). Beinahe drei Monate vergingen unter diesem erfolglosen Hin- und Herreden; endlich als man aus den Briefen Poterats und den Noten Wickhams ersehen hatte, daß zunächst von Oestreich und England nichts zu hoffen sei, äußerte Delacroix am 24. März, unmittelbar nach jener Eröffnung über Gervinus, man sei jetzt geneigt, auf Sandoz' Wünsche einzugehen. Er sprach heftig gegen die beiden verbündeten Mächte; das Directorium wolle dagegen Preußen groß machen und biete dem König — diese Idee stammte eigentlich aus Parandiers Kopfe — Mecklenburg, das er entweder mit seinen Staaten vereinigen, oder zu einem Kurfürstenthum erheben und zur Entschädigung für den Prinzen von Oranien benutzen könne. Noch vor Mitternacht traf denn auch die von Delacroix versprochene Antwortsnote ein, die Sandoz eiligst nach Berlin schickte, in der Hoffnung, setzt er hinzu, daß sie dort in jeder Beziehung genügen würde. Aber in Berlin erregte sie gerade im Gegentheil das äußerste Mißfallen, und sieht man sie an, so begreift man kaum, wie der Gesandte so leicht sich befriedigen oder täuschen lassen konnte. Denn unter dem gewöhnlichen Wortschwall von französischer Uneigennützigkeit und Loyalität spricht sie nur in allgemeinen Ausdrücken die Geneigtheit aus, demnächst über die Feststellung der Demarcationslinie, aber in Anschluß daran über ein Bündniß zwischen Frankreich und Preußen zu unterhandeln. Sehr ungehalten läßt der König am 8. April an Sandoz schreiben: „Man hört nicht

---

1) Sandoz am 24. März und 12. April 1796.

auf, Ihnen Freundschaftsversicherungen für Preußen zu geben, aber man sollte sie lieber bei Seite lassen, wenn man sie nicht besser als durch ein so absurdes Anerbieten, wie die Erwerbung Mecklenburgs, beweisen mag. Wie kann man, von allem Anderen abgesehen, sich einbilden, ich würde mich entschließen, in solcher Weise ein Fürstenhaus zu berauben, das mit mir aufs Engste verbunden ist und mir niemals den geringsten Anlaß zum Mißvergnügen gegeben hat. Sie haben dem Herrn Delacroix sehr gut auf diesen lächerlichen Vorschlag geantwortet, und ich hoffe, man wird nicht wieder auf diesen Plan und auf keinen andern derselben Art zurückkommen. Ich wiederhole, es ist die schleunige, unbedingte Annahme der Demarcationslinie, wodurch mir Frankreich seine guten Gesinnungen hätte beweisen können und beweisen kann. Aber ich gestehe, ich kann Ihr Vertrauen in diesem Punkte nicht theilen. Die ewigen Winkelzüge dieser Regierung müssen nothwendig den Verdacht bestärken, sie wolle nur Zeit gewinnen und sich für den Fall eines Feldzugs die Freiheit vorbehalten, den Umständen und ihren militärischen Entwürfen gemäß zu verfahren."

Das Mißvergnügen des Königs steigerte noch ein Bericht, der wenige Tage später eintraf. Bei einer Zusammenkunft am 4. April hatte Delacroix dem erstaunten Gesandten plötzlich zwei fertige Verträge vorgelegt, mit der Anmuthung, sie sogleich zu unterschreiben. Der eine betraf die Demarcationslinie, der andere enthielt eine Reihe höchst wichtiger geheimer Artikel über die künftige Gestaltung Deutschlands. Sandoz entschuldigte sich, daß er dazu gar keine Ermächtigung besitze, besonders rücksichtlich der geheimen Artikel. Aber der Minister entgegnete heftig, beide Verträge gehörten untrennbar zusammen. Man konnte sich nicht einigen und ging nicht in der freundlichsten Stimmung aus einander. Sandoz gibt sogleich durch einen Courier von diesen Vorfällen Nachricht; er klagt bitter über die Unzuverlässigkeit, über den Hochmuth und die Eitelkeit der Franzosen, meint aber doch, sie seien im Grunde Preußen freundlich gesinnt[1]). In

---

1) Sandoz am 5. April 1796.

Berlin erregte dies Verfahren den äußersten Unwillen, man lobte Sandoz, daß er sich nicht habe überraschen lassen, doch fand der König es unverzeihlich, daß er gar nichts, nicht einmal aus dem Gedächtniß über den Inhalt der Aktenstücke, die er doch gelesen habe, mittheile [1]). Allerdings wurde man bald aufgeklärt. Am Abend des 20. legte Caillard Haugwitz den Vertrag über die Demarcationslinie und die geheimen Artikel vor. Der erstere ging im Allgemeinen auf die preußischen Wünsche ein, enthielt aber doch mehrere Abweichungen, die nachtheilig werden konnten, insbesondere die Bestimmung, Preußen solle zum Schutz von Ansbach und Baireuth ein Corps von 10,000 Mann aufstellen und sich verpflichten, Oestreich, wenn es die Demarcationslinie verletze, sogleich den Krieg zu erklären. In den geheimen Artikeln wurde zuerst das linke Rheinufer an Frankreich abgetreten, und der Grundsatz der Säcularisationen anerkannt. Dafür sollte Preußen das Bisthum Paderborn und das Herzogthum Westphalen erhalten, um es nach Belieben gegen Mecklenburg zu vertauschen. Der Erbstatthalter von Oranien sollte durch Würzburg und Bamberg eine Entschädigung finden, den Hessischen Häusern waren kirchliche Besitzungen, Hessen-Kassel zudem die Kurwürde zugedacht. Für alle deutschen Fürsten, welche mit der Abtretung des linken Rheinufers sich einverstanden erklärten, wurde die preußische Vermittlung angenommen [2]).

In Berlin waren die Minister einer Ansicht, daß man auf solche Bedingungen nicht eingehen könne. In dem Bericht, welchen sie am 21. April an das Cabinet senden, bemerken sie, der König werde die Artikel sogleich als unannehmbar erkennen, da man die preußischen Provinzen jenseits des Rheines abtreten und durch Säcularisationen die Verfassung Deutschlands zerstören solle. Auch dem Vertrag über die Demarcationslinie sei nicht zuzustim-

---

1) Das Ministerium am 15. und 18. April an den König, der König eigenhändig am 18.

2) Vgl. Haugwitz' Bericht an das Ministerium vom 20. April; der beiliegende Vertrag ist von den Directoren am 12. Germinal IV (1. April 1796) unterzeichnet.

men, da er mehrere Theile des preußischen Gebietes unbeschützt lasse und das Versprechen fordere, Oestreich, falls es die Linie verletze, den Krieg zu erklären. Zudem würde die Aufstellung eines Corps von 10,000 Mann in Franken Norddeutschland nur noch mehr entblößen. Besonders unangenehm empfand man, daß Preußen der Verzicht auf das linke Rheinufer zugemuthet würde, während noch vor wenigen Tagen, am 26. März, das französische Ministerium in der Antwort an Wickham erklärt habe, die nicht gesetzlich mit Frankreich vereinigten Länder könnten Gegenstand der Verhandlung sein. Die Minister schlagen vor, man solle ausweichend antworten und Zeit gewinnen, bis Dohm, der eben mit Hannover und anderen norddeutschen Staaten wegen eines Vertheidigungsbündnisses unterhandelte, nähere Nachricht gegeben habe.

Dieser Ansicht war auch der König. „Ganz gewiß", schreibt er schon am 22. April eigenhändig zurück, „man muß auf die französischen Vorschläge, in denen eben so viel Arglist als Unwissenheit in politischen Dingen hervortritt, eine hinhaltende Antwort geben. Ich hoffe, Herr von Dohm empfängt von dem hannöverschen Ministerium bald einen Bescheid, wonach man die geeigneten Maßregeln schleunig in Vollzug setzen kann. — Auch müssen wir so bald als möglich die Gränzberichtigung im Palatinate Krakau zum Abschluß bringen; wir erlangen dadurch den doppelten Vortheil, die Kosten für die Truppen zu sparen, die wir dort auf Kriegsfuß unterhalten müssen, und könnten ihrer, so weit die durch Herrn Caillard eingereichten Depeschen urtheilen lassen, sehr leicht nach anderer Seite hin benöthigt sein."

Als nun Sandoz in diesem Sinne in Paris antwortete und eine besondere Denkschrift einreichte[1]), war wieder der Unwille auf Seiten der Franzosen. Vornehmlich erbitterte, daß Preußen die Demarcationslinie durch ein Observationscorps decken wollte. Der glückliche Anfang des italiänischen Feldzugs steigerte den

---

1) Vgl. die Schreiben des Ministeriums an Sandoz vom 9. und 10. Mai 1796.

Uebermuth. Carnot erging sich aufs Neue in prahlenden Schilderungen der französischen Heeresmacht; in Deutschland behauptete er über nicht weniger als 450,000 Mann zu verfügen. Sogleich ließ sich auch wieder die alte Drohung vernehmen, man werde mit Oestreich ein Abkommen treffen und ihm Baiern überlassen. „Wir lieben den König von Preußen," äußerte Rewbell Anfangs Mai in seiner barschen Weise, „und wir verabscheuen Oestreich. Aber wenn man unsere Freundschaft nur als Nothbehelf gebrauchen will, wenn man uns mit Verachtung behandelt, so müssen wir uns anderswo umsehen; Andere werden auf unsere Freundschaft größeres Gewicht legen, und wir werden uns an sie wenden, so wenig wir sie auch achten können." „Nach meiner Meinung," bemerkte er einige Tage später, „kommt Alles auf die folgende Alternative hinaus: will der König von Preußen mit Frankreich Freundschaft halten, so sind wir entschlossen, dem Kaiser geringe oder gar keine Entschädigung zuzugestehen, also jeden Gedanken an den Bairischen Tausch zurückzuweisen. Will aber der König von Preußen sich darauf nicht einlassen, so sind wir gezwungen, dem Tausche Baierns gegen Belgien zuzustimmen und dann die Interessen Sr. Preußischen Majestät außer Acht zu lassen[1]."

Auch Sandoz schrieb in diesem Sinne. Er meinte, Preußen müsse mit Frankreich sich einigen, um die östreichischen Entwürfe zu verhindern. Oestreich könne Preußen den Baseler Frieden nie vergessen und werde gewiß eine Entfremdung zwischen Frankreich und Preußen sogleich benutzen, um den über Alles gefährlichen Tausch durchzusetzen. Es ist nicht unwahrscheinlich, daß die Ansichten und Befürchtungen des Gesandten auch auf das Ministerium Einfluß übten; größeres Gewicht hatten wohl die unerwarteten Erfolge Bonapartes in Italien, welche den Frieden mit Sardinien alsbald herbeiführten und auch den Kaiser in heftige Bedrängniß versetzten. Vor Ende Mai gibt sich in den Gesinnungen der preußischen Regierung ein Wechsel kund. Eine Depesche an Sandoz vom 23.

---

[1] Sandoz am 6. und 10. Mai 1796.

enthält zunächst die Betheuerung, daß Preußen in keiner Weise mit Oestreich oder England sich wieder einlassen oder den Interessen Frankreichs entgegentreten werde; man sei sogar nicht abgeneigt, über die Grundlage des künftigen Friedens in Erörterungen einzugehen; nur dürfe nicht von dem König verlangt werden, daß er zuerst öffentlich für Maßregeln sich ausspreche, die der gegenwärtigen Verfassung des Reiches zuwiderliefen. Nachdem Sandoz noch mehrmals das Kriegsglück und die großen Hülfsquellen der Franzosen hervorgehoben und von ihrem beständigen Drängen Nachricht gegeben hat, erfolgt am 6. Juni die Antwort: „Sie wissen, daß es keineswegs meine Absicht ist, einer Vereinbarung mit der französischen Regierung auszuweichen; nur muß diese ihrerseits anerkennen, daß es nicht anders, als in einer eventuellen Weise geschehen kann, die von den Bedingungen und Grundsätzen des künftigen Friedens abhängt." Während dieser Zeit wurde denn auch lebhaft in Berlin zwischen Haugwitz und Caillard verhandelt, und man wäre wohl schon damals zum Abschluß gekommen, hätte nicht plötzlich eine Depesche Sandoz' in erwünschter Weise die Lage verändert.

Am 21. Mai wurde, wie erwähnt, von Seiten Oestreichs der Waffenstillstand am Rheine gekündigt. In Paris war die Aufregung über diesen Schritt sehr groß; sie bewog auch Sandoz zu entschiedenem Vorgehen. Statt an Delacroix, von dem doch Nichts zu erlangen war, wandte er sich unmittelbar an Rewbell und Carnot, überzeugte sie aus den Depeschen des preußischen Ministeriums, daß man keinerlei feindliche Absicht gegen Holland hege, und drang dann abermals auf Anerkennung der Demarcationslinie. Es gebe kein anderes Mittel, fügte er hinzu, einen großen Theil des Reiches zu beruhigen und den Weg zum Frieden zu ebnen; zur Vorberathung der geheimen Artikel sei keine Zeit mehr, so müsse man wenigstens über die Demarcationslinie ungesäumt sich einigen. Er fand diesmal für seine Vorschläge besseres Gehör, hauptsächlich aus dem Grunde, weil der Feldzugsplan der zwei französischen Heere gegen Süddeutschland schon festgestellt, und dafür die preußischen Forderungen kein Hinderniß waren. „Wir können", erwiederte Carnot, „keinen öffentlichen Vertrag über die Demarcationslinie schließen, ohne ihn mit einer geheimen Uebereinkunft zu verbinden, die uns wenigstens Preußen gegenüber sicher stellt. Wir können auch nicht auf die Gelegenheit verzichten, unsern erbittertsten Feind, den König von England, durch vorgebliche Entwürfe auf Hannover einzuschüchtern; aber wir können dem König von Preußen gegenüber die heimliche Verpflichtung eingehen, während dieses Krieges Nichts gegen Norddeutschland und insbesondere gegen Hannover zu unternehmen; es war dies ohnehin unser Plan, und der König darf versichert sein, daß das Directorium aufs gewissenhafteste sich daran halten wird. Ist diese Uebereinkunft dem Könige genehm, so können wir die Einigung über die geheimen Artikel bis auf den Frieden verschieben; wir geben einander eine stillschweigende Versicherung: der König, daß er die Observationsarmee innerhalb der Gränzen des neutralen Gebietes halten, die Franzosen, daß sie die Demarcationslinie nicht verletzen werden.[1])

In Berlin griff man mit beiden Händen zu. Finkenstein und Haugwitz sprechen am 11. Juni dem König ihre lebhafte Freude aus, daß man mit Caillard noch nicht abgeschlossen habe und die schwierige Verhandlung über die geheimen Artikel bis zum Frieden vertagen könne. Aber man war im Irrthum, wenn man so leicht der Zudringlichkeit des Directoriums sich überhoben glaubte. Es bezeichnet Sandoz' schwierige und zweifelhafte Stellung, daß er längere Zeit gar nicht wagte, dem Minister Delacroix von dem Vorgefallenen Kenntniß zu geben. Er fürchtete, dieser sehr reizbare, hochfahrende Mann werde später Rache nehmen, daß Sandoz sich unmittelbar an die Directoren gewendet habe. Während dessen hatte Caillard zu Anfang Juni den günstigen Fortgang der Verhandlungen in Berlin gemeldet, und als Sandoz endlich am 11. Muth faßte, mit dem Minister über die Demarcationslinie zu reden, kam ihm dieser mit der

---

1) Sandoz' Bericht vom 1. Juni 1796; am Abend des 30. Mai hatte die Unterredung stattgefunden.

Nachricht entgegen, so eben sei ein Schreiben Caillards eingetroffen; man stehe auf dem Punkte, die beiden Verträge in Berlin zu unterzeichnen¹). Um so heftigeren Unwillen zeigte er, als er bald darauf erfuhr oder erfahren haben wollte, er sei übergangen, und die Verhandlung in Berlin kurz vor dem Abschlusse wieder ausgesetzt; dringend verlangte er, man müsse wenigstens jetzt sich unverzüglich einigen. In demselben Sinne sprach Carnot, und noch entschiedener Rewbell. Aufs Neue wurde hervorgehoben, daß Frankreich zwischen Oestreich und Preußen zu wählen habe, daß man für jetzt noch günstige Bedingungen anbieten, aber später den bairischen Tausch schwerlich würde verhindern können. „Warum wollen Sie nicht Hannover nehmen?" fragte Carnot. „Wir wollen die Beschützer Deutschlands sein, nicht die Eroberer," war Sandoz' Antwort. Im Uebrigen theilte er den Wunsch der Directoren; ohne Unterlaß drängt er, man solle im Voraus mit Frankreich sich einigen, nicht erst den allgemeinen Frieden erwarten, bei welchem Oestreichs Widerstand zu befürchten stehe. Nach der Wendung des Feldzuges sei das linke Rheinufer doch nicht mehr zu retten, der Zeitpunkt, Preußen zu vergrößern, einzig in seiner Art und vielleicht für immer verloren, wenn man ihn nicht schleunig benutze²).

Es läßt sich nicht verkennen, daß bei der damaligen Stellung Preußens diese Gründe von Gewicht sein mußten; sie erhielten noch besondere Verstärkung durch die außerordentlichen Erfolge der französischen Heere, die in Italien Wurmser nach Tyrol, in Deutschland den Erzherzog Karl bis nach Baiern zurückdrängten. Man hatte zu eben dieser Zeit das unerfreuliche Schauspiel, daß ein so mächtiger Reichsstand wie Preußen die äußerste Bedrängniß des Reiches benutzte, um in Franken zweifelhafte und verjährte Rechtsansprüche, angebliche Pertinenzen der Fürstenthümer Ansbach und Baireuth, gegen die schwachen geist=

---

1) Vgl. Sandoz' Bericht vom 11. Juni. Am selbigen Tage schreibt Delacroix in sehr aufgeregtem Tone an Caillard.
2) Vgl. den Bericht vom 20. Juni 1796.

lichen und weltlichen Reichsstände der Nachbarschaft geltend zu machen. Selbst zwei Nürnberger Vorstädte wurden auf diesen Grund am 4. Juli von preußischen Truppen förmlich in Besitz genommen. Ein solches Verfahren mußte die bevorstehende Auf= lösung der Reichsverfassung voraussetzen, und Nichts schien drin= gender, als sich für diesen Fall des französischen Beistands zu versichern. Eine Denkschrift des Ministers Alvensleben, vom 6. Juli datirt, ist denn auch durchaus in diesem Sinne abgefaßt. Er meint, schon in Basel hätte man sich mit Frankreich einigen sollen; unter den vorliegenden Verhältnissen müsse jede Zögerung verderblich sein. Als Entschädigungen für Preußen faßt er Mün= ster, Recklinghausen, Osnabrück, Werden, Essen, Herford, Dort= mund, Gehmen und andere kleine Gebiete ins Auge. Finken= stein urtheilt an demselben Tage, durch solche übertriebene For= derungen könne man sich in Gefahr setzen, Nichts zu erhalten; auch müsse man den Unwillen fürchten, der im Reiche besonders gegen die Besitznahme von Osnabrück und Herford sich erheben werde; im Uebrigen wünscht er doch auch mit den Franzosen zum Abschluß zu kommen. Nur der König war, wie es scheint, allen diesen Plänen abgeneigt. Noch am 9. Juli schreibt er eigenhändig an Haugwitz: „Nach meiner Ansicht ist Zeit ge= winnen, Alles gewinnen. Der Charakter und die Absichten Delacroix' scheinen deutlich unter dem Schleier hervor, mit welchem er sie bedecken möchte; es kommt ihm vor Allem darauf an, mich völlig mit dem Wiener Hofe zu entzweien. Die Gründe, die mich zum Abschluß eines Vertrages veranlassen sollen, sind mit Sophismen untermischt. Wenn das Directorium sich nicht stark genug fühlt, um beim Frieden den Absichten des Wiener Hofes in einer so wichtigen Angelegenheit [als die bairische] entgegen= zutreten, wie will es verhindern, daß auch die Entschädigungen, die man uns jetzt verspricht, später erschwert und bestritten wer= den? Wenn die Franzosen die Offenheit Preußens rühmen, warum ist sie nicht gegenseitig? warum machen sie uns ein Ge= heimniß aus ihren Verhandlungen mit dem Kaiser, damit wir unsere Interessen in Einklang bringen könnten? Die Franzosen sind es, welche allein bei der jetzigen Krise gewinnen wollen, und deßhalb bleibe ich fest bei der Meinung, die ich ausgesprochen habe."

Gleichwohl scheint beinahe unmittelbar nachher ein Umschlag eingetreten zu sein. Denn schon am 10. Juli berichtet Caillard äußerst befriedigt nach Paris, Haugwitz zeige sich sehr entgegenkommend, und am folgenden Tage ergeht auch an Sandoz die Mittheilung, man sei nicht gewillt, die Unterhandlungen mit Caillard abzubrechen; das Kriegsglück der Franzosen werde auch den Kaiser bald zum Frieden nöthigen. Die Entfernung des Königs, der sich am 13. in das Bad von Pyrmont begab, mochte den Abschluß noch erleichtern; schon am 16. war man über beide Verträge einig; nur der Umstand, daß Caillard eine fehlende Ermächtigung bis zum 4. August erwarten mußte, war Ursache, daß der förmliche Abschluß bis zum 5. verzögert wurde.

Ganz so weit, wie die Franzosen verlangten, kam man ihnen doch nicht entgegen. Die Demarcationslinie wurde im Wesentlichen den Vorschlägen Preußens gemäß gezogen; auch das Versprechen einer Kriegserklärung gegen Oestreich, wenn es die Linie verletze, war weggefallen. Dagegen nähert sich der geheime Vertrag nur zu sehr dem Entwurfe, welchen Caillard schon im April übergeben hatte. Die Entschädigung für Oranien und die hessischen Fürstenhäuser bleibt dieselbe. Preußen verspricht, sich beim Frieden der Abtretung des linken Rheinufers nicht zu widersetzen, und das Prinzip der Säcularisationen anzuerkennen, sofern auch das Reich sich in diesem Sinne entscheide. Und wie kärglich war der Ersatz für dieses Zugeständniß! Außer dem kleinen Gebiet Recklinghausen sollte Preußen nur den größeren Theil des Bisthums Münster erhalten, der Rest — so weit war es mit Deutschland gekommen! — zur Entschädigung der batavischen Republik für ihre Verluste an Frankreich dienen.[1]

---

[1] Vgl. den Vertrag über die Demarcationslinie und die geheimen Artikel bei De Clercq a. a. O. I, 275 fg. Die wichtigste Stelle lautet: Sa Majesté l'russienne pour donner à la République Française une

Preußen war also in diesem Vertrage einen wichtigen Schritt weiter als in Basel gegangen; nicht nur vorläufig blieb das linke Rheinufer der Gewalt der Franzosen überlassen, sondern auch für die Zukunft versprach Preußen seinerseits sich der Erwerbung durch Frankreich nicht zu widersetzen. Zu einer förmlichen Abtretung der preußischen Provinzen ließ man aber auch jetzt sich nicht herbei; man betrachtete, wie sich später noch deutlicher zeigen wird, den Vertrag nur als einen eventuellen, der erst beim Reichsfrieden zur Gültigkeit gelangen könne.

Unterdessen verlebte Sandoz schwere Tage in Paris; unaufhörlich wurde er bedrängt, den Abschluß der Verträge zu beschleunigen. Versprechen wechselten mit Drohungen; man stellte den Frieden mit dem Kaiser in nächste Aussicht, bald sollte Baiern erhalten werden, bald als ein unvermeidliches Opfer fallen. Der arme Gesandte wußte oft selbst nicht, was er zu glauben habe. Sagten Delacroix oder Carnot einmal im Aerger die Wahrheit, daß Oestreich auf eigentliche Verhandlungen sich noch gar nicht habe einlassen wollen, so fürchtete er erst recht, getäuscht zu werden. Auch wäre es ein Irrthum, anzunehmen, nun, nach Unterzeichnung der Verträge, sei das Verhältniß ein freundliches geworden. Keiner von beiden Theilen war befriedigt. Preußen empfand bald, daß es ein sehr bedeutendes Zugeständniß um einen verhältnißmäßig geringen Preis sich habe entwinden lassen;

---

preuve de ses sentiments d'amitié, déclare que lorsqu'il sera question de la cession de la rive gauche du Rhin à la France, elle ne s'y opposera pas, et comme alors pour dédommager les Princes séculiers, qui perdront à cet arrangement, le principe des sécularisations devient absolument indispensable, S. M. consent à accepter le dit principe et elle recevra en dédommagement desdites provinces transrhénanes, y compris l'enclave de Sevenaer, lesquelles dans ce cas seront cédées à la France, le reste de l'evêché de Munster avec le pays de Recklinghausen, déduction faite de la partie énoncée ci-dessus et moyennant leur sécularisation préalable; se reservant toutefois S. M. d'y ajouter ce qui pourrait être de sa convenance pour compléter son indemnisation, objet sur lequel les deux puissances s'entendront amicalement.

es suchte deshalb, seine Erwerbungen weiter auszudehnen. Da schon der erste unter den geheimen Artikeln einen vollständigeren Ersatz in Aussicht genommen hatte, so wurde Sandoz beauftragt, Osnabrück, Hildesheim und Paderborn in Vorschlag zu bringen[1]). Andererseits glaubten die Franzosen kaum des linken Rheinufers sich versichert, als sie schon auf das rechte hinübergriffen. Im Frieden mit Baden am 22. August ließen sie sich Kehl und den Brückenkopf gegenüber Hüningen abtreten[2]), in einem Gespräche mit Sandoz (am 20. August) verlangte Carnot nicht blos die Mitte des Rheins als Gränze, sondern auch einen Strich auf dem rechten Ufer, um dort Festungen anzulegen; der Gesandte wußte dagegen keinen besseren Einwand, als daß ein so bedrohliches Vorgehen Frankreichs die deutschen Fürsten dem Kaiser in die Arme treiben würde. Wenn Sandoz zu Gunsten von Regensburg oder für das mit schweren Contributionen heimgesuchte Frankfurt, für das Gebiet der Prinzen von Hohenlohe und Hohenzollern oder für einzelne Emigranten seine Verwendung eintreten ließ, so erhielt er entweder abschlägige oder gar keine Antwort[3]). Sogar die Ratification des Vertrages ließ in Paris auf sich warten; man wußte allerhand Aussetzungen zu machen, unter Anderem, daß der König den Titel eines Herzogs von Oranien noch fortgeführt habe. Dazwischen äußerte man von Zeit zu Zeit den Argwohn, Preußen wolle in die Coalition wieder eintreten, besonders nachdem zwei brittische Diplomaten, Hammond und Lord Elgin, freilich ohne das Geringste zu erreichen, Ende August in Berlin sich gezeigt hatten. Das Hauptaugenmerk ging aber dahin, Preußen zu einem feindlichen Schritt gegen Oestreich zu drängen. Ohne Unterlaß wurden dafür die oft

---

[1]) Vgl. die Schreiben des Ministeriums vom 25. Juli u. 5. August.

[2]) Vgl. Sandoz' Bericht vom 31. August 1796, und die geheimen Artikel des Friedens mit Baden bei De Clercq a. a. O. I, 296.

[3]) Vgl. die Schreiben des Ministeriums vom 19. Juli, 26. Juli, 19. August, und Sandoz' vom 12. August im preußischen Staatsarchiv, ferner Barthelemys Schreiben an Delacroix vom 28. Juli, und Sandoz' an das Directorium vom 2. August 1796 im Ministerium des Auswärtigen.

benutzten Mittel in Anwendung gebracht. Ueber eine merkwür=
dige Unterredung mit Carnot berichtet Sandoz am 17. August.
Nachdem er noch vor Kurzem aus demselben Munde gehört
hatte, der Kaiser solle für den Verlust Belgiens nur durch die
Rückgabe der italiänischen Provinzen und in keinem Falle durch
Baiern entschädigt werden, hieß es jetzt, der Drang nach Frei=
heit in Italien sei zu mächtig, als daß man daran denken könne,
dies Land dem Kaiser wieder zu unterwerfen. Auch Belgien und
den Breisgau müsse der Kaiser verlieren, und so bleibe zur Ent=
schädigung Nichts, als ein Theil von Baiern. Das Directorium
habe nur mit äußerstem Widerstreben an diesen Gedanken sich ge=
wöhnt, aber wenn man nicht den Krieg bis ins Unendliche fortsetzen
wolle, so bleibe nichts Anderes übrig; das Directorium bedürfe
des Friedens und müsse sich zu dem schweren Opfer entschließen.
„Gleichwohl", fügte er hinzu, „gibt es ein Mittel, über die
Schwierigkeit hinwegzukommen. Wenn der König von Preußen
ein beträchtliches Truppencorps an der östreichischen Gränze ver=
sammelt und eine drohende Stellung gegen Oestreich annimmt,
so wird dies sogleich seine Wirkung thun; der Kaiser ist zum
Abschluß gedrängt, und wir können ihm dann jede bedeutende
Entschädigung verweigern. Der König von Preußen mag nur
ermessen, ob er einen solchen Schritt vornehmen will, der ihn in
der That in keiner Weise bloßstellt". Die Reichsverfassung, meinte
er weiter, sei ein Chaos, das sich überlebt habe; sie bedürfe durch=
aus der Veränderung, und das Directorium wünsche nichts mehr,
als sie für den König von Preußen recht vortheilhaft zu gestalten.
Dagegen könne der König das Directorium lebhaft verpflichten,
wenn er ohne Verzug, noch vor dem Frieden, die Republik Hol=
land anerkenne. Preußen würde dafür Handelsvortheile erhalten,
welche die besondere Aufmerksamkeit eines so erleuchteten und
wohlthätigen Monarchen verdienten.

Aber Friedrich Wilhelm war gar nicht geneigt, des ihm ge=
spendeten Lobes sich würdig zu machen; er zeigte sich im Gegen=
theil äußerst ungehalten über die beständigen Schwankungen des
Directoriums und die immer wechselnden Pläne für Italien und

Deutschland. „Der batavischen Republik," erwiederte man Sandoz am 9. September, „wird Preußen beim künftigen Frieden, sobald das Haus Oranien entschädigt ist, die Anerkennung nicht weigern; damit können die Franzosen, wenn sie ehrlich sind, zufrieden sein. Der Vorschlag, die östreichische Gränze zu bedrohen, bedarf keiner Antwort; Sandoz wird sich selbst sagen, daß der König dazu nicht die geringste Neigung fühlt." Uebel empfand man auch, daß die Franzosen, wo es auf die Vergrößerung Preußens ankam, sich keineswegs eifrig zeigten. Bei dem Vorgehen der preußischen Truppen in Franken, bei der Besitznahme Nürnbergs äußerten Delacroix und Carnot große Besorgniß, ob solche Schritte auch mit den Reichsgesetzen sich vereinigen ließen, und der König, wenngleich er schon am 11. September, wahrscheinlich in Folge der Siege des Erzherzogs, den Unterwerfungsantrag der Nürnberger Bürger abgelehnt hatte, fand es doch eigenthümlich, daß dieselben Leute, die eben erst das ganze Reich umstürzen wollten, plötzlich den Reichsgesetzen eine so zärtliche Sorgfalt widmeten [1]). Noch weniger Vertrauen konnte es einflößen, daß über die Verhandlungen mit dem Kaiser sich gar Nichts erfahren ließ, nicht einmal über die Sendung jenes Couriers, dessen Ankunft in Wien so großes Aufsehen erregt hatte; Carnot läugnete sogar, daß das Directorium nur im Geringsten dabei betheiligt sei [2]). Von dem Anerbieten Englands hörte man nicht viel eher, als Malmesbury in Paris eingetroffen war; über Clarkes Aufträge nur, was Lucchesini aus Wien berichtete. Erregte schon diese Verschlossenheit tiefe Mißstimmung, so war durch die Siege des Erzherzogs auch die Furcht vor dem Andrang der französischen Heere wesentlich gemindert. Hoffnung und Wunsch, das linke Rheinufer für Deutschland zurück zu erwerben, erwachten mit neuer Stärke, und um so lebhafter auch die Erinnerung, daß Cleve und Geldern nicht förmlich abgetreten, sondern in Wahrheit noch Eigenthum Preußens seien. Eine ganze Reihe von

---

1) Vgl. die Schreiben des Ministeriums vom 12. und 26. September, und Sandoz' vom 17. September 1796.

2) Vgl. den Bericht Sandoz' vom 8. November 1796.

Noten ging darüber in den letzten Monaten des Jahres an das Directorium: Klagen und Beschwerden über das verderbliche Verfahren der französischen Commissare, über die Einziehung der geistlichen Güter, das Auferlegen großer Contributionen, die Verwüstung der Waldungen. Insbesondere war es eine Lindenallee in der Nähe von Cleve, deren Beschädigung beinahe den Krieg wieder entzündet hätte. Sandoz berichtet am 12. Januar 1797, Rewbell und Carnot seien aufs Aeußerste entrüstet. In der Weise, wie bisher, könne man den Schriftwechsel nicht mehr fortsetzen, wenn man nicht jede Verbindung abbrechen wolle; man möge doch nicht wegen so miserabler Streitigkeiten die großen Interessen der Monarchie gefährden. Wie aber ein festes Auftreten den Franzosen gegenüber gewöhnlich zum Ziel führte, so konnte er doch schon einige Tage später, am 17. Januar, berichten, daß wenigstens die ärgsten Beschwerden ungefähr so, wie man wünschte beseitigt seien.

Es war damals der günstige Zeitpunkt, mit Frankreich zu unterhandeln. Trotz der außerordentlichen Erfolge Bonapartes war Oestreich selbst in Italien noch keineswegs besiegt; die Niederlage der französischen Heere in Deutschland hatte einen nachhaltigen Eindruck hinterlassen; die inneren Zustände Frankreichs, die unsichere Stellung des Directoriums machten den Frieden dringend wünschenswerth. Wir haben gesehen, wie viel zu eben dieser Zeit Clarke Oestreich anzubieten beauftragt war; für die preußischen Verhandlungen wurde auch der Tod der Kaiserin Katharina ein günstiger Umstand, indem die lebhaft ausgesprochene Freundschaft Pauls I. den König aus seiner vereinsamten Stellung befreite und allen seinen Schritten größere Bedeutung gäb. Mitte Decembers, kurz nachdem das Ereigniß in Paris bekannt geworden war, hatte Sandoz darüber mit Carnot eine Unterredung. Der Director hob die Nachtheile hervor, die dieser Todesfall für den Kaiser, die günstigen Folgen, die er für Frankreich haben müsse; die Möglichkeit freundlicher Beziehungen mit Rußland sei jetzt gegeben, man würde dem König besonders verpflichtet sein, wenn er seinen Einfluß auf den neuen Czaren benutzen und die ersten Worte der

Annäherung ihm übermitteln wolle ¹). Wenige Tage später wurde ein Gegenstand von noch größerer Bedeutung angeregt. Carnot klagte über die Unzugänglichkeit des Kaisers: man habe den neapolitanischen Gesandten, Prinzen Belmonte bei seiner Abreise ersucht, in Wien für den Frieden zu wirken, aber der Erfolg sei ungewiß; eine Note könne das Directorium nicht mehr übergeben lassen, weil Oestreich gegen französische Schriftstücke zu große Gleichgültigkeit an den Tag lege. Er kam dann auf die deutschen Verhältnisse, äußerte aufs Neue den Wunsch, daß Preußen durch eine Bewegung gegen die östreichische Gränze sein Gewicht zu Gunsten des Friedens in die Wagschale werfe, und knüpfte daran den Vorschlag, der König möge zwischen dem deutschen Reich und der Republik als Vermittler auftreten. Er sei dann in der Lage, dem Einfluß des Kaisers gegenüber die Friedensbedingungen zu seinen Gunsten zu gestalten. Sandoz geht mit Lebhaftigkeit auf diesen Gedanken ein. Die Zurückhaltung Oestreichs, meint er, werde nur so lange dauern, bis Frankreich Baiern anbiete; dann werde der Kaiser zugreifen, sogleich die Sprache gegen Preußen in eine hochfahrend herrische verwandeln und Preußens Einfluß im Reich zu vernichten suchen. Dies könne nicht wirksamer verhindert werden, als wenn der König sich zum Vermittler des Friedens erkläre und in Verbindung mit den deutschen Fürsten die Bedingungen vorschreibe. Der Besitznahme Baierns durch Oestreich müsse man nöthigenfalls mit bewaffneter Hand sich widersetzen. „Ich fühle," fährt er fort, „daß sich viel dagegen sagen läßt; der stärkste Einwand ist, daß wir dem Kaiser versprochen haben, in den bairischen Tausch zu willigen. Man hegt sogar hier einigen Argwohn nach dieser Seite, und ich habe den Erstaunten und Ungläubigen gespielt, als man mir davon hat reden wollen. Gibt es ein Mittel, die Besitznahme zu verhindern, ohne förmlich unserem Versprechen untreu zu werden, so besteht es darin, sich des Friedens zu bemächtigen und unter der Hand den Widerwillen des Directoriums und beider Räthe gegen die

---

1) Vgl. Sandoz' Bericht vom 16. December 1796.

Preisgebung Baierns zu unterstützen. „„Helfen Sie uns den Kaiser schwächen,"" sagte mir noch vorgestern der Herr Boissy d'Anglas, „„indem Sie verhindern, daß man ihm Baiern überläßt¹).""

In Berlin war gleichwohl wenig Neigung, diesem Ansinnen leichthin Folge zu geben. Eine Vermittlung Preußens, erwiderte das Ministerium, verspreche keinen Vortheil, so lange die Absichten der streitenden Mächte so weit auseinander gingen. Es sei an Frankreich, den Weg zu ebnen, indem es seine Forderungen beschränke und so viel als möglich dem Besitzstand vor dem Kriege annähere. Für Deutschland könne der König in keinem Falle als Vermittler auftreten, wofern nicht die Integrität des Reiches vorher gesichert sei. Von einer Bewegung gegen Oestreich wollte man gar Nichts wissen; der König war schon sehr ungehalten, daß die Franzosen an verschiedenen Orten, insbesondere in Turin, das Gerücht ausstreuten, sie ständen mit Preußen im Bündniß²). „Ich weiß nicht," läßt er am 15. Januar 1797 schreiben, „auf welchen Grund hin der Herr Carnot Oestreich meinen Feind nennt. Ich habe doch sehr bestimmt für das System der genauesten Neutralität mich ausgesprochen, und Nichts berechtigt zu der Annahme, ich beabsichtige, mich davon zu entfernen." Die Franzosen ließen sich dadurch nicht abschrecken; sie brachten zunächst wieder die gewöhnlichen Mittel zur Anwendung, als diese erfolglos blieben, kamen sie wirklich einen Schritt entgegen. In einer Unterredung mit Haugwitz am 15. Februar eröffnete Caillard im Auftrage des Direcforiums: wenn Preußen die Vermittlung übernehmen wolle, so würde Frankreich dem Grundsatz seine Zustimmung geben, daß mit Ausnahme der durch Gesetz mit der Republik schon vereinigten Länder das Uebrige, was die Franzosen besetzt hielten, Gegenstand einer Verhandlung werden könne. Als Haugwitz erwiederte, der König müsse vorerst sicher sein, daß das Reich bei dem künftigen Frieden seine Integrität bewahre, gab

---

1) Vgl. Sandoz' Berichte vom 25. December 1796 und 12. Januar 1797.
2) Das Ministerium am 13. Januar 1797.

Caillard zu verstehen, von eigentlich deutschen Gebieten sei doch einzig das Bisthum Lüttich durch Gesetz mit der Republik vereinigt worden, in Betreff der übrigen würde man sich schon verständigen. Haugwitz machte noch den Einwand, daß in den Reichsfrieden auch der Kaiser einbegriffen sei, daß aber die preußische Vermittlung ganz gewiß erfolglos bleiben würde, wenn man nicht alle kriegführenden Theile, insbesondere auch England, hinzuziehen könne. Caillard schien von der Nothwendigkeit eines solchen Verfahrens, wenigstens wie Haugwitz meinte, überzeugt; er versprach, darüber an das Directorium zu berichten und neue Instructionen zu erbitten. „Immer ist es," schreibt Haugwitz am nächsten Tage an den König, „ein großer Fortschritt und ein unzweideutiger Beweis, wie nöthig Frankreich des Friedens bedarf, daß wir von seiner Seite das stillschweigende Zugeständniß erhalten, alle Eroberungen mit Ausnahme Lüttichs dem Reiche zurückzugeben[1]." Der König war ganz dieser Ansicht. „Ich bin sehr zufrieden", schreibt er eigenhändig zurück, „mit der festen Antwort, die Sie Caillard gegeben haben. Das ist der einzige Weg, auf dem man hoffen darf, zum Ziel zu gelangen."

Einige Zeit darauf, am 28. Februar, sprach Caillard seine Vorschläge auch schriftlich aus. Er klagt über England und den Kaiser, welche übermäßige Forderungen gestellt, alle Anerbietungen Frankreichs zurückgewiesen und dadurch den Frieden vereitelt hätten. Um den Preis Baierns würde Oestreich allerdings bald zu gewinnen sein; das Directorium habe lange gezögert und zögere noch, ein solches Zugeständniß zu machen; indessen um den Krieg nicht zu verewigen, werde endlich doch nichts Anderes übrig bleiben. Nur Preußen könne dies verhindern, wenn es, etwa in Verbindung mit Sachsen, durch energische Schritte in Wien den Kaiser zum Frieden bestimme. Er sei ermächtigt, zu erklären, daß Frankreich zwar die mit der Republik schon vereinigten Gebiete, die Niederlande, Lüttich, Savoyen und Nizza nicht wieder aufgeben könne,

---

[1] Vgl. die Schreiben des Ministeriums an Sandoz vom 17. Februar, und Haugwitz' an den König vom 16. Februar 1797.

das Uebrige aber als Gegenstand einer Verhandlung betrachte. Wie die französische Aufforderung, so hielt sich auch die preußische Antwort in den Gränzen des früher Besprochenen. Der König, schreibt man am 18. März zurück, nehme zwar die Erklärung des Directoriums mit Vergnügen auf, vermöge sie aber nicht für ausreichend zu halten. Nur wenn die Integrität des Reiches nicht blos Gegenstand der Verhandlung, sondern fest gesichert sei, werde er Friedensvorschläge, die von dieser Grundlage ausgingen, übermitteln. Bis dahin könne er allerdings in Wien, Petersburg und London die friedlichen Absichten der Republik und die Bedingungen, an welche die preußische Vermittlung geknüpft sei, zur Kenntniß bringen, müsse sich dabei aber auf allgemeine Ausdrücke beschränken.

So weitgehend diese Forderungen sind, man mochte doch in Berlin einen günstigen Erfolg erwarten, wenn man Sandoz' Berichte, die eben eingelaufen waren, vor Augen sah. Die öffentliche Meinung, schreibt er am 20. Februar, neige durchaus zum Frieden und zu mäßigen Bedingungen; selbst in der Regierung gewinne sie das Uebergewicht. Carnot und Letourneur, dazu sämmtliche Minister, mit Ausnahme Delacroix' und des Marineministers Truguet, seien bereit auf das linke Rheinufer zu verzichten. Auch Rewbell, heißt es einige Tage später[1]), und somit die Mehrheit des Directoriums sei jetzt für diese Ansicht gewonnen; wolle nur Preußen ohne Verzug die Vermittlung übernehmen, so werde man in Paris jeder Vergrößerung auf Kosten des Reiches entsagen. „Der Vortheil, die bedeutendsten Mitglieder des Directoriums so gestimmt zu wissen," fährt Sandoz fort, „noch nicht genügend. Ich habe mich auch an die einflußreichsten Mitglieder beider Räthe gewandt, an Portalis im Rath der Alten, an Cambacérès unter den Fünfhundert. Alle Beide waren vollkommen einig über dies Prinzip. Der erstere hat mir offen erklärt, wenn mein Vorschlag Schwierigkeiten oder Widerspruch erführe, so möge ich mich an ihn wenden; er werde dann,

---

1) Vgl. den Bericht vom 25. Februar 1797.

indem er mir das strengste Geheimniß bewahre, in beiden Räthen einen Antrag stellen und die Frage im bejahenden Sinn entscheiden lassen. „„Es koste, was es wolle,"" fügte er wörtlich hinzu, „„wir wollen einen edelmüthigen und dauerhaften Frieden, und die Vereinigung Belgiens mit Frankreich ist mehr als hinreichende Entschädigung für uns."" Sandoz ist denn auch durchaus der Ansicht, der König möge auf die Vermittlung eingehen und etwa in einem offenen Briefe dem Directorium davon Kenntniß geben. Dieser würde in Frankreich den besten Eindruck machen und den Kaiser in die Lage versetzen, daß er nicht ohne großen Nachtheil die preußische Vermittlung zurückweisen könne.

In Berlin wurden diese Berichte mit lebhafter Freude aufgenommen; sie erregten sogar die Hoffnung, der Erbstatthalter könne in Holland wieder eingesetzt werden. Nur war man doch vorsichtig genug, den von Sandoz angerathenen offenen Brief zu verschieben, bis erst bestimmtere Anträge aus Paris eingetroffen seien[1]). Und diese Vorsicht war wohl angebracht. Es scheint, daß Sandoz' Berichte mehr seinen Wünschen, als den wirklichen Verhältnissen entsprachen, oder daß man ihn durch schöne Worte zu gewinnen suchte. Für die Franzosen blieb immer das wesentliche Ziel, Preußen zunächst in eine vermittelnde, dann in eine gegen Oestreich feindliche Stellung zu bringen, gerade so, wie sie von anderer Seite her den Sultan zu einer Vermittlung und einem Druck auf den Kaiser zu bestimmen suchten. Das linke Rheinufer zurückzugeben, war die herrschende Partei, insbesondere Rewbell, schwerlich geneigt, wenigstens nicht anders, als unter dem Drucke der äußersten Noth.

Nun trafen aber aus Italien, bald auch aus den deutschen Provinzen Oestreichs ununterbrochen die Nachrichten von neuen glänzenden Erfolgen Bonapartes ein. Man kann denken, daß sie die Nachgiebigkeit der Franzosen nicht erhöhten und ihre Ansprüche nicht verminderten. Die preußische Antwort an Caillard erregte großes Mißvergnügen; man begriff nicht, warum der König so

---

[1]) Vgl. das Schreiben des Ministeriums an Sandoz vom 6. März 1797.

lange zögere, die Vermittlung zu übernehmen ¹). Von den Be=
dingungen Preußens redete man nicht, nur immer heftiger drängte
Carnot, daß endlich eine energische Bewegung gegen die östreichische
Gränze vorgenommen würde.

Zu diesem Zweck wußte man einen an sich geringfügigen
Vorgang in französischer Weise auszubeuten. Bei dem Vordringen
nach Kärnthen waren dem General Bonaparte einige Briefe in die
Hände gefallen, die von neapolitanischen Diplomaten aus Peters=
burg an ihren Hof gerichtet wurden. Es war darin von einer
Veränderung in der Stimmung des Kaisers Paul die Rede; er
sei gegen Preußen erbittert, mit Oestreich wieder aufs engste
verbunden, und die Tripelallianz zwischen beiden Mächten und
England bestehe noch in voller Kraft. Dem preußischen Ministerium
waren Schwäche und Hinneigung zu Frankreich vorgeworfen, auch
insbesondere gegen Sandoz einige Ausfälle beigefügt. Kaum hat
Delacroix die Briefe erhalten, als er Sandoz zu einer Conferenz
einladen läßt, um Dinge von der höchsten Wichtigkeit ihm mit=
zutheilen. Er legt die Briefe vor; jetzt, meint er, werde der
König nicht mehr anstehen, geeignete Maßregeln für die Ruhe und
Sicherheit seiner Staaten zu ergreifen. Denn die beiden Kaiser=
höfe seien eben so sehr gegen ihn, als gegen Frankreich verschworen.
Niemals, setzte er hinzu, gab es für Preußen eine so günstige
Gelegenheit, sich zu erklären. Der König von Preußen dictirt
den Frieden, ja, ich sage mehr im Namen des Directoriums:
es steht bei ihm, den ersten Platz in Deutschland einzunehmen,
sich Hannovers zu bemächtigen und die Kaiserkrone aufzusetzen²).

Sogleich wurden die Briefe nach Berlin geschickt, Caillard
wollte sie in besonderer Audienz dem König überreichen und wurde
nur mit Mühe von Haugwitz zurückgehalten. Dagegen ließ er
sich nicht nehmen, mit pomphaften Worten in einer eigenen Note
auseinander zu setzen, was Delacroix schon dem Gesandten vor=

---

1) Vgl. Sandoz' Bericht vom 3. April 1797.
2) Vgl. Sandoz' Bericht vom 7. April.

getragen hatte[1]). Er knüpfte daran die Aufforderung, der König solle einen Theil seines Heeres mit der französischen Armee vereinigen und gemeinsam mit Frankreich dem Kaiser den Frieden vorschreiben.

Wäre es nur auf Sandoz angekommen, vielleicht daß die Franzosen ihren Willen erhalten hätten. Denn dieser leicht bewegliche Mann hörte nicht auf, unter allen Bedingungen eine enge Verbindung mit Frankreich zu empfehlen. Selbst das Aufgeben des linken Rheinufers würde ihm keine große Sorge gemacht haben; er wünschte vor Allem, daß die Uebereinkunft vom 5. August zur Ausführung gelange. Aber in Berlin war man anderer Ansicht. „Ich komme", läßt der König am 10. April ihm antworten, „von Neuem auf die Rückgabe des linken Rheinufers, welche ich zur wesentlichen Vorbedingung meiner Vermittlung für den Frieden gemacht habe. Auffällig war mir, daß Sie den Wunsch aussprechen, die geheime Uebereinkunft vom 5. August möchte zur Ausführung kommen. Ich weiß, es ist Ihr Eifer für die Größe meiner Monarchie, der Ihnen dies Gefühl eingibt, aber ich bin weit entfernt, es zu theilen, und wünsche Nichts, als die Herstellung des Friedens auf der Grundlage der Reichsintegrität, der Erhaltung Baierns für seine rechtmäßigen Herren und der Wiedereinsetzung des Hauses Oranien in Holland. Ganz abgesehen von den endlosen Schwierigkeiten, welche die Ausführung der geheimen Artikel dem Frieden in den Weg legen würde, abgesehen von der gefährlichen Umwälzung, welche in Deutschland daraus erfolgen müßte, sogar die Rücksicht auf das gute Einvernehmen zwischen mir und der Republik flößt mir den lebhaften Wunsch ein, daß sie meinen Gränzen nicht zu nahe komme. Ich kann mir die Gefahren nicht verbergen, die unumgänglich aus der Nachbarschaft einer so unruhigen und furchtbaren Macht entstehen müßten. Ich betrachte deshalb die Zulassung jener Prinzipien

---

[1] Vgl. Haugwitz' Aeußerungen am 15. April bei Uebersendung der Briefe an die übrigen Minister und den Bericht der Minister an den König vom 22. April. Dazu das Schreiben Delacroix' an Caillard vom 6. April und Caillards Note vom 16. April 1797. im preußischen Staats-Archiv.

als ein großes Unglück, und obgleich ich mich ihr nicht widersetzen kann, so erfordern doch meine wesentlichsten Interessen, alle Mittel der Unterhandlung und Ueberredung anzuwenden, um wo möglich Frankreich selbst davon abzubringen."

Den von Bonaparte aufgefangenen Briefen legte man gar kein Gewicht bei; Haugwitz bemerkt schon, als er sie den übrigen Ministern zuschickt, sie scheinen sehr stark aufzutragen und bringen nicht einmal etwas Neues. Dagegen konnte man nur zu leicht sich überzeugen, was von der französischen Aufrichtigkeit zu halten sei. Aus Paris hörte man, daß Delacroix ohne Anstand verschiedenen Gesandten zu verstehen gab, Frankreich habe sich mit Preußen völlig geeinigt; von anderer Seite lief aus Turin die Nachricht ein, daß Clarke und sein Secretär Perret in der Unterhandlung mit Gherardini wiederholt sich dahin aussprächen, das Directorium könne nur mit Abneigung und Besorgniß die preußische Macht in Deutschland sich vergrößern sehen. Sehr unwillig empfand man auch, daß die Franzosen noch immer nicht abließen, Preußen zum Krieg gegen Oestreich zu reizen und das Aufgeben Baierns als ein unumgängliches Zugeständniß zu bezeichnen, da doch nach den Erfolgen des letzten Feldzuges die Bedingungen des Friedens in ihrer Hand lägen und die Verhandlungen mit dem Kaiser vielleicht schon dem Abschluß sich näherten[1]).

Zu diesen Verhandlungen müssen wir uns zurückwenden.

Preußen hatte das in der Note vom 18. März gegebene Versprechen erfüllt. Schon am folgenden Tage war an Caesar ein Schreiben abgegangen, das ihm und Thugut von den Wünschen des Directoriums und von den Bedingungen, an welche der König seine Vermittlung knüpfte, Nachricht gab. Es ist unzweifelhaft, daß der östreichische Minister nichts weniger wünschte, als eine Einmischung Preußens in die Friedensverhandlungen; hatte doch schon vor zwei Jahren der Kaiser nur mit Widerstreben dem Verlangen des Reichstags sich gefügt. Gleichwohl meinte Caesar

---

1) Vgl. das Schreiben des Ministeriums an Sandoz vom 24. April.

zu bemerken, daß die entschiedene Erklärung des Königs zu Gunsten der Reichsintegrität einen sehr guten Eindruck hervorgerufen habe. Als er am 26. März von dem preußischen Anerbieten Kenntniß gab, erbat der Minister sich zunächst einige Zeit, um eine so wichtige Angelegenheit in Erwägung zu ziehen und dem Kaiser Mittheilung zu machen; wenige Tage später, am 2. April, sprach er die Absicht aus, mit Oestreichs Verbündeten Rath zu nehmen, wies übrigens die Sache nicht von der Hand. In Wien war bei der bedrängten Lage die allgemeine Stimme für die preußische Vermittlung; selbst Thugut, berichtet Caesar, habe dem englischen Gesandten gesagt, man sehe nun doch, daß der König rücksichtlich der Rheingränze Frankreich gegenüber nicht gebunden sei und seinem Vortheil gemäß für oder gegen die Integrität des Reiches sich aussprechen könne. Wäre das eigentliche Verhältniß Preußens zum Directorium bekannt gewesen, vielleicht daß die deutschen Mächte sich geeinigt und großes Unheil unserem Vaterlande erspart hätten. Leider ging die Entscheidung doch wieder nach der entgegengesetzten Seite, wenn man Caesars Berichten glauben dürfte, in Folge eines eigenthümlichen Zwischenfalls.

Es ist erinnerlich, wie nach dem Tode der Kaiserin Katharina die Gesinnungen des russischen Hofes zu Gunsten Preußens sich veränderten. Paul I. ließ dem Könige sogleich die wärmsten Freundschaftsversicherungen übermitteln und schien seine Politik durchaus mit der preußischen vereinigen zu wollen. Dies entschiedene Entgegenkommen blieb von Seiten des Königs nicht unerwiedert; als ein Beweis des engsten Vertrauens wurden sogar die geheimen Artikel des Vertrages vom 5. August dem Czaren mitgetheilt. Aber dieser Schritt hatte ganz andere Folgen, als man erwartete. Paul nahm die Mittheilung sehr unfreundlich auf, fand in dem Vertrage einen Beweis der Schwäche und Treulosigkeit und wandte sich, seinem leidenschaftlichen Charakter entsprechend, gerade nach der entgegengesetzten Seite. Seine Mißstimmung gegen Preußen wurde unverkennbar; sie ist es, die eben jene von Bonaparte aufgefangenen Briefe veranlaßt hatte;

der Graf von Dietrichstein, damals als außerordentlicher Gesandter in Petersburg, sah sich augenscheinlich bevorzugt, und wie man ihn kennt, ist anzunehmen, daß er Pauls Unwillen gegen Preußen nicht gemildert habe. Es kam dahin, daß auch ihm und Cobenzl von den geheimen Artikeln Kenntniß gegeben wurde, und sie beeilten sich, durch einen Courier Thugut davon zu benachrichtigen. Am Palmsonntag, dem 9. April, als eben Merveldt und Bellegarde aus dem französischen Lager zurückkehrten, soll auch diese Botschaft nach Wien gelangt sein und in Bezug auf die preußische Vermittlung den Ausschlag gegeben haben. Ein Mitglied der englischen Gesandtschaft suchte einige Tage später Caesarn auf und beklagte aufs lebhafteste die plötzlich eingetretene üble Wendung. Der günstige Eindruck, welchen die preußische Erklärung hervorgerufen habe, sei verwischt; man glaube, Preußen beabsichtige nichts Anderes, als den Umsturz der Reichsverfassung und die Schmälerung der Reichsgränzen; das ganze Mißtrauen des Wiener Hofes, der schon die Vermittlung Preußens unter den gegenwärtigen Verhältnissen habe anrufen wollen, sei in alter Stärke wieder erwacht [1]).

Ich wiederhole, das war der Lauf der Ereignisse, wie Caesar ihn darstellt. Er findet einige Bestätigung in dem Umstande, daß Thugut gerade am 9. April eine entscheidende Antwort an den Grafen Cobenzl abgehen ließ. Gleichwohl kann Caesars Bericht zum Beweise dienen, wie vorsichtig auch die scheinbar sichersten Zeugnisse aufzunehmen sind. Immerhin mag Cobenzls Courier am Palmsonntage eine Mittheilung über den Augustvertrag und dessen Aufnahme in Petersburg überbracht haben. Aber die erste Nachricht von diesen Ereignissen hat er nicht überbracht, Thugut war davon bereits unterrichtet, ehe nur der preußische Vermittlungsvorschlag von Berlin abgehen konnte. Es erhellt dies mit Sicherheit aus einem Briefe Sir Morton Edens an

---

[1]) Vgl. Caesars Berichte an das Ministerium vom 28. März, 3. April, 12. April und das Schreiben des Ministeriums an Caesar vom 17. März 1797.

Lord Grenville vom 15. März. Schon an diesem Tage gibt der englische Gesandte seinem Minister in Thuguts Auftrage von den Vorgängen in Petersburg genaue Nachricht[1]). Thuguts Stellung zu dem preußischen Anerbieten hat also durch die Kenntniß des Augustvertrages gar nicht verändert werden können. Daß sie dadurch im Voraus bestimmt oder wenigstens befestigt sei, unterliegt freilich keinem Zweifel, nur würde man doch zu weit gehen, wollte man darin, wie Caesar, das einzig entscheidende Moment erblicken. Thugut hatte ohnehin Gründe genug, jede Einmischung Preußens in die Friedensverhandlungen zu scheuen. Auch wird in jener Depesche vom 9. April, welche Cobenzl das preußische Anerbieten zur Kenntniß bringt und es zugleich mit heftigen Worten zurückweist, der Vertrag vom 5. August, so weit ich mich erinnere, nicht besonders hervorgehoben. Thugut meint, die Vermittlung des Königs sei nur angeboten, um vor England und Deutschland in besserem Lichte zu erscheinen. Die Reichsintegrität werde Preußen allein in der Wiederherstellung der äußeren Gränzen suchen, nicht in der Fortdauer der Verfassung. Unbedingt vertraue der Kaiser der Gerechtigkeit und Freundschaft seines russischen Verbündeten, er werde gern jedes Mittel der Versöhnung zur Anwendung bringen, das der russische Hof mit dem Ruhm und den Interessen des Kaisers für vereinbar erachte; aber nichts könne betrübender sein, als wenn das Berliner Cabinet sich durch Einmischung in die Verhandlungen wirksame Mittel sichere, seinem eingewurzelten Haß gegen Oestreich Raum zu geben und seine Ländergier durch neue Erwerbungen zu befriedigen. Am Besten sei es, der Petersburger Hof biete seine Vermittlung an; dadurch werde der zudringlichen Einmischung Preußens ein Riegel vorgelegt, oder sein Einfluß, wenn man es nicht ausschließen könne, wenigstens in Schranken gehalten.

Auch eine folgende Depesche vom 30. April, welche den

---

1) Die Kenntniß dieser Depesche verdanke ich der zuvorkommenden Güte E. Herrmanns, eben da ich diesen Bogen der letzten Verbesserung zu unterwerfen habe.

Inhalt der Präliminarien mittheilt und zu rechtfertigen sucht, schließt mit der Bemerkung: vornehmlich müsse man jetzt gegen Preußen und die Türkei auf der Hut bleiben. Der Kaiser Paul möge doch in Berlin wie in Constantinopel ankündigen, daß er jeder gegen Oestreich gerichteten Maßregel sich widersetzen würde; sehr wünschenswerth sei die Aufstellung eines Hülfcorps in Böhmen oder Mähren, um Preußen und Franzosen in Achtung zu halten und auf den Abschluß des Friedens günstig einzuwirken. Durchaus müsse Preußen den Unterhandlungen fern bleiben, denn es beabsichtige nichts Anderes, als die Zertheilung des Reichs[1]).

Nach dem, was in den letzten Jahren vorgegangen, nach der Ansicht, die über das Verhältniß Preußens zu Frankreich sich gebildet hatte, ist Thuguts Stimmung zu erklären, aber deßhalb nicht minder zu bedauern. Denn es begegnet eben hier der seltene Fall, daß die wahren Absichten beider Staaten sich mit einander vereinigen ließen. Preußen wünschte wie Oestreich die Integrität des Reiches zu behaupten, auch gegen die Entschädigung des Kaisers in Italien hätte es schwerlich etwas eingewendet, weil dadurch die lästige Verbindlichkeit in Bezug auf den bairischen Tausch gehoben wäre[2]). Beide Staaten vereinigt hätten damals unzweifelhaft die deutsche Gränze behaupten und die Präliminarien von Leoben zur Ausführung bringen können. Daß sie getrennt und mißtrauisch einander gegenüberstanden, wurde noch

---

1) Vgl. die Depeschen vom 9. und 30. April im Oestr. Staats-Archiv. Bruchstücke finden sich bei Danilefski-Miliutin, Der Krieg von 1799, I, 319 und 321. Der Depesche vom 30. April gehört auch das Bruchstück an, das Miliutin oder sein Uebersetzer irrig vom 11. Mai (30. April alten Styls) datirt. Eine Depesche Thuguts an Cobenzl vom 11. Mai 1797 findet sich nicht.

2) Bei Daru (Histoire de Venise, V, 264) findet sich ein Bericht des venetianischen Gesandten Querini aus Paris vom 23. December 1796: Sandoz habe ihm in beinahe aufbringlicher Weise den Beistand Preußens und eine Garantie des venetianischen Gebietes gegen die gefährlichen Gelüste Oestreichs angeboten; die Mémoires d'un homme d'Etat, IV, 222, lassen ihn sogar für eine Hülfsarmee von 20,000 Mann 20 Millionen fordern. Ein solches

für viele Jahre das Unheil Deutschlands und zunächst das Unheil der Verhandlungen, welche im folgenden Buche darzustellen sind.

Anerbieten widerspricht aber durchaus dem Geiste der preußischen Politik, auch wird es, soweit ich mich erinnere, in Sandoz' Briefwechsel gar nicht erwähnt. Sollte der Gesandte derartige Reden geführt haben, so handelte er gewiß nicht im Auftrage seines Ministeriums.

Drittes Buch.
Der Friede von Campo Formio.

Erstes Kapitel.

Die Uebereinkunft zu Montebello am 24. Mai 1797.

Die Unterhandlungen, welche dem Frieden von Campo Formio vorhergingen, muß ich nach der Wichtigkeit ihres Gegenstandes, nach dem Charakter der Personen, welche dabei betheiligt waren, und der Ereignisse, welche darauf einwirkten, für die merkwürdigsten halten, die jemals zu meiner Kenntniß gekommen sind. Es ist nicht die Schuld der hier zuerst benutzten Documente, wenn die folgenden Abschnitte meiner Erzählung nicht einige Theilnahme sich gewinnen sollten.

Ich habe gezeigt, daß die Präliminarien von Leoben für Oestreich und Deutschland günstiger lauteten, als nach einem so schweren, unglücklichen Kriege sich erwarten ließ. Wären sie nur ihrem vollen Inhalte nach zur Ausführung gekommen! Aber man könnte den Vorzug beinahe für einen Fehler halten. Denn sobald die Verhältnisse, unter denen sie abgeschlossen wurden, nicht mehr bestanden, mußte der Gegner sich versucht fühlen, an den Bestimmungen des Vertrages Aenderungen vorzunehmen. Schon in der Depesche an Cobenzl vom 30. April spricht Thugut diese Befürchtung aus; unheilvoller, als er sich vorstellen konnte, ging sie in Erfüllung. So manche Vortheile aus den Präliminarien für den französischen Heerführer erwuchsen, sie konnten ihm doch nicht völlig genehm sein. Bourrienne, sein Jugendfreund, der am Tage nach dem Abschluß im Hauptquartiere eintraf, fand ihn keineswegs mit dem, was er erlangt hatte, zufrieden; er verbarg nicht, daß er ungern den Zug gegen Wien aufgegeben habe. Schon seit diesem Tage kreuzen sich neue Entwürfe, immer weniger mit dem Inhalt der Präliminarien vereinbar. Der Brief, den er am 22. April an das Directorium richtet, gibt davon Zeugniß. Die Präliminarien, schreibt er, seien in Wahrheit nur eine erste Besprechung zwischen zwei Mächten, die seit sechs Jahren, die Waffen in der Hand, sich als unversöhnlich betrachtet hätten. Beim Definitivfrieden könne man nach Gutbefinden ändern, einstweilen habe man wenigstens dem Kaiser gegenüber eine günstige Stellung erlangt. Das beste Mittel sei jetzt, zur Unterstützung der Verhandlungen noch 30,000 Mann nach Italien zu schicken; dadurch würde man wahrscheinlich die Rheingränze oder etwas Aehnliches, und die drei Legationen für die lombardische Republik erhalten.

Seine Unzufriedenheit wuchs, als er wenige Tage später erfuhr, die Armeen am Rhein hätten den Fluß überschritten und auf dem rechten Ufer bedeutende Erfolge erlangt. Bourrienne erzählt, die Nachricht habe ihn dermaßen aufgeregt, daß er einen Augenblick Willens gewesen sei, unter irgend einem Vorwande die Verhandlungen abzubrechen; nur mit Mühe haben Berthier und andere Generale ihn davon abgehalten[1]). An die Erfüllung des Vertrages war seitdem nicht mehr zu denken.

In ähnlicher Weise verfuhr das Directorium. Bei allem Widerwillen gegen die Präliminarien wagte es doch nicht, die Zustimmung zu verweigern, aber ebenso wenig war es geneigt, an ihren Inhalt sich zu binden. Schon die Form der Veröffentlichung ließ vermuthen, man werde das Zugeständniß der gesetzlichen Gränzen über seine eigentliche Bedeutung ausdehnen. Bestimmte Pläne zeigen sich wenige Tage später in der Instruction für Bonaparte und Clarke, welche am 6. Mai gemeinschaftlich zu Bevollmächtigten für den Frieden ernannt wurden. Man wünschte

---

1) Mémoires de Bourrienne, I, chap. XI, Brüssel, 1829, nur ist es offenbar irrig, wenn dort angegeben wird, Bonaparte habe die Nachricht am 20. April, beim Rückmarsch des Heeres auf einer Insel im Tagliamento erhalten.

vor Allem den lästigen Congreß in Bern zu umgehen und nach dem alten System der französischen Politik durch Einzelverhandlungen mit dem Kaiser das Ziel zu erreichen. Als solches tritt gleich wieder der Besitz des linken Rheinufers hervor; besonders wünschenswerth scheint es zu diesem Zwecke, den Kaiser dahin zu bringen, daß er seine Truppen aus den rheinischen Festungen und aus dem Reiche in die Erbstaaten zurückziehe; nicht eher, als dies geschehen, sollen die Entschädigungen in Italien den östreichischen Truppen eingeräumt werden. Eine Vergrößerung in Deutschland darf dem Kaiser nicht zu Theil werden, wenn er nicht ein Gebiet von gleichem Werthe in Italien sich abziehen läßt. Sie wäre schon deßhalb gefährlich, weil der König von Preußen dann ähnliche Ansprüche erheben würde. In Bezug auf Venedig wird die Grundlage der Präliminarien zwar im Allgemeinen noch anerkannt, jedenfalls soll aber die Stadt durch eine demokratische Verfassung dem französischen Einfluß unterworfen, oder mit der lombardischen Republik vereinigt, oder wenigstens des versprochenen Besitzes der Legationen nicht theilhaftig werden. Im Uebrigen bleiben die Einzelnheiten Bonaparte und Clarke überlassen, die an Ort und Stelle Alles am Besten erwägen könnten[1]).

Der Einzige, welcher die Ausführung der Präliminarien so genau und so rasch als möglich wünschen mußte, war der Kaiser. Wir sahen denn auch, wie bald die Genehmigung erfolgte. Wenige Tage darauf, am 24. April, werden Merveldt und de Gallo zu Bevollmächtigten ernannt, der Eine, um die Räumung der östreichischen Provinzen zu überwachen, der Andere, um die politischen Maßregeln zur Ausführung der Präliminarien zu vereinbaren[2]).

De Gallo hatte noch vor dem 28. April zu Gratz eine Unterredung mit Bonaparte, dem er die Gesinnungen des Kaisers auseinandersetzte und die Geneigtheit kund gab, schon vorläufig in

---

1) Vgl. Correspondance inédite IV, 15.
2) Vgl. die Vollmachten im Oestr. Staats-Archiv und Bonapartes Brief vom 22. April in der Correspondance de Napoléon, III, 1.

einer italiänischen Stadt über die wichtigsten Punkte, welche dereinst an den Congreß gelangen könnten, sich zu einigen. Diese Unterredung ist später zum Gegenstande heftigen Streites geworden; denn Bonaparte behauptete, der Kaiser habe durch sein Anerbieten auf einen der wesentlichsten Artikel der Präliminarien, auf die Berufung des allgemeinen Congresses in Bern Verzicht geleistet und zu einem besonderen Friedensschluß mit Frankreich sich verpflichtet. Vom Wiener Cabinet wurde diese Auffassung mit Entschiedenheit zurückgewiesen; niemals, sagte man, habe der Kaiser den Congreß in Bern aus dem Auge verloren, wenn er auch gern bereit gewesen sei, die Zeit, die bis dahin verstreichen mußte, zu vorläufigen Besprechungen zu benutzen. Daß diese Auffassung thatsächlich die richtige ist, läßt sich nicht bezweifeln. Selbst aus dem Briefe Bonapartes vom 30. April erkennt man, daß zu Graz eine förmliche Verhandlung gar nicht stattgefunden hat, also noch weniger ein diplomatisch wirksamer Verzicht geleistet werden konnte. Wer nur einigermaßen verfolgt hat, wie Napoleon in solchen Dingen zu verfahren pflegte, weiß, wie leicht es ihm wurde, Aeußerungen eines Gegners seinen Absichten und Wünschen gemäß zurechtzulegen. Bei den späteren Verhandlungen (am 29. August) gab de Gallo selbst, Bonaparte gegenüber, ohne daß dieser etwas hätte erwidern können, die bestimmteste Erklärung, daß vom Aufgeben des Congresses und von anderen als vertraulichen Besprechungen in Graz niemals Rede gewesen sei. Dem Wiener Cabinet geschieht indessen schwerlich Unrecht, wenn man annimmt, daß Thugut vor Sonderverhandlungen nicht zurückgeschreckt wäre, hätte er hoffen dürfen, in solcher Weise rasch und sicher die Ausführung der Präliminarien oder noch günstigere Bedingungen zu erhalten. Statt dessen nahmen aber die italiänischen Angelegenheiten eine Wendung, die den Wiener Hof mit der ernstesten Besorgniß erfüllen mußte. Sobald der Waffenstillstand mit Oestreich ihm freie Hand gab, hatte Bonaparte die ganze Heftigkeit seines Zornes gegen Venedig gewendet. Schon am 9. April richtete er an den Senat eine Note, welche über den Mord französischer Bürger in drohendem Tone sich beschwerte.

Der Inhalt der Präliminarien verpflichtete ihn dann gewissermaßen zu Feindseligkeiten gegen die Republik, und ein blutiger Aufstand, der am 17. April gegen die französischen Truppen in Verona ausbrach, gab ihm den erwünschten Anlaß. Nicht die demüthigsten Bitten und Versprechungen konnten ihn besänftigen; am 3. Mai erließ er aus Palmanova eine Kriegserklärung gegen die rathlose, beinahe wehrlose Regierung, und wenige Tage reichten hin, das ganze venetianische Festland in seine Gewalt zu bringen. Der Sieger wartete den Ausgang nicht einmal ab, er begab sich weiter nach Mailand und nahm auf dem nahen Lustschlosse Montebello seinen Wohnsitz. Hier schloß er am 16. Mai, gerade an dem Tage, an welchem eine französische Division Venedig besetzte, mit den Abgesandten des schon vernichteten Staatswesens zum Scheine noch einen Vertrag ab[1]), der die vielhundertjährige aristokratische Verfassung in eine demokratische verwandelte oder in Wahrheit Hauptstadt und Gebiet den Händen der Franzosen überlieferte. Sogleich wandte er sich dann zur Bildung der italiänischen Republik. Aus seinen Briefen ersieht man, daß die Stimmung der Bevölkerung ihm keineswegs entgegenkam, aber dem eisernen Willen, dem unvergleichlichen Organisationstalent dieses Mannes mußte jedes Hinderniß sich fügen. Nicht lange, und der neue Staat war wenigstens der Form nach ins Dasein gerufen, freilich im Wesentlichen immer von der Willkür seines Stifters abhängig.

Unterdessen war aus Paris am 14. Mai die Ratification der Präliminarien nebst der Vollmacht für Bonaparte eingetroffen, wenige Tage später kamen auch Merveldt und kurz nach ihm de Gallo an. Merveldt kehrte in Folge eines Gespräches über die Räumung von Triest nach Wien zurück, mit de Gallo begann eine Verhandlung. Und hier scheint es nun, daß der friedliebende, geschmeidige, aber nicht eben starkgesinnte Diplomat völlig dem Einfluß seines gewaltigen Gegners unterlegen ist. Ein übler Umstand, der schon in Leoben von Thugut vorhergesehen und von Bonaparte

---

[1]) Vgl. Correspondance de Napoléon, III, 49.

aufs geschickteste benutzt wurde, lag noch darin, daß de Gallo als neapolitanischer Gesandter immer besondere Zwecke, vornehmlich die Erwerbung der Mark Ancona für seinen Herrn, im Auge behielt. Ohne zu berücksichtigen, daß er gar nicht die nöthige Vollmacht besitze, ließ er sich am 24. Mai zu einer Uebereinkunft verleiten, die in Allem den Wünschen der Franzosen genehm war. Danach wollte man am nächsten Tage die Unterhandlungen zwischen Frankreich und Oestreich in Montebello eröffnen und vor dem Anfange des Reichscongresses zu Ende führen, aber vorerst Alles noch geheim halten und selbst dem gesetzgebenden Körper in Frankreich nur nach gemeinsamer Uebereinkunft zur Kenntniß bringen (Art. 1). Die Verhandlungen mit dem Reich sollten am 1. Juli in Rastatt ihren Anfang nehmen (Art. 2), und keine fremde Macht zugezogen werden; der Kaiser könne dann mit Genehmigung der Republik durch einen Artikel des Definitivfriedens sich als Vermittler zwischen seinen Verbündeten und Frankreich anbieten (Art. 3). Man sieht, es ist genau das, was Bonaparte und das Directorium wünschten; de Gallo machte nur den Vorbehalt, die letzte Bestimmung innerhalb vierzehn Tagen dahin verändern zu können, daß zu dem Congreß in Rastatt auch die Verbündeten des Kaisers und der französischen Republik eingeladen würden [1].

Die eigentliche Bedeutung dieses Vorgangs erkennt man noch besser aus einem Briefe, den Bonaparte wenige Tage später (am 27.) an das Directorium richtet. Gleich in der ersten Besprechung hatte man sich über einen Entwurf geeinigt, nach welchem Frankreich die Rheinlinie für sich, und in Italien Mantua, Brescia und das Gebiet bis zur Etsch für die neue Republik in Besitz nahm. Dafür sollte der Kaiser durch das Venetianische mit der Hauptstadt, und in Deutschland durch Salzburg und Passau entschädigt werden; für Cleve wollte man Preußen einen Ersatz, oder, wenn es zu hohe Ansprüche erhöbe, die Rückgabe anbieten, im Uebrigen das Reich in seinem Bestande erhalten. „Die deutsche

---

[1] Vgl. den Vertrag in der Correspondance de Napoléon, III, 63.

Reichsverfassung umstoßen", bemerkt Bonaparte, „heißt die Vor=
theile Belgiens und der Rheingränze einbüßen, heißt zehn oder
zwölf Millionen Einwohner zwei Mächten überliefern, denen wir
in gleichem Grade mißtrauen. Wenn die deutsche Reichsver=
fassung nicht bestände, man müßte sie für unseren Vortheil erst
erschaffen."

„Venedig", fährt er fort, „geht rückwärts seit der Entdeckung
des Caps der guten Hoffnung und dem Emporkommen von Triest
und Ancona. Es wird die Schläge, die wir ihm beibringen,
schwerlich überdauern. Die Bevölkerung ist unbrauchbar, feig,
durchaus nicht geschaffen für die Freiheit, ohne Land, ohne
Wasser; es scheint natürlich, daß sie denen überliefert wird, denen
wir das Festland geben."

„Wir nehmen alle Schiffe, leeren das Arsenal, führen alle
Kanonen mit, zerstören die Bank und behalten Corfu und Ancona
für uns. Corfu wird durch den Vertrag uns zugesichert, Ancona,
das wir schon im Besitz haben, wird alle Tage furchtbarer; wir
behalten es, bis es durch den Wechsel der römischen Angelegen=
heiten unwiderruflich uns überliefert wird."

Dieser Brief ist deßhalb so merkwürdig, weil er die letzten
Ziele Bonapartes schon beinahe vollständig ausspricht. Die folgen=
den Ereignisse geben nur die Geschichte, wie er seinen Willen
dem Widerstande der Italiäner, des Kaisers, der Parteien in
Frankreich, ja seiner eigenen Regierung zum Trotze dennoch im
Wesentlichen zur Ausführung bringt. Man muß gerade an dieser
Stelle recht lebhaft empfinden, wie schwer es einem Deutschen
wird, die Geschichte dieses und der folgenden Jahre zu be=
schreiben, weil die Gestalt des Gegners so weit jedes gewöhnliche
Maß überragt, daß Alles, was von Personen in seiner Nähe sich
bewegt, dagegen zwerghaft erscheint, daß die Handlung im Wesent=
lichen immer von ihm ausgeht, und das höchste Interesse unab=
weislich auf ihn sich vereinigen muß.

Damals freilich glaubte er nicht einmal, daß so viele Schwie=
rigkeiten ihm entgegenständen; er hoffte in einigen Wochen
den Frieden zum Abschluß zu bringen. Ueber Thugut hegte oder

äußerte er wenigstens eine sehr geringe Meinung. „Das Wiener Cabinet, schreibt er, steht bis auf diese Stunde unter der Leitung eines einzigen Mannes, wie es scheint, wenig geschickt, entsetzlich langsam, ohne alle Voraussicht, und bei jeder Gelegenheit abschweifend. Er befolgt nicht einmal ein System, sondern schwankt inmitten der Intriguen von ganz Europa; im letzten Grunde hat er nur eine Idee, die ich für aufrichtig halte, nämlich den Krieg nicht erneuern zu wollen[1]."

Aber diesen Gegner hatte er unterschätzt. Thugut hörte mit dem äußersten Unwillen von einer Uebereinkunft, die so wesentlich von den Präliminarien und seinen Wünschen sich entfernte. Die Rückgabe des linken Rheinufers an das deutsche Reich, Mantuas an den Kaiser, allgemeine Friedensverhandlungen zu Bern, drei Punkte, auf die man in Wien den höchsten Werth legte, waren beseitigt, beinahe ohne Ersatz. Denn die Vortheile, welche der Besitz Venedigs erwarten ließ, wurden wesentlich durch den Umstand beeinträchtigt, daß die drei Legationen, statt, den Präliminarien gemäß, der venetianischen Aristokratie, also dem Einflusse Oestreichs anheim zu fallen, nunmehr als Theile der italiänischen Republik in Wahrheit französische Provinzen wurden, den Papst von jeder Verbindung mit Oestreich abschnitten und das Uebergewicht der Franzosen in Italien vollendeten. Mochte man in Deutschland Passau und Salzburg als willkommene Zugabe des östreichischen Gebietes betrachten, so war doch damit der Grundsatz der Säcularisationen anerkannt und der Reichsverfassung ein schwer zu verwindender Stoß gegeben. Gleich am 5. Juni, sobald der östreichische Minister von der Convention und den Forderungen Bonapartes Kenntniß erhielt, spricht er gegen de Gallo seinen Unwillen aus. Er klagt über die Treulosigkeit der Franzosen, besiehlt dem Gesandten, streng an den Präliminarien festzuhalten und versagt der Uebereinkunft vom 24. Mai durchaus die Genehmigung. De Gallo wird angewiesen, keinen Schritt mehr ohne Rath des östreichischen Geschäftsträgers in Venedig, Herrn

---

[1] Correspondance de Napoléon. III, 73.

von Homburg, vorzunehmen, und Merveldt aufs Neue als Bevollmächtigter ihm an die Seite gestellt¹). Weil aber beide einer so wichtigen und schwierigen Verhandlung nicht zu genügen schienen, richtete Thugut sein Augenmerk auf den ersten und geschicktesten Diplomaten des Kaiserstaats, den Grafen Cobenzl in Petersburg. Schon am 12. Juni ergeht an ihn die Weisung: er solle sich bereit halten, in vier bis fünf Tagen Petersburg zu verlassen, wo der Graf Dietrichstein einstweilen ihn vertreten könne. Unter so gefährlichen Verhältnissen bedürfe der Kaiser seines Rathes; insbesondere habe man ihn ausersehen, in Bern an dem allgemeinen Friedenscongresse Theil zu nehmen²). Auch dem Reichstag wurde durch ein Hofdecret vom 18. Juni die frühere Versicherung der Reichsintegrität ausdrücklich erneut, und sogar der fünfte Artikel der Präliminarien wörtlich mitgetheilt. Dabei wird die Hoffnung ausgesprochen, die zum Reichscongreß „deputirten Stände werden demnächst, vereinigt unter ihrem Reichsoberhaupte, nach überlebten vielen Stürmen, im Geiste patriotischer Eintracht und Standhaftigkeit das große Werk beginnen, auf der Basis der Integrität, Deutschlands Verfassung und Wohlfahrt mittelst eines sichern und billigen Friedens zur bleibenden Wonne der friedliebenden Menschheit auf Jahrhunderte zu befestigen³)." Aber man machte sich auch auf den anderen Fall gefaßt; die Lücken des Heeres wurden ergänzt, die festen Plätze ausgebessert und neue Rüstungen mit aller Anstrengung betrieben. Ueber die Gründe dieser Maßregeln, die man einen Wechsel der Politik nennt, sind mancherlei Vermuthungen aufgestellt: nach dem Abzug der Franzosen soll der Wiener Hof sich frei gefühlt, den plötzlichen Schrecken und den Abschluß der Präliminarien bereut haben; Thuguts Einfluß sei wieder gestiegen, englische Noten und Versprechungen haben den Ausschlag gegeben⁴). Einzelne dieser Gründe mögen mit-

---

1) Vgl. die Briefe vom 5., 8. und 10. Juni im Oestr. Staats-Archiv.
2) Vgl. den Brief Thuguts vom 12. Juni im Oestr. Staats-Archiv.
3) Vgl. geheime Geschichte der Rastatter Friedensverhandlungen, II, 85.
4) Vgl. Häusser a. a. O. II, 119.

gewirkt haben, die einfachsten und kräftigsten liegen in den Ereignissen. Man hatte die Präliminarien abgeschlossen, weil sie für den Kaiser und Deutschland vortheilhaft waren, man verwarf die neuen Anträge, weil sie den Präliminarien wie den Interessen des Kaisers widersprachen, und man rüstete, weil nach den neuen Gewaltschritten der Franzosen das Aeußerste zu erwarten stand.

Am 17. Juni gelangte Merveldt nach Cesano; so heißt ein kleiner Ort nicht weit von Montebello, wo die kaiserliche Gesandtschaft im Palast Borromeo Wohnung genommen hatte. Am nächsten Morgen begab er sich mit de Gallo zu Bonaparte, der eben von einem Ausfluge nach dem Comersee zurückkehrte. Er theilte ihm mündlich und schriftlich mit, der Wiener Hof müsse auf einem Friedenscongreß mit Zuziehung der Verbündeten bestehen und im Uebrigen sich genau an den Präliminarien halten. Bonaparte zeigte aber wenig Neigung, darauf einzugehen; er berief sich insbesondere auf die Verhandlungen, die eben damals von Lord Malmesbury mit Bevollmächtigten des Directoriums zu Lille wieder angeknüpft wurden; nach diesem Vorgehen Englands bestehe auch für den Kaiser kein Grund mehr, warum er nicht gesondert unterhandeln könne. Auch Merveldt ist der Ansicht, die Zusammenkunft in Lille sei die wesentliche Ursache, weshalb die Franzosen die bestimmte Verpflichtung der Präliminarien zu einem allgemeinen Congreß nicht halten wollten. Denn sie fürchten, daß England dann die Unterhandlungen abbrechen und Frankreich die Gelegenheit verlieren werde, den Frieden mit England und Oestreich gewissermaßen an den Meistbietenden zu verhandeln. Man verberge nicht, daß man in ähnlicher Weise rücksichtlich des deutschen Reichs zwischen Oestreich und Preußen zu wählen habe[1]).

Drei Tage später, am 21. Juni, fand die östreichische Note eine ausführliche Beantwortung. Bonaparte klagt mit bittern Worten über die Zögerung des Kaisers, der plötzlich seine Gesinnungen geändert und das Ergebniß so vieler früheren Ver-

---

1) Vgl. Merveldts Berichte vom 18. und 23. Juni, wie die früheren und folgenden, im Oestr. Staats-Archiv.

handlungen vernichtet habe. Ein allgemeiner Congreß werde überlange Zeit erfordern und insbesondere rücksichtlich der italiänischen Angelegenheiten niemals zum Ziele führen. Nach dem vierten Artikel der Präliminarien müsse der Friede innerhalb dreier Monate, also vor dem 18. Juli zum Abschluß kommen; geschehe dies nicht, so trage die französische Republik keine Verantwortung, wenn die Präliminarien nicht in Allem zur Ausführung gelangten; deßhalb fordere sie ungesäumte Fortsetzung der Verhandlungen, die man am 24. Mai begonnen habe [1]).

Der heftig leidenschaftliche Ton dieser Note beweist deutlich, wie unangenehm der französische General den Widerstand empfunden hatte. Die Verhandlungen nehmen seit dieser Zeit einen immer weniger freundlichen Charakter an; Bonaparte verschmähte nach seiner Art auch kleinere Mittel nicht, indem er de Gallo im Gegensatz zu Merveldt mit Artigkeiten überhäufte und die beiden Gesandten gegen einander aufzureizen suchte. Wenn diese mit Beziehung auf die Präliminarien in diplomatischen Aktenstücken an dem Vorrang des Kaisers festhielten, so forderten dagegen die republikanischen Bevollmächtigten, daß man sie nicht mehr Messieurs, sondern Citoyens titulire, ein Anspruch, welchem bereitwillig Folge geleistet wurde. Die Gesandten antworten auf die französische Note am 28. Juni; sie suchen nachzuweisen, daß die Verzögerung des Friedens allein durch Frankreich verschuldet sei; als geeigneten

---

1) Diese merkwürdige Urkunde vom 21. Juni 1797 oder 3 messidor an V ist noch nicht gedruckt. Das Original mit der eigenhändigen Unterschrift Bonapartes und Clarkes findet sich im Oestr. Staats-Archiv, eine Abschrift zu Paris im Ministerium des Auswärtigen. Statt dessen liest man in der Correspondance de Napoléon, III, 136 eine andere Note, nicht vom 21., sondern vom 20. Juni (2 messidor) ähnlichen Inhalts, aber der Form nach völlig abweichend, vielleicht ein Entwurf, der irrthümlich nach Paris geschickt wurde. Sicher ist, daß er niemals nach Wien gelangte. Wenn in der Correspondance in einigen späteren Documenten, z. B. in der Uebereinkunft vom 30. Juni (III, 154) in der Note vom 28. Juli 1797 (III, 210) auf eine Note vom 2. statt vom 3. messidor Bezug genommen wird, so geschieht dies, wie es scheint, nur in Folge einer unberechtigten Veränderung von Seiten der Herausgeber.

Ort für die von Bonaparte geforderten Unterhandlungen bringen sie Udine in Vorschlag. Die Franzosen zeigten sich mit der Wahl des Ortes einverstanden, verlangten dagegen die ausdrückliche Erklärung, daß daselbst der Definitivfriede verhandelt werden solle[1]). Dies wünschten wieder die kaiserlichen Gesandten zu umgehen, weil man darin einen Verzicht auf den Congreß zu Bern hätte finden können. Man einigte sich endlich, unverfängliche Ausdrücke zu wählen, und so enthält das Protokoll vom 30. Juni[2]) nur die Erklärung, man sei übereingekommen, sich sofort nach Udine zu begeben, um näher bei Wien zu sein und dadurch den Abschluß des Definitivfriedens zu beschleunigen.

1) Vgl. den Bericht der Gesandten vom 1. Juli 1797.
2) Vgl. Correspondance de Napoléon, III, 154.

Zweites Kapitel.

Die Zeit der Zögerungen.

Schon zwei Tage später, am 2. Juli, reisten Mervelbt und de Gallo nach Udine ab. Clarke folgte am 9., Bonaparte erwartete vorerst in Mailand, daß für die Gesandten neue Vollmachten und Instructionen einträfen, die zu erwirken de Gallos Secretär, Herr von Baptist, bereits am 23. Juni von Montebello sich nach Wien begeben hatte. Aber es dauerte lange, ehe er zurückkehrte. Die Verhandlung stockte unterdessen, Woche auf Woche verging, ohne daß man nur einen Schritt vorwärts gekommen wäre. Augenscheinlich war es Thugut, der mit Absicht zögerte, und was er wollte ist nicht schwer zu errathen.

Der Kampf der Parteien in Frankreich hatte sich eben damals aufs Heftigste gesteigert. Nach der leidenschaftlichen Aufregung der Revolution war der Rückschlag eingetreten; eine große, an Macht immer wachsende Partei wünschte endlich ruhig gesicherte Zustände zu erlangen, also vor Allem den Frieden; denn trotz der äußeren Siege nahmen im Innern Noth und Zerrüttung der gesellschaftlichen Verhältnisse in immer weiteren Kreisen überhand. Mit diesen Gemäßigten vereinigte sich die nicht geringe Zahl von Personen, welche der gewaltigen Umwälzung von Anfang an nicht geneigt, eine Rückkehr zu den früheren Zuständen, ja zu der Monarchie der Bourbonen wünschten, und so bildete sich nicht nur unter der Bevölkerung, sondern auch in den öffentlichen Blättern und in den gesetzgebenden Versammlungen eine heftige Opposition gegen die revolutionäre Politik der Regierung. Selbst das Directorium, wie wir gesehen haben, war getheilt; Carnot, Letourneur und nicht weniger Barthelemy, der Anfangs Juni an des letzteren Stelle trat, neigten zu den Ansichten der gemäßigten Partei, während Rewbell, Larevelliere-Lepeaux und Barras nach wie vor in unbegränzten Herrschaftsgelüsten sich ergingen. Mit jedem Tage wuchs die Leidenschaft der Streitenden, es war vorauszusehen, daß eine gewaltsame Entscheidung bald erfolgen müsse. Der Sieg wäre den Gemäßigten nicht leicht entgangen, hätten sie eine Verstärkung durch neue Wahlen erwarten und sich enthalten wollen, die Armeen durch mancherlei Vorwürfe gegen sich aufzubringen, insbesondere dem General Bonaparte sein Verfahren in Italien, vor Allem die Vernichtung Venedigs als eine unberechtigte Gewaltthat zur Last zu legen. Siegte die gemäßigte Partei, so konnte Oestreich vortheilhafter Bedingungen gewiß sein; Sandoz meldet schon am 19. März nach Berlin, die Constitutionellen und die Royalisten seien die wahren Parteigänger Oestreichs; sie würden gern am nächsten Tage Frieden schließen, selbst Baiern opfern und weit lieber mit dem Kaiser, als mit Preußen sich vereinigen. Es ist natürlich, daß Thugut so günstige Aussichten nicht unbenutzt lassen, daß er eine Entscheidung erwarten und daher so lange als irgend möglich zögern wollte, besonders da mit jedem Tage der Winter näher kam und die Gefahr eines neuen Angriffes von Italien aus verminderte. Um so unwilliger war aber Bonaparte, dessen Scharfblick der eigentliche Grund dieses Zögerns keineswegs verborgen blieb. In den heftigsten Worten spricht er gegen das Directorium, gegen den Minister des Auswärtigen, gegen Clarke seinen Unwillen aus [1]). Am 15. Juli schickt er dem Directorium die Proclamation, welche er am Tage vorher, dem Jahresfeste des Bastillen-Sturmes, gegen die feindliche Partei erlassen hatte, und zugleich einen Brief des General Clarke aus

---

1) Nichts ist ungerechter als der Vorwurf Miots (Memoiren des Grafen Miot von Melito, Stuttgart, 1866, I, 124), Bonaparte habe absichtlich die Verhandlungen verzögert, um seine glänzende Stellung in Italien länger zu behaupten. Aus Allem, was er geschrieben und gethan hat, ergibt sich das Gegentheil.

Udine. „Sie sehen", setzt er hinzu, „daß man immer in die Länge zieht; offenbar will der Kaiser die Wendung der Dinge in Frankreich erwarten; das Ausland ist bei diesen Intriguen mehr betheiligt, als man glaubt. Mit einem einzigen Schlage können Sie die Republik erretten und in vierundzwanzig Stunden Frieden schließen. Lassen Sie die Emigranten verhaften, vernichten Sie den Einfluß des Auslands; ist Gewalt nöthig, so rufen Sie die Armeen."

„Herr Baptist", schreibt er zwei Tage später, „ist am 5. Messidor [23. Juni] von Montebello abgereist; vier Tage vorher hatten die Bevollmächtigten einen Courier abgehen lassen, der ungefähr dasselbe überbrachte; also beinahe einen Monat läßt der Wiener Hof die Bevollmächtigten ohne Antwort. Es ist offenbar, daß er nicht ehrlich ist, daß er zögert, um die Entscheidung der inneren Angelegenheiten zu erwarten, die man in Europa für sehr nahe hält."

Am folgenden Tage empfing er endlich von Clarke die Nachricht, Baptist sei angekommen; jedoch ohne Vollmachten. „Herr Baptist", schreibt er am 18. Juli abermals an das Directorium, „ist am 5. Messidor von Montebello abgereist, er bringt noch keine Entscheidung; offenbar will man uns hintergehen[1]."

Gleichwohl faßte er den Entschluß, sich nach Udine zu begeben, und stand schon im Begriffe abzureisen, als neue Nachrichten von Seiten Clarkes seinen Plan veränderten. Der lang erwartete Baptist hatte statt der gewünschten Vollmachten bittere Klagen und Beschwerden Thuguts überbracht. Am 18. Juli war eine Conferenz in Udine zusammengetreten, und bald darauf de Gallo nach Wien abgereist, wie man schließen darf, um seinen persönlichen Einfluß zu Gunsten des Friedens zu verwenden. Ein solcher Schritt kann allerdings nöthig erscheinen, wenn man eine Reihe von Schriftstücken vor Augen hat, die von den Gesandten damals übergeben wurden. Sie sind zwar aus Udine vom 18. Juli datirt, aber offenbar in Wien verfaßt[2]. Das eine beschwert sich lebhaft

---

1) Correspondance de Napoléon, III, 183, 186, 189.
2) Sie finden sich in der Correspondance inédite VII, 157, fg.; vgl.

über die Verletzung der Präliminarien, welche Bonaparte in immer weiterem Umfange in Italien sich erlaube, über die Umwälzungen, die er in Venedig und wenig später in Genua vorgenommen hatte. Denn auch hier war unter dem Einfluß französischer Drohungen die aristokratische Verfassung in eine demokratische umgewandelt, darauf am 6. Juni zu Montebello ein Bündniß geschlossen, das die wichtige Stadt ganz und gar dem Willen Bonapartes unterwarf. Dabei hatte man auch über Lehnsrechte, welche das deutsche Reich auf italiänischem Boden noch besaß, in willkürlicher Weise verfügt, außerdem einige besondere Gewaltthätigkeiten gegen den Herzog von Modena und den östreichischen Geschäftsträger in Venedig sich zu Schulden kommen lassen. Die Gesandten forderten, daß diesen Beschwerden abgeholfen, die widerrechtlichen Maßregeln zurückgenommen, und die Präliminarien künftig genau beobachtet würden. Ein anderes Schriftstück versucht die in der französischen Note vom 22. Juni enthaltene Behauptung zu widerlegen, daß nach dem vierten Artikel der Präliminarien der Definitivfriede vor dem 18. Juli zu Stande kommen müsse. Eine solche Bedeutung, schreiben die Gesandten, könne durchaus in den Worten des Artikels nicht gefunden werden; die Frist von drei Monaten sei nicht vom Abschluß der Präliminarien, sondern vom Anfange des Congresses zu berechnen. Denn erst nach Auswechslung der Ratificationen, also höchstens nach einem Zeitraum von vier Wochen, habe man die Verbündeten zum Congreß einladen können; so wären also selbst in dem Falle, daß die französischen Bevollmächtigten nicht neue Schwierigkeiten erhoben hätten, höchstens zwei Monate für die Absendung der Couriere nach Petersburg, London und Madrid, für die Ernennung der Gesandten, für die Ausfertigung der Instructionen, für die weite Reise nach Bern und für die Berathungen des Congresses übrig geblieben. Was würde erst erfolgt sein, wenn die Bevollmächtigten der französischen Republik wirklich, wie sie in der Sitzung vom 24. Mai

---

auch das Protokoll der Conferenz vom 18. Juli a. a. O. VII, 156 und Bonapartes Brief an Clarke vom 18. Juli in der Correspondance de Napoléon, III, 189.

erklärt, die Absicht gehabt hätten, auch die Türken dazu einzuladen. Wie wäre es möglich, daß die Gesandten des Großherrn, die zudem an allen Gränzen der Christenheit eine Quarantaine von vier bis fünf Wochen aushalten müßten, von Constantinopel rechtzeitig zu den Berathungen eines Berner Congresses hätten eintreffen können. In Folge dieser Erwägungen schmeicheln sich die kaiserlichen Bevollmächtigten mit der vertrauensvollen Hoffnung, daß die französischen Gesandten der Berufung jener beiden Congresse in Bern und Rastatt sich nicht länger widersetzen würden, und laden sie aufs bringendste ein, über Alles, was die Einberufung betreffe, so bald als irgend möglich, das Nöthige zu vereinbaren.

Der Ton dieser Note, indem sie einem zweideutigen Ausdruck der Präliminarien einen Sinn beilegt, den man wahrscheinlich nicht beabsichtigt hatte[1]), streift beinahe an Hohn; auch wurde sie von den französischen Bevollmächtigten mit der äußersten Erbitterung aufgenommen; selbst Clarke ist jetzt der Ansicht, Thugut wolle den Krieg und werde schon von den Engländern dafür seine Belohnung erhalten[2]). Bonaparte gab, als er die Nachricht erhielt, die Reise nach Udine auf, die nun, da Merveldt ohne Vollmachten und de Gallo gar nicht anwesend war, keinen Zweck mehr hatte. Mit der Heftigkeit, die allen seinen Unternehmungen eigen war, greift er statt dessen zu einer Vielzahl von Mitteln, um den Kaiser zum Frieden zu nöthigen. Das Directorium soll im eigenen Namen an Thugut die Erklärung abgehen lassen: wenn man bis Mitte August sich nicht geeinigt habe, so seien die Präliminarien

---

1) Der vierte Artikel der Präliminarien lautet wörtlich: Les deux Puissances contractantes enverront au plutôt des Plénipotentiaires dans la ville de Berne pour y traiter et conclure dans l'espace de trois mois, ou plutôt si faire se peut, la paix définitive entre les deux Puissances. A ce congrès seront admis les Plénipotentiaires des Alliés respectifs, s'ils accèdent à l'invitation qui leur en sera faite.

2) Vgl. Clarkes Brief an Bonaparte vom 20. Juli in der Correspondance inédite VII, 168.

nichtig und der Krieg werde wieder anfangen. Clarke erhält die Weisung, seinen Secretär Perret nach Wien zu schicken, um dort selbst zu drängen und zugleich über die militärischen Vorkehrungen des Kaisers auf dem Wege Kundschaft einzuziehen. Den Genuesern schlägt er ein Bündniß vor, welches ihm 2—3000 Mann Verstärkung liefern sollte; auch in den venetianischen Provinzen wurden Rüstungen, angeblich zum Schutze der nationalen Freiheit angeordnet. Noch an demselben 23. Juli, an welchem alle diese Verfügungen getroffen wurden, hatte er auch wieder einen Brief an den Kaiser entworfen in jenem eigenthümlichen Styl, der schon das Schreiben an den Erzherzog Karl charakterisirt[1]). Bei längerem Nachdenken fand er jedoch gerathener, ihn zurückzuhalten, damit man nicht, wie er dem Directorium schreibt, in Paris darüber Glossen mache. Um so heftiger war eine Reihe von Noten, die er am 28. Juli als Antwort auf die östreichische Aeußerung vom 18. in Udine durch Clarke überreichen ließ. Die eine sucht das Recht des Kaisers auf den Berner Congreß zu bestreiten, die andere weist die Klagen über die Umwälzungen in Italien zurück und hebt mit bittern Worten hervor, wie eigenmächtig der Kaiser seinerseits in Istrien und Dalmatien verfahren sei. Denn diese beiden Provinzen hatten östreichische Truppen im Laufe des Juni und Juli ohne erheblichen Widerstand in Besitz genommen und dabei sogar der kleinen, bisher ganz unbetheiligten Republik Ragusa sich bemächtigt, ohne daß für diesen letzteren Schritt selbst den Franzosen gegenüber nur der Schein einer Berechtigung sich nachweisen ließ[2]). Die Räumung der Stadt wird denn auch von Bonaparte in einer eigenen Note nachdrücklich gefordert.

---

1) Correspondance de Napoléon, III, 203.

2) Beide Noten sind in der Correspondance de Napoléon, III, 210 aus Udine vom 28. Juli datirt und sowohl von Bonaparte als von Clarke unterzeichnet; dadurch ist bei Häusser a. a. O. II, 124 die irrthümliche Annahme entstanden, Bonaparte sei damals selbst in Udine gewesen; man sieht aber aus dem undatirten Briefe in der Correspondance de Napoléon, III, 199, daß sie einige Tage früher aus Mailand nach Udine geschickt wurden, nebst zwei Unterschriften Bonapartes auf weißem Papier. Es sei erlaubt,

Alle diese Vorkehrungen mögen doch in Wien nicht ohne Einfluß geblieben sein; man mußte begreifen, daß man mit einem Gegner zu thun hatte, der in ungeduldiger Erwartung aufs heftigste gereizt, durch Verträge wenig gebunden, vor dem Aeußersten nicht zurückschrecken würde. Wollte man nicht nachgeben, so mußte man doch suchen, ihn vorerst zu beschwichtigen, um die gehoffte Umwälzung in Paris und das Eintreten des Winters zu erwarten. Dazu kam, daß die Verhandlung zwischen Frankreich und England in Lille auch Oestreich zu einem ähnlichen Verfahren zu berechtigen schien. Verzichten wollte man noch nicht auf den Congreß, aber man war bereit, förmliche Friedensverhandlungen in Italien, gesondert von England, sich gefallen zu lassen. Am 31. Juli setzt Thugut den französischen Minister des Auswärtigen von diesem Entschluß in Kenntniß in einer meisterhaft geschriebenen Note, die das Verfahren des Kaisers seit den Präliminarien gegen jeden Vorwurf vertheidigt, das Recht auf den Berner Congreß vorbehält, schließlich aber die Geneigtheit ausspricht, die Gesandten in Udine mit den gewünschten Vollmachten zu versehen. Diese Note fand am 11. August ihre Beantwortung durch eine Hand, welche seitdem die Fäden der diplomatischen Verbindungen in Europa lange Zeit gehalten, zum Theil geleitet hat. Am 16. Juli war der wenig geschickte, mit den Formen der Diplomatie ganz unbekannte Minister Delacroix endlich von seinem Amt entfernt. An seine Stelle trat Talleyrand, der frühere Bischof von Autun, der vornehme Herr der alten Zeit. Man bemerkt denn auch sofort, schon in dem Ton und der äußeren Form der Depeschen, daß hier ein feinerer Sinn zum

---

aus diesem Briefe eine irrige Lesart anzumerken. Man liest: d'après ce que disent quelques journaux, il paraît qu'il y a eu quelques divisions entre Carnot et Barthélemy: d'un côté est Barras; Rewbell et Revellière-Lépeaux de l'autre. Offenbar ist statt der letzten Zeile zu lesen entre Carnot et Barthélemy d'un côté, et Barras, Rewbell et Revellière-Lépeaux de l'autre. — Auch die Note über Ragusa ist vom 10. Thermidor V (28. Juli 1797), nicht, wie in der Correspondance de Napoléon, III, 212 angegeben wird, vom 11. datirt.

Ausdruck gelangt. Freilich neben den verbindlichsten Worten hält er doch in der Sache durchaus den französischen Standpunkt fest. Er versäumt auch nicht, den Kaiser für die Verzögerung des Friedens und, falls der Krieg wieder ausbräche, für das aufs Neue fließende Blut verantwortlich zu machen, worauf dann Thugut am 31. August eben so verbindlich, aber eben so entschieden dieselbe Verantwortlichkeit dem Directorium zurückschiebt[1]). Seine Ansichten sind noch wenig verändert. Er hatte am 13. August de Gallo nach Udine abreisen lassen und ihm seinen vertrauten Secretär Hoppe als Begleiter mitgegeben. Da voraussichtlich auch die deutschen Angelegenheiten zur Sprache kommen mußten, so erhielt noch der östreichische Geschäftsträger in Basel, der schon mehrfach erwähnte Freiherr Ignaz von Degelmann, die Anweisung, bei den Verhandlungen in Udine gegenwärtig zu sein. Aber schon die Instructionen, welche Thugut am 12. August für die Gesandten ausfertigen ließ[2]), zeigen deutlich genug, daß er wenig geneigt war, den Franzosen viele Schritte entgegen zu thun. Sie fassen im Wesentlichen die Ideen zusammen, die man in den früheren Briefen im Einzelnen hervortreten sieht. Leider hatte die Lage sich in der Weise geändert, daß sie nicht so entscheidend wirken konnten, als die ähnliche Urkunde, in welcher Thugut vor den Präliminarien von Leoben seine Forderungen aussprach. Doch muß ich wenigstens den Hauptinhalt hier mittheilen.

Die Gesandten sollen zuerst auf genaue Ausführung der Präliminarien dringen, Alles, was dagegen vorgenommen wurde, rückgängig zu machen suchen, auch für Venedig die alte Verfassung oder eine ähnliche und die Legationen in Anspruch nehmen. Wollen die Franzosen dies nicht zugestehen, so ist der Kaiser bereit, auf das Brescianische Gebiet bis zur Chiesa zu verzichten, wenn er dafür die Stadt Venedig, Bologna und Ferrara, und für den

---

1) Die Noten Thuguts und Talleyrands finden sich im Oestr. Staats-Archiv.

2) Die Abschrift im Oestr. Staats-Archiv ist undatirt, aber eine besondere Anweisung trägt das Datum des 12. August 1797.

Herzog von Modena die Romagna erhalten kann. In die deutschen Angelegenheiten sollen die Gesandten gar nicht eingehen, sondern sich darauf berufen, daß der Friede zu Udine nicht mit dem Oberhaupt des deutschen Reiches, sondern mit dem König von Ungarn und Böhmen abgeschlossen würde. Thugut beweist dann ausführlich, daß der sechste Artikel der Präliminarien bei Anerkennung der französischen Gränzen nicht auf Deutschland, sondern nur auf die östreichischen Niederlande sich beziehe. „Der Kaiser", sagt er, „kann und konnte nur über sein Eigenthum verfügen, er hat gar kein Recht, über andere Theile des deutschen Gebietes Bestimmungen zu treffen, nur das Reich verfügt darüber nach gemeinschaftlicher Berathschlagung, auf welche dem Kaiser in der Eigenschaft eines Königs von Ungarn und Böhmen kein anderer Einfluß als der eines Reichsstandes zusteht." Nur äußersten Falles und unter der Bedingung, daß die italiänischen Angelegenheiten nach Wunsch geordnet sind, kann man in einem geheimen Artikel versprechen: wenn gegen alle Erwartung die Unmöglichkeit, sich beim Reichsfrieden über das Gebiet von Lüttich, Stablo, Logne und Malmedy zu verständigen, die Erneuerung des Krieges zwischen dem Reich und der Republik herbeiführe, so würde Oestreich sein Contingent zur Reichsarmee nicht stellen, was der Kaiser in jedem anderen Falle sich vorbehalten muß. Die Bevollmächtigten sollen überhaupt sorgfältig vermeiden, sich zu irgend Etwas herbeizulassen, was die Ehre des Kaisers Europa und seinen Mitständen in Deutschland gegenüber beeinträchtigen könnte. Sie mögen sich unveränderlich an der Erklärung halten, daß Alles, was sich auf das Reich und nicht auf die Erbstaaten bezieht, auf dem deutschen Friedenscongreß verhandelt und entschieden werden müsse."

„Sollten etwa die Franzosen auf den Argwohn zurückkommen, Oestreich, wenn einmal im Besitz jener Erwerbungen in Italien, werde auf dem Reichsfriedenscongreß einen Vorwand suchen, den Krieg zu erneuern, so ist der Kaiser unter der Voraussetzung, daß Frankreich sich nicht von dem fünften Artikel der Prälimarien rücksichtlich der Reichsintegrität entfernt, zu dem Versprechen bereit, bei einem gleichwohl fortgesetzten Reichskriege gegen Frankreich

nicht mehr als das Contingent zu liefern, zu welchem er als Reichs=
stand verpflichtet ist. „Dieser Artikel", fährt Thugut fort, „muß
aber passend gewendet werden, etwa so, daß es auch bei fort=
dauerndem Kriege dem Kaiser gestattet sei, sein Contingent zu
stellen; auch soll er nur im äußersten Falle, wenn es sich um
einen entscheidenden Erfolg in Italien handelt, zugestanden wer=
den." Das Recht auf die Reichslehen verlangt der Kaiser gegen
Genua unmittelbar geltend zu machen; für die Grafschaft Falken=
stein fordert er eine besondere Entschädigung [1]); das Recht auf
den Congreß zu Bern wird, falls man in Udine nicht zum Ziel
gelange, ausdrücklich vorbehalten.

Mit diesen Anweisungen traf de Gallo am 17. August in
Udine ein. Er fand dort Merveldt und Clarke; Degelmann kam
zwei Tage später; Bonaparte, durch die Besichtigung militärischer
Vorkehrungen auf dem Wege aufgehalten, ließ bis zum 27. auf
sich warten. Zu Passariano, einem Lustschlosse des letzten Dogen
Manini, nahm er seinen Aufenthalt. Es war damals Sitte, daß
unter diplomatischen Bevollmächtigten gleichen Ranges der zuletzt
Ankommende den ersten Besuch empfing; so begaben sich die kaiser=
lichen Gesandten am 29. August nach Passariano. Bonaparte
empfing sie höflich, aber mit ernstem, nachdenklichem Gesicht; er
sah angegriffen aus und sagte ihnen, daß er auf der Reise in
Padua nicht unbedeutend erkrankt sei. Man sprach zuerst von
gleichgültigen Dingen, lenkte dann auf die Unterhandlungen, und
Bonaparte äußerte sich mißvergnügt über den Vorbehalt des
Congresses in Bern. De Gallo entgegnete, ein solcher Vor=
behalt sei natürlich und fügte hinzu, er finde sich zu der Be=
merkung verpflichtet, daß die von Talleyrand aufgestellte Be=
hauptung, als habe er in jenem Gespräche zu Graz auf einen
Separatfrieden mit Ausschluß des Berner Congresses angetragen,
keineswegs begründet sei. Bonaparte erwiederte hierauf Nichts; er

---

1) Diese Besitzung war außerhalb Belgiens inmitten der Rheinpfalz
gelegen, nahe bei Kaiserslautern. Die vorher erwähnte Grafschaft Logne
gehörte der Abtei Stablo.

sprach den Wunsch aus, daß die Verhandlungen statt in Udine in Passariano stattfänden, worauf jedoch die Gesandten nicht eingehen wollten; man beschloß daher, sich abwechselnd in Udine und Passariano zu versammeln ¹).

Aber wie konnten, wo die Ansprüche noch so weit aus einander gingen, Verhandlungen leicht und rasch zum Ziele führen? Die Schwierigkeit zeigte sich sogleich, da man am 31. August in de Gallos Wohnung zur ersten Sitzung zusammentrat ²). Als die kaiserlichen Gesandten den Vorbehalt des Congresses in Bern zu Protokoll geben wollten, erhob sich Bonaparte mit Heftigkeit dagegen. Die Verhandlungen zu Udine, sagte er, seien also nur ein Spiel, das man, wie die Engländer den Congreß zu Lille, bei erster Gelegenheit abbrechen könne. Die Gesandten bemerkten bald, daß er sich auch persönlich durch diesen Vorbehalt verletzt fühlte und darin ein Mißtrauen oder die heimliche Absicht zu erkennen glaubte, ihn von den Verhandlungen zu entfernen. Als einer der Gesandten darauf hindeutete, sagte er: „Nun ja, ich fühle mich dadurch beleidigt. Jeder Mann hat seinen Stolz; man behandelt mich, als wäre ich nicht werth, an diesem Tisch zu sitzen, mich, der ich dem Kaiser ausgezeichnete Dienste erwiesen, der ich eine Partei gegen mich in Frankreich hervorgerufen habe, um ihn Präliminarien abschließen zu lassen, die er nicht besser erhalten hätte, wenn das Kriegsglück auf beiden Seiten gleich gewesen wäre." Die Gesandten beharrten indeß bei ihren Instructionen; man redete fünf Stunden gegen einander, ohne daß es zur Einigung gekommen wäre. In das Protokoll konnte man nur aufnehmen,

---

1) Vgl. die Berichte de Gallos vom 18., Degelmanns vom 20., und den gemeinschaftlichen Bericht vom 29. August im Oestr. Staats-Archiv.

2) Die Protokolle der folgenden Sitzungen finden sich im Oestr. Staats-Archiv und zu Paris im Ministerium des Auswärtigen. Da sie von Bonaparte vereinbart und unterzeichnet wurden, sollten sie auch in der Correspondance de Napoléon nicht fehlen. Abgedruckt sind sie in der Correspondance inédite, VII, 236 fg., aber nicht ohne Fehler und so weit von dem Orte, wo man sie erwarten sollte, nämlich hinter den Briefen über den Feldzug in Aegypten, daß sie bis heute beinahe völlig unbekannt oder doch unbenutzt geblieben sind.

die beiderseitigen Vollmachten seien ausgewechselt und richtig befunden [1]).

Nicht viel lohnender war am Tage darauf das Ergebniß der zweiten Sitzung zu Passariano. Um nicht gleich abzubrechen, schlug man endlich den Weg ein, beiden Ansichten, sowohl dem Vorbehalt der kaiserlichen, als dem Protest der französischen Gesandten im Protokoll einen Ausdruck zu geben und einstweilen die Verhandlungen fortzusetzen. Die Unterschriften dieses Protokolls sind in sonderbarer Weise durch einander gemischt. Die Gesandten bemerken, Bonaparte habe absichtlich nicht am gehörigen Orte, hinter den kaiserlichen Bevollmächtigten, unterzeichnet, sondern gesagt, er schreibe seinen Namen, wo er Platz finde; dann habe er wieder auf den Unterschied des Kaisers und des Königs von Ungarn und Böhmen sich berufen. Ihre Hoffnungen sind nicht die besten. Bonaparte, schreiben sie am folgenden Tage, verlange Mainz, widerspreche der Besitznahme Cattaros, habe die französische Flotte mit zehn tausend Mann nach Venedig kommen lassen und treffe auch sonst noch kriegerische Maßregeln. Gerade diese Besorgniß war, was Bonaparte erwecken wollte. „Die gegenwärtige Geschichte des Wiener Hofs", schreibt er am 3. September an Talleyrand, „liegt in den zwei Worten: der Kaiser und die Nation wollen den Frieden, Thugut will den Frieden nicht, aber er wagt nicht, den Krieg zu wollen. Durchhauen Sie mit dem Degen alle Sophismen, in die er sich einzuwickeln sucht, zeigen Sie ihm den Krieg wie das Haupt der Meduse, und wir werden Herrn Thugut zur Vernunft bringen."

In der nächsten Sitzung am 3. September gaben die französischen Gesandten die Erklärung ab: die Republik habe alle Vortheile ihrer Stellung zu Leoben der Hoffnung geopfert, daß der Separatfriede mit dem Kaiser ihr bald die Möglichkeit bieten werde, alle ihre Kräfte gegen ihre übrigen Feinde zu wenden. Da nun in Folge der Zögerungen des Wiener Cabinets

---

1) Vgl. den Bericht der Gesandten vom 1. September 1797 im Oestr. Staats-Archiv.

fünf Monate verflossen seien, ohne daß man zum Ziel gekommen wäre, so finde sich die französische Republik aller Vortheile beraubt, welche die Präliminarien ihr dargeboten hätten. In Folge dessen erklären sie: wenn bis zum 1. October der Friede nicht zum Abschluß gekommen sei, so werde man nicht mehr auf Grundlage der Präliminarien, sondern des beiderseitigen Besitzstandes unterhandeln. Die kaiserlichen Gesandten entgegneten: der Kaiser beurtheile nicht die Beweggründe, welche Frankreich bestimmt hätten sich Oestreich zu nähern; seinerseits werde er nur durch die Rücksicht auf das Wohl seiner Unterthanen bestimmt. Der Kaiser habe ohne Unterlaß darauf gedrungen, daß die Präliminarien zur Ausführung kämen, namentlich der vierte Artikel, welcher in dem Congreß zu Bern das sicherste Mittel zum Frieden an die Hand gebe. Die Frist von drei Monaten könne nur von der Eröffnung des Congresses an gerechnet werden. In Folge dessen sehen die Bevollmächtigten des Kaisers sich in der Lage, ausdrücklich gegen die Frist des 1. Octobers zu protestiren.

Da schon die Förmlichkeiten so heftigen Widerspruch hervorriefen, war für die wesentlichen Bestimmungen noch weniger eine Einigung zu erwarten. Zur Grundlage der Berathung wurden die Präliminarien genommen. Als man zum fünften Artikel, also zu den deutschen Angelegenheiten kam, legten die Franzosen die Frage vor, wann und wo der Congreß für den Reichsfrieden gehalten werden solle; sie sprachen den Wunsch aus, daß er gleich nach dem Frieden zwischen Frankreich und Oestreich in Rastatt zusammentrete. Aber die Gesandten erwiederten, sie hätten in Udine nur den Frieden des Kaisers in seiner Eigenschaft als König von Ungarn und Böhmen zu verhandeln; über Zeit und Ort der Conferenzen für den Reichsfrieden wüßten sie nichts Bestimmtes anzugeben; und mit dieser nichtssagenden Bemerkung mußte man am 4. September das Protokoll der vierten Sitzung schließen.

Es läßt sich denken, wie Zögerungen dieser Art Bonaparte berühren mußten. Die Gesandten berichten, der Ton der Verhandlungen werde immer mehr gereizt, der französische Bevollmächtigte finde in Allem, was sie sagen, eine persönliche Beleidigung¹). Von der äußersten Verstimmung zeugen denn auch die Briefe, welche er am 6. September nach Paris abgehen ließ. Sie sind voll von heftigen Worten gegen Thugut und die Gesandten, die nach seinem Ausdruck vor keinem Widerspruch zurückschrecken, über keine Dummheit erröthen und den besten Gründen gegenüber Nichts als ihre Instructionen im Munde führen. „Wollen Sie den Frieden", schreibt er, „so lassen Sie ganz Frankreich den Krieg athmen, sonst werden Sie ihn noch lange nicht bekommen. Man muß sich schnell und sogleich entscheiden; beginnt der Feldzug nicht in den ersten Tagen des Octobers, so ist nicht darauf zu rechnen, daß ich vor Ende März in Deutschland einrücken kann²)."

Mit diesen drängenden, kriegerischen Worten stimmten die Thaten überein; den Satz: „ganz Frankreich muß den Krieg athmen", brachte er zuerst in Italien zur Ausführung. Schon am folgenden Tage erhielt das Heer Befehl, sich für den 23. September zum Aufbruch zu rüsten; überall wurden die Truppen gemustert, Vorräthe gesammelt und Alles für den Krieg in Bereitschaft gesetzt; die Gesandten sollten eingeschüchtert und dadurch willfähriger werden. In Besorgniß geriethen sie allerdings, aber sie ließen sich doch nicht abhalten, bei den Instructionen zu beharren. In der nächsten Sitzung, der fünften, hatte man den Artikel der Präliminarien zu besprechen, welcher von der Abtretung Belgiens und den gesetzlichen Gränzen Frankreichs handelt. Die französischen Bevollmächtigten forderten, daß er in dem Friedensvertrag genau bestimmt würde, und reichten zu diesem Zwecke eine lange Reihe von Conventsbeschlüssen, Verträgen, Proclamationen und anderen Aktenstücken ein, um zu beweisen, daß nicht nur die belgischen Departements, sondern auch Worms, Speier und sogar Mainz als integrirende Theile der Republik durch die Anerkennung der gesetzlichen Gränzen an Frankreich abgetreten seien. Die Gesandten zeigten dagegen durch Gründe, die

---

1) Vgl. den Bericht vom 5. September 1797.
2) Correspondance de Napoléon, III, 265, 262.

schon angegeben wurden, daß diese Anerkennung nur auf Belgien sich beziehen könne. Zwei Sitzungen, am 6. und 7. September, vergingen unter lebhaften Streitigkeiten, ohne daß man am Schlusse nur ein Protokoll hätte aufnehmen können¹). Und kein besserer Erfolg, als man am 9. September zu den italiänischen Angelegenheiten kam. Wenn die Franzosen dagegen protestirten, daß die Oestreicher außer Istrien und Dalmatien auch die Inseln des adriatischen Meeres besetzt hielten, so klagten die Gesandten, daß die Franzosen sich sogar der Hauptstadt und des ganzen Gebiets, sowie der jonischen Inseln bemächtigt hätten. Wiederum, wenn die Oestreicher forderten, man solle die alte venetianische Regierung herstellen und ihr die Legationen übergeben, so behauptete Bonaparte, er habe auf die venetianischen Angelegenheiten gar keinen Einfluß, und drohte sogar, zum höchsten Aerger der Gesandten, einen Bevollmächtigten der neuen demokratischen Regierung an den Verhandlungen Theil nehmen zu lassen²). Offenbar waren diese Behauptungen von beiden Seiten gleich wenig ernst gemeint; weder den Oestreichern, die Venedig erwerben, noch Bonaparte, der es opfern wollte, konnte in Wahrheit in den Sinn kommen, die alte Regierung wieder herzustellen oder die neue an den Verhandlungen Theil nehmen zu lassen. Nach sieben Conferenzen war man zu nichts Anderem, als gegenseitigen Protesten, ja noch nicht einmal dahin gelangt, das, was man forderte, ernstlich auszusprechen. Wollte man in dieser Weise fortfahren, so ließ kein Ende, am wenigsten ein günstiges sich vorhersehen.

---

1) Vgl. den Bericht der Gesandten vom 12. September. Das Protokoll der fünften Sitzung vom 6. September trifft man in den Archiven von Wien und Paris, und, mit vielen Fehlern, in der Correspondance inédite VII, 242. Ueber die sechste Sitzung vom 7. September finde ich statt eines Protokolls die Bemerkung: La sixième séance s'étant entièrement passée en discussions particulières et confidentielles, il n'a point été tenu de protocole.

2) Vgl. das Protokoll der siebenten Sitzung in der Correspondance inédite VII, 247, und den Bericht der Gesandten vom 12. September.

Drittes Kapitel.

Der Staatsstreich des 18. Fructidor und seine Wirkungen.

Die Entscheidung kam von einer anderen Seite. Am 11. September erhielt man im Hauptquartier zu Passariano wichtige Nachrichten aus Paris. Was Bonaparte lange gewünscht und wiederholt gerathen hatte, war endlich geschehen. In der Nacht vom 3. auf den 4. September, am 18. Fructidor, hatte die Mehrheit des Directoriums, Barras, Rewbell und Larevelliere-Lepeaux, ihre Gegner in der Regierung und im gesetzgebenden Körper überfallen. Carnot entkam nach Genf, Barthelemy wurde verhaftet, außer ihm eine beträchtliche Zahl von Volksvertretern, Zeitungsschreibern, früheren Beamten und anderen Personen, die den Gewalthabern unbequem oder gefährlich schienen. In den folgenden Tagen mußte der gesetzgebende Körper die Gefangenen zur Deportation verurtheilen, die Wahlen von einundfünfzig Departements wurden für ungültig erklärt, die Gesetze zu Gunsten der Priester und Ausgewanderten zurückgenommen, Merlin von Douay und Franz von Neufchateau traten in das Directorium. Am 8. September schleppte man die Geächteten in Käfigen nach Rochefort und weiter nach Cayenne, auch die letzten Mitglieder der königlichen Familie, die Herzoginnen von Orleans und Bourbon mußten Frankreich verlassen. Die Partei der Royalisten und Gemäßigten war völlig niedergeworfen, der Club der Opposition geschlossen, mehr als dreißig Zeitungen unterdrückt, und das Directorium nebst der alten Bergpartei herrschte wieder mit schrankenloser Willkür.

Nicht allein für die inneren Verhältnisse Frankreichs, auch für die äußere Politik, insbesondere die Friedensunterhandlungen, wurden diese Ereignisse von wesentlichem Einfluß. Bonaparte bemerkte sogleich, welchen Vortheil er erlangt hatte; er beeilte sich, den Gesandten die Nachricht mitzutheilen, und ließ erkennen, wie sehr die Lage sich verändert habe. Vom Kriege sprach er mit großer Zuversicht; beim ersten Kanonenschuß, äußerte er, würde Oestreich Italien für immer verlieren[1]). Auch die kaiserlichen Bevollmächtigten konnten die Bedeutung der neuen Umwälzung sich nicht verhehlen. Sogleich wurde ein Eilbote nach Wien gesandt und beschlossen, Merveldt selbst solle dahin abgehen, um neue Anweisungen einzuholen und eine schnelle Entscheidung des kaiserlichen Hofes zu veranlassen. Am Morgen des 13. reiste er ab; er nahm zwei Entwürfe für den Frieden mit, deren Inhalt Bonaparte als das äußerste Zugeständniß bezeichnete[2]). Danach sollten die constitutionellen Gränzen, wie sie in der fünften Sitzung von den Franzosen gedeutet wurden, mit Mainz, und in Italien Mantua in ihrem Besitze bleiben, der Kaiser entweder das Land bis zur Etsch mit Venedig, oder bis zum Oglio ohne die Hauptstadt erhalten. Bonaparte zweifelte nicht, daß diese Vorschläge angenommen würden; er meinte, bis zum 1. October könne der Friede geschlossen sein, wenn nur das Directorium sich kräftig und gemäßigt zeige. „Was wir hier vornehmen", schreibt er am 12. September an Talleyrand, „ist nur ein Spiel; die wahren Verhandlungen werden zu Paris geführt. Gewinnt die Regierung endlich die Festigkeit, deren sie bedarf, wird diese Handvoll Leute, die durch englisches Gold erkauft oder durch die Schmeicheleien einer Sclavenbande verführt sind, endlich in die Unmöglichkeit versetzt, zu agitiren, so haben Sie den Frieden, wie Sie wollen und in zweimal vierundzwanzig Stunden."

Aber bald mußte er wahrnehmen, daß die Ereignisse in Paris, wenn Sie auf der einen Seite Oestreich nachgiebiger

---

1) Vgl. den Bericht der Gesandten vom 12. September.
2) Man erkennt den Inhalt aus Bonapartes Briefen vom 12. und 13. September, Correspondance de Napoléon, III, 290 und 295, und aus einem späteren Bericht der kaiserlichen Gesandten vom 7. October.

stimmten, doch auf der anderen ein Hinderniß des Friedens, ja für seine eigene Stellung gefährlich werden konnten. Er hatte vordem den Staatsstreich begünstigt, weil die Wiederherstellung des Königthums seinen persönlichen Wünschen und Hoffnungen entgegen war, zudem die unterlegene Partei seinen Plänen in Italien sich widersetzt und seinen Unwillen durch unvorsichtige Angriffe gereizt hatte. Aber auch die Sieger konnten einem Manne, der seit seinem ersten Auftreten gegen jede maßlose, ungeordnete Verwaltung, gegen jede unnöthige Grausamkeit einen so entschiedenen Widerwillen zeigte, unmöglich genehm sein. Mit den Gewaltthaten des Directoriums war er keineswegs einverstanden. „Daß Männer von der höchsten Begabung und wahrem Patriotismus, die ersten Beamten der Republik, ohne Anklage, ohne Urtheil verdammt, in vergitterten Käfigen nach Rochefort und dann in die tödtlichen Sümpfe von Sinamari geschleppt wurden, ein solches Verfahren erschien ihm grausamer und willkürlicher als das Tribunal des Fouquier Tinville, der doch die Angeklagten wenigstens hörte." So hat er später zu St. Helena sich ausgesprochen[1]), und so war seine Gesinnung unmittelbar nach dem Ereigniß. Er enthielt sich zwar, seine Miß= billigung öffentlich an den Tag zu legen, den Gesandten des Kaisers gegenüber nahm er gern den Anschein, als sei die Um= wälzung wesentlich durch ihn herbeigeführt. Aber in seinem Brief= wechsel mit dem Directorium vermeidet er — man muß es ihm zur hohen Ehre anrechnen — auch jeden Schein einer Zustimmung; so sehr, daß sein Benehmen in Paris nicht weniger Besorgniß als Unwillen erregte. Den General Clarke, welchen das Directorium als Freund Carnots gleich am Tage des Staatsstreiches seines Amts enthoben hatte[2]), behielt er bei sich und nahm ihn auch später in edelmüthiger Weise gegen alle Angriffe in Schutz[3]).

---

1) Mémoires de Napoléon IV, 191.

2) Vgl. das Decret vom 18. Fructidor in der Correspondance iné- dite IV, 216.

3) Nichts desto weniger wird er von dem Grafen Miot (Memoiren I, 149) beschuldigt, er habe aus Ehrgeiz, weil er keinen andern Namen neben dem

Auch seine Absichten in Bezug auf den Frieden blieben unverändert; er läßt es nicht an Drohungen, auch nicht an Rüstungen fehlen, um nöthigenfalls den Krieg mit Erfolg wieder anzufangen; aber sein Wunsch ist offenbar, sowohl von Paris als von Wien die Genehmigung seiner Friedensvorschläge zu erhalten.

Ob dies gelingen werde, mußte aber zweifelhaft erscheinen.

Denn die siegende Partei in Paris kannte nach Außen wie nach Innen keine Schranke. Gerade die äußeren Angelegenheiten hatten im Directorium vornehmlich einen Gegenstand des Streites gebildet, und Nichts wurde Carnot mit größerer Heftigkeit zum Vorwurf gemacht, als daß er den Frieden auf mäßige Bedingungen gewünscht und die Präliminarien von Leoben als annehmbar bezeichnet hatte. Selbst dem siegreichen General konnte die Mehrheit des Directoriums kaum verzeihen und suchte ihn nur in soweit zu entschuldigen, als er durch die gefährliche Lage des Augenblicks zum Abschluß gezwungen sei. Freilich war nun durch Bonaparte selbst der Vertrag vom 18. April in wesentlichen Punkten verändert; aber auch der Entwurf von Montebello, den wir aus dem Briefe vom 27. Mai kennen lernten, war den Wünschen des Directoriums nicht mehr entsprechend. Gleich nach dem Staatsstreich treten die wahren Absichten mit Entschiedenheit hervor. Schon der ersten Anzeige vom 4. September fügt Barras die Nachschrift hinzu: „Den Frieden! den Frieden! aber ehrenvoll und dauerhaft! nicht die schmachvollen Vorschläge Carnots!" Am 8. schreibt er abermals: „Schließe Frieden, aber einen ehrenvollen Frieden. Der Rhein sei unsere Gränze, Mantua für die cisalpinische Republik und Venedig nicht für das Haus Oestreich. Das ist der Wunsch des gereinigten Directoriums, das wollen alle Republikaner, das verlangt das Interesse der Republik und der wohlverdiente Ruhm des Generals und seiner unsterblichen Armee." Und das genügte nicht einmal; man verlor sich in maß-

---

seinigen habe dulden wollen, Clarke von der Unterzeichnung des Friedens in Campo Formio ausgeschlossen, obgleich Clarke als Bevollmächtigter Frankreichs damals zur Stelle gewesen sei.

losen Planen, ganz Europa zu unterwerfen und überall Tochter=
republiken unter der Leitung und zum Vortheile der großen
französischen Mutter zu begründen.

Die Folgen dieser Stimmung zeigten sich zunächst bei der
Unterhandlung, welche dem Einfluß des Directoriums anheim=
gegeben war. In Lille hatte Lord Malmesbury nebst den fran=
zösischen Bevollmächtigten Maret und Letourneur mit Ernst und
nicht erfolglos für die Herstellung des Friedens sich bemüht. Nach
den Präliminarien von Leoben konnte England die Erwerbung
Belgiens den Franzosen nicht ferner streitig machen, auch in Bezug
auf die Colonien zeigte es zu weitgehenden Zugeständnissen sich
bereit. Man durfte hoffen, den Frieden in kurzer Zeit zum
Abschluß zu bringen. Aber wenige Tage nach dem Staats=
streich wurden die französischen Bevollmächtigten zurückberufen,
und schon durch die Wahl ihrer Nachfolger die veränderte Ge=
sinnung der französischen Regierung an den Tag gelegt. Am
13. September kamen Treilhard und Bonnier in Lille an, zwei
Tage später stellten sie ein unannehmbares Ultimatum, und am
16. erhielt Malmesbury, wie im December des vorigen Jahres,
die Aufforderung, innerhalb vierundzwanzig Stunden den Ort
der Verhandlungen zu verlassen[1]).

Schon in diesen Ereignissen mochte man für das, was in
Udine geschehen sollte, die Vorzeichen erblicken. Selbst jener
kurzsichtig leidenschaftlichen Regierung konnte nicht entgehen, daß
der plötzliche Bruch mit England auch die Einigung mit Oestreich
wesentlich erschweren müsse. Aber man wünschte sie gar nicht
mehr; es schien völlig vergessen, wie eifrig man im letzten Winter
den Frieden aufzudringen sich bemüht hatte. Oestreich sollte nur
Istrien und Dalmatien und in Deutschland Salzburg und Passau
erhalten, aber gänzlich aus Italien vertrieben, die Halbinsel bis
nach Sicilien hinunter aufgeregt und dem französischen Einfluß
unterworfen werden. Dahin lauten schon die neuen Instructionen,
welche am 16. September für Bonaparte ausgefertigt wurden.

---

1) Vgl. Diaries of Lord Malmesbury III, 548.

Man überläßt freilich seiner Einsicht, ob er sie durchführen könne, und erlaubt ihm, wenn es unmöglich sei, dem Directorium andere Vorschläge zu machen; „aber", fügt Talleyrand hinzu, „ich kann Ihnen nicht genug sagen, wie sehr das Directorium wünscht, und wie sehr es im Interesse Frankreichs liegt, daß diese Artikel zur Ausführung kommen. Will der Kaiser sich nicht fügen, und ist Ihre Stellung stark genug, dann verfolgen Sie den Plan, ihn mit Gewalt zu vertreiben." [1])

Indem man aber deutlich genug die Absicht kund gab, den Bruch mit Oestreich unvermeidlich zu machen, ließ man doch in leidenschaftlicher Erregung die Mittel, den Krieg zu führen, außer Acht. Am 5. April hatte Clarke auf Veranlassung Bonapartes mit Sardinien ein Bündniß zum Abschluß gebracht. Beinahe auf noch günstigere Bedingungen, als das Directorium im Februar gefordert hatte. Denn ein geheimer Artikel verpflichtete den König, die Insel Sardinien an Frankreich abzutreten; dafür soll er aber nicht mehr Mantua, sondern nur eine noch unbestimmte Entschädigung von gleichem Werthe erhalten. In dem öffentlichen Vertrage wird ihm der Besitz seiner Staaten von Frankreich gesichert, aber die Verpflichtung auferlegt, 9000 Mann und vierzig Geschütze zum französischen Heere stoßen zu lassen[2]). Bonaparte erachtete die Verstärkung für äußerst werthvoll, wiederholt drängte er, das Bündniß zu genehmigen, aber das Directorium zögerte den ganzen Sommer hindurch; jetzt endlich, gerade da sie von der höchsten Wichtigkeit gewesen wäre, entschloß man sich, die Genehmigung zu verweigern. „Denn", heißt es in dem Briefe, welchen Talleyrand am 16. September den Instructionen beilegt, „wir können Königen keine Sicherheit gegen die Völker geben; eine solche Verbindlichkeit wäre ein Krieg gegen dieselben Grundsätze, für welche wir bis jetzt gekämpft haben. Piemont mag werden, was es zwischen zwei freien Ländern, wie Frankreich und Italien, werden kann." Bonaparte erhält den Rath, die gehoffte Ver-

---

1) Correspondance inédite VII, 254.
2) Vgl. De Clercq, Traités de la France I, 316.

stärkung dadurch zu ersetzen, daß er die sardinischen Truppen zur Desertion verleite und später für die cisalpinische Republik anwerben lasse¹). Als dann Bonapartes Depeschen vom 12. und 13. September den letzten Friedensentwurf nach Paris brachten, wurde er nicht angenommen. Talleyrand verweist am 23. abermals auf die Instruction vom 16. September und läßt sogar, nicht ohne Bezug auf Venedig, die scharfe Bemerkung einfließen: „Wir sind nicht nach Italien gekommen, um mit Völkern Handel zu treiben; es ist kein Mensch im gesetzgebenden Körper und im Directorium, der daran dächte, Völker und Städte zu verschenken²)."

Noch entschiedener sind die Briefe, durch welche man wenige Tage später, am 29. September, auf einen erneuten Vorschlag Bonapartes vom 19. antwortete. Er wird abermals verworfen; Oestreich soll Venedig aufgeben und nur Dalmatien und Istrien erhalten; dies kündigt man als unabänderliches Ultimatum an. Mit dem ganzen Pomp der republikanischen Redeweise — ja nicht ohne Beredtsamkeit, und wer könnte sagen ohne Wahrheit? — wird die Nothwendigkeit, den Italiänern die Freiheit zu geben, die Schmach und der Nachtheil, Venedig den Oestreichern zu überlassen, von Talleyrand und Larevelliere-Lepeaux auseinander gesetzt³). Wüßte man nicht aus gar zu vielen Beispielen, was das Directorium unter Freiheit verstand, und wie es die befreiten Völker zu behandeln pflegte, man könnte so edelmüthige Gesinnungen allen Gewalthabern zur Nachahmung empfehlen. Offenbar wurde aber auf diesem Wege die Einigung mit Oestreich unmöglich, und die Erneuerung des Krieges unvermeiblich.

Unter solchen Verhältnissen mußte eine engere Verbindung mit der anderen deutschen Macht wieder doppelt wünschenswerth erscheinen. Auch meldet Talleyrand schon am 16. September, man stehe im Begriff, mit Preußen ein Schutz- und Trutzbündniß, mit Rußland Frieden zu schließen; der Kaiser werde bald einen Feind

---

1) Correspondance inédite IV, 213.
2) Correspondance inédite IV, 221.
3) Correspondance inédite IV, 233; VII, 278.

mehr, und einen Verbündeten weniger haben. Es ist hier der Ort, auf die Beziehungen zwischen Frankreich und Preußen seit dem Abschluß der Präliminarien einen Blick zu werfen¹).

Man erinnert sich, wie gerade in der Mitte des April die Franzosen den Berliner Hof mit Anträgen und Forderungen bestürmten, wie jedoch der König zwar zu einer Vermittlung auf Grundlage der Reichsintegrität, aber keineswegs zu einem Bündniß oder zu feindlichen Schritten gegen den Kaiser sich bereit finden ließ. Diesen Entschluß befestigte die Nachricht von der Unterzeichnung der Präliminarien; man zürnte über den rücksichtslosen Eigennutz, der gerade, während Frankreich seinen Frieden schloß, Preußen noch zum Bruch mit Oestreich und Rußland drängen wollte²). Das Urtheil war sogar in diesem Falle strenger als billig, weil man nicht wissen konnte, daß durch Bonapartes eigenmächtiges Vorgehen das Directorium selbst überrascht worden sei. „Es bedarf kaum der Bemerkung", erwiedern die Minister am 2. Mai dem französischen Gesandten, „daß durch den Abschluß der Präliminarien, den glücklichen Vorboten des ersehnten allgemeinen Friedens, der nicht durch die Schuld des Königs so lange verzögert ist, die jüngsten Vorschläge der Republik ihren Zweck und Gegenstand verloren haben, und daß dem Könige von diesem Augenblicke an nichts übrig bleibt, als von ihrem Inhalte ganz und gar Abstand zu nehmen."

In Paris war man nicht dieser Ansicht. Je weniger das Directorium mit den Präliminarien zufrieden war, je lebhafter es wünschte, mit Preußens Unterstützung eine Aenderung herbeizuführen, um so eifriger bemühte es sich, diesen Staat zu Oestreich in ein gespanntes, zu England wo möglich in ein feindliches Verhältniß zu bringen. In den ersten Tagen des Mai, als die späteren Pläne noch nicht gereift waren, wurde dem preußischen Gesandten von dem Inhalt des Vertrages wenigstens

---

1) Die in dem Folgenden benutzten Actenstücke finden sich, wenn die Quelle nicht besonders angegeben wird, im preußischen Staats-Archiv.

2) Das Ministerium an Sandoz am 1. Mai 1797.

mündlich Einiges mitgetheilt, freilich die Umstände, wie es eben dem französischen Interesse entsprach, verändert. Wir haben gesehen, wie der Kaiser das Anerbieten einer Entschädigung in Deutschland zurückwies und nur in Italien seinen Ersatz finden wollte, wie dann, allen Wünschen der Franzosen entgegen, die Berufung eines Congresses in Bern durch die Präliminarien ausgesprochen war. Sandoz wurde jetzt erzählt, es sei Frankreich, das den Kaiser zur Annahme einer Entschädigung in Italien gezwungen habe, um Preußens Wünschen gemäß Baiern unverletzt zu erhalten. Der Kaiser fordere durchaus gesonderte Unterhandlungen, und Frankreich, hätte es nur seinen eigenen Vortheil im Auge, könne wohl darauf eingehen. Denn da man einmal auf den Erwerb des linken Rheinufers verzichtet und das Ziel des Krieges, Belgien mit seinen Dependenzen, erlangt habe, so bleibe weiter Nichts zu fordern. Aber um Preußen Gelegenheit zu geben, sich durch Säcularisationen zu vergrößern, seinen Einfluß in Deutschland auszudehnen und dem Prinzen von Oranien eine geeignete Entschädigung zu verschaffen, habe man gleichwohl die Berufung eines Congresses durchgesetzt. Preußen werde bald eine förmliche Einladung erhalten, und Alles komme darauf an, daß man Hand in Hand mit Entschiedenheit dem Kaiser entgegentrete. Denn allerdings, es werde nicht leicht sein, Preußens Wünsche für den Prinzen von Oranien zu erfüllen. Der General Bonaparte habe sich in Leoben aufs eifrigste seiner angenommen; aber von den kaiserlichen Gesandten sei unter Verwünschungen gegen Preußen jede Bestimmung zu seinen Gunsten zurückgewiesen. Die beste Entschädigung könne immer Hannover bieten, der König möge nur gestatten, daß es einstweilen von französischen Truppen besetzt würde; von der Freundschaft Englands habe er ja ohnehin nicht den geringsten Vortheil. Hiergegen erlaubte sich Sandoz eine Einwendung; unmöglich, meinte er, könne man von dem König erwarten, daß er bei dem Ausgange eines langen Krieges seine Grundsätze in Rücksicht auf England und die Neutralität Hannovers ändern solle. Auch auf dem Congreß werde man die zahlreichen Schwierigkeiten und Hindernisse nicht dadurch überwinden, daß man schroff den östreichischen Gesandten entgegentrete, sondern — diese Aeußerung sucht ihres Gleichen — indem |man sich bestrebe, in Verbindung mit ihnen für das allgemeine Wohl und die Befestigung des Friedens zu wirken. Weit nützlicher sei es, sie zu gewinnen, als sie schwierig und unversöhnlich zu machen; nur möchten die Franzosen sorgen, daß Baiern unverletzt bleibe."[1])

In Berlin wurden diese Nachrichten mit großer Befriedigung aufgenommen. Man war erfreut, daß der Kaiser in Italien abgefunden, Baiern in seinem Bestande, und das linke Rheinufer für Deutschland erhalten sei. Für den Prinzen von Oranien, meinte man, würde wenigstens im Prinzip eine Entschädigung durch die Präliminarien gesichert sein, und, falls das Directorium sich nur ernstlich bemühe, in ausreichenden Säcularisationen gefunden werden. Ja man gab sich der Hoffnung hin, die Franzosen könnten, da sie doch einmal auf das linke Rheinufer verzichtet hätten, sich herbeilassen, die preußischen Provinzen sogleich zu räumen oder wenigstens in preußische Verwaltung zurückzugeben. Sandoz wird diese Angelegenheit besonders warm empfohlen; nöthigenfalls kann er anbieten, der Reinertrag der Einnahmen solle auf eine bestimmte Summe — bis auf 70,000 Livres monatlich — veranschlagt und der französischen Regierung ausgezahlt werden[2]).

Aber die frohe Zuversicht dauerte nicht lange; keine von den Hoffnungen erfüllte sich. Eine Einladung zum Congreß wollte nicht erfolgen, die Aeußerungen der französischen Machthaber über das linke Rheinufer wurden, wie wir sahen, von Tag zu Tage bedenklicher, über den Inhalt der Präliminarien ließ sich mit Bestimmtheit gar Nichts in Erfahrung bringen. Nur jene Botschaft des Directoriums an den gesetzgebenden Körper vom 30. April legte Caillard, nachdem man sie in allen Zeitungen gelesen, zum Beweise unbegränzten Vertrauens und wärmster Freundschaft am 15. Mai dem Ministerium vor. Sandoz war in großer Besorgniß; er fürchtete, es sei in Wahrheit eine Einigung

---

1) Sandoz am 29. April und 7. Mai 1797.
2) Das Ministerium am 15. Mai 1797.

Frankreichs mit dem Kaiser erfolgt, besonders als man ihm sagte, Oestreich bestehe nach wie vor auf Separatverhandlungen, sei aber jetzt zu Säcularisationen ganz geneigt. Diese Besorgniß wurde auch in Berlin noch verstärkt durch eine Note, die Caillard am 9. Juni einreichte. Im Auftrage seines Ministers forderte er abermals die unverweilte Anerkennung der batavischen Republik; jetzt, da die Präliminarien des Friedens unterzeichnet worden, falle auch das letzte Hinderniß hinweg. Das preußische Ministerium erhebe zwar den Einwand, daß der Inhalt des Vertrags von Leoben noch nicht bekannt sei; aber er dürfe nicht verhehlen: das Directorium sei erstaunt, daß nach so vielen Beweisen der Loyalität, Zuvorkommenheit und Rücksicht, die es dem Könige gegeben, noch ein Zweifel an seiner Treue für die eingegangenen Verbindlichkeiten sich erhalten könne. Er sei ausdrücklich ermächtigt, im Namen und mit den Worten des Directoriums zu erklären, die Unterzeichnung der Präliminarien stehe der Ausführung der geheimen Uebereinkunft vom 5. August 1796, wenigstens soweit die Umstände und die wesentlichen Interessen der Republik es zugäben, nicht im Wege, insbesondere sei die Entschädigung des Hauses Oranien nicht in Vergessenheit gerathen. Die Unbestimmtheit dieser Ausdrücke, welche die mit Rücksicht auf Oranien bestimmt eingegangene Verpflichtung des Augustvertrages an willkürliche Bedingungen knüpften, mußte in Berlin nicht wenig befremden. Gleich am 13. Juni, in der Antwort an Caillard, gibt das Ministerium diesem Gefühle einen Ausdruck und lehnt die Forderung ab. Um aber doch das Directorium nicht zu reizen, erklärte man sich bereit, schon einstweilen den Legationssecretär von Bielefeld als Vertreter Preußens in den Haag zu schicken, so daß wenigstens eine thatsächliche Anerkennung der neuen Regierung sogleich erfolge; die förmliche sollte verschoben werden, bis die Entschädigung für Oranien gesichert sei. Seinen ganzen Unwillen läßt der König drei Tage später in einem Briefe an Sandoz aus. „Die Republik", schreibt er, „hat am 5. August 1796 die feierliche Verpflichtung übernommen, dem Hause Oranien eine Entschädigung zu verschaffen; sie hat sich verbindlich gemacht, alle ihre Kräfte dafür einzusetzen; und heute sagt man mir ganz trocken, die Entschädigung des Statthalters sei nicht in Vergessenheit gerathen, und der Friede mit Oestreich soll nur insofern kein Hinderniß sein, als die Umstände und die wesentlichen Interessen der Republik es gestatten. So haben wir nicht gerechnet; ich fordere die genaue Erfüllung der Verbindlichkeiten, welche die Republik gegen mich eingegangen ist." Sandoz soll vom Directorium eine bestimmte Erklärung verlangen und zugleich sich darüber Auskunft verschaffen, was denn die französische Regierung gethan habe, um die Einwilligung des Kaisers für die Entschädigung des Hauses Oranien zu erwirken. Denn eben war dem Könige aus guter Quelle die Nachricht zugekommen, zwischen den östreichischen Bevollmächtigten und dem General Bonaparte sei bisher von dieser Entschädigung noch nicht einmal Rede gewesen. Auch die Note an Caillard spricht die bestimmte Erwartung aus, daß der König nun endlich vom Inhalt der Präliminarien Kenntniß erhalten werde.

Aber auch diese Hoffnung blieb unerfüllt, obgleich eben zu jener Zeit im Directorium eine Veränderung eingetreten war, welche die preußischen Interessen zu fördern versprach. Nach dem Ausscheiden Letourneurs hatte der gesetzgebende Körper den Gesandten in Basel, Barthelemy, zum Nachfolger erwählt. Er war, wie man sich erinnert, der gemäßigten Partei angehörig und zugleich einer engen Verbindung mit Preußen zugethan. In Basel hatte er sich so wohlwollend und gefällig erwiesen, als die Umstände irgend gestatteten; Merlin von Thionville wollte ihn eben deßhalb gar nicht zu Unterhandlungen mit dem Kaiser verwenden, und von Delacroix mußte er sich wegen seiner Neigung für den Herzog von Zweibrücken empfindliche Zurechtweisung gefallen lassen. Sandoz war noch dadurch empfohlen, daß er schon zu Barthelemys Onkel, dem Verfasser des Anacharsis, in freundschaftlichen Beziehungen gestanden hatte. Auch ließ der neue Director bald nach seiner Ankunft ihm mittheilen, er würde gern über die politischen Verhältnisse sich vertraulich mit ihm besprechen. Indessen gleich bei der ersten Unterredung, am 14. Juni, bemerkte der preußische Gesandte, daß nicht viel von ihm zu erwarten sei. Barthelemy hatte nur widerstrebend auf dringendes Zureden seiner Freunde eine Stelle angenommen, für die er weder Neigung noch ausreichende Befähigung in sich trug. Sandoz fand ihn ganz niedergeschlagen und muthlos. „Man denkt gut von mir in Preußen", sagte er, „und ich glaube es zu verdienen. Aber was soll ich hier anfangen? jeden Tag finde ich mich aufgehalten und geplagt von Menschen, mit denen ich gar nichts gemein habe. Das Opfer, das ich meinen Freunden brachte, ist übermäßig; ich werde meine Ruhe und Existenz darüber verlieren und kann nicht einmal hoffen, Etwas zu Stande zu bringen. Was soll ichs Ihnen verhehlen", fuhr er nach einer Pause fort, „wir gehen in die Unterhandlungen, wie wir in den Krieg gegangen sind, wie Abenteurer. Nichts ist vorher bedacht, weder für den Frieden mit dem Kaiser, noch mit England. Als ich über die Verhandlung mit Oestreich Kenntniß erhalten wollte, habe ich mich überzeugen müssen, daß kein Mitglied des Directoriums recht wußte, wie weit sie gekommen sei und was sie für ein Ende nehmen werde. Alles ist unbestimmt und bedingt; Gegenstände der höchsten Wichtigkeit sind ganz und gar der Entscheidung eines jungen Generals anheim gegeben. Erwarten Sie nicht", schloß er, „daß ich Ihnen vertrauliche Mittheilungen machen kann; ich brauche noch drei Monate, um nur Menschen und Geschäfte erst kennen zu lernen." In der That blieb er unthätig beobachtend und gelangte niemals zu einigem Einfluß. Newbell wußte ihn von der Leitung des Auswärtigen fern zu halten, und selbst zu Carnot, dem seine Ansichten am nächsten standen, trat er nicht in ein vertrauliches, förderndes Verhältniß[1]).

Jedoch auch ohne seine Vermittlung konnten die Beziehungen zu Preußen sich in den nächsten Wochen freundlicher gestalten. Schon die Sendung des Herrn von Bielefeld in den Haag wurde in Paris als ein erwünschtes Zugeständniß, ja als ein diplomatischer Sieg betrachtet. Bald fand Preußen Gelegenheit, den Fran-

---

1) Sandoz am 10. und 16. Juni 1797.

zosen abermals einen Dienst zu erzeigen. Um die Abtretung des linken Rheinufers zu erleichtern, mußte dem Directorium daran gelegen sein, den Grundsatz der Säcularisationen auch vom Kaiser anerkannt zu sehen. Deßhalb wünschte man, Preußen möge sich zuerst in diesem Sinne aussprechen, damit dann der Kaiser weniger Bedenken trüge, einer derartigen Erklärung sich anzuschließen. Delacroix griff die Sache in seiner Weise an. Am 17. Juni beauftragte er Caillard, in Berlin zu versichern: Oestreich sei durchaus zu Säcularisationen geneigt, und erwarte nichts sehnlicher, als eine Erklärung Preußens, um die ihm gelegenen geistlichen Besitzungen sich anzueignen; nur könne der Kaiser in Rücksicht auf seine Würde nicht wohl zuerst davon reden. Der König war damals, schon auf den Tod erkrankt, mit Haugwitz nach Pyrmont gereist; Caillard wandte sich daher zuerst an Finkenstein. Dieser ging aber, wie es scheint, nicht bereitwillig genug auf seine Vorschläge ein; er meinte, wenn Oestreich eine solche Erklärung wünsche, könne es sich ja selbst an Preußen wenden; auch sei es für den König nicht weniger bedenklich, auf diesem Wege vorzugehen, als für den Kaiser[1]).

Darauf richtete Caillard am 27. Juni ein ausführliches Schreiben an Haugwitz. Preußen, sagt er, müsse endlich aus der Nichtigkeit heraustreten, die ihm weder in Wien noch in Paris zu Statten komme; die ganze Welt erkenne die Nothwendigkeit der Säcularisationen, ganz Deutschland betrachte sie als den einzig möglichen Endpunkt des Krieges; es gebe kein anderes Mittel, dem Hause Oranien die gewünschte Entschädigung zu verschaffen, Baiern zu erhalten und den Einfluß Preußens im Reiche auszudehnen. „Geben Sie uns", so schließt er, „ein Document, das uns zeigt, wie weit wir auf Sie rechnen, das wir Oestreich vorlegen können. Aber vor Allem, bitte ich, eine feste Entschließung, eine bestimmte Erklärung, nicht eingehüllt in Ungewißheiten, Bedingungen, Eventualitäten, kurz eine Erklärung, so einfach, wie unsere Gesinnungen gegen den König. Bezeigen

---

1) Finkenstein an den König am 27. Juni 1797.

Sie uns volles Vertrauen, so wird Alles gut gehen für Sie und für uns. Im entgegengesetzten Falle — aber ich will an diesen Fall gar nicht denken und lieber glauben, daß er unmöglich ist." In einer Nachschrift erbietet er sich noch „aus Besorgniß, den ehrwürdigen Finkenstein zu ermüden", zu einer Zusammenkunft Mitte Weges zwischen Berlin und Pyrmont.

Auch Haugwitz würde nicht so leicht auf diese Forderung eingegangen sein, wenn sie nicht zugleich im Interesse Preußens gelegen hätte. Aber die völlige Dunkelheit, in welche sowohl Thugut als das Directorium den Inhalt der Präliminarien hüllten, konnte allerdings eine Einigung zwischen beiden zum Nachtheile Preußens befürchten lassen; um den Prinzen von Oranien zu entschädigen, gab es kein anderes Mittel, als die geistlichen Besitzungen; endlich waren Säcularisationen für Preußens Stellung in Deutschland so augenscheinlich vortheilhaft, daß frühere Aeußerungen, man wünsche sie zu vermeiden, nicht gerade als unwahr, aber doch noch weniger als der Ausdruck eines unwandelbaren Grundsatzes gelten dürfen. Schon am 3. Juli wurde in Pyrmont die gewünschte Erklärung ausgestellt. Im Eingange verschanzte man sich vorsichtig hinter der Versicherung, auch der Kaiser sei derselben Ansicht und erwarte nur die preußische Erklärung, um sich offen auszusprechen. Dann wurde aber ausdrücklich anerkannt, daß schon die Convention vom 5. August das Prinzip der Säcularisationen als unumgänglich bezeichnet habe, daß der König bei dieser Ansicht beharre und gern in Gemeinschaft mit Frankreich und dem Kaiser sich öffentlich darüber äußern werde; nur möge man ihm vorläufig von dem Inhalt der Verhandlungen zwischen beiden Mächten Kenntniß geben[1]).

Sandoz erhielt den Auftrag, diese Erklärung sofort in Paris zu überreichen. Er konnte hinzufügen, daß die erste Annäherung

---

1) Die Erklärung findet sich in der Correspondance inédite IV, 83. Wenige Tage später, am 20. Juli, wurde auch zwischen Preußen und Hessen-Kassel ein Vertrag unterzeichnet, der das Prinzip der Säcularisationen anerkannte und bestimmte Entschädigungen sicherte. Vgl. Häusser a. a. O. II, 123.

Frankreichs an Rußland, von Preußen übermittelt, in Petersburg freundlich aufgenommen sei. Delacroix empfing diese Nachrichten, wie man denken kann, mit großer Befriedigung. Aber wie erstaunte der preußische Gesandte, als er mit Barthelemy über die Sache sprach. Der Director zeigte sich völlig überrascht durch die preußische Erklärung; er sagte, von der Zustimmung des Wiener Cabinets zu den Säcularisationen wisse er gar Nichts; er erwarte sie nicht einmal, und erinnere sich nicht, daß im Directorium jemals davon Rede gewesen sei. Als die Declaration am 1. August an Clarke nach Udine abging, verfehlte man denn auch nicht, in dem Begleitschreiben als Anweisung für die französischen und wohl noch mehr für die kaiserlichen Gesandten hinzuzusetzen: der Berliner Hof habe Sorge getragen, die Einwilligung des Kaisers, die man ihm nur als wahrscheinlich in Aussicht gestellt, schon als bestimmte Thatsache aufzuführen; obgleich die preußische Erklärung in Wahrheit Nichts enthält, was nicht durch Worte und Briefe Caillards sich rechtfertigen ließe.

Dies Begleitschreiben war jedoch nicht mehr von Delacroix verfaßt, er hatte — und man könnte darin den Einfluß Barthelemys erkennen — am 16. Juli seinen Platz räumen müssen. Daß Talleyrand ihn ersetzte, mochte immerhin für eine friedliche Entwicklung und jedenfalls in Rücksicht auf den diplomatischen Verkehr als ein Vortheil betrachtet werden. Der neue Minister sprach sich zuerst so friedliebend aus, daß Sandoz schon fürchtete, der Kaiser möchte etwa zu günstige Bedingungen erhalten. Aber bald änderte sich seine Sprache, die kriegerische Strömung im Directorium gewann mehr und mehr das Uebergewicht. Talleyrand, von Barthelemy gar nicht unterstützt, mußte sich von Rewbell in heftigen Worten zurechtweisen lassen und besaß weder die Macht noch den festen Willen, seinen Ansichten Geltung zu verschaffen. Mit Preußen ruhten die Verhandlungen während der beiden nächsten Monate beinahe ganz; das Interesse des Directoriums war vornehmlich auf die Ereignisse in Italien und die innern Streitigkeiten gerichtet, die immer heftiger auf eine gewaltsame Entscheidung drängten.

Als aber der Schlag nun gefallen und die siegende Partei entschlossen war, sowohl mit England als mit dem Kaiser abzubrechen, mußte man zu Preußen zurückkehren. Niemals war das Verlangen nach einem Bündniß so inständig und dringend ausgesprochen. Zwar unmittelbar nach dem Staatsstreich erhielt Sandoz die irrige Nachricht, man wolle jetzt mit dem Kaiser auf jede Bedingung Frieden schließen; er äußert schon die Besorgniß, daß dabei auch Baiern als Opfer fallen könnte. Aber nach wenigen Tagen wurde er über die Lage aufgeklärt. „Alles ist hier verändert", schreibt er am 12. September, „die Regierung ist stark geworden, sie hat den Ton angenommen, der ihren Interessen und den Interessen Europas gemäß ist. „„Erfahren Sie"", sagte mir gestern Rewbell, „„daß es während eines Monats nur vom Hause Oestreich abhing, den Frieden auf unmäßige Bedingungen zu unterzeichnen; es konnte Istrien, Dalmatien, Baiern und Salzburg erhalten. Erfahren Sie auch, daß Carnot und Barthelemy diesen Frieden guthießen und dem Directorium als Capitalverbrechen vorwarfen, daß es ihn nicht unterzeichnen wollte. Die Verräther! es gab eine geheime Verbindung zwischen ihnen und Wien durch die Vermittlung Clarkes, dieser Creatur Carnots. Man kann nicht daran zweifeln, wenn auch die schriftlichen Beweise uns noch fehlen. Jetzt, da das Directorium in sich einig und gekräftigt ist, haben wir die Bedingungen des Friedens auf das richtige Maß zurückgeführt, fest entschlossen, die Unterhandlung abzubrechen, wenn sie nicht angenommen werden. Ich hasse das Haus Oestreich mehr als je und bin entschlossen den König von Preußen von Neuem aufzufordern, die Friedensbedingungen mit dem Directorium festzustellen. Er muß uns helfen, den überwiegenden Einfluß des Kaisers in Deutschland und überhaupt Oestreichs Macht zu schwächen, ohne das ist keine Ruhe für Europa zu hoffen; er muß uns in den Stand setzen, die Bedingungen von Leoben und Udine zu verändern, was wir noch nicht öffentlich als unsere Absicht aussprechen können. Preußens Interesse ist dabei noch dringender als Frankreichs; denn wir wissen unzweifelhaft, und der General Bonaparte kann es Ihnen beweisen, daß Oestreich gleich nach dem Frieden zu einem Angriff auf Preußen entschlossen war. Man weiß nicht einmal, ob es eine Entschädigung für das Haus Oranien zugestehen wollte. Jetzt ist die Zeit, daß man es büßen läßt und zu einer Macht dritten Ranges erniedrigt, damit es nicht ferner schaden kann.""

In ganz gleichem Sinne sprachen Larevelliere-Lepeaux und am folgenden Tage Talleyrand sich aus. Der Minister wollte sofort einen Courier mit geeigneten Vorschlägen nach Berlin senden; Preußen müsse helfen, den Präliminarien und den Verhandlungen in Udine eine bessere Wendung zu geben; schon eine drohende Bewegung an der böhmischen Gränze würde genügen, den Kaiser, Thugut und ihre Unterhändler zur Vernunft zu bringen. Auch Sandoz ließ von der allgemeinen Aufregung sich fortreißen. Er ist der Meinung, die neue Regierung stehe fest; innerhalb sieben Jahren sei keine Umwälzung zu besorgen, es liege also im höchsten Interesse Preußens, sich über die Friedensbedingungen vorerst mit ihr zu einigen.

Noch weiter gehend waren indeß die Forderungen, welche Caillard am 24. September in einer Note entwickelte. Er preist die glücklichen Folgen, welche die Staatsveränderung in Paris auf den Abschluß des Friedens ausüben müsse. Freilich könne das Directorium jetzt, wenn es die Interessen seiner Verbündeten aus den Augen setze, von Oestreich und England erhalten, was es nur wünsche. Das Einzige, wogegen der Kaiser sich noch sträube, seien die Säcularisationen, weil er dadurch auf dem Reichstage die Mehrheit der Stimmen zu verlieren fürchte. Wenn man aber die drei geistlichen Kurfürstenthümer auf fränkische und bairische Bisthümer — die von Preußen für Oranien gewünschte Entschädigung — übertrage, so werde der Kaiser selbst zur Abtretung des linken Rheinufers sich geneigt zeigen. Die Republik könne damit zufrieden sein, aber es widerspreche ihrem Edelmuthe, die Interessen ihrer Freunde durch eine selbstsüchtige und treulose Politik preiszugeben. Nach einer so freimüthigen Auseinandersetzung würden aber auch die deutschen Verbündeten, denen Frankreich seine eigene Ruhe opfere, gewiß nicht anstehen, alle ihre Kräfte mit den seinigen zu verbinden. Er beantragt deßhalb förmlich ein Angriffs- und Vertheidigungsbündniß, dessen Gegenstand das Haus Oestreich, dessen Ziel der Friede und die Herstellung des europäischen Gleichgewichts, dessen Grundlage die Uebereinkunft vom 5. August 1796 bilden solle. Man werde dann die norddeutschen Fürsten zum Beitritt auffordern; der Augenblick sei entscheidend, die Vortheile unermeßlich, das Directorium zweifle nicht, daß seine Vorschläge bereitwillig angenommen würden.

Aber die Franzosen hatten sich verrechnet, wenn sie nach den beiden Erfolgen im Juni und Juli auch dies größte Zugeständniß von Preußen erwarteten. Die Unwahrheiten und Widersprüche zwischen den letzten und ihren früheren Aussagen sprangen zu deutlich in die Augen. Schon am 25. September läßt der König an Sandoz schreiben: "Die Gespräche der drei Directoren, von denen Sie mir Nachricht geben, müssen nothwendig zu der Betrachtung führen, wie wenig den Versicherungen des Directoriums zu glauben ist. Vor dem 4. September betheuerte der Herr Carnot seine Ergebenheit für Preußen, und es schien, man könne doch soweit auf ihn rechnen, daß er Baiern nicht preisgeben würde. Jetzt wird Ihnen versichert, daß gerade er es war, der jenes Herzogthum und meine wesentlichsten Interessen seiner Vorliebe für Oestreich opferte. Kann man sich verständiger Weise auf die neuen Versicherungen verlassen, und wenn man es könnte, darf man auf die Sicherheit der neuen Zustände in Frankreich vertrauen? Meine Briefe aus Wien melden mir gerade im Gegentheil, der General Bonaparte biete auch jetzt dem Kaiser Entschädigungen in Deutschland und sogar Baiern an. Und inmitten so ungewisser Verhältnisse, vielleicht am Vorabend eines Friedens, verlangt man von mir in aller Form ein Angriffs- und Vertheidigungsbündniß. Sie müssen selbst fühlen, daß es, wenn man auch keine schroffe Antwort geben will, doch ganz unmöglich ist, auf die wilden Pläne des Directoriums einzugehen, welche Preußen und Europa in ein Chaos stürzen würden. Der beste Dienst, den Sie mir leisten können, ist, schon einstweilen die aufgeregten Geister zu beruhigen und ihnen vorzustellen, daß man auch ohne jene äußersten Mittel verständige Bedingungen von Oestreich erlangen, durch eine feste Sprache jeden Gedanken an die Preisgebung Baierns beseitigen und das System der Säcularisationen am füglichsten auf einem deutschen Congreß zur Ausführung bringen kann." In diesem Sinne wurde auch am 29. September sehr höflich, aber bestimmt ablehnend an Caillard geschrieben. „Wird man einen Brand löschen", fragte das preußische Schreiben, „indem man brennbare Gegenstände noch hinzuträgt? und ein Angriffsbündniß Preußens mit Frankreich gegen Oestreich, das die nationalen Gefühle vergiften und ganz Europa entzünden würde, könnte es zur Wiederherstellung der Einigkeit und Ruhe dienen? Nach dem Frieden wird der König gern in das engste Verhältniß zu Frankreich treten, aber bis dahin von den oft ausgesprochenen Grundsätzen einer strengen Neutralität sich nicht entfernen." Caillard ließ nicht nach; schon am 29. September richtet er abermals ein Schreiben an Haugwitz, sehr dringend und, wie gewöhnlich, Schmeichelei mit Drohungen untermischend: der Kaiser werde immer unversöhnlich bleiben; wenn einmal Oestreich, Rußland und England gegen Preußen ständen, dann würde Preußen um ein Bündniß mit Frankreich flehen, aber alle Logik, die es aufbieten könne, darauf hinauslaufen: Helft uns, denn wir haben euch nicht geholfen! Dieses Schreiben war jedoch ebenso wenig von Erfolg, als die früheren. Mit schon zitternder Hand hatte der König noch am 28. September seine volle Billigung jener ersten Antwort des Ministeriums an Caillard niedergeschrieben; am 3. October erwiedert Haugwitz sehr treffend auf die letzten Drohungen. Er meint, Preußen habe im siebenjährigen Kriege gezeigt, was ein Staat auch einzeln stehend leisten könne; das Bündniß der drei Mächte gegen Preußen sei eine willkürliche Annahme; sollte aber der Fall eintreten, so würde Preußen Frankreich zurufen: Helft uns, denn wir haben zuerst mit Euch Frieden geschlossen, immer freundschaftlich und aufrichtig gegen Euch gehandelt, und wenn wir unterliegen, so läuft auch Frankreich Gefahr, nicht nur seine Eroberungen, sondern auch die innere Sicherheit und Freiheit einzubüßen. Schon am 28. September hatte man Sandoz abermals vor der Unredlichkeit der Franzosen gewarnt. „Als ich", läßt der König schreiben, „im Frühling zu zweien Malen aufgefordert wurde, dem Kaiser durch bewaffnetes Einschreiten Bedingungen abzunöthigen, wie sie das Directorium verlangte, ergab sich, daß es das erste Mal in voller Unterhandlung, das zweite Mal unmittelbar vor dem Abschluß der Präliminarien stand. Derselbe Fall tritt mehr oder weniger jetzt wieder ein; denn die Unterhandlungen in Udine werden eifrig fortgesetzt, und man kann nicht wissen, ob sie nicht zur Stunde schon beendigt sind. Sie sehen, wie schielend und wenig aufrichtig dies Verfahren ist, besonders da man über den gegenwärtigen Stand der Verhandlung mich völlig im Ungewissen läßt. Es scheint, man will die Karten nur in Verwirrung bringen und mich in Schwierigkeiten verwickeln, die mich von der Gnade Frankreichs abhängig machten. Anstatt die Gleichförmigkeit der Interessen, welche in der That zwischen Preußen und Frankreich Deutschland und Oestreich gegenüber vorhanden ist, zu Rath zu nehmen und darauf eine Vereinigung zu gründen, wie sie zwischen uns bestehen sollte, betrachtet das Directorium, wie es scheint, Preußen nur als ein Mittel, um nach den Bedürfnissen des Augenblicks den Wiener Hof zur Nachgiebigkeit zu zwingen. Das ist nicht meine Rechnung, ganz und gar nicht. Ich habe meine eigene Politik, wie sie den Interessen meines Reiches entspricht, und so wie diese Interessen vorschreiben, werde ich fest und unverändert weiter gehen, ohne mich nach dem wechselnden Belieben der französischen Regierung zu richten. Davon müssen Sie sich selbst überzeugen und es geeigneten Orts begreiflich machen."

Kurz und bestimmt schreibt man abermals am 2. October, der König wolle durchaus kein Bündniß; keine andere Macht sei mehr zu fürchten, als Frankreich; es wolle Preußen nur als Mittel gebrauchen und völlig von sich abhängig machen, um es dann mit Uebermuth zu behandeln.

Sandoz war von diesen Aufträgen wenig erbaut; er hätte eine andere Entscheidung gewünscht und lebte in großer Besorgniß. Als die ablehnende Antwort in Paris bekannt wurde, war denn auch der Unwille der Directoren nicht gering. Nichts mußte ihnen erwünschter sein, als gegen Oestreich Preußens Beistand zu erhalten, und sie zeigten deutlich ihr Mißvergnügen, als diese Hoffnung sich vereitelte. Gleichwohl berechtigt nichts zu der Annahme, daß ihre Entschlüsse dadurch verändert wären. Hätte es nur vom Directorium abgehangen, der Krieg wäre bald wieder ausgebrochen.

Aber die Entscheidung lag in einer anderen stärkeren Hand.

Es war dahin gekommen, daß ein junger General an der Spitze einer siegreichen Armee für den Frieden arbeitete, daß der Bevollmächtigte des französischen Directoriums seiner eigenen Regierung gegenüber die Ansprüche des Kaisers vertrat. Mit immer steigendem Unwillen erfuhr Bonaparte aus den Depeschen seiner Regierung und von eigenen Berichterstattern, wie übermüthig das Directorium nach innen und außen alle Schranken der Mäßigung vergaß. Zugleich bemerkte er, daß seine eigene Stellung sich nicht verbessert hatte, daß man seine Zurückhaltung übel deutete, durch Mißtrauen vergalt, ihm die nöthige Unterstützung versagte und unerwünschte Maßregeln aufzubringen suchte. Konnten doch die Sieger des 18. Fructidor, jetzt unter sich einig und durch den Widerstand feindlicher Parteien nicht mehr gehemmt, ihm weit entschiedener entgegentreten, als früher, da eine Partei die andere in Schranken und in gemeinsamer Abhängigkeit erhielt.

Unter diesen Umständen handelte er, wie er immer gehandelt hat. Er that was er wollte, mochten dann andere versuchen, ob sie, was einmal geschehen war, wieder aufheben könnten. Um aber des Erfolges sicherer zu sein, griff er zu einem Mittel, das er schon einige Male in früheren Tagen, und niemals vergebens zur Anwendung gebracht hatte, wenn es galt, den Anforderungen seiner Regierung gegenüber die eigenen Absichten durchzusetzen. Er bat um seine Entlassung. Schon am 21. September schreibt er an das Directorium, es sei ihm unmöglich, so viele Aemter in seiner Person zu vereinigen; man möge eigene Bevollmächtigte für die Verhandlungen, und eine Commission ausgezeichneter Publicisten für die Organisation der italiänischen Republik ernennen, damit er selbst ausschließlich mit der Armee sich beschäftigen könne. Weit entschiedener drückt er sich wenige Tage später aus, als noch einige Umstände, an sich von geringer Bedeutung, seinen Zorn gereizt hatten. „Nach Allem, was geschehen ist", schreibt er am 25., „ist es augenscheinlich, daß die Regierung gegen mich ungefähr ebenso verfährt, wie gegen Pichegru nach dem 13. Vendemiaire."

„Ich bitte Sie, Bürger Directoren, meine Stelle anders zu besetzen und meine Entlassung zu bewilligen. Keine Macht der Erde wird im Stande sein, mich im Dienst zu halten nach diesem schrecklichen Beweis von der Undankbarkeit der Regierung, den ich weit entfernt war zu erwarten."

„Meine sehr geschwächte Gesundheit fordert gebieterisch Ruhe und Zurückgezogenheit; mein Geist hat gleichfalls das Bedürfniß, sich unter der Menge der Bürger wieder zu kräftigen. Seit zu langer Zeit ist eine große Gewalt meinen Händen anvertraut; bei allen Gelegenheiten habe ich mich zum Wohle des Vaterlandes ihrer bedient. Um so schlimmer für die, welche nicht an die Tugend glauben und die meinige verdächtigen könnten. Mein Lohn ist in meinem Gewissen und in der Meinung der Nachwelt[1]."

Er war sicher genug, das Directorium würde nicht wagen, seine Entlassung anzunehmen und den Mann, dem es am meisten verdankte, in den gefährlichsten Feind zu verwandeln. Noch in demselben Briefe vom 21., in welchem er die Wahl anderer Bevollmächtigten für nöthig erklärt, fordert er doch zugleich wieder neue Vollmachten für sich, da die früheren durch Clarkes Abberufung erledigt seien. So ließ er auch keinen Augenblick nach in seinem Eifer, den Gang der Verhandlungen zu beschleunigen.

Freilich hatten diese wieder gestockt, weil man die Rückkehr Merveldts und eine Antwort aus Wien erwarten mußte. Dazu kam ein Zwischenfall, dessen Entstehung noch der Zeit vor dem

---

[1] Correspondance de Napoléon, III, 321, 337.

Staatsstreich angehört. Als Thugut durch das Protokoll der vierten Sitzung (vom 4. September) Kenntniß erhielt, die Franzosen hätten nach der Einberufung des Congresses für den Reichsfrieden sich erkundigt, eilte er diesen Umstand zu nutzen. Trat der Congreß zusammen, so konnte man die Gesandten Rußlands und noch anderer fremden Mächte zuziehen; es bildete sich ein fester Widerstand gegen die Ansprüche der Franzosen, der die Vortheile des Berner Congresses beinahe ersetzen mochte. Thugut erklärte sich daher entschlossen, sogleich die Berufung vorzunehmen, und ernannte schon die östreichischen Bevollmächtigten[1]). Er war damals — am 11. September — noch keineswegs geneigt, den Franzosen sich zu fügen; die Gesandten in Udine weist er an, sich auf die Abtretung von Mainz durchaus nicht einzulassen. Aber Bonaparte nahm diese Nachrichten sehr übel auf. In der Einberufung des Reichscongresses vor dem Frieden mit Oestreich fand er nur ein Mittel, die Verhandlungen von Udine zu verlegen und unter verändertem Namen auf den Berner Congreß zurück zu kommen. Frankreich, sagte er, könne in Italien Nichts festsetzen und noch weniger dem Reichscongresse zustimmen, ehe es die Absichten des Kaisers in Bezug auf Deutschland kenne. Mit den mächtigsten deutschen Staaten, mit Preußen, Hessen, Sachsen, Braunschweig, Würtemberg und Baden stehe Frankreich schon in gutem Einvernehmen; die übrigen hingen von Oestreich ab. „Was würde Preußen sagen", setzte er hinzu, „wenn wir, ohne es befragt zu haben, zur Berufung eines Reichscongresses mitwirkten? Herr von Sandoz würde ohne Unterlaß uns darüber zur Rede stellen. Wir müssen wissen, auf wen wir bei unseren Entwürfen in Bezug auf Deutschland rechnen dürfen, ob auf Preußen, oder auf Oestreich; davon hängt unsere Entscheidung ab, das ist unser ganzes Geheimniß[2])."

1) Vgl. Thuguts Schreiben an die Gesandten vom 11. September und den Bericht des preußischen Gesandten, Grafen Keller, an das Ministerium aus Wien vom 2. October 1797.

2) Vgl. die Berichte der östreichischen Gesandten vom 18. und 24. September 1797 im Oestr. Staats-Archiv.

Ob Thugut darum nachgegeben hätte, läßt sich bezweifeln. Unterdessen war aber aus Paris und zugleich aus Udine die Nachricht von den entscheidenden Ereignissen eingetroffen. Worauf man so lange geharrt hatte, war geschehen, nur mit ganz anderem Erfolge, als in den Wünschen der östreichischen Regierung lag. Man mußte erkennen, daß es unmöglich sei, die Verhandlungen noch länger hinzuziehen. Da die letzte Hoffnung auf eine günstige Entwicklung der französischen Verhältnisse sich vereitelt hatte, England in Unterhandlung begriffen, von Rußland und dem deutschen Reiche keine Hülfe zu erwarten war, so fiel die Entscheidung zu Gunsten des Friedens. Schon die Wahl des Gesandten, den man nach Udine gehen ließ, beweist, daß man zu einer ernsten, hochbedeutenden Unterhandlung sich anschickte.

Viertes Kapitel.

Die Sendung des Grafen Ludwig Cobenzl nach Udine.

Der Graf Ludwig Cobenzl war damals anerkannt unter den östreichischen Diplomaten der vorzüglichste. Er war der Vetter des Vicekanzlers Philipp Cobenzl und wie dieser von Jugend auf mit den wichtigsten diplomatischen Geschäften betraut. Im Jahre 1777 wurde er an Friedrich den Großen nach Berlin geschickt, 1780, erst sechsundzwanzig Jahre alt, kam er als Gesandter nach Petersburg, wo er bald die entschiedene Gunst der Kaiserin sich zu eigen machte. Freilich nicht weniger durch die Talente des Gesellschafters als des Geschäftsmannes. Er besaß durchaus die leichte französische Bildung jener Zeit. Für die Bühne des Hofes schrieb er Theaterstücke, bei deren Darstellung er selbst eine seltene Begabung zur Geltung brachte. Es ist vorgekommen, daß ein Courier mit wichtigen Depeschen ihn hinter der Scene aufsuchte, dort sogleich seine Abfertigung erhielt, daß darüber das Stichwort überhört wurde, und der Gesandte eiligst auf die Bühne rannte, um durch eine witzige Improvisation die Störung wieder auszugleichen. Selbst unter den schweren Ereignissen des Jahres 1796 wußte er durch solchen Zeitvertreib seine Heiterkeit zu bewahren oder seine Besorgniß zu verbergen. „Ihr bestes Stück", sagte ihm einmal die Kaiserin, „werden sie wohl für den Tag aufsparen, an welchem die Franzosen in Wien einrücken." Es wäre jedoch ein Irrthum, wollte man den ganzen Werth des Mannes nach dieser leichtfertigen Außenseite bemessen. Er war ein vornehmer Herr des achtzehnten Jahrhunderts mit den Fehlern seines Standes, aber zugleich mit bedeutenden Eigenschaften, die man ihm selbst anrechnen muß. Hormayr kannte ihn als einen wohlwollenden, sogar als einen edlen Menschen; Männern, wie

Malmesbury und dem Cardinal Consalvi, flößten seine Fähigkeiten große Achtung ein; selbst Napoleon redet mit Anerkennung von ihm [1]). In spätern Jahren, als er, frühzeitig gealtert, die höchste Leitung übernehmen sollte, ging die Aufgabe weit über seine Kräfte. Aber ist er der einzige, der bewiesen hätte, daß man als Diplomat sich auszeichnen kann, ohne doch ein großer Staatsmann zu sein?

Am 9. August war Cobenzl von Petersburg nach Wien gekommen. Die Verhandlungen in Udine erschienen damals noch nicht als die wichtigsten; der Gedanke an den Berner Congreß war noch nicht aufgegeben. Der Graf blieb einstweilen in Wien, und wohnte den Berathungen der Minister bei; man vermuthete, er solle an den Verhandlungen in Lille Theil nehmen. Sobald aber Merveldts Berichte herausstellten, daß in Udine die Entscheidung fallen mußte, konnte Niemand anderem als Cobenzl die Vertretung der Monarchie übertragen werden. Die Instructionen, welche er erhielt, sind nicht mehr vorhanden, doch lernt man sie aus dem Folgenden deutlich genug erkennen. Der Kaiser hatte zudem einen eigenhändigen Brief an den siegreichen Feldherrn gerichtet, das erste Opfer, das er dem Manne brachte, dem er zuletzt seine Tochter gab. Der Brief lautete folgendermaßen:

„Herr General Bonaparte!

Da ich meinen bevollmächtigten Ministern jede Erleichterung gegeben hatte, um die wichtige Unterhandlung, mit welcher sie beauftragt sind, zu beendigen, so vernehme ich mit eben so viel Bedauern als Ueberraschung, daß, indem man sich mehr und mehr von den Bestimmungen der Präliminarien entfernt, die Rückkehr des Friedens, in dessen Genuß ich meine Unterthanen sehen möchte, und welchen die Hälfte von Europa so aufrichtig ersehnt, von Tag zu Tage ungewisser wird. In treuer Erfüllung meiner Verpflichtungen bin ich bereit, Alles auszuführen, was zu Leoben festgesetzt wurde, und fordere nur auch von der Gegen=

---

[1] Vgl. Hormayr, Lebensbilder I, 341, Malmesbury, Diaries, I, 224. Mémoires du Cardinal Consalvi, Paris, 1864, I, 369; einen wenig günstigen Eindruck machte er 1801 in Paris auf die Frau von Stael, vgl. Dix années d'exil, chap. VI.

seite die Erfüllung einer so heiligen Pflicht. Es ist das schon in meinem Namen erklärt worden, und ich stehe nicht an, es selbst zu erklären. Wenn vielleicht einige Artikel der Präliminarien durch spätere Ereignisse, an denen ich keinen Theil habe, unausführbar geworden sind, so wird es nöthig, sie durch andere zu ersetzen, welche in gleichem Maße den Interessen beider Nationen entsprechen und mit ihrer Würde sich vereinigen lassen; denn allein zu solchen könnte ich meine Hand bieten. Eine freie und aufrichtige Erklärung in demselben Geiste, der mich beseelt, ist der einzige Weg, der zu diesem heilsamen Ziele führen kann. Um es, so viel an mir liegt, zu beschleunigen und endlich dem Zustande von Ungewißheit, der nur zu lange schon gedauert hat, ein Ende zu machen, habe ich mich entschlossen, den Grafen von Cobenzl an den Ort der Verhandlungen abzusenden. Er ist in Besitz meines ausgedehntesten Vertrauens, von allen meinen Absichten unterrichtet und mit den weitesten Vollmachten ausgestattet. Ich habe ihn ermächtigt, jeden Vorschlag zur Annäherung beider Theile nach den Grundsätzen der Billigkeit und des gegenseitigen Vortheils aufzunehmen und demgemäß zum Abschluß zu bringen."

„Nach dieser neuen Versicherung der versöhnlichen Gesinnungen, die mich beseelen, zweifle ich nicht, Sie werden fühlen, daß der Friede in Ihren Händen liegt, und von Ihren Entschließungen das Glück oder Unglück vieler Tausend Menschen abhängt. Habe ich mich über das Mittel getäuscht, welches ich für das geeignetste hielt, dem Elend, das seit langer Zeit Europa heimsucht, ein Ziel zu setzen, so bleibt mir wenigstens der Trost, Alles, was von mir abhängt, erschöpft zu haben. Für die Folgen, die daraus entspringen, werde ich niemals die Verantwortung tragen. Ich bin zu dem Entschluß, den ich heute fasse, vornehmlich bewogen durch die Ueberzeugung, die ich von Ihren ehrenhaften Gesinnungen hege, und durch die persönliche Achtung, welche ich für Sie empfinde. Es gereicht mir zum Vergnügen, Herr General Bonaparte, Ihnen davon die Versicherung zu geben [1]."

[1] Der Brief ist schon gedruckt in den Mémoires d'un homme d'Etat, IV, 563.

Der Brief war vom 20. September datirt. Wenig später reiste Graf Cobenzl in Begleitung Merveldts von Wien ab. In Laibach fand er die Generale Mack und Terzy auf den Krieg gefaßt, aber in Verlegenheit wegen des gänzlichen Mangels an Geld und besorgt für Triest, das sich mit wenigen Kanonenbooten nicht vertheidigen lasse. Am 24. verweilte er in Görz, Merveldt war mit einem Briefe an de Gallo vorausgegangen, damit er die nöthigen Pässe übermittle [1]). Bonaparte übersendet sie in einem sehr höflichen Schreiben an die kaiserlichen Gesandten; gleich am nächsten Tage, fügt er hinzu, werde er nach Udine kommen, um dem Grafen Cobenzl aufzuwarten; vielleicht könne man dann schon zu einer Conferenz zusammentreten [2]).

Cobenzl empfing die gewünschten Pässe am Morgen des 26. in Görz. Durch heftig eintretendes Regenwetter aufgehalten, konnte er erst am Abend in Udine eintreffen, wo er im Palast Florio seine Wohnung nahm.

Am folgenden Mittag kam Bonaparte mit glänzendem Gefolge, ihn zu besuchen. Nach den ersten Worten des Willkommens führte ihn Cobenzl in sein Cabinet und übergab ihm den Brief des Kaisers. Bonaparte las ihn aufmerksam, ohne irgend zu verrathen, daß er durch die kaiserlichen Worte sich geschmeichelt fühle; eher schien er mit dem Inhalt unzufrieden. Er sagte, die französische Republik habe nie etwas Anderes gewünscht, als die Präliminarien auszuführen, aber das Wiener Cabinet gebe ihnen eine Bedeutung, die nicht zulässig sei, und habe dann selbst durch Zögern und unaufhörliche Schwierigkeiten die Ausführung verhindert. Cobenzl ließ dies natürlich nicht gelten; er erwiederte, man habe in Wien die Präliminarien im buchstäblichsten Sinne ausgelegt und sofort nach der Ratification das Zusammentreten eines Congresses gefordert. Es sei Frankreich, das ihn immer

---

1) Vgl. Cobenzls Briefe an Thugut aus Görz vom 24. und 26. September im Oestr. Staats-Archiv.

2) Der Brief fehlt in der Correspondance de Napoléon, ist in der Wiener Abschrift nicht datirt, aber vermuthlich am 25. September geschrieben.

verweigert und dadurch den Abschluß der Verhandlungen ver=
zögert habe. Man kam wieder auf die alten Streitpunkte; Co=
benzl wiederholte, der Marquis de Gallo habe in Gratz nichts
Anderes zugestanden, als daß man für den Berner Congreß in
einer italiänischen Stadt einige Vorbereitungen treffen könne.
Jetzt aber erstrecke der Kaiser die Nachgiebigkeit so weit, daß er
für den Abschluß des Definitivfriedens in Udine die ausgedehn=
teste Vollmacht ertheilt habe; nur müsse man dabei an den Be=
stimmungen der Präliminarien festhalten, oder, wenn man die
unausführbaren Artikel durch andere ersetze, Oestreich nicht da=
durch benachtheiligen. Bonaparte gab mit einiger Lebhaftigkeit
zur Antwort, das Nachgeben sei nur zu sehr auf Seiten Frank=
reichs; auf Ansuchen des Marquis de Gallo habe er zu Leoben
den Congreß und die Zulassung der Verbündeten bewilligt, damit
der Kaiser diesen gegenüber sich rechtfertigen könne; es sei aber
gegen alle Vernunft, Europa bei einem so anstößigen Artikel, wie
die Beraubung Venedigs, zum Zeugen zu rufen. Cobenzl ver=
setzte, der Congreß, einmal versprochen, habe auch gefordert wer=
den können. Bonaparte selbst habe die Theilung Venedigs vor=
geschlagen, der Kaiser gebe sich niemals zu Etwas her, das nicht
ganz Europa wissen dürfe; auch sei die Veränderung, die von
den Franzosen in Venedig vorgenommen würde, weit anstößiger,
als Alles, was die Präliminarien aussprächen.

Bonaparte schob den ersten Vorschlag der Theilung den
östreichischen Bevollmächtigten zu; die Umwälzung in Venedig,
sagte er, sei nicht sein Werk, sondern durch die Aristokratie
verschuldet; der große Rath habe selbst auf seine Rechte ver=
zichtet, also die jetzige Regierung in durchaus legitimer Weise
eingeführt. Der östreichische Diplomat entgegnete, er denke zu hoch
von den Eigenschaften des General Bonaparte, um zu glauben,
es könne in einem Lande, das seine Truppen besetzt hielten, irgend
Etwas gegen seinen Willen geschehen. Bonaparte leugnete dies
gleichwohl und behauptete dann, da keine Bestimmung der Prä=
liminarien über die Verfassung von Venedig etwas festsetze, so
müsse man über die Abtretungen, welche Oestreich verlange, nach

dem fünften der geheimen Artikel mit einem Bevollmächtigten der neugebildeten Municipalität verhandeln. Nichts konnte den Oestreichern unbequemer sein, als eine solche Zumuthung. Cobenzl erhob den entschiedensten Widerspruch: wenn in den Präliminarien von Venedig die Rede sei, so könne man darunter nur die alte Regierung verstehen; jede Verbindung mit der neuen wies er zurück. „Daran stockt also die ganze Unterhandlung", sagte Bonaparte. „Was sollen wir thun, wenn Sie sich weigern, mit einem venetianischen Bevollmächtigten zu unterhandeln?" „Wir unterhandeln mit Ihnen", erwiederte Cobenzl; „Sie haben uns diese Entschädigungen zugesichert, Sie haben sie nothwendig gemacht, indem Sie uns des Unsrigen beraubten. Sie sind im Besitz, und es ist Ihre Sache, uns zu überliefern, was Sie uns versprochen haben."

Neuer Streit erhob sich, als Bonaparte erklärte, der Kaiser würde die venetianischen Provinzen nicht eher erhalten, als Frankreich in den Besitz von Mainz getreten sei. Er berief sich auf den vielbestrittenen Artikel 6 der Präliminarien, welcher die gesetzlichen Gränzen der französischen Republik anerkenne. „Ich berief mich", schreibt Cobenzl in seinem Bericht an Thugut, „auf den Artikel 5, welcher die Grundlage der Reichsintegrität festsetzt. Er wollte behaupten, es verstände sich von selbst, daß dies nur in soweit gelten könne, als nicht die folgenden Bestimmungen eine Aenderung vornähmen. Ich antwortete, in diesem Falle hätte man eine solche Clausel einschieben müssen, wie überall gebräuchlich sei. Ich bewies ihm dann, daß die Clausel über die Anerkennung der französischen Gränzen in dem Artikel über die Abtretung Belgiens nur diese Abtretung betreffen könne, die einzige, über welche der Kaiser zu bestimmen berechtigt gewesen sei. „„Aber,"" sagte Bonaparte, „„der Kaiser hat schon über Modena verhandelt; man gab uns selbst beim Abschluß der Präliminarien zu verstehen, daß er sich nicht widersetzen würde, wenn wir Lüttich, Malmedy und Logne behielten; Belgien selbst als ein Theil des burgundischen Kreises gehört zum Reiche. Wie kann denn der Kaiser diese Besitzungen des Reiches abtreten und die anderen nicht?"" Ich antwortete, daß man für Modena einen Austausch festgesetzt habe, daß ich gar nicht der Ansicht sei, der Kaiser wolle Lüttich, Logne und Malmedy abtreten, daß aber Nichts ihn hindere, über seine erblichen Besitzungen frei zu verfügen. Bonaparte erhitzte sich sehr, klagte uns an, wir wären doppelzüngig und nicht aufrichtig, er sei zu nachgiebig gewesen, da er uns doch die empfindlichsten Schläge habe beibringen können; nun lasse man ihn, der allen Königen sich gleich achte, ganz ohne Rücksicht seine Zeit verlieren; man halte ihn hin durch Forderungen eines Congresses und falsche Auslegung der Präliminarien. Ich suchte meine Kaltblütigkeit zu bewahren, sagte ihm, daß kein Mensch in Allem, was der Kaiser thue, jemals eine Unaufrichtigkeit finden könne. Er, der General Bonaparte, finde sich mit den Interessen *seiner* Regierung beauftragt und im Besitz ihres Vertrauens, ebenso habe ich die Interessen *meines* Herrn zu vertreten und werde ebenfalls durch sein Vertrauen geehrt. Wir Beide wären also am Besten im Stande, dies wichtige Geschäft zu Ende zu führen; wir würden aber niemals zum Ziele kommen, wenn man den klaren und deutlichen Wortlaut einer schon eingegangenen Verpflichtung in so gezwungener Weise erklären wolle. „„Die französische Republik,"" sagte Bonaparte, „„wird niemals von ihren gesetzlichen Gränzen Etwas aufgeben; mit den Mitteln, die sie besitzt, kann sie in zwei Jahren ganz Europa erobern."" Ich erwiederte, dann bleibe den anderen Höfen nichts übrig, als alle ihre Mittel anzuwenden, um sich dagegen zu verwahren. „„Ich sage nicht,"" versetzte Bonaparte, „„daß das die Absicht sei; die Republik wird sich dieser Mittel nur zur Vertheidigung bedienen, sie ist ungeduldig, ihren Bürgern die Vortheile des Friedens, des Handels und Ackerbaus zu gewähren, aber sie wird niemals abtreten, was sie einmal als ihr Eigenthum erklärt hat. Ohne Mainz werden wir keinen Frieden schließen und ohne Mainz die italiänischen Festungen nicht übergeben."" Und ich, gab ich ihm zur Antwort, ich werde den Frieden nicht unterzeichnen, ohne festzusetzen, daß alle Provinzen, die uns gehören sollen, sofort uns eingeräumt werden. „„In dieser Weise"", sagte Bonaparte, „„wird Ihr Aufenthalt in Udine nicht von langer Dauer sein, und der letzte Grund

der Könige und Staaten muß entscheiden."" Der Kaiser, er=
wiederte ich, wünscht den Frieden, aber er fürchtet auch den Krieg
nicht. Was mich angeht, so bleibt mir wenigstens die Genug=
thuung, die Bekanntschaft eines eben so berühmten als interessanten
Mannes gemacht zu haben [1]."

Nach einem so lebhaften Gespräch begab man sich zur Woh=
nung des Marquis de Gallo im Palast Antonini, wo ein Saal
für die gemeinschaftlichen Versammlungen hergerichtet war. Man
saß an einem langen rechteckigen Tisch, an der einen Seite die
vier östreichischen Gesandten, ihnen gegenüber Bonaparte ganz
allein, an beiden Enden die Secretäre. War selbst in vertrau=
licher Unterredung von den eigentlichen Absichten beider Gegner noch
wenig hervorgetreten, so hielten sich die ersten Conferenzen beinahe
gänzlich in Formen und Scheinbewegungen. Man erinnert sich,
daß Bonaparte am 3. September im Protokoll der dritten Sitzung
die Erklärung abgegeben hatte, er würde nach dem 1. October die
Grundlage der Präliminarien nicht mehr anerkennen. Die kai=
serlichen Gesandten erbaten sich nun eine bestimmte Auskunft über
den Sinn dieser Eröffnung. Den Act vernichten, der die Feind=
seligkeiten beendigt habe, heiße den Zustand des Krieges wieder=
herstellen. Sie könnten die französische Republik dazu nicht berech=
tigt halten, weil der kaiserliche Hof die Präliminarien niemals verletzt,
sondern zur Ausführung sich stets bereit erwiesen habe. Noch un=
angenehmer für Bonaparte war eine zweite Erklärung in Bezug
auf die Frage nach dem Reichsfriedenscongreß, die er dem Pro=
tokoll vom 4. September eingerückt hatte. Die Gesandten bemerk=
ten, sie seien zwar bei den Unterhandlungen, die in Udine zwischen
der französischen Republik und Sr. Majestät als König von Ungarn
und Böhmen stattfänden, ganz ohne Instructionen für den Reichs=
frieden, hätten aber nichts desto weniger von den Eröffnungen der
französischen Bevollmächtigten sogleich dem Kaiser Nachricht gege=
ben. Da Alles, was den Frieden beschleunige, dem Kaiser unend=

---

[1] Vgl. den Bericht Cobenzls vom 28. September im Oestr. Staats=
Archiv.

lich angenehm sei, so werde er ohne Verzug den Regensburger Reichstag auf dem gewöhnlichen Wege durch die Reichskanzlei von dem Antrag der französischen Gesandten in Kenntniß setzen; die Bevollmächtigten des Reiches könnten sich alsdann nach Rastatt begeben, und der Congreß sobald als möglich seinen Anfang nehmen. Die Unterhandlungen in Udine bilden gar kein Hinderniß; ebenso wenig dürfe man die Uebereinkunft von Montebello dagegen anführen, da dieselbe vom Kaiser niemals ratificirt sei¹).

Schon am 18. September hatte man diese Erklärung zu Protokoll geben wollen, aber bei dem heftigen Widerstande Bonapartes zurückgezogen. Daß sie von Cobenzl nun wieder aufgenommen wurde, bewies deutlich genug, der französische General dürfe auf unbedingte Nachgiebigkeit nicht rechnen. Er behielt sich vor, in der nächsten Sitzung seine Antwort zu geben. Schon einstweilen bemerkte er: das Hinziehen der Verhandlungen von Seiten Oestreichs sei für Frankreich vom höchsten Nachtheil und nicht länger zu ertragen; gleichwohl sei er geneigt, die Frist bis zum 15. October zu verlängern, so daß dann für die Armeen in Italien, sowie für die Rheinarmeen zur selben Zeit der Waffenstillstand gekündigt würde, und die Feindseligkeiten am 1. November wieder anfangen könnten. Cobenzl erklärte sich mit diesem Vorschlag einverstanden. Aber dadurch wurde der Widerspruch nicht gemildert, den Bonaparte gegen die angekündigte Berufung des Congresses zu Rastatt erhob. Er machte geltend, schon zu Montebello und ebenso in dem Protokoll vom 4. September sei ausdrücklich der Friede mit dem Kaiser als Vorbedingung des Congresses gefordert; vor diesem Zeitpunkt würde Frankreich eine Berufung durchaus nicht zugeben. Keine Vorstellung konnte ihm die allerdings nicht unbegründete Meinung nehmen, das östreichische Cabinet lege ihm eine Schlinge, um die Vortheile, die es sich in Bern versprochen, auf diesem Wege wieder zu gewinnen. Er forderte, daß die Maßregeln zur Berufung des Congresses eingestellt würden, und man

---

1) Vgl. das Protokoll der achten Sitzung vom 27. September in der Correspondance inédite VII, 265.

mußte ihm versprechen, wenigstens darüber nach Wien zu berichten.

Im Uebrigen blieb die Sitzung ohne Ergebniß; als Cobenzl einmal auf die beiden von Merveldt nach Wien überbrachten Entwürfe hindeutete, antwortete Bonaparte kurz: Herr von Degelmann habe gelegentlich bemerkt, in der Sitzung erinnere er sich niemals an das, was er vertraulich mitgetheilt habe; er, Bonaparte, folge jetzt diesem Grundsatze und kenne nur die Präliminarien und die Protokolle[1]).

Nach der Conferenz verweilte man noch bei dem neapolitanischen Gesandten. „Die vertrauliche Unterhaltung", schreibt Cobenzl, „wurde sehr freundlich; Bonaparte beehrte mich mit einigen Schmeicheleien, die ich ohne Affectation ihm zurückgab. Er blieb bei der Behauptung, der Kaiser sei schlecht bedient und schlecht berathen; hätte er den Frieden nicht verzögert, so wäre er jetzt im Besitz seines Looses; der Tausch für die Niederlande und die Lombardei sei so vortheilhaft, daß ihn Joseph II. auch ohne Krieg gern eingegangen wäre. Die Veränderungen in Venedig dürfe man nur als einen Regierungswechsel ansehen, dem auch monarchische Staaten bei einer Thronfolge unterworfen seien; Joseph II. habe ebenso große Veränderungen vorgenommen. Ich antwortete, wir könnten eine ganz ungesetzliche Art der Nachfolge nicht anerkennen; darauf führte ich aus, daß, abgesehen von den rechtlichen Gründen, nach denen wir einen Congreß fordern dürften, auch unsere Verbindlichkeiten gegen Rußland uns dazu genöthigt hätten. Für einen so engen Verbündeten hätten wir nicht weniger thun können; selbst zum Abschluß des Friedens in Udine habe der Kaiser seine Zustimmung erst gegeben, nachdem Rußland auf seine gerechten Ansprüche Verzicht geleistet, ein neuer Beweis, wie genau der Kaiser Alles, was er verspreche, zu halten gewohnt sei. Ich forderte ihn auf, selbst zu erklären, ob er bei Unterzeichnung der Präliminarien nur im Entferntesten daran gedacht habe,

---

1) Vgl. die gemeinschaftlichen Berichte der Gesandten vom 28. und 30. September im Oestr. Staats-Archiv.

Mainz und Alles, was er jetzt fordere, darunter zu begreifen, und versicherte ihm sehr bestimmt, daß der Kaiser, wenn er daran hätte zweifeln können, die Ratification nicht ertheilt haben würde. „„Ich weiß nicht, was ich gedacht habe,"" sagte Bonaparte, „„aber ich weiß, was ich festgesetzt habe, und daran halte ich mich. Hätte der Kaiser die Präliminarien nicht ratificirt, so hätte ich seine Provinzen nicht geräumt, und wir hätten gesehen, was daraus erfolgt wäre."" Der Ausgang des Krieges, erwiederte ich, war und ist noch jetzt vom Glück der Waffen abhängig; wir waren geschlagen, aber nicht besiegt. Sie können die Hülfsquellen nicht verkennen, die wir in jenem entscheidenden Augenblick besaßen und noch jetzt besitzen, und der Kaiser wird niemals unterschreiben, was seiner Würde und seinen Pflichten zuwider ist."

„Im Laufe der Unterredung," fährt Cobenzl fort, „ließ ich ihn merken: wenn der Friede, woran ich übrigens von Tag zu Tage mehr zweifle, zu Stande käme, so müsse er dauerhaft sein und ein gutes Einvernehmen zwischen beiden Staaten sichern; dann müsse man sich aber so stellen, daß man keinen Vortheil mehr darin finde, sich zu schaden. Ich bemerkte noch, ich sähe nicht ein, warum er beständig auf unsere Kosten Republiken begünstige, die für ihn längst nicht das Interesse haben könnten, wie wir. Kurz, ehe wir uns trennten, beklagte sich der französische Bevollmächtigte, daß die Verhandlungen rückwärts statt vorwärts gingen. „„Knöpfen Sie sich doch auf,"" sagte er zu wiederholten Malen. Ich erwiederte, es sei seine Sache, sich aufzuknöpfen, und da er die Hindernisse des Friedens recht wohl kenne, auch die Mittel anzugeben, sie zu beseitigen."

„Bonaparte verweilte lange Zeit, war sehr gesprächig, redete von der Revolution seit ihrem Ursprunge, von den letzten Ereignissen, von der königlichen Familie und den Emigrirten ganz ohne Bitterkeit und verließ uns erst um neun Uhr, nachdem er noch drei Stunden bei uns zugebracht. Das sind," so schließt Cobenzl seinen Bericht, „die Einzelnheiten des ersten Tages; einen leichten Erfolg darf ich demnach meiner Unterhandlung nicht versprechen. Möglich, daß Bonaparte mich nur ausholen wollte. Ich habe geglaubt, seinem Angriff am Besten zu begegnen, indem ich unerschütterliche Festigkeit in meinen Grundsätzen mit einem leichten Ton in der vertraulichen Unterhaltung verbände."

Man erkennt, wie dies Gespräch sämmtliche Streitpunkte, die in den letzten Monaten allmählich hervorgetreten waren, noch einmal zusammenfaßt. So ausführlich Cobenzls, so kurz ist Bonapartes Bericht, den er am folgenden Tage (28. September) an Talleyrand abgehen ließ. Er meldet, der östreichische Bevollmächtigte sei angekommen und habe ihm einen Brief des Kaisers überreicht; in drei oder vier Tagen, je nach dem Gange der Unterhandlungen, denke er darauf zu antworten. „Bei meinem ersten Besuche," fährt er fort, „bin ich sehr lebhaft mit dem Grafen Cobenzl an einander gerathen. Er ist, wie es scheint, nicht sehr gewohnt, zu discutiren, wohl aber, immer Recht haben zu wollen. Das Directorium muß durchaus Anweisung geben, daß man am Rheine sich bereit hält. Diese Leute machen große Ansprüche. Uebrigens scheint aus dem Briefe des Kaisers, aus der Art, wie die Vollmachten des Grafen Cobenzl abgefaßt sind, ja aus seiner Hierherkunft hervorzugehen, daß der Kaiser dem Entwurfe beitreten würde, gegen Venedig und die Etschlinie uns Mainz und die constitutionellen Gränzen einzuräumen. Ich sage: „es scheint", denn in Wahrheit ist meine Unterredung mit dem Grafen Cobenzl von seiner Seite nur eine Extravaganz gewesen. Es ist das Höchste, wenn man so gnädig ist, uns Belgien zu geben. Ich erlasse Ihnen meine Antwort darauf, sowie unsere Gespräche, aus denen Sie lernen könnten, was diese Leute Diplomatie nennen."

Kurz nachdem er diese Zeilen beendigt, langten die Gesandten des Kaisers in Passariano an. Er empfing sie mit zwei Noten, die er als Antwort auf die beiden Eröffnungen Cobenzls in das Protokoll vom 28. September einrückte. Die erste erklärt die Berufung des Congresses zu Rastadt für nichtig; der Kaiser sei dazu ohne Einwilligung Frankreichs gar nicht berechtigt. So lange die Truppen des Kaisers als Königs von Ungarn und Böhmen alle festen Plätze des Reiches besetzt hielten, sei zudem am wenigſten der Zeitpunkt, in welchem die Republik mit einer, ihrer Natur nach unabhängigen Macht zu einem Congreß zuſammentreten könne.

Die zweite wiederholt in den heftigſten Ausdrücken die ſchon oft erhobenen Klagen über die Zögerung des Wiener Cabinets. Sechs Monate ſeien erforderlich geweſen, um den Kaiſer zu überzeugen, daß er den Frieden beſonders ſchließen müſſe, ſechs andere würden ohne Zweifel nöthig ſein, um über die Bedeutung der Präliminarien einig zu werden. Nach eigener Ausſage der Geſandten ſeien ſie in Eile angefertigt, enthalten widerſprechende oder unausführbare Artikel; der Kaiſer ſolle ſich endlich beſtimmt über die Grundlage der Verhandlung erklären. Ganz Europa erkenne die wenig friedfertige Geſinnung des Wiener Cabinets und ſtaune, daß die Republik ſich ſo lange hinhalten laſſe. Frankreich wolle den Frieden, denn es habe ihn gewollt, als es Alles habe wollen können; aber jetzt ſei es Pflicht des Directoriums, endlich eine Entſcheidung zu fordern. Ueber die Friſt des 1. Octobers ſpricht er ſich gleichwohl nicht in beſtimmter Weiſe aus, ſchließt aber mit der Eröffnung, er ſei beauftragt, für den Fall, daß die Feindſeligkeiten wieder anfingen, mit den kaiſerlichen Geſandten das Nöthige zu vereinbaren[1]).

In der Sitzung ſelbſt kam außerdem nichts von Bedeutung zur Sprache. Nach Tiſche hatte aber Cobenzl wieder eine lange Unterredung mit Bonaparte, über die er am 30. September Bericht erſtattet. „Ich verbarg ihm nicht," ſchreibt er, „daß Erklärungen, wie er ſie eben zu Protokoll gegeben, viel mehr geeignet wären, den Frieden zu hindern, als wieder herzuſtellen. Er antwortete, daß er gleichwohl ſehr lebhaft wünſche, man möge ſich verſtändigen und bald abſchließen. Ich fragte ihn, ob er denn ſeine Erklärungen, abgeſehen von dem Ton, der darin herrſche, für das richtige Mittel hielte, ob die gezwungene Auslegung der Präliminarien, der Anſpruch auf Mainz und einen Theil des

---

1) Vgl. das Protokoll der neunten Sitzung vom 28. September in der Correspondance inédite VII, 267.

linken Rheinufers, das Bestreben, Deutschland seiner besten Schutzwehr zu berauben, nicht ein System schrankenloser Eroberungslust enthülle. Er versicherte, Frankreich werde, mit seinen Erfolgen zufrieden, sich ruhig in seinen Gränzen halten und einen Krieg nur noch zur Vertheidigung führen. Welche Sicherheit haben wir, antwortete ich, wenn die Präliminarien nicht gehalten werden? Uebrigens, von allen anderen Gründen abgesehen, der Kaiser könnte schon deßhalb Ihren Forderungen nicht nachgeben, weil der König von Preußen darin ein Mittel finden würde, sich in Deutschland zu vergrößern. „„Der König von Preußen,"" sagte Bonaparte, „„hat uns das linke Rheinufer zugestanden; wir sind ihm verpflichtet, weil er zuerst die Coalition verlassen hat; noch vor Kurzem sind wir mit ihm einig geworden, er hört nicht auf, uns alle möglichen Anerbietungen zu machen. Einigen wir uns aber mit Ihnen, so haben wir nicht nöthig, ihn Etwas nehmen zu lassen."" Würden Sie sich dazu, fragte ich, durch einen geheimen Artikel verpflichtet erklären und förmlich versprechen, mit uns gemeinschaftliche Sache gegen ihn zu machen, wenn er in Deutschland eine Erwerbung suchen wollte? „„Warum nicht?"" erwiederte Bonaparte, „„ich sehe gar kein Hinderniß, wenn wir nur im Uebrigen einig sind; andern Falls wird es freilich nöthig, daß wir uns mit ihm verbinden."" Ich bemerkte, das würde uns in die Arme Englands treiben, und wenn Preußen mit Frankreich sich vereinigte, so würden Oestreich, Rußland und Großbritannien das Gegengewicht bilden. Bonaparte sagte, er für seine Person gebe weit mehr auf ein Bündniß mit uns, aber in Paris sei man sehr mißtrauisch, halte den Frieden für zweifelhaft und dränge ihn mehr und mehr, sich zum Kriege zu bereiten. Das sei die Wirkung der Protokolle und der Art, wie wir die Verhandlungen geführt. Mittler Weile unterhandle der König von Preußen aufs eifrigste; die Tage würden unter solchen Verhältnissen zu Jahren; solle der Friede gelingen, so müsse er in acht Tagen fertig sein. Ich antwortete, das sei recht wohl möglich, wenn man nur einigermaßen unseren guten Willen theile; wolle man dies nicht, so sei gar nicht nöthig, noch darüber zu reden. „„Was verlangen Sie denn in Italien?"" fragte Bonaparte? Nichts, erwiederte ich, als was uns die Präliminarien versprechen, und daß sich Frankreich ebenso genau als wir daran halten möge! Bonaparte dachte einige Zeit nach; ich sagte ihm darauf, ich hätte niemals begriffen, warum er durchaus nicht wollte, daß wir den Po überschritten; ich sähe gar nicht, was Frankreich dabei für ein Interesse hätte. „„Das Interesse,"" sagte Bonaparte, „„Sie zu hindern, die Herren von Italien zu werden."" Das heißt, erwiederte ich, Sie behaupten, unsere Freunde zu sein, Sie fordern von uns einerseits Zugeständnisse, die nicht einmal in unserer Gewalt liegen, und von der anderen Seite sind Sie Allem entgegen, was uns anstehen könnte. „„Aber noch einmal,"" sagte er; „„was können Sie denn in Italien noch fordern?"" Die drei Legationen, versetzte ich. „„Ja,"" sagte er, „„und Venedig dazu, und Mantua dazu, und Brescia dazu."" Gewiß, erwiederte ich, und das wäre noch sehr wenig für das, was wir in Deutschland Ihnen gestatten sollen. „„Unsere Rechnung geht weit auseinander,"" sagte er, „„ich würde in Paris gehängt, wenn ich Ihnen die Legationen gäbe."" Und ich, gab ich ihm zur Antwort, ich verdiente auf eine Festung geschickt zu werden, widersetzte ich mich nicht, daß Sie Mainz und nur ein Stück vom linken Rheinufer erhielten."

„Im Laufe der Unterredung legte ich großen Nachdruck auf unser gemeinschaftliches Interesse, das Reich in seinem gegenwärtigen Zustande zu erhalten und es nicht zu einem zweiten Polen werden zu lassen. Bonaparte versicherte mir, er sei davon ebenso überzeugt, wie ich. Ich stellte ihm vor, seine Ansprüche auf einen Theil des Rheinufers seien kein Beweis dafür. „„Aber,"" sagte er, „„der Rhein ist Frankreichs natürliche Gränze, er bildete das alte Gallien; so lange wir ihn nicht haben, können wir nicht wohl mit Ihnen verbunden sein."" Wie, versetzte ich, Sie sind nicht einmal zufrieden mit dem, was Sie jetzt fordern und was wir nicht bewilligen können? Sie wollen nicht einen Theil, sondern das ganze linke Ufer behaupten? Das werden wir niemals zugeben. „„Wir fordern es gar nicht von Ihnen,"" sagte er,

„„wir verhandeln darüber beim Reichsfrieden. Bedenken Sie doch, daß alle Fürsten des linken Rheinufers sich mit uns geeinigt haben oder dazu bereit sind."" Und wie würden Sie denn, fragte ich, einen so maßlosen Entwurf mit dem in Uebereinstimmung bringen, was Sie eben über die Ansprüche Preußens sagten? „„Wir verbinden uns,"" antwortete er, „„ihm die linksrheinischen Provinzen zurück zu geben; ist es damit nicht zufrieden, so erklären wir ihm gemeinschaftlich mit Ihnen den Krieg."" Ich bemerkte, der Kaiser könne niemals zu einem Entwurf die Hände bieten, der einen allgemeinen Umsturz verursachen würde, der so viele Landesherrn, die Kurfürsten von Mainz und von Trier und seinen Onkel, den Kurfürsten von Köln, des größten Theils ihrer Besitzungen beraube. „„Das sind geistliche Besitzungen,"" versetzte Bonaparte, „„wir geben dafür Pensionen als Entschädigung, und was den Onkel angeht, der ist dem Kaiser nicht eben zu anhänglich gewesen.""

Es ist interessant, mit dieser Mittheilung Cobenzls den kurzen Bericht zu vergleichen, den Bonaparte noch um Mitternacht für Talleyrand bestimmte. „Die Herren," schreibt er, „verlassen mich in diesem Augenblick. Wir haben beinahe vier oder fünf Stunden in förmlicher Conferenz zugebracht. Cobenzl und ich haben viel disputirt und oftmals dieselben Dinge wieder durchgesprochen. Nach Tisch, wo die Deutschen gern reden, sind wir nochmals vier oder fünf Stunden im Gespräch gewesen. Inmitten eines großen Wortschwalls hat er den Wunsch durchblicken lassen, daß der Kaiser sein politisches System mit dem unseren vereinige, um den ehrgeizigen Entwürfen Preußens entgegenzutreten. Es hat mir geschienen, das Wiener Cabinet würde den Entwurf der Etschgränze mit Venedig wohl annehmen und uns dagegen die Gränzen, wie wir sie in unserer Note gefordert haben, insbesondere auch Mainz überlassen. Das hindert nicht, daß er als eine ganz einfache Sache betrachtet hätte, wir sollten Sr. Kaiserlichen Majestät die Legationen zum Geschenke machen. Aber als ich ihm sagte, die französische Regierung habe eben den Gesandten der Republik Venedig anerkannt, und es sei mir seitdem unmög=

lich, unter irgend einem Vorwande und unter irgend welchen Um=
ständen zuzugeben, daß der Kaiser Herr von Venedig würde, da
habe ich den Ausdruck einer Ueberraschung wahrgenommen, welche
deutlich das Entsetzen verrieth. Es folgte ein langes Stillschweigen,
unterbrochen durch die Worte: „„Wenn Sie immer in dieser
Weise verfahren, wie wollen Sie, daß man unterhandeln soll?""
Ich werde mich beständig auf dieser Linie halten bis zum Bruch,
ich werde Venedig nicht eher preisgeben, bis ich ein neues Schrei=
ben der Regierung bekommen habe."

Die letzte Bemerkung scheint vornehmlich berechnet, das Direc=
torium hinzuhalten. Venedigs Schicksal hatte dem französischen
General seit den Tagen von Leoben wenig am Herzen gelegen,
auch in den letzten Gesprächen mit Cobenzl hatte er deutlich genug
seine Absichten durchblicken lassen. Er bemerkt noch: „Ich rede
nicht weiter im Einzelnen von dem, was wir uns einander vor=
schlagen; aber es gibt eine officielle Unterhandlung, welche, wie
man aus den Protokollen ersieht, von ihrer Seite eine Reihe von
Extravaganzen bleibt, und daneben eine vertrauliche, welche, ob=
gleich noch Nichts ganz deutlich hervorgetreten ist, auf dem Ent=
wurfe beruht, den Herr von Merveldt nach Wien gebracht hat.
Sie entnehmen aus der Note, die ich heute übergeben habe, daß
ich sie dahin bringen will, im Protokoll zu sagen, sie könnten die
Präliminarien nicht zur Ausführung bringen. Die Regierung kann
demnächst, wenn sie es für geeignet hält, die Präliminarien für
nichtig erklären. Ich habe gedacht, es gäbe kein anderes Mittel,
den Schein zu wahren[1])."

Man sieht, wie scharfsinnig er das Spiel seiner Gegner
durchschaut, wie er zugleich der eigenen Regierung und den frem=
den Gesandten gegenüber die Lage zu beherrschen weiß. Aber
den Gefallen, die Präliminarien selbst für unausführbar zu er=
klären, erwies der österreichische Diplomat ihm nicht. Schon am
nächsten Tage, dem 29. September, in der zehnten Sitzung wur=

---

[1]) Vgl. das Schreiben vom 28. September 1797 in der Correspondance
de Napoléon, III, 345.

den die beiden Noten Bonapartes beantwortet. Ueber die Berufung des Congresses wird bemerkt, daß sie ja von den französischen Bevollmächtigten selbst gefordert sei. Die Menge der Vorbereitungen habe dem Kaiser möglichste Eile zur Pflicht gemacht; man könne darin nur ein Zeichen eifriger Friedensliebe erkennen. Wenn der französische Bevollmächtigte mit Rücksicht auf den Vortheil seiner Regierung die Gültigkeit der Berufung jetzt in Abrede stelle, so bleibe dem Wiener Hofe nichts desto weniger die Genugthuung, ein offenbares Zeugniß gegeben zu haben, wie sehr er wünsche, das Reich von den Uebeln des Krieges endlich zu befreien. Die Truppen Sr. Majestät seien für das Reich so lange unentbehrlich, als die Franzosen beinahe im Herzen von Deutschland ständen. Der Kaiser werde aber keine Schwierigkeit machen, sein Heer den Erbstaaten in demselben Maße zu nähern, in welchem die Franzosen in ihr Vaterland zurückkehrten.

„Nicht der Wiener Hof," heißt es dann in der zweiten Note, „sondern Frankreich hat die lange Zögerung verschuldet, indem es dem versprochenen Congreß in Bern widerstrebte. Niemals haben die kaiserlichen Bevollmächtigten in den Präliminarien einen Widerspruch gefunden. Der Artikel 5 erklärt in der deutlichsten Weise als Grundlage die Integrität des deutschen Reiches. Der Artikel 6 betrifft nur den Verzicht auf die belgischen Provinzen. Einzig in Bezug auf dies erbliche Eigenthum wollte und konnte der Kaiser ohne Zuziehung des Reiches die gesetzlichen Gränzen der Republik anerkennen. Dies springt um so mehr in die Augen, als die Anerkennung unter drei unmittelbar folgenden Bedingungen statt hat, welche ausschließlich die belgischen Provinzen betreffen. Ein Widerspruch liegt daher nur in der unbegründeten Ausdehnung, die man der natürlichen und grammatikalischen Bedeutung dieser Anerkennung geben will. Einzig der fünfte unter den geheimen Artikeln ist unausführbar geworden durch Veränderungen, an denen Oestreich keinen Theil hat. Der Kaiser hat die alte Republik Venedig anerkannt, er stand in Verbindung und unterhandelte mit ihr. Anders verhält es sich mit der Regierung, welche an ihre Stelle getreten ist. Der Kaiser darf daher von denen, die zu diesen Umwälzungen beigetragen haben, Vorschläge erwarten, wie den Hindernissen der gegenwärtigen Verhandlung abzuhelfen sei."

„Der Kaiser kann das Recht der französischen Republik, durch eine Frist die Gültigkeit der Präliminarien zu begränzen, nicht anerkennen. Nichts zwischen beiden Mächten kann ohne gemeinschaftliche Uebereinkunft geschehen. Oestreich protestirt gegen die Frist des 1. Octobers und erklärt, daß nach wie vor die Präliminarien Grundlage der Verhandlung bleiben."

„Wenn der Kaiser die nöthigen Vorsichtsmaßregeln zur Vertheidigung trifft, so sind sie durch die Stellung der französischen Armee nur zu sehr gerechtfertigt. Der Kaiser wird niemals zu anderem Zwecke Krieg führen, als um einen ungerechten Angriff abzuweisen. Die Bevollmächtigten Sr. Majestät kennen keine Stellung, in welcher eine Macht Alles wollen könnte. Hätte die französische Republik andere Bedingungen als die Präliminarien gefordert, so hätte der Kaiser die Genehmigung verweigert und die Waffen hätten entschieden. Jetzt, da der Vertrag abgeschlossen und ratificirt ist, begnügt sich der Kaiser zu fordern, was feierlich versprochen wurde."

„Uebrigens sind die Bevollmächtigten Sr. Majestät gleichfalls ermächtigt, für die Aufkündigung des Waffenstillstands die Vorschläge der französischen Bevollmächtigten in Empfang zu nehmen[1])."

Man muß gestehen, diese Noten konnten beinahe ebenso wohl vier oder fünf Monate früher geschrieben werden; für den Fortgang der Verhandlungen gaben sie nicht die beste Hoffnung. Man sprach schon über das Ende des Waffenstillstandes, und Bonaparte wünschte, daß er nicht, wie gewöhnlich, durch die Befehlshaber der Vorposten, sondern durch besondere Couriere in Paris und Wien gekündigt würde. Dies scheine für die Aufhebung eines

---

1) Vgl. das Protokoll der zehnten Sitzung vom 29. September in der Correspondance inédite VII, 273.

so bedeutenden Vertrages, wie die Präliminarien, die angemessene Form. Eigentlich hatte er die Absicht, in solcher Weise einige Zeit für die Rheinarmee zu gewinnen, damit sie gleichzeitig oder vor der italiänischen den Feldzug eröffnen könne. Zu einem bestimmten Entschluß darüber kam es nicht.

Die Gesandten bemerken in dem gemeinschaftlichen Bericht, daß schon diese ersten Unterredungen sehr heftig wurden. Bonaparte stellte die Behauptung auf, die Präliminarien seien thatsächlich nichtig, weil jede der beiden Parteien sie in ganz verschiedener Weise verstände. Man könne solche Widersprüche nicht vereinigen; statt den Weg zur Versöhnung zu suchen, bleibe man auf zwei parallelen Linien und scheine nur Stoff für ein Manifest zu sammeln. Cobenzl entgegnete, er sei zur Annäherung gern bereit, müsse aber gleichwohl auf der Verbindlichkeit der Präliminarien bestehen, oder, sollten sie verändert werden, geeignete Vorschläge von den Franzosen erwarten. Auch diese Sitzung blieb ohne Ergebniß; man trennte sich, um einer besonderen Unterredung zwischen Bonaparte und Cobenzl Raum zu geben[1]).

Sie wandte sich, wie man denken kann, zunächst wieder auf die deutschen Angelegenheiten. Bonaparte suchte abermals zu beweisen, daß der Rhein die natürliche Gränze Frankreichs sei, worauf Cobenzl entgegnete, er könne ebenso wohl die Ostsee für die natürliche Gränze Oestreichs erklären. „Aber denken Sie doch," sagte Bonaparte, „daß wir Alles, was wir begehren und noch weit mehr schon in Besitz haben. Der Friede, den wir schließen, ist von einer ganz neuen Art; er besteht für uns darin, daß wir uns zurückziehen, daß wir nach Norden und Süden die Frucht unseres Blutes und unserer Anstrengung und was nach dem Recht der Eroberung uns gehört wieder aus den Händen geben. Zwei Mächte, die sich in Deutschland die Wage halten, stehen mit uns in Unterhandlung. Die eine, welche sich zuerst von unsern Feinden trennte, hat sich schon für das ganze linke Rheinufer uns ver-

---

1) Vgl. den Bericht der Gesandten vom 30. September im Oestr. Staats-Archiv.

pflichtet. Wir sagen zur anderen: Wir wollen lieber zu euch stehen, aber wir müssen bei euch dieselben Vortheile finden. Können Sie vernünftiger Weise sich schmeicheln, uns das, was wir schon besitzen, zu entreißen? Ich verblende mich durchaus nicht über meine Stellung; wenn ich eine, zwei, drei Schlachten verliere, ziehe ich mich hinter die Festungen zurück. Sie nehmen mir die erste Reihe; kann ich Sie nicht hindern, so ziehe ich mich auf die zweite zurück. Sehen Sie doch, welche Folge von Unglücksfällen mich treffen müßte, und welche Zeit Sie nöthig hätten, um Alles das zu erlangen, was Sie mit einem Federstrich sich verschaffen können. Gewinne ich dagegen eine einzige Schlacht, so bringe ich von Neuem in Ihre deutschen Provinzen, und wir stehen wieder auf dem Punkt, wo wir waren." "Da er dies," schreibt Cobenzl, "mit einigen Prahlereien über das, was er hätte thun können und nicht habe thun wollen, begleitete, so bestritt ich ihm ganz entschieden, daß er es leicht finden würde, in das Herz unserer Staaten einzudringen. Ich sagte ihm sogar, seine Stellung zur Zeit der Präliminarien sei immerhin glänzend, aber doch nicht gefahrlos gewesen; das, was ich vielleicht am meisten in seinem Verfahren bewundert habe, sei die Geschicklichkeit, mit welcher er aus einer Stellung, die hätte mißlich erscheinen können, nachdem er alle Vortheile ausgenutzt, sich zurückgezogen habe. ""Denken Sie das nicht,"" erwiederte Bonaparte, ""ich weiß, worauf Sie rechneten; Sie stützten sich auf die Massen, die Sie aufgeboten hatten. Aber glauben Sie Leuten, die ausgelernt sind, mit der Masse fertig zu werden, die Masse taugt für gar Nichts. Nicht die Massen haben Frankreich gerettet, ich habe selbst zu Paris erfahren, mit welcher Leichtigkeit zweitausend Mann guter Truppen und ein paar Kanonen die fürchterlichste Masse zu Boden werfen. Sehen Sie doch,"" bemerkte er dann, als das Gespräch sich wieder der Rheingränze zuwandte, ""ob wir nicht in Deutschland eine Anordnung treffen könnten, um die Sache leichter zu machen. Würde nicht Salzburg Ihnen anstehen?"" "Was ist Salzburg," erwiederte Cobenzl, "im Vergleich zu den ungeheuern Ansprüchen, die Sie erheben? Wenn

Sie auch noch ein Stück von Baiern bis zum Inn hinzufügten, so wäre es kaum eine Entschädigung für unsere Besitzungen in Schwaben, die wir nach Ihrem Vorschlage dem Herzog von Mo= dena abtreten sollen. Uebrigens wollen wir Nichts in Deutschland, der Kaiser hält sehr entschieden an seiner Integrität. Wir wür= den nirgendwo Etwas wollen, wenn Sie nicht unserer Besitzungen uns beraubten und uns dadurch zwängen, auf Entschädigungen zu denken. Aber wir wollen unsere Macht bewahren, das Gleich= gewicht von Europa aufrecht halten, und wir werden unsere An= strengungen lieber fortsetzen, als den Grundsatz aufgeben, auf welchem unsere Existenz beruht. **Wäre es möglich, uns einige Nachgiebigkeit mit Rücksicht auf einen Theil Ihrer übertriebenen Ansprüche abzugewinnen, so könnte es nur dadurch geschehen, daß man unseren Entschädigungen in Italien Etwas hinzufügte.**"

In diesem Satze liegt die entscheidende Wendung. Der östreichische Diplomat deutete den Weg an, auf welchem die Ein= willigung des Kaisers sich gewinnen ließe. Freilich die Ansprüche gingen noch weit auseinander. Bonaparte behauptete, und zwar der Wahrheit völlig gemäß, nach dem Willen des Directoriums solle Oestreich nur durch Istrien und Dalmatien und in Deutsch= land entschädigt werden, Cobenzl forderte nicht weniger, als Ve= nedig, die Legationen, die Abda und Modena. Als Bonaparte diese, wie selbst Cobenzl zugesteht, übertriebenen Ansprüche zurück= wies, kam man endlich überein, der östreichische Gesandte solle für die nächste Zusammenkunft seine Forderungen in einem Friedens= entwurf zusammenstellen[1]).

Ehe Cobenzl diesen Entwurf übergab, machte er — es war am 1. October — noch einen Versuch, Bonaparte von seinen Forderungen auf Mainz und das, was man jetzt die gesetzlichen Gränzen Frankreichs nannte, abzubringen. Er berief sich noch einmal auf den klaren Sinn der Präliminarien und zeigte sich sogar, um sie aufrecht zu halten, in Italien zu einem Opfer an

---

1) Vgl. Cobenzls Bericht vom 30. September im Oestr. Staats-Archiv.

die cisalpinische Republik bereit. Aber Bonaparte erklärte: selbst wenn Oestreich mit Istrien und Dalmatien sich begnügen und auf das gesammte Gebiet der Terra Firma verzichten wolle, so dürfe er doch auf keinen Vorschlag hören, der nicht für Frankreich die Gesammtheit seiner gesetzlich festgestellten Gränzen sichere. Cobenzl bot noch Lüttich, Logne und Malmedy, aber vergebens; Bonaparte blieb dabei: ohne Mainz keine Unterhandlung. „Ich hatte," schreibt Cobenzl, „diese Antwort vorausgesehen und mir gesagt, in einem Augenblicke, in welchem wir keinen Vortheil dabei finden, die Unterhandlung in die Länge zu ziehen, sei es unnütz, bei Forderungen stehen zu bleiben, die man nur mit Waffengewalt durchführen könne. Deshalb kam ich zu folgender Auseinandersetzung: Frankreich gibt dem, was es erwerben will, eine Ausdehnung, die Oestreich zur Zeit der Präliminarien nicht kennen und also auch nicht anerkennen konnte. Diese Ausdehnung betrifft Länder, welche Oestreich nicht gehören, welche es also abzutreten nicht im Stande ist. Damit aber Frankreich sie durch den Frieden erwerbe, ist es der Zustimmung Oestreichs bedürftig. Oestreich, das nicht verpflichtet ist, alle Kräfte zur Vertheidigung des Reiches anzuwenden, kann einen Theil zurückziehen und nur sein Contingent stellen. Alsdann bleibt dem Reiche Nichts übrig, als dem, was zwischen Oestreich und Frankreich vereinbart ist, sich zu fügen. Will aber Frankreich in solcher Weise die gesetzlichen Gränzen erwerben, so liegt darin für Oestreich ein neues, sehr schmerzliches Opfer, zu welchem es nur bewogen werden kann, wenn man seine Entschädigungen vermehrt."

„Diese könnten in Deutschland oder in Italien gefunden werden. Die ersteren wären weder für Oestreich, noch für Frankreich vortheilhaft. Nach den Verlusten, welche das deutsche Reich bedrohen, würde es, wenn auch Oestreich darin entschädigt werden sollte, so sehr vermindert, daß es nicht mehr als Mittelglied zwischen Oestreich und Frankreich dienen könnte. Beide Staaten müssen aber sorgfältig vermeiden, sich zu nähern, wenn sie ein dauerhaftes System guter Eintracht zwischen sich herstellen wollen."

„Die Entschädigungen sind also in Italien zu gewinnen und

können im Vergleich zu den Forderungen Frankreichs nicht wohl geringer sein, als daß man zu dem, was die Präliminarien versprechen, die Stadt Venedig, die Legationen, Modena und das Gebiet bis zur Adda hinzufügt. Diese Länder haben etwa vier Millionen Einwohner, bieten also kaum einen Ersatz für die Abtretung Belgiens und der Lombardei. Auch müßte man noch die schwäbischen Besitzungen abrechnen, durch welche der Herzog von Modena entschädigt werden soll."

„Es versteht sich, daß der König von Preußen von jeder neuen Erwerbung ausgeschlossen würde, daß Oestreich und Frankreich sich gegen ihn vereinigen müßten, wenn er etwas Anderes, als die Rückgabe seiner Besitzungen auf dem linken Rheinufer begehren wollte."

„Bonaparte," fährt Cobenzl fort, „hörte mit großer Aufmerksamkeit und äußerte dann: „„Aber warum fordern Sie nicht auch die Lombardei und ganz Italien? es ist gar kein Grund, warum Sie bei der Adda und den Legationen stehen bleiben."" Ich erwiederte, wir hätten unsere Forderungen genau berechnet, sie seien keineswegs übertrieben im Vergleich zu dem unermeßlichen und schmerzlichen Opfer, dem wir zustimmen sollten. „„Aber,"" sagte Bonaparte, „„Sie wissen doch, daß dies Opfer, das wir von Ihnen so theuer erkaufen sollen, uns angeboten wird durch eine andere große Macht, die mit Ihnen das Uebergewicht in Deutschland theilt."" Diese Macht, entgegnete ich, kann Ihnen nicht verschaffen, was Sie begehren. Sie hat sich zwar verpflichtet, keinen Widerstand zu leisten; aber das genügt nicht, denn wir, wir setzen uns dagegen und werden fortfahren, uns mit aller Macht dagegen zu setzen, bis Sie das Mittel finden, das uns bewegt, davon abzustehen. „„Wir fordern Nichts,"" sagte Bonaparte, „„als was in den Präliminarien steht."" In diesem Falle sind wir einig, versetzte ich; bestätigen Sie, was dort klar über die Integrität des Reiches ausgesprochen ist, räumen Sie das Gebiet bis zum Oglio, und ich unterzeichne noch heute." Bonaparte dachte eine Weile nach und sagte endlich: „Wir sind noch weit auseinander, ich sehe nicht, wie wir uns nähern können." „Wenn Alles, was ich Ihnen heute sage, nicht genug ist," erwiederte Cobenzl, „so sehe ich es auch nicht; ich habe meine Taschen ausgeleert." Bonaparte sprach lebhaft dagegen; dann nach einem Augenblick Nachdenkens erinnerte er an den versprochenen Entwurf. Der östreichische Gesandte zeigte eine Reihe von Artikeln, die schon in Wien seinen Instructionen beigelegt waren. Der Kaiser verzichtete darin auf Belgien und das Gebiet rechts von der Adda, erkannte die cisalpinische Republik und entschädigte den Herzog von Modena, erhielt aber außer Istrien und Dalmatien das Gebiet zwischen dem Veltlin, der Adda, dem Po und dem adriatischen Meere, dazu Modena, die Stadt Venedig und die Legationen. Ueber die Reichsangelegenheiten sollte ein Congreß in Rastatt entscheiden. Bonaparte las den Entwurf und vermißte eine Bestimmung über Mainz. Nun zeigte Cobenzl drei geheime Artikel. Wenn der Congreß zu Rastatt ohne Ergebniß bliebe, und man über die gesetzlichen Gränzen Frankreichs sich nicht verständigen könnte, so wollte der Kaiser der Reichsarmee nur das Contingent stellen, zu welchem er verpflichtet war; der König von Preußen sollte seine Besitzungen zurückerhalten, und der Vertrag für immer geheim bleiben. Aber auch damit gab Bonaparte sich nicht zufrieden. Er verlangte, der Kaiser selbst solle Mainz ausliefern; bis man darüber einig sei, bleibe jede Verhandlung unnütz; keine Festung in Italien werde geräumt, bis Mainz in die Gewalt der Franzosen komme, nöthigen Falls werde er seine jetzige Stellung bis zum Reichsfrieden behaupten. „Wir müßten sehr thöricht sein," fuhr er fort, „wollten wir eine so große Zahl von Festungen ausliefern, ohne die einzige in Händen zu haben, die wir bekommen sollen. Wer bürgt uns, daß Sie nicht im Besitz dieser Plätze den Krieg von Neuem anfangen?" „Wir machen nicht Frieden," entgegnete Cobenzl, „um die Waffen wieder aufzunehmen; noch nie haben wir einen Vertrag verletzt; auch fordern wir nur, was die Präliminarien über die Räumung der Festungen ausdrücklich bestimmen, während Sie eine ganz neue Forderung erheben." „Das wäre gut unter Privatleuten," sagte Bonaparte, „aber von Staat zu Staat ist ein solches Vertrauen nicht angebracht. Hat man denn," fuhr er fort, „in Wien nicht gelesen, was der General Merveldt von hier mitnahm? man mußte doch wissen, worauf wir unwiderruflich bestehen würden. Wenn man in Folge dessen den Grafen Cobenzl, einen der ersten Männer des Staates absandte, so mußte ich glauben, es geschähe, um Frieden zu schließen, wie wir wünschten." Cobenzl erwiederte, die jetzige Unterredung zeige deutlich genug, wie weit seine Vollmachten reichen. Hätte es sich nur darum gehandelt, die französischen Vorschläge einfach zu unterzeichnen, so würde der Kaiser nicht einen Minister seines besonderen Vertrauens geschickt haben. Man könne daraus im Gegentheile folgern, der Kaiser sei keineswegs geneigt, blindlings zu unterschreiben, was man gegen alle Gerechtigkeit von ihm fordere. Bonaparte versprach darauf, Cobenzls Entwurf in Erwägung zu ziehen. Zu einer eigentlichen Conferenz kam es nicht. Man näherte sich den übrigen Gesandten, welche sich im Garten aufgehalten hatten; Bonaparte scherzte über die Ungeheuerlichkeit der östreichischen Ansprüche und forderte de Gallo auf, er möge nur gestehen, daß Cobenzl zurückhalte und sich schon entschließen werde, das linke Rheinufer herauszugeben.

„Möchte die Art, wie ich die Unterhandlung eingeleitet," so endet Cobenzl seinen Bericht, „die Zustimmung Sr. Majestät und Ew. Excellenz verdienen. Möchten Sie dem Eifer, der mich beseelt, Gerechtigkeit widerfahren lassen und in Erwägung ziehen, wie schlüpfrig und schwierig meine Stellung ist. Ich darf mir gewiß nicht schmeicheln, Alles zu erlangen, was ich fordere, mein Ziel ist, zu versuchen, ob es ein Mittel gibt, Venedig und die Legationen zu erwerben[1]."

---
[1] Vgl. den Bericht Cobenzls vom 2. October im Oestr. Staats-Archiv.

Fünftes Kapitel.

Die entscheidenden Verhandlungen.

Die beiderseitigen Ansprüche gingen noch weit auseinander, gleichwohl hatte Bonaparte einen wichtigen Erfolg gewonnen. Die Grundlage der Präliminarien und die Reichsintegrität waren aufgegeben, statt dessen der Anspruch auf die gesetzlichen Gränzen in französischem Sinne zugestanden; nur über die Art der Abtretung und die Entschädigungen wurde noch verhandelt.

Am folgenden Tage, dem 2. October, kam Bonaparte wieder nach Udine. In dem besonderen Gespräch mit Cobenzl forderte er noch einmal sehr bestimmt die Uebergabe von Mainz, während Cobenzl ebenso bestimmt erklärte, er würde keinen Frieden unterzeichnen, der nicht unabhängig von Mainz den Oestreichern die italiänischen Festungen einräume. Der Kaiser könne nicht weiter gehen, als in den geheimen Artikeln vorgesehen sei, er müsse die nöthigen Formen wahren und würde lieber die Verhandlung abbrechen, als seine Pflichten gegen das Reich verletzen. Bonaparte wurde sehr heftig. Es war mehrmals Rede vom Abbruch der Verhandlungen, und der östreichische Gesandte erklärte, er sei dazu ganz bereit, in diesem Punkte würde er durchaus nicht nachgeben. Bonaparte schlug dann vor, eine Sitzung zu halten, und die übrigen Bevollmächtigten wurden hinzu gerufen. Wieder sprach er von Mainz und machte verschiedene Vorschläge, wie die Stadt den Franzosen zu überliefern sei. Die kaiserlichen Truppen, meinte er, könnten beim Abzug die Festungswerke sprengen; zur Rechtfertigung dieses Verfahrens gegenüber dem Reichstag gab er ein Mittel an, von welchem die Gesandten nur bemerken, es habe den Stempel französischer Arglist getragen, stehe aber völlig im Widerspruch mit den geraden Gesinnungen des Kaisers. „Aber wir erklärten ihm," fahren sie fort, „in sehr bestimmtem Tone, der Kaiser werde niemals Etwas billigen, was den Grundsätzen der Ehre und Würde, denen er schon bisher so viel geopfert habe, entgegen sei. Wolle Frankreich aufrichtig sich Oestreich nähern, so müsse es selbst Bedacht nehmen, dem Kaiser das Vertrauen seiner Mitstände zu wahren. Eher noch könne man bewilligen, daß Mainz mit den Befestigungen an die Franzosen käme; aber niemals zu diesem Zwecke selbst thätig sein, sondern höchstens Andere gewähren lassen."

Bonaparte machte nun einen anderen Vorschlag. Danach wollte er, wenn Frankreich mit Oestreich Frieden geschlossen, den Waffenstillstand mit dem Reiche kündigen; das Reich würde sich an den Kaiser wenden, dieser auf seinen Frieden mit Frankreich sich berufen und erklären, er könne nur sein Contingent und seine guten Dienste zur Verfügung stellen. Um die letzteren wirksam zu machen, rathe er, Mainz an die Franzosen abzutreten und dadurch die Verlängerung des Waffenstillstands herbeizuführen. Auch dieser Vorschlag wurde von Cobenzl als des Kaisers unwürdig verworfen. Man stellte aber vor, daß alle solche Maßregeln unnöthig seien; das Reich ohne Unterstützung des Kaisers habe weder den Willen, noch die Macht, den Franzosen Mainz zu verweigern; die Festung befinde sich gar nicht in dem Zustande, um nach dem Abzug der kaiserlichen Truppen eine Belagerung auszuhalten. Bonaparte schien dadurch beschwichtigt, kam aber darauf zurück, er müsse sich vorsehen, daß er nicht hintergangen würde.

Immer blieb die Abtretung von Mainz jetzt zugestanden. Nachdem die kaiserlichen Gesandten in einem so wichtigen Punkte sich gefügt hatten, sprachen sie auch von ihren eigenen Anforderungen in Italien. Der Marquis de Gallo bemerkte, wie erfreulich es wäre, wenn man am 4. October, als am Namensfeste des Kaisers, zum Abschluß gelange. Bonaparte erwiederte, das hinge allein von den kaiserlichen Gesandten ab; sie möchten nur Etwas vorschlagen, das nicht so durchaus unmöglich sei, wie die Bewilligung der Abda. „Gut," sagte Cobenzl, „um das Aeußerste für den Frieden zu thun, wollen wir uns mit Venedig und den Legationen begnügen und statt der Abda den Oglio als Gränze nehmen." Bonaparte verwahrte sich zwar dagegen, schien aber freundlicher und nachgiebiger als vorher und mehr als an irgend einem früheren Tage zur Einigung geneigt.

Die Gesandten brachten damit einen besonderen Umstand in Verbindung. Bonaparte war sehr spät nach Udine gekommen. Der Grund lag darin, daß er sich mehrere Stunden lang mit Jemand, der eben aus Paris bei ihm eintraf, insgeheim besprochen hatte. Die Gesandten irrten schwerlich, wenn sie durch diese Unterredung die friedlichen Neigungen Bonapartes gefördert glaubten. Der Ankömmling war, wie sie später erfuhren, Bottot, der Freund und Geheimsecretär des Directors Barras, welchen man Mitte Septembers[1]) an Bonaparte abgeschickt hatte, um ihn von den Ereignissen des 18. Fructidor, von den letzten Maßnahmen, den Ansichten und Entwürfen des Directoriums genau zu unterrichten. Diese Mittheilungen konnten dem General wenig zusagen, sie bestärkten nur den Wunsch, sobald als möglich einen Abschluß in Udine herbeizuführen, ehe er durch ganz bestimmte Befehle aus Paris unmöglich würde[2]).

Die nächste Sitzung, welche am 3. October in Passariano stattfand, begann denn auch unter günstigen Aussichten. Bonaparte erklärte, da der östreichische Hof die Abtretung von Mainz und die constitutionellen Gränzen zugestehe, so werde er auch seinerseits die Anerkennung der neuen Regierung von Venedig und die Zuziehung eines venetianischen Gesandten nicht mehr fordern. Man habe also eine Grundlage, auf der sich verhandeln lasse. Aber die Einigkeit dauerte nicht lange. Denn als Bona-

---

1) Am 17. September stellt ihm Larevelliere-Lepeaux ein förmliches Beglaubigungsschreiben aus, vgl. Correspondance inédite VII, 258. Vgl. auch den Brief Bonapartes vom 10. October in der Correspondance de Napoléon, III, 374.

2) Vgl. den Bericht der Gesandten vom 3. October und den Anfang des Berichtes vom 4. October im Oestr. Staats-Archiv.

parte nun die Forderungen Frankreichs im Einzelnen bezeichnen sollte, ergab sich nur zu bald, wie er dabei zu verfahren dachte. Auf das Gebiet, das er am linken Rheinufer in Anspruch nahm, rechnete er eine Bevölkerung von nur 300,000 Seelen; er stützte sich dabei auf die Geographie eines Professors in Erlangen, Namens Fabri, und behauptete, das ganze linke Rheinufer mit 1,100 Quadrat-Meilen habe nicht mehr, als etwa eine Million Einwohner. Umsonst versicherten die Gesandten, man müsse diese Zahl mindestens verdoppeln; er war nicht von seiner Meinung abzubringen, sondern hielt, wie die Gesandten sich ausdrücken, immer an seinem deutschen Geographen; dieser stimme mit den Nachforschungen an Ort und Stelle, welche das Directorium ihm mitgetheilt habe, genau überein. Für die neuen Erwerbungen forderte er dann eine militärische Gränze; die Decrete der französischen Regierung seien eines nach dem anderen in dem Maße erlassen, wie die Gemeinden ihre Vereinigung mit Frankreich gewünscht hätten; daher zeigen sich abgerissene Stücke, die kein Ganzes bilden. Man bat ihn, genau anzugeben, was er denn verlange. Darauf schlug er eine Gränze vor, die, wie es den Gesandten schien, beinahe die Hälfte dessen umfaßte, was außer den gesetzlichen Gränzen vom linken Rheinufer übrig blieb. Er begegnete entschiedenem Widerspruch, händigte aber gleichwohl dem Grafen Merveldt eine Karte ein, auf welcher seine Forderungen bezeichnet waren[1]). Diese Gränze, über welche Merveldt einen eigenen Bericht erstattet, gleicht schon derjenigen, die man später im Frieden beibehielt. Sie geht von der Maas über Kaldenkirchen, Erkelenz an die Roer, begreift Jülich, Düren, Marmagen, gelangt dann über Blankenheim und Kerpen nach Zell an der Mosel, weiter über Obertirn und Hausen nach Kirn an der Nahe, folgt diesem Fluß bis Bingen und dann dem Lauf des Rheins. Merveldt bemerkt, diese Linie gebe Frankreich, außer den gesetzlichen Gränzen, nach Büsching[2]) noch ungefähr 5—600

---

[1]) Vgl. den Bericht der Gesandten und das besondere Schreiben Merveldts vom 4. October im Oestr. Staats-Archiv.

[2]) Dem Verfasser der allgemein bekannten Geographie.

Quadrat=Meilen und, wenn man 500 Einwohner auf die Meile rechne, 300,000 Seelen; man müsse aber in Wahrheit wenigstens das Doppelte annehmen.

In der Sitzung konnte man darüber sich nicht einigen; man verschob den Gegenstand auf den folgenden Tag, und die Gesandten bemerkten, es sei nunmehr an der Zeit, auch an die Interessen Oestreichs zu denken. Der alte Streit begann von Neuem. Bonaparte blieb dabei, er habe sein letztes Wort gesprochen, außer Venedig und der Etschlinie könne er nichts zugestehen. Cobenzl forderte den Oglio und die Legationen und erklärte, nur unter dieser Bedingung willige er in die Abtretung von Mainz. Er klagte bitter, daß die Franzosen für sich immer größere Ansprüche erhöben und doch dem Kaiser nicht einmal lassen wollten, was schon durch die Präliminarien zugestanden sei. Bonaparte berief sich dagegen auf die Erwerbungen, die Oestreich seit einiger Zeit, besonders in Polen gemacht habe. Er sagte, nach seiner Meinung würde Frankreich allen Ansprüchen auf Deutschland entsagen, wenn der Kaiser Polen, wie es vor der Theilung gewesen, wiederherstellen wollte. Cobenzl fragte, ob man auch auf Belgien zu verzichten geneigt sei, und Bonaparte meinte, daß man wenigstens einen Theil herausgeben würde. Der östreichische Gesandte erwiederte, die Herstellung Polens hänge gar nicht vom Kaiser ab, der nach dieser Seite durch bestimmte Verpflichtungen gebunden sei. Uebrigens habe auch Frankreich Erwerbungen gemacht, wie Lothringen und Corsika, ohne daß Oestreich widersprochen hätte. Bonaparte wandte ein, diese Erwerbungen seien nur geringfügig, und setzte hinzu, die Theilung Polens sei bei den Verhandlungen mit dem König von Preußen oftmals zur Sprache gekommen; dieser Fürst habe sie bei der Abtretung des linken Rheinufers wohl in Erwägung gezogen. Er fragte, ob Cobenzl ins Protokoll setzen wolle, daß der Kaiser für seinen Theil in die Herstellung Polens willige; es wurde ihm aber geantwortet, der Gegenstand sei den vorliegenden Verhandlungen ganz fremd, und vom Kaiser dafür gar keine Vollmacht gegeben. „Diese Abschweifung," bemerken die Gesandten,

„wurde durch die Heftigkeit des General Bonaparte verursacht; sie gehört zu den Dingen, die ihm entfahren, über die man aber nicht mit ihm zu Ende kommt."

Noch einmal hob Cobenzl hervor, wie schwer die neuen Erwerbungen Frankreichs in die Wagschale fielen, und bestand darauf, daß ohne die Legationen und die Gränze des Oglio der Kaiser eine Vergrößerung auf Kosten des Reiches nicht gestatten könne. „Durch diese Festigkeit aufs Aeußerste gereizt, vergaß Bonaparte," so berichten die Gesandten, „was er dem Anstand und unserer Stellung schuldig war; er erlaubte sich die heftigsten Ausfälle gegen das östreichische Ministerium. Der Graf Cobenzl und der Marquis de Gallo stellten ihm vor, wie sehr solche Aeußerungen gegen die Rücksicht verstießen, die man Personen an der Spitze der Geschäfte schuldig sei. Sie erinnerten ihn, daß wir uns dem französischen Ministerium gegenüber immer in diesen Schranken gehalten hätten, und baten ihn sehr ernstlich, uns nicht wieder so verletzende Worte hören zu lassen." Bonaparte schwieg einige Augenblicke; dann, nachdem seine Aufregung sich gelegt hatte, sagte er, er habe eine große diplomatische Neuigkeit mitzutheilen. Die Unterhandlungen in Lille seien abgebrochen. Lord Malmesbury habe eine Erklärung über die Rückgabe der holländischen und spanischen Kolonien verweigert, unmittelbar nach dieser Weigerung habe man ihn angewiesen, Lille zu verlassen. Cobenzl gab kein Zeichen der Ueberraschung, er erwiederte, das ändere nichts an den Unterhandlungen in Udine; alles komme darauf an, ob man seine Vorschläge annehmen wolle oder nicht. Indessen wußte er doch die Bedeutung dieses Ereignisses recht wohl zu schätzen. Da der Courier den Weg von Paris nach Udine mit ungewöhnlicher Schnelligkeit in sechs Tagen zurück gelegt hatte, so schien es möglich, daß Thugut die Nachricht noch nicht zugekommen sei. Cobenzl ließ sofort einen Eilboten nach Wien abgehen; zwei Tage später schickt er neben dem ausführlichen gemeinschaftlichen Bericht noch ein besonderes Schreiben über diese Angelegenheit. Den Bruch hält er in jedem Falle für vortheilhaft; England werde nun gewiß neue Bitten und Versprechungen vorbringen; dadurch dürfe man sich nicht hindern lassen, einem erträglichen Frieden zuzustimmen, der etwa die Legationen sichere, aber man sei doch der Nothwendigkeit überhoben, blindlings den Forderungen Frankreichs zu gehorchen. Bonaparte habe zwar in dem gestrigen Gespräche mit Merveldt und de Gallo auf die Befehle des Directoriums verwiesen, welches durch Bottot sofort eine Entscheidung zum Frieden oder Krieg verlange; indessen die Franzosen würden sich doch bedenken, im Augenblick des Bruches mit England auch die Feindseligkeiten gegen Oestreich zu erneuern[1]).

Aber vergebens hofften die Gesandten, Bonaparte würde nun in Udine sich nachgiebiger zeigen. Eher erfolgte das Gegentheil. Je mehr er nach einem solchen Ereigniß, so wie nach Bottots Mittheilungen den Frieden wünschte, um so willkürlicher die Ansprüche, um so heftiger die Drohungen, durch welche er die kaiserlichen Gesandten zu schrecken und seinem Willen zu unterwerfen suchte. Sie hatten berechnet, die von ihm geforderte Gränze gebe an Frankreich beinahe dreimal so viel Einwohner, als das Protokoll vom 6. September. Aber in der nächsten Sitzung am 4. October forderte er noch ein beträchtliches Stück, den ganzen Landstrich zwischen Mosel, Simmer, Nahe und Rhein hinzu, so daß fast das gesammte Kurfürstenthum Trier auf dem linken Rheinufer einbegriffen war. Und diese Forderung nannte er wie zum Hohn das geeignete Mittel, die Wünsche Oestreichs rücksichtlich der geistlichen Kurfürsten zu befriedigen. Denn der Kurfürst von Köln würde sein ganzes Gebiet, der Kurfürst von Trier wenigstens einen Theil behalten, den Mainzer könne man auf der rechten Seite, etwa durch Würzburg und Bamberg entschädigen. Die Hälfte des Herzogthums Jülich fiele wieder an den früheren Eigenthümer, und die Besitzungen des Königs von Preußen würden diesem Fürsten zurückgegeben, der also keinerlei Vergrößerung in Deutschland ansprechen dürfe. Auch Frankreich, im Besitz einer militärischen Gränze, brauche dann später Nichts mehr zu for-

---

1) Vgl. den Brief Cobenzls an Thugut vom 4. October mit einer Nachschrift vom 5. October im Oestr. Staats-Archiv.

dern. Solle es sich dagegen jetzt mit den gesetzlichen Gränzen begnügen, so würde es beim Reichscongreß neue Ansprüche erheben und Oestreich gleichwohl für gebunden erachten, im Kriegsfalle nicht mehr als sein Contingent zu stellen. „Wir verwahrten uns," schreiben die Gesandten, „nachdrücklich gegen einen Plan, der die deutschen Länder der Gnade der Franzosen überliefert hätte. Wir bemerkten, der Kaiser könne die Verpflichtung, nicht mehr als sein Contingent zu stellen, nur dann übernehmen, wenn vorerst genau bestimmt sei, bis wie weit die Ansprüche der Franzosen sich erstreckten; andernfalls würde das Reich, seines einzigen Schützers beraubt, gezwungen sein, Alles abzutreten, was man von ihm fordere. Der französische Bevollmächtigte versetzte, danach wollten wir also hier die wesentlichen Bedingungen des Reichsfriedens verhandeln, so daß später nur bestätigt würde, worüber man im Voraus sich geeinigt hätte. Er sei damit völlig einverstanden, halte sogar diesen Weg für den besten und kürzesten, aber wir sollten gestehen, daß dies eine ganz neue Frage sei. Wir antworteten, die Frage sei keineswegs neu; der Bestand des Reiches sei schon feierlich festgestellt durch den Artikel der Präliminarien der die Integrität zur Grundlage nehme. Ein Wechsel sei nur eingetreten durch die ganz neuen Forderungen Bonapartes. Alle Tage vermehre er in unzulässiger Weise die Vortheile Frankreichs, während er unseren Ansprüchen in Italien immer dieselbe Weigerung entgegen setze. Bonaparte erwiederte, Frankreich bedürfe durchaus einer sicheren Gränze; wir sollten dafür Entschädigungen in Deutschland suchen. Er schlug Trient vor; aber wir entgegneten, dies Bisthum sei so gut, als ob es dem Kaiser gehöre. Darauf nannte er Salzburg, wollte auch dem Herzog von Modena eine besondere Entschädigung auf Kosten des Reiches zugestehen, oder, wenn er den Breisgau erhielte, sie dem Kaiser zurechnen. Aber der Graf Cobenzl antwortete in gewohnter Weise, der Kaiser suche eine Entschädigung nur in Italien, das Reich müsse soweit als möglich in seiner gegenwärtigen Gestalt erhalten werden. Bonaparte wollte dagegen noch als ein Opfer betrachten, daß er nicht das ganze linke Rheinufer fordere. Er behauptete, er habe immer darauf gerechnet, während die kaiserlichen Bevollmächtigten, welche die Präliminarien verhandelt hatten, ihm ins Gedächtniß riefen, der erste Punkt, über den man in Leoben sich geeinigt habe, sei der, daß auch nicht vom kleinsten Theil des linken Rheinufers die Rede sein dürfe." Wieder einlenkend sagte Bonaparte: „Aber was wollen Sie denn in Italien?" Cobenzl kam auf die alten Forderungen zurück, er nannte den Oglio, Venedig und die Legationen. Bonaparte gab zur Antwort, diese Ansprüche seien durchaus dem System des Directoriums zuwider; er erhob die Vortheile Venedigs, seinen Handel, seine Reichthümer und die leichtere Verbindung mit England auf dem adriatischen Meer. Cobenzl erwiederte, er schätze diese Besitzungen gerade so hoch, als sie verdienen; unmöglich könne man aber behaupten, daß die eine Stadt Venedig den Landstrich zwischen Oglio und Etsch und die Festungen aufwiege, deren Besitz dem Kaiser durch die Präliminarien zugesichert und jetzt gegen alles Recht bestritten werde. Venedig und die Legationen mit vielleicht 500,000 Einwohnern seien kaum so viel werth, als was Frankreich am Rhein in Anspruch nehme. Wolle Bonaparte darauf verzichten, so werde der Kaiser sofort unterzeichnen. Bonaparte schwieg einige Augenblicke und hob dann die Sitzung auf. Doch hatte er mit Jedem der Gesandten noch eine besondere Unterredung und betheuerte jedem Einzelnen, er könne unmöglich in Italien mehr zugestehen, er überschreite schon bei Weitem seine Instructionen. Er gab dieser Betheuerung einen Schein von Wahrheit, daß die Gesandten sich dahin äußern, sie sei vielleicht nur Verstellung, könne aber auch ihren Grund in der Neigung des Directoriums haben, den Krieg fortzusetzen. Denn man fürchte in Paris, durch die Rückkehr der Armee möchte die Ruhe im Innern bedroht werden. „Bonaparte," fahren Sie fort, „kündigte uns an, wenn wir bei unseren Ansprüchen beharrten, so würde er noch zwei oder drei Mal einer kurzen Sitzung beiwohnen und dann sein Ultimatum überreichen. Von der Etschgränze könne er niemals abgehen, lieber noch am Rheine Etwas opfern. Er versicherte, Preußen habe sich nicht nur erboten, mit Frankreich gemeinschaftliche Sache zu machen, sondern es sei auch bereit, da die Verhandlungen in Udine sich in die Länge zögen, zuerst die Feindseligkeiten zu eröffnen." Einem der Bevollmächtigten theilte er sogar, angeblich im engsten Vertrauen, mit, der Bruch zu Lille sei eben deshalb erfolgt, um das Einschreiten Preußens fordern zu können. Einige man sich aber, so werde Frankreich für die Besitzungen des Großherzogs von Toskana und die Gränzen des Reiches, mit Ausnahme dessen, was jetzt abgetreten würde, sich verbürgen."

Die Gesandten bemerken am Schluß ihres Berichtes, daß Bonaparte die republikanischen Einrichtungen in Italien langsam, aber stetig weiter führe. Friaul sei bis zu ihrer Ankunft verschont geblieben; jetzt werden die nationalen Farben angelegt, die Zehnten abgeschafft, die Lehen aufgehoben; am vorigen Tage sei bei hundert Ducaten Strafe verboten, sich eines abligen Titels zu bedienen. Ihre Bemühungen dagegen bleiben fruchtlos; Alles verkündige den großen Plan, im Falle des Kriegs die italiänische Republik zu proclamiren[1]).

Wenn die Unterhandlungen in Udine nicht schnell genug zu einem Ergebniß gelangten, so darf man nicht die Trägheit der Bevollmächtigten dafür verantwortlich machen. Seit Cobenzls Ankunft war kaum ein Tag vergangen, an dem man nicht zu einer Sitzung oder Besprechung sich vereinigt hätte. Auch am 5. October kam man nur deshalb nicht zusammen, weil die Gesandten ausführliche Depeschen nach Wien abzufertigen wünschten; am 6. begaben sie sich wieder nach Passariano.

Aber Bonaparte, der jetzt durchaus eine Entscheidung verlangte, hielt das Verfahren ein, das er in der letzten Sitzung angekündigt hatte. Gleich zu Anfang fragte er, worüber die Gesandten verhandeln könnten. Als sie ihre gewöhnlichen Forderungen wiederholten, erklärte er die Sitzung für geschlossen und fügte hinzu, da man nicht auf die Bedingungen abschließen wolle, die er nach seinen Instructionen nicht überschreiten dürfe, so sei

---

[1]) Vgl. den Bericht der Gesandten vom 6. October im Oestr. Staats-Archiv.

es unnütz, noch weiter zu reden. Er werde morgen sein Ultimatum übergeben; das könne man nach Wien schicken, und die Waffen möchten dann entscheiden. Daran knüpfte er ein Gespräch, welches für die kaiserlichen Gesandten peinlich, beinahe beleidigend war. Schon zu Ende Septembers hatte er in einer Note[1]) Klage geführt, daß Baiern und die Stände des schwäbischen Kreises die von der Republik erzwungenen Sonderverträge nicht beobachteten. Er verlangte, der Kaiser selbst solle für die richtige Zahlung der Contributionen und Lieferungen sich verwenden. Die Gesandten hatten geantwortet, der Kaiser nehme von dergleichen Sonderverträgen gar keine Kenntniß, und Bonaparte schien sich damals zu beruhigen. Jetzt führte er das Gespräch von einer anderen Seite auf den Gegenstand zurück. Als die Gesandten für die bedrängten deutschen Länder sich verwendeten, erhob er heftige Vorwürfe gegen das eigenmächtige Verfahren, welches die östreichischen Truppen sich in Schwaben erlaubten, rügte insbesondere, daß man den Herzog von Würtenberg absichtlich bedrücke, weil er einen Vertrag mit der französischen Republik eingegangen sei. Im Namen des Directoriums forderte er die Abstellung dieser Beschwerden. „Wir konnten ihm," schreiben die Gesandten, „unser Erstaunen bei einer solchen Forderung nicht verbergen. Wir antworteten, diese Sonderverträge seien der Verfassung entgegen, der Kaiser betrachte sie als gar nicht geschehen; noch weniger könnten wir Frankreich das Recht zuerkennen, sich in solcher Weise zwischen das Oberhaupt und die Glieder des Reiches einzudrängen. Uebrigens hätten wir allen Grund zu glauben, der Herzog von Würtenberg habe durchaus keine Veranlassung, sich zu beklagen, habe sich über die östreichischen Truppen auch gar nicht beklagt. Der Graf Cobenzl bemerkte, daß er eben in Wien die Briefe selbst gesehen habe, in denen der Herzog für das rücksichtsvolle Verfahren der Offiziere und die gute Mannszucht der Soldaten seine Erkenntlichkeit aus=

---

1) Sie ist vom 23. September datirt. Vgl. Correspondance de Napoléon, III, 330. Die Gesandten berichten darüber am 30. September.

spreche. Bonaparte antwortete: wenn es nicht der Herzog wäre, der sich beklagt hätte, so wären es seine Freunde. Wir hätten nicht das Recht, von einem Reichsfürsten Contributionen zu fordern, weil er Frieden mit Frankreich geschlossen habe. Die Republik sei wohl befugt, sich für ihre Freunde im Reiche zu verwenden; wollten wir darauf keine Rücksicht nehmen, so sei es unmöglich, mit uns zu verhandeln. Alsdann stand er auf und machte der Sitzung ein Ende." Man blieb gleichwohl noch im Gespräch; die Gesandten meinten, sie dürften sich weit eher über das Verfahren beklagen, das die Franzosen gegen den Herzog von Modena, einen Reichsfürsten und Feldmarschall in kaiserlichen Diensten, sich erlaubt hätten. Aber Bonaparte antwortete barsch, der Herzog sei seinem Volke vierzig Millionen schuldig; es sei immer nur von den Ansprüchen der Könige die Rede, man solle sich endlich einmal mit den Rechten der Menschen beschäftigen, und es sei Frankreichs Sache, sie zur Geltung zu bringen. Er machte dann einen Spaziergang mit Cobenzl und zeigte Bedauern, daß der Krieg wieder anfangen würde. Cobenzl erwiederte, das sei offenbar der Wunsch und die Absicht der französischen Regierung, weil es ihr gefalle, die Präliminarien zu brechen, die Entschädigungen des Kaisers um die Hälfte zu verkürzen, dagegen ihre eigenen Ansprüche immer weiter auszudehnen. Dem Kaiser bleibe wenigstens der Trost, sich selber sagen, und seinen Völkern, sowie der französischen Nation beweisen zu können, er habe kein Mittel zum Frieden unversucht gelassen, und das Blutvergießen fange nur deßhalb wieder an, weil es der Republik gefalle, ihre Verpflichtungen zu brechen und einen neuen Angriff zu versuchen, gerade so ungerecht, als ob er mitten im Frieden oder nach Unterzeichnung des Definitivvertrags unternommen wäre. Dies gab Veranlassung, die schon so oft angeregten Streitigkeiten über die wahre Bedeutung der Präliminarien wieder aufzunehmen. Endlich schlug Bonaparte vor, Cobenzl möge auch seinerseits ein Ultimatum einreichen, das man nach Paris schicken könne. Der östreichische Gesandte beschränkte seine Ansprüche stufenweise vom Oglio auf die Chiesa und sogar auf den Mincio, war endlich bereit, selbst Mantua abzutreten, wenn er nur die Legationen erhielte. Aber Bonaparte erwiederte, lieber, als daß man die Oestreicher den Po überschreiten ließe, würde die Republik auf den Rhein und einen Theil von Belgien verzichten. Cobenzl sagte, wenn Frankreich nur auf den Rhein verzichten wolle, so sei es leicht, über die Gränzen in Italien sich zu einigen, aber Bonaparte versetzte, Frankreich sei weit entfernt von solchem Verzicht, er bediene sich der Ausdrücke nur, um zu beweisen, welchen Werth man in Paris auf die Legationen lege. Umsonst versuchte Cobenzl darzuthun, Frankreich habe gar kein Interesse, dem Kaiser diese Erwerbung zu versagen, es verbinde nur durch sein Verfahren Oestreich und England mit einander und verstärke den Gegner, mit dem es eben die Unterhandlung abgebrochen, durch einen Verbündeten und 300,000 Soldaten. Alle Gründe blieben ohne Wirkung; Bonaparte versicherte bestimmt, er überschreite schon bei Weitem seine Instructionen und bewillige die Etsch nur, weil er bei der Abreise des Grafen Merveldt nach Wien sein Wort verpfändet habe.

„Der General Bonaparte," melden die Gesandten, „hat einem Jeden von uns insbesondere angekündigt, er stehe im Begriff, nach Venedig zu reisen und feierlich die Anerkennung dieser neuen Republik und ihre Vereinigung mit der cisalpinischen auszusprechen. Wir haben ihn merken lassen, er solle nicht einen Beschluß übereilen, der jeden Weg zur Versöhnung verschließe; zum Wenigsten möge er die Rückkehr des Couriers erwarten, den wir nach Wien schicken würden. Man muß sehen, ob wir ihn dazu bestimmen können."

„Wir haben uns für verpflichtet gehalten, sogleich nach unserer Rückkehr aus Passariano diesen Bericht an Ew. Excellenz abgehen zu lassen. Wir glauben uns nicht berechtigt, den Frieden auf Bedingungen, wie sie die Franzosen jetzt in Deutschland und Italien anbieten, zu unterzeichnen. Morgen werden wir versuchen, etwas Besseres, oder wenigstens Zeit zu gewinnen, um die Antwort Ew. Excellenz zu erwarten. Aber wir können nicht verbürgen, daß der General Bonaparte darauf eingeht. Es scheint unbestreitbar: die herrschende Partei in Frankreich verlangt um jeden Preis den Krieg und hält ihn zu ihrer Befestigung für nöthig. Ew. Excellenz ersehen, daß kein Augenblick zu verlieren ist, um für die Vertheidigung der Monarchie Alles in Bereitschaft zu setzen ¹)."

So war noch einmal die Hoffnung auf den Frieden wieder fern gerückt. Bonaparte hatte sich bereits mit dem General Terzy wegen Aufkündigung des Waffenstillstands in Verbindung gesetzt²), und gleich am folgenden Morgen (7. October) mußten die Gesandten eine Reihe von Vorkehrungen wahrnehmen, die eine Kriegserklärung in nächste Aussicht stellten. Die Municipalität von Udine erhielt die Anweisung, zwei Abgeordnete nach Venedig zu schicken, welche auch wirklich abreisten. Der 20. October wurde festgesetzt als der Tag, an welchem die ganze Terra firma zur Republik erklärt und dann, wie auch die Legationen, mit der cisalpinischen vereinigt werden sollte. Abgeordnete der meisten Landestheile waren zu Venedig bereits versammelt. Zugleich erging der Befehl, in den einzelnen Districten Reitercompagnien auszurüsten, so daß, wenn alles dies zur Ausführung gelangte, jeder Weg zum Frieden verschlossen war.

Mittags kam Bonaparte zu Cobenzl, und nach Tische begann eine neue Unterhandlung. Cobenzl äußerte: bevor es, was leider so nah scheine, zum Bruch käme, könne man doch die Wege der Versöhnung noch einmal ins Auge fassen. Zuerst wiederholte er seine Vorschläge vom gestrigen Tage, aber Bonaparte erklärte sie für durchaus unzulässig. In dieser Bedrängniß, als alle Mittel sich fruchtlos erwiesen, ging Cobenzl bis an die äußerste Gränze seiner Instructionen, weiter, als man wünschen darf, daß er gegangen wäre oder hätte gehen können. Er versprach, der Kaiser würde selbst der Abtretung des gesammten linken Rheinufers sich nicht widersetzen, wenn er dafür die Gränze des Mincio und die

---

1) Vgl. den Bericht der Gesandten vom 6. October im Oestr. Staatsarchiv.
2) Ein Brief Verthiers an Terzy vom 3. October im Oestr. Staatsarchiv bittet für diesen Fall um geeignete Vorschläge.

Legationen erhielte. Aber auch dies Anerbieten blieb vergeblich. Bonaparte erklärte nach wie vor, Frankreich würde unter keiner Bedingung zugeben, daß Oestreich den Po überschreite. Cobenzl suchte noch eine Auskunft, er ging auf den ersten der beiden Entwürfe zurück, die Merveldt nach Wien gebracht hatte. Demgemäß sollte in Uebereinstimmung mit den Präliminarien der Kaiser das venetianische Gebiet zwischen Oglio, Po und dem adriatischen Meer erhalten. Dazu forderte Cobenzl das Ferrarische zur Linken des südlichsten Armes, den man den Po von Goro nennt, ferner in Deutschland Salzburg und das bairische Gebiet am rechten Ufer des Inn mit Einschluß der festen Stellung von Wasserburg. Dafür würde der Kaiser nicht mehr als sein Contingent liefern, wenn das deutsche Reich den Forderungen der Franzosen, wie Bonaparte sie zuletzt in der Sitzung vom 4. October ausgesprochen, sich widersetze, und den Herzog von Modena entschädigen. Auf Venedig und die Legationen wolle man verzichten, nur dürfe die daraus zu bildende Republik niemals mit der cisalpinischen verschmolzen werden. Dies sei die äußerste Nachgiebigkeit, sagte Cobenzl, würde sie ausgeschlagen, so bleibe Nichts übrig, als die Waffen.

Bonaparte hörte diese Vorschläge mit großer Aufmerksamkeit, ließ sich auf der Karte das Stück von Baiern zeigen, von welchem die Rede war, und erkundigte sich nach der Bevölkerung. An seinen Wünschen für den Frieden, sagte er, könne man nicht zweifeln, aber es seien ihm durch die bestimmtesten Befehle die Hände gebunden. Nach dem Abbruch der Unterhandlungen mit England habe ihm das Directorium geschrieben, man sehe aus den Protokollen die Unmöglichkeit, auf Grundlage der Präliminarien mit dem Kaiser einig zu werden. Seit sechs Monaten ziehe die Verhandlung sich fruchtlos in die Länge. Um Oestreich zu hindern, mit England eine Uebereinkunft zu treffen, solle er innerhalb vier und zwanzig Stunden über Krieg oder Frieden Antwort fordern, und, wenn sie nicht genüge, die Feindseligkeiten sogleich eröffnen.

Der französische Bevollmächtigte gab die Ungehörigkeit dieses Verfahrens zu; er sagte, es gehe von Personen aus, die von

den Geschäften keine Kenntniß, vielleicht sogar ein besonderes
Interesse hätten, die Kriege zu vervielfältigen. Da aber diese
Personen an der Spitze der Regierung ständen, sei er gezwung-
en, ihnen zu gehorchen, um seinen Einfluß und seine Popula-
rität zu erhalten. Niemals habe man ihm die Hände so fest
gebunden, als im gegenwärtigen Augenblick. Er ging die Vorschläge Cobenzls noch einmal durch; Salzburg und der Landstrich
am Inn, äußerte er, bieten keine Schwierigkeit, was aber Italien
angehe, so sei der Besitz Venedigs und des Gebietes bis zur
Etsch weit vortheilhafter als das, was Cobenzl verlange. Es
hinge gar nicht von Frankreich ab, die schon ins Werk gesetzte
Vereinigung der beiden Republiken zu verhindern. Dies ausgedehnte Gebiet in Verbindung mit Venedig würde dann die neuen
östreichischen Besitzungen einschließen und sehr lästig werden. Ohne
das Dogado könne Venedig gar nicht bestehen, selbst nicht ohne
den Landestheil, der die Verbindung mit Ferrara und den Legationen herstelle. So würden also die Mündungen aller Flüsse,
das ganze Meeresufer Oestreich entzogen sein. Wenn der Kaiser
nicht die Absicht habe, sich bei erster Gelegenheit Venedigs und
des Dogado zu bemächtigen, so sei es unmöglich, daß er nicht das
Anerbieten Frankreichs vorziehe, welches nebst Dalmatien, Istrien,
den adriatischen Inseln und Cattaro die beiden Ufer des adriatischen Meeres und damit unberechenbare Vortheile für den Handel und die Schiffahrt gewähre. Uebrigens sei dieser Vorschlag
der einzige, der sich mit den Anweisungen des Directoriums,
freilich nicht, ohne sie beträchtlich zu überschreiten, doch einigermaßen vereinigen lasse, also der einzige, zu welchem er die Hand
zu bieten im Stande sei. Man muß gestehen, daß diese Gründe
zum größeren Theil sehr wohl zutreffen, aber der östreichische
Bevollmächtigte erklärte, solche Bedingungen könne er nicht unterzeichnen, und von beiden Seiten wiederholte man sich, daß
der Krieg unvermeidlich sei.

Gleichwohl knüpfte man wieder an. Cobenzl erbot sich, das
Gebiet von Brescia aufzugeben und sich mit der Chiesa zu begnügen, wenn man ihm Venedig und das Dogado lassen wolle.

Aber Bonaparte verwarf diesen Gedanken ganz und gar. Er wollte dann seinerseits den Mincio als Gränze zugestehen, wenn Frankreich das ganze linke Rheinufer erwerben könne; aber dies wurde wieder von Cobenzl zurückgewiesen. Endlich bemerkte dieser Letztere: wenn es sich darum handele, 600,000 Menschen zu verhindern, sich einander umzubringen, und anderen fünfzig Millionen das unschätzbare Gut des Friedens zu gewähren, so könne ein Zeitraum von acht Tagen nicht von Bedeutung sein. Da man sich nicht in der Weise zu einigen vermöge, daß er seinen Vollmachten gemäß sogleich unterzeichnen könne, so bleibe ihm Nichts übrig, als den Kaiser von den Vorschlägen der Franzosen zu benachrichtigen. Der Courier brauche für den Weg nach Wien nur drei Tage, die Entscheidung des Kaisers sei also in acht Tagen zu erwarten. Für diese Zeit solle Bonaparte seine Reise nach Venedig aussetzen und Nichts vornehmen, was auf die demokratische Umgestaltung der Terra firma und ihre Vereinigung mit Venedig und der cisalpinischen Republik hinzielen könne. Cobenzl versprach, in einem besonderen Bericht dem Kaiser die Vortheile der neuen Erwerbungen aus einander zu setzen, um ihn zur Annahme zu bewegen. Dazu sei aber nöthig, daß man diesem Entwurf, der die östreichischen Gränzen zu sehr einschränke, wenigstens Etwas noch hinzufüge.

Bonaparte fand den Aufschub von acht Tagen bedenklich und mit den Weisungen seiner Regierung nicht im Einklange. Aber Cobenzl setzte aus einander, es könne ihm gar kein Nachtheil daraus erwachsen; es stehe in seiner Macht, die kriegerischen Vorkehrungen fortzusetzen, und da er selbst dem General Terzy eine Frist von fünfzehn Tagen für die Aufkündigung des Waffenstillstands vorgeschlagen, so komme die Antwort jedenfalls noch eher, als man zu den Waffen greifen könnte. Uebrigens würde der Kaiser, wenn man ihn zwänge, immer Zeit finden, mit dem Londoner Hofe sich zu verständigen, und gerade ein neuer Krieg die beiden Höfe zur engsten Freundschaft verbinden. Bonaparte gab in diesem Punkte nach, war aber um so weniger geneigt, der östreichischen Gränze in Italien Etwas zuzugestehen. Endlich bewilligte er die schiffbare Mündung des Po, welche den Namen Porto di Goro führt, und den kleinen Theil des ferrarischen Gebietes auf dem linken Ufer. Die östreichische Gränze sollte von Lacise am Gardasee über Castelnovo nach Cevio und die Etsch entlang nach Castelbaldo führen, dann dem weißen Canale, dem Tartaro und noch einem kleinen Canale folgen, der sich in den Po ergießt. Bonaparte selbst zeichnete diese Gränze auf einer Karte, welche die Gesandten ihrem Bericht an Thugut beilegen.

Darauf fügte er aber dem, was er früher gefordert, wieder ein Stück des linken Rheinufers zu. Statt der Mosel sollte nun die Nette und eine Linie von Mayen über Virneburg nach Kerpen Gränze werden, also beinahe das ganze Kurfürstenthum Trier bis wenig oberhalb Andernach an Frankreich fallen. Cobenzl widersetzte sich dem neuen Vergrößerungsplane, aber vergebens. Bonaparte verlangte sogar, daß Ehrenbreitstein zerstört würde, und ließ erst dann von seiner Forderung ab, als man zugab, daß auch Mainz seine Befestigungen behalte.

Er versuchte dann alle Mittel der Ueberredung, um die kaiserlichen Gesandten sogleich zur Unterzeichnung zu bewegen. In dem Zeitraum von acht Tagen, sagte er, könnten neue Befehle aus Paris anlangen und ihn in die größte Verlegenheit setzen. Aber die Gesandten erwiederten, es sei ihnen unmöglich, Bedingungen, wie er sie fordere, ohne besondere Ermächtigung zu unterschreiben.

Sogleich nach dem Schluß der Sitzung ließen sie einen Eilboten nach Wien abgehen. Sie geben genauen Bericht von dem, was vorgefallen, setzen das Bedenkliche der Lage auseinander und bitten dringend, den Boten noch an demselben Tage zurück zu senden. „Ew. Excellenz" schreibt Cobenzl, „ist bekannt, wie sehr ich immer gegen die Etschgränze gewesen bin; ich habe mich in diesem Punkte nicht geändert, vorausgesetzt, daß wir den Krieg nur mit einiger Hoffnung führen können. Allerdings würden wir Verona und alle Festungen mit Ausnahme von Mantua und Peschiera bekommen. Ew. Excellenz werden besser als ich ermessen, ob die Vortheile für unseren Handel, wenn wir beide

Ufer des adriatischen Meeres erlangen, so groß sind, als Bonaparte sie darstellt. Aber das ist sicher: entweder die Etsch oder der Krieg. Ich habe Alles versucht, um mehr zu erhalten, aber Sie sehen, daß Alles umsonst gewesen ist. Ich beschwöre Sie, mir sogleich zu antworten, denn die geringste Verzögerung würde als eine Verbindung mit England betrachtet werden und eine Explosion zur Folge haben [1]".

Kein größerer Gegensatz, als wenn man mit diesen ausführlichen Mittheilungen den kurzen Bericht vergleicht, den Bonaparte am selbigen Tage an Talleyrand abgehen ließ. „Beiliegend," schreibt er, „finden Sie, Bürger Minister, den vertraulichen Entwurf, welchen mir der Graf Cobenzl übergeben hat. Ich habe ihm die ganze Entrüstung gezeigt, die Sie fühlen werden, wenn Sie ihn lesen. Ich werde ihm durch die beiliegende Note antworten. In drei oder vier Tagen ist Alles geendigt, entweder zum Krieg oder zum Frieden. Ich gestehe Ihnen, daß ich Alles thun werde, um Frieden zu haben, da die Jahreszeit weit vorgeschritten, und wenig Hoffnung ist, Großes auszurichten."

Aus den letzten Worten mochte Talleyrand schließen, daß der Friede bevorstehe. Von den verabredeten Bedingungen, von der Sendung des Couriers nach Wien hörte er gar Nichts. Nur der veraltete Entwurf des Grafen Cobenzl vom 1. October wird ihm mitgetheilt und eine Antwort, die niemals übergeben wurde. Denn Bonaparte äußerte zwar später dem östreichischen Gesandten, er habe eine Note vorbereitet, auf welche man nur mit Kanonenschüssen antworten könne, machte aber keinen Gebrauch davon [2]. Statt jener fehlenden Mittheilungen folgen als Vorwort für die Abtretung Venedigs Klagen über die italiänische Politik des Direc-

---

[1] Vgl. den gemeinschaftlichen Bericht der Gesandten und das besondere Schreiben Cobenzls vom 7. October im Oestr. Staats-Archiv.

[2] Diese Note, welche dem Brief vom 7. October beilag, vgl. Correspondance de Napoléon, III, 369, ist verloren gegangen und, weil sie nicht übergeben wurde, auch im Oestr. Staats-Archiv nicht zu finden, wenn nicht etwa die Auslassung gemeint sein sollte, welche Bonaparte zwei Mal, in den Sitzungen vom 9. und 11. October, zu Protokoll gegeben hat.

toriums und eine lange, nicht eben wohlwollende Schilderung der Italiäner. Schon die früheren Briefe sind voll von Bemerkungen dieser Art. „Sie kennen dies Volk nicht," schreibt er jetzt abermals, „es ist nicht werth, daß man um seinetwillen 40,000 Franzosen umbringen läßt. Ich sehe aus Ihren Briefen, daß Sie immer von einer falschen Annahme ausgehen. Sie stellen sich vor, die Freiheit sei im Stande, ein weichliches, abergläubisches, prahlerisches und feiges Volk zu großen Thaten anzuregen. Was Sie von mir verlangen, sind Wunder und ich kann keine Wunder thun. Ich habe in meiner Armee keinen einzigen Italiäner, als etwa 1500 Taugenichtse, die von da und dort in den Straßen aufgelesen sind; sie rauben und sind für nichts Anderes zu gebrauchen."

„Lassen Sie sich doch nicht täuschen, wenn italiänische Abenteurer oder sogar einige Minister Ihnen sagen, es ständen 80,000 Italiäner unter den Waffen. Seit einiger Zeit sehe ich aus den Tagesblättern und Anderem, was mir zukommt, daß die öffentliche Meinung in Frankreich in sonderbarer Weise irre geht. Etwas Gewandtheit und Geschicklichkeit, der Erfolg, der mich begleitet hat, und strenge Beispiele flößen allein diesem Volke einige Ehrfurcht vor Frankreich ein und erzeugen, freilich in sehr geringem Maße, einige Theilnahme für die Sache, die wir vertheidigen. Ich wiederhole Ihnen: nur allmählich wird die Bevölkerung der cisalpinischen Republik sich für die Freiheit begeistern, nur allmählich wird die Verwaltung in Gang kommen. In vier oder fünf Jahren zählt man vielleicht 30,000 Mann leidlicher Truppen, besonders wenn man einige Schweizer dazu nimmt; denn der müßte ein sehr geschickter Gesetzgeber sein, der dieser Nation Lust zu den Waffen beibringen könnte, sie ist ganz feige und entnervt."

„Nehmen die Unterhandlungen keine gute Wendung, so wird Frankreich das Verfahren zu bereuen haben, das man gegen den König von Sardinien eingehalten hat. Mit Einem seiner Bataillone und Einer Schwadron ist dieser Fürst stärker, als die ganze cisalpinische Republik. Ich habe der Regierung noch niemals mit dieser Bestimmtheit geschrieben; ich dachte nicht, daß man sich von den Italiänern eine Vorstellung machen könnte, wie Sie. Ich biete Alles auf, sie zu erwärmen und an den Krieg zu gewöhnen, aber das Höchste, was ich erreiche, ist, sie in Schranken und bei guter Gesinnung zu erhalten."

„Seit ich in Italien bin, hat die Liebe der Völker für Freiheit und Gleichheit mir keinen oder nur sehr schwachen Beistand geleistet. Aber die gute Mannszucht unserer Armee, die Verehrung, die wir ihrer Religion bezeugt, die wir gegen die Priester bis zur Schmeichelei gesteigert haben, Gerechtigkeit, vor Allem eine große Thatkraft und Schnelligkeit, die Uebelgesinnten zu unterdrücken und unsere Feinde zu bestrafen, das sind die wahren Hülfsmittel der italiänischen Armee. Das sind die Thatsachen; Alles, was sich gut in Proclamationen und gedruckten Reden sagen läßt, sind Romane."

„Da ich hoffe, die Unterhandlung wird gut gehen, so komme ich nicht auf Einzelnheiten, die noch Manches aufklären würden, das man, wie mir scheint, nicht richtig auffaßt. Nur mit Verstand, Klugheit und viel Geschicklichkeit kann man große Ziele erreichen und alle Hindernisse überwinden; auf anderem Wege erlangt man Nichts. Vom Triumph bis zur Niederlage ist nur ein Schritt. Ich habe in den größten Verhältnissen beobachtet, daß ein Nichts die wichtigsten Ereignisse entschieden hat."

„Wollten wir die auswärtige Politik des Jahres 93 wieder aufnehmen, so thäten wir daran um so übler, als wir uns bei der entgegengesetzten recht wohl befunden haben; wir verfügen nicht mehr über die großen Massen, nicht über die Mittel, das Heer zu ergänzen und über diesen Aufschwung der Begeisterung, der nur einmal kommt."

„Der unterscheidende Charakter unserer Nation liegt darin, daß sie im Glück viel zu lebhaft ist. Nimmt man bei Allem, was man beginnt, die wahre Politik, das heißt die Berechnung der Verbindungen und Zufälle zur Grundlage, so werden wir für lange Zeit die große Nation und Schiedsrichter Europas sein. Ich sage mehr, wir halten die Wage von Europa, wir lassen sie neigen, wie uns gefällt, ja, wenn das Geschick es gebietet, so finde ich nicht unmöglich, daß man in wenigen Jahren zu jenen großen Ergebnissen gelangt, welche die erhitzte und begeisterte Einbildungskraft vor sich sieht, die aber einzig der Mann erreicht, der äußerst kalt, beharrlich und überlegsam ist."

Cobenzl mochte hoffen, nach der Anstrengung der letzten Wochen ruhigere Tage bis zur Rückkehr des Couriers aus Wien zu erleben. Am nächsten Abend erhielt er auch ein Schreiben Thuguts, das für die Art, wie die Verhandlungen eingeleitet seien, volle Zustimmung aussprach[1]). Aber er hatte mit einem Gegner zu thun, der nicht leicht Jemanden zu Athem kommen ließ. Nur ungern war Bonaparte darauf eingegangen, für die Rückkehr des Couriers eine Frist zu bewilligen; einerseits trieb im Fall des Krieges der nahende Winter zur Eile, andererseits mußte er von Paris neue Hindernisse befürchten. Trotz der Uebereinkunft drängte er deßhalb unabläßig, Cobenzl solle ohne Aufschub unterzeichnen. Gleich am folgenden Tage (8. October) schickte er zuerst den General Clarke nach Udine, mit der Nachricht, es sei eben ein Courier aus Paris angelangt, der augenblickliche Entscheidung, sei es zum Krieg, sei es zum Frieden fordere. Man argwöhne in Paris, Oestreich wolle die Verhandlungen nur in die Länge ziehen, um die Rückkehr der schlechten Jahreszeit zu erwarten. Er habe schon durch das, was er bewilligt, bei Weitem seine Instructionen überschritten; unterdessen sei der preußische Gesandte in Paris in eifriger Thätigkeit, von einem Augenblick zum anderen könnten Befehle eintreffen, die jede Einigung unmöglich machten. Wäre einmal der Vertrag unterzeichnet und abgeschickt, so könne er für die Genehmigung sich verbürgen, aber man dürfe dann keinen Augenblick verlieren.

Da Cobenzl auf diese Forderung nicht einging, überbrachte noch um elf Uhr Abends der Secretär der französischen Gesandtschaft folgenden Brief:

---

1) Vgl. den Brief Thuguts vom 4. October 1797 im Oestr. Staats-Archiv.

„Herr Graf!

Es ist mir unmöglich gewesen, mich heute zum Herrn Marquis de Gallo zu verfügen. Da ich des Vergnügens, Sie zu sehen, beraubt bin, beehre ich mich, Ihnen diese Zeilen durch den Bürger Perret zu übersenden."

„Indem ich Ihr Beglaubigungsschreiben noch einmal lese, finde ich, daß Sie die weiteste, allgemeinste, ja, ganz unbeschränkte Vollmacht besitzen. Sie werden einsehen, daß es mir danach und nach einer siebenmonatlichen Verhandlung, die gerade alle zwei Monate durch eine Sendung nach Wien bezeichnet wurde, unmöglich ist, ein Zögern fortdauern zu lassen, das unsere Arbeit noch verlängern und vielleicht vereiteln kann. Durch die Vorschläge, über die wir gestern eins geworden sind, kann ich mich nur in soweit gebunden erachten, als eine Gegenseitigkeit stattfindet. Ich trage kein Bedenken, sofort Alles zu unterzeichnen, was wir ausgemacht haben; aber Sie werden einsehen, wenn Sie fortfahren wollen, die Antwort Sr. Majestät des Kaisers zu erwarten, so muß ich mir Zeit nehmen, auch die Antwort meiner Regierung zu erhalten. Das Ziel wird dann nicht allein weit hinausgeschoben, sondern ich finde mich ganz bestimmt im Widerspruch zu den Instructionen des Directoriums, welche mir vorschreiben, schnell eine Verhandlung zu beendigen, die schon zu lange gedauert und im Laufe der Zeit so manchen Wechsel und so manche Veränderung erfahren hat [1])".

Perret mußte, wie vorhin Clarke, in den dringendsten Worten die Unterzeichnung fordern. Einer wie der Andere stellte nicht in Abrede, daß das Verfahren der französischen Regierung sehr eigenthümlich sei; aber sie gaben der Hitze des Augenblicks die Schuld und betheuerten, Bonaparte seien die Hände gebunden. „Es ist möglich," schreibt Cobenzl am andern Morgen, „daß diese äußerste Eile den Zweck hat, uns einen nachtheiligen Vertrag abzuzwingen, ehe wir Zeit haben, mit England wieder anzuknüpfen. Wir müssen

---

1) Der Brief findet sich im Oestr. Staats-Archiv; er fehlt in der Correspondance de Napoléon.

deßhalb um so mehr auf der Hut sein. Ich gehe heute nach Passariano und werde dem General Bonaparte antworten, daß meine Vollmachten, so umfassend sie auch seien, mir nicht gestatten, Bedingungen, die der Kaiser schon gekannt und verworfen habe, zu unterzeichnen. Ich könne deshalb nur in dem Falle meine Einwilligung geben, daß der Kaiser auf erneute Vorstellungen von meiner Seite für gut finde, seine Ansicht zu ändern. Uebrigens sei der französische Bevollmächtigte, nachdem wir gestern uns geeinigt, gar nicht mehr berechtigt, von dieser Uebereinkunft abzuweichen, es sei denn, daß er mich durch Bedingungen, die mit den Präliminarien mehr übereinstimmten, in die Lage setze, sogleich abzuschließen [1]".

Aber was Cobenzl für einen Vortheil hielt und nicht aufgeben wollte, hätte leicht zu großem Unheil gereichen können. Die Betheuerungen Bonapartes waren aufrichtiger, als Cobenzl dachte; er vermuthete nicht die Gefahren, welche mit jeder neuen Depesche aus Paris dem erwünschten Frieden drohten. Nur zu bald mußte er erkennen, wie der französische General diese Lage zu benutzen verstand. „Ich war schamroth," so beginnt der nächste Bericht vom 10. October, „der Genehmigung Sr. Majestät und Ew. Excellenz einen Entwurf unterbreiten zu müssen, der so weit von den Präliminarien sich entfernt. Was denken Sie, daß ich empfinde, wenn Sie sehen, daß es, um einen plötzlichen Angriff von Seiten der Franzosen zu vermeiden, kein anderes Mittel gab, als sogleich, ohne Antwort aus Wien, zu unterzeichnen, ja sogar unseren unersättlichen Feinden noch einige Vortheile mehr zu bewilligen? Gestern, sobald wir nach Passariano gekommen waren, führte mich Bonaparte in den Garten und sagte, er habe nicht umsonst so gedrängt. Was er vorausgesehen, sei eingetroffen. Seit unserer letzten Zusammenkunft haben zwei Couriere aus Paris den bestimmten Befehl überbracht, die Unterhandlungen mit uns, wie vordem mit England, sogleich abzubrechen, wenn

---

[1] Vgl. den Bericht Cobenzls vom 9. October 1797 im Oestr. Staats-Archiv.

wir nicht auf Bedingungen eingingen, die, wie er selbst erkenne, unannehmbar seien."

„So viel er auch auf sich nehmen wolle, unmöglich könne er jetzt noch zugestehen, was wir vor zwei Tagen vereinbart hätten. Er sagte mir, ich dürfe den Einfluß der letzten Umwälzung in Frankreich nicht verkennen. Die jetzigen Directoren, sei es mit Recht oder Unrecht, hielten für nöthig, die Nation wieder in eine heftige Bewegung zu versetzen. Man argwöhne, daß wir die Unterhandlungen nur in die Länge zögen, um den Ausgang der Dinge, die sich in Frankreich vorbereiteten, zu erwarten. Schon bei meiner Ankunft habe er den bestimmten Befehl in Händen gehabt, uns zu erklären: das Directorium betrachte die Präliminarien als nichtig, von venetianischen Besitzungen könne man nur Istrien und Dalmatien zugestehen und überlasse uns, eine Entschädigung in Deutschland zu suchen. Er, der General Bonaparte, habe sich aber durch die Bedingungen, die er durch den Grafen Merveldt nach Wien geschickt, für gebunden erachtet, besonders habe er sich nicht entschließen können, gerade im Augenblick meiner Ankunft abzubrechen. Da ich aber niemals auf seine Vorschläge habe eingehen wollen, so sei dem Directorium Zeit geblieben, auf jene Entwürfe, die er, wie nach Wien, gleichzeitig auch nach Paris geschickt, zu antworten. Seine Regierung mißbillige durchaus, was er uns angeboten. Sie schicke ihm zwei Couriere nach einander, mit dem Befehl, sich an der vorerwähnten Erklärung zu halten, und es hinge nicht mehr von ihm ab, anders zu handeln. Ich versetzte kalt, es gäbe danach keine Möglichkeit mehr, einig zu werden; er brauche nur seinen Auftrag auszuführen, ich würde darauf antworten, wie es den Gesinnungen und der Würde meines Herrn gezieme, und das Loos der Waffen müsse entscheiden. Uebrigens sei es unmöglich, mit Leuten zu unterhandeln, die an einem Tage einen Vergleich schlössen, um ihn am nächsten wieder zu brechen. Das Verfahren der französischen Regierung bringe alles Unrecht auf ihre Seite; die Weise, in der eine feierlich eingegangene Verbindlichkeit, wie die Präliminarien, gebrochen würde, müsse die Zahl unserer Freunde in Europa vermehren, und die Unterthanen des Kaisers mit neuem Eifer erfüllen, ihn gegen einen Angriff zu vertheidigen, den auch die äußerste Nachgiebigkeit nicht habe abwenden können. Natürlich würden wir mit England, das sich mit uns in derselben Lage befinde, wieder anknüpfen und alle Maßregeln ergreifen, welche die gerechteste Vertheidigung gegen den ungerechtesten Angriff nöthig mache."

„Der General Bonaparte," fährt Cobenzl fort, „machte nicht einmal den Versuch, seine Regierung zu rechtfertigen, sondern gab ihr ganz Unrecht, sei es, daß er so denkt, oder nur den Schein annimmt; denn es ist sehr möglich, daß dies Alles nur eine Erfindung ist, obgleich ich von der Ankunft der beiden Couriere mich wirklich versichert habe." Dieser Argwohn des östreichischen Gesandten war nicht begründet. Offenbar waren die Depeschen des Directoriums und Talleyrands vom 29. September angekommen, welche das früher mitgetheilte Ultimatum, also in Wahrheit Bedingungen enthielten, wie sie Bonaparte auseinander setzte. Freilich war er entschlossen, sich nicht daran zu halten, aber eben so wenig mochte er sie ganz unberücksichtigt lassen, und man begreift, daß seine Forderungen und seine Sprache dadurch weder gemäßigt noch gemildert wurden. „Er sagte mir," fährt Cobenzl fort, „in Bezug auf England habe ihm Herr Talleyrand eine sehr sonderbare Thatsache mitgetheilt. Wenige Tage nach dem raschen Abbruch in Lille habe Lord Grenville aufs Neue den Vorschlag gemacht, die Verhandlungen wieder aufzunehmen; es sei das eines der Ereignisse, die man nur in unserem sonderbaren Zeitalter erlebe[1]). Ich antwortete, es würde mir schwer, an diese Nachricht zu glauben, da sie gar nicht mit dem übereinstimme, was man mir aus Wien über Anträge Englands schreibe. Im Uebrigen, wie der Bruch des Congresses zu Lille die friedlichen Gesinnungen des Kaisers nicht verändert habe, so könnten auch erneuerte Verhandlungen in keiner Weise seinen Entschluß verändern, niemals Etwas zu thun, was seiner Würde entgegen sei."

---

1) Offenbar ist die Note vom 23. Sept. in Malmesburys Diaries III. 562 gemeint; ein Actenstück ohne wesentlichen Inhalt, nur verfaßt, um den Franzosen die ganze Schuld des Bruches beizumessen.

„Im Laufe des Gespräches sagte mir Bonaparte, ich möge mich doch an seine Stelle setzen und selbst urtheilen, ob er nicht Alles, was von ihm abhänge, für den Frieden gethan habe. Ich antwortete, Jeder habe seine Weise, über ein eingegangenes Versprechen, wenn es auch nur mündlich gegeben sei, zu denken. Was mich angehe, der ich an die Befehle meines Souverains doch weit mehr gebunden sei, als er an die Beschlüsse einer Regierung, an welcher er gewissermaßen Theil nehme, ich würde, wenn ich einen Vorschlag gemacht und mit ihm die Uebereinkunft getroffen hätte, die Antwort aus Paris zu erwarten, durch keinen Befehl meines Hofes von dieser Entschließung mich haben abbringen lassen. Die Sache wurde lange mit großer Lebhaftigkeit unter uns besprochen; endlich nach einiger Ueberlegung sagte mir Bonaparte: wenn ich unverzüglich ein Protokoll über den Inhalt des Friedens unterzeichnen, dann sofort den Vertrag ausarbeiten und gleichfalls, ohne Antwort zu erwarten, unterzeichnen wolle, so nehme er über sich, darauf einzugehen. Er würde aber dann, sobald der Vertrag fertig geworden, ihn selbst nach Paris bringen. Einzig seine Gegenwart und der Einfluß, den er dort besitze, könne solchen Ungehorsam gegen die Befehle des Directoriums entschuldigen. Zu seiner Rechtfertigung müsse er jedoch einige kleine Aenderungen vornehmen. Ich müsse mich genau an der Etschgränze halten und auf die Polesina von Rovigo, die zur schiffbarsten Mündung des Po führt, verzichten; wenn nicht, das ganze linke Rheinufer abtreten, oder wenigstens die neue Republik, die sich eben in Deutschland bilde, anerkennen. Ich verwarf mit Entrüstung diese schmachvollen Vorschläge (propositions infâmes), und wir trennten uns mit der wiederholten Versicherung, nur der Krieg könne entscheiden."

„Nach Tische wurde der Gegenstand wieder aufgenommen, Bonaparte erschöpfte alle Mittel der Ueberredung, indem er mir die wahrscheinlichen Ereignisse und Folgen des Krieges vorstellte. Ich blieb aber unerschütterlich und wiederholte, wenn er nicht, wie wir übereingekommen, die Rückkehr meines Couriers erwarten wolle, so brauche er nur die Befehle seiner Regierung in Vollzug zu setzen. Bonaparte bat mich, zu erwägen, daß jede Minute kostbar sei; von einem Augenblick zum andern könne er die Nachricht erhalten, daß man mit Preußen über dessen Entschädigungen sich geeinigt habe. Habe er sich vorher mit mir geeinigt, sei es auch nur durch Unterzeichnung eines Protokolls, so könne er einstehen, daß sein Vertrag und nicht der Vertrag des Directoriums zur Geltung komme; er könne aber nicht Etwas erst feststellen im Widerspruch zu einer Verbindlichkeit, von welcher er wisse, daß seine Regierung sie bereits übernommen habe. Ich antwortete, wenn gegen alle Erwartung Preußen die Zahl unserer Feinde vermehren wolle, so würden wir schon Verbündete finden, um das Spiel wieder auszugleichen. Dann stellte ich vor, die Abfassung des Vertrages erfordere sicher einige Tage. Wenn wir sie unverweilt in Angriff nähmen, so könne sie doch bei der Rückkehr des Couriers kaum beendigt sein; wir verlören also gar Nichts, indem wir ihn erwarteten. Er versetzte, es sei unumgänglich, daß er dem Directorium sogleich wenigstens ein Protokoll unterzeichnet zuschicke."

„Endlich nach langem und lebhaftem Hin- und Herreden, nachdem ich vergebens nur bis zum nächsten Tage Bedenkzeit erbeten, und Bonaparte auf die zuletzt geforderten Abänderungen des Vertrages verzichtet hatte, zog ich in Erwägung, es sei nur zu klar, daß man den Frieden auf vortheilhaftere Bedingungen nicht erwarten dürfe. Wenn ich den Vertrag unterzeichne, so könne der Kaiser, falls er ihn zu nachtheilig finde, noch immer die Genehmigung versagen, während, wenn die Feindseligkeiten einmal begonnen hätten, auch mit dem Willen des Kaisers nicht wieder abzuhelfen sei. Weit lieber wollte ich mich einem persönlichen Nachtheil aussetzen, als das Unglück der Monarchie mir vorwerfen, so lange nur irgend eine Möglichkeit blieb, es abzuwenden; und so erklärte ich mich bereit, ein Protokoll zu unterzeichnen, bis man zur Ausfertigung des Vertrages schreiten könne."

„Wir kehrten in das Sitzungszimmer zurück, und es erhob sich zuerst eine sehr lebhafte Erörterung, als Bonaparte uns ankündigte, er würde 20,000 Mann auf dem Gebiet der cisalpinischen Republik und den Inseln der Levante stehen lassen. Wir warfen ein, es sei dies unvereinbar mit der Unabhängigkeit, deren die Republik genießen solle; wir hätten ganz dasselbe Recht, auch unsere Truppen dort einrücken zu lassen. „„Ja,"" sagte der französische Bevollmächtigte, „„wenn man Sie dazu auffordert, aber man hat sich nun gerade an uns gewandt."" Ich erwiederte, das sei ein Spiel mit Worten; man wisse recht wohl, daß Frankreich nach Gutdünken über die cisalpinische Republik verfüge. „„Das ist wahr,"" sagte Bonaparte, „„ich gestehe Ihnen, ich selbst bin das Directorium dieser neuen Republik; und das muß so bleiben, bis sie Festigkeit genug gewonnen hat, um auf eigenen Füßen zu stehen."" Der französische Bevollmächtigte machte mir den Vorschlag, er wolle die Zahl der Truppen, die in der cisalpinischen Republik zurückbleiben dürften, feststellen, wenn ich gleichfalls bestimmen wolle, wie viel Soldaten wir in unseren neuen Besitzungen in Italien halten würden. Diese Feststellung schien mir aber weit weniger vortheilhaft, als der Artikel über den Rückzug der Truppen in den allgemeinen Ausdrücken des Entwurfs, welcher der Genehmigung Sr. Majestät unterbreitet ist. Er läßt uns die Hände frei, und die Anwesenheit der Franzosen kann uns zum Vorwand dienen, sie anzugreifen, wenn wir den Augenblick für günstig halten."

„Der französische Bevollmächtigte machte noch einen Versuch das ganze linke Rheinufer zu erhalten. Er erbot sich, dafür die Entschädigung des Herzogs von Modena dem Reiche zur Last zu legen. Ich verwarf aber alle diese Vorschläge, wenn man uns nicht neue Vortheile in Italien bewillige, wozu er sich nicht herbeilassen wollte. Alles, worauf ich einzugehen mich berechtigt glaubte, ist die allgemeine Bestimmung: wenn irgend einem Staat eine Vergrößerung in Deutschland zu Theil würde, so müßte Oestreich dafür eine Ausgleichung erhalten. Dies entzieht uns nicht das Recht, uns den Forderungen Frankreichs zu widersetzen, wenn es die vereinbarten Gränzen am Rhein überschreiten sollte [1]."

---

1) Vgl. den Bericht Cobenzls vom 10. October 1797 im Oestr. Staats-Archiv.

Nicht deutsche, sondern weit entlegene Gebiete wurden an diesem Tage die Veranlassung zu neuem, heftigem Streit. Aus zahlreichen Briefen Bonapartes ersieht man, wie außerordentlichen Werth er auf die venetianischen Besitzungen der Levante, insbesondere auf Corfu legte. Diese Insel war das Mittelglied der großen Pläne für den Orient, die schon damals seinen Geist bewegten. Von Venedig aus hatte er eine französische Besatzung dahin abgehen lassen, eine französische Flotte in Verbindung mit venetianischen Schiffen suchte auch der Herrschaft des Meeres sich zu bemächtigen. Gleichwohl, als Cobenzl in der Sitzung des 6. Octobers die Frage stellte, was aus diesen Inseln werden solle, erwiederte Bonaparte, sie würden der cisalpinischen Republik verbleiben, Frankreich wolle nach jener Seite durchaus Nichts für sich behalten. Um so größer war das Erstaunen der Gesandten, als sie jetzt hören mußten, die Inseln sollten mit Frankreich vereinigt werden. Umsonst erinnerte Cobenzl an das, was man vor drei Tagen ausgemacht. Bonaparte behauptete, das sei jetzt unmöglich; da die cisalpinische Republik die Mündung des Po verloren habe, so stehe sie mit jenen Inseln gar nicht mehr in Verbindung. Cobenzl schlug vor, eine unabhängige Republik zu gründen, aber auch das verweigerte Bonaparte; denn die Einwohner seien dazu nicht befähigt, und Oestreich könne sich dann, sobald es ihm gefiele, ihrer bemächtigen. Als die Gesandten noch einmal an sein Versprechen erinnerten, entgegnete er, die Sache komme ganz auf dasselbe hinaus; die cisalpinische Republik würde doch genöthigt sein, eine französische Besatzung dort zu unterhalten, er aber bedürfe eines solchen Artikels im Vertrage, um sich bei seiner Regierung zu rechtfertigen. In der That hatte die letzte Depesche Talleyrands das Eigenthum der Inseln ausdrücklich für Frankreich in Anspruch genommen[1]) und dadurch, wie es scheint, auch Bonapartes Forderung bestimmt. Während man noch gegen einander redete, mischte sich der neapo-

1) Vgl. die Depesche vom 29. September in der Correspondance inédito VII, 278. In der Instruction vom 16. September, Correspondance inédite VII, 254, spricht Talleyrand sich nicht mit Bestimmtheit über die Frage aus.

litanische Gesandte ein, um die Inseln seinem Herrn zu erwerben. Cobenzl, der für Oestreich keine Aussicht sah, griff wenigstens nach dem Vortheil, den König von Neapel zu verpflichten; er unterstützte deshalb de Gallo und bemerkte endlich, es sei ihm völlig gleichgültig, an wen die Inseln gelangten, wenn sie nur nicht im Besitze Frankreichs blieben.

„In keiner früheren Sitzung", berichtet Cobenzl, „wurde der Streit so weit getrieben." Bonaparte fragte, ob der östreichische Bevollmächtigte wirklich sein letztes Wort gesprochen habe, und als dieser entgegnete, er könne nicht davon abstehen, war der Friede wieder zu Ende. Bonaparte gab die Erklärung zu Protokoll, welche er am Morgen angekündigt hatte. „Die französische Regierung," hieß es darin, „hat ihrem Bevollmächtigten auf die Protokolle der neun ersten Sitzungen Antwort zukommen lassen und ihn beauftragt, Folgendes zu eröffnen: Da der Zeitpunkt des 1. Octobers verstrichen ist, und der Congreß während sieben Monaten über den Sinn der Präliminarien, insbesondere über den sechsten der öffentlichen und den fünften der geheimen Artikel sich nicht hat einigen können, so betrachtet das Directorium die Präliminarien als nichtig und unbrauchbar für den Abschluß des Definitivfriedens. Der französische Bevollmächtigte ist nicht mehr befugt, auf Grundlage der Präliminarien zu verhandeln. Die beiderseitigen Bevollmächtigten," heißt es weiter, „haben selbst gefühlt, daß man unmöglich auf einer so zweideutigen Grundlage sich einigen könne. Sie haben deshalb verschiedene Entwürfe vorgelegt, welche durch den Grafen Merveldt nach Wien gebracht und gleichzeitig der französischen Regierung übersendet wurden."

„Der französische Bevollmächtigte beehrt sich, Ihren Excellenzen, den Bevollmächtigten Sr. Majestät des Kaisers und Königs zur Kenntniß zu bringen, daß das Directorium keinen dieser Entwürfe als angemessen betrachtet und sich jeder Uebereinkunft entziehen muß, welche Entschädigungen des Kaisers in Italien für die in diesem Kriege erlittenen Verluste zur Grundlage hätte."

„Um jedoch, so viel an ihr liegt, zur Wiederherstellung des guten Einvernehmens beizutragen, ist die französische Regierung einverstanden, daß Dalmatien und Istrien von der venetianischen Republik dem Kaiser abgetreten werden, sowie mit angemessenen Anordnungen, welche der Kaiser in Deutschland begehren möchte¹)."

Dies Protokoll, das jede Möglichkeit der Einigung ausschloß, wurde von allen Gesandten unterzeichnet. Cobenzl behielt sich vor, darauf zu antworten, wie ein solches Verfahren es verdiene. Die Feindseligkeiten sollten anfangen, je nachdem die Generale sich darüber einigten, und die Unterhandlung war vollständig abgebrochen.

„Unzweifelhaft," fährt Cobenzl fort, „konnte die französische Republik nichts Geeigneteres vornehmen, wenn sie das Unrecht ganz auf ihre und das Recht durchaus auf unsere Seite stellen wollte. Niemand konnte läugnen, daß der Kaiser alle Mittel der Versöhnung erschöpft hatte, daß er angegriffen wurde wie von einem Räuber im Wald oder auf der Landstraße. Gleichwohl beschworen mich meine Collegen, reiflich in Erwägung zu ziehen, ob dieser eine und einzige Punkt die Gefahren eines Krieges aufwöge, durch welchen wir nur mit Mühe uns in Italien festsetzen und noch viel weniger die Franzosen zwingen könnten, jene Inseln zu räumen, die sie schon besitzen. Da ich aus der Depesche Ew. Excellenz vom 5. dieses ersehen hatte, daß Seine Majestät und Sie trotz des Abbruchs der Verhandlungen in Lille fortfuhren, den Frieden eifrig zu wünschen, daß wir von Rußland im Grunde Nichts als Worte erhielten, und daß man Alles, was in diesem Augenblicke geschieht, nur als einen Waffenstillstand betrachten darf, durch den wir leichter und schneller als durch den glücklichsten Krieg in Italien Fuß fassen, daß übrigens die deutschen Angelegenheiten uns immer statt e i n e s Mittels zwanzig in die Hand geben, den Krieg, wenn wir wollen, wieder anzufangen, so habe ich endlich auch in diesem Punkte nachgegeben. Bonaparte willigte ein, die beiden Exemplare des Protokolls zu verbrennen, und wir nahmen die Unterhandlung wieder auf. Aber ich gestehe Ew. Excellenz, daß mich niemals ein Opfer so viel ge-

---

1) Auch diese Erklärung findet sich im Oestr. Staats-Archiv; sie fehlt in der Correspondance de Napoléon.

koſtet hat, und daß ich in beſtändiger Furcht bin, ich könne die Ehre und die Intereſſen meines erhabenen Herrſchers beeinträchtigt haben, die mir theurer ſind, als mein Leben."

Cobenzl ſchlug nun vor, zum Erſatz für dieſes neue Zugeſtändniß dem Herzog von Modena ſtatt des öſtreichiſchen Breisgaues eine andere Entſchädigung in Deutſchland anzuweiſen. Bonaparte wollte jedoch nicht darauf eingehen. Alles, was Cobenzl erlangte, war der Theil der Feſtung Porto Legnago, der auf dem rechten Ufer der Etſch gelegen iſt. Man fertigte noch Artikel, um ſie als Grundlage des Vertrags in das Protokoll aufzunehmen, aber es war bis dahin ſechs Uhr Morgens geworden, und die Geſandten brauchten noch zwei Stunden, um nach Udine zurückzukehren. So wurde Nichts mehr unterzeichnet; man verabredete, Bonaparte ſolle am nächſten Tage bei Cobenzl ſpeiſen, und man würde dann in der Nacht die Artikel des Vertrages ausarbeiten.

„Mit einem Menſchen, ſo ränkeſüchtig (chicaneur) und ſo unaufrichtig, wie Bonaparte," mit dieſen Worten ſchließt Cobenzl ſeinen Bericht, „iſt es, ſelbſt nach dem, was geſchehen iſt, noch immer ſehr ungewiß, ob wir zum Ziele kommen. Er kann wieder abſagen, ſo lange er nicht unterzeichnet hat; auch die Abfaſſung der Artikel kann unüberwindliche Schwierigkeiten mit ſich führen. Aber ſelbſt wenn wir zum Abſchluß gelangen, ſo beſchwöre ich Seine Majeſtät den Kaiſer, wohl zu erwägen, ob es in ſeinem Intereſſe liege, einen ſolchen Vertrag zu genehmigen, und ob der Krieg nicht vorzuziehen ſei. Ich geſtehe, trotz des Vertrauens, deſſen ich gewürdigt bin, und trotz des Umfangs meiner Vollmachten, wage ich die Entſcheidung dieſer Frage nicht auf mich zu nehmen [1]."

Wenn Cobenzl fürchtete, ſeine Regierung könne ihm zu große Nachgiebigkeit zum Vorwurf machen, ſo war auch Bonaparte von ähnlicher Beſorgniß nicht frei. Handelte er doch den beſtimmten

---

[1] Vgl. den Bericht Cobenzls vom 10. October 1797 im Oeſtr. Staats-Archiv.

Befehlen des Directoriums zuwider, die er noch eben in dem Ulti=
matum vom 29. September empfangen hatte. So darf man sich
nicht wundern, wenn er vorerst wieder die gewöhnlichen Mittel
in Anwendung bringt: Klagen, daß man ihn übel behandele, und
die Forderung, daß man ihn entlassen möge. Die Regierung hatte,
wie erwähnt, den Secretär des Directors Barras nach Passa=
riano geschickt. Was er zu sagen hatte, trug völlig den Charakter
jener unmäßigen Leidenschaft, die jeder Klarheit und jedes festen
Zieles entbehrte. Man kann denken, wie unerträglich Vorschriften
dieser Art einem Manne, wie Bonaparte, werden mußten; sein
Widerwille gegen die unfähigen Menschen, welche Frankreich regier=
ten, steigerte sich mit jedem Tage. Wir haben schon bemerkt, wie
er selbst den kaiserlichen Gesandten gegenüber diesen Gefühlen
freien Ausdruck ließ; seine ganze Verachtung zeigen die Worte,
die er am 10. October an das Directorium richtet.

„Der Bürger Bottot," schreibt er, „hat mir Ihre Briefe
vom ersten Schalttag (16. September) übergeben. Er hat mir in
Ihrem Auftrage mitgetheilt, ich solle Italien in Revolution ver=
setzen. Ich habe ihn gefragt, wie das zu verstehen sei, ob zum
Beispiel der Herzog von Parma in diesen Befehl mit einbegriffen
wäre. Er hat mir keine Erklärung geben können. Ich bitte Sie,
mir Ihre Befehle deutlicher kund zu thun."

„Meine sehr leidende Gesundheit, mein angegriffener Kopf
bedürfen der Ruhe; sie machen mich unfähig, die großen Dinge
auszuführen, die noch gethan werden müssen. Ich habe Sie bereits
um einen Nachfolger gebeten. Wenn Sie meinem Verlangen noch
nicht zugestimmt haben, so bitte ich, Bürger Directoren, daß Sie
es jetzt thun. Ich bin nicht mehr im Stande, den Befehl zu
führen. Mir bleibt nur eine lebhafte, unvergängliche Theilnahme
für die Wohlfahrt der Republik und die Freiheit des Vaterlandes[1]."

Dies war der vorbereitende Brief. Der zweite, an Talley=
rand, vom selbigen Tage handelt über den Frieden. Er ist zu merk=
würdig, als daß ich ihn übergehen dürfte. „Endlich," heißt es,

---

[1] Correspondance de Napoléon, III, 374.

„sind wir auf dem Punkte, zum Abschluß zu kommen. Diese Nacht wird der Friede unterzeichnet, oder die Unterhandlung abgebrochen.

„Hauptbedingungen sind:

1. Wir erhalten zur Gränze den Rhein, die Nette, Kerpen, Jülich, Venlo.

2. Mainz mit allen Befestigungen, so wie es ist.

3. Die Inseln Corfu, Zante, Cephalonia und das venetianische Albanien.

4. Die cisalpinische Republik umfaßt die Lombardei, Bergamo, Crema, Brescia, Mantua, Peschiera mit den Befestigungen, das rechte Ufer der Etsch und des Po, ferner Modena, Ferrara, Bologna und die Romagna. In Allem ungefähr 3,500,000 bis 3,600,000 Einwohner.

5. Genua erhält die kaiserlichen Lehen.

6. Der Kaiser erhält Dalmatien, Istrien, das venetianische Gebiet bis zur Etsch und zum Po, die Stadt Venedig.

7. Der Prinz von Oranien erhält in Gemäßheit des geheimen Vertrages mit Preußen einen Ersatz. Der Herzog von Modena wird durch den Breisgau entschädigt; statt dessen nimmt Oestreich Salzburg und einen Theil von Baiern zwischen dem Inn, der Salza und dem Bisthum Salzburg mit 50,000 Einwohnern.

8. Wir räumen die Länder, welche der Kaiser bekommen soll, erst drei Wochen nach Auswechslung der Ratificationen, und nachdem der Kaiser Mainz, Mannheim, Ingolstadt, Ulm, Ehrenbreitstein und das ganze Reichsgebiet geräumt hat.

9. Frankreich bekommt das Beste, was die Republik Venedig besaß, Corfu u. s. w., dazu die Rheingränze. Es fehlen nur etwa 200,000 Einwohner, die man beim Reichsfrieden haben kann. Wir gewinnen nach jener Seite vier Millionen Einwohner.

10. Die cisalpinische Republik erhält eine sehr gute militärische Gränze, weil sie Mantua, Peschiera und Ferrara besitzt.

11. Die Freiheit gewinnt also: Cisalpinische Republik 3,500,000 Einwohner, neue Gränzen Frankreichs 4,000,000, in Allem 7,500,000 Einwohner.

12. Das Haus Oestreich gewinnt 1,900,000 Einwohner. Es

verliert: In der Lombardei 1,500,000, in Modena 300,000, in Belgien 2,500,000, in Allem 4,300,000 Einwohner. Sein Verlust ist also immer empfindlich genug."

„Ich habe die Vollmacht, die Sie mir gegeben, und das Vertrauen, mit welchem Sie mich ausgestattet haben, benutzt, um diesen Frieden zu schließen. Was mich bestimmte, ist:

1. Die vorgeschrittene Jahreszeit, hinderlich für den Angriffskrieg, besonders von dieser Seite, wo man die Alpen überschreiten und in sehr kalte Länder eindringen muß.

2. Die Schwäche meiner Armee, die doch alle Kräfte des Kaisers gegen sich hat.

3. Der Tod des General Hoche und der schlechte Plan für den Feldzug, den man angenommen hat.

4. Die Entfernung der Rheinarmeen von den Erbstaaten des Hauses Oestreich.

5. Die Nichtigkeit der Italiäner; ich habe höchstens 1,500 Italiäner bei mir, die Hefe des Gesindels aus den großen Städten.

6. Der Bruch mit England, der eben eingetreten ist.

7. Die Unmöglichkeit, mich der sardinischen Truppen zu bedienen, weil man das Bündniß mit dem König von Sardinien nicht genehmigt hat; es wird deßhalb nothwendig, die Besatzungen in Piemont und der Lombardei um 6000 Mann französischer Truppen zu vermehren.

8. Das Verlangen nach Frieden, in welchem die ganze Republik übereinstimmt, ein Verlangen, das sich selbst unter den Soldaten kund gibt. Sie würden sich schlagen, aber noch lieber kehren sie zurück zu ihrem Heerde, von dem sie seit vielen Jahren abwesend sind; bleiben sie noch länger fern, so kann es nur dazu dienen, eine Militärherrschaft einzuführen.

9. Der Uebelstand, sichere Vortheile und französisches Blut für Völker zu opfern, die der Freiheit wenig würdig und wenig ergeben sind, die nach Charakter, Gewohnheit und Religion bittern Haß gegen uns empfinden. Die Stadt Venedig umschließt allerdings dreihundert Patrioten; ihr Interesse wird im Vertrage gewahrt, sie werden in der cisalpinischen Republik Aufnahme fin-

den. Das Verlangen einiger Hundert Menschen wiegt nicht so schwer, als der Tod von 20,000 Franzosen.

10. Endlich der Krieg mit England, der uns ein Feld, weiter, bedeutender und schöner für unsere Thätigkeit eröffnet. Das englische Volk ist mehr werth, als das venetianische; seine Befreiung wird für immer die Freiheit und das Glück Frankreichs befestigen, oder wenn wir die englische Regierung zum Frieden zwingen, so wird unser Handel mit den Vortheilen, die wir ihm in beiden Welten verschaffen, wesentlich zur Befestigung der Freiheit und der öffentlichen Wohlfahrt beitragen."

„Habe ich mich in allen diesen Berechnungen getäuscht, so ist mein Herz rein, meine Gesinnungen gerade. Die Stimme des Ruhms, der Eitelkeit, des Ehrgeizes habe ich schweigen lassen; ich habe Nichts im Auge gehabt, als das Vaterland und die Regierung. Wie es meiner würdig war, habe ich dem unbegränzten Vertrauen entsprochen, welches das Directorium seit zwei Jahren mir zugewendet hat. Ich glaube gethan zu haben, was jedes Mitglied des Directoriums an meiner Stelle gethan hätte."

„Meine Dienste haben mir die Anerkennung der Regierung und der Nation erworben, ich habe wiederholte Zeichen ihrer Achtung erhalten; mir bleibt Nichts übrig, als unter die Menge zurückzukehren, den Pflug des Cincinnatus zur Hand zu nehmen und ein Beispiel zu geben der Ehrfurcht für die Obrigkeiten und des Abscheus vor der Militärherrschaft, die so viele Republiken und mehrere Reiche zu Grunde gerichtet hat."

Sechstes Kapitel.

Der Abschluß des Friedens von Campo Formio.

So schien nun endlich die sichere Aussicht für den Frieden gewonnen. In allen wichtigen Punkten war man einig, auf jeder der beiden Gesandtschaften wurde der Entwurf eines Friedens= documentes ausgearbeitet; Bonaparte selbst zweifelte offenbar nicht mehr, daß er in den nächsten Tagen abschließen würde. Wo hätte aber dieser Mann sich jemals zur Ruhe gegeben? Kein Ziel, das er erreicht, kann ihn befriedigen; man möchte sagen, sich selber habe er niemals einen Vertrag gehalten. Und so wird er auch Andern gegenüber der gefährlichste Unterhändler: kaum daß man einen Punkt mit ihm festgestellt, so sucht er ihn durch neue Forderungen wieder zu verrücken. Die nächste Zusammenkunft war für den 10. October verabredet. Bonaparte ließ sich aber — man wird sehen, aus welchem Grunde — vergeblich erwarten und bediente sich der Entschuldigung, die Ausarbeitung des Friedens= entwurfes habe noch nicht beendigt werden können. Auch am folgenden Tage kam er nicht, wie versprochen, zur Mittagszeit, sondern ließ um vier Uhr nochmals durch einen Adjutanten um Aufschub bitten; erst gegen acht langte er an, und nach dem Essen, gegen neun Uhr, nahm die Sitzung ihren Anfang.

Zuerst wurden die öffentlichen Artikel berathen und Bona= parte wußte durchzusetzen, daß man seinen Entwurf zur Grund= lage nahm. Nur zu bald zeigte sich aber eine Reihe neuer Be= stimmungen, auf welche die Gesandten gar nicht vorbereitet waren. Rücksichtlich des Ceremoniells erklärte er sich zwar bereit, den Vor= rang des Kaisers zuzugeben, verlangte aber dafür, daß der fran=

zösische Gesandte in Wien vor allen Uebrigen, insbesondere dem russischen, den Vortritt habe, ein Anspruch, der schon in früheren Jahren weitläufige Erörterungen veranlaßt hatte. Auch für den diplomatischen Verkehr mit der neuen cisalpinischen Republik stellte er mancherlei Forderungen, die zu bewilligen Cobenzl unmöglich schien. In Leoben war, wie erwähnt, auf Thuguts Antrag Allen, welche die belgischen Provinzen zu verlassen wünschten, eine Frist von drei Jahren zum Verkaufe ihrer Güter zugestanden. Bonaparte wollte jetzt von dieser Vergünstigung diejenigen ausnehmen, welche auf der Liste der Emigranten ständen. Man weiß, mit welcher Härte und Willkür diese Listen angefertigt waren. Cobenzl stellte vor, eine solche Clausel würde alle Beamten des Kaisers, die nach dem Verluste der Niederlande in seinen Diensten geblieben wären, ihrer Güter berauben; der Kaiser könne auf so Etwas nicht eingehen. Bei jedem Friedensvertrage sichere man den beiderseitigen Unterthanen Vergessenheit des Geschehenen; zudem würden die belgischen Provinzen erst mit der förmlichen Abtretung durch den Kaiser französisches Eigenthum; erst von diesem Zeitpunkt an könne also das Gesetz gegen die Emigrirten in Kraft treten. Bonaparte behauptete dagegen, es sei ein unverbrüchlicher Grundsatz der Republik, daß die belgischen Provinzen in dem Augenblick an Frankreich gefallen seien, in welchem die Bevölkerung den Wunsch der Vereinigung ausgesprochen habe. Es sei an der Zeit, daß die Menschen endlich einmal ihre Rechte kennen lernten, daß sie über sich selbst verfügten und aufhörten, wie eine Schafheerde betrachtet zu werden, die man nach Belieben verhandeln könne. Umsonst stellte man vor, die Vereinigung zu einer Zeit, da französische Armeen das Land besetzt hielten, könne nicht als eine freiwillige gelten, er ließ sich von seiner Meinung nicht abbringen. Selbst in Bezug auf die Gränzbestimmungen begegneten die Gesandten neuen Ansprüchen. Die wichtige Stellung von Castelnovo sollte der Kaiser verlieren und statt des südlichsten Armes, den man Po di Goro nennt, nur den Po della Maestra erhalten; Bonaparte behauptete sogar, er habe von Anfang an nichts Anderes zugestanden, obgleich man ihm auf der

Karte die Linien zeigte, welche er mit eigener Hand gezogen hatte. Ebenso unerwartet fand sich unter den Bestandtheilen der cisalpinischen Republik, die der Kaiser anerkennen sollte, auch das Veltlin genannt. Bonaparte hatte nämlich den vergangenen Tag, an welchem er sich vergeblich erwarten ließ, benutzt, um durch einen bis heute wirksamen Schiedsspruch diesen Landstrich von den Grauen Bünden zu trennen und mit der cisalpinischen Republik zu vereinigen; offenbar in der Absicht, die Anerkennung dieser Gebietserweiterung, von welcher bis dahin gar nicht Rede gewesen war, im Friedensvertrage fordern zu können. Weiter fanden sich unter den Besitzungen, die der Kaiser abtreten sollte, das Frickthal[1]) und die Grafschaft Falkenstein aufgeführt, die seit Cobenzls Ankunft nicht genannt und vordem von den Gesandten stets verweigert waren. Daneben sollte der Kaiser, abgesehen von anderen lästigen Zumuthungen, noch versprechen, kein englisches Kriegsschiff in einem seiner Häfen aufzunehmen. Alles dieses führte, wie sich denken läßt, zu lebhaften Erörterungen. Cobenzl klagte nicht ohne Grund, daß in jeder Conferenz neue Forderungen gestellt würden, die den Abschluß verzögern müßten; indessen ging man vorläufig darüber hinweg und an die Berathung der geheimen Artikel. So kam man zu den Bestimmungen über die französischen Erwerbungen am linken Rheinufer, welche freilich in dem französischen Entwurf unter den öffentlichen Artikeln aufgeführt, aber auf Cobenzls bestimmte Forderung unter die geheimen zurückgestellt waren. Wir erinnern uns, wie sehr dem Kaiser daran gelegen war, mit der Reichsverfassung und seinen Pflichten als Reichsoberhaupt nicht in Widerspruch zu gerathen. Cobenzl hatte deßhalb eine förmliche Anerkennung der Abtretungen an Frankreich, die der Kaiser nicht allein, sondern nur in Verbindung mit dem Reiche geben konnte, aufs bestimmteste verweigert; er hatte den Ausweg vorgeschlagen, der Kaiser solle, wenn das Reich den Forderungen der Franzosen sich widersetze,

---

1) Auf dem linken Rheinufer, gegenüber Seckingen gelegen, jetzt ein Theil des Cantons Aargau.

in dem daraus erfolgenden Reichskriege nicht mehr als sein Contingent stellen. Gleichwohl forderte jetzt der französische Entwurf eine förmliche Anerkennung im Namen des Kaisers für die neue französische Gränze. Und so ergab sich der Anlaß für eine Scene, die noch einmal das mühsame Ergebniß so vieler Monate zu vernichten drohte, später aber mannichfach verändert, unter den Farben, die Napoleon selbst ihr geliehen, als der entscheidende Wendepunkt zu Gunsten des raschen Abschlusses gegolten hat. Es scheint lohnend genug, die Ueberlieferung im Einzelnen zu verfolgen.

Daß heftige Auftritte dem Frieden von Campo Formio vorausgegangen seien, darüber hatte früh ein Gerücht sich verbreitet. Schon der französische Moniteur vom 9. November 1797 gibt eine Andeutung. Die östreichischen Gesandten, heißt es, seien dem General Bonaparte während des ganzen Verlaufs der Verhandlungen mit der äußersten Unterwürfigkeit begegnet, obgleich dieser, durch das Zögern und die Umständlichkeit des Wiener Hofes gereizt, sie zuweilen etwas von oben herab behandelt habe. Besonders dem Marquis de Gallo müsse sein Eifer und seine Geschicklichkeit zur größten Ehre gereichen. Einmal, als der General Bonaparte sehr erzürnt die Sitzung verlassen habe, sei er ihm nachgeeilt und habe dem Adjutanten Bonapartes gesagt: „Melden Sie wenigstens dem General, daß ich ihn bis an den Wagen begleitet habe."

„Acht Tage vor dem Abschluß schien jede Hoffnung geschwunden in Folge eines sehr heftigen Auftritts zwischen den östreichischen Bevollmächtigten und dem General Bonaparte. Dieser war im Verlaufe einer Unterredung gegen sie in Eifer gerathen und hatte ihnen gesagt: Ich werde meine Antwort nach Wien bringen. Man erwähnt noch einige andere Umstände von geringerer Wichtigkeit, die aber doch mit Sorgfalt gesammelt wurden. Alles, was berühmte Personen und Ereignisse angeht, ist beachtenswerth."

Was von diesen Umständen zu halten sei, läßt einigermaßen folgender Bericht erkennen, den eine rheinische Zeitung aus Paris vom 12. November mittheilt:

„Von dem Obergeneral Bonaparte erzählt man folgende Anekdote: Die Negociationen zu Udine waren am Tage vor der Unterzeichnung des Friedens gewissermaßen abgebrochen. Die östreichischen Bevollmächtigten verweigerten halsstarrig, Mantua abzutreten. Bonaparte, über ihren Widerstand ungeduldig, erklärte: Alles unterhandeln hätte ein Ende, und der Degen würde entscheiden. Er stand auf der Stelle auf, ergriff mit Ungestüm seinen Hut und warf mit seinem Federbusche mehrere Porzellangefäße von großem Werthe herunter. Er bat bei dem östreichischen Bevollmächtigten um tausendfältige Entschuldigung und fügte lächelnd hinzu: binnen Kurzem werden wir wohl andere zerbrechen. Bonaparte verließ sogleich Udine, um nach Passariano zurückzukehren. Am folgenden Tage, Morgens um 5 Uhr, begab sich der Marquis de Gallo zu ihm, ließ ihn wecken und erklärte, daß der Kaiser die Tags vorher angebotenen Bedingnisse annehme. Der Friede ward am nämlichen Tage unterzeichnet[1])."

Weit ausführlicher und bestimmter finden wir diesen Auftritt geschildert in dem Buche, das gewissermaßen als der Ausdruck napoleonischer Geschichtsanschauungen gelten mag. Der Graf Las Cases erzählt in den Denkwürdigkeiten seines Aufenthalts in St. Helena:

„Am 10. October, als der Kaiser eben mit der Beschreibung der Verhandlungen von Leoben beschäftigt war, wandte sich das Gespräch auch auf den Frieden von Campo Formio und auf den Grafen Cobenzl. Napoleon gab ihm vordem den Zunamen des nordischen Bären, auf Grund der großen Rolle, wie er sich ausdrückte, die seine breite und schwere Tatze auf dem grünen Tische der Verhandlungen gespielt habe."

„Herr von Cobenzl, sagte der Kaiser, war zu jener Zeit der Mann der östreichischen Monarchie, die Seele ihrer Entwürfe, der Leiter ihrer Diplomatie. Er hatte die ersten Gesandtschaften in Europa bekleidet und sich lange Zeit bei Catharina II. aufgehalten, deren besondere Gunst er sich zu erwerben wußte. Stolz

---

1) Vgl. den Kölnischen Kurier vom 18. November 1797, XV, 800.

auf seinen Rang und seine Wichtigkeit zweifelte er nicht, daß die Würde seines Benehmens und die Uebung in höfischen Formen mit Leichtigkeit einen General aus der Fassung bringen würden, der aus den revolutionären Lagern hervorgegangen sei. Auch näherte er sich dem französischen General mit einer gewissen Leichtfertigkeit; aber die Haltung und die ersten Worte dieses Letzteren genügten, ihn auf seinen Platz zurückzuweisen, welchen er dann niemals wieder zu verlassen den Versuch machte. Die Conferenzen," erzählt Las Cases weiter, „hatten zuerst wenig Fortgang. Herr von Cobenzl zeigte sich nach Art des östreichischen Cabinets sehr geschickt, die Sachen in die Länge zu ziehen. Der französische General beschloß, ein Ende zu machen. Die Conferenz, von der er sich gesagt hatte, sie müsse die letzte sein, wurde sehr lebhaft; er stellte das letzte Angebot — es wurde abgelehnt. Da erhob er sich in einer Art von Wuth, rief mit starker Stimme: Sie wollen den Krieg, wohlan, Sie sollen ihn haben. Er ergriff ein prächtiges Cabaret von Porzellan, von welchem Herr von Cobenzl täglich mit Selbstgefälligkeit wiederholte, es sei ein Geschenk der großen Catharina, und warf es mit allen Kräften auf den Fußboden, wo es in tausend Stücke zerbrach. „Sehen Sie her," rief er noch einmal, „so wird Ihre östreichische Monarchie sein, ehe drei Monate vergehen, ich verspreche es Ihnen," — und er stürzte zum Saale hinaus. Herr von Cobenzl, sagte der Kaiser, blieb versteinert stehen, aber der Marquis de Gallo, sein Gehülfe und viel versöhnlicher, begleitete mich an den Wagen, versuchte mich zurückzuhalten und machte mir so viele Verbeugungen mit so kläglicher Geberde, daß es trotz meines scheinbaren Zornes mir unmöglich wurde, nicht innerlich darüber herzlich zu lachen[1])."

Den eigentlich officiellen Bericht hat aber der Kaiser selbst in seinen Denkwürdigkeiten auf St. Helena gegeben. Die scheinbare Abweichung des Datums ist, wie ich im Voraus bemerke, kein Grund zum Zweifel, daß hier von denselben Dingen die Rede ist. „Am 16. October," heißt es, „hielt man eine Conferenz zu

---

1) Vgl. Mémorial de St. Hélène VI, 346.

Udine beim Grafen Cobenzl. Napoleon wiederholte in Form eines Manifestes, das dem Protokoll eingerückt werden sollte, das Verfahren seiner Regierung seit den Präliminarien von Leoben und erneuerte zur selbigen Zeit sein Ultimatum. Der östreichische Bevollmächtigte gab eine weitläufige Erwiederung, zum Beweise, daß die Entschädigungen, welche Frankreich dem Kaiser bot, nicht den vierten Theil seiner Verluste aufwögen, daß die östreichische Macht beträchtlich geschwächt würde, während die Macht Frankreichs sich in solchem Maße vergrößere, daß die Unabhängigkeit Europas bedroht erscheine. Durch den Besitz Mantuas und der Etschlinie verbinde Frankreich thatsächlich mit der Herrschaft Galliens ganz Italien. Der Kaiser sei unwiderruflich entschlossen, sich jedem Wechsel des Krieges auszusetzen, im Nothfall aus seiner Hauptstadt zu fliehen, ehe er zu einem so unvortheilhaften Frieden seine Einwilligung gebe. Rußland biete ihm seine Heere, sie seien bereit, ihm zu Hülfe zu eilen, und man würde dann sehen, was die russischen Truppen vermöchten; es sei offenbar, daß Napoleon den Charakter eines Bevollmächtigten hinter den Interessen des Generals zurücktreten lasse, daß er den Frieden nicht wolle. Cobenzl fügte hinzu, noch in der Nacht würde er abreisen und für alles Blut, das in dem neuen Kriege flöße, der französische Bevollmächtigte verantwortlich sein. Da erhob sich dieser kaltblütig, aber doch lebhaft gereizt durch einen solchen Ausfall. Er ergriff auf einem Tische ein kleines Cabaret von Porzellan, das der Graf Cobenzl als ein Geschenk der Kaiserin Catharina besonders liebte. „Wohlan," sprach Napoleon, „der Waffenstillstand ist also gebrochen und der Krieg erklärt; aber erinnern Sie sich, daß ich vor Ende des Herbstes Ihre Monarchie zerschmettern werde, wie ich jetzt dieses Porzellan zerschmettere." Mit diesen Worten warf er das Cabaret heftig auf die Erde, daß es den Boden mit kleinen Scherben bedeckte, grüßte die Versammlung und entfernte sich. Die östreichischen Bevollmächtigten standen sprachlos; wenige Augenblicke nachher hörten sie, daß er beim Einsteigen einen Offizier an den Erzherzog Karl abgefertigt hatte, um ihn zu benachrichtigen, die Unterhandlung sei abgebrochen, in vier und zwanzig Stunden würden die Feindseligkeiten wieder anfangen. Der Graf Cobenzl, erschreckt, schickte den Marquis de Gallo nach Passariano mit der unterzeichneten Erklärung, daß er dem französischen Ultimatum zustimme. Am folgenden Tage, dem 17. October fünf Uhr Abends, wurde der Friede unterzeichnet¹)."

Darf man sich wundern, wenn französische Schriftsteller diese und ähnliche Erzählungen mit großer Zufriedenheit nacherzählen? Läßt sich doch kaum eine Scene erfinden, in welcher die geistige Ueberlegenheit des italiänischen und doch französisch-nationalsten Helden augenscheinlicher hervorträte. Thiers hat sie mit vollem Behagen aufgenommen, ebenso der vorsichtigere Barante und wer immer die Geschichte der Revolutionszeit darzustellen unternahm, mochte er übrigens dem Kaiserthum freundlich gesinnt oder als Gegner sich erweisen. Die Deutschen, sogar die östreichischen Geschichtschreiber sind ohne Bedenken gefolgt, nur möchte ich Häusser ausnehmen, der den Vorfall nicht als ein historisches Ereigniß mittheilt, sondern als Etwas, dessen Napoleon in späteren Jahren sich gerühmt habe. Bei anderen Nationen darf man noch weniger ein Widerstreben erwarten. Insbesondere ein Romantiker wie Walter Scott begegnete hier dem willkommensten Stoffe. Ganz dem Charakter seines Buches gemäß vergleicht er Bonaparte mit einem zornigen Helden des Tasso und führt aus dem befreiten Jerusalem die Verse an, in denen der trotzige Argant mit drohenden Geberden Gottfried von Bouillon zur Wahl zwischen Krieg und Frieden drängt²). So ist diese Erzählung allgemein verbreitet und vielleicht unter allen ähnlichen die bekannteste geworden.

Auffallen konnte dabei, daß von den drei Franzosen, welche in der nächsten Umgebung Bonapartes bei den Friedensverhandlungen gegenwärtig waren, nicht einer diesen Vorfall bestätigt hat,

---

1) Vgl. Mémoires de Napoléon, IV, 215, oder die während des Druckes mir zukommende neue Ausgabe der Commentaires de Napoléon I, Paris, 1867, II, 119.

2) Life of Napoleon Buonaparte, III, chap. X.

ich meine Bonapartes Secretär Bourrienne und die beiden Adjutanten: den späteren Grafen Lavalette und den Marschall Marmont. Alle drei haben Memoiren hinterlassen; aber Lavalette, obgleich gerade über diese Zeit mittheilsam und besonders zur Erzählung charakteristischer Aeußerungen geneigt, schweigt ganz von einer solchen Scene. Marmont redet nur unbestimmt von verdrießlichen Auftritten, welche de Gallo durch Feinheit und Versöhnlichkeit verhütet oder wieder ausgeglichen habe. Bourrienne, damals noch im Besitze vollen Vertrauens, und wenn auch im Allgemeinen wenig zuverlässig, doch für das Jahr 1797 der am besten Unterrichtete, erklärt sogar ausdrücklich, etwas dieser Art könne gar nicht stattgefunden haben; der Ton im französischen Hauptquartier sei zu fein gewesen[1]). Dieser Grund möchte aber schwerlich ausreichend scheinen, auch blieb der Widerspruch Bourriennes vereinzelt und unbemerkt. Auf östreichischer Seite war Alles stumm. Was etwa die Gesandten mochten geschrieben haben, blieb im Dunkel des Archivs verborgen.

Und doch haben sie, wie man denken kann, nicht verfehlt, ihrem Hofe über einen so wichtigen Vorfall Auskunft zu geben. Es liegen sogar zwei Berichte Cobenzls darüber vor, die ich hier mitzutheilen nicht unterlassen darf, selbst auf die Gefahr, Einiges, das schon gesagt wurde, zu wiederholen.

Der erste, am 14. October noch unter dem Eindrucke des Ereignisses geschrieben, beginnt folgendermaßen: „Mein Herr! Bonapartes Benehmen wird mit jedem Tage beleidigender; jeden Augenblick erhebt er neue Forderungen, ohne sich an das zu binden, was er vierundzwanzig Stunden früher versprochen hat. Nachdem er uns nutzlos am 10. den ganzen Tag hatte warten lassen und am 11. statt um Mittag, wie er selbst bestimmt, erst um 8 Uhr Abends gekommen war, las er uns seinen Friedensentwurf vor in einer Conferenz, die nach Tische, also gegen 9 Uhr anfing. Dieser Entwurf enthielt mehrere neue, durchaus unzulässige Artikel, zum Beispiel die Bestimmung, alle unsere Häfen

---

1) Mémoires de Bourrienne, I, chap. XXI.

den Engländern zu verschließen, die belgischen Emigranten von der Aufhebung des Sequesters auszunehmen, die unbedingte Abtretung des Frickthals, die Anerkennung der cisalpinischen Republik, in welcher auch das Veltlin einbegriffen war, eine förmliche Anerkennung aller neuen Erwerbungen, die Frankreich im Reiche machen will, vom Kaiser selbst in dem öffentlichen Vertrage ausgesprochen, überhaupt eine Abfassung, soweit als möglich von dem Entwurf entfernt, den ich ihm übergeben hatte."

„Die erste Lesung dieses Meisterstücks aus der Feder Bonapartes hatte schon lebhafte Erörterungen veranlaßt, während welcher der französische Bevollmächtigte, aufgeregt, wie er war, nachdem er zwei Nächte nicht geschlafen, ein Glas Punsch nach dem anderen leerte. Man begann nun Artikel für Artikel zu prüfen; über zwei oder drei hatte man sich geeinigt und kam zu dem, welcher die Anerkennung der französischen Gränzen im Reiche fordert. Als ich nun mit Mäßigung und mit der größten Ruhe auseinander setzte, es sei unmöglich diesen Artikel anzunehmen, und dagegen auf meinen Vorschlag zurückkam, der Kaiser werde, falls der Krieg fortdauern sollte, dem Reiche nur sein Contingent zur Unterstützung stellen, erhob sich Bonaparte mit der äußersten Wuth, stieß eine Fluth von Schimpfreden aus, indem er seinen Namen in unleserlicher Weise unter ein Exemplar jener Erklärung kratzte, die er schon einmal zu Protokoll gegeben hatte. Dann ohne die dafür nöthigen Förmlichkeiten zu beobachten, oder unsere Unterschrift zu erwarten, setzte er im Conferenzzimmer selbst den Hut auf und entfernte sich. Bis auf die Straße fuhr er fort zu schreien, in einer Weise, die man nur der Trunkenheit zuschreiben darf, so viel auch Clarke und die übrigen Personen seines Gefolges, die ihn in meinem Saale erwarteten, thun mochten, ihm sein Unrecht zu beweisen und ihn aufzuhalten. — Sie sehen, was es heißt, mit einem Bonaparte unterhandeln," setzt Cobenzl in einem vertraulichen Briefe hinzu. „Er hat sich benommen, wie jemand, der aus dem Narrenhaus entsprungen ist. Darüber sind seine eigenen Leute einig."

Mehr Einzelnheiten gibt der zweite Bericht vom 19. October,

welcher auch den Verlauf und das Ergebniß der Verhandlungen im Zusammenhange darstellt. „Als wir," heißt es, „dazu kamen, in einem geheimen Artikel zu bestimmen, was die französische Republik in Deutschland in Beschlag nehmen will, verlor der General Bonaparte alles Maß. Ich stellte ihm mit Festigkeit, aber zugleich mit Ruhe und Gelassenheit vor, der Kaiser könne weder geheim noch öffentlich eine Gränze der Republik anerken=nen, die noch nicht vorhanden sei, und die zu bestimmen er gar nicht das Recht habe; er thue schon mehr, als man von ihm for=dern könne, wenn er verspreche, beim Wiederausbruch des Krieges dem Reiche nur sein Contingent zu stellen. Das Reich, seines einzigen und mächtigen Vertheidigers beraubt, werde gezwungen sein, die Forderungen der französischen Republik zu bewilligen; bei der Gewißheit, ihren Wunsch erfüllt zu sehen, dürfe nun die Republik auch ihrerseits sich den nothwendigen Formen nicht widersetzen, die das gerechte Zartgefühl des Kaisers mit den neuen Beweisen seiner Friedensliebe vereinigen könnten."

„Der französische Bevollmächtigte, auf welchen sichtlich der Punsch, den er getrunken, schon seine Wirkung äußerte, gerieth bei diesen Worten in Wuth. Er sagte, das Reich sei eine alte Dirne, an der seit langer Zeit Jedermann Nothzucht übe; man nehme die Reichsverfassung nur zum Vorwand, um seinen For=derungen auszuweichen; immer habe der Sieg die französischen Heere begleitet und werde sie auch fernerhin begleiten; man rede zu Frankreich als Sieger, da man doch geschlagen sei; nicht ein=mal die Gleichheit bei der Unterschrift wolle man ihm zugestehen; ich hätte sogar im Hause des Marquis de Gallo den Vortritt vor ihm genommen, obgleich er der Obergeneral der italiänischen Armee sei; er achte sich höher als alle Könige und könne ein solches Betragen nicht länger dulden." Was folgt, ist schon in dem früheren Schreiben enthalten. „Es ist wahr," fügt Cobenzl hinzu, „daß ich am dritten Ort vor dem französischen Bevoll=mächtigten den Vortritt genommen habe; ich sah keinen Grund, ihm zu weichen, da ich nur in dieser Eigenschaft mit ihm zu thun hatte, und die gerechten Ansprüche Seiner Majestät des

Kaisers, welche durch die Präliminarien anerkannt, auch eine unumgängliche Bedingung des jetzigen Vertrages bilden, mich vollkommen dazu berechtigten. Damit alles Unrecht und alles Lächerliche dieser Scene auf Bonaparte zurückfiele, hatte ich niemals den Ton der ruhigen Würde verlassen, der einem Bevollmächtigten des Kaisers ziemt."

„Ohne Zweifel wären wir mehr als befugt gewesen, jene Erklärung Bonapartes als ein Protokoll zu betrachten und eine Antwort zu geben, wie die gerechten Ansprüche des Kaisers und die ungerechten Forderungen des Directoriums gestatteten. Gleichwohl habe ich mich nicht enthalten können, in Erwägung zu ziehen, es sei doch in hohem Maße bedauerlich, wenn das Blutvergießen blos deßhalb wieder anfinge, weil ein Bonaparte betrunken war; ich habe daher geglaubt, man müsse ihm wenigstens Zeit lassen, in sich zu gehen. Am folgenden Tage, dem 12., machte ihm der Marquis de Gallo auf meine Bitte einen vertraulichen Besuch. Bonaparte gestand, daß er viel zu heftig geworden sei, wollte aber doch auf seinen lächerlichen Anspruch der Alternative im Vertrag zurückkommen. Allein der Gesandte von Neapel erklärte bestimmt, ich habe noch in der Nacht von Udine abreisen wollen, und er habe mich nur mit Mühe beredet, meine Abreise um einige Stunden zu verschieben; wenn ich nur reden hörte von dem Anspruch, dem Kaiser den Vorrang zu verweigern, oder wenn jene Erklärung zu Protokoll genommen würde, so könne Nichts mich aufhalten, und jede Hoffnung der Versöhnung sei verschwunden. Darauf nahm Bonaparte noch einmal seine Note zurück. Er übergab dem Marquis de Gallo seinen Friedensentwurf sowie die geheimen Artikel und den Nebenvertrag mit dem Ersuchen, ihn mir zu überbringen und mich zu bitten, die Aenderungen, die ich für nöthig hielte, vorzunehmen, damit er sie prüfe und wo möglich seine Zustimmung gebe. Wir könnten dann sogleich abschließen, ohne wieder Conferenzen zu halten, die doch zu Nichts dienten, als sich gegenseitig zu erhitzen und zu reizen. Bonaparte betheuerte noch, die Erklärung, die er uns habe übergeben wollen, enthalte nur die ausdrücklichen Vorschriften des Directoriums;

für Alles, was er in Italien uns bewillige, trage er die Verantwortung, man sei darauf in Frankreich keineswegs vorbereitet. Nach aller Mühe, die er während zweier Tage und zweier Nächte aufgewandt, seinen Friedensentwurf zu Stande zu bringen, nachdem er bis an die äußerste Gränze der Nachgiebigkeit gegangen sei und mehr als vierundzwanzig Artikel ausgestrichen habe, auf denen er nach der bestimmten Anweisung des Directoriums hätte bestehen sollen, sei es doch sehr unangenehm, seine Arbeit beinahe in sämmtlichen Punkten vereitelt zu sehen. Der Gesandte von Neapel stellte ihm vor, bei aller Mühe, die er sich gegeben, könne man gleichwohl nicht umhin, auch den Interessen des Kaisers dieselbe Rücksicht angedeihen zu lassen; die Bevollmächtigten seien also durchaus berechtigt, sie zur Erörterung zu ziehen."

„Die Erwägungen, welche ich schon früher aussprach," fährt Cobenzl fort, „bestimmten mich, auf den Vorschlag Bonapartes einzugehen und einen neuen Entwurf anzufertigen, dem seinigen so nahe, als die Interessen Sr. Majestät es zugaben. Aber nach dem, was vorgefallen, glaubte ich nicht, auf neuen Conferenzen bestehen zu müssen; auch hielt ich nicht für angemessen, daß der Bevollmächtigte, welcher vorzüglich durch das Vertrauen Sr. Majestät geehrt ist, sich noch ferner einem Ausfall aussetze, den man zum zweiten Male unmöglich hätte ertragen können. Dazu kam, daß leider für das Wesentliche der Friedensbedingungen doch Nichts mehr zu ändern war, die Schwierigkeit hauptsächlich nur die Redaction betraf, und darüber in vertraulicher Weise durch den Marquis de Gallo und den Grafen Merveldt verhandelt werden konnte, von denen besonders der Erstere in seiner Eigenschaft als Gesandter von Neapel gewissermaßen als Vermittler zwischen mir und Bonaparte zu betrachten war."

Wenn irgendwo, so mußte hier die Regel gelten, daß man in einem Streite beide Parteien hören soll. Nicht leicht werden zwei Berichte über dasselbe Ereigniß so weit von einander abweichen, als die hier mitgetheilten, obgleich doch beide, der östreichische sowohl als der französische, von Augenzeugen, ja von den handelnden Personen selbst geschrieben wurden. Welcher von beiden aber der Wahrheit am Nächsten kommt, darüber läßt sich, wie ich denke, nicht wohl ein Zweifel hegen. Unzweifelhaft ist vorerst, daß trotz der verschiedenen Zeitbestimmung beide auf dasselbe Ereigniß sich beziehen. Ja, es bietet gerade jene Verschiedenheit ein charakteristisches Merkmal für die eigentliche Absicht der Napoleonischen Erzählung. Um eine recht theatralische Wirkung zu erzielen, mußte dem heftigen Ausbruch des Zornes unmittelbar der Abschluß des Friedens folgen. Darum wird das Ereigniß auf den Tag vor dem 17. October verlegt. Aus den östreichischen Berichten, die beinahe für jede Stunde den Fortgang der Verhandlungen verfolgen lassen, wird man aber ersehen, daß am 16. und überhaupt nach dem 11. October gar keine Sitzung mehr stattgefunden hat, ja daß Cobenzl und Bonaparte vor dem Abschluß des Friedens seit diesem Tage sich gar nicht wieder gesehen haben.

Ebenso auffallend sind andere Unrichtigkeiten. Denn wie konnte der französische Bevollmächtigte beim Einsteigen in den Wagen dem Erzherzog Karl den Wiederanfang der Feindseligkeiten ankündigen lassen? Die gegenüberstehenden östreichischen Truppen wurden nicht von dem Erzherzog, sondern von dem General Terzy befehligt; der Erzherzog war schon beim Abschluß der Präliminarien wieder an den Rhein zurückgekehrt, und im October weit entfernt in seinem Hauptquartier zu Schwetzingen[1]). Offenbar erfunden ist auch die ganze Rede, welche Cobenzl in den Mund gelegt wird. Gesprochen sind solche Worte allerdings, sie sind gewissermaßen ein Auszug dessen, was der östreichische Gesandte in den früheren Sitzungen geäußert hatte. Nur in der Sitzung

---

1) Ein östreichischer Biograph des Erzherzogs ist von der untrüglichen Glaubwürdigkeit der Napoleonischen Memoiren gleichwohl so fest überzeugt, daß er treuherzig erzählt, der Erzherzog Karl sei zu Mannheim durch eine derartige Botschaft überrascht worden. Ich bemerke noch, daß auch die in den Memoiren sich anschließende Erzählung, der französische Bevollmächtigte habe die Anerkennung der Republik von Seiten des Kaisers zurückgewiesen, eine unrichtige Stelle erhalten hat. Sie gehört, wie schon erwähnt, nicht nach Udine, sondern nach Leoben.

vom 11. October, nachdem man bereits zwei Tage früher über alle streitigen Punkte sich geeinigt hatte, waren sie durchaus nicht mehr am Ort. Zu Allem diesem kommt noch, daß der französische Bericht zwar von einem Augenzeugen, aber doch erst nach zwanzig schicksalsvollen Jahren erstattet wurde, unter Verhältnissen, die es dem Erzähler noch mehr als gewöhnlich wünschenswerth machten, die Ereignisse seiner früheren Zeit im vortheilhaftesten Lichte erscheinen zu lassen.

Die Oestreicher schreiben dagegen unmittelbar unter dem Eindruck des Ereignisses, und jedes ihrer Worte trägt so unverkennbar den Stempel der augenblicklichen Umstände, daß es unmöglich in dieser Weise sich erfinden ließ. Im Allgemeinen wird man in dem, was sie sagen, den wahren Hergang erkennen dürfen; Einzelnheiten, insbesonder die bedeutende Wirkung, die einem erhitzenden Getränke zugeschrieben wird, mögen allerdings der gereizten Stimmung ihren Ursprung verdanken.

Sonderbar bleibt nur, daß gerade der Umstand, auf welchen der französische Bericht die entscheidende Bedeutung legt, in den östreichischen sich gar nicht erwähnt, nicht einmal angedeutet findet. Cobenzl spricht mit keiner Silbe von dem Zerbrechen eines Gefäßes und von Reden, die dabei vorgefallen seien. Hat er diesen Umstand absichtlich verschwiegen? wollte er vielleicht Thugut gegenüber sich nicht die Blöße geben, daß er von dem französischen General eine zu beleidigende Behandlung hingenommen habe? Man könnte es denken; in seinem Bericht ist durchgehends ein derartiges Bestreben nicht zu verkennen. Entgegen steht aber, daß er Reden und Vorfälle mittheilt, die für ihn und für den Kaiser noch beleidigender waren, die ihn sogar persönlich angriffen, die er also von diesem Gesichtspunkt aus weit eher hätte verheimlichen müssen. Dazu ist noch der ausdrückliche Widerspruch Bourriennes in Rechnung zu bringen. Gleichwohl kann ich nicht annehmen, ein so eigenthümliches Ereigniß, dessen auch ein gleichzeitiger Bericht schon Erwähnung thut, sei ganz und gar erfunden worden. Eine bestimmte Erklärung wage ich nicht zu geben. Man darf es nicht unmöglich nennen, daß Bonaparte absichtlich in der heftigen Aufregung das Gefäß zu Boden geworfen und in der Weise, wie er später angibt, sich ausgedrückt habe. Ebenso wahrscheinlich lautet aber der Bericht jener rheinischen Zeitung, Bonaparte habe bei den ungestümen Bewegungen, von denen auch der östreichische Gesandte meldet, unversehens ein Gefäß zu Falle gebracht, worauf dann, wie sie ihm in den Mund kamen, Entschuldigungen und Drohungen sich folgen mochten. Man darf jedoch diese Einzelnheiten jetzt getrost auf sich beruhen lassen. Denn das ist als sicher anzunehmen, daß ein derartiger Vorfall, wenn er stattgefunden hat, nicht mit langer Berechnung vorbereitet, daß er nicht der Mittelpunkt der Handlung und daß er überhaupt von erheblicher Bedeutung gar nicht gewesen ist.

Und hier muß nun bemerkt werden, daß man dieser Scene eine Wichtigkeit beigelegt hat, die sie in keiner Weise ansprechen darf. Das Ganze war nichts Anderes, als der Ausbruch einer plötzlich überwallenden Heftigkeit, wie er in der diplomatischen Laufbahn Napoleons nicht blos einmal vorgekommen ist. Man könnte an die Behandlung des Lord Whithworth in den Tuilerien und Metternichs in Dresden erinnern, nur daß in diesen beiden Fällen die Wirkung viel bedeutender war. Die Scene in Udine hat dagegen wenig gehindert und noch weniger gefördert. Sie hat gehindert, daß Bonapartes ungeduldiger Wunsch nach einem unverweilten Abschluß in Erfüllung ging, und Cobenzl Zeit gegeben, seinem Wunsche gemäß die Antwort aus Wien zu erwarten. Im Uebrigen konnte sie erheblichen Einfluß gar nicht mehr äußern. Ueber alle wichtigen Dinge hatte man sich bereits vorher geeinigt, der ganze Streit betraf nur Förmlichkeiten, freilich für den Kaiser damals bedeutender, als sie uns jetzt vorkommen. Für diese Punkte ist die Heftigkeit Bonapartes aber beinahe wirkungslos geblieben; Cobenzl hat darin nicht nachgegeben, wenigstens nicht in dem Umfange, der den Absichten seines Gegners gemäß war. Der Artikel über das Ceremoniell zwischen dem Kaiser und der französischen Republik findet sich in dem Vertrage von Campo Formio, wenn nicht ganz, wie Cobenzl wünschte, doch genau in der Form, wie er schon zu Leoben festgestellt war, und in dem Artikel über die französischen Gränzen, der eigentlich den Streit veranlaßte, heißt es nicht, wie Bonaparte verlangte: der Kaiser erkennt an (reconnaît), sondern nur: der Kaiser gibt seine Zustimmung (consent), eine Ausdrucksweise, die freilich dem östreichischen Gesandten noch immer bedenklich schien, aber doch keine Verletzung der Reichsgesetze in sich schließt. Statt einer wirklichen Bedeutung für die Weltgeschichte hat die Scene nur insofern ein Interesse, als sie für Bonapartes Verfahren charakteristisch ist und zugleich recht anschaulich erkennen läßt, wie er in späterer Zeit seine Thaten darzustellen und auszuschmücken liebte, wie leicht er nicht nur bei Anhängern, sondern sogar bei den Gegnern Glauben gefunden hat, und wie schwer es ist, diese Erzählungen auf das richtige Maß zurückzuführen, wenn nicht eben, wie in diesem Falle, neue Quellen unerwartet die Wahrheit an den Tag bringen.

———

Man wird dies noch deutlicher erkennen, wenn man erfährt, was in der nächsten Woche bis zum Abschluß des Friedens sich ereignet hat. Cobenzl verwandte einen ganzen Tag, den 13. October, um den von Bonaparte vorgelegten Entwurf zu prüfen und einen neuen auszuarbeiten. Er ging keineswegs auf alle Forderungen seines Gegners ein, sondern im Wesentlichen auf das zurück, worüber man in der vorletzten Sitzung sich geeinigt hatte. In dem Artikel über Belgien machte er mehrere Verbesserungen rücksichtlich der Schulden, welche Frankreich zu übernehmen habe, und beseitigte die von Bonaparte geforderten Bestimmungen gegen die Emigranten. Den Artikel über die Erwerbungen des Kaisers in Italien stellte er in der Weise wieder her, wie er am 9. October vereinbart war; nur begnügte er sich statt des Po di Goro mit dem Po della Maestra, nachdem er sich versichert, daß derselbe für die Schiffahrt ungefähr gleichen Vortheil gewähre. Alles, was sich auf Veränderungen im deutschen Reiche bezog, wurde unter die geheimen Artikel gesetzt; mit Rücksicht auf den Streitpunkt der letzten Sitzung schlug Cobenzl den Mittelweg ein, daß der Kaiser bei fortdauerndem Reichskriege nur sein Contingent stellen und in der Eigenschaft eines Königs von Ungarn und Böhmen seine guten Dienste versprechen solle, damit die französischen Ansprüche erfüllt würden. An dem besonderen Vertrag über die Räumung der von Frankreich und dem Kaiser zu erwerbenden neuen Besitzungen fand Cobenzl Nichts zu ändern. Danach sollten, wie der östreichische Gesandte als besonderen Vortheil hervorhebt, die venetianischen Provinzen übergeben werden, sobald Frankreich sich der Besitznahme von Mainz versichert halten dürfe, nicht erst, wenn dieselbe wirklich erfolgt sei. Er habe, fügt er hinzu, noch besonders darauf gedrungen, daß, wenn der Kaiser seine Truppen aus dem Reiche zurückziehe, auch die Franzosen das rechte Rheinufer räumen müßten, da man unmöglich das Reich ihrer Gnade überlassen könne, wenn sie die in Udine erlangten Zugeständnisse zu überschreiten versuchten. Statt des Frickthals, auf dessen Abtretung Bonaparte durchaus bestand, forderte er das Bisthum Passau. Am 14. war man mit dieser Arbeit fertig geworden; de Gallo und Merveldt übernahmen den Auftrag, den veränderten Entwurf im französischen Hauptquartiere vorzulegen. Auch Bonaparte suchte Cobenzl gegenüber wieder einzulenken; er ließ ihm durch einen Adjutanten bei dem Tode seines Onkels, der eben damals erfolgt war, seine Theilnahme aussprechen.

Schon aus den Gründen, die früher angegeben sind, war er entschlossen, den Frieden nicht zu verzögern, dazu kam noch das Hereinbrechen eines frühen Winters. Am Morgen des 13. Octobers, als er sich erhob, sah er die Berge mit Schnee bedeckt, die Nacht war kalt gewesen. „Vor dem halben October! welches Land!" sagte er zu Bourrienne, der eben eingetreten war, „es geht nicht anders, man muß Frieden machen!" Er begab sich in sein Cabinet, musterte sorgfältig alle Berichte über die Stärke seines Heeres und sagte zu Bourrienne: „Da habe ich 80,000 Mann unter Waffen, aber ich habe nicht 60,000 am Tage der Schlacht; ich werde sie gewinnen, aber an Todten, Verwundeten und Gefangenen wenigstens 20,000 Mann verlieren. Wie kann ich allen Kräften Oestreichs widerstehen, die Wien zu Hülfe eilen werden? Die Rheinarmeen, selbst wenn sie fertig sind, brauchen wenigstens noch einen Monat, um mich zu unterstützen, und in vierzehn Tagen wird der Schnee alle Wege und Pässe bedecken. Es bleibt Nichts übrig, ich mache Frieden. Venedig wird die Kriegskosten und die Rheingränze bezahlen; das Directorium und die Advokaten mögen sagen, was sie wollen [1]."

Gleichwohl zeigte er sich den beiden Gesandten am folgenden Tage wenig entgegenkommend, er beharrte noch immer auf einer förmlichen Anerkennung der Rheingränze von Seiten des Kaisers, wollte weder in Italien Castelnovo, noch in Deutschland Passau zugestehen, wies auch mehrere Vorschläge Merveldts in Bezug auf die Räumung der italiänischen Erwerbungen zurück. Endlich erbot er sich, Cobenzls Entwurf mit dem seinigen noch einmal zu vergleichen und am folgenden Tage, dem 15., durch Perret seine letzten Vorschläge zu übersenden, damit man, wenn man einig wäre, sogleich unterzeichnen könne. Er wiederholte, was er über die Nothwendigkeit eines schleunigen Abschlusses schon so oft gesagt hatte; denn von einem Augenblick zum anderen könnten neue Befehle des Directoriums jede Möglichkeit des Friedens vereiteln.

Diese Zusammenkunft mit Perret fand am 15. spät Abends statt und dauerte bis drei Uhr Morgens, ohne daß man doch zu einem Ergebniß gekommen wäre. Denn wie Bonaparte nicht viel zugestehen wollte, so hielt auch Cobenzl seine Forderungen aufrecht und veränderte danach den französischen Entwurf [2]. Wenige

---

[1] Vgl. Mémoires de Bourrienne I, chap. 21. Ein ganz ähnliches Gespräch, in welchem noch besonders die unpassende Wahl des General Augereau zum Befehlshaber der Rheinarmeen wirksam erscheint, hat Marmont in seinen Denkwürdigkeiten (I, 300) mitgetheilt.

[2] Vgl. Cobenzls Bericht vom 18. October im Oestr. Staats-Archiv. Während derselben Zusammenkunft wollte Perret auch eine Denkschrift zu Gunsten Kollontais und Piatolis, der gefangenen Leiter des polnischen Aufstandes, überreichen. Cobenzl wies aber diese Verwendung zurück. Er nannte

Stunden später trafen aber Nachrichten aus Wien ein, die in seinem Verfahren eine Wendung herbeiführten. Wir haben gesehen, daß er bisher so viel als möglich zögerte und noch am 8. October selbst durch die drängendsten Forderungen sich nicht bewegen ließ, auch nur ein Protokoll zu unterzeichnen. Denn vorerst wollte er die Entscheidung seines Hofes auf Bonapartes Ultimatum und die Wirkung erwarten, welche der Abbruch der Unterhandlungen in Lille hervorrufen könne. Diese Antwort traf am Morgen des 16. in Udine ein. Der Kaiser selbst sprach in einem kurzen Briefe vom 12. October Cobenzl seine Zufriedenheit aus und erklärte sich geneigt, auf die am 7. übersendeten Bedingungen, wenn auch Manches daran auszusetzen bleibe, einzugehen. Thugut begleitet dies Schreiben mit einem vertraulichen eigenhändigen Briefe, zu bezeichnend für die Denkweise des Ministers, als daß er hier nicht eine Stelle finden müßte. „Der Kaiser," heißt es, „hat sich entschlossen, Ihnen unmittelbar seine Absichten kund zu geben. Um die schnelle Rücksendung des Couriers nicht zu verzögern, beschränke ich mich auf einige Bemerkungen, die mein in Folge der traurigen Verhältnisse sehr leidender Kopf mir eben eingibt."

„Es ist Etwas, daß wir eine Ausdehnung bis zum Hauptarm des Po di Goro erlangt haben; sehr wesentlich wäre es aber, die westliche Gränze unserer neuen Erwerbungen noch zu berichtigen. Unmöglich kann man sich von Zevio bis Castelbaldo genau an die Etschgränze halten. Legnago liegt zu beiden Seiten des Flusses, würde also danach zur Hälfte an die cisalpinische

---

Kollontai den Robespierre Polens und bemerkte, der Kaiser könne mit demselben Rechte die Freilassung der nach dem 18. Fructidor deportirten Volksvertreter fordern. Dagegen verdankten drei Franzosen: Lafayette, Latour-Maubourg und Büreau de Puzi, die seit mehreren Jahren, zuerst in Wesel und Magdeburg, dann in Olmütz gefangen saßen, schon am 19. September 1797 den Bemühungen Bonapartes ihre Freiheit. Neues wüßte ich über diese Angelegenheit nicht mitzutheilen, auch hängt sie mit dem wesentlichen Inhalt der Verhandlungen nicht so nahe zusammen, daß ich ausführlich darauf eingehen dürfte.

Republik fallen. Hätte man nur die geringste Rücksicht für uns, so müßte man uns eine Linie zugestehen, die von Lacise zur Quelle des Tartaro, oder wenigstens zu einer Quelle der anderen Flüsse und Bäche führte, die nach Ausweis der Karte von dieser Seite sich in den Tartaro ergießen. Wir erhielten dadurch eine bestimmtere Gränze, und nach so großen Opfern sollte man wahrlich wegen eines so geringen Vortheils keine Umstände machen; in jedem Fall ist es nöthig, mit Legnago ein Gebiet von einiger Ausdehnung auf dem rechten Etschufer zu verbinden."

„Kommt man zum Abschluß, so wird der Kaiser nicht umhin können, sogleich nach der Unterzeichnung die Reichsdeputation zu berufen, damit der Congreß zu Rastatt bald nach dem Wechsel der Ratificationen zur Eröffnung gelange. Denn wie ich schon die Ehre hatte Ew. Excellenz zu bemerken, nach der Berufung werden noch wenigstens sechs Wochen nöthig sein, ehe die Deputirten sich in Gang setzen können. Was sollen wir thun, um die Schmach der Bestimmungen, die wir rücksichtlich des Reiches zuzulassen gezwungen sind, wenigstens zu überkleiden? Die Geschicklichkeit Ew. Excellenz ist unsere einzige Hoffnung, Sie liefern ein wahres Meisterstück, wenn es Ihnen gelingt."

„Es scheint mir wünschenswerth, daß man in dem öffentlichen Theil des Vertrages ganz vermeide, der gesetzlichen Gränzen Erwähnung zu thun; man könnte einfach sagen, daß ein Congreß für den Reichsfrieden sich in Rastatt versammeln würde, und daß der Kaiser als Reichsstand sich vorbehalte, sein gesetzliches Contingent zu liefern, falls unglücklicher Weise dieser Congreß den erwünschten Erfolg nicht haben sollte."

„So wenig die Franzosen geneigt sind, Vernunft anzunehmen, sie dürften doch darin keine Schwierigkeit finden, da ja alle Zugeständnisse, über die man zu ihren Gunsten sich einigt, um so klarer in dem geheimen Theil des Vertrages ihren Ausdruck finden."

„Ich glaube, es wäre geeigneter, festzusetzen, daß der Herzog von Modena zur Entschädigung Salzburg und das bairische Gebiet bis zum Inn erhielte, mit dem Vorbehalt, es gegen unsere Besitzungen in Schwaben zu vertauschen."

„Es ist unmöglich, den Kurfürsten von Mainz und Trier nicht eine Entschädigung für ihre Verluste durch geistliche Staaten auf dem rechten Rheinufer zuzusichern. Was den Kurfürsten von Köln betrifft, so scheinen mir seine Verluste nach dem letzten Entwurf nicht sehr bedeutend."

„Die Forderung des Herrn Gesandten von Neapel ist in Wahrheit sehr eigenthümlich. Gezwungen, wie wir sind, zu der schmachvollen Nothwendigkeit, einen beträchtlichen Theil des Reiches den Franzosen zu überliefern, wie hätten wir die Macht, wie fänden wir Entschuldigung, wollten wir einen Frieden, den wir durch so große Opfer erkaufen müssen, verzögern oder in Frage stellen, um die Absichten des Königs von Neapel auf die Inseln der Levante zu unterstützen? Ich habe das dem Marquis de Gallo in beiliegendem Schreiben begreiflich zu machen gesucht."

„Ich leide am Fieber und bin sehr krank vor Kummer über das, was geschieht, und das, was für die Zukunft in Aussicht steht. Ich nehme vollkommen Theil an aller Noth und Sorge, die Sie erdulden müssen, und es vergeht im Tag keine Stunde, daß meine Gedanken nicht bei Ew. Excellenz verweilen. Aber was soll man thun? In so großen Entscheidungen darf man sich nicht niederschlagen lassen, man muß sich härten gegen das Mißgeschick. Ich sehe voraus, gelingt es auch jetzt, Etwas zu unterzeichnen, so stehen wir doch noch lange nicht am Ende der Plagen und Chikanen, die uns erwarten. Aber was auch geschehen möge, thun wir, was in unseren Kräften steht. Empfangen Sie, ich bitte, die Versicherung der unzerstörbaren Anhänglichkeit, die ich Ew. Excellenz für das ganze Leben gewidmet habe [1])".

In Folge dieser Nachrichten lag es von nun an in Cobenzls Interesse, den Abschluß zu beschleunigen. Er wartete deßhalb die Rückkehr Perrets nicht ab, sondern sandte sogleich den Marquis de Gallo nach Passariano, um wo möglich ein Ende zu machen. Dieser fand aber, oder glaubte wenigstens zu finden, daß Bona=

---

[1]) Die Briefe des Kaisers und Thuguts finden sich im Oestr. Staats-Archiv.

parte den Frieden jetzt noch weniger wünsche, als am vorigen
Tage. Er hörte, es sei eben der General Bernadotte wieder
angekommen; er bringe die Nachricht, im südlichen Frankreich
sei Alles ruhig, so daß man über die dort befindlichen Trup=
pen für den Krieg verfügen könne. Ferner habe das Directorium
erkannt, daß man in die kaiserlichen Erbstaaten weit leichter von
der ganz offenen italiänischen Seite als vom Rhein aus eindrin=
gen könne. Deßhalb sei der Beschluß gefaßt, sich in Deutschland
auf die Vertheidigung zu beschränken, einen Theil des Rheinheeres
mit der Sambre= und Maas=Armee zu vereinigen und durch den
Rest die italiänische zu verstärken. Bonaparte zeigte sich unzu=
gänglicher als jemals, de Gallo erhielt auf seine Vorstellungen
zu wiederholten Malen die Antwort: „Ich will jetzt den Frieden
nicht mehr; die Forderungen des Herrn von Cobenzl mögen ge=
recht sein, wir mögen Unrecht haben, die Dinge bis zum Aeußer=
sten zu treiben; aber es ist einmal der Wille des Directoriums,
wie können Sie verlangen, daß ich mich widersetzen soll?" Und
doch war diese starre, unfreundliche Haltung wahrscheinlich nur auf
de Gallo berechnet. Bonaparte hatte sich entschlossen, den Krieg zu
vermeiden, Bernadottes Erzählungen konnten ihn nicht wankend
machen. Manches, was er mittheilte, mag sogar zu Gunsten des
Friedens gewirkt haben. Bernadotte hatte von den Directoren
die Aussicht erhalten, mit dem Kriegsministerium betraut zu
werden. Man weiß, daß zwischen ihm und Bonaparte schon zu
jener Zeit Mißtrauen und Eifersucht im keimen waren. Neben
Augereau als Oberbefehlshaber der Rheinarmeen konnte kaum
eine andere Wahl für Bonaparte so unwillkommen sein; nach
dem ausdrücklichen Zeugniß Lavalettes hat sie nicht wenig bei=
getragen, ihn zum Frieden zu bestimmen[1]). Er zeigte sich
denn auch, als man die einzelnen Artikel durchging, nach=
giebiger, als de Gallo erwarten mochte, und der Marquis pflegte
später mit Vergnügen von dieser Unterredung zu erzählen, in
welcher seine diplomatische Geschicklichkeit dem gewaltigen Gegner

---

1) Vgl. Mémoires de Lavalette I, chap. XIV.

noch einige Zugeständnisse abgewonnen habe. In dem Artikel über die belgischen Schulden gestattete Bonaparte eine Veränderung, die einen erheblichen Vortheil für den östreichischen Staatsschatz in sich schloß. Rücksichtlich der französischen Erwerbungen in Deutschland war er zwar durch Cobenzls letzten Vorschlag noch nicht völlig befriedigt, begnügte sich aber mit dem Ausdruck: „der Kaiser gibt seine Zustimmung", und ließ sich auch den Zusatz: „der König von Ungarn und Böhmen" gefallen, den er vorher durchaus vermeiden wollte, um eine Zusicherung von Seiten des Kaisers als Reichsoberhaupt zu erlangen. Dieselbe Form: „die französische Republik gibt ihre Zustimmung" bewilligte er dann auch für die Erwerbungen des Kaisers in Italien; ebenso die noch zuletzt bestrittene Gränze der Polisella. Ueber Castelnovo sollten nach dem Frieden die beiderseitigen Ingenieure ein Abkommen treffen. Bei der Anerkennung der cisalpinischen Republik wird das Veltlin nicht erwähnt; den belgischen Emigranten kommt die Aufhebung des Sequesters zu Gute; statt der geforderten Ausschließung aller englischen Fahrzeuge wird nur bestimmt, daß in keinem östreichischen Hafen mehr als sechs englische Kriegsschiffe zugleich aufgenommen werden. Auch der Artikel über das Ceremoniell, so wie er in Leoben festgestellt war, fand keinen Widerspruch; doch bestand Bonaparte darauf, daß gegenüber der cisalpinischen Republik vom Kaiser dieselben Formen, wie vormals in Bezug auf Venedig, beobachtet würden. Für die Ratification des Vertrages wurde ein Zeitraum von dreißig Tagen, und als Ort der Auswechslung Rastatt festgesetzt, wo der Reichscongreß spätestens innerhalb eines Monats eröffnet werden sollte. Ein besonderes Verdienst glaubte de Gallo sich dadurch zu erwerben, daß er in den geheimen Artikeln die Bestimmung aufnehmen ließ, die neuerworbenen venetianischen Provinzen sollten ausschließlich als Entschädigung für Belgien und die Besitzungen des Kaisers in Italien gelten. Doch konnte er für das Frickthal nicht das Bisthum Passau, sondern nur das Versprechen eines verhältnißmäßigen Ersatzes auswirken. Die Entschädigung des Prinzen von Oranien hätte nach Cobenzls Wunsche weder in Schwaben, noch in Franken

gesucht werden sollen, aber Bonaparte ließ nur den Ausdruck zu, daß sie nicht in der Nähe der östreichischen Besitzungen und der batavischen Republik zu nehmen sei. Für die italiänischen Reichs=
lehen wollte er gar keine Entschädigung bewilligen, auch das rechte Rheinufer noch nicht vollständig freigeben; nur aus Oberdeutsch=
land, nicht aus den Stellungen vom Main abwärts bis zur Demarcationslinie sollten die französischen Truppen sich zurück=
ziehen.

Auf diese Bedingungen kam dann endlich der Friede zu Stande. „Nachdem ich," berichtet Cobenzl am Tage nach dem Ab=
schluß¹), „alle Mittel erschöpft hatte, um ein den Wünschen des Kaisers mehr entsprechendes Ergebniß herbeizuführen, nachdem es zweimal zu einem völligen Bruch gekommen war, habe ich in Er=
wägung gezogen, man könne bei längerem Zögern nur verlieren, und da der Kaiser einmal geneigt sei, seinen Unterthanen den Frieden zurückzugeben, so müsse es so bald als möglich geschehen. Der Marquis de Gallo und der Graf Merveldt begaben sich deß=
halb am 17. nach Passariano und erklärten, wir seien zur An=
nahme bereit. Als Ort der Unterzeichnung hatte ich das Rath=
haus von Udine vorgeschlagen; da der französische Bevollmächtigte hierauf nicht eingehen wollte, kamen wir überein, das kleine Dorf Campo Formio zu wählen, das zwischen hier und Passariano gelegen, zu diesem Zwecke für neutral erklärt wurde. Ich hatte mich mit dem Freiherrn von Degelmann dorthin begeben; da aber ein neuer Zwischenfall den Abschluß des Friedens noch ein=
mal zu vereiteln drohte, ließen mich der Marquis de Gallo und Graf Merveldt dringend bitten, doch zu ihnen nach Passariano zu kommen. Ew. Excellenz sind seit längerer Zeit von dem Ver=
trag zwischen dem König von Sardinien und der französischen Republik unterrichtet, welcher feindselige Bestimmungen gegen uns enthält, aber bisher vom Directorium nicht genehmigt war. Jetzt hatte eine Depesche des französischen Gesandten in Turin dem Ge=

---

1) Dieser sehr eingehende Bericht bildet für die Tage vom 11. bis zum 18. October die bedeutendste Quelle.

neral Bonaparte Kenntniß gegeben, die Genehmigung sei ertheilt, und ein Courier des Directoriums auf dem Wege, ihm die Nachricht und neue Verhaltungsbefehle zu überbringen. Bonaparte wollte nun den Abschluß bis auf den folgenden Tag verschieben, um erst zu wissen, warum es sich handele. Es war dann sehr möglich, daß er die Unterzeichnung verweigerte, oder wieder neue Ansprüche erhob. Um ihm jedes Mittel der Zögerung abzuschneiden, baten mich meine Collegen, so bald als möglich nach Passariano zu kommen und den Vertrag dort zu unterzeichnen, wenn wir ihn auch von Campo Formio datirten. Als der französische Bevollmächtigte uns Alle beisammen sah, war es ihm nicht mehr möglich, sich zu weigern."

„Wenn es wahr ist, was mir von dem General Berthier und der Umgebung Bonapartes gesagt wurde, so haben sie der nächsten Post den Befehl gegeben, an Keinen, wer es auch sei, Pferde zu verabfolgen. Denn sie wünschten, wir möchten fertig werden vor Ankunft des Grafen von St. Marsan, welcher vom König von Sardinien abgeschickt war, um kriegerische Maßregeln gegen uns zu vereinbaren; auch fürchteten sie die Ankunft eines Couriers aus Paris. Dieser ist nun heute eingetroffen und soll die Nachricht gebracht haben, daß an Truppen des Königs von Sardinien, aus dem Innern und von der Rheinarmee der General Bonaparte auf eine Verstärkung von 80,000 Mann rechnen dürfe. Das ist vielleicht übertrieben, aber wäre es auch nur die Hälfte, so hätten sehr große Verlegenheiten daraus entstehen können."

Es war einige Zeit erforderlich, um das umfangreiche Document des Friedens auszufertigen, und der Tag ging zu Ende, ehe man die Reinschriften zum Abschluß brachte. Bonaparte, am Ziele einer so bedeutenden Aufgabe, überließ sich der heitersten Stimmung. Auch den östreichischen Gesandten zeigte er die gewinnende Freundlichkeit, die ihm, wenn er wollte, zu allen Zeiten seines Lebens, aber vornehmlich in jenen ersten glücklichen Jahren eigen war. Als es Abend wurde, erzählt Lavalette, verbot er Licht herein zu bringen, man unterhielt sich im Dunkeln durch

Gespenstergeschichten. Gegen Mitternacht war Alles bereit. Man unterzeichnete, und wenige Stunden später befanden sich der General Berthier und Monge, der ausgezeichnete Mathematiker, den Bonaparte besonders schätzte, auf dem Wege nach Paris, um den Vertrag zu überbringen.

Auch Cobenzl berichtet, die letzte Zusammenkunft in Passariano sei von der freundlichsten Art gewesen. „Bonaparte", fährt er fort, „hat mir versichert, daß die französische Regierung mit aller Treue den Vertrag beobachten würde und durchaus geneigt sei, mit unserem Hofe das vollste Einverständniß zu unterhalten. Ich habe ihm erwiedert, der Kaiser sei dazu nicht weniger geneigt, und die französische Republik könne immer eine völlige Gegenseitigkeit des Verfahrens erwarten."

„Bonaparte entschuldigte sich wegen dessen, was kürzlich bei mir vorgefallen war. Er sagte, ein Soldat, gewohnt, alle Tage sein Leben aufs Spiel zu setzen, und noch im Feuer der Jugend, könne nicht Maß halten, wie ein vollendeter Diplomat; übrigens hätten wir von der einen wie von der anderen Seite die Interessen unserer Länder kräftig aufrecht gehalten. Ich antwortete, der Tag, an welchem wir eben den Vertrag unterzeichnet, sei nicht die Zeit, mich des Vorgefallenen zu erinnern, und wir umarmten uns in sehr herzlicher Weise. Das ist", setzt Cobenzl noch hinzu, „der Ausgang unserer Verhandlung, auf welche die Augen von ganz Europa gerichtet sind. Er war gewiß sehr verschieden von dem, was die Interessen Sr. Majestät erfordert hätten, aber ich bin überzeugt, daß es unter den gegenwärtigen Umständen unmöglich war, mehr zu erhalten, und daß der Krieg unvermeidlich erfolgt wäre, hätte ich nur einen Augenblick länger gezögert."

Siebentes Kapitel.

Inhalt und Ausführung des Friedens von Campo Formio.

Der Friede von Campo Formio enthält fünf und zwanzig öffentliche und siebenzehn geheime Artikel, daneben einen besondern Vertrag über die Ausführung in sieben gleichfalls geheimen Artikeln. Der öffentliche Theil bringt die Bestimmungen über Belgien, die jonischen Inseln und das venetianische Albanien (Art. 3, 4, 5), die Erwerbungen des Kaisers nach der italiänischen Seite und das Gebiet der cisalpinischen Republik (Art. 6, 7, 8), ferner über die Entschädigung des Herzogs von Modena, den Congreß zu Rastatt und das Ceremoniel (Art. 18, 20, 23). Die östreichische Gränze führt von Tyrol über den Gardasee nach Lacise, von da in einer durch die beiderseitigen Ingenieure zu vereinbarenden Linie nach St. Giacomo an der Etsch, folgt dem Laufe dieses Flusses, dem weißen Canal, dem Tartaro, der Polisella und dem Hauptarme des Po. Die Schiffahrt auf den Gränzgewässern soll frei und von jedem Zoll unbelästigt bleiben (Art. 11). Oestreich und Frankreich werden einen Handelsvertrag zum Abschluß bringen (Art. 15) und noch andere Begünstigungen des Verkehrs sich gegenseitig zu Theil werden lassen. Innerhalb dreißig Tagen soll der Friede ratificirt werden, mit Auswechslung der Ratifications-Urkunden hören alle Lieferungen, Contributionen und sonstigen Kriegsleistungen in den besetzten Gebieten auf (Art. 25, 22). Alle Kriegsgefangenen und Geißeln werden binnen vierzig Tagen zurückgegeben (Art. 21).

Für Deutschland das Wichtigste waren die geheimen Artikel. Der Kaiser und König von Ungarn und Böhmen gab seine Zustimmung und versprach seine guten Dienste, daß die französische Republik beim Reichsfrieden die von ihr geforderte Gränze erhalte. Diese Gränze folgt von der Schweiz dem Laufe des Rheines bis zur Mündung der Nette nahe bei Andernach, darauf diesem Flusse bis zu seiner Quelle, geht weiter westlich nach Kerpen, von da nordwärts in der schon angegebenen Weise durch die Eifel, die Roer entlang und über Erkelenz an die Maas nach Venlo. Sollte trotz der kaiserlichen Verwendung das Reich seine Zustimmung weigern, so verpflichtete sich der Kaiser, nicht mehr als sein Contingent zu stellen, das zudem nicht in den Festungen verwendet werden dürfe (Art. 1). Demnächst trat Oestreich die Grafschaft Falkenstein und das Frickthal ab. Da jedoch die venetianischen Provinzen ausschließlich als Entschädigung für Belgien und die Verluste in Italien gelten sollten, so versprach die Republik ihre guten Dienste, daß der Kaiser für das Frickthal eine verhältnißmäßige Entschädigung, sowie für Falkenstein und den Breisgau das Erzbisthum Salzburg und das bairische Gebiet rechts vom Inn mit der festen Stellung von Wasserburg erhalte (Art. 3—6). Wenn eine von beiden Mächten außer den vereinbarten eine neue Erwerbung in Deutschland mache, sollte der anderen ein Aequivalent zu Theil werden (Art. 7).

Ferner versprach der Kaiser sich dahin zu verwenden, daß das Reich auf seine Oberherrlichkeits- und Lehns-Ansprüche in Italien verzichte (Art. 11). Denjenigen Reichsständen, welche durch den Frieden Verluste erlitten, namentlich den drei geistlichen Kurfürsten, Pfalzbaiern, Würtemberg, Baden, Zweibrücken, Hessen-Kassel und Hessen-Darmstadt, Nassau-Saarbrück, Salm-Kyrburg, Löwenstein-Wertheim, Wied-Runkel und Leyen war eine angemessene Entschädigung in Deutschland zugesagt, welche nach gemeinsamer Uebereinkunft mit Frankreich geregelt werden sollte (Art. 12). Auch das Haus Oranien sollte in Deutschland entschädigt werden, nur nicht in der Nachbarschaft des östreichischen oder batavischen Gebietes (Art. 8). Dem König von Preußen versprach Frankreich seine linksrheinischen Besitzungen zurückzugeben. In Folge dessen würde er aber — das verbürgten beide Theile sich ausdrücklich — keine neue Erwerbung machen (Art. 9).

Zwanzig Tage nach dem Austausch der Ratificationen sollten

die kaiserlichen Truppen Mainz, Ehrenbreitstein, Philippsburg, Mannheim, Königstein, Ulm und Ingolstadt räumen und aus dem Reichsgebiet in die Erbstaaten sich zurückziehen. Zu derselben Zeit wollten die Franzosen die venetianischen Erwerbungen dem Kaiser überlassen (Art. 13, 14), jedoch nach dem fünften Artikel des Zusatzvertrages nicht eher, als sie der Besitznahme von Mainz versichert seien. Nach der Besitznahme sollten auch die Stellungen am rechten Rheinufer zwischen Mainz und Basel, mit Ausnahme Kehls, von ihnen geräumt werden, aber das Gebiet zur rechten Seite des Main und der Nidda bis zum Reichsfrieden in ihrem Besitze bleiben.

Vergleicht man diesen Friedensschluß mit den Präliminarien von Leoben, so springt der Unterschied nur zu deutlich in die Augen. Deutschland verlor, wenn nicht das ganze, doch den größten und wichtigsten Theil des linken Rheinufers, und mit der Integrität seines Gebietes war auch die Integrität der Verfassung schwer bedroht. Den benachtheiligten Fürsten war auf Kosten des Reiches Entschädigung versprochen. Daß sie in Säcularisationen zu suchen sei, verfügt zwar der zwölfte Artikel nicht mit bestimmten Worten, es war aber vorauszusehen und vom Kaiser selbst, wenigstens zum Theile, dadurch zugestanden, daß er einen der bedeutendsten geistlichen Staaten, das Erzbisthum Salzburg für sich in Anspruch nahm. Und was ließ sich von der neuen Ordnung des Reiches erwarten, wenn so entscheidende Veränderungen im Einverständniß mit den Franzosen, also in ihrem Interesse erfolgen sollten? Cobenzl rühmt zwar mit kurzsichtiger Schadenfreude als besonderen Vortheil, daß Preußen seine Hoffnungen auf neuen Landerwerb getäuscht finden werde. Aber keine andere Bestimmung ist der Ausführung des Vertrages und vielleicht dem eigenen Interesse des Kaisers so nachtheilig geworden. Aus den Erlebnissen in Leoben und Udine hätte Thugut wohl die Belehrung gewinnen können: es würde unmöglich sein, erweiterten Forderungen der Franzosen sich wirksam zu widersetzen, wenn man nicht vorerst die Interessen der anderen deutschen Macht mit den eigenen in Einklang brächte.

Für die östreichische Monarchie waren die Bedingungen leidlicher; sie erhielt statt des fernen, schwer zugänglichen Belgiens in den venetianischen Provinzen eine längst gewünschte Abrundung und die Mittel zur Bildung einer Seemacht. Daß gleichwohl der Friede nicht als ein Vortheil zu betrachten sei, sagt schon Thugut in dem Briefwechsel mit Cobenzl, und wer den Folgen dieser Ereignisse weiter nachgeht, muß es noch deutlicher erkennen. Für Oestreich, wie es bis zum Ende des achtzehnten Jahrhunderts sich entwickelt hatte, bestand unstreitig kein größeres Interesse, als sich nach Westen auszudehnen und dadurch das deutsche Element in dem Maße zu verstärken, daß es zur Leitung eines Staates so verschiedener Nationalitäten die Kraft erhielt. An Versuchen dazu fehlt es nicht, aber ein besonderer Unstern hat über allen gewaltet. Faßt man die Gebiete zusammen, welche sich im Laufe verschiedener Zeiten in der Hand östreichischer Fürsten befunden haben, so können sie von der Gränze des alten Erzherzogthums das Meer erreichen. Aber beinahe alle: Belgien, Lothringen, Elsaß, die schwäbischen Gebiete, Würtemberg, Baiern, sind wieder verloren worden, und so begegnet man der auffallenden Erscheinung, daß ein Haus, seit Jahrhunderten das angesehenste in Deutschland und Jahrhunderte lang im Genuß der kaiserlichen Rechte, seine Besitzungen im Reiche nicht erweitern konnte, sondern bei übrigens steigender Macht sich mehr und mehr nach Osten zurückdrängen ließ. Immer blieb aber noch die Hoffnung, das Verlorene wieder zu gewinnen und das so lange erwünschte Ziel zu erreichen. Mit dem Frieden von Campo Formio tritt eine entscheidende Wendung ein, deren ganze Bedeutung eigentlich erst in letzter Zeit vollkommen klar geworden ist. Nicht nur Belgien ging verloren, auch der Breisgau sollte zur Entschädigung an den Herzog von Modena fallen, und durch Säcularisationen der Einfluß, welchen der Kaiser auf deutsche Gebiete noch behauptete, zum größten Theil beseitigt werden. Die neu erworbenen venetianischen Provinzen drängten das Schwergewicht der Monarchie abermals nach Osten zurück und sind dann, bis auf unsere Tage, die Ursache unendlicher Verwicklungen und Uebelstände geworden. Insofern diese Wendung unter Thuguts Ministerium sich vollzieht, mag man ihn als den Schöpfer der neuen Weltstellung Oestreichs ansehen; nur wird man leicht erkennen, daß nicht die wirkungslose geheime Convention vom 3. Januar 1795, sondern nach langen Kämpfen der Friede von Campo Formio die Entscheidung gegeben hat.

Daß dieser Vertrag weder vom Standpunkte des Rechtes noch des Vortheils zu billigen, daß er für Deutschland und Italien die Quelle unsäglichen Unheils geworden sei, wer möchte es bestreiten? Gleichwohl muß ich glauben, die genaue Kenntniß der Umstände, aus denen ein solches Ergebniß sich entwickeln konnte, werde das Urtheil nicht geschärft, sondern gemildert haben. Nicht freiwillig, nicht leichtfertig hatte der Kaiser das Reich seinem Schicksale preisgegeben, sondern nachdem Oestreich durch eine lange Folge meist unglücklicher Feldzüge aufs Aeußerste erschöpft, von Rußland verlassen, von Deutschland unzureichend unterstützt, auf eine glückliche Wendung durch die Waffen nicht mehr rechnen durfte. Hätten die übrigen deutschen Staaten nur die Hälfte von dem, was der Kaiser that, für das Reich thun wollen, man darf glauben, daß kein Franzose über den Rhein gekommen wäre. In den meisten Fällen ist nichts leichter, als lange nach den Ereignissen die Fehler einer politischen Maßregel und die Art, wie sie sich hätten vermeiden lassen, ins Licht zu setzen. Aber ich wüßte in der That nicht anzugeben, wie der Kaiser auf anderem Wege noch größeres Unheil von Deutschland hätte abwehren können. Daß die Franzosen, ohne Mainz zu erhalten, keinen Frieden eingehen würden, war unzweifelhaft; man stelle sich die Lage Oestreichs und Frankreichs im Herbst 1797 vor und entscheide, ob der Krieg einige Wahrscheinlichkeit günstigen Erfolges zeigte. Es ist aufs bitterste getadelt worden, daß die deutsche Festung von kaiserlichen Truppen geräumt und, dem Schutze wenig brauchbarer Reichscontingente überlassen, den Franzosen so gut wie ausgeliefert wurde. Das Ereigniß ist traurig und schmachvoll genug; nur sollte man nicht vergessen, was vorher geschehen war, um die Stadt für Deutschland zu erhalten, wie schwer der Kaiser den

Entschluß sich abringen ließ, der dem deutschen Norden mehr als zwei Jahre früher so leicht geworden war. Neuere Geschichtschreiber haben nicht versäumt, die „fieberhafte Lüsternheit" Thuguts nach dem venetianischen Raube hervorzuheben. Aber es handelte sich nicht blos um einen Raub, sondern zugleich um Beseitigung der unmittelbar bringendsten Gefahren. Man denke nur, was es bedeutete, einen Gegner, wie Bonaparte, an der Spitze eines mächtigen Heeres in Besitz der Alpenpässe zu sehen, von wo aus er in vierzehn Tagen Wien erreichen konnte.

Wollte man in den Briefen Thuguts und der östreichischen Gesandten wenige Stellen unterdrücken, so könnten sie selbst vor den patriotischen Anforderungen unserer Zeit die Probe bestehen. So wie ich sie mittheilte, und ich glaube nicht, daß ein charakteristischer Ausdruck übergangen wurde, beweisen sie gerade das, was man erwarten mußte. Wir finden Staatsmänner, die sich vor Allem als östreichische Minister fühlten, die Interessen Deutschlands keineswegs gering, aber doch die Interessen Oestreichs noch höher achteten, die in Italien wie in Deutschland am liebsten Jeden bei seinem alten Besitz gelassen hätten, aber, da dies unmöglich wurde, nicht anstanden, so viel für sich zu nehmen, als zu bekommen war. Jeder Schmälerung des Reichsgebietes, jeder Veränderung der Reichsverfassung setzen sie sich entgegen, und es ist gar kein Grund für die Annahme, dies sei nur zum Schein geschehen, um den Preis der Nachgiebigkeit zu steigern. Cobenzl hatte allerdings die Vollmacht erhalten, äußersten Falles die französischen Forderungen am Rheine zu bewilligen, aber nicht eher als jeder andere Ausweg verschlossen und fernere Weigerung einer Kriegserklärung gleich zu achten war. Was der Reichstag mit Recht dem Kaiser hätte zum Vorwurf machen können, ist die Geneigtheit, gegen bedeutende Vortheile in Italien auch die rheinischen Gebiete aufzugeben, welche von den Franzosen noch nicht unbedingt in Anspruch genommen wurden; wie denn Cobenzl in der Sitzung des 7. Octobers den gesammten Rest des linken Ufers anbietet, um dafür die Legationen zu erhalten. Hier liegt in der That einer der Fälle vor, in welchen die östreichischen

Interessen den deutschen, oder genauer: ein großes Interesse Oest=
reichs nach der italiänischen Seite einem kleineren nach der deut=
schen Seite vorgezogen wurde. Neben diesem Anerbieten, das übrigens
nicht den geringsten Einfluß auf den Gang der Verhandlungen
geäußert hat, darf man aber nicht vergessen, daß der östreichische
Bevollmächtigte sich stets bereit erklärt, gegen Rückgabe des linken
Rheinufers in Italien bedeutende Opfer zu bringen, daß er ver=
schiedene Anträge, freilich geringer als die Legationen, aber doch
erheblich genug, für den Rest des linken Rheinufers zurückweist.
Erfreulich ist das Schauspiel dieser Verhandlungen gewiß nicht,
und ebenso wenig kann man die Personen, die darin thätig waren,
als musterhaft hinstellen. Betrachtet man sie jedoch unter dem Ein=
fluß der Zeit, in welcher sie lebten, unter den schwierigen Verhält=
nissen, mit denen sie zu kämpfen hatten, so kann ich in ein un=
bedingtes Verdammungsurtheil noch weniger einstimmen; es scheint
mir, daß sie auf unsere Achtung und Theilnahme wohl einiges
Anrecht besitzen.

Ich habe auf den früheren Blättern mich schon so viel mit
fremden Meinungen beschäftigt, daß man mir erlassen wird, was
über die Verhandlungen in Udine von Anderen geäußert worden,
im Einzelnen zu erörtern. Einige Irrthümer sind gelegentlich an=
gemerkt, andere werden dadurch zugleich berichtigt und entschul=
digt, daß jetzt zuerst die entscheidenden Urkunden zu allgemeiner
Kenntniß gelangen. Sonderbar, daß häufig auch die Bedingungen
des Vertrages, welche doch Jedem vor Augen lagen, irrig angegeben
sind. Von allen am willkürlichsten verfährt Thiers. Man erinnert
sich, daß Cobenzl mit besonderer Genugthuung hervorhebt, Preußen
solle die Provinzen am linken Rheinufer zurückerhalten und auf
Entschädigung im Reiche keinen Anspruch haben. Thiers läßt
gerade im Gegentheil den Kaiser versprechen, er würde dem König
von Preußen für die linksrheinischen Besitzungen, welche an Frank=
reich fallen sollten, eine Entschädigung auswirken. Dieser Irrthum
ist in eine Reihe anderer Werke, sogar in die fleißige Geschichte Ve=
nedigs von Romanin übergegangen. Häusser gibt zwar die Haupt=
bestimmungen des Vertrages richtig an, verändert aber mehrmals

in willkürlicher Weise, wo er sie später zur Begründung seines, wie man denken kann, sehr strengen Urtheils verwendet. Ich halte jedoch nicht für nöthig, ausführlicher darauf einzugehen, zumal wo ich dem Ziele meiner Aufgabe mich nähere, und nur Weniges zu bemerken mir noch übrig bleibt.

Wir haben gesehen, wie die Präliminarien von Leoben von dem Directorium zwar genehmigt, aber nicht beobachtet wurden. Es fragte sich, ob der Friede von Campo Formio ein ähnliches Schicksal haben, ja, ob er nur die Ratification erlangen würde. Bonaparte hatte in den acht Tagen, welche dem Abschluß vorhergingen, seit jenem Briefe vom 10. October, gar nicht mehr geschrieben, obgleich er doch die höchste Entscheidung in unmittelbar nächste Aussicht stellte. In Paris war man in der äußersten Spannung; noch am 29. September hatte Larevelliere-Lepeaux in heftigen, bestimmten Worten gegen jedes Zugeständniß sich ausgesprochen. Wenige Tage später langte aber das Entlassungsgesuch Bonapartes vom 25. September an und verfehlte seine Wirkung nicht. Der Director antwortet sogleich; er sucht Bonapartes Vorwürfe zu widerlegen, das Entlassungsgesuch wird, wie zu denken ist, nicht angenommen[1]). Einige Zeit nachher kam Bottot zurück; man hörte noch eindringlicher, wie unzufrieden Bonaparte war. Am 21. October schreibt Larevelliere abermals; er geht ausführlich auf alle Klagen und Beschwerden ein; mehrere Forderungen werden bewilligt, bedeutende Verstärkungen versprochen; er gibt Nachricht, daß der Vertrag mit Sardinien genehmigt sei. Im Uebrigen verweist er wieder auf das Ultimatum. Der Herzog von Toskana soll gleich, wenn der Krieg wieder anfängt, vertrieben werden, Parma mag mit Rücksicht auf Spanien noch einige Zeit sein Dasein fristen; endlich folgt — eine Kühnheit, die man noch niemals sich erlaubt hatte — die Bemerkung: „das Directorium erkennt die Nothwendigkeit, Unterhändler zu ernennen, um Sie der Sorge für die politischen Angelegenheiten zu entheben und ungetheilt den mili-

---

1) Vgl. den Brief Larevelliere-Lepeaux' vom 3. October in der Correspondance inédite IV, 237.

tärischen Anordnungen zu überlassen. Geeignete Maßregeln sollen rücksichtlich dieses Punktes ergriffen werden¹)." Augenscheinlich waren alle Wünsche auf den Krieg gerichtet; da langten am Morgen des 26. Berthier und Monge mit Bonapartes Brief vom 18. October an. Es folgte eine Sitzung des Directoriums; Rewbell und Merlin wollten die Zustimmung verweigern, aber sie wurden von den drei Anderen überstimmt. Die Nachricht des Friedens war in Paris schon verbreitet und mit unermeßlichem Jubel begrüßt. Das Directorium mußte den heftigsten Widerstand befürchten, wenn es auf einem neuen Kriege bestand, und wer bürgte, daß er einen glücklichen Ausgang nehmen würde, da der Feldherr, dem man Alles verdankte, dann voraussichtlich seine Entlassung forderte? Auch blieb immer die Auskunft, einstweilen zu genehmigen und später die Bedingungen einseitig zu verändern. So erfolgte die Antwort noch schneller und unterwürfiger, als Bonaparte nur erwarten konnte. Der Friede wird bestätigt, und der General selbst zum Bevollmächtigten für den Rastatter Congreß ernannt²). „Die Ungewißheit," schreibt Larevelliere, „in welche die Regierung durch Ihr Schweigen seit dem 20. Vendemiere (11. October) versetzt war, hat bei Ankunft der Bürger Berthier und Monge einer lebhaften Genugthuung Raum gegeben. Die Regierung beeifert sich, Ihnen die Freude, welche sie empfindet und welche von der Nation getheilt wird, und zugleich die verdiente Erkenntlichkeit auszudrücken für die Art, in welcher Sie die unsterblichen Erfolge des italiänischen Feldzuges gekrönt haben. Sie haben mit dem Ungestüm des Sieges die Mäßigung des wahren Muthes und die Weisheit der Unterhandlungen vereint. Hätten Sie nur verstanden Schlachten zu gewinnen, so wären Sie nichts als ein großer General gewesen. Aber Sie haben nach einem höheren Ziele gestrebt. Sie haben ein General Bürger sein wollen. Sei dieser glorreiche Name Ihre erste Vergeltung."

---

1) Vgl. Correspondance inédite IV, 246.
2) Vgl. den Brief Larevelliere-Lepeaux' vom 26. October in der Correspondance inédite IV, 249.

„Der Friede ist also abgeschlossen" fügt Talleyrand mit größerer Wärme hinzu, „ein Friede nach Art Bonapartes. Empfangen Sie den herzlichsten Glückwunsch, mein General. Die Worte fehlen, um Alles auszudrücken, was man in solchen Augenblicken sagen möchte. Das Directorium ist befriedigt, das Publikum entzückt, Alles geht vortrefflich. Vielleicht giebt es einiges Geschrei von Seiten der Italiäner, aber daran liegt nichts. Leben Sie wohl, General Friedensstifter! Leben Sie wohl! Freundschaft, Bewunderung, Ehrfurcht, Dankbarkeit! Man weiß nicht, wo man aufhören soll." Auch der gesetzgebende Körper säumte nicht, die Genehmigung zu ertheilen, obgleich insbesondere Sieyes gegen die Auslieferung Venedigs heftigen Widerspruch erhob[1]). Schon zu Anfang November trat in Verona eine Commission für die Gränzberichtigung zwischen Oestreich und der cisalpinischen Republik zusammen. Am 17. konnte Bonaparte von Mailand abreisen; er ging über Turin durch die Schweiz nach Rastatt, wo er am 25. November eintraf.

Der Kaiser, welcher von allen Bedingungen des Friedens schon im Voraus die genaueste Kenntniß besaß, konnte nicht anstehen, die Genehmigung zu ertheilen. Die Bevollmächtigten erhielten kostbare Geschenke, de Gallo das goldene Vließ; dem General Bonaparte verehrte der Kaiser noch besonders sechs der schönsten weißen Pferde, und wer nach Vorbedeutungen lüstern war, mochte zwei Jahre später mit Genugthuung dies Gespann vor dem Wagen sehen, in welchem der erste Consul seinen feierlichen Einzug in die Tuilerien hielt. Da der Congreß zu Rastatt binnen Monatsfrist eröffnet werden sollte, so erging schon am 1. November ein Commissionsdecret, das den Reichstag zur Eile mahnte. Den Kaiser als Reichsoberhaupt sollte Graf Metternich, der Vater des späteren Staatskanzlers, Oestreich als Mitglied der Friedensdeputation der Graf Lehrbach vertreten. Zudem sandte der König von Ungarn und Böhmen noch als außerordentlichen Bevollmächtigten den Grafen Ludwig Cobenzl ab.

---

1) Vgl. Sandoz, Berichte vom 31. October und 6. November 1797.

In Regensburg hatten sich seit dem Frühling Spannung und Besorgniß immer gesteigert. Die Ungewißheit über den Inhalt der Präliminarien wurde nicht aufgeklärt. Hauptangelegenheit der folgenden Monate war die Frage, ob man zum Schutze der Reichsintegrität die Vermittlung Rußlands anrufen solle, ohne daß man doch zu einem festen Entschluß sich geeinigt hätte. Mit dem Anfang des Septembers lauteten die Nachrichten vom linken Rheinufer von Tag zu Tage bedenklicher; am 22. wurde in den rheinischen Städten das erste Jahr der deutschen Freiheit oder die Errichtung einer cisrhenanischen Republik gefeiert, Alles mehr und mehr für die Vereinigung mit Frankreich oder wenigstens für die dauernde Trennung von Deutschland vorbereitet. Durch diese drohenden Ereignisse bewogen gab der Kurfürst von Köln in einem Schreiben vom 4. October seinem Gesandten die Weisung, auf unverweilten Zusammentritt der Reichsfriedensdeputation anzutragen. Es geschah im Einverständniß mit Thugut, der, wie früher erwähnt, eben damals in der schleunigen Berufung des Rastatter Congresses noch ein letztes Mittel zur Erhaltung des linken Rheinufers in Anwendung bringen wollte. Am 25. October kam man so weit, daß der Antrag im Reichsrath verlesen wurde. Unterdessen war aber am Abend vorher die Nachricht von dem Friedensschluß aus Wien eingetroffen, worauf man sich entschied, vorerst weitere Auskunft zu erwarten[1]).

Am 4. November empfing dann Hügel das erwähnte Commissionsdecret. Der Kaiser wies den Reichstag an, die Instructionen für die Friedensdeputation nunmehr auszufertigen, damit die Bevollmächtigten der deputirten Reichsstände baldmöglichst sich in Rastatt versammeln könnten. Er forderte zugleich die deputirten Stände auf, daß sie, dem großen Erhaltungsgesetze der Einheit und Gesammtheit des deutschen Reiches unverrückt getreu, das gemeinsame Interesse wirksamst unterstützen und, vereint mit ihrem Reichsoberhaupte, den längst gewünschten, auf die Basis der

---

1) Vgl. die Berichte Hügels vom 9., 11., 12., 19., 23., 25. und 31. October 1797 im Oestr. Staats-Archiv.

Integrität und seiner Verfassung zu gründenden billigen und anständigen Frieden bestens befördern und beschleunigen möchten¹). Man hat mit Recht die zweideutigen Ausdrücke dieses Decrets getadelt, welches die Integrität des Reiches noch als Ziel der Verhandlungen hinstellte, während gar keine Hoffnung übrig blieb, es zu erreichen, und nachdem Oestreich schon in Campo Formio darauf verzichtet hatte. Wie viel würdiger und sogar klüger wäre die Erklärung gewesen: der Kaiser habe Alles aufgeboten, die Integrität des Reiches zu erhalten, es sei ihm aber nicht gelungen; die Stände möchten nun selbst sehen, was sie den Franzosen abgewinnen könnten. Statt dessen hüllte man Alles, was sich auf den Frieden bezog, in das tiefste Geheimniß. Die Berichte, welche Lucchesinis Nachfolger, der Graf Keller, aus Wien an seinen Hof abgehen ließ, sind noch im November mit ganz irrigen Gerüchten angefüllt; man überließ es den Franzosen, dem preußischen Gesandten in Paris nach ihrer Weise von den Bedingungen Kenntniß zu geben, und einer französischen Zeitung blieb es vorbehalten, Deutschland die öffentlichen Artikel des Friedens mitzutheilen. Lieber, als daß man geredet hätte, wartete man, daß die Ereignisse auch die geheimen Artikel und was von der Integrität des Reiches zu halten sei, an den Tag brächten. Dadurch erscheint das Commissionsdecret vom 1. November schlimmer, als es wirklich ist. Denn auf Täuschung war es ursprünglich am wenigsten berechnet. Der Entwurf wird schon am 30. September von dem Reichsvicekanzler der Staatskanzlei zugeschickt. Für jene Zeit, als über die Integrität des Reiches noch Nichts entschieden war, paßte es vollkommen. Der Congreß sollte ja eben zu dem Zwecke sogleich berufen werden, um den Anforderungen der Franzosen noch ein letztes Hinderniß entgegenzustellen. Die Weigerung Bonapartes vereitelte dies; erst mehrere Wochen später, am 29. October, antwortet Thugut, es stehe jetzt, nach dem Abschluß des Friedens, Nichts im Wege, das Decret bekannt zu machen²). Sieht

---

1) Vgl. Geheime Geschichte der Rastadter Friedensverhandlungen II, 97.
2) Vgl. das Schreiben des Fürsten Colloredo an Hügel vom 1. November 1797 mit den Beilagen im Oestr. Staats-Archiv.

man genau zu, so ist auch für jene spätere Zeit keine eigentliche Unwahrheit darin enthalten. Es wird nicht gesagt, daß zu Campo Formio die Integrität des Reiches begründet sei, sondern daß sie auf dem Congreß erst begründet werden solle. Wer Actenstücke dieser Art zu lesen verstand und das neue Decret mit dem früheren über die Präliminarien von Leoben in Vergleich setzte, konnte über die wirkliche Bedeutung des Unterschiedes sich nicht täuschen. In Regensburg begriff man ihn sogleich. Hügel berichtet schon am 5. November: man habe bemerkt, daß die Integrität des Reiches erst durch die Mitwirkung der Friedensdeputation erzielt werden solle, darauf jedoch keine große Hoffnung setzen mögen, und Hügels Schweigen beweist deutlich genug, was er selbst darüber dachte. Aber man hätte in Wien wohl erwägen sollen, daß die Zeit für staatsrechtliche Spitzfindigkeiten vorüber sei, und daß dem kaiserlichen Ansehen nichts weniger vortheilhaft werden könne, als einen Vertrag zu verheimlichen, dessen Ausführung sich nicht mehr aufhalten ließ.

Denn bald sprachen die Ereignisse nur zu laut. Am 30. November hatte Bonaparte mit Cobenzl zu Rastatt die Ratificationsurkunden des Friedens von Campo Formio ausgewechselt. Schon am nächsten Tage wurde über die Räumung von Mainz und Venedig ein Abkommen getroffen. Am 7. December berichtet Lehrbach der Reichsdeputation: in Folge des jetzt ratificirten Friedens sehe sich der Kaiser in die Nothwendigkeit versetzt, seine Truppen von dem bisherigen Kriegsschauplatze in die Erblande zurückzuziehen; er habe sich nur vorbehalten, als Reichsstand sein Contingent zu liefern. Hoffentlich, fügt Lehrbach mit bitterem, gerechtem Hohne hinzu, werde dadurch den dringenden, wiederholt und von allen Seiten selbst in Rastatt geäußerten Wünschen wegen Zurückziehung dieser Truppen ein Genüge geschehen. In der Nacht vom 9. auf den 10. December waren die Franzosen in die von den Oestreichern verlassenen Stellungen eingerückt und bedrohten Mainz, das von verschiedenen Reichscontingenten nur unzureichend vertheidigt wurde. Der Mainzische Kanzler Albini wandte sich voll Bestürzung an die kaiserlichen Gesandten in Rastatt und an die Friedensdeputation, die Deputation an den Reichstag, der Reichstag an den Kaiser nach Wien[1]). Unterdessen handelten die Franzosen; sie schlossen Mainz ein, drohten den Waffenstillstand zu kündigen und die Mainzischen Gebiete auf dem rechten Rheinufer zu besetzen. Die haltlose Regierung des Kurfürsten fühlte sich zum Widerstand zu schwach; am 30. December 1797 wurde das Bollwerk unseres Vaterlandes dem Feinde überliefert.

Während dies in Deutschland geschah, war Italien der Schauplatz für nicht weniger trauervolle Ereignisse. Man erinnert sich, wie zweideutig Bonapartes Stellung zu der in Venedig neu gebildeten demokratischen Regierung von Anfang an gewesen war. Selbst die Politik des Directoriums muß dagegen redlich und der italiänischen Freiheit förderlich erscheinen; nur ist für Bonaparte in Anrechnung zu bringen, daß er den Frieden für nothwendig hielt, daß es ihm vortheilhafter schien, Mantua als Venedig zu behaupten, und daß er vor Allem die cisalpinische Republik befestigen wollte. Die Erwerbung Venedigs erwartete er von einer spätern Zeit und hat sich darin nicht getäuscht, wie man denn überhaupt nicht in Abrede stellen kann, daß durch den Feldzug von 1796, durch die neugegründete Republik und sogar durch die spätere französische Herrschaft der Keim einer selbstständigen nationalen Entwicklung in Italien gefördert sei. Aber zunächst begegnet man einem System von Doppelzüngigkeit, das nicht seines Gleichen findet. Gewillt, die Stadt als Preis des Friedens an Oestreich auszuliefern, muß der französische General doch stets den Weg offen halten, sie nöthigenfalls auch gegen Oestreich zu gebrauchen. Am 24. Mai kommt er mit de Gallo überein, daß Venedig zur Entschädigung des Kaisers dienen solle; zwei Tage später gibt er der Municipalität mit den lebhaftesten Worten die Versicherung, er werde unter allen Umständen alle Kräfte aufbieten, um die venetianische Freiheit zu befestigen und das unglückliche Italien endlich

---

1) Vgl. Hügels Bericht vom 16. Dezember 1797 mit den Beilagen im Oestr. Staats-Archiv

ruhmvoll, frei und unabhängig auf der Weltbühne unter den großen Nationen zu erblicken¹). Nichts konnte ihm die Erlaubniß abgewinnen, daß die Stadt mit der cisalpinischen Republik sich vereinigen dürfe. Dagegen war es ihm ein bequemes Schreckmittel, den kaiserlichen Gesandten mit dieser Vereinigung zu drohen und die Zuziehung eines venetianischen Bevollmächtigten zu den Sitzungen in Udine zu verlangen. Gerade während der letzten entscheidenden Verhandlungen mit Cobenzl war auf seine Veranlassung ein Congreß der vormals venetianischen Städte zu Venedig versammelt. Man erklärte es für eine Nothwendigkeit, mit der cisalpinischen Republik sich zu vereinigen, und schickte zwei Gesandte nach Passariano, um Bonapartes Einwilligung zu erbitten. Aber zu spät; das Schicksal Venedigs war entschieden, nicht die weitest gehenden Versprechungen, nicht kostbare Geschenke an Bonapartes Umgebung konnten es rückgängig machen²). Immer trauriger gestaltete sich die Lage der Stadt; sie erhielt eine verstärkte französische Besatzung, die Municipalität verlor täglich an Ansehen und konnte nur durch gewaltsame Maßregeln gegen die Anhänger der alten Verfassung und eine neu hervortretende östreichische Partei sich behaupten. Man schlug den letzten verzweifelten Ausweg ein. Allgemeine Volksabstimmung sollte entscheiden, ob man die Freiheit bis aufs Aeußerste vertheidigen oder sich den Umständen beugen wolle. Aber das Ergebniß, obgleich durch alle Mittel der Regierung unterstützt, zeigte nur ein geringes Mehr der Stimmen für die Freiheit. Die Gesandten, welche in Paris auf diesen Volksbeschluß sich berufen sollten, wurden auf dem Wege von Bonaparte verhaftet und zur schleunigen Rückkehr genöthigt. Am 9. November übertrug die Municipalität ihre wesentlichsten Befugnisse einer Giunta von fünf Personen. Vergebens suchten diese Männer von der früheren Herrlichkeit der Republik noch Einiges zu retten; nur wie einen Leichnam wollten die Franzosen die Stadt wieder aus den Hän-

---

1) Vgl. Correspondance de Napoléon, III, 70.
2) Vgl. Romanin, Storia documentata di Venezia X, 282 fg.

ben geben. So wurden noch bis zuletzt aus Gallerien und Bibliotheken die Wunder der Kunst, die kostbarsten Schätze der Wissenschaft hervorgezogen, das Arsenal geleert und angezündet, selbst der Bucentaur den Flammen übergeben, um das schmelzende Gold der Verzierungen zu gewinnen. Auch der uralte Raub aus Constantinopel, die vier ehernen Pferde der Marcuskirche, wurden in jenen Tagen nach Paris geschleppt, um in den Händen des zweiten Räubers abermals vergeblich an den Wechsel irdischer Macht und die sühnende Vergeltung des Unrechts zu erinnern. Als Alles geplündert war, zogen die französischen Truppen langsam aus dem venetianischen Gebiete sich zurück, die kaiserlichen besetzten, was jene verlassen hatten; am 18. Januar hielten sie in Venedig ihren Einzug.

So waren für Oestreich wie für Frankreich die beiden wesentlichsten Bedingungen des Friedens erfüllt; aber sie blieben auch die einzigen, welche in unmittelbarer Folge zur Ausführung gelangten. Es läßt sich erwarten, daß das Directorium wenig Neigung fühlte, an einem Vertrage festzuhalten, den ohne und sogar gegen seinen Willen eigenmächtig ein General zum Abschluß gebracht hatte. Schon am 27. October äußerte Talleyrand Sandoz gegenüber, der Kaiser habe Säcularisationen nur in kleinerem Umfange zugestanden, aber das Directorium werde sie allgemein machen[1]). Alsbald kam auf dem Friedenscongreß der heftigste Gegensatz zum Vorschein. Statt der zu Campo Formio vereinbarten Gränze verlangten die Franzosen das gesammte linke Rheinufer, darunter auch die preußischen Besitzungen. Der Lieblingswunsch östreichischer Politik, Preußen von jeder Gebietserweiterung in Deutschland auszuschließen, war damit vereitelt, Säcularisation nach großem Maßstabe unvermeidlich, und die Reichsverfassung den wesentlichsten Veränderungen zum Nachtheile des Kaisers ausgesetzt. Zugleich trat nun die Politik der Revolution, von Bonaparte nur auf kurze Zeit zurückgehalten, nach allen Seiten in ihrer ganzen Maßlosigkeit hervor. Noch im December

---

1) Vgl. Sandoz Bericht vom 28. October 1797.

...hatte französischer Einfluß in Rom einen Aufstand herbeigeführt, bei welchem der General Duphot erschossen war. In Folge dessen wurde am 10. Februar 1798 die Stadt von französischen Truppen besetzt, fünf Tage später die Republik ausgerufen, und nach abermals fünf Tagen der Papst gefangen nach Siena abgeführt. Gegen die Schweiz war seit dem Anfange des Jahres eine Gewaltthätigkeit der andern gefolgt; am 5. März wurde Bern erobert, ausgeraubt, dort, sowie in den übrigen Cantonen, Alles dem französischen Einfluß unterworfen. Ebenso mußte ein Aufstand in Piemont zum Vorwand dienen, daß die Citadelle von Turin im Juni von französischen Truppen besetzt und die sardinische Regierung des letzten Scheines von Selbstständigkeit beraubt wurde. Es zeigte sich deutlich genug, daß ein Friede auf die Dauer unmöglich sei. Hätten Oestreich und Preußen zusammengestanden, so hätte man wenigstens in Deutschland der Gewaltthätigkeiten sich erwehren können. Die Nothwendigkeit der Einigung ist auch von beiden Seiten damals wohl empfunden worden. Allein die mißtrauische Eifersucht, welche jeden Vortheil des Andern beinahe noch mehr fürchtete, als den eigenen wünschte, ließ die seit Anfang des Jahres gepflogenen Unterhandlungen nicht zu einem Ergebniß kommen.

Noch einmal suchte Oestreich sich mit Frankreich zu verständigen. Zu Selz im Elsaß hielt Cobenzl mit dem abgehenden Director Franz von Neufchateau vom 30. Mai bis zum 6. Juli eine Reihe von Conferenzen, aber die Einigung wurde nicht erreicht. Statt dessen beginnen Rüstungen zu einem neuen Kriege, der im folgenden Jahre Oestreich, Rußland und England noch einmal verbunden Frankreich gegenüber stellt. In sofern könnte man den Vertrag von Campo Formio nicht für einen Frieden, sondern nur für einen Waffenstillstand halten. Aber er ist doch mehr. Denn als nach wechselnden Erfolgen Bonaparte aus dem Orient zurückkehrend das Directorium gestürzt und Frankreich sich unterworfen hatte, als durch die Schlacht von Marengo dem Kaiser Mailand wiedergenommen, nach dem Tage von Hohenlinden die Gränze seiner Erblande abermals von französischen

Heeren überschwemmt war, kam man zu Lüneville (am 9. Februar 1801) doch im Wesentlichen auf die zu Campo Formio festgestellten Bedingungen zurück. Und so darf man diesen ersten Frieden zwischen dem Kaiser und der Republik immerhin als einen höchst bedeutsamen Abschnitt betrachten, wo auch eine historische Darstellung, wenn nicht ein Ziel, doch einen Ruhepunkt sich setzen mag.

———

Berichtigungen und Zusätze.

Seite 13, Zeile 10 von unten: Seiten, statt Theilen.
„ 16, „ 8 „ oben und öfters: Herrmann, statt Hermann.
„ 81, „ 1 „ unten: II, I, statt III.

Zu S. 227 fg. Aus den Depeschen Sir Morton Edens, die mir während des Druckes durch die Güte Ernst Herrmanns bekannt geworden sind, füge ich dem Abschnitt über die Präliminarien von Leoben noch Folgendes hinzu: Am 8. März 1797 schreibt Eden, Thugut habe ihm den Brief des Großherzogs von Toscana mitgetheilt, in welchem die dringenden Anträge Clarkes dem Kaiser empfohlen werden. Frankreich wollte danach dem Reiche das linke Rheinufer, dem Kaiser die italiänischen Besitzungen zurückgeben und ihn für Belgien und Luxemburg in Deutschland, nöthigenfalls durch Baiern, entschädigen. Thugut fand jedoch, wie Eden, in diesem Anerbieten den Beweis für die Verlegenheit und Schwäche des Directoriums. Der Kaiser, setzte er hinzu, sei entschlossen, keinen Frieden ohne England zu machen, er fühle, daß jede Entschädigung Oestreichs auf der rechten Rheinseite den Umsturz der Reichsverfassung nach sich ziehen müsse, deren Erhaltung der unabänderliche Wunsch des Kaisers sei. Man werde dem Großherzog von Toscana die Bitte aussprechen, sich ferner nicht in diese Angelegenheit zu mischen, sondern Clarke an Gherardini zu verweisen. Auch dem Erzherzog Karl solle noch am Abend der Befehl zugehen, auf kein Anerbieten Bonapartes und keine Unterredung sich einzulassen. — Am 1. April schildert Eden, in ähnlicher Weise wie Caesar, den dringenden allgemeinen Wunsch der Aristokratie nach Frieden. Besonders die Grafen Trautmannsdorf und Starhemberg hatten diese Gesinnung sehr nachdrücklich in zwei Denkschriften ausgesprochen und zu zeigen versucht, daß die Fortsetzung des Krieges Niemandem als England und Preußen zu Gute komme. Nur Thugut, schreibt Eden, lasse sich nicht aus der Fassung bringen und versichere, daß auch der Kaiser standhaft sei. Ob aber bei der äußerst mißlichen Lage, bei den üblen Nachrichten von der Armee, der gänzlichen Erschöpfung des Schatzes dieser Entschluß dauern werde, bleibe zweifelhaft. In drei Depeschen vom 10., 12. und 17. April folgt dann über die Verhandlungen, was Eden von Thugut erfahren konnte: zum Theil dasselbe, was aus der gedruckten Depesche vom 12. April an Lord Auckland (vgl. oben S. 235) bereits bekannt ist. Bei andern Stellen sieht man deutlich, wie Mervelbts Mittheilungen an Thugut zur Quelle dienten. Der östreichische Minister entschuldigte die Absendung von Bevollmächtigten in das französische Hauptquartier mit der dringenden Nothwendigkeit, wenigstens Zeit zu gewinnen. Am 21. April theilte er Eden den Abschluß der Präliminarien mit. Er sei dadurch, fügte er hinzu, nicht weniger überrascht und verstimmt worden, als der englische Gesandte; er habe den Kaiser um seine Entlassung gebeten, und der Kaiser habe sie zugestanden, jedoch mit der Anweisung, die Geschäfte so lange fortzuführen, bis ein Nachfolger gefunden sei; wahrscheinlich werde die Wahl auf den Grafen Ludwig Cobenzl fallen. Lange hat dieser Entschluß, wenn er ernstlich gemeint war, in keinem Falle vorgehalten. Eden verfehlte nicht, in den stärksten Worten sein Erstaunen und sein Mißvergnügen auszudrücken, er erinnerte an das Versprechen des Kaisers, keinen Separatfrieden abzuschließen. Thugut entgegnete, er sei gleichfalls bis zuletzt dagegen gewesen, wie aber die Verhältnisse einmal sich entwickelt hätten, könne er dem Kaiser nicht mehr rathen, die Genehmigung zu verweigern. Ueber den Inhalt der Präliminarien wollte er nicht reden, man ging wenig zufrieden aus einander. Auch am 20. Mai hatte Eden von dem Wortlaut noch keine Kenntniß. Er hob einmal den Widerspruch hervor zwischen der Erklärung des Kaisers über die Reichsintegrität und der des Directoriums über die gesetzlichen Gränzen. Thugut erwiederte, es sei dies ein Beispiel von der ungenauen Ausdrucksweise, in welcher die Präliminarien angefertigt worden. Der kaiserliche Bevollmächtigte, statt den Artikel in seiner gegenwärtigen Fassung zuzulassen, habe die Anerkennung auf die vom Kaiser abgetretenen Niederlande beschränken sollen. Wie das Verhältniß zwischen Thugut und Eden weiter sich gestaltete, weiß ich noch nicht anzugeben.

Zu Seite 279. In den Bemerkungen über das Werk des General Jomini (traité des grandes opérations militaires) sagt Napoleon selbst, er habe den entscheidenden Brief des Directoriums am 1. April 1797, also nicht am 31. März, erhalten, vgl. Commentaires de Napoléon I., I, 470.

Seite 284, Zeile 2 von oben: nach dem Worte „aufgestellt" ist „und" einzuschalten.

Seite 296, Zeile 1 und 2 von oben: bestimmen, statt beistimmen.

„ 310, „ 2 von unten: De Clercq, statt De Cercq.

„ 424, „ 4 „ oben: Zevio, statt Cevio.

www.ingramcontent.com/pod-product-compliance
Lightning Source LLC
Chambersburg PA
CBHW021416300426
44114CB00010B/517